V&R Academic

Hans-Peter Ullmann

Das Abgleiten in den Schuldenstaat

Öffentliche Finanzen in der Bundesrepublik von den sechziger bis zu den achtziger Jahren

Vandenhoeck & Ruprecht

Umschlagabbildung: Karikatur aus Wirtschaftswoche Nr. 13 vom 28.3.1980

Mit 20 Abbildungen

Bibliografische Information der Deutschen Nationalbibliothek

Die Deutsche Nationalbibliothek verzeichnet diese Publikation in der Deutschen Nationalbibliografie; detaillierte bibliografische Daten sind im Internet über http://dnb.d-nb.de abrufbar.

ISBN 978-3-525-30111-1

Weitere Ausgaben und Online-Angebote sind erhältlich unter: www.v-r.de

Satz: textformart, Göttingen | www.text-form-art.de
Druck und Bindung: ⊕ Hubert & Co GmbH & Co. KG, Robert-Bosch-Breite 6, D-37079 Göttingen

Gedruckt auf alterungsbeständigem Papier.

Inhalt

Verzeichnis der Abbildungen

Einleitung

In den sechziger Jahren setzte eine Entwicklung ein, in deren Verlauf die Bundesrepublik in einen Schuldenstaat abglitt. Wuchs die öffentliche Verschuldung zuerst langsam und sprang nur in der Rezession von 1966/67 nach oben, stieg sie in den frühen siebziger Jahren rasch und seit der Mitte des Jahrzehnts dramatisch an. Anfang der Achtziger finanzierten Bund, Länder und Gemeinden 13 % ihrer Ausgaben durch Kredite, der Bund sogar 16 %. Sie hatten einen Schuldenberg von 615 Mrd. angehäuft und damit ihre Verbindlichkeiten binnen eines Jahrzehnts annähernd verfünffacht. Diese waren auch schneller gewachsen als das Sozialprodukt, so dass sich die Schuldenquote von 19 % auf 39 % praktisch verdoppelt hatte. Die Zinsen verschlangen mittlerweile 44,9 Mrd. oder 8 % der Ausgaben; ein Jahrzehnt zuvor waren es erst 6,8 Mrd. oder 3,5 % gewesen. Gilt für einen »Schuldenstaat«, dass er »einen großen und womöglich steigenden Teil seiner Ausgaben durch Kreditaufnahme statt durch Steuern bestreitet und als Folge einen Schuldenberg auftürmt, für dessen Finanzierung er einen immer größeren Anteil seiner Einnahmen aufwenden muss«,[1] dann treffen diese Merkmale seit Anfang der achtziger Jahre auf die Bundesrepublik zu.

Der Befund, die Bundesrepublik sei zu einem Schuldenstaat geworden, verweist auf einschneidende Veränderungen der öffentlichen Finanzen, aber auch auf Wandlungsprozesse weit über diese hinaus. Seit den Arbeiten von Rudolf Goldscheid und Joseph Schumpeter, den Vätern der Finanzsoziologie, wissen wir, dass die öffentlichen Finanzen die wichtigste Schnittstelle von Politik und Ökonomie, Gesellschaft und Kultur bilden. Sie bündeln nicht nur wie in einem Brennglas politische und wirtschaftliche, soziale und kulturelle Veränderungen, sondern stabilisieren oder destabilisieren auch politische Systeme, stimulieren oder dämpfen wirtschaftliche Aktivitäten, zementieren oder nivellieren soziale Unterschiede, fördern oder hemmen kulturelle Entwicklungen.[2] Weil »alles, was geschieht, sich in der Finanzwirtschaft abdrückt« und weil »staatsfinanzielle Vorgänge ein wichtiges Element des Ursachenkomplexes jeder Veränderung sind«, stehen die öffentlichen Finanzen im Zentrum der politischen Auseinandersetzungen.[3] Wer »ihre Botschaft zu hören versteht, der hört da

1 *Streeck*, Zeit, S. 109. Der Begriff »Schuldenstaat« ohne Definition auch bei *Hansmann*, Wege, und *ders.*, Staatsbankrott, sowie pöpulärwissenschaftlich etwa bei *Hank*.

2 *Goldscheid* u. *Schumpeter*; *F. K. Mann*, Finanztheorie; *ders.*, Finanzsoziologie; *Jecht*; *Sultan*; *Ahrend*, bes. S. 168 ff.; zuletzt u. a. *Backhaus*; *R. W. Wagner*; *Martin*.

3 *Schumpeter*, S. 332.

deutlicher als irgendwo den Donner der Weltgeschichte«.[4] Man braucht Schumpeters Emphase nicht zu teilen, um anzuerkennen, dass die öffentlichen Finanzen wesentliche Wandlungsprozesse in der Bundesrepublik sowohl abgebildet als auch mit vorangetrieben haben. Ihre Schlüsselstellung tritt im öffentlichen Haushalt, dem, so Goldscheid, »aller täuschenden Ideologien rücksichtslos entkleidete(n) Gerippe des Staates«, prägnant hervor.[5] Dieser dient in erster Linie dazu, auf der Einnahmenseite finanzielle Ressourcen zu mobilisieren und die Mittel auf der Ausgabenseite für bestimmte politische Ziele einzusetzen.[6] In der öffentlichen Verschuldung tritt diese Kernfunktion des Budgets markant hervor. Denn mit den Krediten, die ein Staat aufnimmt, stellt er einen Ausgleich zwischen der Einnahmen- und der Ausgabenseite seines Haushalts her.

Für die öffentlichen Schulden waren die späten sechziger bis frühen achtziger Jahre eine formative Phase. Salopp formuliert lernten die Deutschen jetzt wieder, Schulden zu machen – öffentlich ebenso wie privat. Wer Schulden macht, entscheidet sich für ein bestimmtes Zeitregime.[7] Er misst der Gegenwart ein größeres Gewicht gegenüber der Zukunft bei und vergrößert seinen aktuellen Handlungsspielraum, oder, anders formuliert: »Diejenigen, die mit Kredit arbeiten, verwenden ihre Zukunft in der Gegenwart und beeinflussen dadurch, was sie morgen tun können bzw. nicht tun können werden«.[8] So lassen sich mit Schulden zukunftsträchtige Investitionen finanzieren und deren Kosten auf mehrere Generationen verteilen, aber auch Ausfälle von Steuern kompensieren und externe Schocks wie Kriege oder Naturkatastrophen finanziell auffangen sowie endlich konjunkturell bedingte Nachfragelücken schließen. Gerade für Politiker liegt ein beständiger Reiz darin, Ausgaben mit Schulden statt durch Steuern zu finanzieren. Letztere vermindern nämlich in der Gegenwart das verfügbare Einkommen, wirken sich unmittelbar auf Konsum wie Investitionen aus und können zu politischen »Kosten«, ja, zu Steuerwiderstand und Schattenwirtschaft führen.[9] Bei der öffentlichen Verschuldung sind dagegen zunächst nur die Zinsen zu zahlen, während die Tilgung erst in ferner Zukunft erfolgen muss. Sie ist ein politisch weit weniger »kostspieliges« Finanzierungsmittel, denn kreditfinanzierte Ausgaben stoßen zumeist auf weniger Widerstand als steuerfinanzierte. Diese erlauben es Politikern – das wusste schon der schottische

4 Ebd., S. 331 f.

5 *Goldscheid*, S. 188.

6 *Wildavsky*, Politics; *ders*., New Politics; *ders*., Budgeting. Vgl. auch *Sturm*, Haushaltspolitik.

7 Zur Zeit-Geschichte vgl. *Geppert* u. *Kössler*; außerdem die Überlegungen von *Rosa*, *Assmann* und *Esposito*, Zukunft; jetzt auch *Graf* u. *Herzog*.

8 *Esposito*, Bonds, S. 60.

9 Vgl. die Definition bei *Schmölders*, Finanzpolitik^3, S. 334, und die Überlegungen bei *Kersting*. Zur Schattenwirtschaft bereits *Nissen* u. *Ollmann* und zuletzt mit der aktuellen Literatur *F. Schneider*.

Philosoph und Ökonom David Hume – »den grossen Mann zu spielen, ohne das Volk mit Steuern zu überladen, oder eine sofortige Unzufriedenheit gegen sich zu erregen«.[10] Doch kann derjenige einer Schuldenillusion erliegen, der die langfristigen Lasten schuldenfinanzierter Ausgaben nicht oder nur zum Teil einkalkuliert und darum die Finanzierung durch Kredite unbesehen einer Finanzierung durch Steuern vorzieht.[11] Auf die dann drohenden Gefahren wies bereits der englische Nationalökonom David Ricardo hin, wenn er davor warnte, dass das »System der Verschuldung« dazu »geeignet« sei, »uns weniger sparsam und gegenüber unserer wirklichen Lage blind zu machen«.[12] Denn der Zugewinn an Gestaltungsfreiheit in der Gegenwart ist beileibe nicht kostenlos. Sein Preis sind finanzielle Belastungen durch laufende Zinszahlungen und Tilgungsverpflichtungen in der Zukunft. Diese können, wenn sie sich auftürmen, mit dem finanziellen auch den politischen Handlungsspielraum einengen,[13] ja, im Extremfall zu Überschuldungskrisen führen, wenn Schulden durch Schulden bezahlt werden müssen.[14] Auch zwingen Schulden je nach der Höhe des Schuldendienstes zu einer mehr oder minder starken Umschichtung vorhandener oder der Erschließung neuer Haushaltsmittel. Nicht zuletzt können sie unter bestimmten Bedingungen zu Einbußen an wirtschaftlichem Wachstum führen und damit spätere Generationen belasten.[15]

Da Schulden Kreditbeziehungen zwischen zwei Personen bzw. Gruppen von Personen, nämlich Schuldnern und Gläubigern, begründen, stellen sie soziale Bindungen her. Der englische Begriff »Bonds« bringt das zum Ausdruck.[16] Auch sind Schulden stets Gegenstand sozialer Aushandlungsprozesse. Dabei ging es in der politischen Arena der Bundesrepublik nicht in erster Linie um die Konditionen von Krediten wie Zinssätze, Laufzeiten oder Tilgungsraten, sondern vor allem darum, die Chancen und Grenzen schuldenfinanzierter Ausgaben in kurzer, mittlerer und längerer Perspektive gegeneinander abzuwägen sowie die mit ihnen verbundenen Vorteile und Lasten zu verteilen. Denn werden öffentliche Ausgaben durch Kredite finanziert, hat das – was nicht erst seit

10 *Hume*, S. 32.

11 Zur Diskussion über die Schuldenillusion *Stalder*, Staatsverschuldung, S. 96 ff.; *dies.*, Staatsverschuldung in der Demokratie, S. 230 ff.; Döring, S. 72 ff. Vgl. außerdem *Gandenberger*, Rationalität, und *ders.*, Theorie, S. 34 ff.

12 *Ricardo*, S. 209.

13 Dazu *Streek* u. *Mertens*, Index, und *Haffert*, Freiheit, S. 69 ff.

14 Vgl. die vieldiskutierte Studie von *Reinhart* u. *Rogoff*; außerdem *Rischbieter*, Risiken, und *dies.*, Einhegen.

15 Damit ist die Debatte um die Lastenverschiebung angesprochen oder, anders gewendet, die Frage, ob die Staatsverschuldung eine »Zeitmaschine« sei. Der Begriff bei *Thormählen*, Staatsverschuldung, und jetzt wieder bei *Nassehi*. Zur Debatte *Gandenberger*, Theorie, S. 28 ff.; *Holtfrerich*, Staatsschulden, S. 54 ff.; *W. Scherf*, S. 417 ff.; *Beck* u. *Prinz*, S. 60 ff.

16 *Graeber* sowie die Beiträge in *Macho*.

John Maynard Keynes bekannt ist – wirtschaftliche Folgen, kann sozial umverteilend wirken und beeinflusst obendrein die Zuweisung politischer Macht. Da öffentliche Schulden mithin Vor- wie Nachteile haben, waren sie in der Bundesrepublik von Anfang an umstritten. Die Entwicklung zum Schuldenstaat ergab sich mithin als eine Abfolge politischer Entscheidungen. Was trieb die Handelnden an, und was ermutigte sie? Welche Bedenken traten warum zurück, und weshalb entstand der Schuldenstaat am Ende weitgehend entgegen den Intentionen der Akteure?

Obwohl eine Analyse des Wegs, den die Bundesrepublik in den Schuldenstaat einschlug, und der politischen Konflikte, die damit verbunden waren, mitten in die bundesdeutsche Geschichte der sechziger bis achtziger Jahre führt, hat die *Geschichtswissenschaft* lange einen Bogen um das Thema geschlagen. Zwar enthalten einige, vor allem neuere Überblicksdarstellungen zur Geschichte und zur Wirtschaftsgeschichte der Bundesrepublik kurze Abschnitte über die öffentlichen Finanzen, die eine erste Orientierung erlauben.[17] Doch fehlen in den Tagungsbänden, welche die fünfziger und sechziger, siebziger und jetzt auch die achtziger Jahre für die historische Forschung erschließen oder die Geschichte der Bundesrepublik international verorten, entsprechende Beiträge fast ganz.[18] Auch in der Diskussion, wie die Zeit »nach dem Boom« konzeptionell zu fassen sei und wo künftige Schwerpunkte zeithistorischer Forschung liegen sollen, spielen finanzhistorische Fragen kaum eine Rolle.[19] Immerhin gibt es einige Untersuchungen, die den Gegenstand dieses Buchs tangieren.[20] Das gilt auch für neuere Studien, die sich etwa mit Verwissenschaftlichung, Experten und Planung in den sechziger und siebziger Jahren beschäftigen,[21] dann für Arbeiten zu Parteien[22] und deren Koalitionen[23] sowie zu verschiedenen

17 *Bracher*, Republik; *Jäger*, Innenpolitik; *Wirsching*, Abschied; *Conze*; *Herbert*; für die 1960er und 1970er Jahre *Hockerts*, Rahmenbedingungen, und *Geyer*, Rahmenbedingungen. Wenige Hinweise dagegen bei *Görtemaker*; *Graf Kielmansegg*; *Rödder*, Bundesrepublik; *Wolfrum*, Bundesrepublik; *ders.*, Demokratie. Zur Wirtschaftsgeschichte vgl. etwa *Abelshauser*, Wirtschaftsgeschichte; *Weimer*; *von Prollius*.

18 *Schildt*, Modernisierung; *ders.*, Zeiten; AfS, Bd. 44, 2004; *Frese*; *Haupt* u. *Requate*; *Jarausch*; *Raithel*; *Ferguson*; AfS, Bd. 52, 2012, jetzt auch als Buch: *Woyke*, Wandel (hier als Ausnahme der Beitrag von *Buggeln*); 1980er Jahre; *Levsen* u. *Torp*.

19 *Doering-Manteuffel*, Boom; *ders.* u. *Raphael*; *ders.*, Vorgeschichte.

20 Zu nennen ist die Studie von *Bökenkamp*, Ende, der jedoch erst mit dem Regierungsantritt der sozial-liberalen Koalition 1969 einsetzt, dafür bis ins Jahr 1998 ausgreift, vor allem aber thematisch (Sozial-, Wirtschafts-, Finanzpolitik) weit ausholt und nicht zuletzt auf archivalische Quellen ganz verzichtet.

21 *Nützenadel*, Stunde; *Schanetzky*, Ernüchterung; *Fisch* u. *Rudloff*; *Collin* u. *Horstmann*; *Ruck*, Sommer; *Metzler*, Konzeptionen; *dies.*, Krise.

22 *Angster*; *Schönhoven*, Wendejahre; *Gebauer*; *Faulenbach*; *Bösch*, Adenauer-CDU; *ders.*, Macht.

23 *A. H. Schneider*; *Baring* u. *Görtemaker*.

Politikfeldern, besonders der Sozial- und Bildungspolitik[24] oder Fragen des Finanzausgleichs.[25] Zu nennen sind außerdem biographische Studien zu Ludwig Erhard und Kurt Georg Kiesinger, Willy Brandt und Helmut Schmidt, Helmut Kohl und Franz Josef Strauß, Karl Schiller oder Hans Matthöfer.[26] Aufs Ganze gesehen aber hat die zeithistorische Forschung, von wenigen Studien zu Teilaspekten abgesehen,[27] das hier behandelte Themenfeld bislang nur am Rand bedient und dieses damit allzu bereitwillig den Wirtschafts- und Politikwissenschaftlern überlassen, die es den Herangehensweisen ihrer Disziplinen entsprechend unter verschiedenen Perspektiven und mit unterschiedlichen Fragestellungen erschlossen haben.

Von der *Finanzwissenschaft* der 1960er und 1970er Jahre wurden die öffentlichen Finanzen in der Bundesrepublik gründlich untersucht. Im Zentrum ihrer Forschungen, die sich über Artikel im »Handbuch der Finanzwissenschaft«,[28] einschlägige Lehrbücher[29] oder Aufsätze etwa im FINANZ-ARCHIV erschließen,[30] standen Probleme der *Fiscal policy*. Primär ging es um die Frage, ob mit fiskalischen Instrumenten eine antizyklische Konjunkturpolitik betrieben und mit ihr das wirtschaftliche Wachstum verstetigt werden könne. Fiel die Antwort in den sechziger und frühen siebziger Jahren im Zeichen eines keynesianischen Konsenses fast einhellig positiv aus, setzte spätestens Mitte der 1970er Jahre eine fortschreitende Ernüchterung ein.[31] Bei den genannten finanzwissenschaftlichen Studien handelt es sich um zeitgebundene Analysen, die dem Historiker als Quellen für die wissenschaftliche Diskussion und den Einfluss von Expertennetzwerken auf die Finanzpolitik dienen können, wie andere zeitgenössische sozialwissenschaftliche Studien aber mit methodischer Vorsicht zu nutzen sind.[32] Das gilt auch für die Forschungen einer kleinen Gruppe alternativer, meist neomarxistischen Ansätzen verpflichteter Finanz- und Politikwissenschaftler, die sich im Anschluss an die Debatte über die »Krise des Spätkapitalismus« mit der »Krise des Steuerstaats« auseinandergesetzt und dabei an die Finanzsoziologie der frühen 1920er Jahre angeknüpft haben.[33] Es gibt

24 *Bundesministerium für Arbeit und Sozialordnung u. Bundesarchiv*; *Kuller*; *W. Süß*, Reform; *ders.*, Traum; *Altmann*, Arbeitsmarktpolitik.

25 *Renzsch*, Finanzverfassung.

26 *Hentschel*; *Gassert*; *Merseburger*; *Soell*; *Schwarz*, Kohl; *Köhler*; *H. Möller*; *Lütjen*; *Hochstätter*; *Abelshauser*, Wirtschaftswunder.

27 Vgl. etwa das Themenheft 3/2015 von GuG zur »Staatsverschuldung«.

28 *Neumark*, Handbuch.

29 Zu nennen sind etwa *Schmölders*, Finanzpolitik; *Musgrave*, Finanzen; *Kolms*; *Andel*, Finanzwissenschaft.

30 FA, NF Bd. 20 ff., 1959/60 ff.

31 Vgl. etwa *Bombach*.

32 Zum Problem der sozialwissenschaftlichen Forschung als zeithistorische Quelle vgl. *Graf* u. *Priemel*; *Pleinen* u. *Raphael*.

33 *O'Connor*, Finanzkrise; *Goldscheid* u. *Schumpeter*; *Grauhan* u. *Hickel*.

indessen nur wenige Finanzwissenschaftler, die über diese Beiträge hinaus die Entwicklung der öffentlichen Finanzen in der Bundesrepublik erforscht haben. Doch erweisen sich ihre Studien als instruktiv für eine Geschichte von Finanzen, Haushalt und Schulden.[34]

Die gegenwärtige Finanzwissenschaft sucht den Schulterschluss mit der Wirtschaftswissenschaft und blendet die historische Dimension fast völlig aus.[35] Eine Ausnahme bilden »Public choice«-orientierte Arbeiten, die von den Eigeninteressen politischer Akteure ausgehen.[36] Sie schlagen eine Brücke zur politökonomischen Forschung, die sich im Zeichen der »New Institutional Economics« mit der Wirkung von Institutionen auf die öffentlichen Finanzen und dabei auch intensiv mit den sechziger bis achtziger Jahren beschäftigt hat.[37] Schwerpunkte ihrer Analysen waren, je nach aktueller Problemlage, zuerst die Expansion der Staatsausgaben,[38] dann die wachsenden Etatdefizite und die Explosion der Staatsschulden,[39] anschließend die Konsolidierung der öffentlichen Haushalte unter dem Druck der »Maastricht-Kriterien«[40] und zuletzt die Chancen, zunehmend aber auch die Gefahren von »Austeritätsregimen«.[41] Die Studien beruhen zumeist auf dem Datenmaterial der OECD,[42] sind vergleichend angelegt und entwerfen politisch-ökonomische Modelle, die korrelative Zusammenhänge zwischen quantifizierbaren Variablen untersuchen.[43] Sie führen den Anstieg der Staatsschulden entweder darauf zurück, dass Regierungen die Verschuldung strategisch einsetzen, um für den Fall einer Wahlniederlage den Handlungsspielraum künftiger, politisch anders ausgerichteter Kabinette zu begrenzen, oder gehen von einem politischen Konjunkturzyklus aus, in dem sich Regierungen insbesondere vor Wahlen stark verschulden, um ihre Chancen zu verbessern, an der Macht zu bleiben. Andere Arbeiten untersuchen, wie sich die parteipolitische Zusammensetzung der Regierung oder die Homogenität bzw. Heterogenität von Regierungskoalitionen auf die Verschuldungspolitik auswirkt. Wieder andere sehen den öffentlichen Haushalt als ein Kollektivgut, eine

34 *W. Ehrlicher*, Finanzwirtschaft; *ders.*, Finanzpolitik; *Caesar* u. *Hansmeyer*, Entwicklung; *Kitterer*, Finanzen; *Weizsäcker*. Zur Steuerpolitik *Muscheid*. Speziell zu den 1970er Jahren *A. Ehrlicher*; *Hanswilllemenke* u. *Rahmann*; *H. Scherf*.

35 *Richter* u. *Wiegard*.

36 *Blankart*; *Mueller*; *Shughart* u. *Razzolini*.

37 *Richter* u. *Furubotn*; *Kirchgässner*, Effects; *Poterba* u. *von Hagen*; *Strauch* u. *von Hagen*; *Buti*.

38 *Cameron*; *Taylor*; *Lybeck* u. *Henrekson*; *Roubini* u. *Sachs*, Policy; *Tanzi* u. *Schuknecht*.

39 Ein Forschungsüberblick bei *Eslava*; vgl. bes. *Buchanan* u. *Wagner*; *Alesina* u. *Tabellini*; *Roubini* u. *Sachs*, Determinants; *Alesina*; *Skilling*; *Mikosch* u. *Übelmesser*.

40 *Alesina* u. *Perotti*; *Zaghini*; *Hallerberg*; *Castles*; *Tavares*.

41 *Alesina* u. *Ardegna*; *von Weizsäcker*, Debt; *ders.*, Notwendigkeit.

42 Vgl. aber den methodischen Transfer auf die vergleichende Analyse der Länder in der Bundesrepublik bei *Seitz*; *Galli* u. *Rossi*; *C. J. Schneider*, Fighting; *Jochimsen* u. *Nuscheler*.

43 Überblicke mit weiterer Literatur bei *Stalder*, Staatsverschuldung; *Wagschal*, Staatsverschuldung; *Kirchgässner*, Economy.

sogenannte »Allmende«, der an der Budgetierung beteiligten politischen Akteure, die für ihre jeweilige Klientel möglichst viele Mittel zu erhalten suchen und so Defizite wie Schulden nach oben treiben. Schließlich finden sich Untersuchungen, die den Einfluss unterschiedlicher Institutionen wie des Wahlrechts oder von Finanzreferenden auf die Kreditfinanzierung in den Blick nehmen. Alle diese Studien, deren empirische Evidenz nicht durchweg überzeugt, blenden die historischen Rahmenbedingungen ebenso aus wie die konkreten Akteure, die komplexen politischen Konstellationen und die jeweiligen Entscheidungsprozesse. Immerhin lenken sie den Blick auf zentrale ökonomische und politisch-institutionelle Faktoren, die für die Expansion oder Konsolidierung der öffentlichen Haushalte und damit für die Zu- oder Abnahme der Schulden verantwortlich sein können. Die zentrale Rolle ökonomischer Ideen ist vor allem im Zusammenhang mit dem Keynesianismus und dessen Rezeption untersucht worden.[44] Allerdings wurde die historische Dimension in politökonomischen Studien unter dem Eindruck der jüngsten Finanzkrise wieder mehr in den Fokus gerückt. Das gilt nicht zuletzt für die Gefahren der Überschuldung, zumal unter Einbeziehung der privaten Schulden.[45] Auch neuere mikroökonomische Studien warten mit Überlegungen und Ergebnissen auf, die für die historische Forschung anschlussfähig sind.[46]

Außer der Finanz- beschäftigt sich die *Politikwissenschaft* mit Fragen der öffentlichen Finanzen. Das gilt vor allem für die Vergleichende Staatstätigkeitsforschung,[47] die auf der Basis von OECD-Statistiken mit einem variablenorientierten komparatistischen Ansatz nach verallgemeinerbaren Aussagen sucht. Im Zentrum stehen Steuern,[48] Schulden[49] und die Chancen von Haushaltskonsolidierungen.[50] In diesem Zusammenhang sind auch Länderstudien entstanden, darunter zu den öffentlichen Finanzen in der Bundesrepublik, teils als Überblicke, teils als Krisenanalysen, teils in methodischer Übertragung der Vergleichenden Staatstätigkeitsforschung auf die Bundesländer, zunehmend aber in methodischer Annäherung an die politökonomische Forschung.[51] Auf Distanz zu diesem Strang politikwissenschaftlicher Forschung gehen die Arbeiten Wolfgang Streecks, dessen Studie »Gekaufte Zeit« die wachsende Verschuldung des Staates auf hohem Abstraktionsniveau als eine letztlich vergebliche Strategie

44 *Bombach*; *Hall*; *Colander* u. *Coats*; *Blyth*. Von historischer Seite *Raphael* u. *Tenorth*.

45 So etwa *Reinhart* u. *Rogoff*; *Konrad* u. *Zschäpitz*; *Schularick*, Public Debt; *ders.*, Public and Private Debt.

46 *Heinemann* u. *Hennighausen*; *Stix*; *Thomasius*; *Potrafke*.

47 *Almond*; *M. G. Schmid*, Analyse.

48 *Wagschal*, Steuerpolitik; *ders.*, Ökonomie; *ders.*, Schulden; *ders.*, Mortage.

49 *Ders.*, Staatsverschuldung.

50 *Ders.* u. *Wenzelburger*; *ders.*, Konsolidierungsstrategien; *Armingeon*.

51 *M. G. Schmidt*, Staatsfinanzen; *ders.*, System; *Wagschal*, Entwicklung; *Bawn*; *Streeck*, Endgame; *C. J. Schneider*, Opportunismus.

zur Bewältigung der Krise des demokratischen Kapitalismus interpretiert.[52] Von ihm und aus seinem wissenschaftlichen Umfeld ist zudem eine Reihe von Studien erschienen, die sich kritisch mit »Austeritätsregimen« und ihren Erfolgschancen beschäftigen.[53]

Die finanz- und politikwissenschaftlichen Forschungen, welche die Finanz- und Schuldenpolitik der Bundesrepublik unter verschiedenen Perspektiven und mit unterschiedlichen Fragestellungen erschlossen haben, stoßen bei der Antwort auf die Frage, warum die Bundesrepublik in einen Schuldenstaat abgeglitten sei, schnell an ihre Grenzen. Denn sie arbeiten mit Prämissen, welche die historische Dimension höchstens am Rand einbeziehen. Deshalb können sie die wechselnden Kontexte und Konstellationen kaum in den Blick nehmen, in denen politische Akteure Entscheidungen getroffen haben; sie tun sich ebenso schwer damit, die Ambivalenzen, Folgen und Dynamiken solcher Entscheidungen tiefer auszuloten, die Ergebnisse zeitigen konnten, welche den Intentionen der Handelnden nicht entsprachen, ja, ihnen regelrecht zuwiderliefen; und es gelingt ihnen nur begrenzt, die sich dadurch verengenden Spielräume für politisches Handeln genauer auszumessen.

Um alle jene Probleme geht es in diesem Buch. Es untersucht das Abgleiten der Bundesrepublik in einen Schuldenstaat und knüpft dabei methodisch an Überlegungen aus der Politikwissenschaft an, die dort in der Policy-Forschung und hier vor allem in der Politikfeldanalyse diskutiert werden. Diese fragt, »was politische Akteure tun, warum sie es tun und was sie letztlich bewirken«. Im Zentrum stehen deshalb »politische Entscheidungen und deren Umsetzung in konkreten Handlungszusammenhängen unter Berücksichtigung der situativen oder strukturellen Voraussetzungen und Determinanten«.[54] Es ist hier nicht der Ort, die verschiedenen Ansätze in der Policy-Forschung vorzustellen sowie deren Vor- und Nachteile zu diskutieren.[55] Doch bietet sich als Analyserahmen für diese Studie das »Advocacy Coalition Framework«-Konzept (ACF) an. Es steht im Kontext der Unterteilung von »Politik« in »Polity« (Probleme der politischen Ordnung), »Politics« (politischer Prozess bzw. Machtpolitik) und »Policy« (Sachpolitik und Politikfelder), konzentriert sich darauf, den Policy-Wandel zu erklären, und geht dabei von vier für die Analyse des öffentlichen Haushalts und besonders der öffentlichen Schulden weiterführenden Überlegungen aus:[56]

52 *Streeck*, Zeit; *ders.*, Debt. Vgl. auch *ders.*, Capitalism.

53 *Ders.* u. *Mertens*, Politik; *Schäfer* u. *ders.*; *ders.*, Rise; *Haffert* u. *Mehrtens*, Haushaltsüberschüsse; *dies.*, Austerity; *Mehrtens*; *Haffert*, Freiheit. Vgl. dazu auch *Sturm*, Austeritätspolitik, und zuletzt *Haffert*, Null.

54 *Schneider* u. *Janning*, S. 11.

55 *Schubert*; *Héritier*; *Schubert* u. *Bandelow*; *Schneider* u. *Janning*; *Nullmeier* u. *Wiesner*; *Fisher*; *Araral*.

56 *Sabatier*, Advocacy Coalition; *ders.* u. *Jenkins-Smith*; *ders.*, Framework of Policy Change. Aktuelle Fassung: *ders.* u. *Weible*; *Weible* u. *ders.*; *Weible* u. *Nohstedt*.

Erstens versteht sich der ACF-Ansatz als Gegenmodell zum Policy-Zyklus-Konzept, das eine Sequenz einzelner Phasen von der Problemdefinition bis zur Implementation bzw. abschließenden Evaluation unterscheidet.[57] Er nimmt an, dass sich der Policy-Wandel über eine längere Zeitspanne, etwa eine Dekade, erstreckt und in einem Policy-Subsystem wie den öffentlichen Finanzen konzentriert. Dieses besteht aus einer Vielzahl von Akteuren, die sich mit einem bestimmten Policy-Problem beschäftigen und von allen Ebenen sowie aus sämtlichen Institutionen des politischen Systems, aber auch aus Verbänden, der Wissenschaft oder den Medien stammen können.

Diese Akteure engagieren sich zweitens im politischen Prozess, um die handlungsleitenden Orientierungen ihrer »belief systems« in praktische Politik umzusetzen. Bei diesen handelt es sich um spezifische, auf bestimmte Politikbereiche bezogene Wertvorstellungen, Annahmen über Kausalbeziehungen, Perzeptionen von Problemen oder Einschätzungen über die Wirksamkeit bestimmter Policy-Instrumente. Die »belief systems« weisen eine dreiteilige, hierarchische Struktur auf: Bei den »deep core beliefs« handelt es sich um grundlegende, hochstabile und entsprechend kaum zu ändernde Überzeugungen; die »policy core beliefs«, die sich auf Positionen und Strategien im Policy-Subsystem beziehen, sind leichter, aber noch relativ langsam zu verändern; die »secondary beliefs« dagegen umfassen einfach und rasch zu revidierende pragmatisch-instrumentelle Positionen.

Innerhalb des Policy-Subsystems finden sich drittens jene Akteure zu einer kleinen Zahl sogenannter »advocacy-coalitions« zusammen, welche bestimmte »policy core beliefs« teilen und ihre Aktionen über einen längeren Zeitraum mehr oder minder eng koordinieren. Diese wollen politische Entscheidungen in ihrem Sinn beeinflussen bzw. herbeiführen. Hinzu stoßen »policy-broker«, Mittler also, die Kompromisse zwischen den »advocacy-coalitions« aushandeln, um das Konfliktniveau niedrig zu halten. Die Koalitionen, wie sie im Folgenden bezeichnet werden, decken sich nicht mit parteipolitischen Koalitionen, können solche aber einschließen. Insofern greift der hier verwendete Begriff »Koalitionen« weiter.

Policy-Wandel entsteht viertens durch Umbrüche innerhalb des Subsystems, etwa infolge einer Veränderung der »belief systems«, zumal der »policy core beliefs«, oder durch externe Ereignisse wie den Wandel der wirtschaftlichen Lage, öffentlichen Meinung oder politischen Konstellation, welche die Bedingungen und mit ihnen die Handlungsspielräume verändern, unter denen die Akteure im Subsystem operieren.[58]

57 *Schneider* u. *Janning*, S. 48 ff.

58 Lerntheoretische Akzentuierung und Fortschreibung bei *Bandelow*, Politik; *ders.*, Ansätze; *ders.*, Coalitions.

Der ACF-Ansatz liefert einen Untersuchungsrahmen, der Faktoren wie Variablen benennt und miteinander verknüpft, die politische Prozesse beeinflussen. Er erlaubt es, flexibel eingesetzt, Änderungen in der Finanz- und Schuldenpolitik sowohl als Ergebnis externer Veränderungen der Rahmen- und Handlungsbedingungen wie auch als Resultat von Machtverschiebungen zwischen den um »belief systems« sich formierenden Koalitionen zu begreifen. Dabei stehen die »policy core beliefs«, die Leitbilder, wie sie hier genannt werden sollen, im Zentrum der Analyse. So geht das Buch erstens von der These aus, dass die Bereitschaft, mehr Staat zu akzeptieren und dafür die öffentlichen Ausgaben auch um den Preis wachsender Schulden zu erhöhen, von einer breiten Koalition politischer Kräfte getragen wurde. Es fragt, warum sich seit den sechziger Jahren eine solche Expansionskoalition formierte, die für eine Verbreiterung des Staatskorridors eintrat. Wie setzte sich diese Allianz zusammen? Welche Vorstellungen und Ziele verbanden die heterogenen politischen Kräfte? Wie begründeten diese das Mehr an Staat? Wodurch gewann die Koalition entscheidenden Einfluss auf die Gestaltung der öffentlichen Haushalte? Gefragt wird zweitens, welche Finanzpolitik Bund, Länder und Kommunen unter dem Einfluss der Expansionskoalition von den sechziger Jahren bis in die frühen achtziger Jahre betrieben. Wie entstand der auffällige finanzpolitische Gleichklang von Bund, Ländern und Gemeinden, also der verschiedenen Ebenen des föderalen Finanzsystems? Warum erhielt trotz einer Reihe von Steuerreformen die Neuverschuldung Priorität gegenüber einer Steuerfinanzierung der wachsenden Ausgaben? Wie veränderte die Schuldenfinanzierung den politischen Handlungsspielraum? Drittens wird zu untersuchen sein, warum die Expansionskoalition seit Mitte der siebziger Jahre erodierte. An welche Grenzen stieß die Politik schuldenfinanzierter Expansion der öffentlichen Haushalte? Wie und warum formierte sich parallel zum Niedergang der Expansionskoalition eine neue Allianz, die auf weniger Staat, Konsolidierung der Haushalte und Abbau der Verschuldung setzte? Welche politischen Kräfte umfasste diese Konsolidierungskoalition? Viertens muss analysiert werden, ob und in welchem Umfang die Konsolidierungskoalition einen Kurswechsel in der Finanz- und Schuldenpolitik einleiten konnte. Setzte sie sich bereits unter der sozial-liberalen Regierung durch? Worin lagen die Gründe für ihren zumindest partiellen Erfolg? Obsiegte nach dem Regierungswechsel 1982 die Konsolidierungspolitik, so dass sich von einer »Wende« sprechen lässt? Warum ebbten die Bemühungen, die Defizite in den öffentlichen Haushalten zu reduzieren und die Verschuldung zu verringern, Mitte der 1980er ab, so dass die Bundesrepublik ein Schuldenstaat blieb?

Das Buch enthält die Befunde einer breit angelegten empirischen Untersuchung. Als zentral für die Analyse erwiesen sich die Bestände des Bundeskanzleramts und des Bundesministeriums der Finanzen, des Bundesministeriums für Wirtschaft, des Bundesministeriums für Justiz und des Bundespräsidialamts im Bundesarchiv Koblenz. Wichtige Ergänzungen lieferten die Akten der politischen Parteien, besonders die Protokolle der Gremien und Arbeitskreise für Finanzen sowie der Fraktionen und Parteitage, im Archiv der sozialen Demokratie der Friedrich-Ebert-Stiftung (Bonn), im Archiv für Christlich-Demokratische Politik der Konrad-Adenauer-Stiftung (St. Augustin), im Archiv des Deutschen Liberalismus der Friedrich-Naumann-Stiftung (Gummersbach) und im Archiv für Christlich-Soziale Politik der Hanns-Seidel-Stiftung (München). Herangezogen wurden auch Akten des Deutschen Gewerkschaftsbundes im Archiv der sozialen Demokratie der Friedrich-Ebert-Stiftung sowie Protokolle des Zentralbankrats im Archiv der Deutschen Bundesbank (Frankfurt). Als ergiebig erwiesen sich darüber hinaus die Deposita bzw. Nachlässe führender Politiker wie Willy Brandt und Horst Ehmke, Herbert Ehrenberg und Franz Etzel, Hans-Dietrich Genscher und Hermann Höcherl, Hans Matthöfer und Wolfgang Mischnick, Alex Möller und Albrecht Müller, Heinz Rapp und Karl Schiller, Helmut Schmidt und Kurt Schmücker, Gerhard Stoltenberg und Franz Josef Strauß, Heinz Günter Zavelberg, Herbert Wehner und Heinz Westphal. Der Gewinnung von Hintergrundinformationen diente eine Reihe von nicht standardisierten Interviews mit Ministern (Manfred Lahnstein), beamteten (Günter Obert, Manfred Overhaus) und parlamentarischen Staatssekretären (Rolf Böhme, Hansjörg Häfele und Rainer Offergeld), höheren Beamten des Bundesministeriums der Finanzen (Werner Klotz und Egon Neuthinger, Jürgen Quantz und Eberhard Schmiege, Adalbert Uelner und Heinz Günter Zavelberg) und des Bundeskanzleramts (Jürgen Quantz) sowie mit Abgeordneten des Deutschen Bundestags, die dem Haushaltsausschuss angehörten (Horst Schröder). Um die Expansion von Haushalten und Schulden der Länder exemplarisch einzubeziehen, wurde das Land Nordrhein-Westfalen ausgewählt und der Bestand Staatskanzlei im Landesarchiv NRW (Duisburg) ausgewertet. An gedruckten Quellen kamen hinzu die Kabinettsprotokolle der Bundesregierung und der Landesregierung von NRW, das BULLETIN DES PRESSE- UND INFORMATIONSAMTS DER BUNDESREGIERUNG, die Haushaltsreden der Bundesfinanzminister, die Bundeshaushaltspläne, Finanzberichte und Finanzpläne sowie weitere Veröffentlichungen des Bundesministeriums der Finanzen, die einschlägigen Stenographischen Berichte über die Verhandlungen bzw. die Drucksachen des Deutschen Bundestags[59] sowie Publikationen der politischen Parteien, des Deutschen Gewerkschaftsbundes, der Vereinigung der Deutschen Arbeitgeberverbände und des Bundesverbandes der Deutschen Industrie, eine

59 Die Akten des Haushaltsausschusses des Deutschen Bundestags wurden nicht ausgewertet, da nach einhelliger Auffassung der hohen Beamten wie von Mitgliedern des Ausschusses selbst hier keine Grundsatzdebatten über Staatsverschuldung geführt worden sind, sondern die Prüfung der Einzelpläne im Vordergrund stand. Interviews Quantz und Schröder.

Reihe wirtschafts- und finanzwissenschaftlicher Zeitschriften, schließlich eine breite Auswahl an Wirtschafts-, Tages- und Wochenzeitungen.

Die Studie verfolgt einen, wie sie argumentiert, wichtigen Strang der bundesdeutschen Geschichte von den 1960er bis in die 1980er Jahre. Sie interessiert sich aber auch, wenn es inhaltlich geboten erscheint, für transnationale Einflüsse. Das geschieht in den vier Teilen, in die sich das Buch gliedert, in unterschiedlichem Ausmaß. Das erste Kapitel geht der Entstehung der Expansionskoalition nach. Es untersucht, wie sich seit den späten fünfziger und frühen sechziger Jahren angestoßen durch die Debatte über öffentliche Armut und privaten Reichtum in den Vereinigten Staaten und geprägt durch die Erfahrungen mit einer planlosen Expansion der Haushalte in der frühen Bundesrepublik, aber auch legitimiert durch die *Fiscal policy* und abgesichert durch das Instrumentarium zur Steuerung der Konjunktur eine »Advocacy coalition« von Akteuren aus Parteien und Verbänden, Bürokratie und Parlamenten, Medien und Öffentlichkeit formierte, die aus unterschiedlichen Motiven der Konsens einte, der öffentlichen Hand um den Preis expandierender Haushalte und steigender Schulden mehr Aufgaben zu übertragen. Das zweite Kapitel analysiert die Politik der Expansion. Es zeigt, dass die Forderung nach mehr Staat die Heterogenität der Expansionskoalition überdeckte. Ziel und Dynamik, Ansatzpunkt und Zeithorizont der Expansionspolitik waren deshalb von allem Anfang an umstritten. So durchlief diese mehrere Phasen, die sich mit den Begriffen »kontrollierte«, »dynamische« und »pragmatische« Expansion überschreiben lassen. Das dritte Kapitel analysiert die Gründe für die Erosion der Expansionskoalition an der Wende des Booms und geht der Frage nach, wie sich in der sogenannten »Verschuldungsdebatte« der späten siebziger Jahre eine neue »Advocacy coalition« zusammenfand, der es um eine Verringerung der staatlichen Auf- und Ausgaben sowie eine Verlangsamung, ja, einen Stopp des Schuldenwachstums ging. Im vierten Kapitel wird schließlich untersucht, ob sich am Übergang von den 1970er zu den 1980er Jahren unter dem Druck der Konsolidierungskoalition bereits während der sozial-liberalen Regierung eine Politik der Konsolidierung durchgesetzt hat und welche Konflikte diese Umorientierung nach sich zog. Es fragt zudem, ob es der Konsolidierungskoalition unter der Regierung Kohl gelang, das Niveau der Staatstätigkeit zu senken, dazu den Anstieg der Ausgaben zu bremsen und die Abgabenlast zu vermindern, die Nettokreditaufnahme zurückzufahren und den Schuldenberg abzutragen.

Viele Institutionen und Personen haben die Entstehung dieses Buches unterstützt sowie mit regem Interesse und wohlwollender Kritik begleitet. Mein Dank gilt der Deutschen Forschungsgemeinschaft, die mir ein Forschungsjahr für die Archivstudien bewilligt, und der VolkswagenStiftung, welche die Niederschrift der Forschungsergebnisse im Rahmen des »Opus magnum«-Programms großzügig gefördert hat. In den öffentlichen und privaten Archiven fand ich vielfältige Hilfe und sachkundigen Rat, für die ich dankbar bin. Auch den zeitgenössischen Akteuren danke ich für ihre Offenheit, mit der sie meine Fragen beantwortet haben. Eine »Generation« studentischer und wissenschaftlicher Hilfskräfte am Historischen Institut der Universität zu Köln half bei der Durchsicht von Zeitungen und Zeitschriften sowie der Beschaffung der Literatur. Stellvertretend für alle nenne und danke ich Max van Bahlen, der die Haushalts- und Schuldendaten überprüft und graphisch umgesetzt hat. Volker Barth und Helmut Berding, Jost Dülffer und Michael Homberg, Anna Karla, Dieter Langewiesche und Nina Verheyen lasen verschiedene Fassungen des Manuskripts. Ihnen verdanke ich eine Vielzahl kritischer Kommentare, die mir halfen, aus dem Manuskript ein Buch zu machen.

1. Die Entstehung der Expansionskoalition

In den sechziger Jahren formierte sich die Expansionskoalition. Verschiedene Stränge liefen dabei zusammen und verschränkten sich miteinander: die Debatte über öffentliche Armut und privaten Reichtum; irritierende Erfahrungen mit der ungeplanten Expansion der staatlichen Finanzen und der von ihr ausgelösten Finanzkrise in den Mittsechzigern; aber auch die Enttabuisierung der öffentlichen Verschuldung durch die *Fiscal policy*; sowie nicht zuletzt die Installierung eines Instrumentariums für eine geregelte Ausweitung der Staatstätigkeit. Alle diese Entwicklungen trugen dazu bei, dass sich politische Kräfte verbanden, die für eine »Erweiterung des Staatskorridors«[1] und, um dieses Ziel zu erreichen, für eine höhere Neuverschuldung eintraten.

a) Öffentliche Armut und privater Reichtum

Der Leitbegriff, um den sich die Expansionskoalition bildete, war die öffentliche Armut, genauer: der Gegensatz von öffentlicher Armut und privatem Reichtum. Unter diesem Schlagwort wurde seit dem Ende der fünfziger Jahre in Parteien und Interessenverbänden, in der Öffentlichkeit und den Parlamenten sowie nicht zuletzt in der Wissenschaft debattiert, wie die Unterversorgung mit öffentlichen Gütern und Leistungen in der Bundesrepublik zu beheben sei. Dabei ging es im Kern um die Frage, ob der Staat in Wirtschaft und Gesellschaft eine größere Rolle spielen sollte und, wenn ja, auf welchen Feldern und mit welchen Mitteln das geschehen könnte.[2] Auf den Begriff gebracht wurde der Gegensatz von öffentlicher Armut und privatem Reichtum zuerst von dem in Harvard lehrenden kanadischen Wirtschaftswissenschaftler John Kenneth Galbraith. In seinem Buch »The Affluent Society« rechnete er mit der »Mainstream-Ökonomie« ab, die von der Knappheit aller wirtschaftlichen Güter ausgehe und mit diesem Argument eine effiziente und möglichst hohe, durch den Markt regulierte Produktion für den privaten Konsum rechtfertige.[3] Denn diese führe in der modernen Industriegesellschaft, die Galbraith nicht mehr als Knappheits-, sondern als Überflussgesellschaft begriff, zu zunehmend proble-

1 *Hansmeyer*, Kredit, S. 56.
2 Zur Einführung *Grimm*.
3 *Galbraith*, Society, hier zitiert nach der deutschen Übersetzung: *ders.*, Gesellschaft. Zu Galbraith und seinem Werk *Parker* und *Dunn*.

matischen, ja, widersinnigen Ergebnissen. Dazu rechnete der Wissenschaftler außer der wirtschaftlichen Instabilität und der fortschreitenden Inflation vor allem das wachsende Missverhältnis zwischen »privatwirtschaftlich erzeugten und angebotenen Gütern und Diensten auf der einen Seite und öffentlichen Dienstleistungen auf der anderen Seite«.[4] Dieses Ungleichgewicht rühre daher, dass Produktion und Produzenten, nicht dagegen Verbrauch und Verbraucher die Wirtschaft lenkten. Während das Wachstum der privaten Güterproduktion sich immer mehr der durch Werbung künstlich geschaffenen Nachfrage und damit dem »Abhängigkeitseffekt« der Konsumenten verdanke,[5] trage die Produktion in der industriellen Gesellschaft dem »lebensnotwendigen, wirklich echten Bedarf: Schulen, Krankenhäuser, Beseitigung von Elendsquartieren, Städteplanung, Kanalisation, Grünanlagen, Spielplätze, Polizei und tausend andere Dinge« nicht genügend Rechnung.[6] Wieder und wieder zitiert wurde Galbraiths satirisch zugespitzte Beschreibung der Diskrepanz von öffentlicher Armut und privatem Reichtum: »Die Familie, die ihr lilakirschrotes, automatisch gebremstes, mit raffinierter Luftheizung und -kühlung ausgestattetes Auto aus der Garage holt, um einen Ausflug zu machen, fährt durch Orte mit schlecht gepflasterten und ungereinigten Straßen, verfallenen Häusern, scheußlichen Reklameschildern und Hochspannungs- oder Telegrafenmasten, deren Leitungen man längst schon unter die Erde hätte verlegen müssen. … Unsere Familie genießt am Ufer eines verdreckten Flusses die köstlichen Konserven aus der transportablen Kühlbox und übernachtet dann auf einem Parkgelände, das für Volksgesundheit und öffentliche Moral eine Gefahr ist. Kurz bevor sie auf ihren Luftmatratzen unter dem Dach ihres Nylonzeltes, umgeben von dem Gestank faulender Abfälle, einschlummert, möge sie sich vage Gedanken über die seltsame Unterschiedlichkeit ihrer Genüsse machen.«[7]

Galbraith hielt es für sozial wie ökonomisch zwingend, beide Bereiche in ein Gleichgewicht zu bringen.[8] Denn die »Grenze, die die Domäne des Reichtums vom Bereich der Armut trennt«, argumentierte er, »ist in etwa die Grenze zwischen privatwirtschaftlich erzeugten und angebotenen Gütern und Diensten auf der einen Seite und den öffentlichen Dienstleistungen auf der anderen.«[9] Aus ökonomischer Sicht sah der Wissenschaftler ebenfalls gute Argumente für das von ihm geforderte Gleichgewicht. So ging Galbraith davon aus, dass sich das Sozialprodukt durch ein Mehr an staatlichen Ausgaben effizienter verwenden lasse. Aber nicht nur privater und öffentlicher Konsum, sondern

4 *Galbraith*, Gesellschaft, S. 267.
5 Ebd., S. 168 ff.
6 Ebd., S. 325.
7 Ebd., S. 269.
8 Ebd., S. 220.
9 Ebd., S. 267.

auch die privaten und öffentlichen Investitionen müssten in ein ausgewogenes Verhältnis gebracht werden. In der modernen Industriegesellschaft, betonte der Ökonom, sei die Kapitalbildung für das wirtschaftliche Wachstum weniger wichtig als der technische Fortschritt, der sich nicht zuletzt der Arbeit qualifizierter, gut ausgebildeter Menschen verdanke. Da Bildung und Wissenschaft überwiegend mit öffentlichen Geldern finanziert würden, spreche auch das dafür, »private Mittel für öffentliche Zwecke frei zu machen«.[10] Um diese Umverteilung zu erreichen, eigne sich am besten ein Steuersystem, das dem Staat »für öffentliche Zwecke einen entsprechenden Anteil an dem wachsenden Einkommen automatisch zukommen« lasse. Galbraith dachte in erster Linie an Verbrauchsteuern, da deren Ertrag parallel zur Produktion privater Güter wächst.[11]

Mit der »Affluent Society« setzte sich sein Verfasser einerseits argumentativ, aber auch in der Art und Weise, wie er seine Überlegungen präsentierte, vom »conventional wisdom« der »mainstream economics« ab. Andererseits ist die Herkunft der verschiedenen Argumentationslinien, die er in seinem Buch geschickt verwob, unschwer zu erkennen: Das gilt vor allem für die (neo-)institutionalistischen Seiten seines Werks, die auf Thorstein Veblen zurückgehen und ganz auf dessen Linie die interdisziplinären Ansätze sowie die sozial- und kulturwissenschaftlichen Aspekte des Themas in den Vordergrund rücken. Gedanken von John Maynard Keynes finden sich ebenfalls in dem Buch wieder, ging dieser doch nach Galbraiths Sehweise davon aus, wirtschaftliches Wachstum nicht zuletzt dank staatlicher Eingriffe maximieren und perpetuieren zu können, so dass überhaupt erst die Voraussetzungen für jene »Überflussgesellschaft« entstanden, welche der Verfasser der »Affluent Society« analysierte. Aber auch in anderer Hinsicht trat Galbraith in die Fußstapfen von Keynes, etwa indem er gezielt die Öffentlichkeit ansprach oder die Ökonomie als eine praktische Wissenschaft begriff.[12]

»The Affluent Society« erschien 1958 in den USA, stand dort fast ein Jahr lang auf der Bestseller-Liste der New York Times, wurde dutzende Male rezensiert und machte ihren Autor mit einem Schlag berühmt. So beeindruckte das Buch trotz oder gerade wegen seiner normativen, sozialkritischen Thesen nicht zuletzt den bekannten Publizisten Walter Lippmann.[13] Viele der Galbraithschen Gedanken flossen auch in das Wahlprogramm der Demokraten und in zahlreiche Wahlreden John F. Kennedys ein. Galbraith gehörte zum *Brain trust* des Präsidentschaftskandidaten und blieb nach dessen erfolgreicher Wahl in

10 Ebd., S. 328.
11 Ebd., S. 329.
12 *Parker*, S. 282ff.
13 Zur Rezeption ebd., S. 292ff.; *Goodwin*, S. 328ff.

verschiedenen Ämtern und Funktionen einflussreich.[14] Robert B. Downs, ein renommierter amerikanischer Bibliothekswissenschaftler, zählte die »Affluent Society« zu den wirkungsmächtigsten Werken des 20. Jahrhunderts,[15] und George J. Stigler, einer der führenden Ökonomen der Chicagoer Schule und späterer Nobelpreisträger, »considered it shocking that more Americans have read *The Affluent Society* than *The Wealth of Nations*«.[16]

In der Bundesrepublik wurden das Erscheinen des Buchs und die Debatte um die »Affluent Society« aufmerksam registriert. Die Rezeption des Werkes erfolgte in zwei Schritten: zum einen indirekt, vermittelt über die USA, zum anderen direkt. Bereits die Veröffentlichung der »Affluent Society« in den Vereinigten Staaten stieß in der bundesdeutschen Presse auf bemerkenswerte Resonanz. So stellte Jürgen Eick, Leiter der Wirtschaftsredaktion und ab 1963 Mitherausgeber der Frankfurter Allgemeinen, das Werk in einem vierseitigen, positiv gehaltenen Artikel vor,[17] und Jacques Stohler, von 1957 bis 1960 leitender Wirtschaftsredakteur der Wochenzeitung Die Zeit, prognostizierte: »Bleibende Wirkung wird auch Galbraiths Angriff auf die Unterschätzung der Dienste des öffentlichen Sektors der Wirtschaft ausüben«.[18] Eine Vielzahl weiterer Besprechungen in Zeitungen und wissenschaftlichen Zeitschriften schloss sich an und machte die Überlegungen Galbraiths populär.[19] Manche verfolgten das mit großer Sorge. So beschäftigte sich die Kasseler Tagung der wirtschaftsliberalen Mont Pèlerin Society[20] 1960 mit Galbraiths Buch, das in den USA zwar weit verbreitet, inhaltlich aber nichts anders als eine »Art ökonomischen Journalismus« sei.[21] Von der Frankfurter Allgemeinen zustimmend kommentiert, ging die Jahrestagung der Gesellschaft in Knokke 1962 mit der »Renaissance gewisser zentralplanwirtschaftlicher Ideen« ins Gericht, die »kein

14 *Parker*, S. 316 ff.; J. Stohler, Im Hintergrund – ein Professor, in: Die Zeit Nr. 30 vom 29.7.1960.

15 *Downs*.

16 Zit. nach *Parker*, S. 293.

17 J. Eick, Gesellschaft im Überfluss. Bemerkungen zu einem neuen Buch von John K. Galbraith, in: Frankfurter Allgemeine Nr. 176 vom 2.8.1958. Zu Eick vgl. Gründervater, in: Die Zeit Nr. 21 vom 18.5.1990; *Jahn*, S. 242.

18 J. Stohler, Die Wirtschaft des Überflusses, in: Die Zeit Nr. 43 vom 23.10.1958. Jacques Stohler übernahm 1960 eine Professur an der Universität Basel zunächst für Verkehrswissenschaft, dann für Nationalökonomie.

19 Etwa F. H. Rosenstiel, Billiges Geld, hohe Staatsausgaben. Galbraith Thesen in Amerika, in: Frankfurter Allgemeine Nr. 154 vom 29.10.1960; *Schumann* oder *K. Schmidt*, wo Galbraiths Thesen gleich nach Adolf Wagners »Gesetz von der wachsenden Ausdehnung der Staatstätigkeit« behandelt werden.

20 Dazu *Walpen*, bes. S. 84 ff.; *Plickert*, S. 115 ff., und zuletzt mit weiterer einschlägiger Literatur *Plehwe* u. *Schmelzer*.

21 A. Hunold, Die Kasseler Tagung der Mont Pèlerin Society, in: Die Aussprache, Heft 11, 1960, S. 369–371 (Zitat: S. 369).

harmloses intellektuelles Spiel, sondern ein öffentliche Gefahr« seien, wie Friedrich August Hayek, der Ehrenpräsident der Gesellschaft, betonte. Dabei wurde nicht zuletzt der »Trick des Mister Galbraith« scharf kritisiert, die Begriffe »privat« und »öffentlich« anders als bisher zu besetzen: »Was Galbraith den privaten Sektor nennt, ist in Wirklichkeit der freiwillige Sektor, und was er den öffentlichen Sektor nennt, ist in Wirklichkeit der Zwangsbereich.«[22] Ganz auf dieser Linie machte Wilhelm Röpke gegen die »Verherrlicher des Staatsappetits« Front, beklagte »die langsam und zum großen Teil auf Umwegen arbeitende Wirkung bestimmte Theorien« und nannte dabei an erster Stelle die »Affluent Society«, deren Verfasser er zu den »führenden Ideologen der expansionistischen Finanz- und Kreditpolitik« rechnete. »Wenn man verstehen will«, so Röpke weiter, »wie in den letzten Jahren der Strom der amerikanischen Staatsausgaben so schnell und in Riesenwogen über die Ufer treten konnte, ... so muß man ›The Affluent Society‹ lesen und sich vor Augen halten, daß dieses Buch zu einem der großen Bucherfolge Amerikas geworden ist.«[23]

Die »griffige Formel« Galbraiths »traf und verstärkte zugleich den Zeitgeist« aber nicht nur vermittelt über die USA, sondern erreichte, wiewohl »relativ spät, dann aber heftig«, die Bundesrepublik auch auf direktem Weg.[24] So kam bereits 1959, ein Jahr nachdem das Buch in den USA erschienen war, eine deutsche Übersetzung unter dem Titel »Gesellschaft im Überfluß« heraus. Eine Taschenbuch-Ausgabe folgte 1963.[25] Hatte anfangs noch die Ansicht geherrscht, die Gedanken zur öffentlichen Armut und vor allem das Kapitel über das soziale Gleichgewicht seien allein auf die amerikanische Verhältnisse zugeschnitten,[26] wurden die Thesen Galbraiths bald auf die bundesdeutschen Verhältnisse angewendet. Als einer der Ersten griff Herbert Ehrenberg, Leiter der volkswirtschaftlichen Abteilung beim Hauptvorstand der IG Bau-Steine-Erden, auf Galbraith zurück, um die Politik Erhards als rückwärtsgewandt und perspektivlos zu kritisieren.[27] Wenig später folgte ihm Die Zeit: »Die Bundesrepublik«, hieß es hier 1965, »könnte geradezu als Musterbeispiel für die These des amerikanischen Nationalökonomen gelten, daß sich in einer konsumorientierten Wettbewerbswirtschaft zwangsläufig ein Ungleichgewicht zwischen individuellem Wohlstand und öffentlichen Wohlstand herausbilden muß.«[28] Auch Karl

22 K. Grün, Die Planokraten unter uns, in: Frankfurter Allgemeine Nr. 221 vom 22.9.1962; vgl. auch *Walpen*, S. 134 f.

23 W. Röpke, Die Verherrlicher des Staatsappetits, in: Frankfurter Allgemeine Nr. 151 vom 3.7.1965. Zu Röpke *Hennecke*, Röpke; *ders.*, Staat, bes. S. 31 f.

24 *Merklein*, Deutschen, S. 52 f.

25 *Galbraith*, Gesellschaft. Von der ersten Auflage wurden 15.000, von der zweiten weitere 8.000 Exemplare gedruckt.

26 J. Eick, Gesellschaft im Überfluss. Bemerkungen zu einem neuen Buch von John K. Galbraith, in: Frankfurter Allgemeine Nr. 176 vom 2.8.1958.

27 *Ehrenberg*, Erhard-Saga, S. 225, 229, 231.

28 Anon., Was kostet die neue Regierung?, in: Die Zeit Nr. 20 vom 14.5.1965.

Schiller sah in seiner Rede auf dem SPD-Parteitag 1966 die »unbehagliche These vom ›privaten Reichtum und öffentlicher Armut‹« – er nannte sie bereits eine »alte These« – gerade in den »Notständen der Gemeinschaftsaufgaben« bestätigt.[29] Ähnlich argumentierte der Politiker ein Jahr später im Bundestag: John Kenneth Galbraith habe die »Gefahr, die in den meisten modernen Wohlfahrts- und Industriestaaten« bestehe, »treffend gekennzeichnet: wachsender privater Wohlstand und zunehmende öffentliche Armut«. Damit sei etwa »der Arme-Leute-Duft eines städtischen Krankenhauses im Ruhrgebiet gemeint im Vergleich zu anderen, sehr viel schöneren privaten Häusern, die es anderswo« gebe.[30] Schiller zweifelte nicht daran, dass die Bundesrepublik auf dem »Wege zu einer Affluent Society« wäre, die sich nicht zuletzt durch einen »immanenten Zwang zur Expansion« auszeichne.[31]

Auch in Kreisen der Unionsparteien CDU und CSU fand die Galbraith-Formel Widerhall. So begründete der Vordenker der Sozialen Marktwirtschaft Alfred Müller-Armack, der seit 1952 im Bundesministerium für Wirtschaft unter Ludwig Erhard zunächst als Leiter der Grundsatzabteilung, dann als Staatssekretär für europäische Angelegenheiten gearbeitet hatte, bevor er 1963 aus dem Bundesdienst ausschied,[32] die Notwendigkeit einer »zweiten Phase der Sozialen Marktwirtschaft« damit, dass die »weitergehende Expansion der Konsumversorgung« für die »meisten Menschen bald uninteressant werden« dürfte. Zwar nannte er den kanadisch-amerikanischen Wissenschaftler nicht beim Namen, übernahm aber dessen Kerngedanken: »Wir produzieren Eigentum, ohne es hinlänglich gegen Währungs- und Konjunkturverluste zu sichern, wir produzieren Autos, ohne hinlänglich Straßen dafür zu schaffen. Auf fast allen Gebieten des öffentlichen Lebens vermögen die Dienste mit der privaten Wirtschaft nicht Schritt zu halten.«[33] Das waren Überlegungen, die Bundeskanzler Ludwig Erhard wenige Jahre später aufgriff, als er etwa auf dem CDU-Parteitag im März 1966 formulierte: »Wir wissen sehr genau, daß wir trotz größter wirtschaftlicher Erfolge, trotz weitverbreiteten privaten Wohlstands in der Erfüllung wichtiger öffentliche Aufgaben – ich meine hier die Sozialinvestitionen – den Erfordernissen der Zeit noch nicht gerecht werden.«[34]

Ende der 1960er Jahre bedurfte es schon keiner besonderen Begründung mehr, wenn die Wirtschaftsredakteure Diether Stolze und Michael Jungblut in der ZEIT argumentierten, das bundesdeutsche kapitalistische System laufe Gefahr, »daß sich, wie Galbraith formuliert hat, ›öffentliche Armut bei privatem

29 *Parteivorstand der Sozialdemokratischen Partei Deutschlands*, Parteitag 1966, S. 294.
30 VDB, 5. WP, 119. Sitzung vom 6.9.1967, S. 5971.
31 *Schiller*, Konjunkturpolitik, S. 61.
32 *Kowitz*; *Dietzfelbinger*.
33 *Müller-Armack*, Marktwirtschaft; *ders.*, Phase, S. 287.
34 *Christlich Demokratische Union*, Bundesparteitag 1966, S. 93.

Reichtum«« entwickle.[35] Anfang der siebziger Jahre war schließlich kaum noch strittig, »daß die These von der öffentlichen Armut und dem privaten Reichtum in diesem Land gültig bleibt«, wie Friedrich Nowotny in der Zeitschrift CAPITAL betonte.[36] Ebenso sicher ging Kurt Simon in der FRANKFURTER RUNDSCHAU davon aus, um der »viel beklagten öffentlichen Armut« willen sei eine »Umverteilung der Nachfrage zugunsten des Staates gerechtfertigt«.[37] Ja, es war die Rede davon, dass die »Galbraithsche These« zu einem »zentralen Argument in der gesellschaftspolitischen Diskussion« geworden sei,[38] ein »neues Modewort« die Runde mache und sich vor allem bei Politikern »wachsender Beliebtheit« erfreue; »es heißt: öffentliche Armut«.[39] So wurde in Parteiprogrammen und parteipolitischen Orientierungsrahmen, in Wahlkampfreden und Bundestagsdebatten, ja, in den Argumentationen der Spitzenbeamten sowie nicht zuletzt in den Sozialwissenschaften mit der Galbraithschen Formel eine Verbreiterung des »öffentlichen Korridors« gefordert.[40]

Auf dem Parteitag der SPD in Saarbrücken im Mai 1970 sprach der Bremer Delegierte Dieter Klink ganz selbstverständlich davon, dass sich die »Schere zwischen öffentlicher Armut und privatem Wohlstand« weiter öffne.[41] Mit diesem Argument begründete auch der SPD-Abgeordnete Hans Hermsdorf, der von 1971 bis 1974 als Parlamentarischer Staatssekretär beim Bundesminister der Finanzen amtierte, im Sommer 1970, weshalb der Haushalt trotz der Hochkonjunktur nicht restriktiver gefahren werden könne: »Die Schere zwischen privatem Reichtum und öffentliche Armut würde sich noch weiter öffnen. Dies wäre ein Weg, den diese Regierung nach ihrer Regierungserklärung niemals gehen kann und wird«.[42] Bundesfinanzminister Alex Möller bemühte ebenfalls die Galbraith-Formel in seiner Rede, mit der er den Haushalt 1971 im Bundestag einbrachte: »Wir leben«, erklärte er, »in der Bundesrepublik Deutschland in keiner ›Gesellschaft im Überfluß‹ und sind auch keine ›Zukunftsgesellschaft‹, die sich nur mit der Verteilung des Überflusses zu beschäftigen hat«. Es gebe aber eine »Schere zwischen privatem Reichtum und öffentlicher Armut«, die sich noch weiter öffnen werde, wenn die Regierung nicht versuche, »die Ver-

35 D. Stolze u. M. Jungblut, Noch ist der Kapitalismus nicht tot, in: DIE ZEIT Nr. 35 vom 29.8.1969, und mit ähnlicher Formulierung D. Stolze, Überfluß – und was dann?, in: ebd. Nr. 24 vom 13.6.1969.

36 F. Nowotny, In Bonn, da sind die Räuber, in: CAPITAL Nr. 10/1970.

37 K. Simon, Auf schwankendem Boden, in: FRANKFURTER RUNDSCHAU Nr. 81 vom 5.4.1973.

38 *Bartel*, S. 261.

39 H.O. Wesemann, Die sogenannte öffentliche Armut, in: FRANKFURTER ALLGEMEINE Nr. 13 vom 9.6.1971.

40 Vgl. etwa *CDU-Bundesgeschäftsstelle*, Berliner Programm, Ziff. 65, oder *Parteivorstand der Sozialdemokratischen Partei Deutschlands*, Entwurf, S. 12.

41 *Parteivorstand der Sozialdemokratischen Partei Deutschlands*, Parteitag 1970, S. 286.

42 VDB, 6. WP, 60. Sitzung vom 18.6.1970, S. 3295.

säumnisse jahrzehntelanger CDU/CSU-Vorherrschaft zu überwinden«.[43] Wer die Konjunktur nur über die Ausgabenseite stabilisieren wolle, hielt Möller seinen Kritikern aus den Reihen der Opposition entgegen, der zementiere »den Nachholbedarf unserer Gesellschaft an öffentlichen Investitionen auf seinem derzeitigen Niveau und damit die Armut unseres Gemeinwesens«.[44] »Das Schlagwort der kollektiven Armut und des individuellen Reichtums«, pflichtete ihm Hermsdorf in der Haushaltsdebatte bei, sei »durch die letzten 20 Jahre zur bitteren Wirklichkeit geworden«. Da sich bei der Infrastruktur in der Bundesrepublik im Vergleich zu »befreundeten Ländern« eine »erhebliche Differenz« zeige, »müssen wir den Versuch machen, hier aufzuholen«.[45]

Dem Gedanken, dass zu niedrige öffentliche Leistungen das Wirtschaftswachstum bremsen und das Land im internationalen Wettbewerb zurückwerfen könnten, folgte auch Bundeskanzler Willy Brandt. Alle kennten, erklärte er im Frühjahr 1971 im Bundestag, »die These vom zunehmenden Auseinanderklaffen zwischen privatem Reichtum und öffentlicher Armut«. Die westlichen Industriestaaten stünden sämtlich vor dem Dilemma, »daß die mit steigendem Einkommen bewirkte Wohlstandssteigerung durch fehlende oder unzureichende Bereitstellung von Gemeinschaftsleistungen beeinträchtigt« werde. Deshalb seien »in Zukunft größere öffentliche Leistungen« nötig, wozu es »höherer finanzieller Opfer« bedürfe.[46] Von Brandt stammte auch der einprägsame Satz: »Nur reiche Leute können sich einen armen Staat leisten.«[47] Nicht zuletzt ging Erhard Eppler, der Vorsitzende der Steuerreformkommission der SPD, auf dem außerordentlichen Parteitag im November 1971 davon aus, dass die »Qualität unseres Lebens« immer weniger »vom Zuwachs des privaten Konsums« abhänge, sondern »zunehmend mehr von den Leistungen und Investitionen der öffentlichen Hände«. Pointiert wie Galbraith formulierte er weiter: »Unsere Kinder können eher zu Weihnachten auf eine singende Puppe mit eingebautem Tonbandgerät verzichten als während des ganzen übrigen Jahres auf ein Hallenschwimmbad.«[48] Ganz ähnlich argumentierte Helmut Schmidt. Nach der Vorlage des sogenannten »Langzeitprogramms« der SPD 1972 stellte er apodiktisch fest: Die Aussage, »die John K. Galbraith in die Formel prägte, daß in unseren Industriestaaten des Westens dem ›privaten Reichtum‹ die ›öffent-

43 Haushaltsrede Alex Möller, in: ebd., 67. Sitzung vom 23.9.1970, S. 3681–3694 (Zitate: S. 3687 f.; im Original z. T. fett); vgl. auch »Ich werde nicht mit der Inflation leben«, in: Der Spiegel Nr. 40 vom 28.9.1970.

44 VDB, 6. WP, 67. Sitzung vom 23.9.1970, S. 3687 (Im Original z. T. fett).

45 Ebd., 68. Sitzung vom 24.9.1970, S. 3759.

46 Ebd., 109. Sitzung vom 24.3.1971, S. 6398.

47 Zit. nach *Faulenbach*, S. 221.

48 *Parteivorstand der Sozialdemokratischen Partei Deutschlands*, Außerordentlicher Parteitag 1971, S. 171 ff., bes. S. 175. Erhard Eppler griff diesen Gedanken – »Den armen Staat können sich auch in Zukunft nur die Reichsten leisten.« – Mitte der 1970er Jahre noch einmal auf, versah ihn aber jetzt mit einem stärker ökologischen Akzent. *Eppler*, S. 21.

liche Armut‹ gegenübersteht«, findet »überall Bestätigung«.[49] Ja, Schmidt hielt sich eng an den nordamerikanischen Wissenschaftler, wenn er formulierte: »Das eigene Auto hilft dem Bürger wenig, wenn nicht genügend ausgebaute Straßen vorhanden sind. Er wird krank, weil nicht zuletzt Autos, wie seines, die Umwelt vergiften.«[50]

Aber nicht nur Sozialdemokraten bedienten sich der Galbraith-Formel, um mehr Staat zu fordern. So erklärte zum Beispiel der CDU-Politiker Hans Katzer 1971, in der letzten Regierung Erhard und unter der Großen Koalition Bundesminister für Arbeit und Sozialordnung, vor der Bundestagung der Sozialausschüsse: »Wir haben in den letzten zwanzig Jahren eine ungeahnte Steigerung des privaten Wohlstandes erlebt. Die öffentlichen Leistungen haben damit nicht Schritt halten können. Wir haben einen Nachholbedarf an Schulen, Straßen und modernen Krankenhäusern. Mit Recht wird gefragt, was nutzt das Auto, wenn die Straßen – weil zu wenig – völlig überfüllt sind?«[51] Auch Bonner Spitzenbeamte griffen zur Galbraith-Formel, um ihre Argumentation, der Staat müsse mehr Aufgaben übernehmen, zu untermauern. So hieß es etwa in einer umfangreichen Vorlage an Bundeskanzler Brandt aus dem Sommer 1971, die sich gegen den Stabilitätskurs von Wirtschafts- und Finanzminister Karl Schiller richtete, die Regierung bedürfe dringend einer »Strategie der Umlenkung der Ressourcen auf die öffentlichen Aufgaben«, um die »Gesellschaft schrittweise fortentwickeln und die öffentliche Armut abbauen« zu können.[52] Für Herbert Ehrenberg, den einflussreichen Leiter der Abteilung IV im Bundeskanzleramt, später Staatssekretär im Bundesministerium für Arbeit und Sozialordnung und schließlich dessen Minister, konnte Galbraith »das große Verdienst für sich in Anspruch nehmen, die zunehmende Schlagseite zwischen ›privatem Wohlstand und öffentlicher Armut‹ weltweit bewußt gemacht zu haben«.[53] Ehrenberg bemühte wiederholt das Galbraithsche Argument, dass »die moderne Industriegesellschaft mit ihrer zunehmenden Verdichtung aller Beziehungen« auch »die Ansprüche an die öffentlichen Leistungen erhöhe«: »Zunehmender privater

49 *H. Schmidt*, Zukunft, S. 84. Vgl. auch ders., Zukunft planen. Zum Entwurf des »Langzeitprogramms« der SPD, in: Marktwirtschaft Nr. 8/1972; ders., Theorie und Thesen der Finanzpolitik, in: Handelsblatt Nr. 169 vom 3.9.1973; sowie U. Bergdoll, Helmut Schmidts wirtschaftliche Bekenntnisse, in: Süddeutsche Zeitung Nr. 160 vom 15./16.7.1972.

50 P.C. Müller, Langzeitprogramm will den Steuerstaat, in: Handelsblatt Nr. 106 vom 6.6.1972.

51 Zit. nach H.W. Kettenbach, Was wird der Fortschritt uns kosten?, in: Kölner Stadt-Anzeiger Nr. 106 vom 6.6.1972.

52 Vermerk AL V (Jochimsen) BKA für Buka am 21.8.1971, BArch B 136/9205; Gemeinsame Vorlage der AL III (Brodeßer), IV (Pöhl) und V (Jochimsen) BKA für Buka vom 21.8.1971 mit 10 Anlagen, ebd.

53 *Ehrenberg*, Marx, S. 26.

Wohlstand verliert seinen Wert«, schrieb er etwa in der NEUEN GESELLSCHAFT, »wenn ihm eine relativ zunehmende öffentliche Armut gegenübersteht.«[54]

Die Debatte über öffentliche Armut und privaten Reichtum erreichte nicht zuletzt die Sozialwissenschaften. So beschäftigte sich der Soziologe Wolfgang Zapf in der ZEITSCHRIFT FÜR SOZIOLOGIE 1972 ausführlich mit der Galbraith-Formel, die »ohne weitere Verfeinerungen wieder auf der Tagesordnung« stehe.[55] Was ihn interessierte, waren Ansätze zur Analyse und Messung, vor allem aber zur Erklärung von Defiziten in der Lebensqualität, die auf zu geringe oder gar fehlende öffentliche Dienste und Leistungen zurückgingen. Dass solche vorhanden waren, stand für Zapf außer Zweifel. Für ihn hatte Galbraith die richtigen Fragen gestellt, diese aber – und hier setzte seine Kritik an – nicht zufriedenstellend beantwortet, war er doch eine präzise Definition des Begriffs »Öffentliche Armut« schuldig geblieben und hatte auch nicht zureichend erklärt, worauf diese zurückzuführen sei. Zapf verstand »Öffentliche Armut« als einen »Differenz- und Relationsbegriff«.[56] Dieser bezeichnete für ihn den Abstand zwischen Leistungen und Ansprüchen, der sich an der Versorgung mit privaten Gütern und Diensten sowie im regionalen oder internationalen Vergleich messen ließ. Außerdem unterschied der Soziologe eine »komplementäre« von einer »substitutiven« öffentlichen Armut.[57] Erstere bezog sich auf Defizite, die den Einzelnen dran hinderten, seine privaten Güter voll zu nutzen, letztere umfasste solche, die entstanden, weil private Güter und Dienste nicht rechtzeitig eingeschränkt bzw. durch öffentliche ersetzt worden waren. Einen brauchbaren Erklärungsansatz für die Entstehung öffentlicher Armut sah er in den Überlegungen des Wirtschaftswissenschaftlers Hans Peter Widmaier, der die »Tendenz zur kollektiven Verarmung« aus Friktionen zwischen den verschiedenen gesellschaftlichen Teilsystemen ableitete, die ihren je unterschiedlichen Eigenlogiken folgten.[58]

Die Debatte über öffentliche Armut und privaten Reichtum zeigt, dass nicht nur in der Sozialdemokratie und den Gewerkschaften, sondern auch in Kreisen der Christdemokraten sowie nicht zuletzt über diese hinaus in der politischen Öffentlichkeit und in der wissenschaftlichen *Community* intensiv darüber nachgedacht wurde, wie den »Kollektivbedürfnissen der Wohlstandsgesellschaft« in der Zukunft besser und vor allem auch planvoller Rechnung getragen werden könnte.[59] Doch während diese Diskussionen liefen, war die Ausweitung der »Kollektivbedürfnisse« längst im Gang.

54 Ders., Finanzplanung 1970 bis 1974 – die Basis der Inneren Reformen, in: NEUE GESELLSCHAFT, Bd. 17, 1970, S. 575–579 (Zitat: S. 578).

55 *Zapf*, S. 357.

56 Ebd., S. 358.

57 Ebd.

58 *Widmaier*, S. 12–18 (Zitat: S. 17; im Original kursiv).

59 *Kitterer*, Finanzen, bes. S. 219 ff.

b) Ungeplante Expansion und wachsende Finanzprobleme

Die Debatte über öffentliche Armut und privaten Reichtum darf nicht darüber hinwegtäuschen, dass die Ausgaben des Bundes seit den späten 1950er Jahren rascher zu expandieren begannen. War es Fritz Schäffer, dem ersten Bundesfinanzminister, noch gelungen, das Wachstum der Ausgaben durch seine »Politik der geschlossenen Hand«, wie DIE ZEIT 1953 schrieb, auf eine »altmodische, aber wirksame Methode« in Grenzen zu halten und so die finanziellen Probleme der Nachkriegszeit und des Wiederaufbaus zu meistern, änderte sich das binnen weniger Jahre. Allerdings wuchsen die Bundeshaushalte ohne längerfristige Planung, so dass sich immer größere Defizite auftaten, die 1965/66 in eine Finanzkrise mündeten.[60]

Die Probleme der Nachkriegszeit und des Wiederaufbaus prägten die Haushalte der jungen Bundesrepublik.[61] So sah der erste Etat des Bundes für 1950 mehr als die Hälfte der Ausgaben von insgesamt 16,3 Mrd. für Besatzungskosten und soziale Kriegsfolgelasten vor. Die Gelder für den Unterhalt der alliierten Truppen wurden zunächst nach dem Sieger-, dann nach dem Besatzungsstatut erhoben. Besatzungsfolgekosten, Zahlungen für Berlin und unentgeltliche Leistungen kamen hinzu. Die Mittel flossen auch weiter, nachdem die Pariser Verträge der Bundesrepublik eine begrenzte Souveränität eingeräumt hatten: als Stationierungskosten, im Rahmen der gegenseitigen NATO-Hilfe oder zum Devisenausgleich.[62] Mitte 1950 setzte der Ausbruch des Korea-Kriegs das Problem der Sicherheit Westeuropas auf die politische Tagesordnung und warf die Frage auf, welchen Beitrag bundesdeutsche Streitkräfte leisten könnten. Zuerst sollte eine Wiederbewaffnung im Rahmen der supranationalen Europäischen Verteidigungsgemeinschaft mit Kontingenten der Mitgliedsstaaten erfolgen. Als der Aufbau europäischer Streitkräfte scheiterte, erstattete der Bund aus den dafür vorgesehenen Mitteln die Besatzungskosten. 1955 begann schließlich die Aufstellung der Bundeswehr als eigene, in die NATO integrierte Armee. Was die Aufrüstung kostete und wie sie finanziert werden sollte, blieb lange Zeit unklar. Erste Berechnungen gingen für eine dreijährige Aufbauphase von 65 Mrd., spätere Kalkulationen von 45 Mrd. aus. Mehr als 9 Mrd. pro Jahr wollte der Finanzminister aber nicht bereitstellen. Da die Bundeswehr wegen unrealistischer Planungen und erheblicher Anlaufprobleme langsamer als vorgesehen aufgestellt wurde, wuchs ihr Bedarf erst allmählich in diese Etatansätze hinein.[63]

60 Die Politik der geschlossenen Hand, in: DIE ZEIT Nr. 14 vom 2.4.1953.

61 Die folgenden Passagen orientieren sich an *H.-P. Ullmann*, Steuerstaat, S. 186 ff.

62 *K.D. Wagner*, Haushaltsreden Schäffer; *von Schmiedeberg*, S. 48 ff.; *Institut für Besatzungsfragen*, Anlage 1; *Rocke*; *Abelshauser*, Wirtschaft, S. 95 ff.

63 *Bielfeldt*; *Adami*, S. 17 ff.

Den zweiten großen Ausgabenblock bildeten die Sozialausgaben, vor allem die sozialen Kriegsfolgelasten. Um die herrschende Not zu lindern und den jungen Staat zu stabilisieren, wurden die Sozialleistungen ausgebaut. 1950 gewährte das Bundesversorgungsgesetz 4,3 Mio. Kriegsopfern Renten und Beihilfen. Das Lastenausgleichsgesetz erweiterte 1952 den sozialen um einen quotalen Ausgleich, eine Entschädigung für Vermögensverluste. Es schrieb dazu eine auf 30 Jahre verteilte fünfzigprozentige Vermögensabgabe aus, die zusammen mit Zuschüssen des Bundes in einen Lastenausgleichsfonds floss. Hinzu kam die Förderung des Wohnungsbaus. Auch die Sozialversicherung wurde vereinheitlicht und reorganisiert. Das Bindeglied zwischen der Bewältigung von Nachkriegsproblemen und dem expandierenden Sozialstaat der siebziger Jahre bildete die als umfassende Sozialreform gedachte, wegen des Widerstands des Finanzministers aber auf eine Rentenreform verkürzte Neuordnung der Sozialversicherung. Diese führte die Rentnerinnen und Rentner aus dem sozialen Abseits heraus. Die Reform diente Bundeskanzler Konrad Adenauer bei der Bundestagswahl 1957 als Wahlgeschenk und erhöhte die Attraktivität der Bundesrepublik im Systemwettbewerb mit der DDR.[64]

Weitere Ausgaben erforderte die sogenannte »Wiedergutmachung« nationalsozialistischen Unrechts.[65] Es ging um die Rückerstattung der im »Dritten Reich« geraubten jüdischen Vermögenswerte und einen finanziellen Ausgleich für körperliche, gesundheitliche und berufliche Schäden. Die Wiedergutmachung war auf Druck der Alliierten in den westlichen Besatzungszonen bzw. den Ländern unterschiedlich geregelt worden. Erneut gedrängt von den Westmächten vereinheitlichte der Bund die Individualentschädigung, zuletzt 1957 durch das Rückerstattungsgesetz. Außerdem übernahm er nach langwierigen Verhandlungen eine Globalentschädigung von 3,5 Mrd., die an den Staat Israel und die Conference on Jewish Material Claims against Germany floss. Damit setzte sich Adenauer, der die politische Bedeutung der Wiedergutmachung für die Rückkehr der Bundesrepublik in die Völkergemeinschaft und die Aussöhnung mit Israel erkannt hatte, gegen den Finanzminister durch, der nur neue Lasten auf den Bundeshaushalt zukommen sah.[66] Hatten die Wiedergutmachungsleistungen 1950 bei 160 Mio. gelegen, überschritten sie 1957 die Grenze von 2 Mrd. Eine andere Art von »Kredit« war Gegenstand des Londoner Schuldenabkommens. Um international wieder kreditwürdig zu werden, verpflichtete sich die Bundesrepublik 1953, Vorkriegsschulden des Deutschen Reichs in Höhe von 6 Mrd. und Verbindlichkeiten aus der nach 1945 geleisteten Wirtschaftshilfe von 7 Mrd. zu bedienen. Die innere Reichsschuld wurde dagegen

64 *Hughes*; *Erker*; *Hockerts*, Entscheidungen; *Bundesministerium für Arbeit und Sozialordnung* u. *Bundesarchiv*, Bd. 1 ff.

65 Zu den Prioritäten *Tooze*.

66 Vgl. *Schrafstetter*, bes. S. 453 ff., zur problematischen Rolle von Staatssekretär Karl Maria Hettlage in der Wiedergutmachungspolitik.

1957 durch das Allgemeine Kriegsfolgengesetz praktisch niedergeschlagen. Insgesamt erhöhten diese Vereinbarungen die Bundesschuld von 7,3 Mrd. (1950) auf 22 Mrd. (1958), für die statt 150 Mio. pro Jahr 1,3 Mrd. an Zinsen aufzuwenden waren.[67]

Die Ausgaben vor Augen, die für Besatzung und Aufrüstung, Sozialleistungen und Wiedergutmachung auf den Bund zukamen, verfolgte der Bundesfinanzminister einen restriktiven Kurs.[68] Es ging ihm um dreierlei: Zum einen strebte er einen ausgeglichen, ohne Kredite finanzierten Etat an. Ein solcher galt Schäffer nicht nur als Ausweis einer soliden Finanzpolitik, sondern diente auch dazu, die Finanzen des Bundes zu stabilisieren, fanden diese doch erst mit dem Etat des Jahres 1954 zu haushaltspolitischer Normalität. Zum anderen wollte der Minister angesichts der Traumata zweier Inflationen zur Stabilität der neuen Währung betragen und erreichen, dass die Bürger nach der nationalsozialistischen Misswirtschaft wieder Vertrauen in die Finanzpolitik gewännen. Schließlich ging es ihm darum, den wirtschaftlichen Wiederaufbau finanzpolitisch abzusichern, indem er nicht das staatliche Engagement ausbaute, sondern Anreize für private Investitionen schuf.[69] Seiner restriktiven Finanzentsprach eine vorsichtige Steuerpolitik. Zunächst blieb es, zumal die Alliierte Hohe Kommission darüber wachte, trotz kleiner Änderungen bei dem hohen Besteuerungsniveau der Besatzungszeit. Gemildert wurde dieses durch eine Politik der »Vergünstigungen«, welche die Bemessungsgrundlage verkürzte und damit indirekt die Einkommen- wie Körperschaftsteuer senkte.[70] Das sollte die Kapitalbildung fördern, zu Investitionen anregen und das wirtschaftliche Wachstum beleben. Erst die »Kleine« (1953) und die »Große Steuerreform« (1954/55) änderten den Tarif und senkten den Spitzensatz der Einkommensowie die Sätze der Körperschaftsteuer. Zugleich stiegen die Freibeträge. Beide Steuerreformen erfüllten die in sie gesetzten Erwartungen nicht. Die Steuerbelastung sank weniger stark als erhofft, da der finanzielle Spielraum nicht ausgeschöpft wurde. Auch führten die Tarifgestaltung und die fortbestehenden Vergünstigungen zu einer nach wie vor sozial nicht ausgewogenen Besteuerung, selbst wenn die Reduzierung von Verbrauchsteuern einen gewissen Ausgleich schuf. Vor allem aber verstrich die Gunst der Stunde, die mangelnde Systematik des Steuersystems durch eine »organische Steuerreform« zu beheben.[71]

Wegen des unerwartet starken und anhaltenden Wirtschaftswachstums stieß die Finanzpolitik Schäffers besonders in den Jahren des zweiten Kabinetts

67 *Herbst*, Wiedergutmachung; *Goschler*; *Herbst* u. *ders.*; *Rombeck-Jaschinski*.

68 Schäffer hatte noch in den siebziger Jahren bei manchen hohen Beamten im BMF einen legendären Ruf. Interview Obert.

69 *Henzler*, S. 303 ff.; *Müller*; *Grosser*, Rolle.

70 *Dreißig*, Entwicklung, S. 713.

71 *Muscheid*, S. 44 ff.; *Franzen*, S. 88 ff.; *Adamsen*; *Schmölders*, Steuerreform.

Adenauer auf wachsende Kritik.[72] Ganz gleich, ob man das sogenannte »Wirtschaftswunder« als Phase beschleunigter Rekonstruktion nach dem Krieg oder als Folge günstiger Angebotsbedingungen oder aber als Aufholprozess gegenüber den Vereinigten Staaten deutet - die fünfziger Jahre stellten mit einem jährlichen realen Zuwachs des Bruttoinlandsprodukts von 3 bis 12% eine Zeit außergewöhnlicher wirtschaftlicher Expansion dar. Weil die hohen Steuersätze aus der Besatzungszeit nur schrittweise abgebaut wurden, spülte das Wirtschaftswachstum immer mehr Geld in die öffentlichen Kassen. So stiegen die Steuereinnahmen von 31 Mrd. (1950/54) auf 50 Mrd. (1955/59). Damit ließen sich nicht nur die Kriegslasten und die Kosten des Wiederaufbaus leichter bestreiten als gedacht; auch der Spielraum in den öffentlichen Haushalten vergrößerte sich. Dennoch hielt der Bund, da die Staatsquote in den fünfziger Jahren mit 30 bis 35% des Bruttoinlandsprodukts vergleichsweise hoch lag, an seiner restriktiven Finanz- und zu Lasten von Ländern wie Bürgern an seiner vorsichtigen Steuerpolitik fest.[73]

So ergab sich, zumal die Alliierten die etatisierten Besatzungskosten nur teilweise abgerufen hatten, bis 1955 ein Überhang von 4 Mrd., der als Rückstellung im Haushalt geführt und bei der Bank deutscher Länder deponiert wurde. Hinzu kamen 3,1 Mrd. an Ausgabenresten. Sie stammten aus den Mitteln für die Europäische Verteidigungsgemeinschaft bzw. die Bundeswehr, die nicht oder langsamer als geplant abgeflossen waren. Damit hatte der Bund 7 Mrd. oder 3,6% des Bruttoinlandsprodukts thesauriert. Ein solcher »Juliusturm«, wie er nach der Zitadelle Spandau genannt wurde, die im Deutschen Kaiserreich Teile des Reichskriegsschatzes beherbergt hatte, mochte haushaltspolitisch sinnvoll sein. Denn die Alliierten hatten auf die Gelder nicht verzichtet, und die Bundeswehr würde bald mehr als jene 9 Mrd. benötigen, die ihr der Finanzminister zugestehen wollte. Auch legte die überhitzte Wirtschaft, die 1955 real mit 12% wuchs, fiskalische Zurückhaltung nahe. Doch war es eine »bemerkenswerte psychologische Fehlleistung« Schäffers anzunehmen,[74] er könne dem politischen Druck widerstehen, entweder die Steuern zu senken oder die Ausgaben zu erhöhen. So begann, vom Kanzler und Teilen des Kabinetts ermuntert, ein Arbeitskreis der CDU/CSU-Fraktion, der sogenannte »Kuchenausschuss«, großzügig Wahlgeschenke zu verteilen. Niedrigere Steuern, höhere Subventionen und Sozialleistungen ließen den Bundeshaushalt bald explodieren. Allein von 1955 auf 1956 stiegen die Ausgaben um 23%, die Einnahmen dagegen nur um 8%. Die Fehlbeträge, die daraus in den Jahren von 1957 bis 1959 resultierten, leerten den »Juliusturm«.[75] Man mag darüber spekulieren, ob

72 Einzelheiten bei *Henzler*, S. 491 ff.

73 *Lindlar*; *Giersch*; *Crafts* u. *Toniolo*; *Dreißig*, Entwicklung.

74 *Schwarz*, Adenauer, S. 325.

75 *Pagel*; *Koerfer*, S. 84 ff.; *Henzler*, S. 505 ff.; *Adami*, S. 55 ff.; *Bundesministerium der Finanzen*, Finanzbericht 1969, S. 426 ff.

eine weniger fiskalistische Politik den Kurswechsel der späten fünfziger Jahre hinausgezögert hätte. Sicher ist aber, dass die hohen Rücklagen dazu verführten, Ausgaben zu beschließen, die zwar kurzfristig tragbar erschienen, langfristig aber nicht ausfinanziert waren und die obendrein eine kaum beherrschbare Dynamik weiterer Expansion in sich bargen.[76] Das meinte Franz Josef Strauß, als er 1967 rückblickend feststellte, dass »die letzten Ursachen für die heutigen Schwierigkeiten« bis in die Jahre 1956/57 zurückreichten.[77]

Die Kursänderung in der Finanzpolitik fand auf zwei Ebenen statt. Haushaltspolitisch steckte Franz Etzel, der Nachfolger Schäffers von der CDU, einen Kurs »hart am Rande des Defizits« ab und knüpfte damit nicht nur begrifflich an die Weimarer Zeit an.[78] Wie Reichsfinanzminister Peter Reinhold in den späten zwanziger Jahren wollte er alle Kassenreste abschmelzen. Ein »Diktat der leeren Kassen« sollte künftig das Wachstum der Ausgaben bremsen. Auch plante der Minister, öffentliche Investitionen in größerem Umfang über den Kapitalmarkt zu finanzieren. Das hatte Folgen: Zum einen wiesen die Bundeshaushalte seit 1957 negative Finanzierungssalden auf, die in den frühen sechziger Jahren bei nicht beunruhigenden 1 bis 3 % und erst 1964 bei 4 % der Ausgaben lagen. Zum anderen wurden die Fehlbeträge seit 1959 wiewohl noch in bescheidenem Umfang durch Kredite finanziert. Diese Politik setzten die FDP-Finanzminister Heinz Starke und Rolf Dahlgrün unter wachsenden Schwierigkeiten fort.[79]

Die Probleme beim Ausgleich des Budgets rührten einerseits vom Wachstum der Ausgaben, andererseits von einer geänderten Steuerpolitik her. Auf der Ausgabenseite stieg der Bedarf der Bundeswehr steil an. Er erreichte im Jahr der Kuba-Krise 1962 bei einer Steigerungsrate von 35 % mit 18 Mrd. einen ersten Gipfel und hielt sich zeitweise auf diesem Niveau. Nimmt man die Stationierungskosten und zivilen Verteidigungslasten hinzu, floss 1963 ein Drittel der Bundesausgaben – mit 5 % des Bruttoinlandsprodukts aber noch wenig im internationalen Vergleich – in die Landesverteidigung. Auch die Sozialausgaben wuchsen, allerdings unterdurchschnittlich, da die Kriegsfolgelasten, die Arbeitslosenhilfe und die Zuschüsse des Bundes zur Sozialhilfe sanken. Doch verlangte der expandierende Wohlfahrtsstaat zusätzliche Ausgaben. Der Kreis der Anspruchsberechtigten in der Renten- und Unfallversicherung erweiterte sich; und die Sozialhilfe wurde um das Wohn- und Kindergeld ausgebaut. So stiegen die Leistungen des Bundes an die Sozialversicherungsträger, die etwa die

76 Interview Obert. *Blessing*, Verteidigung, S. 104; *Hockerts*, Metamorphosen; *Jákli*, S. 81 ff.

77 Franz Josef Strauß, Ziele und Grenzen der Finanzplanung o. D. (April 1967), BArch B 126/28583.

78 Rede vom 13.3.1958, in: *K. D. Wagner*, Haushaltsreden Etzel, S. 58. Vgl. auch die Verweise auf Peter Reinhold ebd., S. 82 f.

79 *Dietrich*; *Gotto*; *Müller-Armack* u. *Schmidt*; *Bundesministerium der Finanzen*, Finanzbericht 1969, S. 426 ff.; *Adami*, S. 55 ff.

Hälfte der Sozialausgaben ausmachten. Allein die Kindergeldzahlungen wuchsen von 319 Mio. (1961) auf 2,8 Mrd. (1965). Als dritter großer Posten etablierten sich die Ausgaben für Wirtschaftsförderung und Infrastruktur. Sie lagen 1965 mit 15 Mrd. um das Fünffache höher als 1955. Besonders stark legten die Subventionen des Grünen Plans, die Ausgaben für die Bundesfernstraßen und die Bundesbahn sowie für Wissenschaft und Entwicklungshilfe zu.[80]

Auf der Einnahmenseite rückten bei der Besteuerung verteilungspolitische Motive nach vorn. Sie bestimmten 1958 schon die Neuregelung der Ehegattenbesteuerung nach dem Splittingverfahren und die Reform der Einkommensteuer. Diese änderte den Tarifverlauf zugunsten der unteren Einkommen und hob Grund- wie Kinderfreibeträge an. Steuervergünstigungen und Sparprämien, eine mit der Vermögenspolitik verquickte Privatisierung von Bundesunternehmen und Hilfen beim Erwerb von Wohneigentum förderten die Vermögensbildung in der Hand der Arbeitnehmer. Diese sollte die Selbstfinanzierung der Investitionen zurückdrängen, die verteilungs- wie wettbewerbspolitisch problematisch war, dem Kapitalmarkt aufhelfen und, in den Worten Franz Etzels, ein »Volk von Eigentümern« schaffen.[81] Da das Wirtschaftswachstum und die steigenden Preise die steuerliche Entlastung aufzehrten, modifizierten die Steueränderungsgesetze 1964/65 den Tarif und die Freibeträge zugunsten der mittleren Einkommen. Steuer- war aber auch Strukturpolitik. Sie begünstigte kleinere Unternehmen, Landwirtschaft und Bergbau, förderte zudem Regionen wie Berlin oder das Zonenrandgebiet. Das kostete 1965 bereits 13 Mrd. oder 12 % des Steueraufkommens.[82]

Das Wachstum der Ausgaben und die Änderungen bei den Einnahmen erfolgten ohne längerfristige Planung. Es herrschte eine »politics of non-planning«.[83] So hatte die Krise, in welche die Finanzen des Bundes mit den Haushalten der Jahre 1965 und 1966 steuerten, zwei Seiten: eine administrativ-formelle und eine finanziell-materielle.[84] Die administrativ-formellen Probleme hingen mit dem Haushaltsrecht zusammen. Dieses wurde zum einen durch die Reichshaushaltsordnung vom Jahr 1922 samt ihrer Novellierungen geregelt, die als »Vorläufige Haushaltsordnung« vom Juni 1950 für den Bund bis 1969 fort galt, zum andern durch die einschlägigen Artikel des Grundgesetzes. Außer der klassischen Unterscheidung zwischen einem ordentlichen und einem

80 BMF, Bericht über die Entwicklung der Ausgaben und Einnahmen der Gebietskörperschaften und der Träger der Sozialversicherung von 1961 bis 1965 und Vorausschätzungen bis 1970 vom 30.7.1965, BArch B 102/97043; *Adami*, S. 13 ff.; *Bundesministerium der Finanzen*, Finanzberichte 1961 bis 1969; *Kluge*.

81 Zit. nach W.-O. Reichelt, Von Europa nach Bonn, in: Die Zeit Nr. 45 vom 7.11.1957.

82 *Muscheid*, S. 67 ff.; *Franzen*, S. 224 ff.

83 *Naschold*, Probleme, S. 171.

84 Vgl. schon Das Milliarden-Roulette, in: Der Spiegel Nr. 9 vom 27.2.1963.

außerordentlichen Haushalt nach § 3 RHO[85] waren neben anderen vor allem die Budgetprinzipien der Jährlichkeit und der Ausgeglichenheit des Haushalts zu berücksichtigen.[86] So mussten alle Einnahmen und Ausgaben des Bundes für jedes Rechnungsjahr veranschlagt und in den Haushaltsplan eingestellt werden.[87] Dieser war »vor Beginn des Rechnungsjahres durch Gesetz« festzustellen sowie »in Einnahme und Ausgabe auszugleichen«.[88] Damit ermöglichte das überkommene Budgetierungssystem dem Parlament lediglich eine kurzfristige Kontrolle des Handelns von Regierung und Verwaltung.[89] Auch bekam es die längerfristigen Folgekosten budgetärer Entscheidungen nicht in den Griff und begünstigte nicht zuletzt eine Politik der kleinen Schritte, die allenfalls geringfügige Korrekturen an den Ausgabenposten erlaubte. Diese wurden zumeist, wies es hieß: überrollt, also einfach fortgeschrieben, ohne auf den Prüfstand zu kommen. Vor allem das Jährlichkeitsgebot führte zu wachsenden Problemen. Es stand einer längerfristigen Haushaltsplanung im Weg und blockierte somit eine Erweiterung der zeitlichen Perspektive finanzpolitischen Handelns. Die Folge war, dass Haushalts- und Ausgabegesetzgebung immer stärker kollidierten.[90] So konnten sowohl die einzelnen Ressorts als auch das Parlament Mehrausgaben fordern und in Form von ausgabenwirksamen Gesetzen beschließen, für die der Etat keine Deckung vorsah und deren längerfristige Folgekosten sich kaum überschauen ließen. Dem Finanzminister blieb dann nichts anderes übrig, als die neuen Ausgabenposten in die nächsten Haushalte einzustellen. So entstanden immer höhere Vorbelastungen, welche die künftigen Etats unübersichtlich machten und finanziell aufblähten.[91] Der Bundeshaushalt bewege sich inzwischen »im Irrgarten der Milliarden«, klagte Kurt Simon in der ZEIT, und der Vorsitzende des Haushaltsausschusses des Bundestags, der SPD-Abgeordnete Erwin Schoettle, prophezeite gar den »bevorstehenden Bankrott des Budgetrechts«.[92]

Verschiedene Arbeitskreise berieten seit den frühen 1950er Jahren über eine Reform des Haushaltsrechts. Eine Studiengruppe reiste sogar in die USA, um sich dort Anregungen zu holen. Manche der vorgeschlagenen Änderungen wurden auch verwirklicht: etwa die Umstellung des Rechnungs- auf das

85 Text der RHO in *Vialon*, S. 253 ff. Zur Rolle Vialons im »Dritten Reich« vgl. u. a. Am Stehpult, in: DER SPIEGEL Nr. 21 vom 21.5.1965.

86 *Vialon*, S. 51 ff.; *Schleehauf*.

87 Mit diesem Anspruch kollidierten die zahlreichen Nebenhaushalte des Bundes. *Puhl* und *Kilian*.

88 Art. 110 Abs. 1 bzw. 2 GG.

89 *Hansmeyer*, Finanzplanung.

90 *Klausen*, S. 56 ff.

91 Vgl. die Überlegungen zu den Stärken und Schwächen des Bundeshaushalts 1964 vom Leiter der Haushaltsabteilung Hans Clausen Korff: *Korff*, Bundeshaushalt, S. 23 f., und *ders.*, Neuordnung, bes. S. 50 ff.

92 K. Simon, Im Irrgarten der Milliarden, in: DIE ZEIT Nr. 52 vom 25.12.1964.

Kalenderjahr oder die Gliederung der Ausgaben nach funktionalen Gesichtspunkten.[93] Eine grundlegende Reform blieb jedoch aus. Anfang 1961 begannen Finanz- und Wirtschaftsministerium daher, über eine gründliche Neugestaltung der Finanz- und Haushaltspolitik nachzudenken. Dabei ging es einerseits um Möglichkeiten einer antizyklischen Finanzpolitik, anderseits um eine längerfristige, über die bisher übliche einjährige Budgetperiode hinausgreifende Haushaltsplanung. Das geschah auch unter dem Einfluss der Planungsdiskussion in der EWG, wobei die Überlegungen der Kommission anfangs auf massive Bedenken von deutscher Seite stießen.[94] Allerdings verhakten sich die beiden zuständigen Ministerien bald in heftigen Konflikten. So gelang es zwar nach einigem Hin und Her – wie Ludwig Erhard in seiner Regierungsklärung im Oktober 1963 angekündigt hatte – dem Kabinett im Februar 1964 ein Grundsatzpapier zur Erweiterung des konjunkturpolitischen Instrumentariums vorzulegen, dem dieses im März zustimmte.[95] Doch kamen die Bemühungen, eine längerfristige Haushaltsplanung auf den Weg zu bringen, nicht vom Fleck, obwohl seit einem Jahr ein ständiger Arbeitskreis der Hauptabteilungsleiter der Finanzministerien des Bundes und der Länder darüber beriet.[96] Das lag zum einen daran, dass das Bundesfinanzministerium darauf bestand, die Länder- und Gemeindehaushalte in die Planung einzubeziehen.[97] Ferner bereitete dem BMF, wie ein Referent des Wirtschaftsministeriums kritisch anmerkte, das »Denken in ökonomischen Kategorien mit längerfristigen Bedürfnis- und Dringlichkeitsvorstellungen« fast »unüberwindliche Schwierigkeiten«. Auch fürchtete das Ministerium, das Wirtschaftsressort könnte sich mit Hilfe der antizyklischen Finanzpolitik und der längerfristigen Haushaltsplanung in seine Zuständigkeiten einmischen.[98] Hinzu kamen schließlich politische Spannungen mit den FDP-Finanzministern.[99]

In eigener Regie hatte das Bundesfinanzministerium freilich schon unter Etzel damit begonnen, längerfristige Haushaltsplanungen anzustellen. Starke und Dahlgrün führten diese Arbeiten fort.[100] Das geschah auch auf Druck der SPD-Fraktion im Bundestag, zumal ihres finanzpolitischen Sprechers Alex Möller. Unterstützt von den Abgeordneten der Union hatte die SPD im Mai

93 *Vialon*, S. 106 ff.; *Wille*, Planung, S. 45 ff.

94 *K. Schmidt* u. *Wille*, S. 13 ff.

95 VDB, 4. WP, 90. Sitzung vom 18.10.1963; Schmücker und Dahlgrün an Staatssekretär des Bundeskanzleramts am 25.2.1964, BArch B 102/97032; Protokoll der 114. Kabinettssitzung am 11.3.1964, in: Kabinettsprotokolle.

96 Vgl. das umfangreiche Material in BArch B 102/97032.

97 *Dahlgrün*, Problematik.

98 Vermerk Schlömann (BMWi) betr. Intensivierung der mehrjährigen Haushaltsüberlegungen vom 28.6.1965, BArch B 102/166830. Interview Neuthinger.

99 *Nützenadel*, Stunde, S. 283 ff.

100 Dazu im Rückblick H.C. Korff, Zur Methodik der Finanzplanung. Vortrag vor dem Wiss. Beirat am 26.5.1967, BArch B 126/28596. Interview Neuthinger.

1963 erfolgreich beantragt, dass der Finanzminister mit dem Finanzbericht 1964 eine Vorausschätzung für die Jahre 1964 bis 1966 vorzulegen habe.[101] Bei den Vorarbeiten dafür traten die Unzulänglichkeiten der Ein-Jahres-Betrachtung markant hervor.[102] Denn es zeigte sich nicht allein ein Ungleichgewicht zwischen den feststehenden (85 %) und den noch veränderbaren Bundesausgaben (15 %), das den Handlungsspielraum in beunruhigendem Maß einengte. Aus einem Bericht des Leiters der Haushaltsabteilung Hans Clausen Korff an seinen Minister ging zudem deutlich hervor, dass die Haushalte der kommenden Jahre nur mit »erheblichen Anleiheaufnahmen« auszugleichen wären. Sie seien »eindeutig überzogen«, dürften den Kapitalmarkt überfordern und müssten nicht zuletzt prozyklisch wirken. Bei konjunkturpolitisch richtigem Verhalten, so das ernüchternde Resümee, schrumpfe die finanzielle Manövriermasse des Bundes auf 1 bis 2 Mrd. pro Jahr.[103] Dass es um die Finanzen des Bundes nicht zum Besten stand, offenbarte auch der »Überblick über die finanziellen Möglichkeiten und die Ausgabeverpflichtungen des Bundes in den Jahren 1965 bis 1967«, der dem Finanzbericht 1965 beilag. Der »Überblick« ließ einerseits einige Vorbelastungen des Bundeshaushalts bis 1967 erkennen, musste andererseits aber einräumen, dass sich »zusätzliche Mehrbelastungen« abzeichneten, »die zahlenmäßig noch nicht erfasst werden können«. Der »verbleibende Spielraum« sei aber »schon jetzt so eng, dass für neue Maßnahmen nur sehr begrenzte finanzielle Möglichkeiten bestehen«.[104]

An diesem Punkt verschränkten sich die administrativ-formellen mit den finanziell-materiellen Problemen des Bundeshaushalts. Schon seit den frühen Sechzigern bereitete es Schwierigkeiten, den Etat auszugleichen.[105] In einzelnen Jahren stiegen die Ausgaben rascher als die Einnahmen. Da Bundesanleihen auf dem angespannten Kapitalmarkt nur schwer unterzubringen waren, mussten die Zuschüsse an die Sozialversicherungsträger teilweise in Schuldbuchforderungen geleistet, Ausgaben aus dem Etat herausgenommen und neben ihm finanziert oder Defizite durch Nachträge zum Haushalt weitergewälzt werden.[106] Diese Probleme kulminierten in den Haushaltsjahren 1965 und 1966. Dabei bildete die fiskalische Seite des Budgets nur einen Teil der zu lösenden Aufgabe.

101 VDB, 4. WP, 76. Sitzung vom 15.5.1963; Vermerk für den Genossen Möller (Herta List, 27.10.1964), Anlage: Vorbereitungsmaterial für den SPD-Parteitag, BArch N 1369/1342.

102 Vgl. die Anmeldungen der Ressorts in BArch B 126/28574.

103 Korff (BMF) an Minister (Dahlgrün) am 15.8.1964, BArch B 126/51735.

104 *Bundesministerium der Finanzen*, Finanzbericht 1965, S. 525 ff. (Zitate: S. 528).

105 Eine eindrückliche, wenn auch zugespitzte Schilderung: Das Milliarden-Roulette, in: Der Spiegel Nr. 9 vom 27.2.1963.

106 *K. D. Wagner*, Haushaltsreden Etzel, S. 21 ff.; *ders.*, Haushaltsreden 1962–1966, S. 24 ff.; *Littmann*, Tätigkeit 1961 und 1962; *ders.*, Tätigkeit 1963 und 1964; *Caesar*, Verschuldung, bes. S. 18 ff.; *Schmähl*, Bd. 5, S. 407 ff.

Nicht minder beunruhigend waren die Wirkungen, die vom Bundeshaushalt auf die Konjunktur ausgingen.[107]

Zwar hatte sich - ein Novum - das Kabinett auf Drängen von Finanzminister Dahlgrün nach langen und kontroversen Diskussionen auf einen Plafond von 63,9 Mrd. für den Bundeshaushalt 1965 geeinigt.[108] Welcher Anstrengungen es bedurfte hatte, diesen Höchstbetrag zu verteidigen und den Zuwachs gegenüber 1964 bei 3,6 Mrd. oder 6% zu deckeln, zeigte der pessimistische Grundton der Haushaltsrede des Finanzministers, als er dem Parlament im Oktober 1964 den Etat vorlegte.[109] Der Damm, den Dahlgrün gegen die Ausgabenwünsche der Ressorts wie der Bundestagsabgeordneten errichtet hatte, brach endgültig bei den Haushaltsberatungen.[110] Von »Schecks ohne Deckung« sprach Die Zeit, und die Frankfurter Allgemeine erklärte: »Es grenzt an Wahnsinn und entbehrt doch der Methode«.[111] Tatsächlich beschloss der Bundestag im Wahljahr insgesamt 2,5 Mrd. Mehrausgaben für Landwirtschaft und Kindergeld, Bundesbahn und Straßenbau. Danach konnte der Etat nur noch »durch haushaltstechnische Manipulationen«, wie der Bund der Steuerzahler kritisierte, ausgeglichen werden, und die Durchführung des Budgets stieß rasch auf Schwierigkeiten.[112] »Die Ausgaben steigen in einem Umfang«, klagte Dahlgrün dem Bundeskanzler in einem streng vertraulichen Schreiben im Juni 1965, »dass sie auch bei gleichbleibendem Wachstum unserer Wirtschaft im Rahmen der verfügbaren Einnahmen nicht gedeckt werden können, geschweige denn eine konjunkturgerechte Haushalts- und Finanzpolitik zulassen«. So werde sich der Fehlbetrag im Etat 1965 von etwa 2 Mrd. nur durch Kassenkredite, also durch Geldschöpfung, kurzfristig finanzieren lassen. Für 1966 rechnete Dahlgrün mit einem Defizit von 5 Mrd., das sich 1967 auf 5,9 Mrd. erhöhen und 1968 bei mindestens 5,5 Mrd. liegen werde - eine Entwicklung, die den »Keim einer schweren Finanzkrise« in sich trage.[113] Ähnlich pessimistisch äußerte

107 *Hagemann*, Tätigkeit 1965–1967.

108 122. Kabinettssitzung vom 13.5.1964, 124. Kabinettssitzung vom 5.6.1964, 126. Kabinettssitzung vom 16.6.1964 und Sondersitzung vom 27.10.1964, in: Kabinettsprotokolle.

109 Vgl. auch die Rede Dahlgrüns bei der Einbringung des Haushaltsgesetzes 1965, in: VDB, 4. WP, 136. Sitzung vom 13.10. 1964, S. 6743–6758.

110 Diese begannen mit der ersten Lesung des Haushaltsgesetzes am 15.10.1964. VDB, 4. WP, 137. Sitzung am 15.10.1964. Vgl. auch Entwurf eines Gesetzes über die Feststellung des Bundeshaushaltsplans für das Rechnungsjahr 1965 (Haushaltsgesetz 1965) vom 17.8.1964, BT-Drucksache IV/2500.

111 K. Simon, Schecks ohne Deckung, in: Die Zeit Nr. 50 vom 11.12.1964; A. Pickert, Eine Flut von neuen Ausgaben, in: Frankfurter Allgemeine Nr. 13 vom 16.1.1965.

112 »Haushaltsausgleich nur ein Trick«, in: Frankfurter Allgemeine Nr. 26 vom 1.2.1965; *Karl-Bräuer-Institut*, Bundeshaushalt 1966, S. 11; vgl. auch *Deutsche Bundesbank*, Monatsbericht Januar 1965, S. 22ff.

113 BMF (Dahlgrün) an Buka am 15.6.1965, Anlage: Zur Haushaltslage des Bundes in den Rechnungsjahren 1965 bis 1968, BArch B 136/2205.

sich der Staatssekretär im Finanzministerium Walter Grund und drohte sogar mit seinem Rücktritt, da er »später nicht zu den mitverantwortlichen Urhebern einer deutschen Finanzkrise gerechnet werden« wollte.[114] Mit diesem Schreckensszenario konfrontierte Dahlgrün das Kabinett auf seiner Sitzung im Juni, schob Mitte Juli ein Paket einschneidender Sparmaßnahmen nach, um den Vollzug des Haushalts 1965 zu sichern und die Zuwächse im Budget für 1966 zu begrenzen, und erhielt dafür die Zustimmung des Gremiums.[115]

Kaum einen Monat später stimmte das Kabinett jedoch aus »politischen Gründen« – es war die heiße Phase des Bundestagswahlkampfs – einem Paket von nicht weniger als 19 ausgabenwirksamen Gesetzen zu, die Mehraufwendungen von gut 3,2 Mrd. nach sich zogen. Allerdings fielen davon nur rund 244 Mio. 1965, knapp 3 Mrd. dagegen erst im folgenden Jahr an.[116] Zwar stand zur Diskussion, die Gesetze mit Hilfe des Art. 113 GG zu blockieren, doch wollte das Kabinett vor den Wahlen im September und mit Rücksicht auf die Regierungsmehrheit diese »Waffe gegen die Freunde« in der CDU/CSU-Fraktion nicht einsetzen.[117] Erhard habe, notierte Grund rückblickend in seinen Lebenserinnerungen, »für Haushaltsfragen ›wenig Gespür und Sinn gehabt‹ und Kritik mit der unwirschen Bemerkung quittiert, er sei kein Buchhalter«.[118] Seit Anfang des Jahres 1965 hatten Regierung und Parlament damit Gesetze beschlossen, die den Haushalt 1966 mit Mehrausgaben von knapp 6 Mrd. belasteten. Rechnete man die Lohn- und Gehaltserhöhungen sowie Mehranforderungen der Ressorts hinzu und zog die erwarteten Steuermehreinnahmen ab, blieben rund 6 Mrd. ohne Deckung. Da eine über 2 Mrd. hinausgehende Verschuldung angesichts der »anhaltenden Schwäche« auf dem Kapitalmarkt nicht möglich war, sah sich der Bund gezwungen, auf eine »kurzfristige Kreditfinanzierung durch die Deutsche Bundesbank in Milliarden-Höhe zurückzugreifen«. Wie der Finanzminister freimütig zugab, handelte es sich »im Ergebnis um eine zusätzliche Geldschöpfung«, welche die Inflation anzuheizen drohte.[119]

Die Deutsche Bundesbank sah das ähnlich. In einem Schreiben an den Bundeskanzler vom Juli 1965 betrachtete sie die Entwicklung der Haushalte »mit

114 Grund (BMF) an Dahlgrün am 19.6.1965, BArch B 136/2205.

115 169. Kabinettssitzung vom 23.6.1965, in: Kabinettsprotokolle. Kabinettsvorlage BMF (Dahlgrün) vom 13.7.1965, BArch B 136/2205; 172. Kabinettssitzung vom 14.7.1965, in: Kabinettsprotokolle. Bundesregierung muß zwei Milliarden Mehrausgaben auffangen, in: Frankfurter Allgemeine Nr. 161 vom 15.7.1965.

116 Vorlage AL II BKA (Praß) für Minister Westrick am 6.8.1965, BArch B 136/2005; 175. Kabinettssitzung am 12.8.1965, in: Kabinettsprotokolle.

117 Stoltenberg an Buka am 25.8.1965, BArch B 136/2005. Dazu *Fischer-Menshausen*, Art. 113. Vgl. die Kritik in den Artikeln Die Bundesregierung nimmt die Mehrausgaben hin, in: Frankfurter Allgemeine Nr. 186 vom 13.8.1965, und G. Bucerius, Feige und heuchlerisch, in: Die Zeit Nr. 34 vom 20.8.1965.

118 Zit. nach *K. D. Wagner*, Haushaltsreden 1962–1966, S. 66.

119 Kabinettsvorlage BMF (Dahlgrün) vom 2.11.1965, BArch B 136/3231..

wachsender Sorge«, fand die Aussichten für 1966 »geradezu erschreckend« und kritisierte insbesondere die inflatorischen Tendenzen, die von den öffentlichen Haushalten ausgingen. Die Bank werde deshalb einem »erhöhten und anhaltenden Rückgriff auf den Kreditplafond des Bundes« nicht zustimmen und hielt einen höheren Umlauf an unverzinslichen Schatzanweisungen »konjunkturell und währungspolitisch für nicht vertretbar.«[120] Am Ende konnte zwar der Haushalt 1965 durch Steuermehreinnahmen und den Erlös aus der Privatisierung der VEBA auf der Einnahmenseite sowie Einsparungen auf der Ausgabenseite und eine strengere Bewirtschaftung der Betriebsmittel abgewickelt werden, zumal sich das starke Ausgabenwachstum im letzten Quartal verringerte. Doch lag das Etatvolumen am Ende immer noch rund 1,9 Mrd. über dem Soll von 63,9 Mrd. Zudem blieb am Ende ein kassenmäßiges Defizit von rund 730 Mio., das den Etat des nächsten Jahres belastete.[121]

Angesichts der Schwierigkeiten, den Bundeshaushalt 1965 auszugleichen und durchzuführen, sowie der bereits festgelegten Mehrausgaben und der übertragenen Belastungen bedeutete die Aufstellung des Etats für 1966 eine noch größere Herausforderung – ganz zu schweigen von den Problemen, diesen einigermaßen konjunkturgerecht zu gestalten. Das zeichnete sich bereits im Frühjahr 1965 ab. So befürchtete das Wirtschaftsministerium, dass sich das Budget um 15 % auf 73 Mrd. erhöhen, ein Defizit von 5 bis 6 Mrd. aufweisen und damit den Handlungsspielraum der Regierung erheblich einengen könnte.[122] Bundeswirtschaftsminister Kurt Schmücker drängte den Bundeskanzler deshalb zu einem Grundsatzgespräch über die Gestaltung der künftigen Haushalte.[123] Das wies Dahlgrün als Einmischung in seinen Kompetenzbereich zurück, wobei er sich eine defensive, lediglich vollziehende Funktion zuschrieb. So würden die maßgeblichen finanz- und konjunkturpolitischen Entscheidungen »mehr und mehr dadurch getroffen, dass das Parlament Gesetze beschließt, aus denen sich zwangsläufig Belastungen des Bundeshaushalts ergeben«. Die Haushalte der kommenden Jahre seien »weitgehend nur Vollzug der – gerade jüngst noch im Übermaß – beschlossenen Gesetze«.[124] Damit versuche Dahlgrün, wie der zuständige Referent im Wirtschaftsministerium anmerkte, »sich von jeglicher Verantwortung für die kritische Entwicklung des Bundeshaushalts und die dadurch eingeschränkten Möglichkeiten für antizyklische Maßnahmen freizusprechen«.[125]

120 Deutsche Bundesbank (Blessing/Irmler) an Buka am 13.7.1965, BArch B 136/2205. Vgl. auch *Deutsche Bundesbank*, Geschäftsbericht 1965, S. 72 ff.

121 Protokoll der 204. Sitzung des Zentralbankrats der Deutschen Bundesbank am 2.12.1965, BArch B 136/3327.

122 Vermerk Leiter Abt. I BMWi (Gocht) vom 12.4.1965, BArch B 102/97046.

123 BMWi (Schmücker) an Buka am 21.4.1965, BArch B 102/97046.

124 BMF (Dahlgrün) an BMWi (Schmücker) am 11.6.1965, ebd.

125 Vermerk (Pietsch) für Abt. I BMWi am 30.6.1965, ebd.

Ganz so resignativ verhielt sich der Finanzminister freilich nicht. Nach der Bundestagswahl, welche für die Union und ihren Kanzler erfolgreich ausgegangen war, sowie einer schwierigen Regierungsbildung drängte er Erhard, in der ersten Kabinettsitzung über die angespannte Lage der Bundesfinanzen zu beraten. Nach den Anforderungen der Ressorts drohte ein Haushalt, der mit 76,6 Mrd. um 12,6 Mrd. oder 20 % über dem Soll von 1965 lag und ein Defizit von mindestens 5,6 Mrd. aufwies. Dies zwang zu entschiedenen Kürzungen, die sich nur durch ein Haushaltssicherungsgesetz erreichen ließen. Dafür setzte das Kabinett ein »Streichquartett« ein, bestehend aus Dahlgrün und Schmücker, Wissenschaftsminister Gerhard Stoltenberg sowie Alois Niederalt, dem Bundesminister für Angelegenheiten des Bundesrats und der Länder. Im März 1966 stieß der Bundesminister für Arbeit und Sozialordnung Hans Katzer zu dem nun »Streichquintett« genannten Kreis dazu.[126] Die Runde sollte auch Vorschläge erarbeiten, wie der Haushalt 1967 im Rahmen einer längerfristigen Finanzplanung gestaltet werden könnte. Im Einvernehmen mit den Mitgliedern dieser Kommission legte der Finanzminister zur nächsten Sitzung des Kabinetts Anfang November eine Reihe von Maßnahmen zur Sicherung des Haushalts 1966 vor, dessen Defizit Dahlgrün jetzt nach Abzug von 5,2 Mrd. Mehreinnahmen auf 7,5 Mrd. bezifferte. So sollten 1,7 Mrd. gestrichen, weitere 2,1 Mrd. in Gesprächen mit den Ressorts gekürzt und noch einmal 3,2 Mrd. durch ein Vorschaltgesetz zur Sicherung des Haushaltsausgleichs eingespart oder hinausgeschoben werden. Außerdem war geplant, die Brannt- und Schaumweinsteuer anzuheben und die Tarife der Deutschen Bundesbahn zu erhöhen. Trotz dieser Maßnahmen stieg das Volumen des Etats von 63,9 Mrd. auf 69,4 Mrd. oder um 8,5 %.[127] »Das Ende einer mehrjährigen Wegstrecke deutscher Finanzpolitik ist durch einen unübersehbaren Scherbenhaufen markiert«, kommentierte die Frankfurter Allgemeine, und unter der Überschrift »Da schweigen alle Flöten« rief Der Spiegel Fritz Schäffer als Kronzeugen einer sparsamen Finanzpolitik auf, überzeugt, dass »das Haushalts-Debakel noch nicht aus der Welt geschafft« sei.[128] Nicht zuletzt machte die Bild-Zeitung unter dem Titel »Flickwerk« massiv Front gegen die Pläne zur Erhöhung der Steuern[129] und mobilisierte ihre Leser gegen die finanzpolitischen Entscheidungen, indem sie eine Reihe kritischer Briefe an die Redaktion abdruckte.[130]

126 1. Kabinettssitzung am 27.10.1965, in: Kabinettsprotokolle.

127 Kabinettsvorlage BMF (Dahlgrün) vom 2.11.1965, BArch B 136/2005 bzw. 3231; 2. Kabinettssitzung am 2.11.1965, in: Kabinettsprotokolle.

128 D. Vogel, Die finanzpolitische Notbremse – was folgt?, in: Frankfurter Allgemeine Nr. 270 vom 20.11.1965; Da schweigen alle Flöten, in: Der Spiegel Nr. 47 vom 17.11.1965.

129 Bild-Zeitung Nr. 259 vom 6.11.1965. Vgl. auch ebd. Nr. 247 vom 23.10.1965 bzw. Nr. 257 vom 4.11.1965.

130 Beschämend! Katastrophal! BILD-Leser empört über Bonner Milliardenspiel, in: ebd. Nr. 260 vom 8.11.1965.

In der Tat entlasteten die Vorschläge den Haushalt nur unzureichend, denn sie verschoben zahlreiche Ausgaben lediglich in die Zukunft. Immerhin gelang mit dem Haushaltssicherungsgesetz »erstmals ein Einbruch in gesetzlich festliegende Aufgabenbereiche und Ausgabenverpflichtungen des Bundes«, so dass an die Stelle des »Rechtsbewahrungsstaates« ein »Rechtsbeeinflussungsstaat« trat.[131] Doch monierte der Sachverständigenrat, dass die Kürzungen vor allem zu Lasten der Investitionen erfolgt seien und daher das wirtschaftliche Wachstum zu beeinträchtigten drohten.[132] Zu Beginn des Jahres 1966 rechnete Dahlgrün bereits wieder mit einem Defizit von 1 Mrd. und konnte dem Bundestag trotz neuerlicher Kürzungen Anfang März nur einen Etat präsentieren,[133] der eine Steigerung um 8,1 % auf knapp 69,2 Mrd. aufwies und damit erneut das konjunkturpolitische Ziel verfehlte, wenigstens nicht schneller als das Sozialprodukt zu wachsen.[134] Im Lauf des Jahres spitzte sich die finanzielle Lage weiter zu. »Das Problem Dahlgrün«, der »nicht bereit oder fähig« sei, »sein Konzept durchzusetzen, wenn er auf Widerstand stößt«, wurde akut.[135] Der CDU-Abgeordnete Albert Leicht, der in der Großen Koalition als Parlamentarischer Staatssekretär im Bundesfinanzministerium amtieren und 1969 den Vorsitz des Haushaltsausausschusses des Bundestags übernehmen sollte, warnte den Bundeskanzler eindringlich vor weiteren ausgabenerhöhenden Gesetzen und kündigte an, dass die Unionsfraktion eine Kommission einsetzen werde, die parallel zum »Streichquartett« Vorschläge erarbeiten sollte, wie sich die »bedrohliche Entwicklung der Bundesfinanzen« abwenden ließe.[136] Im Sommer 1966 zeichnete sich wegen Mehrausgaben für die Bundesbahn und den Steinkohlenbergbau, die Knappschaftsversicherung und das Kindergeld ein neuerliches Defizit von 1,1 bis 1,2 Mrd. ab. Dahlgrün hielt diesen Fehlbetrag für »unvertretbar«, da er nicht über den Kapitalmarkt finanziert werden könne und deshalb »zu einer Überschreitung der von der Bundesbank eingeräumten Kreditlinie führen und damit die Zahlungsfähigkeit des Bundes in Frage stellen«

131 Franz Josef Strauß, Ziele und Grenzen der Finanzplanung vom 5.6.1967, BArch B 126/28583.

132 *Sachverständigenrat*, Jahresgutachten 1966/67, Ziff. 126 ff.

133 Entwurf eines Gesetzes über die Feststellung des Bundeshaushaltsplans für das Rechnungsjahr 1966 (Haushaltsgesetz 1966) vom 6.2.1966, BT-Drucksache V/250. Haushaltsrede Dahlgrün und 1. Lesung in: VDB, 5. WP, 24. bzw. 25. Sitzung vom 2. bzw. 3.3.1966, S. 1029–1040 bzw. S. 1128 ff.

134 Vermerk Hornschuh (BKA) vom 23.12.1965, BArch B 136/2206; 10. Kabinettssitzung am 4. und 5.1.1966, in: Kabinettsprotokolle. FDP-Fraktion. Kurzprotokoll der Fraktionssitzung am 10.1.1966, AdL NL Mischnick A 40-778. Vgl. W. Müller-Haeseler, Der Geflickte Haushalt, in: Die Zeit Nr. 20 vom 13.5.1966.

135 D. Stolze, Das Problem Dahlgrün, in: Die Zeit Nr. 34 vom 19.8.1966. Vgl. auch *Buchstab* u. *Lindesy*, Kiesinger, Nr. 7: 11.7.1966.

136 Albert Leicht an Buka am 14.4.1966 (Kopie), BArch N 1431/18.

würde.[137] Das Kabinett versuchte darum, dem Defizit durch mehrere Kürzungsrunden beizukommen. Doch riss der Devisenausgleich für die Stationierung amerikanischer Truppen in der Bundesrepublik neue Löcher ins Budget und machte schließlich einen Nachtragshaushalt von 1 Mrd. notwendig.[138]

Ließen sich schon die Probleme beim Vollzug des Bundeshaushalts 1966 kaum beherrschen, fiel es dem Finanzministerium noch schwerer, den Haushalt für 1967 aufzustellen und auszugleichen. So rechnete der Abteilungsleiterausschuss des Ministeriums im Frühjahr 1966 mit einem Haushaltsdefizit von 7,3 bis 8,0 Mrd. und ging davon aus, dass die Fehlbeträge in den kommenden Jahren auf 10,0 bis 11,7 Mrd. (1968) und 9,5 bis 11,6 Mrd. (1969) steigen und erst im Jahr 1970 auf 8,3 bis 10,5 Mrd. sinken würden.[139] Die Vorschläge des »Streichquintetts« fielen vor diesem Hintergrund »nicht sehr ermutigend« aus. Dieses habe sich, klagte ein Vermerk aus dem Wirtschaftsministerium, »auf die Fährte der Kleinkrämerei« locken lassen. Wenn man den »Nebel der finanziellen Zaubertricks« beiseite räume, ergäbe sich bei einem konjunkturpolitisch gerade noch vertretbaren Ausgabeplafond von 73,7 Mrd. und einem Bedarf von 78 bis 79 Mrd. immer noch eine Deckungslücke von 5 Mrd., die sich nur durch Kürzungen auffangen lasse.[140] Auch hatte sich der Ministerausschuss darauf beschränkt, für den Ausgleich lediglich des Haushalts 1967 zu sorgen, und die Deckungsprobleme der Folgejahre außer Betracht gelassen. Immerhin gelang es dem Finanzminister, das Kabinett auf einen Plafond von 74 Mrd. festzulegen.[141] Dieser Vorgabe folgte die Kabinettsvorlage Dahlgrüns. Der Mehrbedarf von 5 Mrd. sollte durch Steuermehreinnahmen, den Abbau von Steuervergünstigungen und höhere Schulden ausgeglichen werden. Vieles blieb aber in der Schwebe, weil es dem Finanzminister noch nicht gelungen war, über wichtige Einzelpläne Einvernehmen mit den Ressorts herzustellen. Auch ging er von einem Bundesanteil von 39 % an der Einkommen- und Körperschaftsteuer aus, während die Länder nur 35 % zugestehen wollten. Schließlich hatte Dahlgrün erneut höhere Schuldbuchforderungen an die Rentenversicherungsträger einkalkulieren müssen.[142] Es bedurfte deshalb noch

137 Kabinettsvorlage BMF (Dahlgrün) vom 1.8.1966 mit Anlage 1: Voraussichtliche Mehrausgaben im Rechnungsjahr 1966, BArch B 136/3231 bzw. 3231; 41. und 42. Kabinettssitzung am 31.8. und 7.9.1966, in: Kabinettsprotokolle.

138 47. Kabinettssitzung am 12.10.1966, in: Kabinettsprotokolle.

139 F. J. Strauß an K.Th. Frhr. von und zu Gutenberg, Entwurf vom Februar 1968, BArch N 1431/18.

140 Vermerk Schlömann (BMWi) für Staatssekretär Langer am 15.7.1966, BArch B 102/97050; *Buchstab* u. *Lindsey*, Kiesinger, Nr. 7: 11.7.1966.

141 Sprechzettel für die Kabinettssitzung am 25.7.1966, BArch B 136/2212; 38. Kabinettssitzung vom 25.7.1966, in: Kabinettsprotokolle.

142 Vermerk Praß (BKA) für Buka am 6.5.1966, BArch B 136/2212; Vermerk Hornschu (BKA) für Buka am 17.8.1966, ebd.; Vermerk Hornschu (BKA) für die Kabinettssitzung

zäher Verhandlungen, bis das Kabinett Ende September den Haushalt endgültig verabschiedete.[143]

Bereits nach zwei Wochen war das Budget Makulatur, ein Ergänzungshaushalt unvermeidlich,[144] weil die Ausgaben aus dem Devisenausgleichsabkommen 1967 mit 1,8 Mrd. zuzüglich einer vorzeitigen Rückzahlung der Nachkriegswirtschaftshilfe der USA in Höhe von 800 Mio. zu Buche schlugen. Weitere Mehrausgaben sowie Mindereinnahmen bei den Steuern teils wegen der abflauenden Konjunktur (1,1 Mrd.), teils bei einer Senkung des Bundesanteils an der Einkommensteuer unter 39 % (je Prozentpunkt rund 500–600 Mio.) kamen hinzu.[145] Auf Drängen des Bundeskanzlers musste das »Streichquintett« jetzt auch die Ergebnisse seiner mittelfristigen Finanzplanungen vorlegen. Es rechnete für 1968 mit einem Defizit von 6,6 Mrd., das sich 1969 auf 8,0 und 1970 auf 10,1 Mrd. erhöhen und erst 1971 wieder auf 8,8 Mrd. sinken würde. Diese Fehlbeträge ließen sich zwar durch einschneidende Kürzungen verkleinern, jedoch ohne den Abbau von Steuervergünstigungen und Steuererhöhungen nicht beseitigen. Auf diese Abfolge von Maßnahmen verständigte sich das Kabinett Ende Oktober in einer Art Formelkompromiss.[146] In den Regierungsfraktionen stieß die Entscheidung auf Widerstand: bei der CDU/CSU wegen der Sparvorschläge, in der FDP wie schon bei Dahlgrün wegen der Steuererhöhungen.[147] Das zwang die FDP-Minister zum Rücktritt und stürzte die Regierung Erhard in ihre finale Krise.[148] Bis zum Rücktritt des Kanzlers übernahm Wirtschaftsminister Schmücker auch die Leitung des Finanzministeriums. Anfang November legte er dem Bundestag den Etatentwurf zusammen mit einem Ergänzungshaushalt in Höhe von 2,9 Mrd. vor. 1,4 Mrd. sollten durch Kürzungen, 1,5 Mrd.

vom 25.8.1966, ebd.; Vermerk Praß (BKA) für Buka vom 25.8.1966, ebd. Vgl. auch Interview mit Bundesfinanzminister Rolf Dahlgrün in der Sendung »Bericht aus Bonn« am 29.6.1966, WDR 0004415. 40. Kabinettssitzung am 26.8.1966, in: Kabinettsprotokolle, und die Kritik des DGB-Bundesvorstands (Protokoll vom 4.10.1966, AdsD 5/DGAI000534) am Haushalt 1967, bes. an den Schuldbuchforderungen, sowie K. Steves, Kein Glanzstück von Etat, in: Die Welt Nr. 200 vom 29.8.1966.

143 45. Kabinettssitzung am 29.9.1966, in: Kabinettsprotokolle. Vgl. auch die optimistische Sicht Dahlgrüns: FDP-Fraktion: Kurzprotokoll der Fraktionssitzung am 24.10.1966, AdL NL Mischnick A 40-773, dagegen K. Steves, Stabilität oder Streit?, in: Die Welt Nr. 213 vom 13.9.1966.

144 Protokoll der 224. Sitzung des Zentralbankrats der Deutschen Bundesbank am 6.10.1966, BArch B 136/3327.

145 49. Kabinettssitzung am 26.10.1966, in: Kabinettsprotokolle; F.J. Strauß an K.Th. Frhr. von und zu Gutenberg, Entwurf vom Februar 1968, BArch N 1431/18.

146 49. Kabinettssitzung am 26.10.1966, in: Kabinettsprotokolle.

147 FDP-Fraktion: Kurzprotokoll der Fraktionssitzung am 24.10.1966, AdL NL Mischnick A 40-773; *Buchstab* u. *Lindsey*, Kiesinger, Nr. 9: 8.11.1966.

148 Dazu im einzelnen *Hildebrand*, S. 202 ff.; *Hentschel*, S. 613 ff.

durch höhere Steuern finanziert werden.[149] Erstaunlich offen sprach der Finanzminister davon, die Finanzierungslücke könnte so groß werden, »dass eine Reparatur, wenn überhaupt, dann nur noch unter gefährlichen Begleitumständen für Staat und Wirtschaft möglich wäre«.[150] Ähnlich skeptisch beurteilte der Sachverständigenrat die finanzielle Situation: »In der Haushaltsplanung für das Jahr 1967«, stellte er fest, »herrscht bei Ende der Berichtszeit – Mitte November – Unordnung«. Es sei daher »noch ungewiss, ob und wie 1967 der Haushalt ausgeglichen werden« könne.[151]

Die Finanzkrise, in die der Bund in den Jahren 1965 und 1966 geriet, war im Kern eine politische Krise. Sie wurzelte in einer Finanzpolitik, die zwei miteinander unvereinbare Ziele verfolgte: Einerseits sollte die Belastung der Bürger durch Abgaben nicht erhöht, nach Möglichkeit sogar gesenkt werden, um die Steuerquote nicht ansteigen zu lassen; andererseits drängten die Ressorts auf höhere Ausgaben, und die Regierungsmehrheit im Bundestag verabschiedete immer wieder Gesetze, die Ausgaben verursachten, für die im Haushalt keine Deckung vorgesehen war. Dafür musste der Finanzminister im Nachhinein sorgen. Formell-administrative Probleme, vor allem das Fehlen einer längerfristigen Haushaltsplanung, verhinderten eine solide und über die einjährige Budgetperiode hinausgehende Kalkulation der Belastungen. So wuchsen die Haushalte in den frühen 1960er Jahren weitgehend ungeplant. Diese Expansion ließ sich nur durch wachsende Schulden finanzieren. Gerechtfertigt wurde die Kreditfinanzierung zunehmend mit konjunkturpolitischen Argumenten, welche die *Fiscal policy* bereitstellte.

c) Die Enttabuisierung der öffentlichen Verschuldung

Bis in die fünfziger Jahre hatte die Finanzpolitik vorzüglich die Aufgabe, die Einnahmen bereitzustellen, damit die öffentlichen Hände ihre Ausgaben finanzieren konnten. Zu dieser klassischen allokationspolitischen trat nun endgültig die stabilisierungspolitische Funktion. Fortan sollte Finanzpolitik auch als Instrument zur Beeinflussung der Konjunktur dienen. Damit setzte ein »Ökonomisierungsprozeß« ein,[152] den die *Fiscal policy* vorantrieb. Diese begriff die Finanzwissenschaft als Teil der Volkswirtschaftslehre, setzte nicht

149 50. Kabinettssitzung vom 28.10.1966, in: Kabinettsprotokolle. Haushaltsrede Schmücker am 8.11.1966, in: VDB, 5. WP, 70. Sitzung vom 8.11.1966, S. 3304–3317. Vgl. auch Ehre des Hauses, in: Der Spiegel Nr. 47 vom 14.11.1966, und Leiche heraus, in: ebd. Nr. 49 vom 28.11.1966.

150 Haushaltsrede Schmücker am 8.11.1966, in: VDB, 5. WP, 70. Sitzung vom 8.11.1966, S. 3304.

151 *Sachverständigenrat*, Jahresgutachten 1966/67, Ziff. 135.

152 *Neumark*, Finanzwissenschaft, S. 4.

mehr auf Ordnungs-, sondern auf Prozesspolitik und nutzte konsequent makroökonomische Modelle. Die neue Lehre drängte über die Wissenschaftlichen Beiräte beim Wirtschafts- und Finanzministerium sowie den Sachverständigenrat zur Begutachtung der gesamtwirtschaftlichen Entwicklung in die Politik und trieb deren Verwissenschaftlichung voran. Sie wurde aber auch früher oder später sowie unterschiedlich intensiv von hohen Beamten und Politikern rezipiert. Dadurch änderte sich die Einstellung zum Haushalt, vor allem zur Notwendigkeit eines jährlichen Budgetausgleichs. Hand in Hand damit ging eine »Enttabuisierung« der öffentlichen Verschuldung.[153]

Die *Fiscal policy* entstand unter dem Einfluss der Rezeption keynesianischer Ideen. Diese begann in der Bundesrepublik in größerem Umfang erst nach dem Ende des Zweiten Weltkriegs, führte zeitweise zu einer Polarisierung unter den Nationalökonomen und kam deshalb nur schrittweise voran. Dabei wurde die Lehre John Maynard Keynes' vor dem Hintergrund der anglo-amerikanischen Theoriediskussion vor allem in Form der neoklassischen Synthese rezipiert, die sich bemühte, Keynes und die Neoklassik miteinander zu versöhnen. Das neue wissenschaftliche Paradigma breitete sich in der Bundesrepublik der fünfziger Jahre aus und machte bald Front gegen die Vorherrschaft der ordoliberalen Schule in der Volkswirtschaftslehre. Hand in Hand damit wandelten sich sowohl das wissenschaftliche Selbstverständnis der Disziplin als auch ihre Arbeitsweise und nicht zuletzt die Darstellung der Forschungsergebnisse. Makroökonomische Modelle, mathematisch-quantifizierende Methoden und ökonometrische Prognoseverfahren gewannen an Gewicht.[154]

Die Rezeption keynesianischer Ideen in Form der neoklassischen Synthese strahlte auf die Finanzwissenschaft aus, die sich traditionell mit historischen, institutionellen und rechtlichen Fragen sowie mit praktischen Problemen der Finanzpolitik beschäftigte. Dabei stand, wie Wilhelm Gerloff noch 1952 in seiner »Grundlegung der Finanzwissenschaft« für die zweite Auflage des »Handbuchs der Finanzwissenschaft« hervorhob,[155] »die öffentlich-wirtschaftliche Beschaffung und Bereitstellung der einer öffentlichen Wirtschaft zur Erfüllung ihrer Zwecke erforderlichen Mittel« im Zentrum.[156] Allerdings sah er neben der Mittelbeschaffung bereits die Möglichkeit, die »zur Erwirtschaftung des öffentlichen Geldbedarfs eigentümlichen Mittel (Steuern, Anleihen usw.) als solche auch zur Verwirklichung anderer öffentlichen Zwecke einzusetzen«. Indem Gerloff auf neuere Entwicklungen in der Wirtschaftstheorie verwies, bemühte er sich zwar, die deutsche finanzwissenschaftliche Tradition mit der

153 Der Begriff »Enttabuisierung« bei *Caesar*, Verschuldung, S. 25.

154 Im einzelnen dazu *Nützenadel*, Stunde, S. 51 ff., sowie *J.-O. Hesse*, S. 288 ff.

155 Gerloff lehrte seit 1922 Finanzwissenschaft an der Universität Frankfurt, wurde 1940 durch Intrigen vorzeitig aus dem Amt gedrängt und nach 1945 wieder reaktiviert. *J.-O. Hesse*, S. 200 ff.

156 *Gerloff*, S. 17, 18, 9.

anglo-amerikanischen Theoriedebatte zu verbinden, betonte aber nach wie vor den Unterschied zwischen *Public Finance* und *Fiscal Policy*. Umfasste erstere, die »fiskalische Finanz«, die klassischen Aufgaben der Finanzwissenschaft, ging es letzterer, der »ordnungspolitischen Finanz«, um »die Anwendung finanzpolitischer Mittel (insbesondere steuerlicher, kreditpolitischer und budgetärer Maßnahmen) zur Lenkung der Wirtschaft«. Für Gerloff zählte die *Fiscal Policy* nicht zur Finanzwissenschaft, sondern zur Volkswirtschaftslehre, und er hielt auch daran fest, dass die »fiskalische Finanz« sich mit der Einnahmen-, nicht aber mit der Ausgabenseite des Budgets zu beschäftigen habe.

Während Gerloff, soweit es ging, die Grundprinzipien der klassischen Finanzwissenschaft hochhielt, knüpften einige seiner Kollegen bewusster an die Anfänge funktionaler Finanzwirtschaftslehre in der deutschen Wissenschaftstradition an und verbanden diese mit der anglo-amerikanischen Theoriediskussion.[157] Für Anton Tautscher etwa, der Volkswirtschaftslehre und Finanzwissenschaft an der Universität Graz lehrte, hatte die »Wesenswandlung der Staatswirtschaft«, womit er sowohl die quantitative Ausdehnung als auch die qualitative Veränderung der Staatsaufgaben meinte, die Finanzwissenschaft in ihren Grundlagen erschüttert.[158] Die »alte« Disziplin sei gegenüber den »Erfordernissen der modernen Staatswirtschaft unbrauchbar« und müsse sich neu ausrichten. Die »neue« Finanzwissenschaft, die Tautscher mit Verve propagierte, hatte ihre Grundlage in der Volkswirtschaftslehre und die Aufgabe zu zeigen, »wie die Staatswirtschaft in ihrem eigenen Wirtschaftsbereich die Volkswirtschaft integrierend organisieren« könne. Sie müsse »wieder das werden, was sie ursprünglich war und wesensgemäß ist: Teil der politischen Ökonomik«.[159]

Nicht Anton Tautscher, sondern Emigranten wie Gerhard Colm,[160] Richard Abel Musgrave[161] oder Fritz Karl Mann,[162] vor allem aber der nach Frankfurt zurückgekehrte Fritz Neumark,[163] einer der einflussreichsten Finanzwissenschaftler der frühen Bundesrepublik, sorgten als Vermittler im Wissenstransfer für eine breitere Rezeption der *Fiscal Policy*.[164] Sie trieben damit die Öffnung

157 Vgl. zu diesen Traditionslinien *Schulz*.
158 *Tautscher*, Wesenswandlung, S. 1.
159 *Ders.*, Finanzwissenschaft, S. 40.
160 *Hoppenstedt*; *Engelhard*.
161 *Wiegard*; *Sinn*, Please.
162 *Ahrend*.
163 Fritz Neumark hatte sich an der Universität Frankfurt 1927 habilitiert und dort zunächst als Privatdozent, dann als nichtbeamteter Professor gewirkt. 1933 emigrierte er in die Türkei und lehrte an der Universität in Istanbul. 1948 kehrte er als Gastprofessor und Vertreter des wirtschaftstheoretischen Lehrstuhls an die Universität Frankfurt zurück und wurde 1952 Nachfolger von Wilhelm Gerloff auf dem Lehrstuhl für Finanzwissenschaft. *Timm*; *J.-O. Hesse*, S. 203 f.; *Grossekettler*, Neumark; vgl. auch *Neumark*, Zuflucht.
164 Vgl. die unterschiedlichen Traditionen an drei Beispielen bei *Musgrave*, Public Finance.

und Umgestaltung der Disziplin in den 1950er Jahren voran.[165] Der *Fiscal policy* ging es darum, auf der Grundlage der Keynesschen *New Economics* Wirtschafts- und Finanzwissenschaft einander anzunähern und die ökonomischen Aktivitäten des Staats angemessen einzubinden. So definierte Neumark *Fiscal policy* als »die Lehre von den produktions- und verteilungspolitischen Motiven, Methoden und Wirkungen finanzwirtschaftlicher Maßnahmen aller Art, soweit diese der Sicherung eines möglichst stetigen und – im Rahmen der durch herrschende Gerechtigkeitsideale bestimmten Grenzen – möglichst starken Wirtschaftswachstums bei hohem Beschäftigungsgrad sowie annähernd stabilem Geldwert zu dienen bestimmt« seien.[166] Bei allen Unterschieden im Einzelnen stellte er eine Reihe von Gemeinsamkeiten heraus.[167] Demnach lehnten alle Vertreter der *Fiscal policy* jegliche Form von Parallelpolitik ab und sahen im Budgetausgleich kein Dogma, sondern eine Frage konjunkturpolitischer Zweckmäßigkeit. Nicht das Gleichgewicht des öffentlichen Haushalts zählte für sie, sondern das Ungleichgewicht der Gesamtwirtschaft. Deshalb hatte sich die Finanzpolitik daran zu messen, wie weit es ihr gelang, öffentliche Mittel für die Dämpfung bzw. Ankurbelung der Konjunktur einzusetzen. Da die *Built-in-flexibility* des Etats, also dessen selbsttätige antizyklische Wirkungen, zwar erwünscht war, konjunkturpolitisch aber nicht ausreichte, bedurfte es einer aktiven Finanzpolitik. Dafür kamen als Instrumente Steuersenkungen wie Ausgabenerhöhungen in Betracht, deren jeweiliger Einsatz weniger eine Frage des Prinzips als vielmehr der politischen Machbarkeit war. Außerdem galt es, fiskal- und kreditpolitische Maßnahmen zu koordinieren. Schließlich einte die Verfechter der *Fiscal policy* die Ansicht, dass sich öffentliche von privaten Schulden prinzipiell unterschieden, da deren Aufnahme bzw. Tilgung weitreichende gesamtwirtschaftliche Wirkungen zeitigten, die sich zur Steuerung der Konjunktur nutzen ließen.

Auch wenn Neumark im Jahr 1957 wohl etwas zu optimistisch vermerkte, dass die »Grundlehren der ›Fiscal policy‹, die zunächst von Theorie und Praxis als verstiegene Ideen schrulliger Außenseiter« betrachtet worden waren, heute »als Gemeingut der Wirtschafts- und Finanztheorie gelten können«, stießen diese doch bei den Finanzwissenschaftlern auf immer breitere Resonanz.[168] Zwar gab es nach wie vor deutliche Vorbehalte, am prominentesten formuliert von Günter Schmölders, der an der Universität zu Köln lehrte.[169] In seiner »Finanzpolitik«, die 1955 erschien, machte er aus der Skepsis gegenüber der *Fiscal policy* kein Hehl.[170] »Auf den richtigen Maßstab zurückgeführt, enthält die neue Heilslehre … im übrigen wenig Positives, das nicht auch der bisherigen Finanz-

165 *Nützenadel*, Stunde, S. 82ff.
166 *Neumark*, »Fiscal Policy«, S. 49.
167 Ebd. und bereits *ders.*, Grundsätze.
168 *Neumark*, Jahre, bes. S. 386, 390ff.
169 *Rieter*; vgl. auch *Schmölders*, »Gut durchgekommen?«.
170 *Ders.*, Finanzpolitik, S. 5, 264, 269, 271.

wissenschaft bereits bekannt gewesen wäre«. Vor allem aber beklagte Schmölders beredt die »Irrwege, auf die eine mechanistische, quantitätstheoretisch infizierte ›makroökonomische‹ Betrachtung der Größenordnungen des Staatshaushalts führen« könne. Diesem dürfe nicht die »Verantwortung für die allgemeine Wirtschaftslage in toto« aufgebürdet werden, hieße das doch »der autoritären Staatsplanwirtschaft kampflos das Feld räumen«. Demgegenüber betonte Schmölders die »Wesenseigenart der öffentlichen Finanzwirtschaft«, die »weder die Kontrollfunktion des Haushaltsplanes opfern noch auf die primär fiskalische Ausgestaltung ihres Steuersystems verzichten« könne.

Schmölders scharfe Kritik an der *Fiscal policy*, der er seine »verstehende Finanzwissenschaft« entgegensetzte, blieb nicht unwidersprochen. Das war ein klares Zeichen dafür, wie stark jene in der Bundesrepublik inzwischen Fuß gefasst hatte. So ging Erwin von Beckerath, in den fünfziger Jahren »unumstrittener Doyen der bundesdeutschen Nationalökonomie«,[171] mit der »Finanzpolitik« von Schmölders kritisch ins Gericht.[172] Dieser fordere letztlich eine »autonome« Finanzpolitik, die nicht nur den »liberalen Staat mit einem Minimum von Aufgaben und Ausgaben« zur Voraussetzung habe, sondern auch eine »Wirtschaft, die infolge der Existenz immanenter Ausgleichskräfte eine Steuerung von außen nie« benötige. Eine solche Position sei aber nicht mehr zeitgemäß. Vielmehr trage der moderne Staat eine »konjunkturpolitische Verantwortung«, und das erfordere ein »Mitwirken der Finanzpolitik«. Diese sei deshalb als ein »Glied der Wirtschaftspolitik« anzusehen. Damit schlug sich von Beckerath klar auf die Seite Neumarks, der einer öffentlichen Auseinandersetzung mit Schmölders »Finanzpolitik« fürs erste ausgewichen war.[173]

Auch Heinz Haller, der zunächst in Heidelberg, dann in Zürich forschte, lag auf der Linie der *Fiscal policy*.[174] Angeregt durch eine Forschungsreise in die USA hatte er deren Grundgedanken schon in den frühen fünfziger Jahren in einer Reihe von Aufsätzen aufgegriffen.[175] Diese bündelte er in seinem 1957 erschienenen Buch »Finanzpolitik. Grundlagen und Hauptprobleme« zu einer theoretischen Darstellung der Finanzpolitik, die sich scharf von Schmölders Buch abhob.[176] Neumark lobte denn auch Hallers »Finanzpolitik« in einer Rezension im FINANZ-ARCHIV.[177] Sie stelle den »bei uns lange Zeit verlorenen Kontakt zwischen Finanzwissenschaft und Wirtschaftstheorie« wieder her, indem sie die Finanzwirtschaft konsequent als »Glied der Volkswirtschaft«

171 *Nützenadel*, Stunde, S. 31.

172 *von Beckerath*, S. 295, 294, 293.

173 *Neumark*, Grundlagen. Vgl. aber *ders.*, Auflage, wo Neumark die zweite Auflage von 1965 wohlwollend, aber in klarer Abgrenzung zur Finanztheorie rezensierte.

174 *Haller*, Glück, bes. S. 74ff.

175 So etwa *ders.*, Möglichkeiten, oder *ders.*, Hansen.

176 *Ders.*, Glück, S. 91ff.

177 *Neumark*, Grundlagen, S. 313, 325.

und die Finanzpolitik als »Stück der Wirtschaftspolitik« begreife. Besonders überzeugt hatten ihn die Passagen, die sich dem Verhältnis von Finanzpolitik und Konjunktur widmeten. Mit diesen sei es Haller gelungen, »die Stagnation endgültig zu überwinden, in der sich – von wenigen Ausnahmen abgesehen – die deutsche Finanztheorie der Zwischenkriegszeit« befunden habe.

Die Durchsetzung der *Fiscal policy* in der bundesdeutschen Finanzwissenschaft hatte weitreichende Folgen sowohl für den Budgetausgleich als auch für die Kreditfinanzierung der öffentlichen Ausgaben. So brachten die fünfziger und sechziger Jahre die »Hochblüte der Lehre von der Stabilisierung mittels schuldenpolitischer Maßnahmen«.[178] Schon zu Beginn der fünfziger Jahre stellten Rudolf Stucken und Walter Sies fest, dass die ältere »finanzwirtschaftlich betrachtende Richtung« in der Finanzwissenschaft an Gewicht verloren hatte. Für sie sei die Vorstellung vom stets ausgeglichenen Haushalt nach wie vor bindend und ein Kredit nur für solche klar definierten Ausgaben zulässig, die den Kriterien der Langfristigkeit oder der Nützlichkeit genügten.[179] Demgegenüber gewänne die »konjunkturell betrachtende Richtung« an Bedeutung, die sich nach Ansicht von Stucken und Sies in eine »gemäßigte« und eine »extreme« Gruppe teilte. Die Gemäßigten seien zwar bereit, kreditfinanzierte Ausgaben in Phasen der Depression zu akzeptieren, um so einen Ausgleich zwischen Jahren schlechter und guter Konjunktur herzustellen. Sie hielten aber im Interesse einer langfristigen Ordnung des öffentlichen Haushalts daran fest, dass die Schulden zumindest innerhalb einer Konjunkturperiode zu tilgen seien. Die Extremen dagegen wollten die Kreditfinanzierung unabhängig vom Konjunkturverlauf immer dann einsetzen, wenn wegen zu niedriger privater Investitionen Arbeitslosigkeit drohte. Für diese Vertreter der Theorie des *Public spending*, deren Überlegungen stark von Keynes beeinflusst waren und die von der Wirtschafts-, besonders von der Konjunkturtheorie her argumentierten, bilde nicht mehr die »Tragfähigkeit« des öffentlichen Haushalts die entscheidende Grenze für die Aufnahme von Krediten. Maßgeblich solle vielmehr die »Zweckmäßigkeit und Notwendigkeit staatlicher Kreditaufnahme für Zwecke der Beschäftigungs- und Konjunkturpolitik« sein. Die von Stucken und Sies vorgeschlagene »positive Deckungslehre«, die auf der Linie von Stuckens Arbeiten aus den zwanziger und dreißiger Jahren einen mittleren Weg zwischen der klassischen Richtung und der Lehre vom *Public spending* einschlug, stieß mittlerweile auf Widerspruch.[180] Das belege, so die Finanzwissenschaftlerin Wilhelmine Dreißig im Rückblick, dass der »Einfluß der konjunkturorientierten Finanzpolitik« bereits »übermächtig« geworden sei.[181]

178 *Dreißig*, Fragen, S. 603.
179 *Stucken* u. *Sies*.
180 *Donner*.
181 *Dreißig*, Fragen, S. 604.

Heinz Hallers Aufsatz im Finanz-Archiv und Fritz Neumarks Beitrag für das »Handbuch der Finanzwissenschaft« sind schlagende Beispiele für den Durchbruch der konjunkturorientierten Lehre in der Finanzwissenschaft. Für Haller hatte der Staat die Gesamtnachfrage zu steuern und je nach konjunktureller Lage »Ankurbelungs-« oder »Bremspolitik« zu treiben bzw. eine günstige Konjunktur durch eine »Stabilisierungspolitik« zu verstetigen.[182] Zur Belebung wie zur Dämpfung der Konjunktur, aber auch für eine Stabilisierungspolitik mit Hilfe des *Deficit spending* eigneten sich zwar steuerliche Maßnahmen, wirksamer erschienen ihm aber öffentliche Kredite. Die Gefahr eines zu starken Anwachsens der öffentlichen Schuld sah er nicht oder hielt die damit verbundenen Probleme wie steigende Zinslasten oder schrumpfende Handlungsspielräume infolge der Schuldentilgung prinzipiell für lösbar.

Neumark kontrastierte die Prinzipen der »klassisch-liberalen Finanzpolitik« und der »interventionistischen Finanzpolitik«.[183] Erstere war in einem bestimmten historischen Kontext entstanden, ging vom Prinzip des ausgeglichen Budgets aus, handelte im Konjunkturzyklus prozyklisch und wies der Staatsverschuldung beim Ausgleich des Budgets eng begrenzte, genau definierte Aufgaben zu. Während die ordentlichen Ausgaben durch ordentliche Einnahmen, vorzüglich durch Steuern, zu decken waren, durften außerordentliche Ausgaben mit Krediten finanziert werden, vorausgesetzt sie erfüllten bestimmte Kriterien wie das der Rentabilität, der Unregelmäßigkeit oder der Unvorhersehbarkeit.[184] Für die Gegenwart, in der es um die »größtmögliche Verstetigung des Gesamtwirtschaftsprozesses« ging, hielt Neumark diese objektbezogenen Verschuldungsregeln für nicht mehr geeignet.[185] Jetzt sei eine »interventionistische Finanzpolitik« gefordert.[186] Diese wurzelte zwar in der entscheidend von Keynes beeinflussten Wirtschafts- und Konjunkturtheorie. Doch sah Neumark Traditionslinien, welche zur merkantilistischen Literatur, den Kritikern der klassisch-liberalen Theorie im frühen 19. Jahrhundert oder deutschen Finanzwissenschaftlern wie Carl Dietzel und Albert Schaeffle, Georg Schanz oder Rudolf Stucken zurückführten. Freilich handele es sich dabei um »*Teil*erkenntnisse«, deren »*systematische* Ausgestaltung« erst die *Fiscal policy* geleistet habe.[187] Die neuen Budgettheorien unterschieden sich zwar darin, ob sie für einen zyklischen, kompensatorischen oder stabilisierenden Haushaltsausgleich eintraten, gemeinsam war ihnen aber, dass sie »deckungspolitische Maßnahmen« für »eines der wichtigsten Instrumente einer aktiven Konjunkturbeeinflussung« hielten. Die dazu vorgeschlagenen Mittel reichten von einer antizyklischen

182 *Haller*, Möglichkeiten.
183 *Neumark*, Grundsätze; dazu auch *Grossekettler*, Neumark, S. 77 ff.
184 *Neumark*, Grundsätze, S. 610 ff.
185 Ebd., S. 613, 609. Vgl. schon *ders.*, Problematik der Grenzen.
186 *Ders.*, Grundsätze, S. 618 ff., und *ders.*, Wirtschafts- und Finanzprobleme.
187 *Ders.*, Grundsätze, S. 634.

Ausgabenpolitik und einer Variation der Steuerlast über eine rein monetäre Deckungspolitik bis zu einer »alternierenden Schuldenaufnahme und -tilgungspolitik«. Damit schrieb Neumark der öffentlichen Verschuldung eine andere, zentralere Rolle zu, vor allem auch, weil kreditfinanzierte Staatsausgaben zumeist einen stärkeren Expansionseffekt als steuerfinanzierte zeigten, die (inneren) Staatsschulden nicht mehr als »Last«, sondern nur unter dem Aspekt des Transfers von Kaufkraft betrachtet wurden und keine absoluten, sondern lediglich »relative Grenzen der öffentlichen Verschuldung« galten.

Während sich Neumark im Rahmen der »interventionistischen Finanzpolitik« vor allem für die geänderten Modi des Haushaltsausgleichs und in diesem Zusammenhang mehr für die Steuerpolitik als für den öffentlichen Kredit interessiert und sich gründlicher nur mit den ökonomischen Wirkungen der Schuldentilgung beschäftigt hatte, stand im Zentrum des Beitrags von Richard A. Musgrave die Staatsverschuldung. Seine »Theorie der öffentlichen Schuld« erschien 1958 im dritten Band des »Handbuchs der Finanzwissenschaft«, den Fritz Neumark nach dem Tode Wilhelm Gerloffs herausgab.[188] Musgrave unterschied zwar weiterhin zwischen den »klassischen« und den »kompensatorischen Aspekten« der öffentlichen Schulden und griff damit noch auf Traditionen der älteren Finanzwissenschaft zurück. Als klassisch galt ihm eine Schuldenpolitik, die allen möglichen Zielen dienen konnte, nur nicht dem der Stabilisierung. Darunter fielen Kredite zur Aufteilung der Kosten auf mehrere Nutzungsperioden (*Pay-as-you-use*) und zur Verteilung der Lasten auf mehrere Generationen, zur Vermeidung abrupter Steuerveränderungen, die den Wirtschaftsablauf stören mochten, oder zur Finanzierung sich selbst amortisierender Investitionsvorhaben. Sein eigentliches Interesse galt aber den »kompensatorischen Aspekten«, also der konjunktur- und wachstumsstabilisierenden Funktion der öffentlichen Schuld. Dabei unterstellte er wie selbstverständlich, »dass eine defizitäre Haushaltspolitik angewendet werden kann und auch angewendet werden sollte, wenn sie für eine Hebung des Beschäftigungsniveaus notwendig« sei. Das habe die »Theorie der kompensatorischen Finanzpolitik«, und hier verwies Musgrave auf Neumarks Beitrag im selben Handbuch, zur Genüge gezeigt. Ihn interessierten dagegen erstens die »Liquiditätsprobleme der kompensatorischen Finanzpolitik«, zumal die Frage, wie sich Konsum und Investition verhielten, wenn private Vermögen durch Änderung der öffentlichen Schuld oder durch Geldschöpfung bzw. -vernichtung wuchsen oder schrumpften. Zweitens, und das hatte die bundesdeutsche Finanzwissenschaft bis dahin noch kaum beschäftigt, ging es Musgrave um die Zusammensetzung der öffentlichen Schuld und im Rahmen des sogenannten *Debt management* besonders um die optimale Kombination der Laufzeiten öffentlicher Schuldtitel.[189]

188 *Musgrave*, Theorie, S. 70 f., 92. Dazu auch die Passagen in *ders.*, Finanztheorie, S. 495 ff.
189 Vgl. die Würdigung des Musgraveschen Beitrags durch *Haller*, Überblick.

Die Arbeiten von Haller oder Neumark, Musgrave und anderen stellten die Weichen für eine Verschuldungstheorie, die den öffentlichen Kredit neu bewertete und sich im Laufe der 1950er Jahre in der deutschen Finanzwissenschaft durchsetzte.[190] Als Haller Ende des Jahrzehnts auf das Problem der Kreditfinanzierung öffentlicher Ausgaben zurückkam, ging er bereits davon aus, es werde heutzutage »kaum jemand ernsthaft bestreiten, dass der Staat in Depressionszeiten zum Mittel des Kredits greifen darf. Die Mehrzahl der Meinungen dürfte sogar dahin gehen, dass er in diesem Fall zum Kredit greifen sollte, um die Konjunktur im günstigen Sinne zu beeinflussen.«[191] Auch für Willi Albers, den Kieler Finanzwissenschaftler, stand Anfang der 1960er Jahre außer Frage, dass interventionistische Maßnahmen allgemein bejaht würden, die geänderte Auffassung von den Aufgaben des Staates sich in den Prinzipien der Verschuldungspolitik niedergeschlagen habe und an die Stelle der bisherigen objektbezogenen »eine konjunkturelle Schuldenpolitik« getreten sei. Die Grundregel einer »konjunkturbewußten« Finanzpolitik laute: »in einer deflatorischen Lücke expansiv, in einer inflatorischen Lücke kontraktiv wirken«.[192]

Im Gegensatz zur klassischen Lehre wiesen die Finanzwissenschaftler dem öffentlichen Kredit nicht nur neue Funktionen zu, sondern schätzten auch Chancen wie Grenzen der Staatsverschuldung anders und vor allem weit optimistischer ein als früher. So waren sie sich zum einen durchweg einig, dass die öffentliche Verschuldung bei konjunkturellen Ungleichgewichten nicht nur als Instrument verwendet werden sollte, sondern vom Staat sogar eingesetzt werden müsse. Zum anderen herrschte Konsens, dass verschuldungspolitische Maßnahmen in bestimmten Konstellationen anderen, etwa steuerpolitischen, vorzuziehen seien. Schließlich führte die konjunkturpolitische Betrachtung der Staatsverschuldung dazu, dass die Sensibilität für die finanzwirtschaftlichen Grenzen der öffentlichen Schulden schwand. Etwaige Bedenken ließen sich mit dem sogenannten »Domar-Modell« beiseiteschieben. Es wies nach, dass die Schuldenstands- und Zinslastquoten unter bestimmten Bedingungen gegen einen festen Grenzwert tendierten, die Gefahr steigender Schuldenlast also durch wirtschaftliches Wachstum beherrschbar sei.[193]

Zunächst vollzog sich die Neubewertung der öffentlichen Verschuldung ausschließlich innerhalb der Finanzwissenschaft. Noch Anfang der 1960er Jahre klagte Willi Albers, dass eine »konjunkturbewußte Finanzpolitik und die ihr entsprechende staatliche Schuldenpolitik« für die Bundesrepublik »weitgehend Neuland« seien. Die Aufgabe der Wissenschaft sah er darin, »dieses Neuland ohne Gefahren betretbar zu machen«.[194] Auch wenn ihre Beratungstätigkeit

190 Vgl. *Dreißig*, Fragen, S. 597 ff.
191 *Haller*, Problematik, S. 72.
192 *Albers*, Staatsverschuldung, S. 35 f.
193 *Domar*.
194 *Albers*, Staatsverschuldung, S. 46.

und damit die Einbindung in politische Entscheidungsprozesse innerhalb wie außerhalb der Disziplin durchaus umstritten waren, sahen führende Finanzwissenschaftler es in den 1950er Jahren zunehmend als ihre Aufgabe an, als Experten die gewonnenen wissenschaftlichen Erkenntnisse in das politische System einzuspeisen.[195] Die Wege, auf denen das geschah, verliefen zum einen über eine fallweise gutachterliche Tätigkeit, zum anderen über institutionalisierte Beiräte sowie nicht zuletzt über die Publizistik.[196]

Zum wichtigsten »Modell professioneller Politikberatung« entwickelten sich die Wissenschaftlichen Beiräte beim Bundesfinanz- und beim Bundeswirtschaftsministerium.[197] Sie gingen auf Vorläufer in der alliierten Besatzungszeit zurück,[198] wurden nach der Gründung der Bundesrepublik als unabhängige, einem strengen wissenschaftlichen Anspruch verpflichtete Gremien den entsprechenden Ministerien zugeordnet und zeichneten sich durch eine ebenso hohe Professionalität wie personelle Kontinuität aus.[199] So fanden sich etwa im Beirat des Bundesfinanzministeriums, nimmt man nur 1960 als Stichjahr, zahlreiche renommierte Finanzwissenschaftler.[200] Ähnlich prominent war der wissenschaftliche Beirat des Bundeswirtschaftsministeriums besetzt.[201]

Über die Beiräte beim Finanz- und Wirtschaftsministerium drängten keynesianische Konzepte einer antizyklischen Wirtschafts- und Finanzpolitik sowie

195 Dazu ausführlich *Nützenadel*, Stunde, S. 123 ff.; *H. K. Schneider.*

196 Zur Bedeutung und Beurteilung der wissenschaftlichen Politikberatung vgl. zuletzt mit der einschlägigen Literatur *Arnold*; dort auch S. 19 ff. zur einflussreichen institutionenökonomischen Neuausrichtung der Forschung seit der Studie von *Cassel.* Aus Sicht der Geschichtswissenschaft *Rudloff*, Einleitung.

197 *Nützenadel*, Stunde, S. 127; *W. Koch*; *J.-O. Hesse*, S. 123 ff.

198 Vgl. *Blesgen*, S. 447 ff.; *Rudloff*, Politikberatung.

199 *Bundesministerium der Finanzen, Referat Öffentlichkeitsarbeit*, Festakt, S. 1 ff.; *dass.*, Beirat 1949–1973, S. XIff.; *Blesgen*, S. 481 ff.

200 Der Beirat vereinte unter dem Vorsitz von Horst Jecht (1960–1965) die Crème de la Crème der Finanzwissenschaft angefangen bei Fritz Neumark (1950–1991) und Günter Schmölders (1950–1975), Horst Jecht (1950–1965) und Hans Ritschl (1950–1975), Fritz Terhalle (1950–1962) und Rudolf Stucken (1950–1975) über Karl Hax (1954–1975) und Karl Maria Hettlage (1954–1988), Heinz Haller (1955–2004) und Herbert Timm (1955–1987) bis hin zu Paul Senf (1960–1983). Chronik der Mitglieder des Wissenschaftlichen Beirats beim Bundesministerium der Finanzen (Stand: 04.03.14), o. O. o. J. (Manuskript BMF).

201 Ihm gehörten, um nur einige Namen zu nennen, Walther G. Hoffmann (1948–1969) und Wilhelm Kromphardt (1948–1977), Alfred Müller-Armack (1948–1966) und Oswald von Nell-Breuning (1948–1965), aber auch Erich Preiser (1948–1967) und Karl Schiller (1948–1994), Erwin von Beckerath (1948–1964) und Woldemar Koch (1948–1983) sowie nicht zuletzt wiederum Fritz Neumark (1951–1984) und Erich Gutenberg (1954–1966), Gottfried Bombach (1959–1966) und Herbert Giersch (1960–2007) an. Mitglieder des Wissenschaftlichen Beirats des Bundesministeriums für Wirtschaft und Energie, www.bmwi.de/DE/Ministerium/beiraete,did=9360.html (3.12.2014).

die Neubewertung der öffentlichen Schulden in den politischen Raum.[202] Im Beirat des Finanzministeriums, klagte Günter Schmölders, »blieb ich mit Stucken und Ritschl letztlich allein gegenüber der Front derer, die sich zu Fürsprechern dieser kurzfristigen und kurzsichtigen Heilslehre der Finanz- und Wirtschaftspolitik machten«.[203] Bereits im Herbst 1956 legten die Beiräte eine gemeinsame Empfehlung zur Konjunkturlage vor, welche die aktuelle Wirtschafts- und Finanzpolitik, zumal die Fondsbildung in Gestalt des »Juliusturms« kritisierte, und eine Reihe konkreter Vorschläge für eine »konjunkturorientierte Finanzpolitik« unterbreitete.[204] Im Sommer 1956 folgte ein weiteres, substantielleres Gutachten, das für eine »bewusste Konjunkturpolitik« eintrat, die an verschiedenen Punkten, nicht zuletzt bei der Finanzpolitik, ansetzen sollte.[205] Der Teil des Gutachtens, der sich dazu äußerte, kritisierte unverhohlen die prozyklische Finanzpolitik der öffentlichen Hände. Deren »Parallelpolitik« sei der »volkswirtschaftlichen Verantwortung« nicht gerecht geworden. Um Konjunkturschwankungen auszuschalten oder wenigstens abzuschwächen, schlug das Gutachten Maßnahmen auf der Einnahmenseite vor, drängte vor allem aber darauf, die Ausgaben »verstärkt in antizyklischem Sinne« zu verteilen und Überschüsse bzw. Defizite im Haushalt zu nutzen, um die Konjunktur zu steuern. Dabei sollte, dem zeitgenössischen Stand der Diskussion entsprechend,[206] direkten staatlichen Transaktionen mit der Zentralbank der Vorzug gegeben werden. Zum Problem der konjunkturellen Überhitzung und zu den Möglichkeiten einer »antizyklischen Finanzpolitik« äußerte sich der Beirat beim Bundesfinanzministerium erneut an der Jahreswende von 1959 auf 1960.[207] Er plädierte dafür, in Zeiten der Hochkonjunktur das »Gesamtvolumen der öffentlichen Ausgabenhaushalte absolut zu verringern« oder zumindest die »Nettoerhöhung der gesamten öffentlichen Ausgaben« zu beschränken. Außerdem forderte der Beirat, dass bei einer öffentlichen Kreditaufnahme »konjunkturelle Erwägungen im Vordergrund« stehen müssten, machte eine Reihe von Vorschlägen, wie die Konjunktur durch steuerliche Maßnahmen gedämpft werden könne, und setzte sich nicht zuletzt für eine »grundlegende Reform des

202 *Löffler*, S. 110 ff.

203 *Schmölders*, »Gut durchgekommen?«, S. 128.

204 Gemeinsame Empfehlung der Wissenschaftlichen Beiräte beim Bundesministerium der Finanzen und beim Bundesministerium für Wirtschaft: Folgerungen aus der gegenwärtigen Konjunkturlage, in: *Bundesministerium der Finanzen*, Beirat 1949–1973, S. 103–107 (Zitate: S. 105, 107); vgl. dazu *Blesgen*, S. 570 ff.

205 Gutachten über Instrumente der Konjunkturpolitik und ihre rechtliche Institutionalisierung vom 3.6. bzw. 8.7.1956, in: *Bundesministerium der Finanzen*, Beirat 1949–1973, S. 109–130.

206 Vgl. etwa *Albers*, Staatsverschuldung.

207 Stellungnahme zu den Aufgaben und Möglichkeiten der Finanzpolitik angesichts der Gefahren einer konjunkturellen Überhitzung vom 30.1.1960, in: *Bundesministerium der Finanzen*, Beirat 1949–1973, S. 222–232 (Zitate: S. 223, 224, 226, 232).

Haushaltsrechts auch unter dem Blickwinkel der konjunkturpolitischen Notwendigkeiten« ein. Mitte 1964 warnte er noch einmal eindringlich davor, die »Grundsätze einer folgerichtigen antizyklischen Finanzpolitik« nicht zu verletzen und das Wachstum der Ausgaben zu bremsen. Zwar habe der Bund »den konjunkturpolitischen Erfordernissen bis zu einem gewissen Grade Rechnung« getragen; doch führe nicht zuletzt »die Inanspruchnahme von Krediten« in der gegebenen Situation »zu einer Erhöhung der monetären Nachfrage und damit zu expansiven Effekten«. Auch die geplanten Steuersenkungen könnten zu einer »Verschärfung der konjunkturellen Spannungen« beitragen, würden aber keinesfalls einen »positiven Beitrag zur Konjunkturdämpfung« leisten.[208]

Das Verhältnis zwischen den Ministern und der Ministerialbürokratie auf der einen Seite sowie den Beiräten auf der anderen war alles andere als stets harmonisch. Im Unterschied zu Bundeswirtschaftsminister Ludwig Erhard, der den Sitzungen des Beirats oft beiwohnte, blieb Bundesfinanzminister Fritz Schäffer den Beratungen durchweg fern.[209] Erst unter seinem Nachfolger Franz Etzel entspannte sich die Beziehung anscheinend.[210] Doch lässt sich nur schwer beurteilen, wie weit die Beiräte auf den Gang der Finanzpolitik Einfluss nehmen und so die neueren Strömungen der Wirtschafts- und Finanzwissenschaft in den Ministerien zur Geltung bringen konnten. Die pessimistische Einschätzung Schmölders, die Beamten des Finanzministeriums seien »nie gewillt« gewesen, »sich durch unsere Anregungen von dem gewohnten Pfad der bürokratischen Erledigung ihrer Aufgaben abbringen zu lassen«, ist gewiss überzeichnet. Differenzierter, wenn auch geprägt vom Bedürfnis nach Anerkennung des eigenen Wirkens äußerte sich der Finanzwissenschaftler Dieter Pohmer, der dem Beirat des Finanzministeriums von 1962 bis 2013 angehörte, zur Frage von Erfolg oder Misserfolg wissenschaftlicher Politikberatung.[211] Dass der Beirat in der Öffentlichkeit einige und in der Wissenschaft erhebliche Resonanz gefunden hatte, stand für Pohmer außer Zweifel.[212] Bei der Frage nach dem Einfluss auf die Finanzpolitik unterstrich er, dass außer den Gutachten viele vertrauliche Gespräche stattgefunden, größere Reformprojekte einen längeren Vorlauf sowie viele Väter gehabt hätten, eine Zurechnung darum schwerfalle, und nicht zuletzt inhaltliche Fragen von Belang gewesen seien. In einem aber war sich Pohmer sicher: Mit seinen konjunkturpolitischen Stellungnahmen konnte sich der Beirat in den Jahren guter Wirtschaftslage nicht durchsetzen.[213]

208 Stellungnahme betr. Folgerungen aus der konjunkturellen Lage für die Steuerpolitik vom 4.7.1964, in: ebd., S. 320–325 (Zitate: S. 321, 323, 325).

209 *Schmölders*, »Gut durchgekommen?«, S. 125.

210 *Nützenadel*, Stunde, S. 266 f.; *Schniettiger*.

211 *Pohmer*, Resonanz.

212 Vgl. auch *Andel*, Beirat, und *Nowotny*, Gutachten.

213 *Pohmer*, Resonanz, S. 23 f.

Waren die Beiräte beim Finanz- und Wirtschaftsministerium die Vorreiter wissenschaftlicher Politikberatung, ohne jedoch in größerem Umfang in die Öffentlichkeit zu wirken,[214] stieß der Sachverständigenrat zur Begutachtung der gesamtwirtschaftlichen Entwicklung gerade hier auf offene Ohren.[215] Er nahm nach manchen Widerständen und als Ergebnis eines längeren, zuerst kontroversen, dann konsensualen Entscheidungsprozesses Anfang des Jahres 1964 seine Arbeit auf und drängte, auch wenn es personelle Verflechtungen gab und der »symbiotische Wettbewerb« zwischen Rat und Beiräten beschworen wurde, diese rasch »ins zweite Glied« zurück.[216] Der Rat verfügte über eine starke institutionelle Stellung, da seine Unabhängigkeit gesetzlich verankert war, er einen klar definierten, aber doch weit gefassten Arbeitsauftrag besaß und ihm eine Geschäftsstelle beim Statistischen Bundesamt zuarbeitete. Auch musste die Regierung in ihrem Jahreswirtschaftsbericht zum jeweiligen Gutachten des Sachverständigenrats Stellung nehmen, was sie unter einen gewissen Argumentationsdruck setzte.[217] Darüber hinaus gewannen die Sachverständigen nicht zuletzt dank des Einsatzes von Herbert Giersch,[218] Gründungsmitglied und prägende Figur des Rates bis 1970, eine »spezifische Diskursmacht«. Durch eine kritische Profilierung gegenüber der Regierung und eine geschickte Öffentlichkeitsarbeit sicherten sie sich schnell eine anerkannte und neutrale Position.[219] Diese verhalf dem Gremium zu einigem Einfluss, der weniger direkt, mehr dagegen über die Medien auf die Politik wirkte.[220] Bereits in seinem ersten Jahresgutachten äußerte der Sachverständigenrat freimütig Kritik an der Wirtschafts- und Finanzpolitik der Regierung. Das Gutachten konzentrierte sich zwar auf die Preissteigerungen und trat für ein flexibles Wechselkurssystem ein, um die importierte Inflation einzudämmen. In jenen Teilen aber, die sich mit der Finanzpolitik beschäftigten, ging es wie selbstverständlich davon aus, dass die öffentlichen Hände, vor allem der Bund, über die antizyklischen Wirkungen des Steueraufkommens hinaus eine »konjunkturgerechte Fiskalpolitik« zu betreiben hätten. Die Bundesregierung habe sich, formulierten die Experten, in der Vergangenheit wiederholt um ein konjunkturgerechtes Verhalten auch im Bereich der öffentlichen Finanzen bemüht. »Ihren Maßnahmen waren jedoch vielfach nur Teilerfolge beschieden.« Deshalb stellte der Rat Überlegungen an,

214 *Franz*, S. 67.

215 *Schlecht* u. *van Suntum*; *Sachverständigenrat*, Jahre.

216 Zur Vorgeschichte und zur Einrichtung im einzelnen *Nützenadel*, Politikberatung; *ders.*, Stunde, S. 152 ff.; *Metzler*, Versachlichung; *Blesgen*, S. 588 ff.; *J.-O. Hesse*, S. 128 ff.; *Arnold*, S. 48 ff. Zitate: *Kloten*, Beirat, S. 60, 61.

217 Vgl. die umfangreichen Unterlagen in BArch B 102/83383, 44897, 53255, 57852, 57853, 67504, 67505 und 79345.

218 *Feld*.

219 *Nützenadel*, Stunde, S. 164 ff. (Zitat: S. 164).

220 *Rürup* u. *Bizer*; *Cornelius*.

wie die »antizyklische Finanzpolitik« wirksamer gestaltet werden könnte und sich ein »stetiges Wachstum der Staatsausgaben« erreichen ließe.[221]

Inwieweit die Wirtschaftsweisen in ihren frühen Gutachten dem Keynesianismus verpflichtet waren, ist nicht leicht zu beurteilen. Olaf Sievert, erster Generalsekretär, langjähriges Mitglied und zeitweise Vorsitzender des Gremiums, meinte rückblickend: »Schon damals war nicht viel Keynesianismus in den Köpfen des Sachverständigenrates. Sie waren nicht frei davon, aber sie waren nicht voll davon.« Doch räumte er zugleich ein, dass es sich bei vielen Passagen gerade der frühen Gutachten um »ganz und gar schulbuchmäßigen Keynesianismus« gehandelt habe.[222] Betrachtet man genauer, wie die bundesdeutsche Volkswirtschaft der 1960er Jahre in den Gutachten modelliert worden ist und welche wirtschaftspolitische Gesamtkonzeption dem zugrunde gelegen hat, spricht viel dafür, im Großen und Ganzen von einer »keynesianischen Phase« des Rats auszugehen, die bis Anfang der 1970er Jahre währte.[223] Denn das Gremium argumentierte nicht nur durchweg mit keynesianischen Konjunkturmodellen im Sinn der neoklassischen Synthese, sondern propagierte auch eine entsprechende Wirtschafts- und Finanzpolitik. Im Grundsatz befürwortete der Rat eine antizyklische Fiskalpolitik, obwohl er mit erheblichen institutionellen und politischen Problemen bei deren Umsetzung rechnete. Darum traten die Wirtschaftsweisen dafür ein, das Ausgabeverhalten der öffentlichen Hände mit Hilfe des Konzepts des konjunkturneutralen Haushalts und im Rahmen einer mehrjährigen Finanzplanung auf einem potentialorientierten gleichgewichtigen Wachstumspfad zu verstetigen. Solange dieser nicht erreicht war, hielten sie eine antizyklische Fiskalpolitik für berechtigt.[224] So setzte sich der Sachverständigenrat vor allem »unter dem Zwang der Verhältnisse« mit einer keynesianisch inspirierten, antizyklischen Fiskalpolitik auseinander; aber es war »ein kurzer Flirt mit halbem Herzen«.[225]

Wie weit die Grundgedanken der *Fiscal policy* und die neue Beurteilung der öffentlichen Schulden, die über die Beiräte und den Sachverständigenrat in den politischen Raum drängten, dort auf offene Ohren stießen, lässt sich schwer ermitteln. Norbert Kloten, Mitglied des Sachverständigenrats von 1969 bis 1976 und seit 1970 auch dessen Vorsitzender, ging jedenfalls davon aus, dass es in den fünfziger bis siebziger Jahren enge Beziehungen zwischen den wissenschaftlichen Beratern auf der einen Seite und den politischen Entscheidungsträgern auf der anderen gegeben habe. Diese Verbindungen hätten sich jedoch wegen der negativen Erfahrungen mit der Globalsteuerung sowie als Folge der sich

221 *Sachverständigenrat*, Jahresgutachten 1964/65, Ziff. 210, 216.
222 *Sievert*, S. 35.
223 *Strätling*, S. 25 ff.; *Arnold*, S. 64 ff.
224 *Strätling*, S. 74 ff., 97 ff.
225 *Meißner*, S. 100 ff. (Zitat: S. 103).

pluralisierenden Theorien und Positionen seit den Mittsiebzigern gelockert.[226] Neuere Studien zur wissenschaftlichen Politikberatung beurteilen den Einfluss der Experten dagegen deutlich skeptischer, zumal es diese an einer intensiven und kontinuierlichen Öffentlichkeitsarbeit hätten fehlen lassen und sie zu stark ihrem wissenschaftlichen Umfeld sowie dessen spezifischen Rationalitäten und Anreizstrukturen verhaftet geblieben seien.[227] Für diese Sehweise sprechen auch empirische Studien aus den 1960er Jahren. So ergab eine Erhebung bei Bonner Ministerialbeamten, dass gut die Hälfte der Befragten der wissenschaftlichen Beratung einen »teilweisen Einfluss«, zwei Fünftel ihr aber wenig oder keinen Einfluss zuschrieben.[228]

Trotz solcher Vorbehalte wurden die Konzepte der *Fiscal Policy* von führenden Politikern früher oder später aufgegriffen, von ihnen unterschiedlich gründlich rezipiert und in den späten fünfziger und frühen sechziger Jahren bereits punktuell umgesetzt. Einen Einschnitt bedeutete der Ministerwechsel von Fritz Schäffer zu Franz Etzel im Jahr 1957. Der scheidende Minister hatte unbeirrt an den klassischen Deckungsregeln festgehalten und eine »fast instinktive Abneigung« gegen das *Deficit spending* entwickelt.[229] Eine solche verbiete »das Grundgesetz«, betonte Schäffer bei der Einbringung des Haushalts 1950 und schob in seiner Haushaltsrede 1954 nach, dass er sich nicht »zu einer Politik der bewußten Mißachtung« des Grundsatzes des Haushaltsausgleichs hinreißen lassen werde.[230] Allerdings ging es in den 1950er Jahren ja in erster Linie darum, die überschäumende Konjunktur zu bremsen. Das gelang nur unvollkommen. Denn die Finanzpolitik genügte nur zeitweise den konjunkturpolitischen Anforderungen, kollidierte mit der Geldpolitik und wirkte weniger durch diskretionäre Beschlüsse als durch die automatischen Stabilisatoren des Steuersystems.[231]

Im Unterschied zu Schäffer bemühte sich Etzel, »die gegenseitige Sprach- und Verständnislosigkeit« zu überwinden, die das Verhältnis von Politikern und Finanzwissenschaftlern bis dahin belastet hatte.[232] Obwohl kein Keynesianer, stand er neueren Ansätzen in der Finanzwissenschaft aufgeschlossen gegenüber, formulierte seine politischen Ziele in deren zeitgemäßer Sprache und betonte nicht zuletzt die gesamtwirtschaftlichen Zusammenhänge, welche die Finanzpolitik zu berücksichtigen und in deren Rahmen sie zu agieren habe. Diese werde, erklärte der Minister in einer programmatischen Rede Mitte März

226 *Kloten*, West Germany; *ders.*, Paradigmawechsel, S. 110f.
227 *Cassel*, S. 69ff., 155ff.
228 *Friedrich*, S. 196ff.
229 *Henzler*, S. 447ff.; *K. D. Wagner*, Haushaltsreden Etzel, S. 18.
230 *Ders.*, Haushaltsreden Schäffer, S. 81, 233.
231 *Berger*, S. 106ff.; *Alecke*.
232 *Dietrich*, S. 186.

1958 im Bundestag, immer »der allgemeinen Wirtschaftspolitik der Bundesregierung« unterzuordnen sein.[233] Auch baute Etzel die Finanzpolitische und Volkswirtschaftliche Gruppe im Ministerium unter Leitung seines persönlichen Referenten und Chefvolkswirts Fritz Schiettinger aus, um die Haushaltspolitik gezielter konjunkturpolitisch einsetzen zu können.[234] Diese habe »über die fiskalischen Nahziele hinaus die volkswirtschaftliche Gesamtentwicklung ständig im Auge zu behalten«. Zwar brach der Minister noch nicht mit dem Prinzip des ausgeglichenen Haushalts, ließ aber erkennen, dass er an diesem Grundsatz lediglich »unter der gegenwärtigen Konjunkturlage« festzuhalten gedenke.[235] Schließlich nahm Etzels Politik »hart am Rande des Defizits« höhere Staatsschulden in Kauf,[236] zumal Investitionen verstärkt über den Kapitalmarkt und nicht mehr aus Überschüssen des ordentlichen Haushalts finanziert werden sollten.[237]

Heinz Starke und Rolf Dahlgrün, Etzels Nachfolger, griffen ebenfalls auf konjunkturpolitische Argumente zurück und versuchten, mit ihrer Haushaltspolitik der überhitzten Konjunktur und dem Preisauftrieb zu begegnen. So stellte Starke etwa den Haushalt des Jahres 1963 ausdrücklich in den Kontext des Programms zur Stabilisierung der Preise, das der Bundeskanzler in seiner Regierungserklärung Anfang Oktober 1962 angekündigt hatte, und begründete die Kürzung der Bauausgaben mit »konjunkturellen Überhitzungserscheinungen«.[238] Für Dahlgrün bildete eine »gründliche Analyse der Wirtschaftslage« und der »mutmaßlichen Wirtschaftsentwicklung« den Rahmen, in den sich der Haushalt einzufügen habe.[239] So ordnete er das Budget für 1965 in die »Maßnahmen zur Konjunkturdämpfung« ein, beklagte aber zugleich, dass dem Bundeshaushalt wegen der geringen freien Dispositionsmasse klare Grenzen einer »aktiven Konjunkturbeeinflussung« gezogen seien und sich die übrigen öffentlichen Haushalte einer »konjunkturgerechten Ausgabengestaltung« anschließen müssten.[240]

Auch wenn alle drei Minister verbal für eine konjunkturgerechte Haushaltspolitik eintraten, mangelte es doch gerade in Zeiten der Hochkonjunktur sowohl am politischen Willen als auch am nötigen Handlungsspielraum, um die Vorschläge der Experten aufzugreifen. Die Ausgaben zu senken, erschien gerade in Vorwahlzeiten nicht durchsetzbar, und gegen Überschüsse sprach

233 Rede Etzel am 13.3.1958, in: *K. D. Wagner*, Haushaltsreden Etzel, S. 59.
234 *Löffler*, S. 110 ff.; *Nützenadel*, Stunde, S. 264 ff.
235 Rede Etzel am 13.3.1958, in: *K. D. Wagner*, Haushaltsreden Etzel, S. 59.
236 Ebd, S. 58.
237 Ebd.
238 Rede Starke am 7.11.1962, in: *K. D. Wagner*, Haushaltsreden 1962–1966, S. 118 ff.
239 Rede Dahlgrün am 7.1.1964, in: ebd., S. 163.
240 Rede Dahlgrün am 13.10.1965, in: ebd., S. 199, 200. Vgl. auch *Dahlgrün*, Konjunkturinstrumentarium.

die Erfahrung des »Juliusturms«. Schließlich fehlte das konjunkturpolitische Instrumentarium, um eine zwischen den Gebietskörperschaften abgestimmte antizyklische Finanzpolitik auf den Weg zu bringen. Auch wenn es dazu seit Längerem Vorarbeiten gab, brachte doch erst die Große Koalition im Zuge der Rezession 1966/67 entsprechende Reformen zum Abschluss.

d) Instrumente für eine kontrollierte Erweiterung des Staatskorridors

Die Rezession 1966/67 verhalf nicht nur der *Fiscal Policy* zum Durchbruch. Sie bot der Großen Koalition auch die Chance, sich das nötige Instrumentarium zu verschaffen, um die ungeplante in eine kontrollierte Expansion der öffentlichen Finanzen überzuleiten. Diesem Ziel dienten sowohl das Stabilitäts- und Wachstumsgesetz als auch die Umgestaltung des Haushaltsrechts und nicht zuletzt die Reform der Finanzverfassung. Damit standen makroökonomische Steuerungsmittel bereit, mit denen sich eine Erweiterung des Staatskorridors nicht allein durchführen, sondern, wie es schien, auch beherrschen ließ.

Seit dem Ende der fünfziger, verstärkt seit dem Beginn der sechziger Jahre sanken die wirtschaftlichen Wachstumsraten in der Bundesrepublik. Zugleich mehrten sich strukturelle Probleme vor allem auf dem Arbeitsmarkt, beim Bergbau, aber auch auf dem Feld der Preisstabilität. Das Ende der Zeit des »Wirtschaftswunders« zeichnete sich ab.[241] Ins öffentliche Bewusstsein trat die Tatsache, dass es auch für die Bundesrepublik keinen Sonderweg einer krisenfreien ökonomischen Entwicklung gab, jedoch erst mit der Rezession von 1966/67.[242] Diese folgte auf einen konjunkturellen Aufschwung, der im ersten Halbjahr 1965 seinen Höhepunkt erreicht hatte. Von da an setzte, anfangs noch zögernd, ein Schrumpfungsprozess ein, hervorgerufen durch eine rückläufige private wie öffentliche Investitionstätigkeit. Die restriktive Geld- und Kreditpolitik der Deutschen Bundesbank, die angesichts hoher Preissteigerungen den Diskontsatz schrittweise anhob, verschärfte den Abschwung, zumal dieser bereits auf die Verbrauchsgüterindustrien übergegriffen hatte. So drohte der Bundesrepublik um die Jahreswende 1966/67, wie der Sachverständigenrat feststellte, »ein sich selbst verstärkender Prozess schrumpfender Beschäftigung, schrumpfenden Einkommens und schrumpfender Nachfrage«.[243] Trotz nachgebender Industrieproduktion und zunehmender Arbeitslosigkeit hielt die Bundesregierung wegen der kritischen Finanzsituation an ihrem Kurs

241 *Abelshauser*, Wirtschaftsgeschichte, S. 175 ff.; *Lindlar*; *Crafts* u. *Tonilo*.
242 Zum Folgenden im einzelnen *Giersch*, S. 125 ff.; *Fels*; *Plumpe*; *Sachverständigenrat*, Jahresgutachten 1967/68, Ziff. 1 ff.
243 Ebd., Ziff. 5.

der Haushaltskonsolidierung fest, und Länder wie Gemeinden, um deren Finanzen es nicht besser stand, folgten dieser Linie. Wie im Aufschwung wirkte die Finanzpolitik der öffentlichen Hände prozyklisch und verschärfte die Rezession.[244] Unter Experten herrschte Einigkeit, dass diese hausgemacht war. So kritisierte der Sachverständigenrat in seinem Jahresgutachten 1967/68 vor allem das »Fehlen einer planvollen Koordination von Kredit- und Fiskalpolitik« sowie einer wirksamen »Verhaltensabstimmung zwischen staatlichen Instanzen auf der einen und den nichtstaatlichen auf der anderen Seite«.[245] In einem Kraftakt sanierte die Große Koalition den Haushalt des Bundes und bekämpfte die Rezession mit zwei Investitionsprogrammen.[246] Dafür schuf sie sich mit dem Stabilitäts- und Wachstumsgesetz das nötige Instrumentarium.

Das *Gesetz zur Förderung der Stabilität und des Wachstums* bildete, so der Tübinger Volkswirt Norbert Kloten, »das Endstadium eines jahrzehntelangen Suchprozesses«.[247] Seine Entstehungsgeschichte reichte mindestens bis in die frühen sechziger Jahre zurück, als das Bundeswirtschafts- und das Bundesfinanzministerium sich zwar eine Reform der finanzpolitischen Instrumente vornahmen, darüber aber derart in Kompetenzstreitigkeiten gerieten, dass das geplante Rahmengesetz nicht zustande kam.[248] Fortan beteiligten sich zahlreiche Akteure an der Vorbereitung des Gesetzes und erhoben den Anspruch, es mitzugestalten. Dazu zählte die SPD-Opposition, ohne deren Kooperation sich die Reform wegen der erforderlichen Mehrheit im Bundestag politisch nicht durchsetzen ließ. Hinzu kamen die Länder, zumal die überparteiliche Bund-Länder-Kommission zur Finanzreform (die sogenannte »Troeger-Kommission«), die in erster Linie eine Lösung für den vertikalen Finanzausgleich finden sollte.[249] Nicht zuletzt spielte der Sachverständigenrat eine wichtige Rolle, der in seinem Jahresgutachten 1965/66 entsprechende Initiativen anmahnte.[250] Unter diesem mehrfachen Druck verabschiedete das Kabinett im Sommer 1966 schließlich den Entwurf eines Gesetzes zur Förderung der Stabilität, das eine Reihe von Instrumenten für eine antizyklische Politik bereitstellte.[251] Das Gesetz – und sein Name brachte das klar zum Ausdruck – sollte der Bundesregierung vor allem Mittel an die Hand geben, um die konjunkturelle Überhitzung wirksamer als bisher bekämpfen und die geldpolitischen Maßnahmen der Bundesbank, die bis dahin weitgehend allein gegen den Preisauftrieb Front gemacht

244 *Giersch*; Position der Bundesbank: *Blessing*, Finanzpolitik.
245 *Sachverständigenrat*, Jahresgutachten 1967/68, Ziff. 232.
246 *Schönhoven*, Wendejahre, S. 130 ff.; *Spree*; *A. H. Schneider*, S. 167 ff.
247 Zit. nach *Stoltenberg*, S. 172.
248 Dazu im Einzelnen *Nützenadel*, Stunde, S. 283 ff.; *Osterwald*, bes. S. 45 ff.; *Altmann*, Planung.
249 Vgl. *Kommission für die Finanzreform*.
250 *Sachverständigenrat*, Jahresgutachten 1965/66, Ziff. 154 ff.
251 Kabinettssitzung vom 4.7.1966, in: Kabinettsprotokolle.

hatte, sinnvoll unterstützen zu können. Es bot der Regierung aber auch die Möglichkeit – wie es in dem Entwurf hieß –, sich »bei einer Abschwächung der allgemeinen Wirtschaftstätigkeit ... zusätzlich erforderliche Deckungsmittel ... im Wege des Kredits« zu beschaffen.[252]

Der Entwurf vom September 1966 und das im Mai 1967 verabschiedete Gesetz wichen erheblich voneinander ab. Das lag zum einen daran, dass die SPD, voran ihre finanzpolitischen Experten Karl Schiller, Alex Möller und Klaus Dieter Arndt auf einschneidende Änderungen gedrängt hatten.[253] Sie wollten vor allem den Aspekt des Wachstums stärker betont wissen. Zum anderen wandelten sich nach der Einbringung des Gesetzentwurfs die ökonomischen und politischen Rahmenbedingungen grundlegend. Der Entwurf war in einer Zeit konzipiert worden, die im Zeichen einer Überbeanspruchung des Produktionspotentials, eines Überhangs der Gesamtnachfrage und von starken Preissteigerungen stand. Inzwischen hatte jedoch im zweiten Vierteljahr 1966 die Rezession eingesetzt und steuerte auf ihren Tiefpunkt im Sommer 1967 zu. Auch war die christlich-liberale Regierung unter Bundeskanzler Ludwig Erhard mittlerweile durch die Große Koalition mit Kurt Georg Kiesinger an der Spitze abgelöst worden. In ihr stellte die SPD mit Karl Schiller den für das Gesetz zuständigen Wirtschaftsminister, der seit langem für eine Verbindung von marktwirtschaftlichem Wettbewerb und makroökonomischer Globalsteuerung eintrat.[254] Vor diesem Hintergrund wurde der Gesetzentwurf neu gefasst. Er sollte nicht mehr allein die ökonomische Stabilität sichern, sondern vor allem die Wirtschaft wieder auf Wachstumskurs bringen und diesen möglichst verstetigen. So wurde das Gesetz zur Förderung der Stabilität und des Wachstums, das der Bundestag im Mai 1967 verabschiedete und das im Juni in Kraft trat, zu einer »Art Magna Charta der modernen Fiskalpolitik«.[255]

Der erste Paragraph des Stabilitäts- und Wachstumsgesetzes verpflichtete Bund und Länder darauf, »bei ihren wirtschafts- und finanzpolitischen Maßnahmen die Erfordernisse des gesamtwirtschaftlichen Gleichgewichts zu beachten.« Die Maßnahmen seien so zu treffen, »dass sie im Rahmen der marktwirtschaftlichen Ordnung gleichzeitig zur Stabilität des Preisniveaus, zu einem hohen Beschäftigungsstand und außenwirtschaftlichem Gleichgewicht bei stetigem und angemessenem Wirtschaftswachstum beitragen«.[256] Ein sogenanntes »Magisches Viereck« bildete die Gleichrangigkeit der genannten vier Ziele ab. Um diese erreichen zu können, stellte das Gesetz ein ganzes Arsenal an

252 Entwurf eines Gesetzes zur Änderung des Grundgesetzes und Entwurf eines Gesetzes zur Förderung der wirtschaftlichen Stabilität vom 2.9.1966, BT-Drucksache V/890.

253 *A. Möller*, Arndt, bes. S. 22 ff.

254 *Lütjen*, S. 224 ff.; *Hochstätter*, S. 164 ff.

255 *Stucken*, Haushaltspolitik; *Neumark*, Problematik. Zitat: *ders.*, Kommentar, S. 321. Zum Folgenden *Kloten*, Erfolg; *ders.* u. *Vollmer*; rechtliche Aspekte bei *Höfling*, S. 225 ff.

256 Text in BGBl. I, S. 582.

makroökonomischen Steuerungsinstrumenten zur Verfügung. Erstens erhielt die Bundesregierung umfangreiche Kompetenzen, um auf die gesamtwirtschaftliche Nachfrage einzuwirken. Diese erstreckten sich insbesondere auf die antizyklische Beeinflussung der öffentlichen und privaten Haushalte sowie der Kostenseite der Unternehmen. Dazu konnten zum einen die Sätze der Einkommen- und Körperschaftsteuer sowie die Bedingungen der Kreditaufnahme verändert werden. Zum anderen waren Konjunkturausgleichsrücklagen, mehrjährige Investitionsprogramme und erweiterte Verschuldungsmöglichkeiten vorgesehen. Schließlich sollten die Aufnahme von Krediten und die Ausgaben in den öffentlichen Haushalten von Bund, Ländern und Gemeinden besser koordiniert werden. Neben die Steuerung der gesamtwirtschaftlichen Nachfrage, die im Mittelpunkt stand, trat zweitens die außenwirtschaftliche Absicherung. Hier war vor allem an internationale Koordinierungen, aber auch an das klassische Mittel der Wechselkursanpassung sowie an steuerliche Maßnahmen zur Lenkung der Ein- und Ausfuhren gedacht. Doch gerade in diesem Bereich engten vor allem die EG-Verträge den nationalen Handlungsspielraum bereits stark ein. Drittens gab es Instrumente, die nicht allein auf eine Abstimmung zwischen den großen Interessengruppen hinausliefen, sondern deren Agieren auch unmittelbar zu beeinflussen suchten. So sollte etwa durch Orientierungsdaten, die der Wirtschaftsminister vorgab, ein koordiniertes, stabilitätsgerechtes Vorgehen von Gebietskörperschaften, Gewerkschaften und Unternehmerverbänden erreicht werden. Um das Funktionieren dieser drei Instrumente sicherzustellen, sah das Stabilitätsgesetz zum einen die Vorlage eines Jahreswirtschaftsberichts durch die Bundesregierung vor, der zum Jahresgutachten des Sachverständigenrats Stellung nehmen sowie die Ziele der Finanz- und Wirtschaftspolitik für das laufende Jahr darlegen musste. Zum anderen führte das Gesetz eine fünfjährige, gleitende mittelfristige Finanzplanung für den Bund und die Länder ein. Hinzu kam die Einrichtung von Gremien, die einer Abstimmung zwischen den Gebietskörperschaften dienten, vor allem der Konjunkturrat für die öffentliche Hand sowie später, aufgrund des Haushaltsgrundsätzegesetzes, der Finanzplanungsrat. Am bekanntesten wurde jedoch die Konzertierte Aktion, ein korporatistisch konzipierter und zusammengesetzter Gesprächskreis unter Leitung des Wirtschaftsministers, der Vertreter von Kapital, Arbeit und Verwaltung an einen Tisch brachte.[257]

Die Beurteilung des Stabilitätsgesetzes war und ist kontrovers. Es stellte – in diesem Punkt stimmten Befürworter und Kritiker überein – den sinnfälligsten Ausdruck des Konzeptes der Globalsteuerung dar, die im Anschluss an die Lehren von Keynes auf ein *Demand management* durch *Fiscal policy* setzte. Freilich gab es einen Teil der Instrumente, die das Gesetz bereitstellte, schon vorher. Doch indem es die Finanzautonomie von Ländern und Gemeinden

257 *Böckenförde.*

einschränkte, schuf erst das Stabilitätsgesetz die Voraussetzungen für eine gemeinsame konjunkturgerechte Finanzpolitik aller Gebietskörperschaften. Anfangs überwogen deshalb die positiven Stimmen, schien das neue Gesetz doch eine effiziente Steuerung des Wirtschaftsprozesses zu ermöglichen. Es gab aber auch Ablehnung vor allem von Seiten der Anhänger der Sozialen Marktwirtschaft. Diese griffen sowohl das Gesetz als auch das dahinter stehende Prinzip der Globalsteuerung scharf an. Zwar bestritten sie nicht die grundsätzliche Vereinbarkeit von Marktmechanismus und Globalsteuerung. Die Kritiker befürchteten jedoch, dass durch eine Ausweitung der staatlichen Machtbefugnisse und Eingriffsmöglichkeiten die Spielräume der Wirtschaftssubjekte eingeengt und damit die Selbstheilungskräfte gehemmt werden könnten, die der Marktwirtschaft zugeschrieben wurden.[258] Schärfer fiel die Kritik an der praktischen Umsetzung des Gesetzes aus, und die Einwände nahmen zu, je länger dieses galt. Das Stabilitätsgesetz, so wurde zum einen moniert, habe zu hektischem wirtschafts- und finanzpolitischem Aktionismus geführt. Die zusätzlich geschaffenen Einrichtungen, hieß es zum anderen, seien ineffizient geblieben. Dabei dachte man insbesondere an die Konzertierte Aktion. Schließlich kam das Argument, das Gesetz habe zu wenig auf die internationalen Rahmenbedingungen Rücksicht genommen. Die zunehmende globale Verflechtung und der konjunkturelle Gleichschritt wichtiger Industrieländer bei gestiegener gegenseitiger Abhängigkeit hätten den Spielraum für autonome nationale Konjunkturmaßnahmen verkleinert. Noch schwerer aber wogen die Einwände, die sich gegen den Steuerungs- und Planungsoptimismus des Gesetzes richteten. Dieses wecke Erwartungen und Ansprüche, die beim besten Willen nicht zu befriedigen seien.[259] Das Gesetz, so hat Norbert Kloten die Kritik zusammengefasst, sei »Ausdruck eines Gesamtkonzeptes, das von den Bedingungen her zu hoch ansetzte: Bei der Fähigkeit, gesamtwirtschaftliche Daten transparent werden zu lassen, bei der Kenntnis von Wirkungsmechanismen, bei dem antizyklischen Reaktionsvermögen der Gebietskörperschaften, bei dem Willen der Beteiligten, sich den Vorgaben des Gesetzes zu unterwerfen, bei der Bereitschaft von Exekutive und Legislative, das Gesetz zu respektieren«.[260] Im Rückblick erscheint diese Kritik, die vor allem auf die geringe Wirksamkeit des Gesetzes abhob, eher moderat. Neuere Analysen nehmen noch stärker dessen negative Folgen in den Blick. Dazu zählt besonders der Vorwurf, das Stabilitäts- und Wachstumsgesetz habe ein »Experiment« ermöglicht, in dem die »deutschen Regierungen ausprobierten, welche Wirkungen von einer Verschuldungspolitik ausgehen, die

258 *Kloten*, Staat, S. 41 ff.

259 *Stucken*, Haushaltspolitik; *Kloten*, *Erfolg*; *ders.* u. *Vollmer*; *ders.*, Staat, S. 59 ff.; *Hanswillemenke* u. *Rahmann*, S. 13 ff.

260 *Kloten*, Staat, S. 70.

deutlich ausgeprägter als in Vergleichsländern war«. Sein wichtigstes Ergebnis sei deshalb ein »Anstieg der Staatsverschuldung« gewesen.[261]

Dem Stabilitäts- und Wachstumsgesetz als erstem Regelungskomplex folgte als zweiter die *Umgestaltung des Haushaltsrechts*. Auch darüber gab es seit der Mitte der fünfziger Jahre eine intensive Debatte,[262] wurde doch der Staatshaushalt, wie Der Spiegel kritisch anmerkte, »wie die Etatkasse eines Duodezfürstentums nach dem Ein-Jahres-Kalender verwaltet«.[263] Zwar hatte noch die Regierung Erhard die Grundzüge der Haushaltsrechtsreform verabschiedet;[264] doch folgten erst unter der Großen Koalition konkrete Maßnahmen.[265] Diese umfassten erstens Änderungen der Art. 110, 113 und 115 GG, die im Mai 1969 wirksam wurden. Hinzu kamen zweitens das Gesetz über die Grundsätze des Haushaltsrechts des Bundes und der Länder, das sogenannte Haushaltsgrundsätzegesetz, sowie die Bundeshaushaltsordnung, die zu Beginn des Jahres 1970 in Kraft traten.[266] Die neuen Bestimmungen sorgten dafür, dass das Haushaltsrecht des Bundes und der Länder zumindest in den Grundzügen künftig einheitlichen Regeln folgte. Vor allem wurden die Haushalte von den Zwängen der Reichshaushaltsordnung befreit, die den Anforderungen an eine moderne Finanzwirtschaft nicht mehr genügt und insbesondere keine antizyklische Haushaltspolitik erlaubt hatte. So fiel die Zweiteilung in einen ordentlichen und einen außerordentlichen Haushalt zugunsten eines einheitlichen Haushaltsplans fort, der sich nach ökonomisch definierten Ausgabenarten gruppierte. Zugleich gewann die Finanzierungsübersicht, die jedem Haushaltsplan als Anlage beizufügen war, erhebliche Aussagekraft, dokumentierte sie doch, in welchem Umfang dieser etwa auf Kredite zurückgriff. Außerdem wurde der objektbezogene Deckungsgrundsatz in Art. 115 GG, der Kredite lediglich bei einem außerordentlichen Bedarf und in der Regel nur für Ausgaben zu sogenannten »werbenden Zwecken« zugelassen und damit ebenfalls einer antizyklischen Finanzpolitik im Weg gestanden hatte, zumindest relativiert. Der neue Art. 115 I GG berücksichtigte eine Umorientierung der öffentlichen Kreditwirtschaft insofern, als die Einnahmen aus Krediten die Summe der Ausgaben für Investitionen nicht übersteigen durften, es sei denn, das gesamtwirtschaftliche Gleichgewicht wäre gestört. Offen blieb allerdings, wie sich Art. 115 I und Art. 109 II GG

261 So im Rückblick auf 40 Jahre Stabilitäts- und Wachstumsgesetz die skeptische Einschätzung von *Grossekettler*, Jahre, S. 255, 243.

262 Vgl. *Vialon*, S. 114 ff.; *Korff*, Neuordnung.

263 Opfer für das Volk, in: Der Spiegel Nr. 43 vom 17.10.1966.

264 32. Kabinettssitzung am 22.6.1966, in: Kabinettsprotokolle.

265 124. Kabinettssitzung vom 22.5.1968, in: ebd.; vgl. auch *Bundesministerium der Finanzen*, Finanzberichte 1967 (S. 241 ff.), 1968 (S. 240 ff.) und 1969 (S. 207 ff.) mit Informationen zum Stand und zu den Ergebnissen der Reform.

266 BGBl. I, S. 1273 u. S. 1284. Vgl. *Leicht*, S. 39 ff.; dort auch, S. 72 ff., die entsprechenden grundgesetzlichen bzw. gesetzlichen Regelungen. *Korff*, Haushaltspolitik, bes. S. 40 ff.; vor allem aber *Rehm*, Analyse, S. 63 ff., sowie *Höfling*, S. 138 ff.

zu einander verhielten; auch dem Begriff »gesamtwirtschaftliches Gleichgewicht« fehlte es an Präzision.[267] Das Fälligkeitsprinzip, nachdem nur noch Ausgaben in den Haushalt einzustellen waren, die im jeweiligen Jahr tatsächlich getätigt und kassenwirksam wurden, ging das leidige Problem der Haushaltsreste an. Die Ersetzung der Bindungs- durch Verpflichtungsermächtigungen sowie die Nettoveranschlagung der Kreditaufnahme erhöhten die Transparenz der Etats. Art. 113 GG stärkte zudem das Einspruchsrecht der Bundesregierung gegenüber Gesetzen des Bundestags, die abweichend vom Haushaltsplan zu höheren Ausgaben oder niedrigeren Einnahmen führten. Ferner wurde versucht, eine rechtzeitige Verabschiedung des Bundeshaushaltsplans sicherzustellen und den Vollzug des Budgets beweglicher zu gestalten. Schließlich schrieb die Haushaltsreform die fünfjährige Finanzplanung aus dem Stabilitäts- und Wachstumsgesetz noch einmal fest und setzte zur Koordinierung der Finanzplanung des Bundes, der Länder und der Gemeinden einen Finanzplanungsrat ein.

Die Haushaltsreform stieß bei Experten und in der Öffentlichkeit auf viel Zustimmung. So begrüßte sie der Wissenschaftliche Beirat beim Bundesfinanzministerium als einen großen Fortschritt, habe das Haushaltsrecht damit doch das »Gedankengut des 19. Jahrhunderts« hinter sich gelassen.[268] Ähnlich äußerte sich der Bund der Steuerzahler. Auch das Institut »Finanzen und Steuern« sah in der Neugestaltung den »Abschluss eines umfassenden Reformvorhabens«, das »die Finanzpolitik materiell und formell den Erfordernissen des modernen Staates anpassen« solle.[269] Dieter Vogel sprach in der Frankfurter Allgemeinen sogar vom »Haushaltsrecht für das Jahr 2000« und sah in der Neuregelung eine »in Reformen gekleidete Revolutionierung«.[270] Ähnlich euphorisch äußerte sich Fritz Kral in der Frankfurter Rundschau, würden doch Bund und Länder aus der »etatrechtlichen Zwangsjacke von Anno dazumal« befreit.[271] Doch stieß eine Reihe von Bestimmungen auch auf Kritik.[272] So bemängelte der Wissenschaftliche Beirat zum einen die uneindeutigen Regelungen zum Ausgleich des Haushalts, die rein formal gedacht seien, aber auch materiell interpretiert werden könnten und damit einer antizyklischen Politik fortgesetzt im Wege stünden.[273] Er störte sich außerdem an den Begriffen »Fehlbetrag« und »Überschuß« sowie am neuen Art. 115 GG, der die Kredit-

267 Vgl. dazu mit weiterer Literatur *Dreißig*, Frage, und *Höfling*, S. 150 ff.

268 Stellungnahme zur Haushaltsreform vom 25.1.1969, in: *Bundesministerium der Finanzen*, Beirat 1949–1973, S. 441–456 (Zitat: S. 442).

269 *Karl-Bräuer-Institut*, Reform; *Institut »Finanzen und Steuern«*, Gesetzentwürfe, S. 5.

270 D. Vogel, Haushaltsrecht für das Jahr 2000, in: Frankfurter Allgemeine Nr. 190 vom 17.8.1968.

271 F. Kral, Der Staatshaushalt schlüpft aus der Zwangsjacke, in: Frankfurter Rundschau Nr. 146 vom 29.6.1969.

272 *Höfling*, S. 143 ff.

273 Vgl. dazu *Dreißig*, Probleme, und *Albers*, Grundlagen.

finanzierung nicht klar genug auf die »gesamtwirtschaftlichen Erfordernisse« hin ausgerichtet hätte. Schließlich trat er für eine konsequentere Anwendung des Fälligkeitsprinzips und eine sinnvollere Verbuchung der Verpflichtungsermächtigung ein.[274] Auch der Bund der Steuerzahler monierte, die Vorschläge seien teils »auf halbem Wege« stehen geblieben, teils hätten sie einen »unangemessenen Weg« eingeschlagen. Außerdem wäre ihm eine stärkere Stellung des Finanzministers lieber gewesen. Wie der Wissenschaftliche Beirat, aber aus anderen Gründen hielt er es zudem für bedenklich, dass der neue Art. 115 GG keine wirksame Schranke gegen die »großen Gefahren einer übermäßigen Kreditfinanzierung öffentlicher Ausgaben« aufrichte.[275] Das Institut »Finanzen und Steuern« hob die verfassungspolitische Bedeutung der Reform hervor und gab zu bedenken, »dass auf finanziellem Gebiet ein substantieller Machtverlust der Legislative zugunsten eines Machtzuwachses der Exekutive« erfolgen werde.[276]

Der dritte Regelungskomplex betraf die Finanzbeziehungen zwischen Bund, Ländern und Gemeinden. Diese stellte die *Finanzverfassungsreform* von 1969 auf die neue Basis eines »kooperativen Föderalismus«.[277] Seit der Gründung der Bundesrepublik hatte der Finanzausgleich immer wieder zu politischen Konflikten Anlass gegeben sowie zu zahlreichen Plänen und Reformversuchen geführt, da sich das anfänglich gebundene Trenn- schrittweise zu einem Verbundsystem wandelte. Die dezentral schwer lösbaren Aufgaben nahmen zu; die Einnahmen von Bund und Ländern entwickelten sich nicht gleichmäßig; und es wuchsen die Unterschiede zwischen den sechs finanzstarken Ländern auf der einen Seite und den vier finanzschwachen auf der anderen. Da der Bund abseits seiner verfassungsmäßigen Zuständigkeiten immer mehr Länderaufgaben mitfinanzierte und sich so eine Mitentscheidung sicherte, höhlte ein Prozess schleichender Zentralisierung die Autonomie der Bundesländer aus. Die vom Bund betriebene sogenannte »Politik des goldenen Zügels« nutzte vor allem den armen Ländern; ein Rückzug des Bundes hätte sie deshalb hart getroffen. Es konnte also nur darum gehen, die gewachsene Verflechtung einzudämmen und die entstandene Praxis in Form von sogenannten »Gemeinschaftsaufgaben« zu sanktionieren und zu institutionalisieren.

Nachdem die Finanzreform von 1955 zwar die Finanzkräfte der Bundesländer stärker einander angeglichen, aber weder die föderalen Finanzbeziehungen vereinfacht noch die Konflikte zwischen Bund und Ländern nachhaltig verringert hatte, setzte die Debatte über eine Reform der Finanzverfassung im Herbst

274 Stellungnahme zur Haushaltsreform vom 25.1.1969, in: *Bundesministerium der Finanzen*, Beirat 1949–1973, S. 453.

275 *Karl-Bräuer-Institut*, Reform, S. 3, 10.

276 *Institut »Finanzen und Steuern«*, Gesetzentwürfe, S. 60.

277 Dazu im einzelnen *Renzsch*, Finanzverfassung; *Heckt*; zum Prozess der Kompromissfindung *Eichhorn*, S. 244 ff.

1960 erneut ein. Vor allem die SPD nahm sich des Themas an, nicht zuletzt um im Zuge ihrer »Gemeinsamkeits«-Politik die eigene Regierungsfähigkeit unter Beweis zu stellen.[278] Nach längeren politischen Auseinandersetzungen kamen Bund und Länder am Ende überein, eine Expertenkommission unter dem Vorsitz des ehemaligen hessischen Finanzministers und seinerzeitigen Vizepräsidenten der Deutschen Bundesbank, Heinrich Troeger, zu berufen und diese mit der Erarbeitung von Grundlinien für eine umfassende Finanzreform zu betrauen.

Obwohl das Gutachten der Kommission, das Anfang 1966 vorlag, durchweg auf positive Resonanz stieß, erwies sich seine politische Umsetzung als schwierig.[279] Das lag weniger an der erforderlichen Aufgabenabgrenzung, der sogenannten »Flurbereinigung«, zwischen Bund und Ländern, sondern vor allem an den neu einzuführenden Gemeinschaftsaufgaben. Bei diesen handelte es sich um Landesaufgaben zum Nutzen der Allgemeinheit, die wegen ihrer hohen Kosten von Bund und Ländern gemeinsam geplant, vom Bund bis zur Hälfte finanziert und von den Ländern ausgeführt werden sollten. Zwar hatte die SPD schon in der Opposition und erst recht in der Großen Koalition die Einführung solcher Gemeinschaftsaufgaben als eines ihrer zentralen Reformziele angesehen, Herbert Wehner gar vom »Herzstück der Neuregelungen des Kabinetts Kiesinger/Brandt« gesprochen und der Dortmunder Parteitag 1966 neun gemeinsame Aufgabenfelder definiert.[280] Doch nun taten sich die Länder – auch die von der SPD regierten – schwer damit, die von der Bundesregierung nicht zuletzt aus taktischen Gründen vorgeschlagenen neuen Gemeinschaftsaufgaben zu akzeptieren. Vor allem galt das für die Städteplanung, die Krankenhausfinanzierung und die Verbesserung der Agrarstruktur. Gerade hier befürchteten die Länder einen zu starken Einfluss des Bundes und eine entsprechende Einschränkung ihrer Zuständigkeiten, wollte doch der Bund nicht nur mitfinanzieren, sondern auch mitentscheiden und deshalb an der Rahmenplanung beteiligt werden. So ging es in den langwierigen Verhandlungen zwar auch darum, eine sachgerechte Form für den »kooperativen Föderalismus« zu finden, zeitweilig überwogen jedoch macht- und parteipolitische Überlegungen. Am Ende stand ein Kompromiss, der drei Gemeinschaftsaufgaben vorsah, die Art. 91a GG festschrieb: Hochschulausbau, Verbesserung der regionalen Wirtschaftsstrukturen sowie Agrarstrukturpolitik und Küstenschutz. Auf diesen Politikfeldern arbeiteten Bund und Länder in Planungsgremien zusammen. Das sicherte Gleichbehandlung und Transparenz, bedeutete aber auch einen Schritt in Richtung einer umfassenden gesamtstaatlichen Finanzplanung. Jenseits der

278 *Klotzbach*, S. 506 ff.; Bouvier, S. 43 ff.
279 *Kommission für die Finanzreform*; *Renzsch*, Finanzverfassung, S. 209 ff.; *Heinsen*.
280 *Schönhoven*, Wendejahre, S. 334 ff.; *A. H. Schneider*, S. 175 ff. (Zitat: S. 175).

Gemeinschaftsaufgaben konnte der Bund den Ländern jedoch weiterhin nach Art. 104a GG Finanzhilfen für Investitionen und Geldleistungen gewähren.

Mit der Aufgabenverteilung stand die Zuweisung der Steuern zur Diskussion.[281] Diese war insoweit kompliziert, als es nicht nur – vertikal – um den Anteil von Bund und Ländern am Kleinen Steuerverbund ging, den die Finanzreform von 1955 an die Stelle einer fallweisen Inanspruchnahme von Einkommen- und Körperschaftsteuer durch den Bund gesetzt hatte. Zur Debatte stand auch – horizontal – die Verteilung der Steuern zwischen armen und reichen Ländern. Sollten diese wie bisher, was die finanzstarken unter ihnen forderten, zuerst nach dem örtlichen Aufkommen zugewiesen und die Unterschiede in der Finanzkraft dann durch einen Länderfinanzausgleich verringert werden? Oder konnte, wofür die finanzschwachen Länder eintraten, ein anderes Verteilungssystem entwickelt werden, das sich am Bedarf orientierte? Die Lösung dieser sich vielfach überkreuzenden Probleme erwies sich als ebenso schwierig wie langwierig. Denn die finanzschwachen Länder forderten eine grundlegende Änderung des Finanzausgleichs zu ihren Gunsten; nur so könnten die öffentlichen Aufgaben durch alle Länder gleichmäßig erfüllt und die Lebensverhältnisse in der Bundesrepublik einheitlich gestaltet werden. Ihr Argument überzeugte den Bundestag, der entsprechende Regelungen in das Finanzausgleichsgesetz hineinschrieb. Die finanzstarken Geberländer, darunter vier sozialdemokratisch regierte, wollten diese im Bundesrat aber nicht akzeptieren. Damit lief die Konfliktlinie einmal mehr quer durch die Koalitionsparteien. Es bedurfte zweier Runden im Vermittlungsausschuss, um eine Einigung zu erzielen. Der gefundene Kompromiss nahm die Umsatzsteuer in den durch sie erweiterten, nunmehr Großen Steuerverbund auf. Der war weniger konjunkturabhängig und seit dem Übergang zur Umsatzsteuer mit Vorsteuerabzug – der sogenannten »Mehrwertsteuer« – im Jahr 1968 auch einträglicher, stellte also den vertikalen Finanzausgleich auf eine solidere Basis.[282] Die Anteile von Bund und Ländern an den alten Gemeinschaftssteuern, zumal der ertragreichen, sich dynamisch entwickelnden Einkommensteuer, wurden mit je 43 % festgeschrieben und die Gemeinden durch das Gemeindefinanzreformgesetz mit 14 % beteiligt. Zwar partizipierten Bund und Länder im Gegenzug in Form einer Umlage mit 40 % an der kommunalen Gewerbesteuer, die Gemeinden wurden jedoch vom konjunkturempfindlichen, ertragsgebundenen sowie von Kommune zu Kommune unterschiedlich hohen Aufkommen dieser Steuer unabhängiger und gewannen dadurch an finanziellem Spielraum. Nicht auf Dauer festgeschrieben wurde hingegen die Verteilung der Umsatzsteuer zwischen Bund und Ländern. Sie war künftig zwischen ihnen jeweils neu auszuhandeln und durch Bundesgesetz zu regeln.

281 Zum Folgenden *Renzsch*, Finanzverfassung, S. 229 ff.
282 *Heilmann*.

Die Finanzverfassungsreform blieb in sich widersprüchlich. Auf der einen Seite war sie eine beachtliche Leistung der Großen Koalition, beseitigte die offenkundigen Schwächen der bestehenden Finanzverfassung und brachte die Praxis mit dem Recht der föderalen Finanzbeziehungen in einer engeren, verfassungsrechtlich kodifizierten und institutionalisierten »Politikverflechtung« wieder zur Deckung.[283] Damit schrieb die Reform ein föderales Mehrebenensystem fest, in dem wesentliche öffentliche Aufgaben im Verbund wahrgenommen werden mussten und wichtige Entscheidungen zwischen Bund und Ländern sowohl nach formalen Regeln als auch in informellen Kooperationsformen gemeinsam zu treffen waren. Zwar blieb die unterschiedliche Leistungsfähigkeit der Länder ein zentrales Problem des bundesdeutschen Föderalismus, aber ihre Auswirkungen wurden zumindest verringert. Auch verschoben sich die politischen Gewichte zwischen Bund und Ländern. Die Gesamtheit der Länder – nicht dagegen das einzelne Land – gewann an Einfluss auf die Politik des Bundes, der sich nicht mehr in bilateralen Verhandlungen durchsetzen konnte, sondern künftig in multilateralen Aushandlungsprozessen mit allen Ländern für beide Seiten tragbare Lösungen finden musste. Auf der anderen Seite kam keine grundlegende Reform des Finanzausgleichs zustande. Der Widerspruch zwischen der Eigenständigkeit der Länder und der Notwendigkeit, zugunsten einheitlicher Lebensverhältnisse den gesamtstaatlichen Einfluss zu vergrößern, blieb bestehen. Zudem entstand eine »Politikverflechtung«, die auf längere Sicht zwar eine konsensorientierte, stetige und vorhersehbare, dafür aber uneinheitliche, reformscheue und wenig flexible Finanzpolitik förderte.[284]

Die drei Regelungskomplexe, welche die Große Koalition auf den Weg brachte, ergänzten sich gegenseitig, auch wenn sie in manchen Punkten nicht exakt aufeinander abgestimmt waren. Das Stabilitäts- und Wachstumsgesetz verpflichtete Bund wie Länder auf eine antizyklische Finanzpolitik und stellte ihnen das nötige Instrumentarium für eine Globalsteuerung bereit. Formale Hindernisse, die bis dahin im Wege gestanden hatten, beseitigte die Haushaltsrechtsreform. Sie hob die Trennung in ein ordentliches und ein außerordentliches Budget auf und löste die Kreditfinanzierung aus der Objektbezogenheit der klassischen Deckungsregeln, relativierte das Prinzip des Haushaltsausgleichs und öffnete mit der mittelfristigen Finanzplanung einen mehrjährigen Planungshorizont. Die Finanzverfassungsreform schließlich schuf nicht nur mit den Gemeinschaftsaufgaben neue staatliche Interventionsbereiche und stellte deren Finanzierung sicher, sondern vergrößerte auch, indem sie den Finanzausgleich neu gestaltete, die finanziellen Spielräume von Ländern und Gemeinden. Alle drei Gesetzesbündel zusammengenommen zielten auf ein Mehr an

283 *Scharpf*, Politikverflechtung.
284 *Biehl*; *W. Ehrlicher*, Finanzausgleich; *Hidien*; *Scharpf*, Politikverflechtung.

gesamtstaatlicher Planung und setzten dafür mit dem Konjunktur- und Finanzplanungsrat sowie der Konzertierten Aktion entsprechende Institutionen ein. So sollte die ungeplante in eine kontrollierte Expansion der öffentlichen Finanzen übergeleitet und diese durch Planung beherrschbar gemacht werden. Genau darum ging es der Expansionskoalition, die in der zweiten Hälfte der 1960er Jahre endgültig zusammenfand.

e) Die Expansionskoalition

Die Debatte über öffentliche Armut und privaten Reichtum sowie die Einsicht, dass es eine ungeplante Expansion der öffentlichen Finanzen wie in den mittsechziger Jahren künftig zu vermeiden gelte, ferner die Enttabuisierung der öffentlichen Verschuldung durch die *Fiscal policy* und nicht zuletzt die Tatsache, dass die Ausweitung der Staatstätigkeit nunmehr gesetzlich geregelt wurde – alles das bildete den Kontext, in dem sich eine Expansionskoalition formierte. Aber auch der internationale Rahmen spielte eine wichtige Rolle: der »Konsenskapitalismus« in den USA und die französische *Planification*, Initiativen der Labour-Regierung in Großbritannien und erste Versuche, die Wirtschafts- und Finanzpolitik in den EG-Staaten zu harmonisieren.[285] In der Expansionskoalition fanden Akteure aus Parteien und Parlamenten, Bürokratie und Verbänden, Medien und Öffentlichkeit zusammen. Sie griffen die Galbraith-Formel von der Diskrepanz zwischen öffentlicher Armut und privatem Reichtum auf und kamen aus unterschiedlichen politischen Richtungen zu einem ähnlichen Ergebnis: Hatten die fünfziger Jahre im Zeichen des privatwirtschaftlichen Wiederaufbaus gestanden, sollte der Staat jetzt mehr öffentliche Güter bereitstellen. Denn das sei in den Jahren des sogenannten »Wirtschaftswunders« sträflich vernachlässigt worden.[286] Dieser koalitionsbildende Konsens überdeckte freilich die heterogenen Motive und Ziele der Allianz. Denn mit ihrer Forderung, die öffentliche Armut zu beseitigen, konnte sowohl eine moderate Expansion öffentlicher Auf- und Ausgaben gemeint sein als auch eine strukturverändernde Politik, wie sie etwa die Linke in der SPD forderte. Nicht minder umstritten waren die Felder, auf denen der Staat aktiver werden und mehr Geld ausgeben sollte. Die von der Expansionskoalition geteilten Überzeugungen auf der einen Seite und die zugleich vorhandenen Differenzen auf der anderen Seite verdeutlicht ein Blick auf die wichtigsten Akteure der sich formierenden Allianz. Diese umfasste zunächst Sozialdemokraten, Unionspolitiker und Freie Demokraten außerhalb wie innerhalb des Bundestags, sodann hohe Beamte in Ministerien

285 Vgl. dazu u. a. *Angster*; *Nützenadel*, Stunde, S. 282 f.
286 *Kitterer*, Finanzen, bes. S. 219 ff.

und Bundeskanzleramt, zumindest zeitweise auch die Spitzen der Deutschen Bundesbank, ferner Repräsentanten großer Interessenorganisationen wie der Gewerkschaften, darüber hinaus wirtschafts- und finanzwissenschaftliche Experten mit dem Sachverständigenrat an der Spitze sowie meinungsmachende Journalisten der Fach-, Wochen- und Tagespresse und nicht zuletzt Teile der Bevölkerung.

Die *Sozialdemokraten* traten entschieden für mehr Staat ein. Nach langen Vorbereitungen und heftigen innerparteilichen Auseinandersetzungen hatte die SPD mit dem Godesberger Programm 1959 ihre marxistischen Traditionen und planwirtschaftlichen Vorstellungen abgestreift.[287] Seither setzte sich die Partei nach der Devise »Wettbewerb soweit wie möglich – Planung soweit wie nötig« für eine »vorausschauende Konjunkturpolitik« und für »Methoden der mittelbaren Beeinflussung der Wirtschaft«, kurz: für eine globalgesteuerte Marktwirtschaft ein.[288] So argumentierte etwa Karl Schiller, einer der Vorkämpfer dieser Umorientierung, die Globalsteuerung bedürfe der »planvollen makroökonomischen Beeinflussung der Kreislaufgrößen«, wobei die »optimale Zuordnung der Lenkungsmittel … in der kombinierten Anwendung des Prinzips der Selbststeuerung für die Mikrorelationen und der Globalsteuerung für die Makrorelationen« bestehe.[289] Damit übertrugen die Verfechter der Globalsteuerung dem Staat nicht nur die »Verantwortung für den Wirtschaftsablauf«, sondern wiesen ihm darüber hinaus viele weitere Aufgaben zu. Dazu zählte nicht zuletzt eine »zielbewußte Einkommens- und Vermögenspolitik«, die zu einer gerechteren Verteilung materieller Güter führen sollte. Dabei spielten die sogenannten »Gemeinschaftsaufgaben« eine wichtige Rolle: »Es ist ein Zeichen unsere Zeit«, hieß es im Godesberger Programm ganz auf der Linie der Galbraith-Formel, »dass sich das private Wohlleben privilegierter Schichten schrankenlos entfaltet, während wichtige Gemeinschaftsaufgaben, vor allem Wissenschaft, Forschung und Erziehung, in einer Weise vernachlässigt werden, die einer Kulturnation unwürdig ist«.[290]

Im Zuge der »Gemeinsamkeits«-Politik mit der regierenden Union, die sich seit Anfang der 1960er Jahre intensivierte und zunehmend auch innenpolitische Fragen einbezog, setzte die SPD die Gemeinschaftsaufgaben zuoberst auf die Liste ihre politischen Prioritäten.[291] Das zeigte bereits ihr Regierungsprogramm zur Bundestagswahl 1961. Es enthielt einen Zehn-Punkte-Katalog

287 Im einzelnen dazu *Klotzbach*, S. 299 ff., und *Angster*, S. 415 ff.

288 *Vorstand der Sozialdemokratischen Partei Deutschlands,* Grundsatzprogramm, S. 13 f. Dazu *Held*, S. 235 ff.; *Hochstätter*, S. 73 ff.; *Lütjen*, S. 133 ff.

289 K. Schiller, Marktwirtschaftliche Globalsteuerung, in: Der Volkswirt Nr. 51/52 vom 23.12.1966, S. 62–66 (Zitat: S. 66).

290 *Vorstand der Sozialdemokratischen Partei Deutschlands,* Grundsatzprogramm, S. 16.

291 *Bouvier*, S. 46 ff.

von innenpolitischen Gemeinschaftsaufgaben, an dessen Finanzierbarkeit sich eine erregte öffentliche Debatte entzündete.[292] Auch in seiner Grundsatzrede »Wer rastet, der rostet – dynamische Politik als deutsche Gemeinschaftsaufgabe« auf dem Kölner Parteitag im Mai 1962 bekannte sich Willy Brandt, der Kanzlerkandidat der Partei, zu diesem Katalog,[293] und auf dem Kongress Deutsche Gemeinschaftsaufgaben, der im Oktober 1962 in Berlin stattfand, präsentierte die SPD öffentlichkeitswirksam ihre bildungs- und sozial-, städtebau- und gesundheitspolitischen Vorstellungen.[294] Besonderen Handlungsbedarf sah die Partei einerseits im Bildungsbereich, wo sie die Diskussion um den »Bildungsnotstand« aufgriff, den Georg Picht 1964 als »Bildungskatastrophe« apostrophierte,[295] sowie andererseits in der Sozialpolitik.[296] Damit versuchten die Sozialdemokraten zum einen, wichtige innenpolitische Themen zu besetzen, wozu etwa im Rahmen des sogenannten »Großen Gesprächs« das Dritte Deutschland-Treffen der Partei 1963 in Hamburg diente.[297] Zum anderen ergriff die SPD auch in den folgenden Jahren eine Reihe von Initiativen, welche die Bedeutung der Gemeinschaftsaufgaben betonten. Bei dieser Akzentsetzung verwundert es nicht, dass die Partei, wenngleich nicht mit durchschlagendem Erfolg, auch im Bundestagswahlkampf 1965 erneut damit warb, die Gemeinschaftsaufgaben besonders bei Gesundheit, Bildung und Ausbildung auszuweiten. Auf dem Dortmunder Parteitag 1966, der eine »Art Bilanz der ›Gemeinsamkeits‹-Politik« zog, reklamierte Willy Brandt für seine Partei noch einmal das Verdienst, das »Konzept der Gemeinschaftsaufgaben« seit 1960 in die politische Diskussion eingeführt zu haben. Die Annäherung an die Regierung in zentralen außen- und innenpolitischen Fragen habe keineswegs zu einer »Vernebelung von Gegensätzen« gegenüber der Union geführt. Denn der Vorwurf, durch die Vernachlässigung der Gemeinschaftsaufgaben »die Zukunft des Volkes auf wichtigen Gebieten der inneren Ordnung gefährdet« zu haben, sei die härteste Kritik, die eine Regierung treffen könne.[298]

Die expansionistische Finanzpolitik der Partei, die hinter dem Konzept der Gemeinschaftsaufgaben stand, verdankte sich maßgeblich dem Einfluss Alex Möllers. Möller, der gern mit seinem Spitznamen »Genosse Generaldirektor«

292 Das goldene Wahlprogramm. Spiegel-Gespräch mit dem SPD-Finanzexperten, Generaldirektor Alex Möller, in: Der Spiegel Nr. 38 vom 13.9.1961; vgl. auch *A. Möller*, Genosse, S. 213 ff.; *Bouvier*, S. 76 ff.

293 *Parteivorstand der Sozialdemokratischen Partei Deutschlands*, Parteitag 1962, S. 70 ff.

294 *Vorstand der Sozialdemokratischen Partei Deutschlands*, Dokumentation, Bd. 1, S. 164 ff.

295 *Führ* u. *Furck*.

296 Vgl. etwa *Brandt*, Weg.

297 *Bouvier*, S. 171 ff.

298 *Klotzbach*, S. 532 ff., 588 ff.; *Bouvier*, S. 120 ff. *Parteivorstand der Sozialdemokratischen Partei Deutschlands*, Parteitag 1966, S. 69 f.

kokettierte und diesen auch als Titel für seine Memoiren wählte,[299] saß seit 1945 dem Vorstand der Karlsruher Lebensversicherung AG vor. Er hatte sich bereits in der Weimarer Republik parteipolitisch wie parlamentarisch engagiert und tat dies auch nach 1945 zunächst für die SPD in Baden-Württemberg als Landtagsabgeordneter und Vorsitzender des dortigen Landesverbandes. Seit den späten fünfziger Jahren machte Möller dann auf Bundesebene Karriere. Er gehörte seit 1958 dem Bundesvorstand der Partei an, zählte seit 1960 zur SPD-Regierungsmannschaft und reiste im Herbst 1960 in deren Auftrag zusammen mit Klaus Schütz in die USA, um sich von der Präsidentschaftskampagne John F. Kennedys Anregungen für den Bundestagswahlkampf zu holen. Möller gehörte seit 1961 dem Bundestag an, gewählt zunächst über die Landesliste der Partei, 1969 dann als Direktkandidat im Wahlkreis Heidelberg. Als Vorsitzender des Arbeitskreises Öffentliche Finanzwirtschaft stieg er rasch zum Finanzexperten, finanzpolitischen Sprecher und unter der Großen Koalition zum stellvertretenden Vorsitzenden der SPD-Fraktion auf.[300] In diesen Funktionen und Ämtern stellte Möller programmatisch wie finanzpolitisch wichtige Weichen.

Alex Möller zeichnete nicht zuletzt für die Finanzprogramme der SPD verantwortlich, welche die Gremien der Partei jeweils vor den Bundestagswahlen 1961, 1965 und 1969 verabschiedeten.[301] Diese untermauerten die Regierungsprogramme mit einem detaillierten Finanzierungsplan und legten damit öffentlich den Kurs fest, den eine SPD-Regierung, wenn sie denn allein regieren könnte, in der Finanzpolitik zu steuern beabsichtigte.[302] Möller sorgte nicht nur dafür, dass die Partei mit diesen Finanzprogrammen vieldiskutierte Vorbilder für mehrjährige Finanzpläne vorlegte, welche die SPD für den Bund und die Länder vehement forderte.[303] Er projektierte mit ihnen auch eine Expansion der öffentlichen Ausgaben und eine Zunahme der Neuverschuldung, um die geplanten Gemeinschaftsaufgaben zu finanzieren. Das galt vor allem für das

299 *A. Möller*, Genosse.

300 *P. Koch*; *Metzler*, Möller; *Kitzing*; »Gott Vater« Möller, in: Capital Nr. 3/1970.

301 Vgl. etwa die Sitzung führender SPD-Politiker, die im Sommer 1965 parallel zur Sitzung des Parteivorstands auf der Basis von Vorlagen Alex Möllers über die Haushaltssituation und die Finanzierung des SPD-Regierungsprogramms beriet. Herta List an Alex Möller am 5.8.1965, Anlage: Protokollnotiz über die Besprechung vom Freitag, 2.7.1965, BArch N 1369/1336.

302 *A. Möller*, Genosse, S. 213ff.; Das goldene Wahlprogramm. Spiegel-Gespräch mit dem SPD-Finanzexperten, Generaldirektor Alex Möller, in: Der Spiegel Nr. 38 vom 13.9.1961. Vermerk (Herta List) für den Genossen Möller vom 27.10.1964, BArch N 1369/1342. A. Möller, Das Finanzprogramm der SPD 1966–1969, in: Die Neue Gesellschaft, Bd. 16, 1969, S. 160–165; ders., Das Finanzprogramm der SPD 1970–1973, in: ebd., S. 293–296.

303 Vgl. etwa A. Möller, Die Deckungsproblematik steigende Staatsausgaben. Vortrag gehalten in der Vortragsreihe über aktuelle Probleme der Finanzpolitik an der Wirtschaftshochschule Mannheim am 1.2. 1966, BArch N 1369/632 bzw. 136/11226.

Finanzprogramm der Jahre 1970–1973.[304] Es sah bei einer jährlichen Wachstumsrate des Bruttosozialprodukts von nominal 6,3 % und real 4,5 % einerseits Einnahmen des Bundes vor, die im Schnitt um 4,9 % pro Jahr steigen, andererseits Ausgaben, die durchschnittlich um 6,4 % zulegen sollten. Besonders stark wollte Möller mit jährlich mehr als real 9 % die »dringend notwendige öffentliche Investitionstätigkeit« ausweiten. Da das Programm eine höhere Besteuerung ausschloss, sah es vor, die Mehrausgaben von 15 Mrd. durch Kredit zu finanzieren. Das sei erforderlich, argumentierte Möller, weil die angesetzte Wachstumsrate der Einnahmen des Staates »nicht voll zur Finanzierung einer verstärkten Investitionstätigkeit« ausreiche.

Nicht nur in den Finanzprogrammen, sondern auch in einer Reihe von Reden und Aufsätzen profilierte sich Alex Möller als ein Politiker, der öffentliche Investitionen verstärken und die dafür nötige höhere Neuverschuldung vom Geruch der Unseriosität befreien wollte. Seit den frühen 1960er Jahren trat er dafür ein, die wachsenden Staatsausgaben weniger aus höheren Steuern, welche besonders die Arbeitnehmer belastet hätten, sondern mehr durch Kredite zu bestreiten.[305] Das sei im »Prinzip nichts Außergewöhnliches und schon gar nichts Verwerfliches«, argumentierte der Politiker, sondern »ein legitimes Mittel der Finanzierung sinnvoller öffentlicher Vorhaben«. Das gelte insbesondere für »zurückgestaute Gemeinschaftsbedürfnisse«. Auf diese Weise wollte Möller nicht nur den Anteil der steuerfinanzierten öffentlichen Investitionen verringern, der bei etwa vier Fünftel lag und lediglich das Staatsvermögen noch weiter erhöhte, sondern auch die verteilungspolitischen Probleme einer zunehmenden öffentlichen Verschuldung begrenzen und die Bildung von Vermögen in privater, vor allem in Arbeitnehmerhand fördern. Indem der Staat den Sparern außer Prämien sichere Anlagemöglichkeiten für ihr Geld bot, streute er die Schuldtitel breiter, stärkte den Kapitalmarkt und erlaubte wiederum – was den Kreis schloss – eine höhere Neuverschuldung der öffentlichen Hände. Möller war allerdings kein bedenkenloser Expansionist und ebenso wenig ein grenzenloser Schuldenmacher. Bei der Kreditfinanzierung komme es, schränkte er vielmehr ein, »auf das richtige Maß und den rechten Zeitpunkt« an. Beides bestimme sich »aus der Verantwortung des Staates sowohl für den Zwang zur Aufgabenerfüllung bei zumutbarer steuerlicher Belastbarkeit als auch für Konjunktur und Wachstum«. Deshalb gelte es, das rechte Verhältnis »zwischen

304 Ders., Das Finanzprogramm der SPD 1970–1973, in: Die Neue Gesellschaft, Bd. 16, 1969, S. 293–296 (Zitate: S. 294, 295). Vgl. auch Abschrift des Stenogramms, Bundespressekonferenz am 7.4.1969 zum Thema »Das Finanzprogramm der SPD 1970–1973, BArch N 1369/1405; An der Kasse scheitern viele Pläne, in: Die Zeit Nr. 37 vom 12.9.1969; *A. Möller*, Tatort, S. 353 ff.

305 *A. Möller*, Finanzwirtschaft, S. 81.

einer antizyklischen Schuldenpolitik und einer angemessenen Kreditfinanzierung der notwendigen Reforminvestitionen« zu finden.[306]

Alex Möller wusste bei seinem finanzpolitischen Kurs das Gros der SPD hinter sich. Das zeigen die Beschlüsse der Parteitage von 1966 und 1968.[307] So betonte die »Innenpolitische Plattform«, die in Dortmund verabschiedet wurde, die Bedeutung der Gemeinschaftsaufgaben und die Pflege des öffentlichen Kredits, »um die Finanzierungsmöglichkeiten der öffentlichen Investitionen nicht zu gefährden«.[308] Der Nürnberger Parteitag beschloss im »Beitrag der SPD zu aktuellen Problemen der deutschen Politik«, dass es gelte, außer den privaten »die öffentlichen Investitionen zu steigern«.[309] Ausführlicher formulierten die »Sozialdemokratischen Perspektiven im Übergang zu den siebziger Jahren« diesen Gedanken.[310] Eine entscheidende Aufgabe der Partei sei es, »privaten und öffentlichen Wohlstand in ein ausgewogenes Verhältnis zueinander zu bringen« und deshalb langfristig den Ausbau der Gemeinschaftsaufgaben zu planen.[311] Dabei verquickte sich in den Diskussionen der Arbeitsgemeinschaft Gesellschaftsordnung und Gesellschaftspolitik die Frage der Staatsverschuldung mit jener der Vermögensbildung. Georg Leber, der das einleitende Referat hielt, forderte nicht nur »ein neues unbefangenes Verhältnis zur öffentlichen Verschuldung«, um die Last der »vor uns liegenden Investitionsaufgaben« auf die Schultern mehrere Generationen zu verteilen; er wollte auch die Sparförderung nutzen, um die Bildung von Kapital zu erleichtern, und zwar in dem Maße, in dem eine solche »zur Bewältigung der Zukunftsaufgaben erforderlich« sei. Um deren Finanzierung auf eine möglichst breite Grundlage zu stellen, dachte er an neue Anlageformen wie etwa einen »Sparbrief der öffentlichen Hand«.[312]

Die Diskussionen auf den Parteitagen belegen aber auch, dass nicht alle SPD-Mitglieder Möllers Kurs mittrugen. Das begann mit Karl Schiller, dem

306 A. Möller, Die Deckungsproblematik steigende Staatsausgaben. Vortrag gehalten in der Vortragsreihe über aktuelle Probleme der Finanzpolitik an der Wirtschaftshochschule Mannheim am 1.2. 1966, BArch N 1369/632 bzw. 136/11226; *ders.*, Finanzpolitik, S. 103; *ders.*, Staatsschuldenpolitik; ders., Staatsschuldenpolitik einst und heute. Festansprache des Bundesministers der Finanzen Alex Möller aus Anlaß des 150jährigen Bestehens der Staatsschuldenverwaltung am 20.1.1970, in: Bulletin Nr. 11 vom 24.1.1970, S. 107–110 (Zitate: S. 109, 110).

307 *Vorstand der Sozialdemokratischen Partei Deutschlands*, Parteitag 1966; *ders.*, Parteitag 1968.

308 *Ders.*, Parteitag 1966, S. 985ff. (Zitat: S. 997).

309 *Ders.*, Parteitag 1968, S. 993ff. (Zitat: S. 1003).

310 Zur Vorgeschichte und den Debatten über »Plattform« und »Perspektiven« ausführlich *Schönhoven*, Wendejahre, S. 643ff.

311 *Vorstand der Sozialdemokratische Partei Deutschlands*, Parteitag 1968, S. 1021ff. (Zitat: S. 1044). Vgl. auch *Ehmke*.

312 *Vorstand der Sozialdemokratische Partei Deutschlands*, Parteitag 1968, S, 351ff. (Zitate: S. 372, 373, 374).

wirtschaftspolitischen Aushängeschild der Partei.[313] Zwischen ihm und Möller herrschte nicht nur eine wachsende persönliche Antipathie;[314] es gab auch sachliche Differenzen. Denn Schiller rückte die konjunktur- und nicht wie Möller die fiskalpolitische Funktion des öffentlichen Haushalts in den Vordergrund. Aber auch er verlangte mehr »öffentliche Mittel für Gemeinschaftsaufgaben«, die er durch höhere, staatlich geförderte Ersparnisse und deren Mobilisierung für »Gemeinschaftsinvestitionen« finanzieren wollte.[315] Massiver war der Dissens, der sich zwischen Möller und der Mehrheit der Partei einerseits sowie deren linkem Flügel andererseits aufzutun begann. Der Nürnberger Parteitag, auf dem es nicht zuletzt wegen des Eintritts der SPD in die Große Koalition zu ungewohntem Widerspruch der Parteibasis kam,[316] zeigte, dass Möller und die Linke in der SPD wohl in dieselbe Richtung gingen, jedoch nicht dasselbe Ziel ansteuerten. Zwar entzündete sich die Kritik der Linken vor allem an den Kompromissen in der Wirtschafts- und Sozialpolitik, welche die Partei in der Großen Koalition eingehen musste, und nahm noch nicht, wie es auf dem Parteitag des Jahres 1970 geschehen sollte, in erster Linie die Finanzpolitik ins Visier. Doch ließen die Anträge des Bezirks Hessen-Süd und des Landesverbands Schleswig-Holstein bereits erkennen, wo Bruchstellen innerhalb der Partei zutage treten würden.[317] Denn sie forderten nicht nur eine deutliche Erweiterung des Katalogs der Gemeinschaftsaufgaben, sondern wollten auch das »gewaltige Volumen zukünftiger öffentlicher Investitionen« statt mit Steuern über den Kapitalmarkt, also durch Verschuldung, finanzieren. Vor allem Jochen Steffen, der Vorsitzende des schleswig-holsteinischen Landesverbands, verlangte »unerhörte Investitionen«, um den »jahrelang sträflich vernachlässigten Sektor, was wir ›Gemeinschaftsaufgaben‹ nennen«, zu entwickeln. Dahinter standen Vorstellungen von einer sozialistischen Wirtschafts- und Finanzpolitik. Diese sollte das wirtschaftliche Wachstum durch gelenkte öffentliche Investitionen massiv fördern sowie durch eine regionale und sektorale Strukturpolitik, aber auch durch die gezielte Umverteilung von Vermögen auf die »Entfaltung der Produktivkräfte und die Veränderung der Produktionsverhältnisse« mit »dem Ziel einer Gesellschaft der Freien und Gleichen« hinwirken.[318] Damit war, wie

313 *Hochstätter*, S. 73 ff.; *Lütjen*, S. 133 ff.

314 Ebd., S. 222, 259 f., 277 f.

315 Einleitungsreferat von Karl Schiller über Schwerpunkte der Gesellschaftspolitik auf dem Dortmunder Parteitag der SPD, in: *Vorstand der Sozialdemokratische Partei Deutschlands*, Parteitag 1966, S. 288 ff. (Zitate: S. 293, 295, 298).

316 R. Zundel, Zurück zur Ideologie, in: Die Zeit Nr. 10 vom 8.3.1968; D. Stolze, Der Aufstand gegen Schiller wird nur geprobt, in: ebd. Nr. 11 vom 15.3.1968; R. Zundel, Parteitag mit Gift und Galle, in: ebd. Nr. 12 vom 22.3.1968.

317 Antrag B 164 Bezirk Hessen-Süd bzw. B 165 Landesverband Schleswig-Holstein, in: *Vorstand der Sozialdemokratische Partei Deutschlands*, Parteitag 1968, S. 1190 ff.

318 Ebd., S. 376 ff. (Zitate: S. 383, 398).

Hans Matthöfer betonte, die »Ideologie der sogenannten Vermögensbildung in Arbeitnehmerhand«, wie sie Möller oder Leber vorschwebte, nicht vereinbar, stellte vielmehr nur eine »Scheinlösung« dar.[319]

Die Expansionskoalition umfasste aber nicht nur eine klare Mehrheit der Sozialdemokraten. Auch führende *Unionspolitiker* kamen unter dem Eindruck, die Opposition besetze seit »Godesberg« erfolgreicher als die CDU die Themen der Zukunft, aus einer entgegengesetzten politischen Richtung zu ähnlichen Überlegungen. Allerdings stand die Union argumentativ vor zwei Problemen: Zum einen tat sie sich mit längerfristigen Konzepten und Programmen seit jeher schwerer als die SPD;[320] und zum anderen hatten die Sozialdemokraten im Verbund mit den Gewerkschaften den attraktiven Begriff »Gemeinschaftsaufgaben« in der öffentlichen Diskussion bereits besetzt. Zwar wurde dieser in den Debatten der CDU, etwa auf Parteitagen, durchaus verwendet. So bejahte etwa Bundeswirtschaftsminister Kurt Schmücker »die Erfüllung der großen Gemeinschaftsaufgaben und Sozialinvestitionen«, und der CDU-Abgeordnete Heinrich Geißler sah in der »Finanzierung der großen Gemeinschaftsaufgaben« ein zentrales Anliegen der Partei.[321] Doch traten die Abgrenzungsprobleme und der Streit um das Urheberrecht am Begriff zutage, wenn der geschäftsführende Parteivorsitzende Hermann-Josef Dufhues darauf beharrte, dass die »Gemeinschaftsaufgaben deutscher Politik« keine »Erfindung und erst recht kein Monopol der Sozialdemokratie« seien, die SPD diese vielmehr »aus zweiter Hand zu einem kunstvollen System der Propaganda« entwickelt habe.[322] Auch Ludwig Erhard betonte, er habe das Thema der Gemeinschaftsaufgaben stets im »Bewußtsein und in der Verantwortung« angesprochen, dass diese »nicht nur eine billige parteipolitische Forderung« sein sollten, sondern »dahinter der ernste und ehrliche Wille eines ganzen Volkes stehen« müsse.[323]

Konkreter als der Streit um das Urheberrecht am Begriff »Gemeinschaftsaufgaben« fielen dagegen die Überlegungen Alfred Müller-Armacks für eine »zweite Phase« der Sozialen Marktwirtschaft aus.[324] Diese sollte ganz auf der Linie der Galbraith-Formel auf die neuartigen Strukturprobleme der bundesdeutschen Wirtschaft und Gesellschaft reagieren, die sich nach dem Ende der Nachkriegszeit und der Phase des Wiederaufbaus stellten. Zwar blieb das Leitbild einer neuen Gesellschaftspolitik, das Müller-Armack in einer Reihe von Vorträgen entwarf, »merkwürdig blass«.[325] Dafür präsentierte er einen

319 Ebd., S. 447 ff. (Zitate: 447, 449).

320 *Bösch*, Macht, S. 25 ff.; *Buchhaas*.

321 *Christlich Demokratische Union Deutschlands*, Bundesparteitag 1965, S. 243, 75.

322 *Dies.*, Bundesparteitag 1964, S. 47. Zu Dufhues vgl. Der schwarze Wehner, in: Der Spiegel Nr. 23 vom 6.6.1962.

323 *Christlich Demokratische Union Deutschlands*, Bundesparteitag 1965, S. 29.

324 *Müller-Armack*, Marktwirtschaft; *ders.*, Phase.

325 *Nützenadel*, Stunde, S. 279 ff. (Zitat: S. 280).

ebenso genauen wie umfangreichen Katalog von Aufgaben, denen sich der Staat in Zukunft widmen müsse, da die »öffentlichen Leistungen« dem, was »produktionell« erreicht worden sei, »nicht zu folgen vermocht« hätten.[326] Dazu zählten für ihn etwa die Unterstützung des Mittelstands und ein besserer Umweltschutz, der Ausbau der Infrastruktur sowie nicht zuletzt die Förderung von Bildung und Wissenschaft. Dass sich die neuen Aufgaben, die er dem Staat zuwies, nur verwirklichen ließen, wenn die öffentlichen Investitionen erheblich ausgeweitet würden, sah Müller-Armack klar. Er trat deshalb für eine »Umorientierung« in der Haushaltspolitik ein, damit mehr Mittel für »eine quantitative und qualitative Verbesserung« staatlicher Leistungen zur Verfügung stünden.[327] Doch musste diese »Verstärkung des öffentlichen Sektors« Stückwerk bleiben, wenn die Wirtschaft nicht stetig und mit hohen Raten wuchs. So war es nur konsequent, wenn Müller-Armack für eine Wachstums- und Konjunkturpolitik plädierte, die weit über das bisher Praktizierte hinausging.

Zwischen Alfred Müller-Armacks Überlegungen für eine »zweite Phase« der Sozialen Marktwirtschaft und dem Konzept der »Formierten Gesellschaft«, das Ludwig Erhard und seine Berater für den Wahlkampf des Jahres 1965 entworfen hatten und das er als Bundeskanzler auf dem Bundesparteitag der CDU im März 1965 präsentierte, gab es manche Verbindungslinien. Diese betrafen weniger das verschwommene, vornehmlich negativ bestimmte Leitbild der »Formierten Gesellschaft«, das den schädlichen Einfluss organisierter Interessen beklagte, diese zugunsten des vom einzelnen Bürger zu entwickelnden Gemeinsinns zurückdrängen und so dem Parlament, ja, dem Staat insgesamt wieder größeren Einfluss sichern wollte.[328] Mehr Berührungspunkte gab es dagegen bei den Überlegungen zu einem Deutschen Gemeinschaftswerk, das Teile des Leitbilds der »Formierten Gesellschaft« praktisch umsetzen sollte.[329] Mit diesem Projekt wollte Erhard die Union sowohl programmatisch als auch bei wichtigen Leitbegriffen gegenüber der SPD wieder in die Offensive bringen sowie die Notwendigkeit von höheren »Sozialinvestitionen«, die ihm als ausschlaggebend »für eine bessere Lebensordnung« galten, in CDU und CSU durchsetzen.[330] Sein Plan für ein Deutsches Gemeinschaftswerk griff den Gedanken auf, dass nach dem von ihm im November 1965 verkündeten »Ende der Nachkriegszeit« ein in die Zukunft weisender Neuanfang nötig sei und dabei den Kollektivbedürfnissen mehr Rechnung getragen werden müsse. Es gelte, betonte Erhard auf dem Düsseldorfer Bundesparteitag 1965, »in längeren Zeiträumen zu

326 *Müller-Armack*, Phase, S. 286 f.
327 Ebd., S. 290 f.
328 *Hildebrand*, S. 160 ff.; *Hentschel*, S. 559 ff.; *Bergsdorf*, S. 186 ff.
329 *Unland*; vgl. dazu *Schott*, bes. S. 72 ff.; *Switek*, bes. S. 133 ff.; *Nolte*, S. 387 ff.
330 *Christlich Demokratische Union Deutschlands*, Bundesparteitag 1965, S. 704 ff.; *dies.*, Bundesparteitag 1966, S. 93 ff.

denken und mehr öffentliche Vorsorge in all jenen Bereichen zu treffen, die die gesellschaftspolitischen Rahmenbedingungen unseres Lebens setzen«.[331] Dazu zählten, wie er an anderer Stelle erläuterte, Verkehr und Gesundheit, Bildung und in Ansätzen auch der Umweltschutz. Um weitere Preissteigerungen zu vermeiden, wollte er die öffentlichen Haushalte jedoch nur parallel zum realen Zuwachs des Bruttosozialprodukts expandieren lassen. Darum schlug er vor, die Steuermehreinnahmen, die sich aus der sogenannten »kalten« Steuerprogression ergaben, in einer Größenordnung von rund einem Prozent des Sozialprodukts für die »Verwirklichung vordringlicher Gemeinschaftsaufgaben« zu verwenden.[332] Die geschätzten 2,85 Mrd. pro Jahr wollte Erhard in ein Sondervermögen unter der Bezeichnung »Deutsches Gemeinschaftswerk« fließen lassen, das sich außerdem aus den Erlösen der Privatisierung öffentlicher Unternehmen zu speisen und obendrein auf dem Kapitalmarkt weitere Mittel zu beschaffen hätte. Mit diesen Geldern sollte das Gemeinschaftswerk nicht nur langfristige Investitionsprogramme auflegen, sondern über die sozialinvestiven Aufgaben hinaus auch antizyklische Funktionen wahrnehmen.

Im Unterschied zum blassen Leitbild der »Formierten Gesellschaft« stieß der konkretere Plan für ein Deutsches Gemeinschaftswerk zumindest auf kurze, positive Resonanz in der Öffentlichkeit und in Teilen der CDU.[333] Doch verschwand dieses mit Bundesfinanzminister Dahlgrün und der FDP nicht abgestimmte Projekt bald in der Versenkung, da es eine politisch nicht durchsetzbare Änderung des Grundgesetzes erfordert hätte, seine konjunkturpolitische Wirkung fraglich war und das Vorhaben nicht zuletzt mit den laufenden Arbeiten an einer Bund-Länder-Finanzreform kollidierte.[334] So blieb das Gemeinschaftswerk nicht anders als die »Formierte Gesellschaft« eine »Vision und trug zur Gestaltung der Wirklichkeit in der Bundesrepublik kaum etwas bei«.[335] Trotzdem hielt Erhard in den folgenden Monaten sowohl an diesem Leitbild als auch an der Notwendigkeit höherer Sozialinvestitionen fest, um die Gemeinschaftsaufgaben zu bewältigen. In seiner Regierungserklärung vom November 1965, bei den Beratungen des Bundeshaushalts Anfang März 1966, vor allem aber auf dem Parteitag der CDU Ende März desselben Jahres kam er wieder auf sein Anliegen zu sprechen: »Gemeinschaftsaufgaben erfüllen, Sozialinvestitionen vornehmen – das sind keine Schlagworte«, erklärte er dort. »Strukturplanung, Wohnungsbau, Raumordnung, Verkehrsinvestitionen, Gesundheitsvorsorge, Wissenschaft, Forschung, Bildung und Ausbildung« hätten in der

331 *Dies.*, Bundesparteitag 1965, S. 711.

332 *Unland*, S. 11.

333 Vgl. etwa W. Lichey, Wohlstand für immer?, in: Die Welt Nr. 34 vom 5.3.1967.

334 *Schott*, S. 171 ff. Dahlgrün beklagte sich in einem Schreiben an Erhard am 15.6.1965, dass er »mit Ihnen darüber noch kein Wort gesprochen« habe. BArch B 136/2205.

335 *Hildebrand*, S. 164.

Bundesrepublik der sechziger Jahre dieselbe Bedeutung wie die soziale Frage im 19. Jahrhundert.[336]

Auch wenn die CDU den Plan eines Deutschen Gemeinschaftswerks schnell beiseitelegte, blieb in der Partei doch die Vorstellung präsent, dass den Gemeinschaftsaufgaben in Zukunft höhere Bedeutung beizumessen sei.[337] Ganz auf dieser Linie argumentierte, wiewohl wenig präzise, das Berliner Programm von 1968: Die »öffentliche Hand«, hieß es dort, »soll im Rahmen einer gemeinsamen Finanzplanung die notwendigen öffentlichen Investitionen ermöglichen, durch Kredittilgung und Rücklagenbildung oder verstärkte Kreditaufnahme zur Stabilisierung der Konjunktur beitragen und die notwendigen Strukturwandlungen unterstützen«.[338] Das Programm zeigte zugleich, dass führende Unionspolitiker nach dem Erhardschen Debakel mit der »Formierten Gesellschaft« und dem Deutschen Gemeinschaftswerk ihren Duktus geändert hatten. So redete Rainer Barzel, der Vorsitzende der CDU-Bundestagsfraktion, nicht mehr von Gemeinschaftsaufgaben, sondern von einer »Stärkung der Wirtschaftskraft«, die in eine »längerfristige Haushaltspolitik« eingebettet und als »Teil eines ökonomischen und sozialen Gesamtprogramms« konzipiert werden müsse.[339] Von daher sei es gut, »daß die Haushaltsansätze für Wissenschaft und Forschung, für Verkehr und Agrarstruktur überdurchschnittlich« stiegen und der »investive Teil der Bundesausgaben« zunähme.[340] Im Unterschied zu Barzel bevorzugte Franz Josef Strauß die neutralen Begriffe »Sozialinvestitionen« oder »öffentliche Investitionen«. Diese zu erhöhen, hielt auch er für unverzichtbar.[341] Grundsätzlich war Strauß der Ansicht, die Kreditfinanzierung sei »ein wesentliches Mittel der öffentlichen Haushaltswirtschaft«.[342] Allerdings sah er klare Grenzen, die von der konjunkturellen Lage und dem Umfang der Geldvermögensbildung, dem Kreditbedarf der Wirtschaft sowie der Preisentwicklung gezogen wurden. Deshalb schien es ihm geboten, die öffentliche Schuldenpolitik »an einer gesunden, politisch durchsetzbaren mittleren Linie zu orientieren«.[343] Diese Ansicht vertrat auch Kurt Georg Kiesinger. Für ihn stand fest, »daß wir in den kommenden Jahren ohne fortlaufende Kreditaufnahme nicht auskommen« und es darum gehe, »unsere Wähler daran (zu) gewöhnen, daß sie

336 VDB, 5. WP, 4. Sitzung vom 10. November 1965, S. 17ff., 25. Sitzung am 3.3.1966, S. 1128ff.; *Christlich Demokratische Union Deutschlands*, Bundesparteitag 1966, S. 97.

337 *Buchhaas*, S. 303ff.; *Schönbohm*, S. 75ff.; *Schott*, S. 190ff.

338 Dazu *Buchhaas*, S. 309ff.; Das Berliner Programm, in: *Christlich Demokratische Union Deutschlands*, Bundesparteitag 1968, Teil 2, S. 73–95 (Zitat: S. 85).

339 *Christlich Demokratische Union Deutschlands*, Bundesparteitag 1966, S. 126f.; *dies.*, Bundesparteitag 1967, S. 45f.

340 *Christlich Demokratische Union Deutschlands*, Bundesparteitag 1968, Teil 1, S. 163f.

341 *Strauß*, Finanzplanung, S. 27f.; *ders.*, Finanzreform, S. 75; *ders.*, Finanzpolitik, S. 96; ders., Vorstoß in Niemandsland, in: Die Zeit Nr. 43 vom 27.10.1967.

342 *Ders.*, Finanzplanung, S. 12.

343 *Ders.*, Finanzpolitik, S. 62f., 95ff. (Zitat: S. 96). Vgl. auch *ders.*, Finanzplanung, S. 11ff.

vor dem Wort ›Kredit‹ nicht sofort zurückzucken«.[344] Das lag ganz auf der Linie der Sozialausschüsse, die sich in einer Artikelserie in der Sozialen Ordnung dafür aussprachen, dass ein moderner Staat Schulden machen solle.[345]

Selbst eine moderat expansive Finanzpolitik, wie sie führenden Unionspolitikern um Rainer Barzel, Franz Josef Strauß oder Kurt Georg Kiesinger vorschwebte, war in der CDU/CSU aber umstritten. Schon Kurt Schmücker hatte auf dem Düsseldorfer Parteitag höhere öffentliche Investitionen davon abhängig gemacht, dass diese nicht »auf Kosten der Stabilität« gingen.[346] Noch deutlicher wurde der frühere Bundesfinanzminister Franz Etzel auf dem Bonner Parteitag: »Was wir haben, können wir verteilen. Das machen wir sowieso. Aber eines ist ganz sicher: Mehr als wir in der öffentlichen Hand zur Verfügung haben, können wir nicht verbrauchen.« Widrigenfalls sah Etzel die »Stabilität der Preise« gefährdet. Diese bildete für ihn die Grenze, die nicht überschritten werden dürfe, »wenn wir nicht die Demokratie zerstören wollen«.[347] Auf Widerstand stieß im folgenden Jahr auch die Nettokreditaufnahme, welche die mittelfristige Finanzplanung für die Jahre 1967–1971 vorsah. »Wenn allerdings CDU-Leute unsere eigene Arbeit diskreditieren«, beklagte sich Kurt Georg Kiesinger in einer Sitzung des CDU-Vorstands im Juli 1967, »und von Schuldenwirtschaft usw. sprechen, dann ist das eine außerordentlich bedenkliche Sache.«[348] Kiesinger zielte mit dieser Kritik auf opponierende Unions-Abgeordnete, die nicht nur Einwände gegen das Kompromisspaket vorbrachten, das die Koalitionsspitzen geschnürt hatten, sondern auch wie Fritz Burgbacher[349] oder Manfred Luda Bedenken gegen die dort vorgesehene Nettoneuverschuldung erhoben.[350] Zwar formulierten sie ihre Einwände in der Fraktion und im Parlament zurückhaltend und mit Blick auf die Zukunft. Doch machten die Abgeordneten deutlich, »dass die eigentliche Stunde der Bewährung« komme, »wenn bei aufsteigender Konjunktur an die Tilgung der Schulden« gegangen werden müsse, und zeigten sich besorgt über die zwangsläufig wachsenden Tilgungs- und Zinsverpflichtungen.[351]

Betonten Teile der Union die Risiken einer moderaten Expansionspolitik, ohne damit aus der Expansionskoalition auszuscheren, bewegten sich die *Freien Demokraten* eher indifferent an ihrem Rand. Das hing mit dem Prozess der

344 *Buchstab* u. *Lindsey*, Kiesinger, Nr. 14: 17.7.1967.

345 Moderner Staat macht Schulden, in: Soziale Ordnung Nr. 2/1968; Staatsverschuldung und Vermögensbildung, in: ebd. Nr. 3/1968; Sozialinvestitionen oder Sozialkonsum?, in: ebd. Nr. 4/1968.

346 *Christlich Demokratische Union Deutschlands*, Bundesparteitag 1965, S. 243.

347 *Dies.*, Bundesparteitag 1966, S. 147, 148.

348 *Buchstab* u. *Lindsey*, Kiesinger, Nr. 14: 17.7.1967.

349 Burgbacher war Chef der Rheinischen Energie AG (Rhenag) und Vorstandsmitglied des Bundes Katholischer Unternehmer. Vgl. *Buchstab*.

350 *Marx*, Fraktion, Nr. 30: 7.71967 bzw. Nr. 31: 5.9.1967.

351 VDB, 5. WP, 119. Sitzung vom 6.9.1967, S. 6012, 6034.

Um- und Neuorientierung der Partei zusammen, der sich beschleunigte, seitdem sie aus der Regierung ausgeschieden war und sich auf ihre neue Rolle als einer politisch wichtigen, aber doch weitgehend machtlosen, auf außerparlamentarische Resonanz angewiesenen Opposition im Bundestag einstellen musste.[352] So trug die FDP einerseits die antizyklische Finanzpolitik der Großen Koalition in der Rezession 1966/67 mit und unterstützte auch die Einrichtung der mittelfristigen Finanzplanung. Andererseits bekannte sie sich in ihrem Aktionsprogramm »Ziele des Fortschritts«, das Anfang April 1967 auf dem Bundesparteitag in Hannover verabschiedet wurde, mehr zur Stabilität als zum Wachstum. Entsprechend trat die Partei dafür ein, dass die »Zuwachsrate der öffentlichen Hand bei Bund, Ländern und Gemeinden« auf die »reale Zuwachsrate des Bruttosozialprodukts beschränkt« werden müsse, falls nicht »konjunkturpolitische Notwendigkeiten eine Ausnahme« rechtfertigten. Einer Kreditfinanzierung erteilte das Programm zwar keine Absage, hielt diese aber nur insoweit für erlaubt, als sie eine »angemessene Kreditversorgung der Wirtschaft« nicht behinderte.[353] Wie sich die FDP vor dem Hintergrund dieser allgemeinen programmatischen Aussagen, die das liberale Profil stärken sollten, finanzpolitisch positionierte, zeigte sich am deutlichsten in der Debatte über die mittelfristige Finanzplanung Anfang September 1967. So forderte der Fraktionsvorsitzende Wolfgang Mischnick, dass »ein Übermaß an Verschuldung vermieden« und »die unumgängliche Schuldenlast« durch Ausgabenkürzungen kompensiert werden müsse.[354] Auch sorgte er sich ähnlich wie Hans Friderichs, der spätere Wirtschaftsminister, um die Preisstabilität und die wachsenden Aufwendungen für den Schuldendienst.[355] Zur Vorsicht mahnte nicht zuletzt Hans Georg Emde, der Finanzexperte der Fraktion. Die niedrige Verschuldung der Bundesrepublik als Begründung dafür anzuführen, dass man jetzt Schulden machen dürfe, sei »das Schlechteste und Falscheste«, was überhaupt vorgebracht werden könne. Diese sei nämlich »nicht das Ergebnis einer generationenlangen klugen, weisen Finanzpolitik«, sondern »traurige Folge zweier Währungsreformen mit der totalen Vernichtung der Vermögen«. Deshalb habe die FDP zwar die kreditfinanzierten Konjunkturprogramme mitgetragen, doch stelle sich die Frage, »wie lange und wie weit diese Politik getrieben werden soll, wann der Zeitpunkt gekommen ist, an dem man dann von der Darlehenspolitik umpolen und zu einer normalen und gesunden Finanzpolitik zurückkehren muss«.[356]

Zur Expansionskoalition gehörten aber nicht nur Politiker, die führende Funktionen in Parteien und Fraktionen innehatten, sondern auch *hohe Beamte in Ministerien und im Bundeskanzleramt*. Im Wirtschaftsministerium zählte

352 *Lösche* u. *Walter*, S. 60 ff.; *Kaack*, S. 33 ff.
353 *Bundesvorstand der FDP*, S. 14 ff. (Zitate: S. 15).
354 VDB, 5. WP, 119. Sitzung vom 6.9.1967, S. 5972–5980 (Zitate: S. 5979).
355 Ebd., S. 6005–6010.
356 Ebd., S. 6018–6024 (Zitate: S. 6022).

Otto Schlecht zu den entschiedenen Befürwortern der Staatsverschuldung.[357] Diese sei, schrieb er programmatisch, nichts »Unseriöses und insgesamt Negatives«, sondern ein »notwendiges Instrument einer stabilitätskonformen Wachstumspolitik«, zumal der Staat als »Investor großen Stils« auftreten müsse.[358] Auch Karl Maria Hettlage, unter Finanzminister Franz Josef Strauß noch einmal Staatssekretär im Bundesministerium der Finanzen, gehörte zum Kreis der Verfechter einer expansiven Finanzpolitik.[359] Die Reihen der verschuldungsfreundlichen hohen Beamten vergrößerten sich nach 1969, da der Regierungswechsel einschneidende Personalverschiebungen mit sich und expansionsfreudige Personen in einflussreiche Positionen brachte. So trat etwa Herbert Ehrenberg, der als Leiter der Volkswirtschaftlichen Abteilung beim Hauptvorstand der IG Bau-Steine-Erden unter dem Vorsitzenden Georg Leber gearbeitet hatte und unter der Großen Koalition als Unterabteilungsleiter in das Bundesministerium für Wirtschaft gewechselt war, im Zuge des Ausbaus und der Umstrukturierung des Bundeskanzleramts unter Kanzleramtsminister Horst Ehmke als Ministerialdirektor an die Spitze der neu eingerichteten Abteilung IV: Wirtschafts-, Finanz- und Sozialpolitik.[360] Ehrenberg galt als ausgesprochener Expansionist.[361] Das traf auch auf die Oberregierungsrätin und spätere Ministerialdirigentin Ursula Krips zu. Krips hatte in Köln Volkswirtschafslehre studiert und arbeitete zunächst beim Wirtschaftswissenschaftlichen Institut der Gewerkschaften. Sie wechselte dann als Referentin in die Grundsatzabteilung des Wirtschaftsministeriums und übernahm, protegiert von Heinrich Deist und Alex Möller, nach einer Legislaturperiode als SPD-Bundestagsabgeordnete 1969 im Bundeskanzleramt die Gruppenleitung für den Bereich mehrjährige Finanzplanung und gesamtwirtschaftliche Projektionen. In dieser Funktion, die Krips bis in die Mitte der 1980er Jahre wahrnahm, war sie nicht zuletzt für die Vorbereitung der haushalts- und finanzpolitischen

357 Schlecht trat 1953 als Referent in das Bundeswirtschaftsministerium ein und wurde 1962 zunächst Leiter des Referats für Grundsatzfragen der Wirtschaftspolitik, 1967 dann Leiter der Abteilung Wirtschaftspolitik. Von 1973 bis 1991 amtierte er als Staatssekretär. (http://www.kas.de/wf/de/71.10266/, 3.8.2016). Vgl. *Sillich* und *Eckert*, bes. S. 230f.

358 O. Schlecht, Staatsverschuldung – ein Übel?, in: BULLETIN Nr. 54 vom 4.5.1968, S. 442–444 (Zitate: 442, 444).

359 *Hettlage*, Wirtschaftsordnung; *ders.*, Zukunft; »Wir müssen unter einer Wolke von Schulden leben«, in: FRANKFURTER ALLGEMEINE Nr. 253 vom 31.10.1967.

360 *Knoll*, S. 178ff.; *Seifert*, S. 69ff.; R. Zundel, Wie werden wir regiert?, in: DIE ZEIT Nr. 8 vom 20.2.1970; ders., Bonn, Adenauer-Allee Nr. 141, in: ebd. Nr. 36 vom 4.9.1970; Rund um die Uhr, in: DER SPIEGEL Nr. 3 vom 12.1.1970; Der Macher, in: ebd. Nr. 6 vom 1.2.1971.

361 *Engelhard*; *Rudzio* u. *Reynelt*. Vgl. auch *Ehrenberg*, Erhard-Saga, S. 224ff. Interview Lahnstein und Obert.

Beschlüsse des Kabinetts sowie die Arbeit des Finanzplanungsrats zuständig.[362] Krips strebte eine möglichst hohe Wachstumsrate der Wirtschaft an und ordnete die Finanz- und Haushaltspolitik diesem Ziel unter. Zugleich versuchte sie, die Spielräume für höhere Staatsausgaben und öffentliche Investitionen mithilfe mathematisch-statistischer Modelle präziser abzustecken.[363] In ihren Vorlagen für die Kabinettssitzungen plädierte Krips ganz auf der Linie Ehrenbergs für einen klaren expansionistischen Kurs, der sich deutlich von der moderateren Linie des Finanzministers abhob.[364]

Auch im Finanzministerium wurden wichtige Positionen neu besetzt. So entließ Alex Möller unmittelbar nach seinem Amtsantritt nicht nur die beiden Staatssekretäre Walter Grund sowie Karl Maria Hettlage und besetzte die Stellen mit dem FDP-Politiker Hans Georg Emde sowie dem Finanzwissenschaftler Heinz Haller, sondern trennte sich auch von vier der sieben Abteilungsleiter des Ministeriums, darunter Hans Clausen Korff, der jahrelang für den Bundeshaushalt zuständig gewesen war. Für diesen rückte als Ministerialdirektor und Leiter der Haushaltsabteilung Hugo Soddemann nach. Er verfocht mit ähnlichen Argumenten und sogar mit denselben Formulierungen wie Möller einen moderat expansionistischen Kurs.[365] In einer »Kreditaufnahme des Staates« sah Soddemann im »Prinzip nichts ›Außerordentliches‹ oder gar Verwerfliches, sondern ein legitimes Mittel der Finanzierung staatlicher Aufgaben«. Zwar könnten die Höhe der Staatsschulden und die Belastung durch den Zinsendienst, das Kreditangebot sowie die konjunkturelle Lage, zumal die »Erfordernisse des gesamtwirtschaftlichen Gleichgewichts«, einer Verschuldung Grenzen ziehen. Doch keine dieser möglichen Restriktionen sei gegeben. Deshalb erschien Soddemann eine »durchschnittliche Netto-Neuverschuldung von Bund, Ländern und Gemeinden von insgesamt 10 bis 12 Milliarden DM pro Jahr erforderlich und vertretbar«; rund ein Drittel davon könnte auf den Bund entfallen.[366]

Zeitweise gehörten auch die *Spitzen der Bundesbank* der Expansionskoalition an. Sie unterstützten nach einigem Zögern die antizyklische Finanzpolitik der Großen Koalition in der Rezession 1966/67 mit einer Geldpolitik, welche die

362 Hauch von Herz, in: Der Spiegel Nr. 38 vom 15.9.1965; Rund um die Uhr, in: ebd. Nr. 3 vom 12.1.1970; H. Schreiber, Die Ruh' ist hin, in: ebd. Nr. 5 vom 26.1.1970; *Knoll*, S. 291.

363 *Krips*.

364 Vgl. etwa Gruppe III/2 BKA (Krips), Vermerk für die gemeinsame Sitzung der Kabinettausschüsse für Wirtschaft und für mittelfristige Finanzplanung des Bundes am 19.5.1970 vom 15.5.1970, BArch B 136/3251; Vermerk Gruppe III/2 BKA (Krips) vom 11.6.1970 betr. Wirtschaftsentwicklung 1970 bis 1974 als Grundlage der mittelfristigen Finanzplanung, BArch B 136/9187.

365 Order an alle, in: Der Spiegel Nr. 45 vom 3.11.1969; »Gott Vater« Möller, in: Capital Nr. 3/1970; W. Hoffmann, Ich bin doch kein Meerschweinchen, in: Die Zeit Nr. 43 vom 23.10.1970; 4. Kabinettssitzung vom 5.11.1969, in: Kabinettsprotokolle.

366 Überlegungen zur Kreditfinanzierung im kommenden Finanzplan des Bundes 1969–1973 von Ministerialdirektor H. R. Soddemann (BMF), BArch B 126/51768.

Finanzierung der Investitionsprogramme erleichterte.[367] Aber bereits bei der Vorlage der mittelfristigen Finanzplanung im Sommer 1967 mahnte der Zentralbankrat zur Vorsicht. Er könne es »währungspolitisch« nicht verantworten, »wenn auch nach einer Normalisierung der Wirtschaftstätigkeit und der Steuereinnahmen in den künftigen Jahren beachtliche Deckungslücken im Haushalt bestehen blieben«.[368] Deutlicher markierten Bundesbankpräsident Karl Blessing und dessen Vize Heinrich Troeger die Position ihres Hauses gegenüber Bundeskanzler Kiesinger. Sie betonten einerseits, dass die Defizitfinanzierung nur ein »temporärer Ausnahmezustand« sein dürfe und die »für die kommenden Jahre vorgesehene Kreditaufnahme des Bundes in relativ engen Grenzen« gehalten werden müsse, wenn nicht ein »permanenter inflatorischer Druck« entstehen solle. Andererseits erschien es ihnen »irreal«, dass der Bundeshaushalt »ganz ohne Kreditaufnahme« auskommen könnte, wobei allerdings »kein höherer Betrag als 2 bis 3 Mrd. DM« in Frage käme.[369] An dieser Linie hielt die Bundesbank auch im folgenden Jahr fest und grenzte den Expansionsspielraum des Bundes auf einen Betrag von etwa 3 Mrd. ein, wuchs doch ihre Sorge, ob sich spätere Nettokreditaufnahmen bei vollbeschäftigter Wirtschaft finanzieren ließen, ohne inflationär zu wirken.[370]

Über den Kreis der Politiker und Bürokraten hinaus schloss die Expansionskoalition auch *Repräsentanten großer Interessenorganisationen* ein. Ebenso entschieden wie die Mehrheit in der SPD forderten die Gewerkschaften, voran ihre Dachorganisation, der Deutsche Gewerkschaftsbund, eine expansive Finanz- und Haushaltspolitik. Nicht anders als in der Sozialdemokratischen Partei hatte im Deutschen Gewerkschaftsbund Ende der fünfziger und Anfang der sechziger Jahre ein Prozess der Umorientierung eingesetzt, der 1963 in das Düsseldorfer Programm mündete. Allerdings war der DGB nicht bereit, den Godesberger Weg der Partei uneingeschränkt mitzugehen, zumal die einflussreichste Einzelgewerkschaft, die IG Metall unter Führung Otto Brenners, einen entschieden gesellschaftsreformerischen und zugleich traditionalistischen Kurs steuerte sowie an den Münchner Grundsätzen von 1949 festhielt.

367 Gespräch mit Bundesbankpräsident Blessing über die Wirtschaftskrise und preis- und konjunkturpolitische Fragen am 15.2.1967, WDR 6127659103; *Deutsche Bundesbank*, Geschäftsbericht 1966, S. 16f.; *Holtfrerich*, Geldpolitik, S. 418ff.; *Kleinewefers*.

368 Protokoll der 241. Sitzung des Zentralbankrates der Deutschen Bundesbank am 15.6.1967, BArch B 136/3328.

369 Deutsche Bundesbank (Blessing/Troeger) an Buka am 22.6.1967, BArch B 136/3211; Protokoll der 243. Sitzung des Zentralbankrates der Deutschen Bundesbank am 12.7.1967, BArch B 136/3328. Vgl. auch das Protokoll der 249. Sitzung des Zentralbankrates der Deutschen Bundesbank am 5.10.1967, ebd., auf der Finanzminister Strauß entsprechende Zusagen machte.

370 Kopie des Schreibens der Deutschen Bundesbank (Blessing/Irmler) an Bundesfinanzminister Strauß am 10.6.1968, BArch B 136/3214; Protokoll der 272. Sitzung des Zentralbankrates der Deutschen Bundesbank am 12.9.1968, BArch B 136/3329.

Dagegen stand der gemäßigt reformerische Flügel um den Vorsitzenden der IG Bau-Steine-Erden, Georg Leber, zunächst auf verlorenem Posten.[371] Angesichts dieser Polarisierung gewann die Position Ludwig Rosenbergs an Gewicht, der 1962 das Amt des DGB-Bundesvorsitzenden übernahm. Er trat für eine wirtschaftspolitische Neuorientierung des Gewerkschaftsbundes auf der Linie der Godesberger Beschlüsse ein, vermochte diese aber geschickter als sein Vorgänger Willi Richter in die Kontinuität gewerkschaftlicher Politik einzuordnen und konnte sich obendrein auf nationale wie transnationale Netzwerke von Gewerkschaftlern stützen.[372] Rosenbergs Linie setzte sich auf dem außerordentlichen Bundeskongress des DGB im November 1963 in Düsseldorf durch. Die dort verabschiedeten, in sich alles andere als stimmigen sogenannten »Düsseldorfer Grundsätze« verzichteten auf einen geschlossenen wirtschaftspolitischen Gegenentwurf zur Sozialen Marktwirtschaft. Stattdessen schlugen sie eine Reihe keynesianischer Steuerungsinstrumente vor, die das Wirtschaftssystem zwar verändern, aber nicht grundlegend umgestalten sollten.[373] Wie das Godesberger forderte auch das Düsseldorfer Programm größere soziale Gerechtigkeit. Dabei setzte der DGB in erster Linie auf starke Gewerkschaften, eine erfolgreiche Lohnpolitik sowie paritätische Mitbestimmung, dann aber auch auf ein Mehr an Staat und in diesem Zusammenhang nicht zuletzt auf eine Ausweitung der Gemeinschaftsaufgaben.[374]

Anders als bei den Notstandsgesetzen oder den Maßnahmen der Großen Koalition zur Konsolidierung des Haushalts stimmten SPD und Gewerkschaften in der Frage einer expansiven Finanz- und Haushaltspolitik weitgehend überein.[375] Bereits der 7. Bundeskongress des DGB im Jahr 1966 hatte ohne Diskussion eine von der Gewerkschaft Erziehung und Wissenschaft initiierte »Entschließung zur Finanzierung wichtiger gesellschaftlicher Aufgaben« angenommen. Die »öffentlichen Haushalte«, hieß es darin, seien bei »wachsendem privaten Wohlstand in zunehmende Bedrängnis geraten«. Deshalb sei ein »überproportionaler Zuwachs öffentlicher Ausgaben als Vorleistung auf die Zukunft für eine Reihe von Jahren notwendig«; zu dessen Finanzierung müssten nicht zuletzt mehr Schulden gemacht werden.[376] Wie die SPD verlangte der DGB längerfristige Investitionsprogramme, eine Umstrukturierung der öffentlichen Ausgaben zugunsten »dringender Gemeinschaftsaufgaben« sowie zu deren

371 *Grebing*, bes. S. 168 ff.

372 *Angster*, S. 434 ff.; *Ahland*, S. 266.

373 *Schönhoven*, Gewerkschaften, S. 229 ff.; *Hemmer*.

374 *Deutscher Gewerkschaftsbund*, Bundeskongreß 1963, S. 449 ff.

375 *Schönhoven*, Wendejahre, S. 558 ff.; *Bundesvorstand des Deutschen Gewerkschaftsbundes*, Geschäftsbericht 1965 bis 1968, S. 266 f.

376 *Deutscher Gewerkschaftsbund*, Bundeskongreß 1965, S. 353, sowie Anträge und Entschließungen, S. 28 ff. (Zitate: S. 28, 29). Vgl. *Bundesvorstand des Deutschen Gewerkschaftsbundes*, Geschäftsbericht 1965 bis 1968, S. 239 ff.

Finanzierung eine stärkere Verschuldung von Bund und Ländern.[377] Um diese Forderungen zu untermauern und aufzuzeigen, wie sich die Vorstellungen in die wirtschaftliche Gesamtentwicklung einfügen und vor allem auch finanzieren ließen, legte der DGB nach dem Vorbild der SPD-Finanzprogramme sowie der mittelfristigen Finanzplanung von Bund und Ländern als Grundlage für die Beratungen der Konzertierten Aktion erstmals im Herbst 1969 eine eigene Zielprojektion für die Jahre 1970 bis 1974 in Form eines Nationalbudgets vor.[378] Dieses prognostizierte auf der Entstehungsseite des Sozialprodukts optimistisch ein Wachstum von durchschnittlich gut 7 % und Preissteigerungen von etwas mehr als 1,5 %. Auf der Verwendungsseite sah die Projektion vor, dass der private Verbrauch mit 7,6 % im Jahresdurchschnitt deutlich langsamer zulegen sollte als der Staatsverbrauch mit 8,8 %. Den Anteil der öffentlichen Infrastrukturinvestitionen wollte der DGB von 16 % auf über 20 % der Gesamtinvestitionen angehoben wissen.[379]

Kräftige Unterstützung und wichtige Argumente bezog die Expansionskoalition von *wirtschafts- und finanzwissenschaftlichen Experten*. Schon die Sachverständigenkommission für Finanzreform forderte in ihrem sogenannten »Troeger-Gutachten«, die »Fiskal- und Kreditpolitik« stärker einzusetzen, um expansive gesamtwirtschaftliche Ziele zu erreichen.[380] Ähnlich argumentierte der Sachverständigenrat in seinem Jahresgutachten 1966/67. Er beklagte, dass »wachstumspolitisch wichtige öffentliche Investitionen – so etwa in den Bereichen von Verkehr, Gesundheit und Bildung – ins Hintertreffen geraten« seien. Deshalb müsse der Anteil des Staates am Sozialprodukt »durch höhere Steuern, Aufnahme von Anleihen und Verlagerung von Ausgaben auf parafiskalische Institutionen zugunsten der Infrastrukturverbesserungen« vergrößert werden.[381] Im Jahresgutachten 1967/68 sprachen sich die fünf Wirtschaftsweisen deutlich für eine höhere Kreditaufnahme im Rahmen der mittelfristigen Finanzplanung aus. Sie irritierte vor allem das Ansinnen, die in der Rezession aufgenommenen kurzfristigen Kredite von 1969 an zu tilgen; aus ihrer Sicht stiege die Nettoneuverschuldung in den folgenden Jahren dann zu wenig an. Dafür aber gebe es in der nahen Zukunft weder konjunkturelle noch strukturelle Gründe. Stattdessen sei »eine verstärkte Kreditfinanzierung der öffentlichen Hand, insbesondere

377 *Ders.*, Geschäftsbericht 1969 bis 1971, S. 184, 186.

378 *Deutscher Gewerkschaftsbund*, Bundeskongreß 1969, S. 560, sowie den Teilband: Anträge und Entschließungen, S. 262 ff. Protokoll der 4. Bundesvorstandssitzung des Deutschen Gewerkschaftsbundes am 4.11.1969, AdsD 5/DGA000536, abgedruckt auch in: *Mertsching*, S. 121–136. *Bundesvorstand des Deutschen Gewerkschaftsbundes*, Geschäftsbericht 1969 bis 1971, S. 169 ff.; *Deutscher Gewerkschaftsbund – Bundesvorstand Abteilung Wirtschaftspolitik*.

379 Die Zielprojektion, in: Welt der Arbeit Nr. 46 vom 14.11.1969.

380 *Kommission für Finanzreform*, S. 166 f.

381 *Sachverständigenrat*, Jahresgutachten 1966/67, Ziff. 146.

des Bundes« allein schon deshalb nötig, weil die öffentliche Verschuldung in Zukunft »immer mehr zu einem Gegenstück der privaten Vermögensbildung« werden müsse.[382]

Zurückhaltender gab sich der Wissenschaftliche Beirat beim Bundeswirtschaftsministerium. In seinem Gutachten zu »Fragen der Staatsverschuldung« rechnete er nach der mittelfristigen Finanzplanung und gemäß dem Votum des Sachverständigenrats mit einer beträchtlichen Zunahme der Schulden.[383] Diesbezüglich seien jedoch in der Öffentlichkeit in »wachsendem Maße Besorgnis und Kritik lautgeworden«, und »Unklarheiten und Mißverständnisse« hätten das »Urteil über Bedeutung und Folgen der staatlichen Verschuldung« getrübt. Darum beanspruchten die Experten, mit ihrem Gutachten aufzuklären und die Diskussion zu versachlichen. Gemessen nicht zuletzt an der Zins-Steuer-Quote beurteilten sie den Stand der öffentlichen Gesamtverschuldung in der Bundesrepublik »nicht als bedenklich«. Unter dieser Prämisse wog der Beirat die Vor- und Nachteile der öffentlichen Neuverschuldung gegeneinander ab. Sein Urteil mündete nicht in eine klare Empfehlung, doch war bei allem Bemühen um wissenschaftliche Zurückhaltung ein verschuldungsfreundlicher Tenor unverkennbar. Unerwünschte Umverteilungswirkungen einer wachsenden Verschuldung ließen sich, meinten die Experten, durch geeignete Maßnahmen zumindest abmildern. Indessen setzten, zumal in Zeiten der Vollbeschäftigung, mögliche Auswirkungen auf die privaten Investitionen und die Preisstabilität der Verschuldung Grenzen.

Ohne publizistische Schützenhilfe durch *meinungsmachende Journalisten der Fach-, Wochen- und Tagespresse* hätte die Expansionskoalition weit weniger Resonanz in der Öffentlichkeit gefunden.[384] Wirtschaftswissenschaftler, die eine expansive Fiskalpolitik vertraten, gelangten in den sechziger Jahren fachintern und in der Öffentlichkeit »zu einer bis dahin unbekannten Prominenz«.[385] Am entschiedensten trat Karl Otto Pöhl, der nach seiner journalistischen Tätigkeit zunächst als Abteilungsleiter im Bundeskanzleramt, dann als Staatsekretär im Finanzministerium und schließlich als Bundesbankpräsident wirkte, in der Wochenzeitung Der Volkswirt für eine »stärkere Verschuldung« ein. Diese müsse »nicht a priori ein Übel« sein, sondern habe »auch ihre guten Seiten«. Da die Schulden der Bundesrepublik im internationalen Vergleich niedrig lägen, sprächen vor allem struktur- und konjunkturpoliti-

382 *Sachverständigenrat*, Jahresgutachten 1967/68, Ziff. 187. Vgl. dazu Sachverständige empfehlen höhere Staatsschulden, in: Frankfurter Allgemeine Nr. 283 vom 6.12.1967; D. Stolze, Noch höhere Schulden?, in: Die Zeit Nr. 49 vom 8.12.1967.

383 Gutachten vom 23. Juli 1968 »Fragen der Staatsverschuldung«, in: *Bundesministerium für Wirtschaft*, Beirat, S. 519–533 (Zitate: S. 519, 523).

384 Zur westdeutschen Medienöffentlichkeit der späten sechziger und frühen siebziger Jahre vgl. *von Hodenberg*.

385 *Nützenadel*, Konjunktur, bes. S. 135 ff. (Zitat: S. 137).

sche Gründe dafür, sie zu erhöhen.[386] Auch der »liberale Konservative« Diether Stolze,[387] dessen Standort »rechts von der Redaktionsmitte, aber nicht jenseits der bei der *Zeit* möglichen Bandbreite« lag und der in den 1970er Jahren massiv gegen die »Schuldenmacherei« eintreten sollte,[388] fand es Ende der Sechziger »keineswegs beunruhigend, wenn der Staat sich verschuldet«. Auch er argumentierte damit, dass die öffentliche Verschuldung in der Bundesrepublik im Vergleich zu anderen Industriestaaten »extrem niedrig« läge. Das sei allerdings, schränkte er ein, »kein Plädoyer für ein bedenkenloses Schuldenmachen«.[389] So folgte DIE ZEIT insgesamt der keynesianischen Wende, auch wenn sie ihr gegenüber auf eine gewisse kritische Distanz hielt.[390] Nicht zuletzt brach Rudolf Herlt, Wirtschaftsredakteur zunächst der WELT, dann der ZEIT und liberalkonservativ wie Stolze,[391] eine Lanze für höhere Staatsschulden. Zwar gelte es nach zwei Inflationen eine »psychologische Hürde« zu überwinden, es sei jedoch keine »Regierung am Werke, die Expansion um jeden Preis wünsche, auch um den Preis der Stabilität des Geldes«. Da Bund, Länder und Gemeinden künftig einen großen Anleihebedarf haben dürften, komme es nur darauf an, »das Volumen der Nettoverschuldung der öffentlichem Hand je nach Konjunkturlage so zu variieren, dass wir vor Wirtschaftsflaute ebenso bewahrt bleiben wie vor einer überschäumenden Konjunktur«.[392] Dezidierter als Herlt traten Kurt Simon und später der Parlamentskorrespondent der links-liberalen FRANKFURTER RUNDSCHAU Rolf-Dietrich Schwartz dafür ein, den privaten Konsum zugunsten öffentlicher Investitionen zurückzudrängen, zu diesem Zweck die Steuern zu erhöhen und den öffentlichen Kredit auszuweiten.[393]

Welchen Rückhalt die Expansionskoalition über die veröffentlichte Meinung in der Presse hinaus in Teilen der *Bevölkerung* gefunden hat, ist schwer zu er messen. Immerhin gibt es Hinweise darauf, dass sich im Rahmen des sogenannten »Wertewandels« auch die Einstellung zur Verschuldung, sei sie privat oder

386 K.O. Pöhl, Strauß und die Schulden, in: DER VOLKSWIRT Nr. 17 vom 28.4.1967. Vgl. auch ders., Krisenabwehr durch Defizit, in: ebd. Nr. 26 vom 30.6.1967; ders., Kompromiß zwischen Fiskus und Konjunktur, in: ebd. Nr. 28 vom 14.7.1967; ders., Noch mehr Schulden?, in: ebd. Nr. 16 vom 19.4.1968.

387 Dazu im einzelnen *Bührer*, bes. S. 121 ff.; *Janßen*, S. 168 ff.

388 T. Sommer, Streitbar und lebensfroh, in: DIE ZEIT Nr. 45 vom 2.11.1990.

389 D. Stolze, Keine Angst vor Schulden, in: ebd. Nr. 21 vom 26.5.1967; ders., Noch höhere Schulden?, in: ebd. Nr. 49 vom 8.12.1967.

390 *Nützenadel*, Konjunktur, S. 141.

391 Rudolf Herlt 80, in: DIE ZEIT Nr. 1 vom 29.12.1999; H. Kremp, Er übersetzte Wirtschaft in lebendige Sprache, in: DIE WELT Nr. 71 vom 26.3.2005.

392 R. Herlt, Keine Angst vor wachsenden Staatsschulden, in: ebd. Nr. 216 vom 16.9.1967. Vgl. auch H. Meyer, Staatsschulden als Waffen der Offenmarkt-Politik, in: ebd. Nr. 260 vom 7.11.1967.

393 Vgl. etwa K. Simon, Ohne Illusion, in: FRANKFURTER RUNDSCHAU Nr. 38 vom 15.2.1971, oder ders., Auf schwankendem Boden, in: ebd. Nr. 81 vom 5.4.1973.

öffentlich, zu ändern begann und damit die Zeitpräferenzen von der Zukunft in die Gegenwart verschoben.[394] Ein Indiz ist die Entwicklung der Konsumentenkredite, also der »Ausleihungen von Banken an wirtschaftlich unselbständige Privatpersonen zur Konsumfinanzierung«.[395] Während in den fünfziger und sechziger Jahren der Konsumkredit zuerst durch die Teilzahlungsbanken, dann durch die Sparkassen und schließlich durch die Großbanken ausgeweitet, institutionalisiert und so vom Borgkauf des Handels zum Bankkredit fortentwickelt worden war, expandierten die Konsumentenkredite seit den späten 1960er Jahren in mehreren Wellen ungefähr parallel zur Zunahme des privaten Verbrauchs.[396] So wuchs ihr Volumen zwischen 1968 und 1972, einer ersten besonders hohen Welle, mit jährlichen Raten von durchschnittlich 22 %. Der große Wachstumsoptimismus und kräftige Einkommenszuwächse bei einem niedrigen Zinsniveau dürften dafür den Ausschlag gegeben haben. Zwar führten die steigenden Rohstoffpreise und der gebremste Anstieg der Realeinkommen in den beiden folgenden Jahren zu markant sinkenden Zuwächsen, die 1973 zwar noch bei 9,6 % lagen, 1974 aber mit –0,2 % sogar leicht negativ wurden. Doch setzte sich bereits 1975 der Aufwärtstrend dank der wieder stabilen Einkommensentwicklung in einer zweiten Welle fort, allerdings mit etwas geringeren Zuwachsraten, die im Durchschnitt der Jahre 1975 bis 1979 bei 19 % lagen, bevor sie schließlich in der ersten Hälfte der 1980er Jahre auf knapp 7 % im Schnitt absanken.[397] Insgesamt versechsfachte sich das Volumen der Konsumentenkredite zwischen 1968 und 1980 von 21,4 auf 125,6 Mrd., und die Verschuldung pro Kopf der Bevölkerung stieg von 355 auf 2.041 DM, so dass jeder Haushalt am Anfang der achtziger Jahre im Schnitt mit 5.064 DM verschuldet war. Knapp die Hälfte aller Haushalte hatte Konsumentenkredite aufgenommen und stand mit durchschnittlich 10.550 DM in der Kreide.[398] Unter den Konsumentenkrediten wuchs, nicht zuletzt dank der Neuorientierung in der Geschäftspolitik der Sparkassen, der Überziehungs- oder Dispositionskredit besonders rasch. Er verzehnfachte sich zwischen 1968 und 1979 von 1,2 auf 15,0 Mrd., und sein Anteil an den Konsumentenkrediten stieg von 5,8 % auf 13,0 %.[399] Mit einiger Vorsicht und bei allen Unterschieden zwischen öffentlichem und privatem Kredit lässt sich aus der Entwicklung des Konsumentenkredits auf eine gewandelte Einstellung zur Kreditfinanzierung schließen. Diesem Wandel lag, auch wenn das den

394 Vgl. dazu *Rödder*, Wertewandel; *ders.* u. *Elz*; *Dietz*; auch *Nassehi*.

395 Zur längerfristigen Entwicklung der Konsumentenkredite und der Verschuldung privater Haushalte, in: *Deutsche Bundesbank*, Monatsbericht April 1993, S. 19–32 (Zitat: S. 19).

396 *Stücker*, bes. S. 75 ff.; vgl. auch *Horvath* und *Ellerbrock*.

397 Zur längerfristigen Entwicklung der Konsumentenkredite und der Verschuldung privater Haushalte, in: *Deutsche Bundesbank*, Monatsbericht April 1993, S. 23.

398 *Holzscheck*, S. 29 f.

399 Ebd., S. 76 f.; *Ellerbrock*; *Belvederes-Kochs*.

meisten Konsumenten kaum bewusst gewesen sein dürfte, eine Umgewichtung von Gegenwarts- und Zukunftskonsum zugrunde.[400]

Dass sich die Einstellung zu Krediten und Schulden veränderte, belegen als weiteres Indiz die Umfragen der Meinungsforschungsinstitute.[401] Obwohl diese ein feines Sensorium für den Wandel der öffentlichen Meinung entwickelt hatten und die Themen ihrer Interviews entsprechend wählten, finden sich erst seit Mitte der 1970er Jahre vereinzelt Fragen, welche die Einstellung der Bundesbürger zur Staatsverschuldung zu ergründen suchten.[402] Dass der Staat weniger Geld ausgeben sollte, fand demnach von den späten sechziger bis in die frühen siebziger Jahre hinein nur ein gutes Drittel der Befragten.[403] Dabei gab es bezeichnende Unterschiede je nach der politischen Orientierung. Während die Anhänger der SPD zu unter 30 % für einen sparsamen Staat eintraten, waren es bei jenen von CDU/CSU und FDP mit zunehmender Tendenz bis zu 44 %.[404]

Auch wenn sich die Breite und Verankerung der Expansionskoalition letztlich nicht präzise bestimmen lässt, kann ihre Bedeutung für die Ausweitung der Staatstätigkeit und das Wachstum der öffentlichen Schulden nicht hoch genug eingeschätzt werden. Darauf wiesen bereits Anfang der 1980er Jahre zahlreiche kritische Beobachter im Rückblick auf die sechziger und siebziger Jahre hin. Die zunehmende Verschuldung, stellte etwa der Wissenschaftliche Beirat beim Bundesfinanzministerium in einem Gutachten 1984 fest, vollzog sich »vor dem Hintergrund vielfältiger politisch-psychologischer Strömungen, die mit der Galbraithschen Formel ›Armer Staat – reicher Bürger‹ grob umschrieben werden können«.[405] Mit dieser Einsicht stand der Beirat nicht allein. Auch andere Experten diagnostizierten eine Veränderung von Wertvorstellungen, die sich mit dem »Wort vom ›privaten Reichtum und öffentlicher Armut‹« verbanden und dazu führten, dass dem Staat immer mehr Aufgaben zugewiesen wurden. Sie sprachen davon, dass der »Investitionsperiode« eine »Ernteperiode« gefolgt sei, die den »Solidarisierungsgrund ›Wiederaufbau‹ mit seiner ausgeprägten Zukunftspräferenz« abgelöst habe.[406]

400 Dazu im einzelnen *Mertens*, S. 135 ff., sowie *Stalder*, Staatsverschuldung, S. 243 ff.

401 *Kruke*.

402 *Noelle-Neumann*, Jahrbuch, S. 221 ff.

403 *Noelle* u. *Neumann*, S. 360.

404 Ebd., S. 361.

405 Gutachten zu den Problemen einer Verringerung der öffentlichen Netto-Neuverschuldung vom 4.5.1984, in: *Bundesministerium der Finanzen*, Beirat 1974–1987, S. 455–511 (Zitat: S. 467).

406 *Kloten*, Entwicklung, S. 50 f.

2. Politik der Expansion

Die Expansionskoalition prägte die bundesdeutsche Finanz-, Haushalts- und Schuldenpolitik bis in die siebziger Jahre. Sie profitierte davon, dass die Regierung mit dem neuen konjunkturpolitischen Instrumentarium die Rezession 1966/67 offenbar erfolgreich bekämpfte und ihr Krisenmanagement das Vertrauen in eine antizyklische Politik festigte. Zudem ließ Finanzminister Strauß mit der mittelfristigen Finanzplanung eine kontrollierte Expansion der öffentlichen Haushalte möglich erscheinen. Alles das stabilisierte einerseits den Konsens, der die Allianz trug, und beunruhigte anderseits deren Kritiker noch nicht über Gebühr. Das änderte sich unter der sozial-liberalen Regierung. Denn diese beschleunigte das Tempo der Expansion im Zuge ihrer Reformpolitik. Als deren Dynamik bald alle Pläne übertraf und die Finanzierung ungelöst blieb, verstrickte sich die Koalition zunehmend in Konflikte und verschliss mit Alex Möller sowie Karl Schiller kurz nacheinander zwei Finanzminister. Die Auseinandersetzungen ebbten erst im Zeichen einer pragmatischen Expansionspolitik ab, deren Kurs Helmut Schmidt als Nachfolger Schillers absteckte und die dank inflationär sprudelnder Steuereinnahmen zunächst zu gelingen schien. Als Folge der Expansionspolitik heben sich die frühen siebziger Jahre als eine Zeit markanter Ausweitung der öffentlichen Haushalte von den Jahrzehnten davor und den Jahren danach deutlich ab.

a) Planungsvertrauen durch Krisenmanagement

Die Finanzkrise des Bundes und die wirtschaftliche Rezession zwangen die Große Koalition zu raschem Handeln. Deshalb räumte Bundeskanzler Kurt Georg Kiesinger in seiner Regierungserklärung einem umfangreichen Programm zur Bewältigung der beiden Krisen Vorrang ein. Dabei ging es sowohl um die Sanierung des Bundeshaushalts als auch um eine Belebung der Konjunktur. Beide Ziele ließen sich kaum miteinander vereinbaren. Da es einen Konflikt zwischen den Erfordernissen der Haushaltskonsolidierung auf der einen Seite und den Notwendigkeiten der Konjunkturbelebung auf der anderen Seite gab, steckte die Finanzpolitik in einem Dilemma.[1] Doch handelte die Regierung auf beiden Feldern, so schien es, rasch, konsequent und erfolgreich. Der Staat bewies in der Krise augenfällig Handlungsfähigkeit, nutzte das neue

1 *Sachverständigenrat*, Jahresgutachten 1967/68, Ziff. 135.

konjunkturpolitische Instrumentarium, zumal das Gesetz zur Förderung der Stabilität und des Wachstums, und attestierte diesem damit Wirksamkeit. Das Krisenmanagement beförderte einen Planungs- und Steuerungsoptimismus, der weitreichende Folgen haben sollte.

Kiesinger ging in seiner Regierungserklärung, die er im Dezember 1966 vor dem Bundestag abgab, mit der Wirtschafts- und Finanzpolitik seines Vorgängers wie mit der christlich-liberalen Koalition scharf ins Gericht.[2] Er sprach die »lange, schwelende Krise« an, die zum Ende der Regierung Erhard geführt und die Bildung einer Großen Koalition notwendig gemacht hätte, legte die Deckungsprobleme im Bundeshaushalt 1967 offen und zeichnete ein düsteres Bild von der Finanzlage in den kommenden Jahren. Dafür machte er die in der Hochkonjunktur »anschwellenden Staatseinnahmen« und eine »überalterte Haushaltspraxis«, aber auch die »verwirrende Vielfalt der öffentlichen Aufgaben« und nicht zuletzt die »zu große Nachgiebigkeit gegenüber Interessengruppen« verantwortlich. Jahr für Jahr seien »neue fortlaufende Ausgaben und fortwirkende Einnahmeverminderungen« beschlossen worden, welche die künftigen Haushalte in gefährlicher Weise vorbelastet hätten. Den Fehlern der Vergangenheit wollte die Koalition durch eine »Neuorientierung der Haushaltspolitik« und eine »expansive und stabilitätsorientierte Wirtschaftspolitik« begegnen. Außerdem kündigte Kiesinger an, die konsumtiven Ausgaben auf den Prüfstand zu stellen, diese wenn nötig auch zu kürzen sowie die Steuern zu erhöhen, um den verlorenen finanziellen Spielraum für politische Entscheidungen zurück zu gewinnen. Mit den geplanten Maßnahmen strebe die Bundesregierung eine »kontrollierte Expansion« der öffentlichen Haushalte an.

Auf das vom Bundeskanzler skizzierte Programm hatten sich CDU/CSU und SPD bei ihren Koalitionsgesprächen in der zweiten Novemberhälfte 1966 verständigt.[3] Dieses war wesentlich von der SPD, vor allem von Karl Schiller und Alex Möller inspiriert und von ihnen mit Begriffen und Formulierungen aus der keynesianischen Terminologie gespickt worden. Inhaltlich knüpfte es an die Kernpunkte eines Positionspapiers an, mit dem der Vorstand der SPD-Bundestagsfraktion die Verhandlungslinie der Partei abgesteckt hatte und das zur Vorbereitung der Gespräche mit der Union weiter ausformuliert worden war.[4] In den Koalitionsverhandlungen hatte Kurt Schmücker, der Wirtschafts- und amtierende Finanzminister, die aktuellen Haushaltsdaten vorgelegt und damit bei allen Beteiligten »blankes Entsetzen« über das Ausmaß der finanziellen Misere ausgelöst.[5] Denn trotz des Finanzplanungs- und des Steueränderungsgesetzes,

2 VDB, 5. WP, 80. Sitzung vom 13.12.1966, S. 3656–3665 (Zitate: S. 3656, 3657, 3660, 3661).

3 *Schönhoven*, Wendejahre, S. 51 ff.; *Soell*, S. 555.

4 *Potthoff*, Nr. 162: 9.11.1966.

5 Das berichtete Helmut Schmidt in seiner Replik auf die Regierungserklärung am 15.12.1966, in: VDB, 5. WP, 82. Sitzung vom 15.12.1966, S. 3713 ff. Vgl. auch Notopfer Bonn, in: Der Spiegel Nr. 51 vom 12.12.1966.

die unter anderem die Ausgabenkürzungen des Haushaltssicherungsgesetzes vom Vorjahr verlängern sollten, sowie des Ergänzungshaushaltsgesetzes, das der Wirtschafts- und Finanzminister Anfang November dem Bundestag vorgelegt hatte, klaffte im Haushalt für 1967 eine Deckungslücke, und die Finanzvorschau bis 1970 ließ weitere Defizite in den nächsten Jahren erwarten. Die Höhe der Fehlbeträge war zu diesem Zeitpunkt offen. Das lag an den Prämissen, von denen die Prognosen ausgingen, und den Unsicherheiten, die ihnen anhafteten; es hing aber auch vom Umfang und Erfolg etwaiger Gegenmaßnahmen sowie nicht zuletzt von der politischen Bewertung der vorgelegten Finanzdaten ab.

Finanzstaatssekretär Walter Grund hatte dem Kabinett im späten November 1966 eine mittelfristige Finanzvorschau vorgelegt, die den Mitgliedern des Haushalts- und Finanzausschusses des Bundestags zugeleitet sowie kurz darauf veröffentlicht und der Presse vorgestellt wurde.[6] Darin spielte das Finanzministerium drei Szenarien durch. Die erste Projektion ging vom geltenden Rechtszustand aus und prognostizierte dramatisch steigende Fehlbeträge für die kommenden vier Jahre.[7] Eine zweite Version legte den Regierungsentwurf des Bundeshaushalts 1967 zugrunde, berücksichtigte aber nicht die inzwischen eingebrachten Gesetzentwürfe zur Erhöhung der Einnahmen und Senkung der Ausgaben. In diesem Fall ergaben sich immer noch erhebliche Deckungslücken.[8] Selbst in der günstigsten Variante, die sämtliche Vorschläge der Regierung einbezog, gelang zwar ein Ausgleich des Budgets für 1967, es blieben aber in den folgenden Jahren Fehlbeträge, die von 3,7 Mrd. (1968) über 4,6 Mrd. (1969) bis auf 6,2 Mrd. (1970) anstiegen.[9]

Wenige Tage bevor sich die beiden Parteien in der Großen Koalition um gemeinsame Schadensbegrenzung bemühen mussten, steckten die Fraktionen im Bundestag noch einmal ihre unterschiedlichen Positionen ab und schoben sich wechselseitig die Verantwortung für die Finanzmisere zu. So ging Kurt Schmücker, als er den Nachtragshaushalt 1966 einbrachte,[10] von der günstigsten der drei Projektionen aus, verwahrte sich gegen den Vorwurf einer »Verschleierung der Haushaltslage« und warnte angesichts der vorgeschlagenen Sanierungsmaßnahmen der Bundesregierung davor, eine Krise herbei zu reden, die es nicht gäbe. Abgeordnete der Union, allen voran Heinrich Windelen von der

6 55. Kabinettssitzung am 23.11.1966, in: Kabinettsprotokolle. Vgl. auch Ehre des Hauses, in: Der Spiegel Nr. 47 vom 14.11.1966.

7 Diese wuchsen von 6,1 Mrd. (1967) über 8,5 Mrd. (1968) und 9,0 Mrd. (1969) auf 10,9 Mrd. im Jahr 1970.

8 2,6 Mrd. (1967) und 6,3 Mrd. (1968) sowie 7,3 Mrd. (1969) und 9,1 Mrd. (1970).

9 Gesamtübersicht der Deckungslücken, in: Handelsblatt Nr. 226 vom 25./26.11.1966; Elf Milliarden Haushalts-Defizit bis 1970?, in: Frankfurter Allgemeine Nr. 273 vom 24.11.1966; Trübe finanzpolitische Aussichten, in: Süddeutsche Zeitung Nr. 281 vom 24.11.1966; K. Steves, Der Defizitriese geistert durch den Bundestag, in: Die Welt Nr. 272 vom 22.11.1966; Leiche heraus, in: Der Spiegel Nr. 49 vom 28.11.1966.

10 VDB, 5. WP, 73. Sitzung vom 23.11.1966, S. 3426–3429.

CDU und Walter Althammer von der CSU, sprangen dem Minister bei, mahnten eindringlich, die Bevölkerung nicht mit »unverantwortlichen Katastrophenmeldungen« zu beunruhigen, und bemühten sich, der SPD eine Mitschuld an der Krise anzuhängen.[11] Dagegen nutzte die Opposition die Gelegenheit, noch einmal mit der Finanzpolitik der christlich-liberalen Koalition abzurechnen. Alex Möller machte als finanzpolitischer Sprecher der SPD-Fraktion klar, dass seine Partei vor einer Politik, die in eine »Finanzkatastrophe« münden könne, wiederholt gewarnt habe und für die aktuellen Finanzprobleme keine Verantwortung trage. Er addierte die Deckungslücken für die Jahre 1967 bis 1970 »nach geltendem Recht« und kam auf die beachtliche Summe von 40,9 Mrd.[12]

Innerhalb wie außerhalb des Parlaments und parallel zu den Koalitionsgesprächen stritten die Parteien über den Haushalt 1967 und dessen Deckungslücken.[13] Mit wachsendem Interesse und unverhohlener Kritik begleitete die Presse diesen Streit. »Die Stunde des Offenbarungseides ist da«, kommentierte Der Volkswirt bereits Ende Oktober; er sei »das Finale einer grandiosen Fehlleistung der bundesdeutschen Finanzpolitik«.[14] In den Formulierungen weniger pointiert, in der Sache aber ähnlich hart, äußerte sich die Frankfurter Allgemeine. Sie sprach vom »Zusammenbruch einer Haushalts- und Finanzpolitik«, sah in den Beschlüssen des Kabinetts, mit denen es der Krise Einhalt gebieten wollte, nur das »Eingeständnis absoluter Hilflosigkeit« und warnte vor einem »finanzpolitischen Chaos«.[15] Unter der Überschrift »Wie kam es zur Finanzkrise?« machte Rudolf Herlt in der Welt den »Kampf um die Gunst des Wählers« für die »zerrütteten Bundesfinanzen« verantwortlich; dieser habe »die wirtschaftliche Vernunft« bei Regierung, Parlament und Parteien »überspielt«.[16] Die Regierung sei »sehenden Auges in die große Finanzkrise gefahren«, befand Der Spiegel.[17] Das Magazin zitierte ausführlich aus dem Brief Dahlgrüns an Erhard vom Juni 1965, in dem der Minister vor den wachsenden Defiziten gewarnt hatte, und berichtete auch über die Rücktrittsdrohungen von Staatssekretär Walter Grund.[18]

11 Ebd., S. 3429–3432 und 3440.

12 6,6 Mrd. in 1967 und 11 Mrd. in 1968 sowie 10,7 Mrd. in 1969 und 12,6 Mrd. in 1970. Ebd., S. 3432 ff., und Anlage 10, S. 3461 f.

13 Dazu im einzelnen *Hildebrand*, S. 241 ff.; *Schönhoven*, Wendejahre, S. 51 ff. *Karl-Bräuer-Institut*, Bundesfinanzen, S. 7 ff.

14 Der Offenbarungseid, in: Der Volkswirt Nr. 43 vom 28.10.1966.

15 D. Vogel, Der Etat hängt in der Luft, in: Frankfurter Allgemeine Nr. 253 vom 31.10.1966.

16 R. Herlt, Wie kam es zur Finanzkrise? bzw. Abschied vom Ausgaben-Rausch, in: Die Welt Nr. 262 bzw. 263 vom 9. bzw. 10.11.1966.

17 Höchst ansehnlich, in: Der Spiegel Nr. 46 vom 7.11.1966

18 Ehre des Hauses, in: Der Spiegel Nr. 47 vom 14.11.1966 bzw. Jeder hat's gewußt, in: ebd. Nr. 48 vom 21.11.1966. Vgl. auch die Debatte in der Presse über die Frage, ob Dahlgrün die Haushaltslage verschleiert habe. Dahlgrün: Ich habe rechtzeitig gewarnt, in: Die Welt Nr. 269 vom 18.11.1966.

Die Regierung versuche, der entstandenen Situation »das Feigenblatt der Unvorhersehbarkeit aufzukleben«; ihr fehle der Mut, gegenüber dem Gesetzgeber und der Öffentlichkeit offenzulegen, welche Einschränkungen und Mehrbelastungen zu erwarten seien. »Arme Bundesrepublik«, klagte das Handelsblatt, »wenn es in diesem Stile Jahr für Jahr weitergehen sollte«.[19] Der Ruf nach einem »Offenbarungseid«, auf dem auch die SPD bestand, wurde immer lauter. »Die Leiche muss auf den Tisch«, zitierte Der Spiegel Karl Schillers Forderung bei den Koalitionsverhandlungen mit der Union und kolportierte ebenso Helmut Schmidts Ausspruch: »Die Schuldigen gehören ins Gefängnis, weil sie uns in eine grauenhafte Situation gebracht haben.«[20] Nüchterne Kommentatoren erkannten die politische Dimension der Debatte über Krise und Defizite.[21] Denn dabei ging es einerseits um die Verantwortung für die aktuellen Finanzprobleme. Dass diese zuerst bei der christlich-liberalen Koalition lag, war unstrittig. Doch könne von einer Opposition, »die rein wie ein Engel über den Gefilden der Haushaltspolitik« schwebe, nicht die Rede sein, hätten sich doch beide Seiten »in ihrem Verhalten bislang weithin gegenseitig« bedingt.[22] Andererseits ging es um die Ausgangslage für die Finanz- und Haushaltspolitik der Großen Koalition. Je schlechter sich die Situation darstellte, desto weniger Verantwortung trug die neue Regierung und umso strahlender musste ihr Erfolg erscheinen, wenn sie die Krise meistern würde, vor allem da die Debatte in den Medien die Politiker unter massiven Druck gesetzt hatte.

Anfang Dezember 1966 gelang es der Regierung zwar, das Finanzplanungs- und Steueränderungsgesetz unter erheblichen Friktionen durch den Bundestag zu bringen. Sie musste jedoch Abstriche hinnehmen, so dass die Deckungslücke im Haushalt 1967 weiterhin bei 3,7 Mrd. lag, zumal sich Bund und Länder kurz darauf verständigten, die Einkommen- und Körperschaftsteuer im Verhältnis 37 % zu 63 % zulasten des Bundes neu aufzuteilen.[23] Der Fehlbetrag vergrößerte sich noch auf 4,63 Mrd., weil die Steuereinnahmen gut 930 Mio. niedriger ausfielen als geschätzt.[24] Mitte Januar 1967 bedurfte es deshalb des Kraftakts einer

19 K. Bernhardt, Die halbe Wahrheit, in: Handelsblatt Nr. 216 vom 10.11.1966.

20 Leiche heraus, in: Der Spiegel Nr. 49 vom 28.11.1966.

21 D. Vogel, Der Bund sucht ein paar Milliarden, in: Frankfurter Allgemeine Nr. 275 vom 26.11.1966; G. Schröder, Die volle Wahrheit, in: Die Welt Nr. 276 vom 26.11.1966.

22 H.-U. Spree, Für einen Akkord der Sachlichkeit, in: Süddeutsche Zeitung Nr. 282 vom 25.11.1966.

23 VDB, 5. WP, 78. Sitzung vom 8.12.1966, S. 3564ff. Interview mit Bundesfinanzminister Franz Josef Strauß in der Sendung »Bericht aus Bonn« am 9.12.1966, WDR 0004420. Die Deckungslücke im Bundeshaushalt wächst weiter, in: Frankfurter Allgemeine Nr. 285 vom 8.12.1966; Mühsamer Koalitions-Kompromiß zum Haushaltsausgleich, in: ebd. Nr. 286 vom 9.12.1966; Notopfer Bonn, in: Der Spiegel Nr. 51 vom 12.12.1966; »Gegen die Zukunftsdrohung eine Zukunftsmusik«, in: ebd. Nr. 1–2 vom 2.1.1967; BMF (Strauß) an Buka am 12.1.1967, BArch B 136/2213.

24 Vermerk Praß (BKA) für Buka am 13./17.1.1967, BArch B 136/3232.

14-stündigen Kabinettssitzung, um Einnahmen und Ausgaben im Haushalt wenigstens formal zur Deckung zu bringen. Der Fehlbetrag, den Finanzminister Franz Josef Strauß ohne die konjunkturbedingten Steuermindereinnahmen des Jahres 1966 in Höhe von gut 930 Mio. und ohne die im Jahr 1967 noch drohenden Ausfälle nunmehr auf 3,7 Mrd. bezifferte, wurde durch eine Kürzung zahlreicher Ausgabenposten vor allem im Agrar- und Sozialetat, bei der Verteidigung, den Ausgaben für Entwicklungshilfe und im Verkehrsbudget in Höhe von 2,5 Mrd. sowie durch einen Abbau von Steuervergünstigungen im Umfang von 1,2 Mrd. zumindest auf dem Papier geschlossen.[25]

Der konsolidierte Haushalt 1967 war, da hatte Diether Stolze Recht, »kein Meisterwerk, sondern nur ein notdürftig zusammengestoppelter ›Haushalt zum Überleben‹«.[26] Wer, wie der Bund der Steuerzahler, nachrechnete, musste feststellen, dass verteilt auf eine Reihe von Gesetzen Steuern im Umfang von rund 3,2 Mrd. (davon 2,5 Mrd. für den Bund) erhöht oder Steuervergünstigungen abgebaut und bestenfalls Ausgaben in Höhe von 1 Mrd. gekürzt worden waren. Die übrigen Einsparungen resultierten aus zeitlichen Verschiebungen oder Verlagerungen von Ausgaben innerhalb oder auf Posten außerhalb des Bundeshaushalts. Da zudem erhebliche konjunkturell bedingte Steuermindereinnahmen zu erwarten waren, musste weiterhin mit einem Defizit von mindestens 2 Mrd., unter Umständen aber von 3 bis 4 Mrd. gerechnet werden.[27] Trotzdem konnte die Bundesregierung, weil sie Tatkraft demonstriert und Hoffnungen auf weitere Maßnahmen geweckt hatte, mit ihrer Aktion zumindest vorübergehend verlorenes Vertrauen zurückzugewinnen und Optimismus verbreiten.[28] Nicht zuletzt bildete der notdürftig konsolidierte Haushalt außer der Zurückhaltung der Tarifparteien eine wichtige Voraussetzung dafür, dass die Bundesbank ihre Restriktionen lockerte, bereit war, weitere Steuerausfälle durch Kredite zu finanzieren, und die antizyklischen Maßnahmen der Regierung unterstützte.[29]

25 Vermerk Praß (BKA) für Buka am 9.1.1967, BArch B 136/2213; BMF (Strauß) an Buka am 12.1.1967, ebd. Vgl. auch Die Lücke im Bundeshaushalt wächst und wächst, in: FRANKFURTER ALLGEMEINE Nr. 15 vom 18.1.1967; Defizit im Bundeshaushalt jetzt mindestens 4,5 Milliarden DM, in: DIE WELT Nr. 15 vom 18.1.1967. 62. Kabinettssitzung am 18. und (Fortsetzung) 19.1.1967, in: Kabinettsprotokolle. Maßnahmen zur Sicherung von Stabilität und Wachstum, in: BULLETIN Nr. 7 vom 24.1.1967. Vgl. den Bericht von Franz Josef Strauß in der CDU/CSU-Fraktionssitzung am 24.1.1967, in: *Marx*, Fraktion, Nr. 5: 24.1.1967, sowie In den Klingelbeutel, in: DER SPIEGEL Nr. 5 vom 23.1.1967.

26 D. Stolze, Frisch gekürzt ist halb gewonnen, in: DIE ZEIT Nr. 4 vom 27.1.1967.

27 *Karl-Bräuer-Institut*, Bundesfinanzen, S. 7 ff.

28 Ebd., S. 5. D. Stolze, Frisch gekürzt ist halb gewonnen, in: DIE ZEIT Nr. 4 vom 27.1.1967; D. Vogel, Neuer Anlauf in der Etatpolitik, in: FRANKFURTER ALLGEMEINE Nr. 15 vom 18.1.1967; Ein Programm mit Blick auf die Zukunft, in: DIE WELT Nr. 18 vom 21.1.1967.

29 Franz Josef Strauß in der CDU/CSU-Fraktionssitzung am 24.1.1967, in: *Marx*, Fraktion, Nr. 5: 24.1.1967; K. Blessing, Zwischen Inflation und Deflation, in: FRANKFURTER ALLGEMEINE Nr. 24 vom 28.1.1967; *Lütjen*, S. 224 ff.

Denn in der gegebenen konjunkturellen Situation musste diese, wollte man nicht in eine kontraktive Spirale geraten, zwischen einer restriktiven und einer expansiven Politik einen brauchbaren Kompromiss finden.[30] So galt es, auf der einen Seite den Haushalt auszugleichen, also zu sparen, und auf der anderen Seite die Wirtschaft durch zusätzliche Investitionen anzukurbeln, also mehr auszugeben. Dabei ging es nicht um ein einfaches Entweder-Oder. Vielmehr kam es darauf an, die Maßnahmen zum richtigen Zeitpunkt durchzuführen sowie so zu dosieren und zu kombinieren, dass sie teils prozyklische, teils antizyklische Wirkungen zeitigten.[31]

Parallel zum Ausgleich des Haushalts 1967 beschloss die Bundesregierung daher, die Wirtschaft durch ein erstes Konjunkturprogramm in Form eines Eventualhaushalts mit einem Volumen von 2,5 Mrd. anzukurbeln, darunter 850 Mio. für Sofortmaßnahmen bei Bundesbahn und Bundespost sowie im Straßenbau, und außerdem für neun Monate Sonderabschreibungen nach § 51 des Einkommensteuergesetzes für Anlageinvestitionen zu gewähren. Der Eventualhaushalt sollte, ermächtigt durch ein Kreditfinanzierungsgesetz, mit drei- bis vierjährigen Schatzanweisungen und Kassenobligationen finanziert werden, da sich längerfristige Anleihen auf dem nach wie vor angespannten Kapitalmarkt nicht unterbringen ließen.[32] Das erste Investitionsprogramm wirkte nur schwach. Sein Umfang war zu gering, um die Wirtschaft nachhaltig anzuregen.[33] Hinzu kam, dass Länder und Gemeinden weniger Steuern einnahmen, deshalb ihre Ausgaben weiter zurückfuhren und damit den Effekt des Investitionsprogramms überkompensierten. So verhinderten die vom Bund finanzierten Aufträge zwar einen noch stärkeren Rückgang der öffentlichen Investitionen, den Ausfall der privaten konnten sie indessen nicht wettmachen.[34]

30 W. Trautmann, Finanzpolitik à la Hausse, in: Der Volkswirt Nr. 4 vom 27.1.1967; Wir zahlen für Sünden. Interview mit Professor Dr. Drs. h. c. Fritz Neumark, in: ebd.

31 Zur Finanzpolitik von Franz Josef Strauß den unkritischen Beitrag von *Voss* (Friedrich Voss war Referent in der Pressestelle des Bundesministeriums der Finanzen, seit Juli 1969 politischer Referent des Bundesfinanzministers und nach dem Regierungswechsel von 1969 bis 1976 persönlicher Referent sowie Leiter des Abgeordnetenbüros von Strauß). Ähnlich der Text von *Vogel* (1966–1969 Leiter der Abteilung VII bzw. I im BMF). Knappe Ausführungen jetzt auch bei *H. Möller*, S. 403 ff., und *Siebenmorgen*, S. 340 ff.

32 62. Kabinettssitzung am 18.1.1967, in: Kabinettsprotokolle. Entwurf eines Gesetzes über die Aufnahme und Bereitstellung von Krediten zur Belebung der Investitionstätigkeit und zur Sicherung eines stetigen Wirtschaftswachstums im Rechnungsjahr 1967 (Kreditfinanzierungsgesetz 1967), BT-Drucksache V/1436. *Schmoeckel* u. *Kaiser*, S. 297 ff. Zur Vorbereitung des Programms vgl. *Hochstätter*, S. 151 ff.

33 R. Herlt, Vorsicht beim Ankurbeln, in: Die Welt Nr. 34 vom 9.2.1967; K. Steves, Leere öffentliche Hände schaffen kein Konjunkturwunder, in: ebd. Nr. 76 vom 1.4.1967; F. U. Fack, Wenn das Vertrauen fehlt, in: Frankfurter Allgemeine Nr. 101 vom 2.5.1967.

34 *Deutsche Bundesbank*, Geschäftsbericht Jahr 1967, S. 75 ff.; *Sachverständigenrat*, Jahresgutachten 1967/68, Ziff. 142 ff.; »Der erste Treibsatz wirkt im Sommer«, in: Der Spiegel Nr. 20 vom 8.5.1967.

Trotz keimender Zuversicht hatte die Wirtschaft im ersten Halbjahr 1967 die Talsohle noch nicht durchschritten. Darum legte die Regierung ein »Zweites Programm für besondere konjunktur- und strukturpolitische Maßnahmen« auf. Im Unterschied zum ersten stieß dieses bereits auf Widerstände, nicht zuletzt bei der Bundesbank. Eine weitere Ankurbelung der Wirtschaft sei unnötig; man müsse jetzt, statt weitere Schulden zu machen, die Staatsfinanzen sanieren.[35] Es bedurfte der längsten Kabinettssitzung – sie dauerte 36 Stunden –, um das zweite Konjunkturprogramm im Juli 1967 dennoch auf den Weg zu bringen.[36] Der Bundestag verabschiedete es Anfang September. Da mittlerweile das Stabilitäts- und Wachstumsgesetz in Kraft getreten war, konnten Länder und Gemeinden in die antizyklische Politik eingebunden werden. Mit 5,3 Mrd. war das Programm nicht nur großzügiger dimensioniert; es verteilte sich auch auf den Bund einschließlich ERP-Sondervermögen (2,8 Mrd.)[37] sowie die Länder (2 Mrd.) und Gemeinden (0,5 Mrd.). Durch private Investitionen, die man unter anderem durch Zinsvergünstigungen anregen wollte, stieg das Volumen auf gut 10 Mrd. Rund 90 % davon flossen ins Baugewerbe, das mit Abstand die höchste Arbeitslosigkeit aufwies. Mit den Kohlenrevieren und dem Zonenrandgebiet wurden vor allem die Problemregionen bedacht.[38]

Welchen Anteil die beiden Konjunkturprogramme an der Überwindung der Rezession hatten, ist schwer zu beurteilen. Denn einerseits ließ sich vor allem das zweite Programm nur mit erheblicher Verzögerung umsetzen. Obwohl die Aufträge zügig vergeben wurden, fielen 1967 noch kaum effektive Ausgaben an. Als die Maßnahmen im Jahr darauf zu Buche schlugen, hatte sich die Konjunktur bereits erholt, so dass sie den Aufschwung verstärkten sowie zu den Preissteigerungen im Hoch- und Tiefbau beitrugen, also entgegen aller Absicht prozyklisch wirkten.[39] Hinzu kam, dass sich lediglich der Bund, wenn auch recht spät, antizyklisch verhielt, Länder und Gemeinden ihm aber nicht

35 R. Herlt, Jetzt die Nerven behalten, in: Die Welt Nr. 31 vom 7.4.1967; K. Simon, Strauß kann nicht hart genug sein, in: Die Zeit Nr. 15 vom 14.4.1967; D. Stolze, Keine Angst vor Schulden, in: ebd. vom 26.5.1967

36 86. Kabinettssitzung am 4. und (Fortsetzung) 5.7.1967, in: Kabinettsprotokolle; Zweites Programm der Bundesregierung für besondere konjunktur- und strukturpolitische Maßnahmen 1967/68 vom 11.8.1967, BT-Drucksache V/2070. Vgl. dazu die Berichte von Kiesinger und Strauß auf der CDU/CSU-Fraktionssitzung am 7.7.1967, in: *Marx*, Fraktion, Nr. 30: 7.7.1967, und den Bericht Kiesingers auf der CDU-Vorstandssitzung am 17.7.1967, in: *Buchstab* u. *Lindsey*, Kiesinger, Nr. 14: 17.7.1967.

37 Es handelt sich um das vom Bund verwaltete Vermögen aus den Gegenmitteln des European Recovery Programs, des sog. Marshallplans, der den Wiederaufbau der deutschen Wirtschaft fördern sollte. Die Verwaltung der ERP-Mittel oblag der 1948 gegründeten Kreditanstalt für Wiederaufbau.

38 Abschlußbericht der Bundesregierung über das Erste Konjunkturprogramm und das Zweite Programm für besondere konjunktur- und strukturpolitische Maßnahmen 1967/68, BT-Drucksache V/3630.

39 Ebd.

folgten.[40] Größere Wirkungen gingen hingegen von der geldpolitischen Lockerung aus, zu der sich die Bundesbank bereitfand, sowie von der tarifpolitischen Zurückhaltung der Gewerkschaften. Nicht zuletzt zog die Auslandsnachfrage, die massiv anstieg, die bundesdeutsche Wirtschaft aus dem Konjunkturtal. Das alles relativiert die Bedeutung der antizyklischen Maßnahmen für die Überwindung der Rezession.[41] Andererseits können angesichts des Volumens und der Finanzierung durch Kredite, also durch ein staatliches *Deficit spending*, die Maßnahmen der Regierung nicht folgenlos geblieben sein. Die Umsteuerung staatlichen Handelns dürfte zudem positive psychologische Wirkungen gezeitigt, das Vertrauen der Unternehmer in die Finanz- und Wirtschaftspolitik gestärkt und so zur konjunkturellen Wiederbelebung beigetragen haben. Allein die Überzeugung, dass die Regierung willens war und fähig erschien, Krisen mit dem neu geschaffenen Instrumentarium zu meistern, schuf ein günstiges Klima, das stärker wog als die ergriffenen konjunkturpolitischen Maßnahmen.

Obwohl sich bald ein Weg aus der Rezession abzeichnete, konnte diese noch nicht als überwunden gelten. Daher drängte vor allem Wirtschaftsminister Karl Schiller auf weitere staatliche Maßnahmen zur Belebung der Konjunktur. Als er ein drittes Konjunkturprogramm forderte, wusste er den Sachverständigenrat hinter sich, der im Dezember 1967 eine deutliche Steigerung der öffentlichen Investitionen angemahnt und eine höhere Neuverschuldung der Gebietskörperschaften im Umfang von 10 bis 12 Mrd. für notwendig gehalten hatte.[42] Doch konnte sich Schiller im Bundeskabinett gegen Strauß und die Unionsminister nicht mehr durchsetzen, zumal die Bundesbank von weiteren Maßnahmen abriet.[43] Die Ablehnung eines dritten Konjunkturprogramms hing zweifellos damit zusammen, dass der Aufschwung nun kräftiger in Gang kam. Eine Rolle spielte aber auch, dass eine Konsolidierung der öffentlichen Finanzen immer mehr Fürsprecher fand.[44]

Die antizyklischen Maßnahmen und die konjunkturbedingten Steuermindereinnahmen wirkten sich massiv auf den Bundeshaushalt aus.[45] Als der Bundestag

40 *Sachverständigenrat*, Jahresgutachten 1967/68, Ziff. 141 ff.

41 *Giersch*, S. 146 ff.; *Fels*, S. 16 ff.

42 *Sachverständigenrat*, Jahresgutachten 1967/68, Ziff. 312 ff.; *Nützenadel*, Stunde, S. 326 ff.

43 Schiller sucht die Bundesbank zu neuen Krediten zu bewegen, in: Frankfurter Allgemeine Nr. 16 vom 19.1.1968; 110. Kabinettssitzung am 24.1.1968, in: Kabinettsprotokolle; Schiller ohne Hilfe im Kabinett – Investitionssteuer bleibt, in: Frankfurter Allgemeine Nr. 20 vom 24.1.1968.

44 Th. Sonnemann, Staatsverschuldung macht Sorgen, in: Die Welt Nr. 7 vom 9.1.21968; Bedenken gegenüber Staatsverschuldung, in: Frankfurter Allgemeine Nr. 50 vom 28.2.1968.

45 83. Kabinettssitzung vom 13.6.1967, in: Kabinettsprotokolle; *Deutsche Bundesbank*, Geschäftsbericht 1967, S. 75 ff.; Rede Franz Josef Strauß bei der dritten Lesung des Bundeshaushaltsgesetzes 1967, in: VDB, 5. WP, 115. Sitzung vom 14.6.1967, S. 5684 ff. Immer wieder verschätzt, in: Die Zeit Nr. 19 vom 12.5.1967.

das Budget für 1967 im Sommer des Jahres und damit um etliche Monate verspätet verabschiedete, hatten die Steuereinnahmen des Bundes in mehreren Schritten um insgesamt 5,7 Mrd. nach unten korrigiert werden müssen. Gleichzeitig waren die Ausgaben durch das erste Konjunkturprogramm gestiegen. Da es sich um des Aufschwungs willen nicht empfahl, die Steuerschraube stärker anzuziehen, musste das gestiegene Defizit durch Kredite finanziert werden. Finanzminister Strauß ging im Sommer 1967 davon aus, dass allein der Bund neue Schulden in Höhe von 11,5 Mrd. brutto bzw. nach Abzug der fälligen Tilgungen 9,8 Mrd. netto machen müsse. Davon entfielen auf den Bundeshaushalt unmittelbar 8,1 Mrd., während der Rest sich auf Schuldbuchforderungen gegenüber der Rentenversicherung und auf Kredite der Deutschen Gesellschaft für öffentliche Arbeiten, der sogenannten »Öffa«, sowie von Bundesbahn und Bundespost verteilte.[46] Verschulden konnte sich der Bund nur zu einem kleinen Teil durch länger laufende Anleihen und Darlehen; der weit überwiegende Teil entfiel auf Kassenobligationen, vor allem aber auf unverzinsliche Schatzanweisungen, sogenannte »U-Schätze«. Diese liefen bis zu zwei Jahre, waren also Geldmarktpapiere; sie griffen auf Zentralbankgeld zurück, das durch die Senkung der Mindestreserven zur Verfügung stand und sollten deshalb – so der Plan – im Konjunkturaufschwung zurückgezahlt und wieder stillgelegt werden.[47]

Der massive Anstieg der Kredite des Bundes wie auch der anderen öffentlichen Hände, die sich für das Jahr 1967 auf insgesamt 15 Mrd. addierten, beunruhigte Politik und Öffentlichkeit gleichermaßen und stieß eine kontrovers geführte Debatte über die staatliche Verschuldung an. Bereits die Finanzierung des Defizits im Haushalt 1967 und des ersten Konjunkturprogramms sowie die wachsende Deckungslücke weckten Befürchtungen, dass die Verschuldung des Bundes zu hoch sei, zumal wenn man diese in die Zukunft projizierte. Eine »Schuldenaufnahme von jährlich acht bis zwölf Milliarden Mark«, sorgte sich Kurt Simon in der Zeit, müsse »binnen kurzem zum Bankrott der Staatsfinanzen« führen.[48] Die Verfechter einer expansiven Politik hielten dem entgegen, dass die konjunkturelle Situation eine höhere Verschuldung rechtfertige.[49] Auch argumentierten sie, wie Diether Stolze ebenfalls in der Zeit, dass der »tief verwurzelten Abneigung gegen ›das Schuldenmachen‹« durch eine solide mittelfristige Finanzplanung begegnet werden könne.[50] Diese müsse überzeugend darlegen, wie die Schulden »in den nächsten Jahren zurückgezahlt

46 Rede Franz Josef Strauß bei der dritten Lesung des Bundeshaushaltsgesetzes 1967, in: VDB, 5. WP, 115. Sitzung vom 14.6.1967, S. 5684ff.
47 Vermerk Referat V A/1 BMF (Ullmann) vom 24.5.1967, BArch B 126/28596.
48 K. Simon, Strauß kann nicht hart genug sein, in: Die Zeit Nr. 15 vom 14.4.1967; Wächst und wächst und…«, in: ebd.
49 K.O. Pöhl, Strauß und die Schulden, in: Der Volkswirt Nr. 17 vom 28.4.1967.
50 D. Stolze, Keine Angst vor Schulden, in: Die Zeit Nr. 21 vom 26.5.1967.

oder konsolidiert« werden sollten.[51] Auf eine solche Finanzplanung stützte auch Hans Roeper in der FRANKFURTER ALLGEMEINEN seine Hoffnungen, blieb in dem Artikel »Vom Juliusturm zum Schuldenturm« allerdings skeptisch, ob sie die hochgespannten Erwartungen erfüllen könne.[52] Diese Sorge nährte auch die 13. Kreditpolitische Tagung der ZEITSCHRIFT FÜR DAS GESAMTE KREDITWESEN, die Ende Oktober 1967 in Frankfurt stattfand. Günter Schmölders warnte davor, dass kurz- und mittelfristige Kredite und deren Prolongation zu einer »Dauereinrichtung« geraten könnten. Doch BMF-Staatssekretär Karl Maria Hettlage wischte alle Einwände vom Tisch: Die Bundesrepublik müsse sich »eben daran gewöhnen, unter einer ständigen Wolke von Schulden zu leben«. Nach so »kernigen Worten«, berichtete die FRANKFURTER ALLGEMEINE, hätten die Gäste den Versammlungssaal »sehr nachdenklich« verlassen.[53]

Angesichts der einsetzenden Debatte über Höhe und Wachstum der öffentlichen Schulden bemühte sich Finanzminister Strauß um Schadensbegrenzung. Bei der dritten Lesung des Bundeshaushalts 1967 rechtfertigte er zwar die hohen Kredite mit der Notwendigkeit einer antizyklischen Finanzpolitik, betonte aber, dass der Weg »des leichten Geldes – des Easy Money«, den der Bund eingeschlagen habe, »auf die Dauer nicht gegangen werden« könne. Deshalb müsse »der Ausgleich innerhalb einer Periode von drei bis fünf Jahren entsprechend dem Konjunkturrhythmus im großen und ganzen wiederhergestellt werden«, wäre doch eine »geldschöpferische Inflationsfinanzierung« nichts anderes als »das Hüpfen von einer Eisscholle zur anderen«.[54]

Mit der Verabschiedung der beiden Konjunkturprogramme und des Bundeshaushalts 1967 hatte die Große Koalition Handlungsfähigkeit demonstriert. Dass der Tiefpunkt der Rezession im Sommer 1967 durchschritten wurde und sich die Wirtschaft zu erholen begann, ja, 1968 bereits wieder mit 5,5 % und im Jahr darauf sogar mit 7,5 % wuchs, schien ihre antizyklische Finanzpolitik zu rechtfertigen. Der ihr zugeschriebene Erfolg verstärkte die Bereitschaft zu mehr Planung, ließ sogar eine regelrechte Planungseuphorie entstehen. Damit verbanden sich Fortschrittsglaube und Zukunftsoptimismus, konkret: der Glaube daran, die Wirtschaft mit Hilfe der Globalsteuerung auf einem stetigen Wachstumspfad halten und die öffentlichen Haushalte auf die Schiene einer kontrollierten Expansion setzen zu können.[55] Für diese Vision stand die mittelfristige Finanzplanung.

51 Ders., Warten auf Strauß, in: ebd. Nr. 23 vom 9.6.1967. Vgl. auch Bonn in der Finanzklemme, in: ebd. Nr. 25 vom 23.6.1967.

52 H. Roeper, Vom Juliusturm zum Schuldenturm, in: FRANKFURTER ALLGEMEINE Nr. 161 vom 15.7.1967.

53 »Wir müssen unter einer Wolke von Schulden leben«, in: ebd. Nr. 253 vom 31.10.1967.

54 Rede Franz Josef Strauß bei der dritten Lesung des Bundeshaushaltsgesetzes 1967, in: VDB, 5. WP, 115. Sitzung vom 14.6.1967, S. 5684 ff.

55 *Ruck*, Sommer; *ders.*, Planungsdiskurse; *Metzler*, Demokratisierung; zur zeitlichen Einordnung *van Laak*.

b) Kontrollierte Expansion im Rahmen der mittelfristigen Finanzplanung

Eine mittelfristige Finanzplanung nach dem Vorbild anderer Staaten, zumal der USA, einzuführen und damit das Prinzip der Jährlichkeit des Budgets aufzugeben, stand seit Anfang der sechziger Jahre auf dem Programm des Bundesfinanzministeriums. Es wurde von den Parteien, allen voran der SPD, aber auch von Wissenschaft und Öffentlichkeit nachdrücklich gefordert. Nicht zuletzt drängte die EG-Kommission darauf. Bis zur Verabschiedung des Stabilitäts- und Wachstumsgesetzes und der Haushaltsreform waren die Vorarbeiten für eine mittelfristige Finanzplanung in der Form von Finanzvorschauen bereits ein Stück weit vorangekommen. Doch legten erst diese Gesetze eine fünfjährige Planung der Haushalte von Bund und Ländern verbindlich fest. So stand die Große Koalition vor der Aufgabe, den von ihr geschaffenen formellen Rahmen für eine kontrollierte Expansion nun auch materiell auszufüllen. Auf der Grundlage wirtschaftlicher Eckdaten musste sie ihre finanziellen Projektionen wie ihre politischen Prioritäten für die Zeit bis 1971 formulieren und dann Jahr für Jahr fortschreiben.

Im Unterschied zum Haushaltsplan, der vom Parlament festgestellt und damit für Regierung wie Verwaltung vollzugsverbindlich wurde, besaß der Finanzplan eine geringere Bindungswirkung.[56] Er stellte ein »in Zahlen gekleidetes Regierungsprogramm« dar. Dieses verpflichtete das Kabinett zwar nur politisch,[57] zwang es aber immerhin, die zeitlichen Schwerpunkte wie die inhaltlichen Prioritäten seiner Politik offenzulegen.[58] Der Finanzplan als »zukunftsorientierte und vollständige Zusammenstellung der voraussichtlichen Ausgaben und der zu ihrer Deckung vorgesehenen Einnahmen« hatte damit erstens eine finanzpolitische Funktion.[59] Er erhöhte die Transparenz und erlaubte eine längerfristige Orientierung, die sowohl die Folgekosten von Ausgabebeschlüssen aufdeckte als auch die in der Zukunft noch vorhandenen finanziellen Handlungsspielräume erkennen ließ. Zum anderen kam der Finanzplanung eine wirtschaftspolitische Funktion zu. Diese erlaubte es, mögliche Einflüsse staatlicher Aktivitäten auf Wachstum und Konjunktur zu erkennen. So ließen

56 *Hettlage*, Probleme, bes. S. 240 ff.; *Fischer-Menshausen*, Finanzplanung. Zu den methodischen, technischen und politischen Schwierigkeiten, vor denen die mittelfristige Finanzplanung stand, vgl. H. C. Korff, Zur Methodik der Finanzplanung. Vortrag vor dem Wiss. Beirat am 26.5.1967, BArch B 126/28596.

57 *Bundesministerium der Finanzen*, Finanzbericht 1968, S. 106.

58 Abteilung II BMF an Minister Strauß am 7.4.1967, Anlage 2: Sprechzettel zum Beschlußvorschlag der Kabinettskommission für die mehrjährige Finanzplanung, BArch B 126/28583; *Bundesministerium der Finanzen*, Finanzbericht 1968, S. 106.

59 Das Folgende nach *K. Schmidt* u. *Wille*, S. 32 ff. (Zitat: S. 32), und *Wille*, S. 100 ff.

sich die Finanz- und die Wirtschaftspolitik besser koordinieren, um das Volumen der Haushalte in die gesamtwirtschaftliche Entwicklung einpassen und das Leistungspotential der Volkswirtschaft möglichst ausschöpfen zu können.[60] Schließlich hatte der Finanzplan eine politische Funktion. Er erleichterte die Haushaltsplanung, diente der Orientierung des Parlaments und informierte nicht zuletzt die wirtschaftlichen Akteure wie die breitere Öffentlichkeit über die längerfristigen finanzpolitischen Ziele der Regierung.

Bei der Vorbereitung der mittelfristigen Finanzplanung stand die Große Koalition unter erheblichem Zeitdruck. Die Erwartungen der Öffentlichkeit waren hoch, der Haushalt 1968 sollte als Basisjahr dienen, und die Bundestagswahl 1969 rückte näher. Darum hatte die Regierung Ende Januar 1967 einen Kabinettsausschuss für mehrjährige Finanzplanung eingerichtet, dem die Minister für Finanzen und Wirtschaft, der Schatzminister sowie der Minister für Angelegenheiten des Bundesrats und der Länder angehörten. Der Ausschuss sollte die Finanzplanung konkretisieren sowie die künftigen Einnahmen schätzen und mit dem voraussichtlichen Ausgabenbedarf in Einklang bringen. Damit knüpfte er einerseits an die Arbeit der Kabinettskommission für die Erstellung einer mehrjährigen Haushaltsgestaltung, des sogenannten »Streichquintetts« an, hatte aber ein größeres, zeitlich nicht befristetes Aufgabengebiet; andererseits trat das Gremium an die Stelle des Staatssekretärsausschusses für die mittelfristige Finanzplanung.[61] Bevor sich die neue Kommission Anfang April konstituierte, steckte der Finanzminister in einem Schreiben an den Bundeskanzler den finanziellen Spielraum für die Beratungen ab.[62] Er rechnete für die kommenden Jahre mit steigenden Defiziten.[63] Dabei waren die Anforderungen der Ressorts bereits im Schnitt um 4,5 Mrd. reduziert worden. Außerdem gingen die Planungen von Wachstumsraten des Sozialprodukts aus, die nach Ansicht des Wirtschaftsministeriums »reichlich optimistisch und ambitiös« waren.[64] Zum Ausgleich der Defizite schlug Strauß mit Rücksicht auf die konjunkturelle Lage keine Steuererhöhungen, sondern vor allem eine Kürzung von konsumtiven Ausgaben, besonders von Sozialleistungen, und in zweiter Linie eine Reduzierung der Investitionen vor. Wo genau diese Kürzungen erfolgen sollten, ließ er offen.[65]

Auf der Grundlage des Materials aus dem Finanzministerium beriet die Kabinettskommission, der ein ständiger Arbeitsausschuss der Ministerialdirektoren

60 Ausführlich dazu *Hansmeyer*, Finanzplanung.

61 63. Kabinettssitzung am 26.1.1967, in: Kabinettsprotokolle; *Eichhorn*, S. 134 f.

62 BMF (Strauß) an Buka am 29.3.1967, BArch B 136/4805.

63 Diese stiegen von 9,5 Mrd. (1968) über 11,3 Mrd. (1969) auf 12,0 Mrd. (1970) und sanken erst 1971 auf 8,8 Mrd.

64 Vermerk Schlecht (BMWI) vom 7.4.1967 mit Anlage: Stellungnahme zum Schreiben des BMF vom 29.3.1967, BArch B 102/97044.

65 Vermerk Praß (BKA) für Buka am 31.3.1967, BArch B 136/3210.

der beteiligten Ministerien zuarbeitete, im Juni 1967 in vier Runden über den Haushalt 1968 und die mittelfristige Finanzplanung bis 1971. Dabei stießen die unterschiedlichen Interessen und Planungen der Ressorts schroff aufeinander. Umstritten waren vor allem die Kürzungen im Sozial- und Verteidigungsetat sowie etwaige Maßnahmen zur Erhöhung der Einnahmen, besonders eine Anhebung der Mehrwertsteuer.[66] Die Beratungen wurden von lancierten Schreckensmeldungen und wilden Spekulationen in der Presse, Einflussversuchen der Interessenverbände sowie einer gesteigerten Nervosität der Partei- und Fraktionsführungen, nicht zuletzt aber auch von wachsenden Konflikten zwischen den Koalitionsparteien begleitet.[67] »In Bonn vibriert der Boden«, beschrieb Dieter Vogel in der Frankfurter Allgemeinen die Stimmung in der Bundeshauptstadt.[68]

Das Ergebnis der Kommissionsarbeit schlug sich in der Kabinettsvorlage des Finanzministers von Ende Juni 1967 nieder.[69] Diese ging davon aus, dass langfristige Lösungen notwendig seien, die den Anteil der Ausgaben für Investitionen erhöhten und dafür Subventionen auf den Prüfstand stellten, Steuervergünstigungen abbauten, Finanzhilfen deckelten und die Verschuldung des Bundes an die Geldvermögensbildung anpassten. Entsprechend projektierte das Ministerium bei nominalen Wachstumsraten von 5,0 bis 5,5 % eine Zuwachsrate der öffentlichen Gesamtausgaben von gut 6 % und ein Wachstum des Bundeshaushalts von knapp unter 6 %, wobei das Budget für 1968 mit 7,1 % den höchsten, das für 1971 mit 4,9 % den niedrigsten Wert aufwies. Entsprechend sollten die Ausgaben von 74,5 Mrd. (1967) auf 93,6 Mrd. (1971) steigen und der Anteil der Investitionen von 17,7 % auf 19,2 % wachsen. Damit ließ sich ein gewisser finanzieller und zugleich politischer Handlungsspielraum gewinnen, allerdings erst in den Jahren 1970 und 1971 und auch nur in Höhe von 0,5 bzw. 1,2 Mrd. Diese Projektion war nur zu realisieren, wenn die Ausgaben drastisch beschnitten und dabei klare Prioritäten gesetzt wurden. Während für Wissenschaft und Forschung sowie für den Verkehr aus Gründen der Zukunftsvorsorge und

66 Unterlagen und Protokolle in BArch B 136/36243 bzw. B 136/3210 und 3211, 3213, ferner B 136/4805 sowie B 126/28583.

67 *Schönhoven*, Wendejahre, S. 146 ff.; *Hockerts*, Rahmenbedingungen, S. 38 f.; *A. H. Schneider*, S. 172 ff. Vgl. u. a. Idee von Schiller, in: Der Spiegel Nr. 25 vom 12.6.1967; Krise im Juli, in: ebd. Nr. 26 vom 19.6.1967; K. O. Pöhl, Strauß braucht Prioritäten, in: Der Volkswirt Nr. 22 vom 2.6.1967; Einigung zwischen Schiller und Strauß erwartet, in: Frankfurter Allgemeine Nr. 151 vom 4.7.1967.

68 D. Vogel, In dieser Woche wird es ernst, in: Frankfurter Allgemeine Nr. 150 vom 3.7.1967.

69 Die Umrisse hatte Strauß schon vorher angedeutet. Vgl. F. J. Strauß, Konzeption einer mehrjährigen Finanzplanung des Bundes bis 1971. Möglichkeiten und Notwendigkeiten, in: Bulletin Nr. 66 vom 23.6.1967, S. 561–563. Kabinettsvorlage BMF (Strauß) vom 28.6.1967 mit Anlagen 1–4: Entwurf einer Finanzplanung des Bundes bis 1971, BArch B 126/28584.

außerdem für die Entwicklungshilfe sowie die Besoldung der Bundesbediensteten mehr aufgewendet werden sollte, hatten die Einzelpläne für Verteidigung, Landwirtschaft und gewerbliche Wirtschaft, vor allem aber der Sozialetat massive Kürzungen hinzunehmen.[70] Trotz solcher Einschnitte waren die künftigen Etats nur durch höhere Einnahmen auszugleichen. So wollte die Kommission Steuervergünstigungen abbauen und die Mehrwertsteuer um einen bzw. einen halben Punkt anheben.[71] Aber selbst diese Maßnahmen reichten nicht aus. Die mittelfristige Finanzplanung sah darum eine wesentlich stärkere Verschuldung des Bundes vor, um höhere öffentliche Investitionen finanzieren zu können.[72] Als notwendig erwies sich darüber hinaus, kurzfristige Schulden zu prolongieren.[73] Im Klartext bedeutete das: Die in der Rezession propagierte antizyklische Finanzpolitik ließ sich von Anfang an nicht verwirklichen. Denn die erforderlichen Mittel zur Tilgung der kurzfristigen Kredite, die der Bund zur Finanzierung konjunkturbedingter Einnahmenausfälle aufgenommen hatte, waren selbst bei guter Wirtschaftslage in den Haushalten der kommenden Jahre nicht zu mobilisieren. Deshalb musste, wie die Kabinettsvorlage einräumte, »die Tilgung eines Sockelbestandes an kurzfristiger Schuld von 10,8 Mrd. in die Jahre nach 1971«, also auf ein Datum jenseits der aktuellen fünfjährigen Planungsperiode verschoben und damit einer ungewissen Zukunft überantwortet werden.[74]

Der zuständige Leiter der Abteilung II des Bundeskanzleramts, Johannes Praß,[75] unterstützte gegenüber dem Bundeskanzler die Vorlage des Finanzministers. Er gab aber zu bedenken, dass die geplanten Steuer- und Beitragserhöhungen von 7 Mrd. sowie die Ausgabenkürzungen von 6,3 Mrd. allein für das

70 Ebd., Anlage 3: Möglichkeiten zur Beseitigung des strukturell bedingten Ausgabenüberhangs. Die Kürzungen summierten sich auf 6,3 Mrd. (1968) und 8,2 Mrd. (1969) sowie 9,1 Mrd. (1970) und 8,9 Mrd. (1971).

71 Sie versprach sich davon Mehreinnahmen, die bis 1971 auf 2,8 Mrd. stiegen.

72 Kabinettsvorlage BMF (Strauß) vom 28.6.1967 mit Anlagen 1–4: Entwurf einer Finanzplanung des Bundes bis 1971, BArch B 126/28584, Anlage 2a: Übersicht über Brutto- und Netto-Verschuldung des Bundes bis 1971. So sollte die Nettoneuverschuldung von 4,78 Mrd. (1967) ohne Investitionsprogramm auf 5,4 Mrd. (1968) steigen und dann über 2,1 Mrd. (1969) und 2,4 Mrd. (1970) auf 1,2 Mrd. (1971) sinken. Der Investitionshaushalt lag 1967 bei 2,5 Mrd.

73 Die kurzfristigen Schulden wuchsen von 700 Mio. (1968) auf 5,7 Mrd. (1969) und bewegten sich 1970 bei 3,1 Mrd. und 1971 bei 4,4 Mrd.

74 Kabinettsvorlage BMF (Strauß) vom 28.6.1967 mit Anlagen 1–4: Entwurf einer Finanzplanung des Bundes bis 1971, BArch B 126/28584, Anlage 2: Übersicht über Tilgung und Streckung kurzfristiger Kredite des Bundes bis 1971 (Unterstreichung im Original).

75 Praß war 1941–1945 zunächst in der Heeresverwaltung, 1947–1956 dann in der Verwaltung der Freien und Hansestadt Hamburg sowie schließlich 1956–1969 im Bundeskanzleramt tätig. Er leitete dort von 1956–1963 das Referat 6 bzw. B 6 und stieg 1964 zum Leiter der Abteilung II bzw. ab 1968 der Abteilung III auf mit Zuständigkeit für Finanzen und Wirtschaft, Soziales, Gesundheit und Vertriebene. Vgl. *Lommatzsch*, S. 206, 208, 212; Biographien: Johannes Praß, in: Kabinettsprotokolle.

Haushaltsjahr 1968 »ein ›Hammerschlag‹ auf die Konjunktur« wären. Darum müsse, wie von Wirtschaftsminister Schiller vorgeschlagen und vom Wirtschaftskabinett beschlossen, ein »kraftvolles Programm zur Belebung der Konjunktur« das »stark kontraktiv wirkende Sanierungsprogramm« ergänzen. Geschickt führte Praß ein Schreiben der Deutsche Bundesbank ins Feld, die sich besorgt an den Bundeskanzler und die Kommission gewandt hatte.[76] Man werde zwar, hieß es dort, solange die Konjunktur schwächle, die Kreditfinanzierung des Bundes unterstützen, doch könne dies »nur ein temporärer Ausnahmezustand sein«; andernfalls drohe die Gefahr, »in ein inflationistisches Fahrwasser« zu geraten. Deshalb müsse mittelfristig der Haushalt durch Ausgabenkürzungen und eventuell auch durch Einnahmenerhöhungen ausgeglichen und die Verschuldung des Bundes in engen Grenzen gehalten werden. Als Richtwert nannte die Bundesbank 2 bis 3 Mrd. Praß griff diese Argumentation auf, um den Bundeskanzler unter Hinweis auf die erfolgreichen Maßnahmen der italienischen Regierung zur Ankurbelung der Wirtschaft in den Krisenjahren 1964 und 1965 auf ein zweites Konjunkturprogramm einzustimmen und die hohe Verschuldung im Haushalt 1968 mit der anhaltenden »Konjunkturschwäche« zu rechtfertigen. Er warnte außerdem davor, die Mehrwertsteuer aus Gründen der sozialen Symmetrie, wie es die SPD-Spitzengremien vorgeschlagen hatten, durch eine Ergänzungsabgabe zur Einkommen- und Körperschaftsteuer sowie eine Anhebung des Spitzensteuersatzes zu kompensieren. Demgegenüber hielt Praß die Kürzungen im Sozialbereich für angemessen. Da die Finanzplanung unter diesen Voraussetzungen »eine dauerhafte Sanierung des Bundeshaushalts« herbeiführen könnte, sollte diese »möglichst unverändert« durchgesetzt werden.[77]

In seiner entscheidenden Sitzung Anfang Juli 1967 folgte das Kabinett Praß' Empfehlung nicht.[78] Finanzminister Strauß stimmte das Gremium mit einem pessimistischen Ausblick auf die mittelfristige Finanzplanung ein.[79] Die Lage der Bundesfinanzen, erklärte er, sei »äußerst bedrückend« und lasse sich am besten mit »Überschuldung« umschreiben: »Über ein Privatunternehmen mit

76 Deutsche Bundesbank (Blessing/Troeger) an Buka am 22.6.1967, BArch B 136/3211.

77 Vermerk Praß (BKA) für Buka am 3.7.1967, ebd.

78 86. Kabinettssitzung am 4., 5. (Fortsetzung) und 6. (2. Fortsetzung) 7.1967, in: Kabinettsprotokolle. Dazu die ausführlichen Berichte von Kiesinger und Strauß in der Sitzung der CDU/CSU-Fraktion am 7.7.1967, in: *Marx*, Fraktion, Nr. 30: 7.7.1967, und den Bericht Kiesingers auf der CDU-Vorstandssitzung am 17.7.1967, in: *Buchstab* u. *Lindsey*, Kiesinger, Nr. 14: 17.7.1967. Außerdem den Bericht Möllers in der Sitzung der SPD-Fraktion am 7.7.1967, in: *Tüffers*, Nr. 24b: 7.7.1967, sowie die Debatte in der Fraktion, ebd. Nr. 24 a: Sitzung vom 7.7.1967. Hintergrundberichte: In der Folter, Lügen im Park und Unheimlich gelernt, in: Der Spiegel Nr. 28, 29 und 30 vom 3., 10. und 17.7.1967. Vgl. ferner *Hockerts*, Rahmenbedingungen, S. 37 ff.; *Schönhoven*, Wendejahre, S. 146 ff.; *Schmoeckel* u. *Kaiser*, S. 317 ff.

79 Sprechzettel Strauß zur Kabinettsitzung am 4./5.7.1967 – mehrjährige Finanzplanung, BArch B 126/28596.

einer derartigen Unterbilanz wäre bereits seit langem das Konkursverfahren eröffnet worden«. Insofern enthalte die mittelfristige Finanzplanung zwei neuralgische Punkte. Strauß nannte zum ersten den Ausgabenüberhang, der sich nur durch einschneidende Kürzungen vornehmlich im Sozialbereich beseitigen lasse. Zum zweiten verwies er auf die Neuverschuldung, die mit 5,4 Mrd. den Rahmen dessen sprenge, was »in der Vergangenheit als Schuldenaufnahme zur Finanzierung von Bundesausgaben als realisierbar und vertretbar angesehen« worden sei. Die damit eingeleitete »Neuorientierung der Schuldenpolitik des Bundes« gehe an »die äußerste Grenze des aus heutiger Sicht Vertretbaren«. Trotz der Einstimmung durch den Finanzminister prallten die Gegensätze im Kabinett so heftig aufeinander, dass es langer Beratungen bedurfte, ehe ein Kompromiss zustande kam. Was die Ausgaben- wie die Einnahmenseite der mittelfristigen Finanzplanung und nicht zuletzt das zweite Konjunkturpaket anging, verliefen die Fronten sowohl zwischen den Koalitionspartnern als auch innerhalb der Regierungsparteien. Die Ausgabenkürzungen betrafen am stärksten die CDU/CSU-Minister Katzer, Höcherl und Schröder, die ihre Ressortinteressen zäh verteidigten. Dabei unterstützte SPD-Verkehrsminister Leber den Alternativvorschlag des CDU-Sozialministers, die Zuschüsse des Bundes zur Rentenversicherung nicht durch eine Verringerung des dynamischen Rentenanstiegs, sondern durch höhere Beiträge und eine Erweiterung des Kreises der Pflichtversicherten zu reduzieren. Um den Preis steigender Lohnnebenkosten blieb so die bruttolohnbezogene dynamische Rente unangetastet. Der Verteidigungsminister wurde, obwohl er das »Ende der deutschen Sicherheit« beschwor, im Kabinett überstimmt, während der Landwirtschaftsminister lediglich durchsetzen konnte, die Einsparungen nach seinen Vorstellungen verteilen zu dürfen. Auf der Einnahmenseite wehrte sich Schiller, nachdem er von der SPD-Spitze wegen seiner anfänglichen Zustimmung zur Anhebung des Mehrwertsteuersatzes zurückgepfiffen worden war, gegen die von Strauß vorgeschlagene Steuererhöhung, während er die vornehmlich aus sozialen Gründen von der SPD-Spitze ins Gespräch gebrachte Ergänzungsabgabe für Besserverdienende ablehnte. Nicht minder umstritten war ein zweites Konjunkturprogramm, das Schiller gleich zu Beginn der Kabinettssitzung als Kompensation für niedrigere Ausgaben und höhere Einnahmen gefordert hatte.[80] Schillers Vorschlag lief auf eine stärkere Verschuldung des Bundes hinaus, die wiederum Strauß glaubte nicht verantworten zu können.[81]

Wegen der vielfach sich überkreuzenden Ressortinteressen und politischen Konfliktlinien, nicht zuletzt auch wegen des begrenzten Handlungsspielraums,

80 Abhängigkeit von Konjunkturpolitik und Finanzplanung. Rede von Minister Karl Schiller auf der Meisterfeier der Handwerkskammer Düsseldorf am 2.7.1967, in: Bulletin Nr. 70 vom 4.7.1967, S. 86. Kabinettssitzung am 4., 5. (Fortsetzung) und 6. (2. Fortsetzung) Juli 1967, in: Kabinettsprotokolle.

81 »Ich spiele nicht James Bond«, in: Der Spiegel Nr. 30 vom 17.7.1967.

den die feststehenden Ausgabenblöcke noch boten, blieb das Ergebnis der »Finanzschlacht« hinter der Kabinettsvorlage zurück.[82] Statt 7,2 Mrd. wurden im Haushalt 1968 nur 5,3 Mrd. gestrichen und die Mehreinnahmen von 2,1 auf 1,5 Mrd. reduziert. Damit folgte das Kabinett dem Wirtschaftsminister, der argumentiert hatte, man könne nicht gleichzeitig durch Konjunkturprogramme die Wirtschaft ankurbeln und ihr im selben Atemzug neue Lasten aufladen. Stattdessen stieg die Staatsverschuldung von 5 Mrd. auf 7,4 Mrd.[83] Die mittelfristige Finanzplanung bis 1971 sah Ausgabenkürzungen von insgesamt 29,8 Mrd. vor.[84] Diese wurden breit verteilt, so dass sie die Klientel beider Koalitionsparteien trafen.[85] Akzente setzte die Regierung lediglich bei Wissenschaft und Forschung; hier verdoppelte sie, die Zukunft im Blick, die Ausgaben von 1,6 Mrd. (1967) auf 2,9 Mrd. (1971). Die Einnahmen wurden um 13,6 Mrd. erhöht. Vor allem stieg die Mehrwertsteuer in zwei Schritten von 10 % über 10,5 % (1968) auf 11 % (1969). Zur sozialen Kompensation wurde eine dreiprozentige Ergänzungsabgabe zur Einkommen- und Körperschaftsteuer erhoben, wenn das Einkommen bei Ledigen 16.000 DM und bei Verheirateten 32.000 DM überstieg. Die angehobene Mehrwertsteuer sollte 8,3 Mrd. einbringen, die Ergänzungsabgabe 3,5 Mrd. Änderungen bei der Körperschaftsteuer für Sparkassen und für längerfristige Kreditgeschäfte sowie höhere Ablieferungen der Bundespost schlugen mit 1,9 Mrd. zu Buche.[86]

Das Kabinett hatte weniger gekürzt und auch geringere Mehreinahmen erschlossen, als vom Finanzminister vorgeschlagen worden war. Deshalb musste der Bund mehr Schulden machen. So projektierte die mittelfristige Finanzplanung gut 6 Mrd. netto an langfristigen, vor allem aber 12,2 Mrd. bzw. einschließlich der Konjunkturprogramme 14,7 Mrd. netto an kurzfristigen Krediten.[87] Deren Tilgung ließ sich, worauf bereits die Kabinettsvorlage aufmerksam

82 So Conrad Ahlers im Vorwärts vom 20.7.1967, zit. nach *Schönhoven*, Wendejahre, S. 149.

83 Das Folgende nach *Bundesministerium der Finanzen*, Finanzbericht 1968, S. 94 ff. Vgl. auch Gespräch mit Bundesfinanzminister Franz Josef Strauß über die Kabinettsbeschlüsse zur mittelfristigen Finanzplanung für 1967–1971 vom 7.7.1967, WDR 6127430104, sowie Die Finanzplanung des Bundes bis 1971, in: Bulletin Nr. 73 vom 8.7.1967; Höhere Steuern sollen aus der Finanzkrise helfen, in: Frankfurter Allgemeine Nr. 155 vom 8.7.1967. *Schmähl*, Bd. 5, S. 416 ff.

84 Am stärksten strich das Kabinett mit knapp 12 Mrd. beim Sozialbudget und beim Verteidigungsetat mit rund 9,4 Mrd. Aber auch die Einzelpläne des Agrar- (2,7 Mrd.) und Verkehrs- (1,4 Mrd.), Entwicklungshilfe- (880 Mio.), Wohnungs- (700 Mio.) und Wirtschaftsministeriums (650 Mio.) wurden gekürzt. Die verbleibenden Ressorts mussten zusammen weitere 1,8 Mrd. beisteuern.

85 Die Finanzplanung des Bundes bis 1971, in: Bulletin Nr. 73 vom 8.7.1967, Anlage 2: Beseitigung des strukturell bedingten Ausgabenüberhangs.

86 Ebd., Anlage 3a: Einnahmeverbesserungen.

87 Ebd., Anlage 4: Übersicht über die Brutto- und Netto-Neuverschuldung des Bundes bis 1971.

gemacht hatte, im gegebenen Planungszeitraum nicht bewerkstelligen, sollte sich vielmehr ohne Rücksicht auf die konjunkturpolitische Entwicklung bis ins Jahr 1973 hinziehen.[88] Damit brachte die Regierung die ohnehin angepeilte »Neuorientierung der Schuldenpolitik« unwiderruflich auf den Weg.[89] Sie zielte darauf ab, »die Einnahmen aus Krediten zur Haushaltsführung künftig über den bisherigen Umfang beträchtlich auszuweiten, dem Bund also einen größeren Anteil am gesamten Kapitalaufkommen der Volkswirtschaft zu sichern«.[90]

Die Entscheidungen des Kabinetts zur mittelfristigen Finanzplanung wurden den Koalitionsfraktionen am 7. Juli präsentiert.[91] Beide Seiten betonten, sie hätten ihre Vorstellungen trotz erheblicher Widerstände und aller notwendigen Kompromisse durchgesetzt. Kurt Georg Kiesinger beschwichtigte seine Fraktion damit, man habe »die Quadratur des Zirkels zu lösen« gehabt. Zwar erwarte er »Kritik von allen Seiten«. Doch entstünde, sollte das Paket aufgeschnürt werden, »eine schwere Krise der Koalition«. Franz Josef Strauß rechtfertigte das Ergebnis mit dem, wie er es nannte, »Gesetz der nicht entwirrbaren Menge«, das jeglicher Planungseuphorie Hohn sprach: »Im einzelnen möchte ich kein Argument als unsinnig bezeichnen, wird aber im Saldo die Summe aller Argumente aufgerechnet, ergibt sich zum Schluss pures Chaos. So kam eine Kompromisslösung zustande«.[92] Willy Brandt betonte, alle drei wesentlichen Punkte, nämlich die mittelfristige Finanzplanung, die gemeinsame Ordnung der finanz-, wirtschafts- und sozialpolitischen Probleme sowie das Programm zur Belebung der Konjunktur, entsprächen »alten sozialdemokratischen Forderungen«. Ähnlich sah es Alex Möller.[93] Nachdem Finanzminister Strauß den Zentralbankrat der Deutschen Bundesbank informiert und dort vor allem die hohe Verschuldung verteidigt hatte,[94] gingen die Beschlüsse in den folgenden Wochen in Gesetzentwürfe ein, die der Bundestag Anfang September beriet.[95]

88 Ebd., Anlage 4a: Übersicht über Tilgung und Streckung kurzfristiger Kredite des Bundes bis 1971.

89 Abteilung II BMF (Korff) an Abteilung V am 19.7.1967, BArch B 126/28598.

90 Vermerk Referat V A/1 BMF (Ullmann) betr. Schuldenpolitik und mittelfristige Finanzplanung – Erweiterung der Kreditmöglichkeiten des Bundes vom 24.5.1967, BArch B 126/28596; vgl. auch Vermerk Referat V A/1 BMF (Müncks) betr. Schuldenpolitik, BArch B 126/28598.

91 *Marx*, Fraktion, Nr. 30: 7.7.1967; *Tüffers*, Nr. 24a und b: 7.7.1967.

92 *Marx*, Fraktion, Nr. 30: 7.7.1967.

93 *Tüffers*, Nr. 24a und b: 7.7.1967.

94 243. Sitzung des Zentralbankrates der Deutschen Bundesbank am 12./13.7.1967, BArch B 136/3328.

95 VDB, 5. WP, 119. Sitzung vom 6.9.1967, S. 5957 ff., und BT-Drucksachen V/2065, 2070, 2086–2089. Vgl. auch die Beratungen der Koalitionsfraktionen: *Marx*, Fraktion, Nr. 31: 5.9.1967; *Tüffers*, Nr. 25: 5.9.1967. Fk., Der Bundestag sagt mit Bedenken ja zu Kiesingers Programm, in: Frankfurter Allgemeine Nr. 207 vom 7.9.1967.

Dabei gab es noch kleinere Änderungen. Doch hüteten sich die Koalitionsfraktionen, das Finanzpaket noch einmal aufzuschnüren.[96]

Die Regierung und die sie tragenden Parteien mussten sich massive Kritik am Haushalt 1968 und an der mittelfristigen Finanzplanung gefallen lassen. So zog Karl Otto Pöhl im Volkswirt eine ernüchternde Bilanz.[97] Die angestrebte »große Umstrukturierung der Einnahmen und Ausgaben« sei »nur teilweise gelungen«, der erzielte Kompromiss könne »niemand begeistern«. Positiv wertete er lediglich, dass der Anstieg der Sozialausgaben habe gebremst werden können und mehr Investitionen sowie höhere Aufwendungen für Wissenschaft und Forschung vorgesehen seien. Dass man dies alles mit einer stärkeren Verschuldung erkauft habe, sorgte ihn nicht.[98] Anderer Ansicht war die Frankfurter Allgemeine. Sie kritisierte vor allem die geplanten Schulden »als bedenklich und gefährlich«.[99] Schärfer fiel die Kritik im Handelsblatt noch vor Beginn der parlamentarischen Beratungen aus.[100] Der Zeitung galt die mittelfristige Finanzplanung als »ein Zeugnis für das eigennützige Bemühen, Schwierigkeiten in der Großen Koalition so weit irgend möglich zu vermeiden«.[101] Dagegen monierte der Bund der Steuerzahler den Widerspruch zwischen den Steuererhöhungen auf der einen und dem Konjunkturprogramm auf der anderen Seite, mahnte stärkere Kürzungen bei den Sozialausgaben an und drängte darauf, »die investiven Ausgaben zu Lasten der Verbrauchsausgaben zu verstärken«.[102] Auch der Deutsche Industrie- und Handelstag ließ kein gutes Haar an der mittelfristigen Finanzplanung.[103] Er beklagte die hohe Neuverschuldung und besonders die geplante Prolongation der kurzfristigen Schulden, die einer konsequenten Politik des *Deficit spending* widerspreche. In dieselbe Kerbe hieb die Arbeitsgemeinschaft selbständiger Unternehmer, wenn sie kritisierte, dass die Prolongierung »die finanzielle Sanierung in die Zukunft« verschiebe.[104]

96 Gemeinsame Erklärung der Bundestagsfraktionen der CDU/CSU und der SPD zur Mehrjährigen Finanzplanung des Bundes 1967 bis 1971, in: *Bundesministerium der Finanzen*, Finanzbericht 1968, S. 105 f. Vgl. auch *A. H. Schneider*, S. 172 ff., und *Knorr*, S. 122 ff.

97 K. O. Pöhl, Die Weichen sind gestellt, in: Der Volkswirt Nr. 28 vom 14.7.1967.

98 Ders., Krisenabwehr durch Defizit, in: ebd. Nr. 26 vom 30.6.1967.

99 H. Roeper, Vom Juliusturm zum Schuldenturm, in: Frankfurter Allgemeine Nr. 161 vom 15.7.1967.

100 K. Bernhardt, Zu leicht befunden, in: Handelsblatt Nr. 172 vom 6.9.1967, und K. H. Herchenröder, Chancen schon vertan?, in: ebd. Nr. 174 vom 8./9.9.1967.

101 Ähnlich R. Herlt, Der Regierung fehlt es an Mut, in: Die Welt Nr. 208 vom 7.9.1967.

102 *Karl-Bräuer-Institut*, Bundeshaushalt 1968, S. 27, 29.

103 Hauptgeschäftsführer Deutscher Industrie- und Handelstag (Düren) an Staatssekretär Grund (BMF) am 22.8.1967 mit Anlage: Stellungnahme zur mittelfristigen Finanzplanung, BArch B 126/28597.

104 Arbeitsgemeinschaft selbständiger Unternehmer, Zusammenfassende Thesen der Stellungnahme der ASU zur Finanzplanung des Bundes bis 1971 und zum Zweiten Programm der Bundesregierung für besondere konjunktur- und strukturpolitische Maßnahmen 1967/68 vom 3.9.1967, BArch B 126/28597.

Dass die mittelfristige Finanzplanung derart massive Kritik auf sich zog, lag nicht nur an ihren unbestreitbaren Schwächen, sondern auch an den hochgespannten Erwartungen, die Regierung und Koalitionsparteien geweckt hatten.[105] So war die Notwendigkeit der Großen Koalition von Bundeskanzler Kiesinger in seiner Regierungserklärung nicht zuletzt damit begründet worden, dass harte und unpopuläre Maßnahmen zu treffen seien, um die finanzpolitischen Fehler der Vergangenheit wieder gutzumachen. Der Haushalt dürfe daher nicht lediglich »ein Flickenteppich von Interessen- und Ressortkompromissen«, sondern müsse »das Spiegelbild eines politischen Gesamtprogramms« sein.[106] Hinter solche vollmundigen Ankündigungen fielen die Ergebnisse der mittelfristigen Finanzplanung zwangsläufig zurück, konnte diese doch nur das abbilden, was sich in der Großen Koalition politisch durchsetzen ließ. Immerhin war die sogenannte »Mifrifi« ein erster Versuch, die Expansion der öffentlichen Haushalte durch eine längerfristige, über das Jährlichkeitsprinzip des Budgets hinausgreifende Planung in ebenso regelhafte wie stetige Bahnen zu lenken. Dieses Ziel wollte der Finanzplan auf dreierlei Wegen erreichen: Zum einen ging es ihm darum, die Dynamik einmal beschlossener Ausgaben vornehmlich im Sozialbereich, aber nicht nur dort zu begrenzen. Zum anderen sollten die finanzpolitischen Entscheidungen besser mit den wirtschaftlichen Möglichkeiten in Einklang gebracht werden, indem man ihnen eine mehrjährige Projektion der Wirtschaftsentwicklung zugrunde legte. Schließlich ging es darum, finanzielle und damit politische Spielräume im Haushalt aufzudecken, um sogenannte »zukunftssichernde Ausgaben« vorzugsweise in Form öffentlicher Investitionen finanzieren zu können.

Einem nachhaltigen Erfolg der mittelfristigen Finanzplanung standen außer den inhaltlichen Schwächen strukturelle Mängel entgegen.[107] Ihr wundester Punkt war, dass sie das herkömmliche Planungsverfahren nicht umgestaltete.[108] Zwar entstanden in den meisten Ministerien Planungsstäbe, auch wurde die Haushaltsabteilung im Finanzministerium ausgebaut, und nicht zuletzt sollten personelle Umbesetzungen die etablierten »Fiskaljuristen« in den Hintergrund drängen.[109] Doch folgte die Finanz- weiterhin den tradierten Bah-

105 Vgl. auch die beschönigenden Überlegungen bei *Schmoeckel* u. *Kaiser*, S. 319 ff.

106 VDB, 5. WP, 80. Sitzung vom 13.12.1966, S. 3656 ff. (Zitat: S. 3659).

107 Diese Schwächen sahen die zuständigen Beamten im Finanzministerium von Anfang an recht klar. Vgl. H. C. Korff, Zur Methodik der Finanzplanung. Vortag vor dem Wiss. Beirat am 26.5.1967, BArch B 126/28596. Dass die Probleme auch in den siebziger Jahren noch nicht gelöst waren, zeigt beispielhaft der kritische Vermerk von Referat I A 4 BMF (Neuthinger) vom 22.6.1977 betr. Probleme der Finanz- und Haushaltsplanung und der Haushaltskonsolidierungen, BArch B 126/48176.

108 Projektgruppe Regierungs- und Verwaltungsreform beim Bundesminister des Inneren, Zwischenbericht zur Finanz- und Aufgabenplanung vom 21.1.1972, BArch B 136/11227; vgl. auch *König*, S. 122 ff.

109 *Naschold*, Anpassungsplanung, bes. S. 83 ff.; *Zunker*, S. 57 ff.

nen der Haushaltsplanung und schrieb so deren Schwächen fort.[110] Ausgabenprogramme wurden nicht, wie vom Kabinett als politisches Ziel formuliert, aus Aufgabenprogrammen entwickelt. Vielmehr ergab sich der Finanzplan als »Extrapolation des jeweils zur Beratung anstehenden Haushaltsplans«.[111] Da auch längerfristige Kosten-Nutzen-Analysen unterblieben, entstanden Ausgabenschwerpunkte und -prioritäten oder wurden einfach fortgeschrieben, die spätere Entscheidungen zwangsläufig präjudizierten. Obendrein fehlten klare Kriterien, um die Forderungen der Ressorts zu bewerten. Aufgaben- und Finanzplanung griffen daher nur ungenügend ineinander.[112] Ungelöst blieb zudem das Problem, wie sich die Finanzplanung am mittelfristigen Wachstumspfad der Wirtschaft orientieren, also mit den konjunkturellen Schwankungen umgehen sollte.[113] Erschwerend kam hinzu, dass das föderale System der Bundesrepublik eine gemeinsame Finanzplanung aller Gebietskörperschaften kaum zuließ. Ein Gesamtfinanzplan, der nicht nur den Bund und die zehn Bundesländer, sondern auch die rund 24.000 Gemeinden hätte einschließen müssen, lag in weiter Ferne.[114] Schließlich blieb bei der Aufstellung des Finanzplans eine Reihe heikler politischer Fragen unbeantwortet. Diese betrafen etwaige Gewichtsverschiebungen im Kräftefeld von Finanzminister, Bundeskanzler und Kabinett oder von Exekutive und Legislative. Es ging aber auch um das Spannungsverhältnis zwischen der Haushaltssouveränität des Parlaments auf der einen Seite und der Bindung an den Finanzplan auf der anderen Seite, an dessen Aufstellung Bundestag und Bundesrat wenigstens formal nicht mitwirkten.[115]

Die in Politik, Wissenschaft und Öffentlichkeit diskutierten Unzulänglichkeiten der mittelfristigen Finanzplanung führten einerseits zu zahlreichen Vorschlägen, wie diese zu verbessern sei. Dabei wurde teils auf das *Planning-Programming-Budgeting-System* in den USA als Vorbild verwiesen, teils auf systemtheoretische und sozialkybernetische Konzepte zurückgegriffen.[116] Entscheidend blieb jedoch, dass die mittelfristige Finanzplanung als gleitende, mithin als eine alljährlich um ein weiteres Jahr »fortzuschreibende« Planung angelegt war.[117] Diese Fortschreibung führte einerseits zu einer formalen Umgestaltung der Finanzpläne, die deren Aussagewert schrittweise erhöhte.

110 *Gresser*, S. 14; vgl. auch *Zunker*, S. 112 ff.

111 *Hansmeyer*, Finanzplanung, S. 137. Vgl. auch die Kritik von *Naschold*, Probleme.

112 *Gresser*, S. 54 ff.

113 Ebd., S. 123 ff.

114 *Hettlage*, Probleme, S. 245 ff.; *K. Schmidt* u. *Wille*, S. 96 ff.; *Gresser*, S. 97 ff.

115 *K. Schmidt* u. *Wille*, S. 96 ff.; *Hettlage*, Probleme, S. 240 f.; *Naschold*, Anpassungsplanung, S. 88 f.; *Gresser*, S. 168 ff.

116 *Wille*, S. 131 ff.; *Naschold*, Anpassungsplanung; *ders.*, Probleme.

117 § 9 Abs. 3 Stabilitäts- und Wachstumsgesetz.

Andererseits erfolgte inhaltlich eine Anpassung an die konjunkturelle Entwicklung, und zugleich verschoben sich die finanzpolitischen Prioritäten und Projektionen.[118]

Der Finanzplan für die Jahre 1968 bis 1972 stand bereits im Zeichen von Fortschreibung und Anpassung.[119] Befand sich die bundesdeutsche Wirtschaft, als der erste Plan beschlossen wurde, auf dem Tiefpunkt der Rezession, hatte ein Jahr später, als das Kabinett im September 1968 den zweiten Finanzplan verabschiedete, ein kräftiger konjunktureller Aufschwung eingesetzt, der auch im folgenden Jahr anhielt und so die »längste Aufschwungsphase« der westdeutschen Wirtschaft nach dem Zweiten Weltkrieg einleitete.[120] Das führte, wie Praß gegenüber dem Bundeskanzler vermerkte, zu einer »gefährlichen Euphorie« und barg das Risiko, »die Grundlage einer gesunden Finanzpolitik« zu verlassen.[121] So erwiesen sich die Verhandlungen über den zweiten Finanzplan zwar als weniger schwierig als die Aufstellung des ersten Plans, verliefen jedoch alles andere als konfliktfrei. Für die Sitzungen des Kabinettsausschusses für mehrjährige Finanzplanung im Mai und Juni 1968 erarbeitete der Abteilungsleiterausschuss eine Empfehlung, die angesichts der konjunkturellen Entwicklung zwar auf Ausgabenkürzungen wie auf Steuererhöhungen verzichtete, jedoch den als »Verfügungsbetrag« bezeichneten finanziellen Spielraum für neue Maßnahmen mehr als verdoppelte.[122] Das ließ sich nur durch eine höhere Nettokreditaufnahme erreichen. Diese hielt das Gremium aus gesamtwirtschaftlichen Gründen für vertretbar, sofern die erzielten Mehreinnahmen »nicht zusätzlich in den Konsum« flössen.[123]

Den »Verfügungsbetrag« vor allem für investive, das wirtschaftliche Wachstum fördernde Zwecke und nicht zur Erhöhung von Sozialleistungen zu verwenden und ihn auf die einzelnen Ressorts zu verteilen, erwies sich im Vorwahljahr als das zentrale Problem bei der Aufstellung des Finanzplans. Arbeitsminister Hans Katzer verlangte nämlich, dass die Bundeszuschüsse zur Rentenversicherung in Höhe von 1,5 Mrd. von 1972 an wieder gezahlt und die Kriegsopferrenten schon 1971 erhöht würden. Familienminister Bruno Heck drängte darauf, das Kindergeld anzuheben. Vertriebenenminister Kai Uwe von Hassel trat für ein Leistungsgesetz für Flüchtlinge aus der DDR ein, das in der ursprünglichen Fassung mit 5,8 Mrd., davon 3,8 Mrd. für den Bund, zu Buche geschlagen hätte.[124]

118 *K. Schmidt* u. *Wille*, S. 48 ff.

119 *Bundesministerium der Finanzen*, Finanzplanung 1968 bis 1972; vgl. auch BT-Drucksache V/3299.

120 *Hagemann*, Tätigkeit 1968 und 1969, S. 457.

121 Vermerk Praß (BKA) für Buka am 21.3.1968, BArch B 136/3213.

122 Für 1970 von 0,5 auf 1,3 Mrd., für 1971 von 1,2 auf 2,4 Mrd. und für 1972 auf 4,1 Mrd.

123 Vermerke Praß (BKA) für Buka am 22. bzw. 24.5.1968, BArch B 136/3214.

124 Ebd. Vgl. auch *Schmähl*, Bd. 5, S. 424 ff. Zum Schluß Gift, in: DER SPIEGEL Nr. 36 vom 2.9.1968.

Gesundheitsministerin Käte Strobel forderte mehr Geld für den Bau von Krankenhäusern. Verkehrsminister Georg Leber beanspruchte zusätzliche Mittel für den Straßenbau, und Wohnungsminister Lauritz Lauritzen meldete einen höheren Bedarf für die Förderung des Städtebaus an. Mit diesen Mehrausgaben, die sich für den Haushalt des Wahljahres 1969 auf 700 Mio. beliefen und bis 1972 auf 7 Mrd. summierten, wäre nicht nur der »Verfügungsbetrag« komplett ausgeschöpft worden. Der Bund hätte sich auch noch stärker als vorgesehen verschulden müssen. Wirtschaftsminister Karl Schiller war zu dieser Expansion bereit, um das Produktionspotential voll auszulasten und so das außenwirtschaftliche Ungleichgewicht zu verringern, das auf die Alternative Aufwertung der Mark oder Anpassungsinflation hinauszulaufen drohte. Dagegen leistete die Bundesbank massiven Widerstand.[125] Sie rechnete vor, dass die Geldvermögensbildung zwar steigen dürfte, dem Bund nach Abzug des Kreditbedarfs der Unternehmen und der Kreditgewährung an das Ausland aber nur 3,3 Mrd. im Jahre 1968 und auch in den folgenden Jahren nur ein leicht steigender Betrag zur Verfügung stünde. Selbst in diesem Fall läge der Anteil der öffentlichen Hände an der gesamten Kreditaufnahme 1972 mit 19 % höher als im Durchschnitt der Jahre 1960 bis 1966 mit 13 %, ihr Beitrag zur Geldvermögensbildung sänke von 22 auf 6 %, und der Staat wäre künftig »in erheblichem Maße Netto-Schuldner«, während er bis 1966 »Netto-Gläubiger« gewesen sei.[126] Das Bundeskanzleramt teilte die skeptische Einschätzung der Bundesbank. Denn »sofern man am Ziel der Preisstabilität« festhalte, erschien es ihm problematisch, den Kreditrahmen in einem ohnehin starken Konjunkturaufschwung auszuweiten.[127]

Der Kabinettsausschuss konnte sich bei der mittelfristigen Finanzplanung verhältnismäßig rasch auf eine gemeinsame Linie verständigen, gehörten ihm doch die »Wahl-Wohltäter der Regierung« nicht an.[128] So sah die Vorlage des Finanzministers, welche die Ergebnisse der Beratungen bündelte, eine Steigerung der Ausgaben in den Jahren 1968 bis 1972 von durchschnittlich 5,5 % pro Jahr vor.[129] Da der Finanzplan auf gravierende Ausgabenkürzungen verzichtete und lediglich die Steuerschätzungen für 1971 und 1972 nach oben korrigierte bzw. ergänzende Steuermehreinnahmen vorsah, um nach dem Auslaufen der Heizöl- und der Investitionssteuer die Steuerbelastungsquote bei 24,3 % stabil zu halten, ließen sich die projektierten höheren »Verfügungsbeträge« nur durch eine »fühlbare Steigerung« der Nettokreditaufnahme erwirtschaften. Da vorrangig für »zukunftweisende Aufgaben« mehr ausgegeben werden sollte, mussten die konsumtiven Sozialleistungen zurückstehen. Weder ent-

125 Vermerk Praß (BKA) für Buka am 7.6.1968, BArch B 136/3214.
126 Bundesbank (Blessing/Irmler) an BFM Strauß am 10.6.1968, BArch B 136/3214.
127 Vermerk Referat II/3 BKA (Geberth) vom 15.8.1968, BArch B 136/7447.
128 Zum Schluß Gift, in: Der Spiegel Nr. 36 vom 2.9.1968.
129 Kabinettsvorlage BMF (Strauß) vom 26.8.1968, BArch N 1431/17, und Vermerk Praß (BKA) vom 28.8.1969, BArch B 136/3215.

fiel die Kürzung des Bundeszuschusses zur Rentenversicherung, noch wurden die Kriegsopfergrundrenten oder das Kindergeld erhöht und auch nicht mehr Mittel für DDR-Flüchtlinge, Krankenhäuser und Städtebau bereitgestellt.

Im Kabinett ließ sich die Vorlage des Finanzministers, der von Regierung und Parlament »bis zum Ende der Legislaturperiode strengste Selbstdisziplin« verlangte, nur teilweise durchsetzen.[130] Das zeichnete sich schon bei den Beratungen des Koalitionsausschusses, des sogenannten »Kreßbronner Kreises«, ab. Hier wiesen Alex Möller und Helmut Schmidt eine fortgesetzte Kürzung der Zuschüsse zur Rentenversicherung als für die SPD »unzumutbar« zurück, befürworteten im Gegenteil weitere soziale Leistungen.[131] So folgte das Kabinett zwar im Wesentlichen dem Vorschlag des Finanzministers, im Haushalt 1969 keine größeren Ausgabenreduzierungen und Steuererhöhungen vorzunehmen und diesen angesichts der konjunkturellen Lage weder bewusst expansiv noch restriktiv zu fahren. Es stimmte auch der mittelfristigen Finanzplanung zu, die zusätzliche finanzielle Spielräume durch eine stärkere Neuverschuldung erschließen wollte. Entgegen der Vorlage des Finanzministers beschloss die Regierung zulasten der »Verfügungsbeträge« jedoch erhebliche konsumtive Mehrausgaben. So sollte die Kürzung der Zuschüsse zur Rentenversicherung mit dem Jahr 1971 auslaufen, verbunden allerdings mit der Einsetzung eines Kabinettsausschusses, der den Auftrag erhielt, eine Reform der Alterssicherung auszuarbeiten. Auch wurde das Kindergeld von 1972 an erhöht, die Ausbildungsförderung aufgestockt, die Kriegsopferversorgung verbessert, ein finanziell reduzierter und gedeckelter Lastenausgleich für DDR-Flüchtlinge auf den Weg gebracht sowie nicht zuletzt der Etat des Agrar-, Wohnungsbau- und Verteidigungsministers aufgestockt.[132]

Die Beschlüsse des Kabinetts zum zweiten Finanzplan, der im Oktober 1968 zusammen mit dem Haushalt 1969 im Bundestag eingebracht wurde,[133] hatten vier weitreichende Konsequenzen. Erstens verschob sich der Begriff »Investition«.[134] Dieser wurde in Übereinstimmung mit dem von Bund und Ländern gemeinsam entworfenen Gruppierungsplan für die Budgets enger gefasst, zu-

130 136. Kabinettssitzung am 2., 3. (Fortsetzung) und 4. (2. Fortsetzung) 9. 1968, in: Kabinettsprotokolle.

131 *Marx*, Kreis, S. 155 ff. (Zitat: S. 160). Zur Bedeutung des Kreßbronner Kreises für die große Koalition vgl. *Eichhorn*, S. 169 ff.

132 Die Finanzplanung des Bundes bis 1972 – Beschluß der Bundesregierung vom 4.9.1968, in: Bulletin Nr. 111 vom 6.9.1968, S. 954–964. Vgl. auch Strauß und Schiller wollen die Konjunktur am Zügel halten, in: Frankfurter Allgemeine Nr. 207 vom 6.9.1968.

133 Vgl. die Haushaltsrede Strauß vom 16.10.1968, in: VDB, 5. WP, 188. Sitzung vom 16.10.1968, S. 10166 ff. Dazu auch den Bericht von PSt Leicht in der CDU/CSU-Fraktionssitzung am 24.9.1968, in: *Marx*, Fraktion, Nr. 69: 24.9.1968.

134 Einzelheiten bei *Höfling*, S. 185 ff. Vgl. auch das Gutachten zum Begriff der öffentlichen Investitionen – Abgrenzungen und Folgerungen – im Hinblick auf Artikel 115 Grundgesetz, in: *Bundesministerium der Finanzen*, Beirat 1974–1987, S. 313–360.

gleich aber, um diese Engführung auszugleichen, durch den Terminus »wachstumsfördernde Ausgaben« ersetzt. Das hatte den angenehmen Nebeneffekt, dass allein dadurch der als »Investitionsquote« ausgewiesene Anteil am Bundeshaushalt im Jahr 1968 von 18,3 % auf 19,4 % stieg und sich die Zielmarke, die entsprechend für 1972 auf 21,4 % heraufgesetzt wurde, leichter erreichen ließ.[135] Zweitens drohte eine »Schwerpunktinflation« bei den Ausgaben. Hatte schon der erste Finanzplan keine erkennbaren Prioritäten gesetzt, verschwammen diese im zweiten noch mehr, da weitere Schwerpunkte hinzukamen, ohne dass dafür klare Kriterien formuliert worden wären. Drittens behielt die Bundesregierung ihren moderat expansiven finanzpolitischen Kurs bei, ja, verstärkte ihn noch. Wie schon im ersten wurde auch im zweiten Finanzplan das Wachstum der öffentlichen Ausgaben mit 6,0 bis 6,5 % etwas höher angesetzt als die nominale Zuwachsrate des Bruttosozialprodukts mit 6 %. Viertens griff die Bundesregierung stärker auf den öffentlichen Kredit zurück.[136] So erhöhte sich die Nettokreditfinanzierung während der Laufzeit des zweiten Finanzplans auf insgesamt 22,49 Mrd., während der erste Plan trotz Rezession lediglich 16,73 Mrd. vorgesehen hatte.[137]

Die höhere Verschuldung wurde sowohl intern als auch gegenüber der Öffentlichkeit ausführlich begründet, ein Zeichen dafür, dass sie keineswegs unumstritten war oder gar als selbstverständlich galt. Vielmehr zeigen die Beratungen in den verschiedenen Gremien, die mit der Aufstellung des Finanzplans befasst waren, angefangen von der Abteilungsleiter- und der Kabinettskommission bis hin zum Kabinett, dass alle Beteiligten sich bewusst waren, damit einer folgenreichen »Neuorientierung der Kreditpolitik« den Weg zu ebnen.[138] Strauß erkannte klar, dass die Rechtfertigung der vorgesehen Neuverschuldung nicht »allein eine Frage ökonomischer Fakten, sondern auch ein psychologisches Problem« war, da die Öffentlichkeit einer »Erhöhung der Staatsverschuldung äußerst skeptisch gegenüber« stehe.[139] Die finanzpolitische Neuausrichtung rechtfertigte der Finanzminister deshalb nicht nur in seiner Haushaltsrede,[140]

135 Finanzplanung des Bundes 1968 bis 1972 vom 9.10.1968, BT-Drucksache V/3299, Nr. 37 ff. und Gesamtübersicht, bes. Finanzierungsrechnung.

136 Zwar fiel die Nettokreditaufnahme von 7,34 Mrd. im Jahr 1968 (erster Finanzplan: 6,85 Mrd.) auf 3,65 Mrd. 1969 (2,0 Mrd.), hielt sich aber 1970 und 1971 mit 3,6 Mrd. (2,15 Mrd.) und 3,8 Mrd. (1,05 Mrd.) ungefähr auf diesem Niveau und stieg dann 1972 auf 4,1 Mrd. an.

137 Finanzplanung des Bundes 1968 bis 1972 vom 9.10.1968, BT-Drucksache V/3299, Nr. 20 ff. und Nr. 37.

138 136. Kabinettssitzung am 2.9.1968, in: Kabinettsprotokolle.

139 Vgl. die ausführliche Begründung in der Kabinettsvorlage BMF (Strauß) vom 26.8.1967, BArch N 1432/17.

140 Haushaltsrede Strauß vom 16.10.1968, in: VDB, 5. WP, 188. Sitzung vom 16.10.1968, S. 10166 ff.

sondern versuchte auch, die Bürger in einer Reihe von öffentlichen Reden und Publikationen, mit der neuen Linie vertraut zu machen.[141] Die Kreditfinanzierung sei ein »legitimes Mittel der staatlichen Finanzgestaltung« und kein »widerwillig hingenommener Bastard«, dessen man sich schämen müsse.[142]

Im ersten Finanzplan hatte die Bundesregierung noch argumentiert, höhere öffentliche Investitionen zwängen den Bund dazu, mehr Schulden zu machen. Das sei freilich nur zu rechtfertigen, »wenn die Ausgabenstruktur des Gesamthaushalts mit dem Ziel verstärkter Investitionen verbessert« würde und konjunkturbedingte Mehreinnahmen in die Schuldentilgung flössen.[143] Diese Überlegungen führte der zweite Finanzplan nicht nur fort, sondern baute sie zu einer regelrechten Argumentationsstrategie aus. Dabei stützte er sich auf das Jahresgutachten 1968/69 des Sachverständigenrates sowie ein Gutachten des Wissenschaftlichen Beirats beim Bundesministerium für Wirtschaft vom Sommer 1968.[144] Der Finanzplan führte nun sechs Argumente für eine höhere Verschuldung ins Feld: Erstens erlaube es die mit wachsendem Sozialprodukt steigende Geldvermögensbildung der privaten Haushalte, die öffentliche Verschuldung auszuweiten.[145] Diese sei zweitens notwendig, um die öffentlichen Investitionen zu finanzieren, welche die Volkswirtschaft auf dem angestrebten mittelfristigen Wachstumspfad hielten.[146] Drittens trüge eine höhere Verschuldung dazu bei, die gesamtwirtschaftliche Vermögensbildung vom Staat zu den privaten Haushalten und Unternehmen zu verlagern. Das sei wünschenswert, weil nach wie vor nur ein Viertel der öffentlichen Investitionen durch Kredite, der überwiegende Teil aber durch Steuern finanziert werde. Viertens brauche der Staat, wenn er sich mehr verschulde, die Steuern nicht anzuheben. Das fördere über eine höhere Selbstfinanzierungsquote die Investitionsbereitschaft der Unternehmen.[147] Fünftens könne der Bund dank höherer Schulden den Ländern und Gemeinden einen größeren Anteil an der Einkommen- und Körperschaftsteuer zugestehen und damit deren Investitionskraft stärken. Sechstens sei eine höhere Verschuldung nicht nur wirtschaftlich sinnvoll, sondern auch

141 Vgl. etwa F. J. Strauß, Zur Kreditfinanzierung in der mehrjährigen Finanzplanung 1968 bis 1972, in: BULLETIN Nr. 109 vom 4.9.1968, S. 929–932.

142 Haushaltsrede Strauß vom 16.10.1968, in: VDB, 5. WP, 188. Sitzung vom 16.10.1968, S. 10172.

143 Finanzplanung des Bundes 1967 bis 1971, BT-Drucksache V/2065, Nr. 7.

144 *Sachverständigenrat*, Jahresgutachten 1968/69, Ziff. 126; Der Wissenschaftliche Beirat beim Bundesministerium für Wirtschaft, Gutachten vom 23.7.1968, Thema: Fragen der Staatsverschuldung, in: *Bundesministerium für Wirtschaft*, Beirat 1966 bis 1971, S. 519–533.

145 Haushaltsrede Strauß vom 16.10.1968, in: VDB, 5. WP, 188. Sitzung vom 16.10.1968, S. 10166 ff.

146 F. J. Strauß, Zur Kreditfinanzierung in der mehrjährigen Finanzplanung 1968 bis 1972, in: BULLETIN Nr. 109 vom 4.9.1968, S. 929–932, bes. S. 930.

147 Finanzplanung des Bundes 1968 bis 1972 vom 9.10.1968, BT-Drucksache V/3299, Nr. 39.

finanzpolitisch unbedenklich. Lediglich 6 % der Gesamtausgaben der öffentlichen Hände würden auf diese Weise finanziert; die Zinsbelastung steige bis 1972 auf gerade einmal 6 % der Steuereinnahmen; und die Höhe der Schulden sei schließlich im internationalen Vergleich niedrig. Beurteile man die Kreditfinanzierung »im Rahmen gesamtwirtschaftlicher Betrachtungen« und unter Berücksichtigung der »allgemeinen wirtschafts- und finanzpolitischen Zielsetzungen«, so das Fazit, sei ihr Umfang »vertretbar«. Doch fehlte nicht der warnende Hinweis, dass mit der projektierten Neuverschuldung der »vorhandene Spielraum ausgeschöpft« sei.[148]

Dass die Warnung nicht aus der Luft gegriffen war, erwies sich bereits wenige Monate später. Denn die konjunkturelle Entwicklung überholte die Planungen. Bereits im Frühjahr 1969 forderte Finanzminister Strauß im Finanzplanungsrat, angesichts der sich abzeichnenden Hochkonjunktur das »Wachstum der öffentlichen Ausgaben in Grenzen« zu halten und die Steuermehreinnahmen, die auf etwa 6,1 Mrd. geschätzt wurden, nicht für höhere Ausgaben zu verwenden, sondern in einer Konjunkturausgleichsrücklage zu neutralisieren.[149] Doch hatte die Große Koalition wegen verbindlicher Zusagen sowie unter dem Zwang der Umstände bereits einen anderen Weg eingeschlagen. So rechnete der Arbeitsausschuss, der die Finanzplanung für die Jahre 1968 bis 1972 fortschreiben sollte, im Sommer 1969 mit beträchtlichen Mehrausgaben gegenüber dem alten Finanzplan.[150] Verantwortlich dafür waren höhere Aufwendungen für die Versorgung der Kriegsopfer, eine vorgezogene Kindergelderhöhung und die Aufstockung der Mittel für die Landwirtschaft. Vor allem aber machten sich die gestiegenen Verteidigungsausgaben bemerkbar, die nach Niederschlagung des Prager Frühlings im August 1968 durch Truppen des Warschauer Pakts notwendig erschienen, sowie höhere Devisenausgleichszahlungen für die Stationierung verbündeter Streitkräfte. Selbst unter der optimistischen Annahme, dass Bund und Länder die Mehrwertsteuer im Verhältnis 75 % zu 25 % aufteilten und so dem Bund Steuermehreinnahmen zuflössen, blieben erhebliche Fehlbeträge.[151] Diese stiegen für jedes Prozent an Mehrwertsteuer, das der Bund den Ländern zugestehen musste, um rund 350 Mio. an.[152] Auf der Sitzung des Kabinettsausschusses für mehrjährige Finanzplanung im Juni 1969

148 Ebd., Nr. 39, 41.

149 Ergebnisniederschrift. 6. Sitzung des Finanzplanungsrates am 21.5.1969, BArch B 136/9175.

150 Die Mehrausgaben stiegen von 6,6 Mrd. (1970) über 9,0 Mrd. (1971) auf 9,4 Mrd. (1972) und ließen sich selbst bei strengster Prüfung nur auf 3,3 Mrd. (1970) sowie 4,4 Mrd. (1971) und 4,8 Mrd. (1972) vermindern.

151 Die Steuermehreinnahmen wurden mit 3,8 Mrd. (1970) sowie 3,0 Mrd. (1971) und 3,3 Mrd. (1972) angesetzt, die verbleibenden Fehlbeträge stiegen von 2,0 Mrd. im Jahr 1971 über 3,4 Mrd. in 1972 auf 5,2 Mrd. in 1973.

152 Der Vorsitzende des Arbeitsausschusses für mehrjährige Finanzplanung an Chef BKA am 7.6.1969, BArch 126/28626.

zog Strauß denn auch die »ernüchternde« Bilanz, dass die finanzielle Lage in »fataler Weise« der vor vier Jahren ähnle.[153] Diese Einschätzung war gewiss seinem finanzministeriellen Zweckpessimismus geschuldet, wirft aber ein Schlaglicht auf die Probleme, welche die Große Koalition der sozial-liberalen Regierung hinterließ. Sie erklärt auch, warum Finanz- wie Bundeskabinett im Juli 1969 entschieden, die mittelfristige Finanzplanung vor der Bundestagswahl nicht fortzuschreiben.[154]

Die Finanzplanungen für die Jahre 1967 bis 1971 bzw. 1968 bis 1972, welche die Große Koalition zu verantworten hatte, projektierten Zuwachsraten des Haushalts, die über denen des Sozialprodukts lagen, und wollten diese durch eine Nettokreditaufnahme finanzieren, die das Niveau vor der Rezession 1966/67 deutlich überstieg. Sie sahen eine kontrollierte Expansion vor, die zunächst nur die öffentlichen Investitionen, dann die »wachstumsfördernden Ausgaben« erhöhen sollte, um die Bundesrepublik für die Anforderungen der Zukunft zu rüsten sowie im Systemwettbewerb mit der DDR konkurrenzfähig zu machen. Bereits die Aufstellung, vor allem aber der Vollzug der Pläne machten deutlich, an welche Grenzen die mittelfristige Finanzplanung stieß. Als Instrument für eine kontrollierte Expansion und als Mittel, um die Neuverschuldung zu steuern, wies sie erhebliche Schwächen auf. Diese traten in den folgenden Jahren deutlich hervor, als die kontrollierte Expansion unter der sozialliberalen Koalition in eine dynamische Ausweitung der Staatstätigkeit überging.

c) Sozial-liberale Reformeuphorie und dynamische Ausweitung der Staatstätigkeit

Als die sozial-liberale Koalition nach der Bundestagswahl im Herbst 1969 die Regierung übernahm, herrschte ungekannte Aufbruchsstimmung, durchdrungen von dem Glauben, die Zukunft lasse sich frei und vor allem ganz neu gestalten. Die rasche Überwindung der Rezession und die anschließende Hochkonjunktur verstärkten den Eindruck, dass das wirtschaftliche Wachstum planbar und die Konjunktur politisch beherrschbar sei. Auch erschien die Wirtschaft hoch belastbar, die Reformpolitik schier unbegrenzt finanzierbar. Während die konjunkturelle Situation dem Reformeifer zunächst noch Grenzen setzte, gab

153 Sprechzettel zur Sitzung des Finanzkabinetts am 10.6.1969, BArch 126/28626.

154 Sprechzettel für die Kabinettsitzung am 22.7.1969 betr. Ausblick auf die Haushaltsentwicklung ab 1970 im Zusammenhang mit der mehrjährigen Finanzplanung und ihrer Fortschreibung, BArch N 1431/22; 174. Kabinettssitzung am 22.7.1969, in: Kabinettsprotokolle. Vgl. Dem bescheidenen Bundesetat 1969 folgt 1970 die Haushalts-Explosion, in: Fuchs-Briefe vom 17.9.1969; Sparen und Sperren, in: Der Spiegel Nr. 4 vom 19.1.1970; vgl. dagegen Die »traurige Erblast«, in: Die Zeit Nr. 9 vom 27.2.1970.

Alex Möller als neuer Finanzminister das »Startzeichen«[155] für eine kräftige Expansion der öffentlichen Ausgaben. Diese führte nicht nur im Bund, sondern auch bei Ländern und Gemeinden zu einer dynamischen Ausweitung der Staatstätigkeit.[156]

Die Regierungserklärung, die Willy Brandt Ende Oktober 1969 vor dem Bundestag abgab, spiegelte den Aufbruch ebenso wider wie den empathisch vorgetragenen Anspruch der sozial-liberalen Koalition, ein neues Kapitel in der Geschichte der Bundesrepublik aufzuschlagen.[157] Brandt knüpfte in seiner Rede einerseits an das Wahlprogramm an, das der außerordentliche Parteitag der SPD in Bad Godesberg im April 1969 verabschiedet hatte und in dem unter der Überschrift »Stabilität und Wachstum« die finanzpolitischen Ziele im Falle einer Regierungsübernahme skizziert worden waren;[158] andererseits griff er auf das von Alex Möller entworfene »Finanzprogramm der SPD 1970–1973« vom August 1969 zurück.[159] Auf dieser Grundlage hob Brandt die »Notwendigkeit umfassender Reformen« hervor und entwarf dazu ein vielfältiges Programm, in dem sich Elemente von Kontinuität und Neubeginn mischten.[160] Um die Reformen zu realisieren, setzte die sozial-liberale Koalition auf eine »stetige Wirtschaftsentwicklung« und »gesunde Finanzen«. Eine »neue mittelfristige Finanzplanung« werde die »politischen Absichten« der Regierung »in Zahlen ausdrücken«, versprach der Bundeskanzler. Darüber hinaus kündigte er eine Steuerreform an, die zur Errichtung eines »sozialen Rechtsstaates« beitragen und die Voraussetzungen für eine »breitere Vermögensbildung« schaffen sollte. Optimistisch und wohl auch, weil sich die Koalition über die Finanzierung der versprochenen Mehrausgaben noch kaum Gedanken gemacht hatte, ging Brandt davon aus, dass sich diese ohne eine Erhöhung der Steuerlastquote be-

155 Diese Formulierung verwendete Bundesfinanzminister Alex Möller in seinem Referat »Die öffentliche Finanzwirtschaft als gesellschaftspolitische Aufgabe« auf dem Bundesparteitag der SPD am 12.5.1970 in Saarbrücken. Zit. nach dem Manuskript in BArch N 1369/1888. Vgl. auch *Parteivorstand der Sozialdemokratischen Partei Deutschlands*, Parteitag 1970, S. 238.

156 Vgl. die Einschätzung »Zur Situation« in den Fuchs-Briefen vom 17.9.1969: »Der sich von Monat zu Monat verschärfende Konflikt zwischen dem individuellen (Kauf-)Bedarf und den Gemeinschaftsbedürfnissen wird zugunsten der Förderung gemeinschaftlicher Einrichtungen gemildert«.

157 Regierungserklärung Willy Brandt vom 28.10.1969, in: VDB, 6. WP, 5. Sitzung vom 28.10.1969, S. 20–34. Vgl. dazu *Vorrink* u. *Walther* sowie *Metzler*, Weg.

158 Zur Vorgeschichte des Wahlprogramms ausführlich *Schönhoven*, Wendejahre, S. 643 ff. Der Text ist abgedruckt in: *Parteivorstand der Sozialdemokratischen Partei Deutschlands*, Außerordentlicher Parteitag 1969, S. 498–510.

159 Alex Möller erläuterte das Programm am 7.8. 1969 vor der Bundespressekonferenz; Abschrift des Stenogramms vom 7.8.1969, BArch N 1369/1405. Dazu auch: An der Kasse scheitern viele Pläne, in: Die Zeit Nr. 37 vom 12.9.1969.

160 Regierungserklärung Willy Brandt vom 28.10.1969, in: VDB, 6. WP, 5. Sitzung vom 28.10.1969, S. 21, 22, 23, 24; vgl. im einzelnen *Faulenbach*, S. 39 ff.

streiten ließen, die 1969 leicht über 24% des Bruttosozialprodukts lag. Damit sagte der Bundeskanzler zu, die projektierten Reformen allein aus den Mehreinnahmen zu finanzieren, die das wirtschaftliche Wachstum in Zukunft generieren würde. Diese Ankündigung folgte den Finanzprogrammen der SPD von 1961, 1965 und 1969, deckte sich aber auch mit den Vorstellungen des kleineren Koalitionspartners.

Die gute Konjunktur ließ die Steuereinnahmen nicht zuletzt dank des progressiv gestalteten Tarifs sprudeln.[161] Daher fiel es Möller schwer,[162] den Haushalt 1970 und die mittelfristige Finanzplanung in Grenzen zu halten, was umso notwendiger gewesen wäre, als die Preise bereits bedenklich anstiegen (1969: 2,0%; 1970: 3,2%). Der Kabinettsausschuss für mehrjährige Finanzplanung, dessen Fortbestehen in der bewährten Zusammensetzung die neue Regierung Ende Oktober beschlossen hatte,[163] bemühte sich deshalb in mehreren Sitzungen im November und Dezember, sowohl die ererbten als auch die unter der sozial-liberalen Koalition hinzugekommenen finanziellen Schwierigkeiten zu meistern.[164] Diese hatten die Minister Möller und Schiller in einem Brandbrief an den Bundeskanzler klar benannt.[165] Sie hielten es für das drängendste Problem der Regierung, die »finanzielle Entwicklung im nächsten Jahr mit den gesamtwirtschaftlichen Erfordernissen in Einklang zu bringen«. Gerade noch rechtzeitig habe man mit der DM-Aufwertung eine importierte Inflation abwenden können; doch nun drohe eine hausgemachte. Eine Erhöhung des Bundeshaushalts um 13 und mehr Prozent sowie eine entsprechende Nettokreditaufnahme, worauf die Forderungen der Ressorts hinausliefen, seien deshalb »nicht zu verantworten«. Die Bundesregierung gerate auch in eine »fatale Optik«, wenn sie vor allem konsumtive Mehrausgaben durch die Aufnahme von Schulden finanziere. Beide Minister drängten entschieden darauf, den Haushalt 1970 an der Zuwachsrate des Bruttosozialprodukts auszurichten und das Budget durch Sperren und Verlagern von Ausgaben »konjunkturgerecht« zu

161 *Hagemann*, Tätigkeit 1968 und 1969; *ders.*, Tätigkeit 1970 und 1971.

162 Zu Möller als Finanzminister vgl. seine Autobiographie *A. Möller*, Genosse, sowie die große Zahl an Presseartikeln, die seinen Amtsantritt begleiteten, wie etwa U. Breuer, Nur Zahlmeister für Schiller?, in: Die Zeit Nr. 43 vom 24.10.1969, oder »Gott Vater« Möller, in: Capital Nr. 3/1970.

163 3. Kabinettssitzung vom 27. und 28. (Fortsetzung) 10.1969, in: Kabinettsprotokolle. Die Kabinettsprotokolle der Bundesregierung wurden auf Weisung von Horst Ehmke vom Regierungsantritt der sozial-liberalen Koalition an nur noch als Ergebnisprotokolle geführt. Interview Quantz.

164 Abteilung II BMF (Zavelberg) über St. Soddemann an Minister am 10.11.1969 betr. Mehrjährige Finanzplanung, BArch B 126/51768; Sprechzettel Möller für die Finanzkabinettsitzung am 14.11.1969, ebd.; Der Vorsitzende des Arbeitsausschusses für mehrjährige Finanzplanung an Chef BKA am 17.12.1969, BArch B 136/7155; Darstellung der Haushaltslage 1970 bis 1973, ebd.

165 Schiller und Möller an Buka am 18.11.1969, BArch B 126/51768.

vollziehen. Diese Linie ließ sich nur gegen große Widerstände der Ressorts und der Koalitionsfraktionen im Parlament durchsetzen.[166] Möller legte den SPD-Abgeordneten Mitte November auseinander, dass eine Verschuldung in Höhe des Defizits von 9,6 Mrd. »politisch nicht zu verkaufen« sei und nur eine solide Finanzpolitik »ein Stück weiter in Richtung auf die von der SPD gewünschten gesellschaftspolitischen Ziele« führe. Auch in der Öffentlichkeit, bewusst in der konservativen WELT, warb der Finanzminister für eine »Finanzpolitik der Solidität«.[167] Er ließ aber auch keinen Zweifel aufkommen, dass er für eine höhere Verschuldung des Bundes eintrete, »um lebensnotwendige Investitionen« finanzieren zu können.[168] Denn für ihn lag das Problem, wie er Mitte Dezember im Finanzkabinett betonte, »nicht in erster Linie in der Finanzierung, sondern in der Bemessung der Höhe der Ausgaben«.[169]

Damit manövrierte sich der Finanzminister in ein Dilemma. Einerseits musste er mit einem Sparhaushalt dazu beitragen, Konjunktur und Inflation nicht noch weiter anzuheizen; andererseits stand er unter dem Druck, die Reformen zu finanzieren, die der Bundeskanzler angekündigt hatte und auf die seine Ministerkollegen, die SPD-Bundestagsfraktion und nicht zuletzt die Öffentlichkeit begierig warteten.[170] Ja, es setzte ein Reformwettlauf zwischen den Ressorts ein, die ihre schon länger geplanten Projekte jetzt als »Reformen« ausgaben und mit diesem Etikett in den finanzpolitischen Entscheidungsprozess einbrachten. Möller schlug einen Kompromiss vor: Im Haushalt für 1970 sollten Ausgaben in Höhe von 2,6 Mrd. zunächst gesperrt bleiben und nur freigegeben werden, falls die Wirtschaft schwächeln sollte. So wollte der Finanzminister das Budget einigermaßen konjunkturneutral halten.[171] Nur durch mehrfaches Drohen mit Rücktritt gelang es ihm,[172] den Haushalt, den die Forderungen der Ressorts auf 100 Mrd. heraufgeschraubt hätten, auf 91,8 Mrd. zu begrenzen. Selbst diese Summe lag noch 5,9 Mrd. über der alten Finanzplanung und lief auf

166 Gefrorene Milliarden, in: DER SPIEGEL Nr. 51 vom 15.12.1969; Vor der Springflut, in: ebd. Nr. 53 vom 29.12.1969. U. Breuer, Die schwere Kunst solide zu sein, in: DIE ZEIT Nr. 48 vom 28.11.1969. Vgl. auch 6. und 7. Kabinettssitzung am 20. und 28.11.1969, in: Kabinettsprotokolle, sowie die Erklärung von Finanzminister Möller im Bundestag am 26.11.1969, in: VDB, 6. WP, 13. Sitzung vom 26.11.1969, S. 502f.

167 A. Möller, Mit soliden Finanzen in die siebziger Jahre, in: DIE WELT Nr. 264 vom 12.11.1969.

168 SPD-Fraktion im Bundestag, Protokoll über die Fraktionssitzung vom 25.11.1969 bzw. 1.12.1969, AdsD Abt. II SPD-Bundestagsfraktion 6. WP, Sig. 11 bzw. 12.

169 Bundeshaushalt 1970 und mehrjährige Finanzplanung des Bundes bis 1973 – Ausführungen des Bundesministers der Finanzen in der Sitzung des Finanzkabinetts am 19.12.1969, BArch B 126/51768.

170 SPD-Fraktion im Bundestag, Protokoll über die Fraktionssitzung am 13.1.1970, AdsD Abt. II SPD-Bundestagsfraktion 6. WP, Sig. 15.

171 Protokoll der 304. Sitzung des Zentralbankrats der Deutschen Bundesbank am 18.12.1969, BArch B 136/3329.

172 Th. Eschenburg, Wie mächtig ist Alex Möller?, in: DIE ZEIT Nr. 5 vom 30.1.1970.

eine konjunkturwidrige Zuwachsrate von 12 % gegenüber dem Etat von 1969 hinaus.[173] Erst durch die Sperre sank das Volumen des Budgets auf 89,2 Mrd. und damit auf ein soeben noch vertretbares Plus von 8,8 %. Bis 1973 sollte der Haushalt dann auf 111,8 Mrd., im Schnitt also um 8,2 % jährlich, ansteigen. Dem Finanzminister erschien das problematisch, weil diese Zuwachsrate jenseits dessen lag, was er für vertretbar hielt.[174] Doch drang er mit seinen Befürchtungen nicht durch. Finanzieren ließ sich der projektierte Anstieg nur mit den erhofften Steuermehreinnahmen[175] sowie einmal mehr über eine höhere Nettokreditaufnahme.[176]

Die Kabinettsvorlage des Finanzministers von Mitte Januar 1970 setzte die Ergebnisse der Beratungen des Kabinettsausschusses um, auf die Willy Brandt die SPD-Fraktion am Tag zuvor eingestimmt hatte.[177] Sie projektierte ein bestenfalls konjunkturneutrales, nicht aber antizyklisches Wachstum des Bundeshaushalts 1970 nach der Sperre von 8,8 % und sah für den gesamten Planungszeitraum eine Zuwachsrate von 8 % vor, die deutlich über der gesamtwirtschaftlichen Zielprojektion von nominal 6,5 bis 7,0 % lag.[178] Die Mehrausgaben gingen einerseits auf Belastungen zurück, die aus der Zeit vor dem Regierungswechsel stammten. So stieg der Einzelplan des Agrarministers aufgrund von EG-Verpflichtungen und des aufwertungsbedingten Einkommensausgleichs für die Landwirte um 2,3 Mrd. oder 41 % und der Verteidigungsetat um 1,9 Mrd. oder 10 %. Zusätzliche Ausgaben erforderten andererseits die veränderten Prioritäten, die das neue Kabinett gesetzt hatte. Das galt vor allem für Bildung und Wissenschaft (+41 %), Städtebau und Wohnungswesen (+33 %), Verkehr (+16 %) sowie höhere Leistungen für Kriegsopfer und Rentner, Familien, Krankenhäuser und die Vermögensbildung. Vor allem der Verteidigungs- (1,1 Mrd.) und der Verkehrsetat (0,6 Mrd.) hatten die Sperre von 2,6 Mrd. zu tragen. Die Mehrausgaben wollte der Finanzminister durch Steuereinnahmen finanzieren, die er inzwischen nach oben korrigiert hatte,[179] sowie

173 Finanzpläne sind kurzlebig, in: FUCHS-BRIEFE vom 13.12.1969.

174 Bundeshaushalt 1970 und mehrjährige Finanzplanung des Bundes bis 1973 – Ausführungen des Bundesministers der Finanzen in der Sitzung des Finanzkabinetts am 19.12.1969, BArch B 126/51768.

175 Die Steuereinnahmen sollten von 5,3 Mrd. (1970) über 5,5 Mrd. (1971) auf 6,3 Mrd. (1972) wachsen.

176 Zur Nettokreditaufnahme in der Finanzplanung des Bundes 1969–1973 o. D., BArch B 136/7155. Es war gedacht, diese von 4,9 Mrd. (1970) über 6,5 Mrd. (1971) und 7,8 Mrd. (1972) auf 10,6 Mrd. (1973) anzuheben.

177 Kabinettsvorlage BMF (Möller) vom 14.1.1970, BArch B 136/3238; SPD-Fraktion im Bundestag, Protokoll über die Fraktionssitzung am 13.1.1970, AdsD Abt. II SPD-Bundestagsfraktion 6. WP, Sig. 15.

178 Vgl. W. Kannengießer, Auf die Etatpolitik kommt es an, in: FRANKFURTER ALLGEMEINE Nr. 18 vom 22.1.1970.

179 Vermerk Quantz (BKA) für die Kabinettsitzung am 22./23.1.1970, BArch B 136/7156.

durch eine höhere Nettokreditaufnahme, die nicht zuletzt wegen des massiven Drängens der Bundesbank gesenkt worden war.[180] Diese sei »möglich und angebracht«, hieß es in der Kabinettsvorlage, da zum einen der Schuldenstand des Bundes im internationalen Vergleich niedrig liege und die Zinsbelastung des Haushalts daher relativ gering sei. Zum andern steige die »Sparfähigkeit breiter Bevölkerungsschichten« durch den wirtschaftlichen Aufschwung sowie die Vermögensbildungspolitik der Koalition, so dass der Kapitalmarkt aufnahmefähiger werde. Nicht zuletzt zwinge die Umverteilung der Steuereinnahmen zugunsten der Länder und Gemeinden den Bund, sich stärker als bisher zu verschulden.[181]

Das Kabinett folgte in den Grundzügen der Vorlage des Finanzministers. Dieser hatte seinen Kollegen noch einmal deutlich vor Augen geführt, dass die Neuverschuldung »die äußerste Grenze des Vertretbaren« erreicht habe. Gelinge es nicht, die »Ausgabenexpansion in eine Ausgabenentwicklung überzuleiten, die aus einer Gesamtschau heraus Prioritäten« setze, drohten ein Haushaltssicherungsgesetz oder, der Regierungserklärung zuwiderlaufend, Steuererhöhungen. Mehr noch: »Als Konsequenz der Ausgabenexpansion ergäbe sich dann eine permanente Erhöhung des Staatsanteils am Sozialprodukt«.[182] Immerhin bewegte Möller das Kabinett dazu, das Haushaltsvolumen geringfügig auf 91,4 Mrd. abzusenken und die Sperre auf rund 2,7 Mrd. heraufzusetzen, so dass sich der Etat zunächst auf 88,7 Mrd. stellte und die Zuwachsrate gegenüber dem Budget von 1969 auf 8,7 % fiel.[183] Außerdem beschränkte der Finanzminister die Ausgaben im Rahmen der vorläufigen Haushaltsführung bis zur Verabschiedung des Haushalts auf 70 % der Etatansätze, bei Bauten und anderen Investitionen sogar auf 60 %. So wollte er erreichen, dass die Ausgaben im ersten Halbjahr 1970 nur um 4 % wuchsen und sich ein Finanzierungsüberschuss von 4 bis 5 Mrd. erwirtschaften ließ.[184] Dies erschien dringend notwendig. Denn wie Haushaltsdirektor Soddemann seinem Minister klagte, preschten Mitglieder der Bundesregierung in der Öffentlichkeit regelmäßig mit ausgabewirk-

180 Finanzierungsübersicht (Kreditplanung) als Anlage 5 zur Kabinettsvorlage des BMF (Möller) vom 14.1.1970, ebd. Die neue Kreditplanung sah 4,3 Mrd. (1970) und 5,5 Mrd. (1971) sowie 6,0 Mrd. (1972) und 8,3 Mrd. (1973) vor.

181 Die zentralen Argumente entstammten den Überlegungen zur Kreditfinanzierung im kommenden Finanzplan des Bundes 1969–1973 von Ministerialdirektor H.R. Soddemann (BMF), BArch B 126/51768.

182 Sprechzettel Möller zur Kabinettsitzung am 22.1.1970, BArch N 1431/20.

183 13. Kabinettssitzung am 22. und 23. (Fortsetzung) 1.1970, in: Kabinettsprotokolle; Entwurf des Bundeshaushaltsplans 1970/71 und Finanzplan des Bundes 1969 bis 1973, in: Bulletin Nr. 12 vom 27.1.1970, S. 121 ff.

184 Konjunkturlage und öffentliche Finanzwirtschaft. Der Bundesminister der Finanzen, Dr. Alex Möller, führte am 28.1.1970 vor dem Finanzplanungsrat folgendes aus, BArch B 126/51768; Ergebnisprotokoll. 8. Sitzung des Finanzplanungsrates am 28.1.1970, BArch B 136/9175.

samen Ankündigungen vor und engten damit den Handlungsspielraum des Kabinetts ein.[185] Nur mit Mühe ließ sich verhindern, dass ein Ergänzungshaushalt zum gerade beschlossenen Etat für 1970 eingebracht werden musste.[186] Um die Konjunktur und den Anstieg der Preise zu dämpfen, kamen die Koalitionspartner außerdem überein, die Verdoppelung des Arbeitnehmerfreibetrags und den Abbau der Ergänzungsabgabe zeitlich zu verschieben.[187] Steuererhöhungen zur Dämpfung des Preisanstiegs, die Wirtschaftsminister Schiller seit längerem forderte und die zunächst auch Finanzminister Möller favorisiert hatte, scheiterten zum einen am Widerstand der FDP, die eine höhere Investitionssteuer ablehnte. Zum andern trat der Gewerkschaftsflügel der SPD-Fraktion im Vorfeld der Landtagswahlen in Nordrhein-Westfalen gegen höhere Abzüge für die Bezieher von Durchschnittseinkommen ein.[188] So entschied das Kabinett lediglich, aufgrund des Stabilitäts- und Wachstumsgesetzes eine obligatorische Konjunkturausgleichsrücklage von 2,5 Mrd. zu bilden, von der 1,5 Mrd. auf den Bund entfielen.[189] Da diese Maßnahmen nicht ausreichten, folgten zur Jahresmitte weitere Schritte zur Konjunkturstabilisierung, wie die vorübergehende Aussetzung der degressiven Abschreibung, auf die nicht zuletzt die Bundesbank drängte.[190] Schließlich beschloss der Bundestag im Juli, für elf Monate einen zehnprozentigen Konjunkturzuschlag zur Lohn-, Einkommen- und Körperschaftsteuer zu erheben, der bis März 1973 zurückzuerstatten war.[191]

Der Bundestag, in den Möller den Haushaltsentwurf Mitte Februar 1970 einbrachte,[192] veränderte diesen in wesentlichen Punkten. Auf Empfehlung des Finanzplanungsrats wandelte das Parlament die Haushaltssperre in echte

185 Abteilung II BMF (Soddemann) an Minister am 9.3.1970, BArch B 126/51768.

186 Ebd., Anlage 1: Mehrbelastungen gegenüber Finanzplan 1969 bis 1973; Anlage 2: Ergänzung des Haushaltsentwurfs 1970/71. Vgl. auch 19. Kabinettsitzung am 12.3.1970, in: Kabinettsprotokolle.

187 Sprechzettel Möller 9. Sitzung des Finanzplanungsrates am 17.4.1970, BArch B 126/51768. Vgl. Sparen und Sperren, in: Der Spiegel Nr. 4 vom 19.1.1970; »Ich bin auch nicht ganz zufrieden«, in: ebd.; W. Hoffmann, Da fielen Teller und Tassen, in: Die Zeit Nr. 26 vom 26.6.1970; Chronik des Zauderns, in: ebd. Nr. 28 vom 10.7.1970.

188 Preis der Angst, in: Der Spiegel Nr. 5 vom 26.1.1970; Nichts geht mehr, in: ebd. Nr. 10 vom 2.3.1970; Nichts kommt mehr, in: ebd. Nr. 11 vom 9.3.1970.

189 18. Kabinettsitzung am 5.3.1970, in: Kabinettsprotokolle. R. Herlt, Ein Findling vor der Tür der Bundesbank, in: Die Welt Nr. 54 vom 5.3.1970. Zur Finanzierung der Rücklage vgl. Protokoll der 310. Sitzung des Zentralbankrats der Deutschen Bundesbank am 18.3.1970, BArch B 136/3330. Sprechzettel Möller 9. Sitzung des Finanzplanungsrates am 17.4.1970, BArch B 126/51768.

190 313. Sitzung des Zentralbankrats der Deutschen Bundesbank am 30.4.1970, BArch B 136/3330.

191 *Bundesministerium der Finanzen*, Finanzbericht 1971, S. 8; *Sachverständigenrat*, Jahresgutachten 1970/71, Ziff. 79ff.

192 Haushaltsrede Möller am 18.2.1970, in: VDB, 6. WP, 30. Sitzung vom 18.2.1970, S. 1348–1361.

Ausgabenkürzungen von 2,1 Mrd. um und reduzierte dafür die verbleibende Sperre auf 0,4 Mrd., so dass das Volumen des Budgets auf 89,3 bzw. 88,9 Mrd. sank.[193] Indem zusätzlich eine Rücklage von 0,1 Mrd. DM beschlossen wurde, trat auf dem Papier nun stärker der konjunkturstabilisierende Charakter des Etats hervor.[194] Denn gegenüber dem Ist des Jahres 1969 stieg das Haushaltsvolumen, das niedriger lag als das geplante Soll, um 9,5 %, während das Sozialprodukt mit gut 12,5 % wuchs. Dank der guten Konjunktur konnte auch die Einnahmenerwartung des Bundes auf 90,5 Mrd. nach oben korrigiert werden, so dass sich ein Finanzierungsüberschuss von 1,6 Mrd. ergab und netto keine neuen Schulden gemacht werden mussten.

Im Unterschied zu den Haushaltsplänen des Bundes, aber auch der anderen Gebietskörperschaften, die ein antizyklisches Verhalten vorgaben, verlief die tatsächliche Entwicklung anders. »Die Haushalte der Gebietskörperschaften«, klagte die Deutsche Bundesbank, »haben im Jahr 1970 expansiv auf die volkswirtschaftliche Gesamtnachfrage gewirkt.«[195] Auch der Sachverständigenrat konstatierte, dass »gegen die erklärte Absicht der Finanzpolitik« von dieser in »beachtlichem Umfang« expansive Wirkungen ausgegangen seien.[196] So waren nach den Berechnungen der Bundesbank die Ausgaben um 11 % gewachsen, während die Einnahmen, den Konjunkturzuschlag mitgerechnet, nur um 6,5 % zugenommen hatten und damit hinter den optimistisch angesetzten Steuerschätzungen zurückgeblieben waren.[197] Das lag nicht am Aufkommen der Lohnsteuer, die sogar um 30 % stieg, sondern an der Einkommen- und der Körperschaftsteuer, deren Erträge um 6 % bzw. 20 % gegenüber 1969 sanken, da einerseits die Unternehmergewinne zurückgingen und andererseits mehr Lohnsteuerzahler zur Einkommensteuer veranlagt und deren Erstattungen bei dieser verrechnet wurden.[198] So hätten, kritisierte die Bundesbank, erstmals seit Rezessionsjahr 1967 die »Ausgaben wieder schneller zugenommen als die Einnahmen«.[199] Nachdem ihre Verbindlichkeiten im Jahr 1969 kaum gewachsen waren, verschuldeten sich die Gebietskörperschaften jetzt mit rund 7,1 Mrd. neu.

Am schwächsten fiel das Missverhältnis zwischen den um 6,9 % steigenden Ausgaben und sinkenden Einnahmen noch beim Bund aus. Hier war es gelungen, die im Etat veranschlagten Ausgabenansätze zu unterschreiten und auf

193 Ergebnisniederschrift. 9. Sitzung des Finanzplanungsrates am 17.4.1970, BArch B 136/9176.

194 Heftige Kontroverse über den Bundeshaushalt erwartet, in: Frankfurter Allgemeine Nr. 123 vom 1.6.1970.

195 *Deutsche Bundesbank*, Geschäftsbericht 1970, S. 71 ff. (Zitat: S. 71).

196 *Sachverständigenrat*, Jahresgutachten 1971/72, Ziff. 155, 177. Im Jahresgutachten 1970/71, Ziff. 91 ff., war er noch von einem leicht kontraktiven Effekt der Haushalte der Gebietskörperschaften ausgegangen.

197 Der *Sachverständigenrat* errechnete im Jahresgutachten 1971/72, Tab. 15, einen Zuwachs von 11,3 % und ein Wachstum der Einnahmen von 7,5 %.

198 Ebd., Tab. 17, und die Erklärungen in Ziff. 172 ff.

199 *Deutsche Bundesbank*, Geschäftsbericht 1979, S. 76.

diese Weise die rückläufigen Einnahmen weitgehend zu kompensieren.[200] So schloss der Bund das Jahr 1970 mit einem Kassendefizit von lediglich 0,6 Mrd. ab, hatte allerdings 1969 noch einen Überschuss von 1,7 Mrd. erwirtschaftet. Ohne neue Kredite im Umfang von knapp 2 Mrd. – 1969 waren noch netto 1,8 Mrd. getilgt worden – kam jedoch auch der Bund nicht aus, da er das Kassendefizit, vor allem aber die Konjunkturausgleichsrücklage auf diesem Weg finanzierte.[201] Insgesamt, urteilte die FRANKFURTER ALLGEMEINE und stand damit nicht allein,[202] hätte sich der Etat durchaus »konjunkturgerechter gestalten und ausführen« lassen können; Möller habe »mehr versprochen«, als er zu halten vermochte.[203]

Bei Ländern und Gemeinden wuchsen die Ausgaben mit 14,4 % bzw. 13,2 % nicht nur stärker als geplant, sondern auch klar prozyklisch.[204] Das lag daran, dass die investiven Ausgaben bei den Ländern und besonders bei den Gemeinden, die rund zwei Drittel der öffentlichen Investitionen tätigten, durchweg den Einnahmen folgten. Sie stiegen also bei wachsenden und sanken bei schrumpfenden Einnahmen, wobei es wegen der Fortführung begonnener oder der Planung neuer Projekte zu zeitlichen Verschiebungen kam. Gesamtwirtschaftliche und konjunkturelle Überlegungen spielten dagegen nur eine untergeordnete Rolle. In den fünfziger und sechziger Jahren hatten die Gemeinden, bei erheblichen Unterschieden zwischen solchen mit starken und solchen mit schwachen Finanzen, noch mit wachsenden Ausgaben sowie einem sinkenden Anteil der kommunalen Steuern an ihren Einnahmen zu kämpfen gehabt. Darum waren sie von staatlichen Zuweisungen im Rahmen des kommunalen Finanzausgleichs zusehends abhängiger geworden. Seit 1970 jedoch verbesserte sich ihre Finanzlage erheblich, da die Gemeinden und Gemeindeverbände von der Gemeindefinanzreform und der Anfang des Jahres wirksam gewordenen Neuverteilung der Steuern profitierten. Das bescherte ihnen allein im Jahr 1970 zusätzliche Einnahmen von 2,8 Mrd., wobei es sich allerdings wegen der geschickten Verrechnung von Gewerbesteuer und Gewerbesteuerumlage durch die Kämmerer bei rund einem Viertel der Summe um einen einmaligen Zufluss handelte. Trotzdem verschuldeten sich die Kommunen noch netto mit 3,3 Mrd.;

200 Öffentliche Finanzwirtschaft 1970, in: WIRTSCHAFT UND STATISTIK 8/1971, S. 508–510; *Sachverständigenrat*, Jahresgutachten 1971/72, Tab. 19. Bericht Möllers in der Sitzung des Zentralbankrats im Oktober 1970. Vgl. Protokoll der 324. Sitzung des Zentralbankrats der Deutschen Bundesbank am 21.10.1970, BArch B 136/3330.

201 Öffentliche Schulden am 31. Dezember 1970, in: WIRTSCHAFT UND STATISTIK Nr. 6/ 1971, S. 370–373.

202 K. Steves, Überstrapazierter Haushalt, in: DIE WELT Nr. 140 vom 20.6.1970.

203 W. Kannengießer, Nicht konsequent genug gespart, in: FRANKFURTER ALLGEMEINE Nr. 129 vom 8.6.1970. *Bundesministerium der Finanzen*, Finanzbericht 1971, S. 74 ff.

204 *Sachverständigenrat*, Jahresgutachten 1971/72, Tab. 19. Vgl. auch *Hagemann*, Tätigkeit 1970 und 1971, S. 159 ff.

1969 waren es erst 2,5 Mrd. gewesen.[205] Mehreinnahmen und Schulden führten zu einer »boomartigen Entwicklung der kommunalen Ausgaben«. Davon profitierten freilich weniger die Investitionen, deren Anteil an den kommunalen Gesamtausgaben sank, als vielmehr die konsumtiven Aufwendungen, zumal für Sozialleistungen und Personal, deren Gewicht in den Gemeindehaushalten zunahm.[206]

Anders als die Gemeinden profitierten die Länder nicht von der Steuerneuverteilung. Diese brachte ihnen im Jahr 1970 zwar Mehreinnahmen von 0,9 Mrd. Allerdings mussten sie wie der Bund die Hälfte jener 2,8 Mrd. tragen, welche an die Gemeinden flossen. So büßten die Länder unter dem Strich 0,5 Mrd. ein, während auf den Bund infolge der Neuverteilung der Steuern 2,3 Mrd. weniger entfielen.[207] Mussten die Länder insgesamt geringere Ausfälle hinnehmen als der Bund, dehnten sie im Unterschied zu diesem ihre Ausgaben stärker aus als projektiert. Schon die Haushaltsplanungen einiger Länder waren alles andere als konjunkturgerecht. »Ich denke nicht daran, für die Sozis Konjunkturpolitik zu betreiben«, kolportierte Der Spiegel eine Äußerung des rheinland-pfälzischen Ministerpräsidenten Helmut Kohl. Mit einer geplanten Zuwachsrate des Haushalts von 13,9 % gegenüber 1969 nahm das Land allerdings keine Sonderstellung ein. Auch die CDU/CSU-regierten Länder Bayern (13,7 %), Schleswig-Holstein (12,9 %) und das Saarland (15,7 %) wollten ihre Etats kräftig erhöhen. Niedersachsen, wo eine Große Koalition regierte, stand ihnen mit 15,6 % nicht nach. Größerer Etatdisziplin befleißigten sich dagegen SPD-Länder wie Hessen (+6,5 %) oder das von einer sozialliberalen Koalition geführte Nordrhein-Westfalen (+3,6 %).[208] In den Länderhaushalten expandierten besonders die Personalkosten, die bereits mehr als zwei Fünftel der Ausgaben ausmachten. Bis Mitte der siebziger Jahre stockten die Länder ihr Personal zwar unterschiedlich stark auf, insgesamt aber um rund 20 %. Vor allem in den Bereichen Bildung und Wissenschaft sowie öffentliche Sicherheit und Ordnung entstanden 230.000 neue Stellen. Hinzu kamen großzügige Stellenanhebungen und hohe Tarifabschlüsse in den frühen siebziger Jahren. Infolgedessen erhöhten sich allein im Jahr 1970 die Personalkosten um 16,9 %.[209] Es lag vor allem an diesen Mehraufwendungen für Personal und

205 *Deutsche Bundesbank*, Geschäftsbericht 1970, S. 75 f., 79. Öffentliche Schulden am 31. Dezember 1970, in: Wirtschaft und Statistik Nr. 6/1971, S. 370–373 (mit leicht abweichenden Angaben).

206 *H. Zimmermann*; *Elsner*. Zitat: *Petzina*, S. 269.

207 *Deutsche Bundesbank*, Geschäftsbericht 1970, S. 75 f.

208 Kontra von der CDU, in: Der Spiegel Nr. 8 vom 16.2.1970. Vgl. grundsätzlich zur Möglichkeit einer Free-Rider-Position der Bundesländer *Huppertz*.

209 Öffentliche Finanzwirtschaft 1970, in: Wirtschaft und Statistik Nr. 8/1971, S. 508–510; *Renzsch*, Finanzverfassung, S. 261 ff.; *Bundesministerium der Finanzen*, Entwicklung, S. 18 ff.; *K. Geppert*, S. 146 ff.

für Sachinvestitionen, deren Kosten die ohnehin steigenden Preise weiter nach oben trieben, dass die Länderhaushalte, die 1969 noch ein Überschuss von 1,4 Mrd. erwirtschaftet und Schulden im Umfang von 0,6 Mrd. getilgt hatten, 1970 ein Kassendefizit von rund 2 Mrd. aufwiesen.[210]

Dem Auseinanderdriften von Planung und Vollzug der Haushalte von Bund, Ländern und Gemeinden, das eine koordinierte Finanz- und Konjunkturpolitik erschwerte, ja, unmöglich machte, sollte der Finanzplanungsrat entgegenwirken. Er war auf Initiative der SPD-Bundestagsfraktion, des Landes Hessen im Bundesrat und der Ministerpräsidentenkonferenz zunächst durch eine Verwaltungsvereinbarung zwischen dem Bundeskanzler und den Länderchefs ins Leben gerufen und anschließend durch das Haushaltsgrundsätzegesetz als Gremium fest installiert worden.[211] Der Rat trat an die Stelle des Arbeitskreises der Haushaltsabteilungsleiter von Bund und Ländern, der seit Herbst 1965 die mehrjährigen Etatvorschauen koordiniert hatte, bezog nun aber auch die Gemeinden mit ein. Er sollte Empfehlungen aussprechen, wie die Finanzplanungen und der Haushaltsvollzug der Gebietskörperschaften aufeinander abzustimmen seien. Nicht zu seinen Aufgaben gehörte es dagegen, einen Gesamtfinanzplan der öffentlichen Haushalte, eine Art »Nationalbudget«, zu erstellen oder gar verbindliche Leitlinien für die Haushaltspolitik vorzugeben.[212] Dagegen hatten sich die Länder entschieden verwahrt und auf Art. 109 GG verwiesen, nach dem Bund und Länder in »ihrer Haushaltswirtschaft selbständig und voneinander unabhängig« sein sollten.[213] Analog zum Konjunkturrat gehörten dem Finanzplanungsrat nur der Finanz- und der Wirtschaftsminister an. Hinzu kamen die Finanzminister der Länder sowie als Repräsentanten der Gemeinden und Gemeindeverbände vier Vertreter der kommunalen Spitzenverbände, also des Deutschen Städtetags und des Deutschen Städtebunds, des Deutschen Landkreistags und des Deutschen Gemeinderats. Schließlich war die Bundesbank ohne Stimme vertreten.[214] Vorbereitet wurden die Treffen des Rates durch einen Arbeitsausschuss hoher Finanzbeamter aller drei

210 *Deutsche Bundesbank*, Geschäftsbericht 1970, S. 78 f.; Öffentliche Schulden am 31. Dezember 1970, in: WIRTSCHAFT UND STATISTIK Nr. 6/1971, S. 370–373.

211 Entstehungsgeschichte des Finanzplanungsrates (Stand: 1. April 1968), BArch B 136/9174; BT-Drucksache V/2134; MP Kühn (als Vors. der Ministerpräsidentenkonferenz) an Buka am 1.3.1968 sowie Buka an MP Kühn am 13.3.1968, BArch B 136/9174. Vgl. auch das umfangreiche Material in BArch B 126/28564 und 28565.

212 Ein Nationalbudget als Planungsinstrument forderten vor allem die Gewerkschaften. Vgl. B.B. Gemper, Das Nationalbudget – ein Mittel planvoller Wirtschaftspolitik, in: GEWERKSCHAFTLICHE MONATSHEFTE, Heft 6, 1968, S. 325–335.

213 Vermerk Korff (BMF) für Minister Strauß am 10.2.1967, BArch B 126/28564. Vgl. dazu schon kritisch *Dahlgrün*, Problematik.

214 Ergebnisniederschrift. 2. Sitzung des Finanzplanungsrates am 5.6.1968, Anlage: Anwesenheitsliste, BArch B 136/9174.

Gebietskörperschaften.[215] Mit der Zeit spielte sich ein fester Ablauf der Sitzungen ein. Eingangs gaben Vertreter des Wirtschaftsministeriums und der Deutschen Bundesbank einen Überblick über die gesamtwirtschaftliche Situation. Dieser bildete den Rahmen für die sich anschließenden Beratungen über den jeweils anstehenden Haushalt und die Fortschreibung der mittelfristigen Finanzplanung. Am Schluss der Sitzung wurden aktuelle finanzpolitische Fragen diskutiert. Eine sorgfältig formulierte Presseerklärung, welche die unterschiedlichen Interessen berücksichtigen musste und vorhandene Gegensätze abschwächte, informierte die Öffentlichkeit über den Verlauf der Sitzung und die Empfehlungen des Gremiums.

Der Finanzplanungsrat konzentrierte seine Arbeit zunächst auf drei Schwerpunkte. Erstens wollte er ein einheitliches Schema für die Finanzplanung von Bund, Ländern und Gemeinden erarbeiten, um die Haushalte miteinander vergleichen und die Planungen der Gebietskörperschaften zeitlich koordinieren zu können.[216] Zweitens hielt es der Rat für erforderlich, eine »Bedarfsübersicht nach Aufgabenbereichen für die gesamte öffentliche Hand« in Angriff zu nehmen, um »einen optimalen Einsatz der öffentlichen Mittel zu gewährleisten«. Dazu setzte er einen gesonderten Arbeitsausschuss ein.[217] Drittens beriet der Finanzplanungsrat über die konjunkturgerechte Gestaltung sowohl der öffentlichen Haushalte als auch der mittelfristigen Finanzplanung. Er äußerte sich zur Höhe der Zuwachsraten, zur Verwendung von Steuermehreinnahmen oder zum Umfang der Kreditfinanzierung.

Vergleicht man die Empfehlungen des Finanzplanungsrates aus dem Jahr 1970 mit den Ergebnissen des Haushaltsvollzugs der Gebietskörperschaften, ist der Befund ernüchternd. Ende Januar 1970 empfahl der Rat angesichts der konjunkturellen Lage, die eine antizyklische Politik erfordere, eine Konjunkturausgleichsrücklage, Ausgabensperren in mindestens der gleichen Höhe und eine insgesamt »konjunkturgerechte Gestaltung der öffentlichen Haushalte«. Er ging dabei von Zuwachsraten der Haushalte für das Jahr 1970 beim Bund von 8,8 %, bei den Ländern von 10 % und bei den Gemeinden von 9,5 % sowie von ebenfalls 9,5 % beim öffentlichen Gesamthaushalt aus.[218] Im April und im Juli drängte

215 Die Protokolle der Treffen des Arbeitsausschusses und der Sitzungen des Finanzplanungsrates finden sich lückenlos überliefert in den Akten des Bundeskanzleramts, BArch B 136/9174 ff.

216 Ergebnisniederschrift. 2. Sitzung des Finanzplanungsrates am 5.6.1968, BArch B 136/9174.

217 Ergebnisniederschrift. 3. Sitzung des Finanzplanungsrates am 26.11.1968, BArch B 136/9175. Vgl. Die längerfristige Entwicklung des öffentlichen Bedarfs. Zwischenbericht der Arbeitsgruppe »Bedarfsermittlung des Finanzplanungsrates« vom Mai 1972, BArch B 126/59274. Die Prognose schätzte die Zuwachsraten des öffentlichen Bedarfs bis 1980 auf durchschnittlich 8 % nominal und 7 % real, sollte aber bei den künftigen Planungen keine Rolle spielen.

218 Ergebnisniederschrift. 8. Sitzung des Finanzplanungsrates am 28.1.1970, BArch B 136/9175.

das Gremium darauf, die Ausgabensperren aufrechtzuerhalten und weiterhin in der »Haushaltswirtschaft restriktiv« zu verfahren.[219] An diesen Empfehlungen orientierte sich aber lediglich der Bund, der seine Ausgaben in der zweiten Jahreshälfte stark drosselte. Die Länder hielten zwar an der Sperre vor allem für Investitionen fest, weiteten dagegen seit dem Sommer 1970 ihre Ausgaben für andere Zwecke umso mehr aus und unterliefen damit nicht anders als die Gemeinden den Restriktionskurs des Bundes.[220]

Obwohl sich die Gebietskörperschaften für das Haushaltsjahr 1970 zu einer restriktiven Haushaltspolitik bekannt hatten, wurden in diesem Jahr politisch wie fiskalisch die Weichen für eine dynamische Expansion gestellt: fiskalisch, weil Länder und Gemeinden diesen Weg zum Teil bereits in der Budgetplanung, vor allem aber dann im Haushaltsvollzug eingeschlagen hatten;[221] politisch, weil sich der Druck auf eine finanzielle Realisierung der Reformen beim Bund nur vorübergehend zurückstauen ließ und in den Haushalten der Jahre 1971 und 1972 sowie der mittelfristigen Finanzplanung umso entschiedener Bahn brach. Die Folge war ein harter Kampf um die Dynamik und die Finanzierung der Expansionspolitik.

d) Das Ringen um Dynamik und Finanzierung der Expansion

1970 setzte mit der Planung und dem Vollzug der Budgets der Gebietskörperschaften eine dynamische Expansion der öffentlichen Haushalte ein. Dabei gab der Etat des Bundes die Richtung vor. Herrschte weitgehend Einigkeit darüber, dass die öffentlichen Aufgaben und Ausgaben zu erweitern seien, blieben doch zwei wichtige Fragen offen: Wie dynamisch sollte die Expansion ausfallen? Und wie wäre sie zu finanzieren? Die Antworten entschieden zugleich über den Umfang und die Schwerpunkte, die Zielrichtung und die zeitliche Realisierung der Reformen, über die soziale und wirtschaftliche Verteilung der mit ihnen verbundenen Vorteile und Lasten sowie nicht zuletzt darüber, wie sich die Reformen mit der konjunkturellen Entwicklung, dem wirtschaftlichen Wachstum und vor allem mit der Preisstabilität vereinbaren ließen. Dynamik und

219 Ergebnisniederschrift. 9. bzw. 10. Sitzung des Finanzplanungsrates am 17.4. bzw. 13.7.1970, BArch B 136/9176.

220 Vgl. die *Deutsche Bundesbank*, Monatsberichte November 1970, S. 19ff., und Februar 1971, S. 20ff., sowie *Sachverständigenrat*, Jahresgutachten 1971/72, Ziff. 158ff.

221 Vgl. als Beispiel die Kabinettsvorlage von NRW-Finanzminister Hans Wertz vom 31.7.1970 betr. Entwurf eines Gesetzes über die Feststellung des Haushaltsplans für die Rechnungsjahre 1971 und 1972 und Entwurf des Haushaltsplans, LA NRW NW 277 Nr. 150; Finanzminister NRW (gez. Dr. Döring) an Chef StK Halstenberg am 23.9.1970, ebd. Nr. 202. Projektiert waren Wachstumsraten der Gesamtausgaben von 11,6 % (1971) und 8,8 % (1972).

Finanzierung der Expansion waren in den drei Jahren 1971, 1972 und 1973 das zentrale Thema der Auseinandersetzungen um den Haushalt und die mittelfristigen Finanzplanung.

Auf dem Bundesparteitag der SPD in Saarbrücken Mitte Mai 1970 stellte Alex Möller in seinem Referat »Die öffentliche Finanzwirtschaft als gesellschaftspolitische Aufgabe« das finanzpolitische Programm für die nächsten Jahre vor.[222] Wie in früheren Reden und Schriften betonte er die veränderte Funktion der öffentlichen Finanzen. Diese seien zu einem »Instrument gesellschaftspolitischer und ökonomischer Gestaltung ersten Ranges« geworden und »in den Dienst einer umfassenden Gesellschaftspolitik« zu stellen. Sie bildeten deshalb die »materielle Basis für die in der Regierungserklärung angekündigten inneren Reformen«. Auch wenn die konjunkturelle Lage Zurückhaltung bei den öffentlichen Ausgaben erfordere, habe die Regierung doch begonnen, die notwendigen Reformen zu verwirklichen. Er nannte den Ausbau des Bildungswesens und Verbesserungen im Verkehrsbereich, größere Anstrengungen bei der Städtebauförderung und im Wohnungsbau, mehr Mittel für das Gesundheitssystem, die soziale Sicherung sowie die Vermögensbildung. Schließlich bedürfe es dringend einer Steuerreform, um »ein gerechtes und möglichst einfaches, überschaubares Steuersystem« einzuführen. Da die Steuerquote unverändert bleiben solle, hob Möller hervor, sei es »unerläßlich«, öffentliche Investitionen stärker als bisher durch Kredite zu finanzieren. Denn die Kreditaufnahme des Staates bleibe ein »legitimes Mittel der Finanzierung unserer Infrastruktur«. Wie in einem Unternehmen komme es auch beim Staat »auf das richtige Maß und den rechten Zeitpunkt« an.

Wenn sich die anschließende Diskussion auch in erste Linie um die geplante Steuerreform drehte,[223] legte sie doch offen, dass Möller zwar die meisten, aber nicht alle Delegierten hinter sich wusste. Kritisiert wurde der allzu moderate Kurs des Ministers. Als prominentester Repräsentant des linken Parteiflügels hielt ihm Jochen Steffen vor, dass es gewaltiger Investitionen der öffentlichen Hände bedürfe, um jene Schranken zu zerbrechen, »die in unserer Gesellschaft immer noch die Teilung zwischen Privilegierten und Unterprivilegierten bestimmen«. Gemeinsam mit einer ganzen Reihe von Delegierten vertrat der »rote Jochen«[224] die Ansicht, dass sich die erforderlichen Reformen nur finanzieren ließen, wenn die Steuerlastquote »keine heilige Kuh« sei; vielmehr müsse sie angehoben und die Abgabenlast anders verteilt werden. Noch weiter ging Albert Osswald, Ministerpräsident von Hessen und Landesvorsitzender der

222 Referat des Bundesministers der Finanzen, Dr. Alex Möller, auf dem Bundesparteitag der Sozialdemokratischen Partei Deutschlands am 12. Mai 1970 in Saarbrücken, BArch N 1369/1888. Auch abgedruckt in: *Parteivorstand der Sozialdemokratischen Partei Deutschlands*, Parteitag 1970, S. 227–246.

223 Ebd., S. 246 ff. (Zitate: 265, 247 f., 286).

224 D. St., Ein Radikaler, in: Die Zeit Nr. 41 vom 2.10.1987.

hessischen SPD. Die Finanzpolitik, betonte er, dürfe nicht die »Norm« für den »gesellschaftspolitischen Entwicklungsprozess« sein; die Norm sei vielmehr der »Bedarf«, insbesondere das, »was die Veränderung der Gesellschaft durch Reformen« erfordere. Dieter Klink, SPD-Abgeordneter in der Bremer Bürgerschaft, hielt es sogar für problematisch, Haushalts- und Konjunkturpolitik aufeinander abzustimmen. Übernähme die öffentliche Hand »in besonderem Maße ein konjunkturpolitisches Risiko«, müsste sie in der aktuellen Situation die Ausgaben reduzieren und folglich wichtige Reformen zurückstellen. Die »Schere zwischen öffentlicher Armut und privatem Wohlstand« öffne sich dann noch weiter.

Mit seiner Kritik legte der Parteitag das Dilemma der Möllerschen Finanzpolitik offen. Denn das Problem, wie die Reformpolitik zu finanzieren und mit der Konjunktur zu synchronisieren sei, hatte der Finanzminister bislang nicht zu lösen vermocht. Der Preisauftrieb verschärfte vielmehr seine Schwierigkeiten und bot der Opposition eine willkommene Gelegenheit, die Politik der sozial-liberalen Koalition als inflationistisch anzuprangern.[225] Hinzu kam, dass sich die konjunkturelle Entwicklung zu dem Zeitpunkt, als der Haushalt für das Jahr 1971 aufzustellen und die mittelfristige Finanzplanung fortzuschreiben war, nur schwer prognostizieren ließ.[226] Als sich das Bundeskanzleramt massiv in die Vorarbeiten einschaltete, gerieten diese zu einem ausgesprochenen Eiertanz. Vor allem Herbert Ehrenberg, der neue Leiter der Abteilung IV: Wirtschaft und Finanzen, setzte mit Unterstützung von Ursula Krips, der zuständigen Referentin für Mehrjährige Finanzplanung und gesamtwirtschaftliche Projektionen, auf eine höhere Zuwachsrate im Bundeshaushalt 1971, um das Reformprogramm der Regierung möglichst vollständig zu realisieren.[227] Schon Mitte Mai, im Vorfeld der gemeinsamen Sitzung der Kabinettsausschüsse für Wirtschaft und für mittelfristige Finanzplanung des Bundes, drängte das Kanzleramt darauf, die Zielprojektion des Wirtschaftsministeriums für das Wachstum der Jahre 1969 bis 1974 von 4,5 % real und 7,2 % nominal auf 4,5 bis 5,0 % real und 8 % nominal nach oben zu korrigieren. Dahinter stand die Überlegung, dass »zugunsten der öffentlichen Ausgaben (z. B. Bildungs- und Sozialpolitik) der private Verbrauch (als Anteil am Sozialprodukt) abnehmen« müsse.[228]

225 Vgl. etwa K. Steves, Wachstum, Wachstum über alles, in: Die Welt Nr. 104 vom 6./7.5.1970; ders., Steigende Preise – fallende Kurse, in: ebd. Nr. 119 vom 26.5.1970.

226 Interview mit Bundesfinanzminister Alex Möller in der Sendung »Bericht aus Bonn« am 19.6.1970, WDR 0008219. Streit um Raten und Reformen, in: Der Volkswirt Nr. 26 vom 26.6.1970; Schiefe Last, in: Der Spiegel Nr. 24 vom 8.6.1970; »Für Stabilitätspolitik ist es nie zu spät«, in: ebd. Nr. 26 vom 22.6.1970; Zweiter Buckel, in: ebd. Nr. 27 vom 29.6.1970.

227 Jochimsen und Ehrenberg (BKA) an Buka am 1.7.1970, AdsD HEAB200107; Ehrenberg (BKA) an Buka am 3.7.1970, ebd.

228 Vermerk Gruppe III/2 BKA (Krips) vom 15.5.1970, BArch B 136/3251.

Würde die Zielprojektion angehoben, ließen sich in der Finanzplanung höhere Zuwachsraten bei den öffentlichen Ausgaben verankern.[229]

Seit dem Frühjahr 1970 arbeitete daher eine Projektgruppe an langfristigen, regelmäßig aktualisierten Planungen, die bis in das Jahr 1985 reichten. Sie ging von einem realen Wachstum des Bruttosozialprodukts von durchschnittlich 4,8 % pro Jahr aus. Ihre Schätzung des »Korridors für den Sektor Staat« prognostizierte, dass sich dessen Anteil von 36,8 % (1970) auf 45,2 % (1985) erhöhen ließe. Entsprechend müsste die Steuerquote von 24,2 % auf 26,5 % und die Kreditfinanzierungsquote auf 1,7 % steigen.[230] Dabei wussten die Planer im Kanzleramt nur zu gut, dass ihre expansiven Projektionen politischen wie wirtschaftlichen Sprengstoff bargen. Problematisch, hielten sie fest, sei »nicht die Finanzierungsseite, sondern die gütermäßige Umschichtung«. Denn es sei ungewiss, »wie lange der Wähler stillhält, wenn der private Verbrauch auch real immer mehr zugunsten des Staatsverbrauchs« zurückgedrängt werde. Auch stelle sich über kurz oder lang die Frage, ob die Bürger steigende Preise eher akzeptierten als höhere Steuern. Denn die Gefahr nicht kalkulierbarer Preissteigerungen »von 4 und mehr Prozent« stand zumindest Ursula Krips klar vor Augen.[231] Angesichts der Alternative, die zugespitzt lautete: Preissteigerungen und Verwirklichung der geplanten Reformen oder Dämpfung der Konjunktur und Verzicht auf Teile der Reformen, votierten einflussreiche Kabinettsmitglieder ebenfalls für den ersten Weg. Dazu zählten die Chefs der großen Ressorts wie Verteidigung oder Verkehr, aber auch Entwicklungshilfe-Minister Erhard Eppler, Wissenschaftsminister Hans Leussink oder Wohnungsbauminister Lauritz Lauritzen.[232] Auf dieser Linie lag auch Klaus Dieter Arndt, seit 1967 Parlamentarischer Staatssekretär beim Bundesminister für Wirtschaft und von 1968 bis 1974 Präsident des Deutschen Instituts für Wirtschaftsforschung.[233] Nach seinem Rücktritt als Staatssekretär im Herbst 1970 warnte er öffentlich davor, die »Staatsausgaben und Staatsaufgaben weiterhin zu drosseln«. Dafür müsse man, erklärte er in einem SPIEGEL-Gespräch, die »Preisstabilität kleiner schreiben«, den Bürgern darüber aber »klaren Wein einschenken«.[234]

229 Vermerk Gruppe III/2 BKA (Krips) für die Kabinettsitzung der Bundesregierung am 21.5.1970, ebd.

230 Reimut Jochimsen an Gruppe V/2 BKA am 30.5.1972, Anlagen: Sachstandsberichte, Teil VII: Ressourcen, BArch B 136/11228.

231 Vermerk Gruppe III/2 BKA (Krips) betr. Wirtschaftsentwicklung 1970 bis 1974 als Grundlage der mittelfristigen Finanzplanung vom 11.6.1970, BArch B 136/9187 (im Original unterstrichen).

232 Zweiter Buckel, in: DER SPIEGEL Nr. 27 vom 29.6.1970; Total erschöpft, in: ebd. Nr. 30 vom 20.7.1970.

233 *Grünewald*.

234 Staatsekretär Arndt will jetzt endgültig im BMW Schluß machen, in: FUCHS-BRIEFE vom 27.6.1979; Brandt soll zum wirtschaftspolitischen Sammeln blasen, in: ebd vom

Vor dem Hintergrund solcher Überlegungen legte das Kanzleramt vor der entscheidenden Kabinettssitzung Mitte Juni eigene Vorschläge für den Haushalt 1971 und die Finanzplanung bis 1974 vor, deren Zuwachsraten über jenen des Finanzministeriums lagen. So sollte der Haushalt 1971 statt um 9,5 % um 12,0 % und in den Jahren bis 1974 nicht um 7,5 %, sondern um 9,4 % wachsen. Zur Begründung hieß es, die Vorschläge des Ministeriums seien »nicht von der Aufgabenseite her zustande gekommen«, sondern hätten sich an »finanzwirtschaftlichen und ökonomischen Möglichkeiten« orientiert, ohne Rücksicht darauf, dass große Teile des Regierungsprogramms dann nicht verwirklicht werden könnten.[235] Im Kabinett setzte sich die Linie des Kanzleramts durch. Es hob das Volumen des Haushalts 1971 von 97,5 auf 100,1 Mrd. und die Steigerungsraten in den folgenden Jahren auf 9,5 % an. Damit seien, wie Ehrenberg in einer Aktennotiz festhielt, »die in der Regierungserklärung angekündigten Vorhaben weitgehend zu erfüllen«.[236] Der Arbeitsausschuss, der die Sitzungen des Kabinettsausschusses für mittelfristige Finanzplanung Ende Juni und Anfang Juli vorbereitete, griff aber noch einmal auf die Planungen des Finanzministeriums zurück und präsentierte zwei Varianten, wobei die eine von jährlichen Zuwachsraten von 7,5 %, die andere von einem Anstieg von 9,5 % ausging. Letztere hätte zwar deutlich mehr Mittel für Reformen bereitgestellt, den Etat des Bundes 1974 aber auf 131,4 Mrd. in die Höhe getrieben, während es bei der ersten Variante nur 124,4 Mrd. gewesen wären. Abschreckend wirkte dabei die Nettokreditaufnahme, die im ersten Fall auf 9,3 Mrd. im Jahr 1974, im zweiten dagegen auf 13,6 Mrd. zugenommen hätte.[237] Deshalb entschied sich der Kabinettsausschuss für einen Kompromiss, der freilich näher bei der ersten Variante lag.[238]

Entsprechend ging die Kabinettsvorlage des Finanzministers von Anfang Juli davon aus, dass »die öffentlichen Ausgaben in den nächsten Jahren stärker steigen sollen, als nach den bisherigen Finanzplanungen vorgesehen war«.[239] Sie projektierte für den Haushalt 1971 einen Umfang von 100,1 Mrd., was einem Zuwachs von 12,1 % gegenüber 1970 entsprach. Für die folgenden Jahre waren

23.9.1970; »Stabilität kleiner schreiben«, in: Der Spiegel Nr. 39 vom 21.9.1970; Herbst der Erkenntnis, in: ebd.

235 Ebd.; Vermerk Gruppe III/2 BKA (Krips) für die Kabinettsitzung am 13.6.1970, BArch B 136/3251.

236 Von der Kabinettssitzung liegt kein Protokoll vor. Sondersitzung des Kabinetts am 13.6.1970, in: Kabinettsprotokolle. Nachtrag zur heutigen Kabinettsitzung, Ehrenberg 13.6., BArch B 136/9187. Vgl. auch Das Tauziehen um den Etat 1971 beginnt, in: Frankfurter Allgemeine Nr. 134 vom 13.6.1970.

237 Der Vorsitzende des Arbeitsausschusses für mehrjährige Finanzplanung an Chef BKA am 24.6.1970, BArch B 136/3249.

238 Vermerk Gruppe IV/2 BKA (Krips) für die Kabinettsitzung am 9.7.1970, BArch B 136/3251.

239 Kabinettsvorlage BMF (Möller) vom 7.7.1970, BArch B 136/3251.

leicht sinkende Steigerungsraten vorgesehen, die den Haushalt bis 1974 auf ein Volumen von 127,0 Mrd. brachten.[240] Die Finanzierung sicherte der Minister, indem er zum einen die Zielprojektion und mit ihr die Steuereinnahmen nach oben korrigierte, zum anderen die Nettokreditaufnahme bis 1974 auf insgesamt 25,4 Mrd. anhob.[241] Dadurch entstanden finanzielle Spielräume, die gegenüber der alten Planung von 2,2 (1971) über 4,8 (1972) auf 6,2 Mrd. (1973) wuchsen. Sie sollten vornehmlich genutzt werden, um mehr in Bildung und Wissenschaft, Verkehr, Städtebau und Wohnungswesen sowie eine Reihe weiterer Reformvorhaben zu investieren.

Das Kabinett folgte im Wesentlichen der Vorlage Möllers, wies aber dessen Vorschlag zurück, mit Rücksicht auf die unklare Konjunkturlage erneut Sperren im Haushalt anzubringen.[242] Das lag ganz auf der Linie des Kanzleramts, das befürchtete, solche Sperren könnten die vorgenommene Prioritätensetzung verwässern und damit die »Glaubwürdigkeit der Reformbestrebungen der Bundesregierung beeinträchtigen«.[243] Die Beschlüsse des Kabinetts stießen auf unterschiedliche Resonanz. Herbert Ehrenberg verteidigte den Haushaltsentwurf 1971, denn hier konkretisiere sich »der Wille der Bundesregierung zur Erfüllung der inneren Reformen«. Ohne diese werde die Bundesrepublik bis zum Jahr 2000 hinter Japan und die DDR zurückfallen, was einer Katastrophe gleichzukommen schien. Außerdem bemühte Ehrenberg noch einmal das Galbraithsche Argument, wonach die moderne Industriegesellschaft »die Ansprüche an die öffentlichen Leistungen« erhöhe, weil steigender privater Wohlstand wertlos werde, wenn ihm eine »relativ zunehmende öffentliche Armut« gegenüberstehe.[244] Skeptisch äußerte sich dagegen die Frankfurter Allgemeine. Sie kritisierte, dass die Regierung bei den Ausgaben »in die Vollen« gehe, ohne eine Stabilisierung der Konjunktur abzuwarten. Das richtige Rezept laute aber »erst Stabilität und dann mehr öffentliche Investitionen«.[245]

Kurz nach den Beschlüssen des Kabinetts präsentierte Minister Möller dem Finanzplanungsrat den Haushalt 1971 und warb für eine gemeinsame Linie der Gebietskörperschaften.[246] Die restriktive Haushaltspolitik habe sich nicht

240 Die Raten sanken von 8,5 % (1972) über 8,25 % (1973) bis 8,0 % (1974).

241 Die Nettokreditaufnahme stieg auf 2,9 Mrd. (1971) und 5,5 (1972) sowie 7,4 (1973) und 9,6 (1974).

242 34. Kabinettssitzung am 9.7.1970, in: Kabinettsprotokolle.

243 Vermerk Gruppe IV/2 BKA (Krips) für die Kabinettsitzung am 9.7.1970, BArch B 136/3251.

244 H. Ehrenberg, Finanzplanung 1970 bis 1974 – die Basis der Inneren Reformen, in: Die Neue Gesellschaft, Bd. 17, 1970, S. 575–579 (Zitat: S. 578). Vgl. auch Die Reformpläne sind nicht ohne Steuererhöhung zu finanzieren, in: Fuchs-Briefe vom 26.8.1970.

245 W. Kannengießer, Der Bund geht in die Vollen, in: Frankfurter Allgemeine Nr. 158 vom 13.7.1970. Vgl. auch Kraft durch Hasch, in: Der Spiegel Nr. 29 vom 13.7.1970.

246 Ergebnisniederschrift. 10. Sitzung des Finanzplanungsrates am 13.7.1970, BArch B 136/9176.

fortsetzten lassen, weil die Investitionen für zentrale Bereiche wie Bildung und Wissenschaft, Wohnungs- und Städtebau oder andere Infrastrukturmaßnahmen »auf die Dauer nicht eingeschränkt« werden könnten. Der Vertreter des Wirtschaftsministers sprang ihm mit dem Argument bei, dass die Nachfrage der Bevölkerung nach Leistungen des Staates in einer »Wohlstandsgesellschaft« immer mehr anwachse. Das erzwinge eine »Verlagerung des öffentlichen Bereichs zu Lasten des privaten Bereichs« und damit eine »überproportionale Steigerung der öffentlichen Ausgaben«. Die Länderfinanzminister waren gespalten. Einige unterstützten die Politik Möllers, andere, vornehmlich der unionsregierten Länder, hielten die Steigerungsrate für »zu hoch und stabilitätspolitisch nicht vertretbar«. Anlass zur Sorge bot auch die Nettokreditaufnahme des öffentlichen Gesamthaushalts, die nach den Planungen des Finanzministeriums weiter ansteigen und sich bis 1974 auf insgesamt fast 50 Mrd. summieren sollte.[247] Vor allem die Bundesbank sah die »Gefahr eines Nachfragestoßes«, befürchtete einen Preisschub und hielt die vorgesehenen Zuwachsraten für stabilitätspolitisch nicht vertretbar. Deutlicher wurde Heinrich Irmler, das für Volkswirtschaft und Statistik zuständige Direktoriumsmitglied, in der Sitzung des Zentralbankrats Mitte Juli 1970. Er ging davon aus, dass der öffentliche Gesamthaushalt 1971 mit einem Kassendefizit von 5,6 Mrd. schließen werde. Da er für 1970 noch einen Überschuss von 2,4 Mrd. erwartete, ergab sich mit rund 8 Mrd. ein »Umschwung« vom Überschuss zum Defizit, der in dieser Höhe »selbst im Rahmen der Rezessionsbekämpfung 1967 bei weitem nicht« erreicht worden sei.[248]

Bis zu den Haushaltsberatungen des Bundestags, die mit der Einbringung des Budgets im September begannen, flachte die Konjunktur zwar leicht ab, doch waren die Preise weiter gestiegen. Nach wie vor setzte die Regierung darauf, so Willy Brandt in der Sitzung der SPD-Fraktion Mitte September, dass sich eine »Konjunkturdrosselung über die Ausgabenseite des Haushalts« verbiete, wolle man nicht wesentliche Ziele der sozial-liberalen Regierung aufgeben.[249] Das nutzte die Opposition, um die Finanzpolitik der Koalition erneut als inflationistisch zu brandmarken.[250] Wie scharf über dieses brisante Thema

247 Von 8,4 Mrd. (1971) über 11,9 Mrd. (1972) und 13,7 Mrd. (1973) auf 15,9 Mrd. (1974). Vgl. auch Wächst Dynamisch, in: Der Spiegel Nr. 37 vom 7.9.1970.

248 Protokoll der 318. Sitzung des Zentralbankrats der Deutschen Bundesbank am 15.7.1970, BArch B 136/3330; Notenbank-Präsident Klasen denkt den SPD-Genossen in Bonn zu konjunkturpolitisch, in: Fuchs-Briefe vom 5.9.1970; Hauptangriffsziel der sich bildenden Allianz wird die Bundesbank sein, in: ebd. vom 23.9.1970.

249 SPD-Fraktion im Bundestag. Protokoll der Fraktionssitzung vom 15.9.1970, AdsD Abt. II SPD-Bundestagsfraktion 6. WP, Sig. 38.

250 Vgl. K. Steves, Möller im Kreuzfeuer, in: Die Welt Nr. 209 vom 9.9.1970, ders., Mit der Inflation leben?, in: ebd. Nr. 222 vom 24.9.1970, sowie die zahlreichen Artikel in Union in Deutschland wie etwa Brandt-Regierung kann Preisflut nicht stoppen, in: Nr. 19 vom 14.5.1970; Regierung verharmlost gefährliche Entwicklung, in: Nr. 37 vom 17.9.1970; Strauß: Haushalt ist Inflationsquelle, in: ebd.

gestritten wurde, belegt schlaglichtartig Möllers wütende Reaktion in seiner Haushaltsrede Mitte September.[251] Er konterte die Vorwürfe der Opposition, die Regierung steuere auf eine dritte deutsche Inflation zu, mit dem Anwurf, jene, »die diese Weltkriege und die darauffolgenden Inflationen zu verantworten haben, stehen Ihnen geistig näher als der SPD«. Trotz der bereits erkennbaren Budgetrisiken hatte der Minister für seinen »100-Milliarden-Haushalt« die Rückendeckung des Kabinetts erhalten, in der Hoffnung, dass eine abflauende Konjunktur die hohen Zuwachsraten rechtfertigen und der Etat dann möglichen Abschwungstendenzen entgegenwirken werde.[252] Während diese Linie dem Konjunktur- und dem Finanzplanungsrat vertretbar erschien,[253] hielt die Bundesbank eine derart hohe Kreditfinanzierung der öffentlichen Ausgaben wiederum für »bedenklich«.[254] Hier wie dort verteidigte Möller den Haushalt 1971 mit ähnlichen Argumenten wie im Bundestag. »Nach zwei Jahren konjunkturbedingter Ausgabenbeschränkungen« müsse »nunmehr die Erfüllung des Nachholbedarfs« Vorrang erhalten. Sonst stabilisiere man diesen »auf seinem derzeitigen Niveau und damit die Armut unseres Gemeinwesens«.[255]

Bei den Ministergesprächen Mitte Januar 1971 und in den Diskussionen mit der Bundesbank hielt die Regierung am Volumen des Haushalts fest, auch wenn sich die Rahmenbedingungen bereits änderten.[256] Nicht nur stabilisierte sich die Konjunktur langsamer als erhofft, und die Steigerungsrate gegenüber dem Budgetvollzug von 1970 stieg auf 14,9 %; es musste wegen der sich abflachenden Konjunktur auch mit Steuermindereinnahmen von 1,35 Mrd. und mit Mehraufwendungen von 770 Mio. gerechnet werden.[257] Bei den Haushaltsberatungen hatte das Parlament darum auf Vorschlag der Regierung die Verwaltungseinnahmen um rund 320 Mio. angehoben und vor allem die Nettokreditaufnahme

251 Haushaltsrede Alex Möller, in: VDB, 6. WP, 67. Sitzung vom 23.9.1970, S. 3681–3694 (Zitat: S. 3684). Vgl. dazu Danke, Willy, in: Der Spiegel Nr. 40 vom 28.9.1970.

252 Möller an Buka am 4.9.1970, AdsD WBA A8 Mappe 13; 40. Kabinettssitzung am 17.9.1970, in: Kabinettsprotokolle. Vgl. auch Scharf angeguckt, in: Der Spiegel Nr. 38 vom 14.9.1970

253 Ergebnisniederschrift. 11. Sitzung des Finanzplanungsrates am 17.12.1970, BArch B 136/9176.

254 Protokoll der 324. Sitzung des Zentralbankrats der Deutschen Bundesbank am 21.10. 1970, BArch B 136/3330.

255 Haushaltsrede Alex Möller, in: VDB, 6. WP, 67. Sitzung vom 23.9.1970, S. 3681–3694 (Zitate: S. 3687 f.); vgl. auch »Ich werde nicht mit der Inflation leben«, in: Der Spiegel Nr. 40 vom 28.9.1970.

256 Protokoll der 334. Sitzung des Zentralbankrats am 17.3.1971, BA 136/3330; *A. Möller*, Genosse, S. 478 ff.

257 SPD-Fraktion im Bundestag, Protokoll der Fraktionssitzung am 19.1.1971, AdsD Abt. II SPD-Bundestagsfraktion 6. WP, Sig. 49. Bach runter, in: Der Spiegel Nr. 52 vom 21.12.1970; Der Bundesetat 1972 wird noch schwieriger, in: Frankfurter Allgemeine Nr. 16 vom 20.1.1971.

um 1 Mrd. auf 3,7 Mrd. heraufgesetzt.[258] Gleichwohl blieb der Etat 1971 ein »Haushalt der Ungewissheit«, wie Diether Stolze in der ZEIT kritisierte.[259] Zum einen gab es erhebliche Bedenken, ob der Minister die Steuereinnahmen nicht zu hoch angesetzt hätte. Immerhin war es ungewöhnlich, dass der Finanzausschuss des Bundestags die ministerielle Einnahmenschätzung nur mit knapper Mehrheit akzeptierte. Ferner stand zu befürchten, dass auf den Bund beträchtliche Mehrausgaben zukämen, da das Defizit bei Bahn und Post stieg, allein die Besoldungsanhebungen im öffentlichen Dienst mit 350 Mio. zu Buche schlugen und obendrein Verhandlungen mit den USA wegen der Stationierungskosten anstanden.[260]

Im Vollzug erwies sich der Haushalt 1971 am Ende als wenig konjunkturgerecht, obwohl der Finanzplanungsrat eine »zurückhaltende Haushaltsführung« empfohlen hatte und etwaige Steuermehreinnahmen zur »Verminderung des Kreditbedarfs« verwendet wissen wollte.[261] Denn die wirtschaftliche Stabilisierung kam nur langsam voran, so dass sich ein klarer expansiver Effekt einstellte: Der »kräftigen Ausgabensteigerung im Vorjahr«, kommentierte der Sachverständigenrat, folgte damit 1971 »eine noch stärkere.«[252] Er errechnete eine Zuwachsrate des öffentlichen Gesamthaushalts von 14,1 %, die sich auf Bund (13,5 %), Länder (14,5 %) und Gemeinden (14,1 %) verteilte. Nach seinem Verständnis von einem konjunkturneutralen Haushalt hätte die Zuwachsrate bei höchstens 11,2 % liegen dürfen. Mit rund 5,6 Mrd. sei die Expansion »noch größer als im Vorjahr«.[263]

Der Haushalt für das Jahr 1971 rückte die grundsätzlichen Probleme ins Licht, vor denen die sozial-liberale Koalition und vor allem ihr Finanzminister standen: Da war zum einen die Abstimmung der Reformpolitik auf den Konjunkturverlauf. Wollte die Regierung einen konjunkturgerechten Haushalt fahren, musste sie ihre kostspieligen Reformen zumindest in der Hochkonjunktur, bei reichlich fließenden Einnahmen, zurückstellen. In Zeiten schlechter Konjunktur wiederum sank das Steueraufkommen, weshalb dann die nötigen

258 Ergebnisniederschrift. 12. Sitzung des Finanzplanungsrates am 19.2.1971, BArch B 136/9176.

259 D. Stolze, Haushalt der Ungewißheit, in: DIE ZEIT Nr. 5 vom 29.1.1971.

260 Ebd.

261 Ergebnisniederschrift. 13. Sitzung des Finanzplanungsrates am 22.4.1971, BArch B 136/9176.

262 *Sachverständigenrat*, Jahresgutachten 1971/72, Ziff. 157.

263 Ebd., Tab. 16, Ziff. 180; *ders.*, Jahresgutachten 1972/73, Tab. 26. Vgl. auch *Hagemann*, Tätigkeit 1970 und 1971. NRW musste zum Beispiel seine Neuverschuldung von 501 Mio. um 532 Mio. auf 1,033 Mrd. hochfahren, um sein Defizit zu decken. Das tangiere aber, argumentierte der zuständige Referent in der Staatskanzlei, die »Verschuldungsgrenze« bei weitem nicht. Staatskanzlei Referat III A 1 (Schmidt-Brücken) an Referat I A 3 am 25.1.1971. betr. Ausgleich des Haushaltsplans 1971, LA NRW NW 277 Nr. 152.

Mittel fehlten. Zum anderen drohten Preissteigerungen, die Reformpolitik auszuhöhlen. Vor allem bei den Bauinvestitionen liefen die Preise den Zuwachsraten des Haushalts schlichtweg davon. Binnen Jahresfrist war der amtliche Baupreisindex um 17 % gestiegen. In den Ballungsgebieten oder im Hoch- und Wohnungsbau gab es einen noch stärkeren Auftrieb. Infolge dessen verteuerten sich die Projekte massiv oder mussten sogar aufgegeben werden. Real ließ sich also bestenfalls so viel verwirklichen wie in den Jahren zuvor, mitunter sogar weniger.[264] Schließlich wurde immer deutlicher, dass sich die geplanten Reformen ohne eine stärkere Verschuldung oder ohne höhere Steuern nicht würden finanzieren lassen. Deshalb sinnierte Möller hin und wieder öffentlich darüber, ob die Steuerquote nicht anzuheben sei oder zumindest ihr Absinken kompensiert werden müsse. Schon auf dem SPD-Parteitag im Mai 1970 war von ihm zu hören gewesen, dass es sich bei der »volkswirtschaftlichen Steuerquote nicht um eine heilige Kuh, sondern um einen Ochsen« handele, »der den Karren versäumter Reformen und vernachlässigter Infrastrukturen aus dem Dreck ziehen« müsse.[265] Auch in den folgenden Monaten fiel der Finanzminister immer wieder mit sybillinischen Äußerungen auf, die sowohl die Öffentlichkeit als auch die Unternehmer und nicht zuletzt die eigenen Parteifreude irritierten.[266] Im Januar 1971 wiesen seine Ministerkollegen und die SPD-Fraktion Möller in die Schranken.[267] So versicherte Schiller mit Rückendeckung des Bundeskanzlers vor der Presse, dass die Steuern im Jahr 1971 nicht erhöht würden.[268] Die Auseinandersetzungen kulminierten in einer koalitionsinternen sowie einer öffentlichen und durch die Große Anfrage der CDU/CSU-Opposition auch in den Bundestag getragenen Debatte darüber,[269] wie die Regierung die Reformen finanzieren wolle.[270] »Mit der vorhandenen Finanzmasse«, stellte

264 Karre fest, in: Der Spiegel Nr. 30 vom 20.7.1970; W. Slotosch, Noch kein Ende der Hitzewelle, in: Süddeutsche Zeitung Nr. 189 vom 8./9.8.1970; ders., Der Boom steht – die Preise steigen, in: ebd. Nr. 219 vom 12./13.9.1970.

265 *Parteivorstand der Sozialdemokratischen Partei Deutschlands*, Parteitag 1970, S. 296.

266 Zentrum der Kritik, in: Der Volkswirt Nr. 33 vom 14.8.1970; »Höhere Steuern kommen nicht in Frage«, in: Die Zeit Nr. 38 vom 18.9.1970; Danke, Willy, in: Der Spiegel Nr. 40 vom 28.9.1970; D. Stolze, Woher nimmt Möller die Milliarden, in: Die Zeit Nr. 4 vom 22.1.1971; Ein bißchen dümmlich, in: Der Spiegel Nr. 5 vom 25.1.1971.

267 Vgl. die Unterlagen zur Ministerbesprechung, AdL Bundesvorstand Protokolle 1643; SPD-Fraktion im Bundestag, Protokoll der Fraktionssitzung am 19.1.1971, AdsD Abt. II SPD-Bundestagsfraktion 6. WP, Sig. 49.

268 Ein bißchen dümmlich, in: Der Spiegel Nr. 5 vom 25.1.1971; Der Fall Alex Möller, in: Die Zeit Nr. 5 vom 29.1.1971.

269 BT-Drucksachen VI/1620 bzw. VI/1953. VDB, 6. WP, 109. Sitzung vom 24.3.197, S. 6393 ff.

270 SPD-Fraktion im Bundestag, Protokoll der Fraktionssitzung am 19.1.1971, AdsD Abt. II SPD-Bundestagsfraktion 6. WP, Sig. 49; Bundeshauptausschuss der FDP am 16.1.1971, AdL A 12 096; D. Piel, Reformer vor leeren Kassen, in: Die Zeit Nr. 3 vom 15.1.1971

die Frankfurter Allgemeine nüchtern fest, »sind die vielbeschworenen ›inneren Reformen‹, soweit sie Geld kosten, nicht zu bewältigen«.[271] Da der Kreditspielraum ausgereizt schien, blieb dem Kabinett Brandt, so Die Zeit, nur die Alternative »Verzicht auf ehrgeizige Reformprogramme« oder »kräftige Steuererhöhungen, die auch den ›kleinen Mann‹ treffen«. Um diese Entscheidung könne die Regierung sich nicht drücken, denn »die Stunde der Wahrheit« stehe mit der Vorlage des Haushalts 1972 bevor.[272]

Mitte Februar 1971 kam das Finanzkabinett in einer ersten Hochrechnung für die nächsten vier Jahre auf Fehlbeträge von 4 Mrd. (1972) bis 8 Mrd. (1975), die sich für den Planungszeitraum auf 23,6 Mrd. summierten. Davon entfielen 15,8 Mrd. auf Mehrausgaben und 7,8 Mrd. auf Steuermindereinnahmen. Es rechnete außerdem mit zusätzlichen Ausgaben für Reformprojekte im Umfang von 5 bis 8 Mrd. pro Jahr.[273] Hinzu kamen Haushaltsrisiken, da der Bund weiterhin 70 % der Umsatzsteuer für sich beanspruchte, während die Länder ihren Anteil um 5 % aufstocken wollten. Das allein schlug mit 8 bis 9 Mrd. zu Buche. Auch die Deutsche Bundesbahn stand vor größeren Verlusten, die der Bund abdecken musste, und die EG-Agrarfinanzierung bedurfte höherer Zuschüsse.[274] In einer Besprechung Ende Februar versuchten die Minister, aus der langen Liste von Kürzungsvorschlägen, die Spitzenbeamte aus dem Finanz- und Wirtschaftsministerium sowie dem Bundeskanzleramt unter Leitung Horst Ehmkes zusammengestellt hatten und die insbesondere bei den Einzelplänen für Verteidigung und Verkehr, Landwirtschaft und Soziales ansetzten, neun Milliarden für drei Jahre zu mobilisieren, um wenigstens ein Kernprogramm an Reformen zu retten.[275] Dabei prallten die Vorstellungen der großen »Verbraucher-Ressorts«, allen voran des Verteidigungsministeriums unter Helmut

271 F. U. Fack, Das harte Wort Steuererhöhungen, in: Frankfurter Allgemeine Nr. 47 vom 25.2.1971.

272 D. Stolze, Haushalt der Ungewißheit, in: Die Zeit Nr. 5 vom 29.1.1971; ähnlich Der Bundesetat 1972 wird noch viel schwieriger, in: Frankfurter Allgemeine Nr. 16 vom 20.1.1971.

273 Der Vorsitzende des Arbeitsausschusses für mehrjährige Finanzplanung an Chef BKA, BM Schiller und BM Genscher am 11.2.1971, BArch B 126/28629; Sprechzettel Möller für die Sitzung des Kabinettsausschusses für mehrjährige Finanzplanung am 18.2.1971, BArch B 136/9202; BMF (Möller) an Chef BKA am 18.2.1971, BArch B 136/9202. Vgl. auch Bundeskabinett erwägt Kürzung des Wehr-Etats um über drei Milliarden Mark, in: Frankfurter Allgemeine Nr. 47 vom 25.2.1971; Das Finanzkabinett setzt politische Prioritäten, in: ebd. Nr. 48 vom 26.2.1971.

274 Vermerk (Dr. Z/W) vom 25.2.1971 betr. Die Finanzlage des Bundes aus der Sicht des Finanzkabinetts (Unterlagen Kabinettsitzung am 24.2.1971), BArch N 1431/24.

275 Vermerk Zavelberg vom 25.2.1971 betr. Vorstellungen des Finanzkabinetts zur Kabinettsitzung am 24.2.1971, BArch N 1431/24; Sprechzettel Möller für die Ministerbesprechung am 25.2.1971, BArch N 1369/1640.

Schmidt,[276] und die der Verfechter einer Stabilitätspolitik mit dem Wirtschaftsminister an ihrer Spitze heftig aufeinander. Lehnten die »Verbraucher« Kürzungen ab, widersprach Schiller Steuererhöhungen mit dem Argument, das schade der Konjunktur und treibe die Preise; allenfalls kämen für 1972 höhere Verbrauchsteuern in Frage.[277] Da man sich nicht einigen konnte, wurde die Entscheidung auf den Herbst vertagt und der Finanzminister beauftragt, mit den Ressorts zu verhandeln und im Mai erste Zwischenergebnisse vorzulegen.[278] Für Heinz Günter Zavelberg, der aus dem Finanzministerium inzwischen als finanzpolitischer Berater zur CDU/CSU-Fraktion gewechselt war, verschloss die Bundesregierung damit »weiter die Augen vor den Finanzproblemen« und ließ »die Dinge einfach laufen«.[279]

Die Verhandlungen mit den Ressorts erwiesen sich für Möller als Sisyphusaufgabe. Denn nachdem diese ihre Planungen abgeschlossen hatten, »brach sich«, wie Arnulf Baring resümierte, »der als Reformeifer missverstandene Ehrgeiz, möglichst viel Geld auszugeben, wirklich Bahn«.[280] Bereits Ende März berichtete Möller dem Bundeskanzler, das Ergebnis der Gespräche auf der Ebene der Abteilungsleiter sei »niederschmetternd«. Auf 44,3 Mrd. addiere sich allein der »zwangsläufige Mehrbedarf« gegenüber dem Finanzplan bis 1975; 72,7 Mrd. ergäben sich, wenn man die Projekte hinzurechne, die nicht auf bindenden Verpflichtungen beruhten. Allein für den Haushalt 1972 summierten sich die Mehrausgaben zu 10,8 Mrd. auf. Die Einnahmen entsprechend zu erhöhen, schloss Möller dezidiert aus.[281] Besondere Probleme bereiteten ihm Forderungen, die der Verteidigungsminister mit Verve durchzudrücken versuchte.[282] Zwar sprang Brandt seinem Finanzminister mit einem Rundbrief an die Ressortchefs bei.[283] Da er Möller aber nicht weiter unter die Arme griff, blieb diese Aktion halbherzig. Eine zweitägige Klausur der Partei- und Fraktionsspitze sowie der sozialdemokratischen Minister Anfang April erbrachte

276 Vgl. das umfangreiche Material im Depositum Horst Ehmke, AdsD 1/HEAA000301, sowie Schmidt an Möller am 26.2.1971, PAHS Korrespondenz HS privat-politisch 1971 A-Z Bd. 8. Ferner *Soell*, S. 55 ff.; *Baring* u. *Görtemaker*, S. 650 ff.

277 BMWi (Schiller) an Buka am 24.2.1971, BArch N 1229/326.

278 Halt dich raus, in: Der Spiegel Nr. 10 vom 1.3.1971; D. Piel, Auf Pump in die Inflation?, in: Die Zeit Nr. 9 vom 26.2.1971; *Baring* u. *Görtemaker*, S. 650. Ein Protokoll der Sitzung liegt nicht vor. Vgl. 60. Kabinettssitzung am 25.2.1971, in: Kabinettsprotokolle.

279 Vermerk (Dr. Z/W) betr. Die Finanzlage des Bundes aus der Sicht des Finanzkabinetts (Unterlagen Kabinettsitzung am 24.2.1971), BArch N 1431/24.

280 *Baring* u. *Görtemaker*, S. 650; vgl. auch *A. Möller*, Tatort, S. 369 ff.

281 Möller an Buka am 25.3.1971, AdsD 1/HEAA000303; Aufzeichung Möller vom 25.3.1971, BArch N 1369/1652.

282 Möller an Schmidt am 20.3.1971 und Schmid an Möller am 22.3.1971, AdsD 1/HEAA000303.

283 Buka an Ressortminister (Abschrift) am 30.3.1971, BArch N 1369/1641. *A. Möller*, Tatort, S. 370 f.

ebenfalls keine Lösung.[284] Auch fanden Schiller und Möller, die beide trotz ihrer unterschiedlichen Funktionen das Budgetwachstum begrenzen wollten,[285] wegen fortdauernder persönlicher Animositäten zu keiner tragfähigen Zusammenarbeit.[286] Schließlich geriet der Finanzminister unter Druck, weil die Ausgaben des Bundes entgegen allen Empfehlungen der zuständigen Gremien und trotz seiner Erlasse zur restriktiven Haushaltsführung im ersten Quartal um 18,1 % gestiegen waren.[287] Möller musste in dieser Situation vor allem Zeit gewinnen und zugleich den nötigen politischen Druck aufbauen, um zu versuchen, mit Rückendeckung des Finanzplanungsrats Steuererhöhungen durchzusetzen.[288]

Den erhofften Handlungsspielraum gewann der Minister indessen nicht. Anfang Mai gab die Bundesregierung den Wechselkurs der Mark vorübergehend frei und ließ ihn »floaten«. Damit wollte sie dem inflationären Druck zu begegnen, der vor allem vom Eurodollar-Markt ausging. Auf diesem wurden US-Dollar gehandelt, die von amerikanischen, multinationalen Unternehmen erwirtschaftet und nicht in die Vereinigten Staaten tranferiert, sondern außerhalb der USA angelegt worden waren.[289] Zugleich beschloss das Kabinett eine Reihe von Maßnahmen, um die außenwirtschaftliche Absicherung der Stabilitätspolitik binnenwirtschaftlich zu flankieren. Dazu zählten Minderausgaben bei Bund und Ländern, eine Aufstockung der Konjunkturausgleichsrücklage sowie Kreditbeschränkungen für die Gebietskörperschaften.[290] Diese Regelungen erzwangen eine Entscheidung in der Haushaltspolitik.[291] Möller sah den »äußersten noch vertretbaren Kompromiss« darin, die Zuwachsrate des Haushalts 1972 von 8,5 % auf 10,0 % anzuheben und verschiedene Verbrauchsteuern zu erhöhen, um Mehreinnahmen in Höhe von 3 Mrd. zu erzielen.[292] Doch schätzte er die Chance, diese Linie im Kabinett gegenüber den »Großverbrauchern« durchzusetzen, bereits als gering ein.[293] In seiner »Haushaltswirtschaftlichen Bestandsaufnahme« listete er die Ausgabenwünsche der Ressorts, die sich für 1972 auf 9,9 Mrd. sowie bis 1975 auf 64,3 Mrd. summierten,

284 *Soell*, S. 57.
285 Schiller an Möller am 25.11.1970, BArch N 1229/291.
286 Schiller an Möller am 29.4.1971, BArch N 1229/326. Vgl. auch *Lütjen*, S. 302 ff.; *Hochstätter*, S. 262 ff.
287 Möller an Schiller am 2.5.1971, BArch N 1229/326.
288 Möller an Chef BKA am 19.4.1971, BArch B 136/9176; Vermerk Gruppe IV/2 BKA (Krips) für Chef BKA am 20.4.1971, ebd.; 66. Kabinettssitzung am 22.4.1971, in: Kabinettsprotokolle; Niederschrift. 13. Sitzung des Finanzplanungsrates am 22.4.1971, BArch B 136/9476.
289 *Holtfrerich*, Geldpolitik, bes. S. 421 ff., und *von Hagen*, bes. S. 444 ff. Vgl. auch *Storck*.
290 Sondersitzung am 9.5.1971, in: Kabinettsprotokolle.
291 *A. Möller*, Tatort, S. 366 ff.
292 BMF (Möller) an Buka am 3.5.1971, BArch B 126/9204.
293 Möller an Schmidt am 14.7.1972, BArch N 1369/451.

noch einmal detailliert auf.[294] Diese Aufstellung legte er seinem Rücktrittsgesuch an den Bundeskanzler bei.[295]

Mit Alex Möller verließ ein Minister die Regierung, der einerseits die finanzpolitische Solidität der sozial-liberalen Reformpolitik nach außen repräsentiert und wesentlich dazu beigetragen hatte, »die ökonomischen Fundamente der neuen Politik breiter und verlässlicher erscheinen zu lassen, als sie in Wirklichkeit waren«.[296] Nicht nur Exbundeskanzler Kurt Georg Kiesinger sah in ihm »einen äußerst soliden Finanzminister, der eher mit seiner eigenen Partei brechen würde, als mit dem Ruf eines schlechten Finanzministers in die Geschichte« einzugehen.[297] Andererseits hatte Möller nie ein Hehl daraus gemacht, gern als »Finanzier der inneren Reformen« gelten zu wollen.[298] Daher trug der moderate Keynesianer die dynamische Expansion der Staatsaufgaben und -ausgaben mit und war bereit, dafür in größerem Umfang auf Kredite zurückzugreifen oder Steuern zu erhöhen. Er lehnte es jedoch ab, und darin unterschied er sich von anderen in seiner Partei, die Grenzen finanzpolitischer Solidität zu überschreiten und blieb insoweit dem Assekuranzdenken der Versicherungsbranche verhaftet, aus der er kam.[299] Doch stand Möller vor dem Dilemma, die Konjunktur und besonders die Preisstabilität sowie eine solide Finanzpolitik mit der Finanzierung der Reformen in Einklang bringen zu müssen. Dabei engten einerseits die wachsenden Ausgaben bei den klassischen Ressorts wie Verteidigung und Landwirtschaft sowie die steigenden Personalkosten den finanziellen Spielraum für Reformen ein. Andererseits blockierten politische Zusagen und koalitionäre Konstellationen sowie konjunkturelle Rücksichten den Weg, die finanziellen Lücken durch höhere Steuern zu schließen. Die Lösung schien in einer stärkeren Verschuldung zu liegen. Unter Möller nutzte die Koalition diese Möglichkeit, stieß aber auf den zunehmenden Wider-

294 Möller an Buka am 12.5.1971, Anlage 1: Haushaltswirtschaftliche Bestandsaufnahme für 1972 und Folgejahre (bis 1975) (Stand: 5. Mai 1971), AdsD 1/HEAA000303.

295 *Baring* u. *Görtemaker*, S. 650 ff.; *Soell*, S. 57 ff.; *Lütjen*, S. 302 ff. Dort auch zu den vielfältigen Gründen für den Rücktritt. »Uns bleibt nur ein schmaler Korridor«, in: Der Spiegel Nr. 21 vom 17.5.1971. Vgl. die zahlreichen Kommentare in der Presse so etwa W. Kannengießer, Der »Genosse Generaldirektor« geht, in: Frankfurter Allgemeine Nr. 111 vom 14.5.1971; K. Steves, Bonns Kassenwart hat resigniert, in: Die Welt Nr. 111 vom 14.5.1971; H.-U. Spree, Möllers Rücktritt ändert die Probleme nicht, in: Süddeutsche Zeitung Nr. 115 vom 14.5.1971; K. Bernhardt, Der Rücktritt, in: Handelsblatt Nr. 93 vom 14./15.5.1971; R.-D. Weinrich u. M. K. Keune, Bonns Kasse hat ein großes Loch, in: Bild-Zeitung Nr. 112 vom 15.5.1971; Interview mit Franz Josef Strauß zum Rücktritt von Alex Möller in der Sendung »Die Woche in Bonn« vom 15.5.1971, WDR 6302302101.

296 *Baring* u. *Görtemaker*, S. 655.

297 *Buchstab* u. *Lindsey*, Barzel, Nr. 5: 23.1.1970.

298 D. Piel, Auf Pump in die Inflation?, in: Die Zeit Nr. 9 vom 26.2.1971.

299 Interview Böhme, Obert und Uelner.

spruch der Deutschen Bundesbank, eine politische geschickt inszenierte Antiinflations-Kampagne der CDU/CSU-Opposition und wachsende Widerstände der Wirtschaft.[300]

Wo Alex Möller gescheitert war, begann Karl Schiller als neuer Doppelminister für Wirtschaft und Finanzen zunächst erfolgreich.[301] Auf der einen Seite setzte er die vom Kabinett beschlossenen binnenwirtschaftlichen Stabilisierungsmaßnahmen, darunter vor allem die Begrenzung der Kreditaufnahme, die Verringerung der Ausgaben und die Bildung freiwilliger Konjunkturausgleichsrücklagen, gegen erhebliche Widerstände der Länder im Finanzplanungsrat durch.[302] Auf der anderen Seite ließ er den Haushalt 1972 und die mittelfristige Finanzplanung unter strenger Geheimhaltung vorbereiten, so dass das Bundeskanzleramt über den »lückenhaften Informationsstand« klagte.[303] Immerhin drang durch, dass die Zuwachsrate bei 8 % liegen, die Nettokreditaufnahme auf 5,5 Mrd. steigen und eine Reihe von Verbrauchsteuern erhöht werden sollte. Im Kanzleramt erkannte man zwar an, dass eine »gewisse strukturelle Bereinigung« bei den Bundesausgaben »unausweichlich« sei, bedachte vor allem aber die Konsequenzen einer solchen »Konsolidierung« für die Reformpolitik.[304] Diese führten die drei Abteilungsleiter Karl Friedrich Brodeßer, Karl Otto Pöhl als Nachfolger Ehrenbergs und Reimut Jochimsen dem Kanzler eindringlich vor Augen.[305] Sie sahen in dem »Stabilitätskurs« des Ministers einen »fast ausschließlich am Kriterium des globalen Zuwachses des Haushalts« orientierten »verzweifelten Versuch«, die Ansprüche der Ressorts zurückzudrängen. Wichtige öffentliche Investitionen, welche »die Quantität wie die Qualität der zukünftigen wirtschaftlichen und gesellschaftlichen Entwicklung« mitbestimmten, stünden damit »nun schon im dritten Jahr« hintan. Die »Regierung der inneren Reformen« befinde sich in einem »Grunddilemma«. Sie wolle die

300 *Bundesverband der Deutschen Industrie*, Jahresbericht 1972, S. 120 ff.

301 Zur Ernennung Schillers *Lütjen*, S. 304 ff., und *Hochstätter*, S. 262 ff. Vgl. auch »Uns bleibt nur ein schmaler Korridor«, in: Der Spiegel Nr. 21 vom 17.5.1971; »Dieser Schiller ist wie ein Astronaut«, in: ebd.

302 Kurzprotokoll über die gemeinsame Sitzung des Konjunkturrates für die öffentliche Hand und des Finanzplanungsrates am 14.5.1971, BArch B 136/9177; Ergebnisniederschrift der gemeinsamen Sitzung des Finanzplanungsrates und des Konjunkturrates für die öffentliche Hand am 28.6.1971, ebd. Zu den Ergebnissen die Vermerke der Gruppe V/2 BKA (Krips) vom 17.5. bzw. 29.6.1971, ebd.

303 Vermerk Gruppe V/2 BKA (Quantz) für Chef BKA am 16.8.1971, BArch B 136/9204. Einzelheiten auch schon im Vermerk Gruppe V/2 BKA (Quantz) für Abteilungsleiter V (Jochimsen) am 25.6.1971, ebd. Vgl. auch Vermerk Gruppe V/2 BKA (Krips/Quantz) für Chef BKA am 8.3.1972, BArch B 136/11227.

304 Ebd.

305 Vermerk AL V BKA (Jochimsen) für Buka am 21.8.1971, BArch B 136/9205; Gemeinsame Vorlage der AL III (Brodeßer), IV (Pöhl) und V (Jochimsen) BKA für Buka vom 21.8.1971 mit 10 Anlagen, ebd.

»Gesellschaft schrittweise fortentwickeln und die öffentliche Armut abbauen«, verfüge aber nicht über eine »Strategie der Umlenkung der Ressourcen auf die öffentlichen Aufgaben«. Die drei Abteilungsleiter plädierten deshalb für eine Steigerung des Haushalts um 9,5 bis 10 %; das sei »konjunkturpolitisch notwendig, reformpolitisch erforderlich und stabilitätspolitisch vertretbar«.

Schiller genoss die Rückendeckung des Bundeskanzlers und durfte davon ausgehen, dass sich die Koalition den Rücktritt eines weiteren Finanzministers in so kurzer Zeit politisch nicht würde leisten können.[306] Daher gelang es ihm trotz des Gegenwinds aus dem Kanzleramt und des massiven Widerstands vor allem von Verkehrsminister Georg Leber und Verteidigungsminister Helmut Schmidt, den Haushalt 1972 und die mittelfristige Finanzplanung bis 1975 ohne wesentliche Abstriche Anfang September zuerst durch das Finanzkabinett und wenige Tage später durch das Kabinett zu bringen.[307] Der Haushalt hatte ein Volumen von 106,6 Mrd., was einem Zuwachs von 8,4 % entsprach. Für die folgenden Jahre waren Steigerungsraten von durchschnittlich 7,5 % vorgesehen, die leicht über der projektierten Zunahme des Sozialprodukts lagen und den Etat bis 1975 auf 131,4 Mrd. wachsen ließen.[308] Um wenigstens diesen moderaten Kurs zu fahren, mussten die Mineralöl-, Tabak- und Branntweinsteuern erhöht und rund 5 Mrd. Schulden in Kauf genommen werden. Außerdem löste der Minister die globale Verfügungsreserve für unerwartete Ausgaben auf und umging Eingriffe in geltende Rechtsverhältnisse, die ein Haushaltssicherungsgesetz erfordert hätten, indem er eine globale Minderausgabe von 800 Mio. ausbrachte. Die überschießenden Wünsche der Ressorts schob der Minister in einen Eventualhaushalt von 2,5 Mrd., der im Fall einer Konjunkturschwäche eingesetzt und aus der Konjunkturausgleichsrücklage finanziert werden sollte. Ferner blieben mehrere Haushaltsrisiken außer Betracht, darunter die noch ungeklärte Finanzausstattung der Länder und Gemeinden. Schließlich drückte Schiller das Haushaltsvolumen, indem er die Zuschüsse an die Rentenversicherungen in Bundesschatzbriefen leistete und die höheren Einnahmen aus

306 Schmidt an Buka am 5. und 7.7.1971, in: *Woyke*, Brandt, Nr. 222 und 223: 5.7.1971 und 7.7.1971; W. Hoffmann, Das Loch in Schillers Kasse, in: Die Zeit Nr. 29 vom 16.7.1971.

307 BMWF (Schiller) an Chef BKA am 31.8.1971, BArch B 126/28629; Vermerk Gruppe V/2 BKA (Quantz) für die 7. Sitzung des Finanzkabinetts am 1. September 1971 vom 31.8.1971, BArch B 136/9205. Vgl. dazu »Meine Landsleute krempeln die Ärmel hoch«, in: Der Spiegel Nr. 22 vom 24.5.1971; Sehr happy, in: ebd. Nr. 37 vom 6.9.1971. Kabinettsvorlage BMWF (Schiller) vom 6.9.1971, BArch N 1431/24. 80. Kabinettssitzung am 8., 9. (1. Fortsetzung) und 10. (2. Fortsetzung) 9.1971, in: Kabinettsprotokolle. Schmidt an Buka am 10., 13., 16. und 22. 9.1971, in: *Woyke*, Brandt, Nr. 236–240: 10.–22.9.1971. *Soell*, S. 61 ff. Vgl. Haushalt 1972 – Geplante Schramme, in: Der Spiegel Nr. 38 vom 13.9.1971.

308 K. Schiller, Haushaltsgesetz und Finanzplan des Bundes 1971–1975, in: Bulletin Nr. 153 vom 21.10.1971.

der Mineralölsteuer zu zwei Dritteln am Bundeshaushalt vorbei direkt an die Gemeinden leitete.[309]

Auch wenn der Wirtschafts- und Finanzminister betonte, dass er einen »Haushalt der Konsolidierung« vorgelegt habe, in dem »wichtige Reformschwerpunkte zur Geltung« kämen,[310] hatte sein Taktieren in der Öffentlichkeit doch das Bild eines »zwielichtigen Bundeshaushalts«, eines »Etats mit Tricks« entstehen lassen.[311] Schiller habe zwar, hob die FRANKFURTER ALLGEMEINE hervor, »viele Illusionen seiner Kabinettskollegen gedämpft und zur Ernüchterung der Bürger beigetragen«;[312] nehme man aber die »falschen Haarteile« weg,[313] zeige sich mit einem Zuwachs von 9,5 % – andere rechneten sogar mit bis zu 14 % – im Ist-Soll-Vergleich und angesichts großer Budgetrisiken mitnichten ein »Haushalt der Konsolidierung«. Doch würden jetzt die Reformen endgültig »auf Sparflamme« gesetzt, verschwänden Pläne, die nicht solide zu finanzieren seien, »endlich in den Schubladen«.[314] Andere Sorgen machte sich DIE ZEIT. Sie beklagte, dass die Reformpläne der »Stabilitätspolitik geopfert« würden und die Regierung, die »öffentliche Armut« nicht mildere, sondern fortschreibe. So gebe Schiller zwar vor, mit dem Haushalt »die Voraussetzungen für künftige Reformen« schaffen zu wollen, erscheine aber »zunächst nur als ihr Verhinderer«.[315]

Der Doppelminister geriet schon bald unter massiven politischen und finanziellen Druck.[316] Ein außerordentlicher Parteitag Mitte November 1971 in Bonn führte ihm vor Augen, dass große Teile der SPD nicht hinter seiner stabilitätsorientierten Finanzpolitik standen. Der Konflikt, bei dem es um die Dynamik der Expansion ging, wurde über der Steuerreform ausgetragen. Diese war eines der zentralen Reformprojekte der sozial-liberalen Koalition. Das Steuersystem sollte nicht nur transparenter und einfacher, sondern auch sozial gerechter werden. Möller hatte seinerzeit zunächst den Bericht der sogenannten Eberhard-Kommission abwarten wollen, die von Franz Josef Strauß unter dem

309 Vermerk Abteilung W/I BMWF (Schlecht) für Minister am 25.8.1971, BArch B 126/28629; Kabinett beschließt höhere Steuern für Benzin, Tabak und Spirituosen, in: FRANKFURTER ALLGEMEINE Nr. 210 vom 11.9.1971.

310 Interviews mit Karl Schiller und Hans Hermsdorf in der Sendung »Bericht aus Bonn« am 10.9.1971, WDR 0009834.

311 W. Kannengießer, Schillers zwielichtiger Bundeshaushalt, in: FRANKFURTER ALLGEMEINE Nr. 211 vom 13.9.1971; H. Mundorf, Etat mit Tricks, in: HANDELSBLATT Nr. 173 vom 9.9.1971; Bonner Rechenkünste, in: DIE ZEIT Nr. 38 vom 17.9.1971.

312 W. Kannengießer, Schillers zwielichtiger Bundeshaushalt, in: FRANKFURTER ALLGEMEINE Nr. 211 vom 13.9.1971.

313 Etat mit Fragezeichen, in: ebd. Nr. 210 vom 11.9.1971.

314 W. Kannengießer, Reformen auf Sparflamme, in: ebd. Nr. 204 vom 4.9.1971.

315 D. Piel, Vor leeren Kassen, in: DIE ZEIT Nr. 38 vom 17.9.1971; ähnlich K. Simon, Griffe ins Portemonnaie, in: FRANKFURTER RUNDSCHAU Nr. 203 vom 3.9.1971.

316 K. Stevens, Opulente Reformprogramme und Stabilität sind unvereinbar, in: DIE WELT Nr. 242 vom 18.10.1971; K. Simon, Groll über Schiller, in: FRANKFURTER RUNDSCHAU Nr. 254 vom 2.11.1971.

Vorsitz des Präsidenten der Bayerischen Staatsbank eingesetzt worden war. Er hatte aber zusätzlich noch eine Arbeitsgruppe unter Leitung des Züricher Nationalökonomen Heinz Haller berufen, der die Steuerreform von 1970 bis 1972 als Staatsekretär im Finanzministerium vorbereitete. Da Möller auf dem Saarbrücker Parteitag vom Mai 1970 dieses Projekt zwar als »Jahrhundertwerk« angekündigt, aber keine konkreten Pläne vorgelegt hatte, war eigens ein Steuerparteitag beschlossen und mit dessen Vorbereitung eine Steuerreformkommission beim Parteivorstand der SPD unter dem Vorsitz von Entwicklungshilfe-Minister Erhard Eppler beauftragt worden.[317] Die Empfehlungen der Kommission, die Eppler auf dem Sonderparteitag vorstellte, bewegten sich ganz auf der Linie von John K. Galbraiths Formel von *private opulence and public squalor*. Die »Qualität unseres Lebens«, argumentierte Eppler, hänge weniger »vom Zuwachs des privaten Konsums«, sondern »zunehmend mehr von den Leistungen und Investitionen der öffentlichen Hände« ab. Stiegen deren Einnahmen stärker als die Konsumausgaben, erhöhe sich die »Lebensqualität«, weil dann mehr Mittel für den Ausbau der Infrastruktur, für Bildung und Wissenschaft sowie für soziale Leistungen zur Verfügung stünden. Das komme besonders den Beziehern niedriger Einkommen zugute. Aus finanziellen, aber auch aus Gründen einer »einigermaßen gerechten Verteilung der Lasten« sei es außerdem nötig, mehr Steuern auf hohe Einkommen und große Vermögen zu erheben.[318]

Auf dem Parteitag gab es eine breite, wenn auch heterogene Koalition, die den Anteil des Staates am Sozialprodukt vergrößert wissen wollte. Doch herrschten unterschiedliche Ansichten, wie dynamisch diese Expansion voranzutreiben sei.[319] In der innerparteilichen Auseinandersetzung um die Steuerreform ging es nicht nur um die finanzpolitische Ausrichtung der SPD, sondern mehr noch um ihre Positionierung als Volks- oder als Arbeitnehmerpartei. Auf der einen Seite gab es die pragmatischen Expansionisten. Karl Schiller und hinter ihm Egon Frankes »Kanalarbeiter« traten für eine aufkommensneutrale Steuerreform oder bestenfalls für mäßige Steuererhöhungen ein.[320] Diese sollten sich ökonomisch an der Belastbarkeit der Wirtschaft sowie politisch an dem orientieren, was in der Koalition durchsetzbar erschien, und nicht zuletzt die Wirkung solcher Steuererhöhungen auf Unternehmen, Wähler und Öffentlichkeit berücksichtigen. Schillers berühmt gewordener Ausspruch in der Parteitagsdebatte: »Genossinnen und Genossen, lasst bei diesem Punkt bitte die

317 *Faulenbach*, S. 220 ff.

318 *Parteivorstand der Sozialdemokratischen Partei Deutschlands*, Außerordentlicher Parteitag 1971, S. 175 f.

319 Ebd. Dazu *Faulenbach*, S. 220 ff.; *Lütjen*, S. 311 ff.; *Hochstätter*, S. 270 ff. »Wir wollen uns keinen Bruch heben«, in: Der Spiegel Nr. 47 vom 15.11.1971; Kopfnicken genügte, in: ebd. Nr. 48 vom 22.11.1971.

320 Die Macht der SPD-Kanalarbeiter, in: ebd. Nr. 47 vom 14.11.1977.

Tassen im Schrank«, brachte dies auf den Punkt.[321] Auf der anderen Seite standen die radikalen Expansionisten. Angeführt vom Bezirk Hessen-Süd und dem hessischen Finanzminister Rudi Arndt, von Jochen Steffen und den Jungsozialisten um Karsten Voigt sowie nicht zuletzt von Günter Wichert, dem Koordinator der SPD-Linken, forderten sie eine massive Anhebung der Steuern, zumal der Einkommen-, Vermögen- und Erbschaftsteuer. Dadurch wollten sie nicht nur die Bezieher niedriger Einkommen besser stellen, sondern auch, so Steffen, in eine »strukturverändernde Politik« oder, wie viele Jungsozialisten, in »eine Investitionslenkung« sowie eine »Verstaatlichung des Banken- und Kreditwesens« einsteigen.[322] Um diese Ziele zu erreichen, gelte es, so Steffen weiter, die »Grenzen der Belastbarkeit« der Wirtschaft zu »erproben«.[323] Am ersten Verhandlungstag gingen die Beschlüsse des Parteitags mit der Forderung, den Spitzensteuersatz auf 56 % bzw. 60 % anzuheben, forsch über den Vorschlag der Eppler-Kommission hinaus. Erst am zweiten Tag wirkte die Parteitagsregie der SPD-Spitze mäßigend auf die Delegierten ein, und der Vorschlag der Kommission, die Körperschaftsteuer auf 56 % zu erhöhen, fand eine Mehrheit. Bei den Beschlüssen zu den Steuersätzen handelte es sich in erster Linie um sozialdemokratische Symbolpolitik. Sie signalisierten aber dreierlei: zum einen die Bereitschaft, durch eine Bündelung steuerpolitischer Änderungen erhebliche Mehreinnahmen für die Reformpolitik zu mobilisieren; zum anderen die Unzufriedenheit der Parteibasis mit der stabilitätsorientierten Finanzpolitik, welche die Reformen, wie Schiller formulierte, wenn nicht »aufschieben«, so doch »strecken« musste; und schließlich die fehlende Unterstützung für den Minister sowie seine Isolierung in der Partei.[324]

Setzte der Steuerparteitag den Minister politisch unter Druck, sollten ihn die Länder und die Auseinandersetzungen um den Haushalt finanziell in Bedrängnis bringen.[325] Für das Jahr 1972 war die Verteilung der Umsatzsteuer neu zu regeln. Während der Bund den Anteil der Länder um drei Prozentpunkte erhöhen und den Gemeinden drei Viertel der Einnahmen aus der höheren Mineralölsteuer zukommen lassen wollte, beide Gebietskörperschaften also mit Mehreinnahmen von 2,4 Mrd. (1972) und von 2,6 Mrd. (1973) rechnen konnten, wollten die Gemeinden ihren Anteil von 14 % auf 18 % angehoben wissen. Die Länder forderten, das Beteiligungsverhältnis zu ihren Gunsten um 9,8 Prozentpunkte (1972) bzw. 12,8 Prozentpunkte (1973) auf 39,8 % bzw. 42,8 % aufzustocken. Sie hätten, lautete ihr Argument, die finanziellen Folgen der

321 *Parteivorstand der Sozialdemokratischen Partei Deutschlands*, Außerordentlicher Parteitag 1971, S. 318.

322 Ebd., S. 344, 123 f.

323 Ebd., S. 344. W. Kannengießer, Steuerpolitik als revolutionärer Hebel, in: FRANKFURTER ALLGEMEINE Nr. 270 vom 22.11.1971.

324 *Lütjen*, S. 320 ff.

325 Vgl. dazu *Fecht*.

Bundesgesetze, vor allem bei Bildung und Wohnungsbau, in Form massiv steigender Aufwendungen für Personal zu tragen, so dass deren Anteil an den Gesamtausgaben bei 42 %, jener des Bundes aber nur bei 18 % liege.[326] Zugleich weigerten sich die Länder, dem Stabilitätskurs des Bundes zu folgen. Schon im Sommer hatten die Finanzminister signalisiert, die Zuwachsrate ihrer Budgets nicht unter 10 % drücken zu können.[327] Die Fronten zwischen Bund und Ländern verhärteten sich auf der Herbstsitzung des Finanzplanungsrats derart, dass der Bundeskanzler dem Finanzminister beispringen und gemeinsam mit ihm sowie dem Vertreter der CDU-Länder, dem Ministerpräsidenten von Schleswig-Holstein Gerhard Stoltenberg, und dem Repräsentanten der SPD-Länder, NRW-Ministerpräsident Heinz Kühn, einen Ausweg suchen musste.[328] Nach dem Kompromiss, der Ende Januar 1972 geschlossen wurde, erhielten die Länder 35 % der Umsatzsteuer, die finanzschwachen unter ihnen zusätzlich Ergänzungszuweisungen gewissermaßen als »Armengeld«.[329]

Die nach langem Tauziehen erreichte Einigung mit den Ländern brachte dem Bund Mindereinnahmen von 1,2 Mrd., die durch eine höhere Verschuldung aufgefangen werden mussten. Damit stieg die geplante Nettokreditaufnahme für das Jahr 1972 trotz der Steuererhöhungen, die rund 4 Mrd. einbrachten, auf 7,5 Mrd. Ließe sich zudem die ausgebrachte globale Minderausgabe nicht erwirtschaften, fehlten sogar 8,8 Mrd. »Finanzierungssalden in dieser Größenordnung«, klagte Schiller gegenüber Brandt, seien gesamtwirtschaftlich »unvertretbar«; verließe er sich auf die »Kooperationswilligkeit« seiner Kabinettskollegen, hätte das die »komplette Explosion der Bundesfinanzen« zur Folge.[330] Vor allem Bundesverteidigungsminister Helmut Schmidt machte es dem Finanzminister schwer. Er forderte für 1973 statt der 25 Mrd., die Schiller ihm zugestehen wollte, mindestens 27,5 Mrd., da ansonsten, wie er Willy Brandt schrieb, der »Zusammenbruch der gesamten Beschaffungspolitik meines Hauses« drohe.[331] So spitzte sich die Lage weiter zu. Denn zur Verschuldung des Bundes addierten sich die Schulden der Länder mit 6 Mrd. und der Gemeinden mit 5 Mrd., was

326 Ergebnisniederschrift. 16. Sitzung des Finanzplanungsrates am 21.9.1971, BArch B 136/9177; Vermerke Gruppe V/2 BKA (Krips) vom 22.9.1971, ebd.

327 Ergebnisniederschrift der gemeinsamen Sitzung des Finanzplanungsrates und des Konjunkturrates für die öffentliche Hand am 28.6.1971, BArch B 136/9177; Staatskanzlei Referat III A 1: MP-Information zur 1. Lesung des Landeshaushalts 1972 vom 10.9.1971, LA NRW NW 279 Nr. 15. Vgl. auch Schmidt an Buka am 13.10.1971, in: *Woyke*, Brandt, Nr. 243: 13.10.1971.

328 *Stoltenberg*, S. 200 ff.; *Düding*, Kühn, S. 244 ff.

329 Ergebnisniederschrift. 16. Sitzung des Finanzplanungsrates am 21.9.1971, BArch B 136/9177; Mieser Stil, in: Der Spiegel Nr. 40 vom 27.9.1971; Reform der Reformen, in: ebd. Nr. 49 vom 29.11.1971; Bundesfinanzen: Schillers-Etat-Lücken, in: Wirtschaftswoche Nr. 3 vom 21.1.1972.

330 Schiller an Buka am 29.2.1972, BArch N 1229/326.

331 Schmidt an Brandt am 13.3.1972, in: *Woyke*, Brandt, Nr. 270: 13.3.1972.

gegenüber 1971 ein Plus von 8 bis 10 Mrd. bedeutete. Eine Gesamtverschuldung der öffentlichen Hände von 18,5 Mrd., stellten der Finanzplanungs- und der Konjunkturrat im März 1972 fest, entspreche weder den »konjunkturellen Erfordernissen« noch den »längerfristigen finanzwirtschaftlichen Möglichkeiten«.[332] Auch das Bundeskanzleramt erwog, die Nettokreditaufnahme durch einen sogenannten »Schuldendeckel« zu begrenzen.[333] Vorübergehend schienen die Finanzminister den »ausufernden Ausgabenwünschen« ihrer Kollegen gemeinsam entgegentreten zu wollen.[334] Hans Wertz, Finanzminister von Nordrhein-Westfalen, sah sich zum Beispiel mit Ausgabenforderungen konfrontiert, die den Haushalt 1973 um 22,6 % und die Nettokreditaufnahme von 569 Mio. auf 2,3 Mrd. erhöht hätten.[335]

Die Einigkeit der Finanzminister hielt jedoch nicht lange. Schon im Bund stieß Schiller auf massive Probleme. Als der Haushaltsausschuss des Bundestags Anfang 1972 über das Budget beriet, das vom Minister im Oktober 1971 eingebracht worden war,[336] hatte dieses wegen angehobener Bezüge für den öffentlichen Dienst sowie der Zugeständnisse an Länder und Gemeinden bereits um 2,7 Mrd. auf 109,3 Mrd. aufgestockt werden müssen.[337] Die Ablehnung des Kanzleretats in zweiter Lesung am Tag nach dem gescheiterten Misstrauensvotum gegen Bundeskanzler Willy Brandt Ende April 1972 und die Unterbrechung der Haushaltsberatungen verschärften die Situation, weil die Regierung das Budget weiterhin nach Art. 111 GG führen musste, also nur über 80 % der Vorjahresansätze verfügen konnte.[338] Während vor allem Kanzleramtsminister Ehmke die Entscheidung über den Haushalt mit Hilfe der Notartikel

332 Ergebnisniederschrift der gemeinsamen Sitzung des Finanzplanungsrates und des Konjunkturrates für die öffentliche Hand am 9.3.1972, BArch B 136/9177.

333 Vermerk Gruppe IV/2 BKA (Kurth) vom 15.5.1972, BArch B 136/7468.

334 Vermerk Gruppe V/2 BKA (Krips) für Chef BKA vom 10.3.1972, BArch B 136/9177; Vermerk Gruppe IV/2 BKA (Heick) vom 9.3.1972, BArch B 136/7468; Schiller drängt weiter auf restriktive öffentliche Haushalte, in: Fuchs-Briefe vom 25.3.1972.

335 Kabinettsvorlage Wertz vom 19.6.1972 betr. Entwurf eines Gesetzes über die Feststellung des Haushaltsplans für das Haushaltsjahr 1973 und Entwurf des Haushaltsplans, LA NRW NW 277 Nr. 173.

336 Entwurf eines Gesetzes über die Feststellung des Bundeshaushaltsplans für das Haushaltsjahr 1972 (Haushaltsgesetz 1972) vom 8.10.1971, BT-Drucksache VI/2650; VDB, 6. WP, 143. Sitzung vom 19.10.1971, S. 8211–8219.

337 Vermerk Gruppe V/2 BKA (Quantz) für Chef BKA am 28.3.1972, BArch B 136/9207; K. Steves, Inflationäre Entwicklung zwingt zu drastischer Kreditaufnahme, in: Die Welt Nr. 86 vom 13.4.1972.

338 VDB, 6. WP, 184. Sitzung vom 28. April 1972, S. 10759; Vgl. das Interview mit Hans Hermsdorf in der Sendung »Bericht aus Bonn« am 28.4.1972, WDR 0163497; W. Kannengießer, Dem finanziellen Kollaps entgegen, in: Frankfurter Allgemeine Nr. 97 vom 26.4.1972; W. Hoffmann, Mit blauer Karte ging Helms durch den Plenarsaal, in: Frankfurter Rundschau Nr. 100 vom 29.4.1972; Ein nicht in Kraft gesetzter Haushalt ist der restriktivste, in: Fuchs-Briefe vom 25.3.1972.

111 und 112 GG bis zum Herbst vertagen wollte, versuchte Schiller, sich mit der Opposition zu arrangieren.[339] Als Gegenleistung für deren Unterstützung wollte er die Nettokreditaufnahme auf 6 Mrd. senken, was ohnehin in sein finanz- und konjunkturpolitisches Konzept passte.[340] Zwar unterstützten die Fraktionen von SPD und FDP Schillers Plan mit einem Entschließungsantrag, aber weder Opposition noch Kabinett konnten diesem viel abgewinnen.[341] So bestand der finanzpolitische Sprecher der CDU/CSU-Fraktion, Franz Josef Strauß, auf einem »finanzpolitischen Offenbarungseid« und war aus parteitaktischen Gründen nicht bereit, der Regierung aus ihren Schwierigkeiten zu helfen.[342] Schiller wiederum konnte weder das Bundeskanzleramt mit Horst Ehmke an der Spitze noch das Kabinett von den 2 Mrd. Ausgabenkürzungen überzeugen, die er für erforderlich hielt, obwohl er seinen Kollegen exakt vorgerechnet hatte, welche Fehlbeträge drohten, wenn ihre Etatwünsche erfüllt würden.[343]

Mit einem Brief an den Bundeskanzler und einer Kabinettsvorlage, die in nicht weniger als 131 Exemplaren in Bonn zirkulierte, erhöhte Schiller daraufhin den Druck. Ein Wachstum der Ausgaben im ersten Quartal des Jahres 1972 von 12,5 % beim Bund und von 14,9 % bei den Ländern, hieß es darin, sei »stabilitätspolitisch nicht vertretbar«. Noch mehr sorgten den Minister die Fehlbeträge der kommenden Jahre,[344] denn sie würden die Verschuldung weiter nach oben treiben. Das Ziel einer »stabilitätsgerechten Finanzpolitik« lasse sich nur erreichen, wenn bereits 1972 die Nettokreditaufnahme, die beim Bund mit 7,3 Mrd. sowie bei Ländern und Gemeinden zusammen mit 11,6 Mrd. angesetzt sei, auf etwa 16 Mrd. begrenzt werde. Dazu müsse der Bund 2,5 Mrd. einsparen und die Nettokreditaufnahme auf 6 Mrd. reduzieren. Außerdem dürften die Haushalte der kommenden Jahre nicht schneller wachsen als im geltenden Finanzplan vorgesehen.

339 Vermerk Referat IV/4 (Michels) für Buka am 10.5.1972, BArch B 136/3600.

340 Schiller an Buka am 29.2.1972, BArch N 1229/326; D. Stolze, Wochen der Ungewißheit, in: Die Zeit Nr. 22 vom 5.5.1972; Dringende Dinge, in: Der Spiegel Nr. 20 vom 8.5.1971.

341 Vermerk Referat IV/2 BKA (Kurth) vom 15.5.1972, BArch B 136/3601.

342 Karten auf den Tisch, in: Der Spiegel Nr. 22 vom 22.5.1972; K. Steves, Verschleppungstaktik vergrößert die Misere, in: Die Welt Nr. 113 vom 17.5.1972.

343 Schiller an Chef BKA am 3.5.1972, BArch B 136/7468; Vermerk AL IV BKA (Pöhl) für Buka am 4.5.1972, ebd. Die Fehlbeträge stiegen von 16,8 Mrd. (1973) über 19,6 Mrd. (1974) auf 21,1 Mrd. (1975) und sanken dann leicht auf 20,8 Mrd. (1976) ab. Vgl. auch *Baring* u. *Görtemaker*, S. 667 ff.; *Soell*, S. 154 ff.; *Lütjen*, S. 330 ff. »Raus aus dem Stadion, rein in den Wahlkampf«, in: Der Spiegel Nr. 23 vom 29.5.1972.

344 Selbst wenn die meisten Wünsche der Ressorts nicht erfüllt würden, rechnete Schiller mit Defiziten, die von 9,1 Mrd. (1973) über 10,1 Mrd. (1974) bis auf 11,8 Mrd. (1975) stiegen und erst 1975 auf 9,2 Mrd. zurückgingen.

Schillers öffentliche Kritik löste eine schwere Koalitionskrise aus. Denn sein Vorgehen spielte einer Kampagne der Opposition in die Hände. Diese prangerte die in den Augen der Union unseriöse, auf Schulden gebaute und die Inflation treibende Finanzpolitik der sozial-liberalen Koalition nicht nur im Bund, sondern auch in Nordrhein-Westfalen an.[345] So war die Entscheidung der Koalition, doch noch auf Schillers Forderungen einzugehen, vornehmlich politisch motiviert.[346] Inzwischen hatten nämlich tonangebende Mitglieder der beiden Koalitionsparteien beschlossen, nicht mit der Opposition zu kooperieren, sondern einen Konfrontationskurs zu fahren und es auf Neuwahlen ankommen zu lassen.[347] Dennoch kam das Kabinett dem Finanzminister nur einen kleinen Schritt entgegen. Es kürzte den Haushalt 1972 um 1,3 Mrd. und wollte die verbleibenden 1,2 Mrd. durch eine globale Minderausgabe einsparen.[348] Schillers Erfolg war daher begrenzt und vor allem nur von kurzer Dauer, zumal er seine mittelfristigen Planungen bereits nach einem Tag korrigieren musste.[349] Zwar gaben für seinen Rücktritt Anfang Juli am Ende nicht finanz-, sondern währungspolitische Gründe den Ausschlag, doch führte er außer diesen seine vergeblichen Bemühungen um solide Finanzen an. Er sei nicht bereit, schrieb er in seinem Rücktrittsgesuch, eine Politik zu betreiben, die den Eindruck erwecke, »die Regierung lebe nach dem Motto: ›Nach uns die Sintflut‹«.[350]

Die Konflikte über Dynamik und Finanzierung der Expansion der öffentlichen Budgets, die über den Bundeshaushalten 1971, 1972 und 1973 sowie der

345 Schiller an Buka am 18.5.1972, AdsD WBA A8 Mappe 67; Kabinettsvorlage BMF (Schiller) am 18.5.1972, Anlage 1: Haushaltslage 1972, Anlage 2: Gesamtübersicht, ebd. bzw. BArch N 1431/25. Zur Kampagne der Opposition vgl. u.a. Die CDU wirft der Regierung inflationäre Haushaltspolitik vor, in: FRANKFURTER ALLGEMEINE Nr. 88 vom 15.4.1972; Haushaltskrise in Bonn: Die programmierte Inflation, in: WIRTSCHAFTSWOCHE Nr. 16 vom 21.4.1972; R.-D. Schwarz, Brandt bleibt Brandt und Schiller bleibt Schiller, in: FRANKFURTER RUNDSCHAU Nr. 123 vom 30.5.1972. Zur Situation in NRW vgl. die Ausarbeitung des persönlichen Referenten von Finanzminister Wertz John Deselaers 3.8.1972 über »Stabilitätsgerechte und sparsame Haushaltsführung von 1967 bis 1972«, LA NRW NW 401 Nr. 35.

346 Vermerk AL IV BKA (Pöhl) für Buka am 25.5.1972, BArch B 136/3601; K. Simon, Schillers letzter Sieg, in: FRANKFURTER RUNDSCHAU Nr. 124 vom 31.5.1972.

347 Rasierklinge um Handschuh, in: DER SPIEGEL Nr. 24 vom 5.6.1972; D. Stolze, Muß Brandt nach Canossa gehen?, in: DIE ZEIT Nr. 22 vom 2.6.1972.

348 Sondersitzung des Kabinetts am 9.6.1972, in: Kabinettsprotokolle; Schiller an Brandt am 7.6.1972, BArch N 1229/326; Vermerk Referat IV/2 BKA (Michels) für die Sondersitzung des Kabinetts am 9. Juni 1972 vom 8.6.1972, BArch B 136/3601. »Karl, geh doch aus der Defensive raus«, in: DER SPIEGEL Nr. 25 vom 12.6.1972.

349 Kabinettsvorlage BMWF (Schiller) am 9.6.1972, BArch B 136/3601.

350 Schiller an Buka am 2.7.1972, AdsD WBA A8 Mappe 67. Das Rücktrittsgesuch Schillers unter dem Titel »Schillers Kündigungsbrief an den Kanzler«, in: DIE WELT Nr. 164 vom 18.7.1972. Vgl. auch rückblickend die Sendung Zeitzeugen mit Karl Schiller am 24.8.1979, WDR 0110644. Einzelheiten bei *Lütjen*, S. 337 ff., *Hochstätter*, S. 286 ff., *Baring* u. *Görtemaker*, S. 670 ff., *Soell*, S. 158 ff.

mittelfristigen Finanzplanung ausgefochten wurden, führten zu keiner klaren Entscheidung, sondern mündeten in eine Verhärtung der Fronten zwischen Gegnern und Befürwortern einer stärkeren Ausweitung der öffentlichen Etats und einer entsprechend höheren Verschuldung. Die Öffentlichkeit wertete diese Auseinandersetzung als eine krisenhafte Zuspitzung der Finanzprobleme, zumal mit dem Rücktritt zweier Finanzminister der Eindruck entstand, die Koalition habe die öffentlichen Finanzen nicht im Griff. Im Kern handelte es sich aber nicht um eine fiskalische, sondern um eine politische Krise.[351] Denn die sozial-liberale Koalition trieb die Expansion der Staatsausgaben massiv voran, obwohl sie sich die dafür erforderlichen Mittel aus politischen Gründen nicht in Form höherer Steuern beschaffen wollte. Stattdessen setzte sie auf eine höhere und permanente Verschuldung. Aus dieser Situation führte zeitweilig eine pragmatische Expansionspolitik heraus, die Aufgaben und Ausgaben mit den gegebenen Finanzierungsmitteln in Einklang zu bringen versuchte.

e) Pragmatische Politik im Zeichen von Konjunktur und Inflation

Angesichts der finanziellen Engpässe des Jahres 1972 entbrannte eine Debatte darüber, ob den Nöten der Gebietskörperschaften mit zusätzlicher Verschuldung begegnet werden könne. Dabei standen sich vor allem Anhänger und Gegner einer höheren Nettokreditaufnahme gegenüber; doch es gab auch vermittelnde Positionen, die Steuer- und Anleihefinanzierung kombinieren wollten. Der politische Test auf die verschiedenen Finanzierungsvarianten blieb vorerst aber aus, da die anziehende Konjunktur und die inflationären Preissteigerungen Bund, Ländern und Gemeinden deutlich höhere Steuereinnahmen bescherten. Vorübergehend überdeckten diese die Finanzierungsprobleme und erlaubten eine pragmatische Expansion, die einerseits auf moderate Steuererhöhungen und andererseits auf eine begrenzte Kreditfinanzierung setzte.

Hatte das öffentliche Interesse zunächst vor allem den Zuwachsraten der Haushalte gegolten, wandte es sich Anfang 1972 der Kontroverse über die staatliche Verschuldung zu. Anlass war die steigende Nettokreditaufnahme von Bund, Ländern und Gemeinden, die 1972 deutlich höher liegen sollte als 1971. Allein die Frage, welchen Umfang sie erreichen würde, war ein Politikum. Während der Finanzplanungsrat von 18 bis 19 Mrd. an neuen Schulden ausging, rechnete der Konjunkturrat mit 25,5 Mrd., der Bund der Steuerzahler mit 28,8 bis 30,7 Mrd. und die CDU/CSU-Opposition sogar mit 32,8 Mrd.[352] Die

351 W. Noll, Finanzkrise beim Bund?, in: Wirtschaftsdienst XI/1972, S. 583–587.

352 Ergebnisniederschrift der gemeinsamen Sitzung des Finanzplanungsrates und des Konjunkturrates für die öffentliche Hand am 9.3.1972, BArch B 136/9177; *Karl-Bräuer-Institut*, Problematik, S. 5; Die CDU wirft der Regierung inflationäre Haushaltspolitik vor, in: Frankfurter Allgemeine Nr. 88 vom 15.4.1972.

divergierenden Summen kamen durch unterschiedlichen Berechnungsmethoden zustande. Während der Finanzplanungsrat nur die Gebietskörperschaften berücksichtigte, bezog der Konjunkturrat den Bedarf von Bahn und Post mit ein. Der Bund der Steuerzahler und die Opposition addierten noch jenen des ERP-Sondervermögens und des geplanten ERP-Investitionsprogramms, des Lastenausgleichsfonds und der Öffa.[353] Damit lagen sie nicht falsch, ging man doch auch im Bundeskanzleramt von einem Kreditbedarf der öffentlichen Hände von mindestens 30 Mrd. aus.[354]

Gab es unterschiedliche Kalkulationen, was die Höhe der Verschuldung betraf, war diese zugleich im Grundsatz umstritten. Die Opposition dramatisierte die wachsende Nettokreditaufnahme zum Inflationsherd par excellence und nahm dies zum Anlass, der Regierung eine unsolide Politik vorzuwerfen, die zu einem Finanzkollaps führen müsse.[355] In dieselbe Kerbe hieb der Bund der Steuerzahler, der gegen höhere Kredite der öffentlichen Hand grundsätzliche Bedenken hegte: Kredite verteuerten die Staatsfinanzierung und wirkten umverteilend; sie konterkarierten die Politik der Bundesbank und bargen die Gefahr einer übermäßigen Ausweitung der öffentlichen Ausgaben.[356] Den entschiedenen Skeptikern standen jene gegenüber, die eine wachsende Verschuldung aus unterschiedlichen Gründen entweder rechtfertigten oder sogar forderten. So verteidigte Ex-Finanzminister Alex Möller in der Zeit die öffentliche Verschuldung wie bisher als ein ebenso legitimes wie normales Mittel der Staatsfinanzierung, dessen Einsatz vom Finanzbedarf des Staates und der gesamtwirtschaftlichen Lage abhänge. Das für 1972 projektierte Volumen biete keinen Grund für eine »Dramatisierung«. Wohl aber erkannte Möller die Gefahr, dass bei Finanzierungsproblemen der Ausweg in einer höheren Verschuldung gesucht und damit eine Entwicklung bei den Ausgaben in Gang gesetzt werden könnte, die »nur mit Mühe wieder abzubremsen« sei.[357] Entschieden machte sich dagegen Der Spiegel für höhere Schulden stark und bot sich den dezidierten Befürwortern eines expandierenden Staatskredits, den »Pump-Freunden«, wie er sie nannte, als Sprachrohr an.[358] Es sei unmöglich, den Nachholbedarf an öffentlichen Investitionen mit den »konventionellen Mitteln sparsamer Hausvaterpolitik« zu decken. Stattdessen müsse man über »fortschrittliche Methoden

353 *Reischmann.*

354 Vermerke Gruppe IV/2 BKA (Kurth) vom 27.1., 2.2. und 14.4.1972, BArch B 136/3600.

355 Wachsende Kritik an der öffentlichen Verschuldung, in: Frankfurter Allgemeine Nr. 62 vom 14.3.1972; K. Steves, Im Teufelskreis der Inflation, in: Die Welt Nr. 95 vom 24.4.1972; W. Kannengießer, Dem finanziellen Kollaps entgegen, in: Frankfurter Allgemeine Nr. 97 vom 26.4.1972.

356 *Karl-Bräuer-Institut,* Problematik, S. 8f.; Öffentliche Schuldenpolitik gefährdet Stabilität, in: Handelsblatt Nr. 75 vom 18.4.1972.

357 A. Möller, Wie hoch darf sich der Staat verschulden?, in: Die Zeit Nr. 16 vom 21.4.1972.

358 »Staatsschulden machen die Bürger reicher«, in: Der Spiegel Nr. 25 vom 12.6.1972.

zur Finanzierung notwendiger Reformen« nachdenken. Einen Ausweg sah das Blatt nicht in höheren Steuern, da diese nur ergiebig seien, wenn sie die Masseneinkommen träfen. Vorteilhafter sei die Aufnahme von mehr Schulden. Diese leisteten einen Beitrag zur Vermögensbildung und sorgten für eine gerechtere Verteilung der Lasten, müssten sich so dosieren lassen, dass von ihnen keine inflationären Impulse ausgingen, und verhinderten nicht zuletzt, dass Kapital ins Ausland abfließe. Zwischen den Gegnern und den Verfechtern einer verstärkten Kreditfinanzierung gab es vermittelnde Positionen. So betonte etwa Rudolf Herlt in Die Zeit: »Mit Schulden allein sind die Zukunftsaufgaben nicht gefahrlos zu finanzieren. Es geht nur mit einer Kombination aus Kredit und Steuern.«[359]

Seit Anfang 1972 äußerten sich auch Finanzwissenschaftler häufiger zur Kreditfinanzierung.[360] Ihre Urteile fielen ebenfalls unterschiedlich aus. Dezidierten Anhängern staatlicher Kreditfinanzierung wie Otto Gandenberger, Herbert Giersch oder Dieter Pohmer sowie nicht zuletzt Klaus Dieter Arndt standen skeptische bis ablehnende Positionen gegenüber, wie sie etwa Willi Albers oder Gerhard Zeitel vertraten.[361] Das Gutachten des Wissenschaftlichen Beirats beim Bundesministerium der Finanzen zur »Finanzierung eines höheren Staatsanteils am Sozialprodukt« vom Juni 1972 spiegelte diese Differenzen wider.[362] Es ging davon aus, dass sich die geplanten Maßnahmen zur Verbesserung der Infrastruktur nur realisieren ließen, wenn der Anteil des Staates am Sozialprodukt wachse. Um Preissteigerungen zu verhindern, müsse die »private inländische Verwendung des Sozialprodukts entsprechend der Erhöhung der Staatsausgabenquote eingeschränkt werden«. Das könne entweder automatisch durch die Aufkommenselastizität des Steuersystems bzw. eine Erhöhung von Steuern oder durch eine stärkere Inanspruchnahme des öffentlichen Kredits erreicht werden. Unter der Prämisse, dass vor allem eine Geldentwertung verhindert werden müsse, empfahl der Beirat, der Finanzierung durch Steuern Vorrang einzuräumen; eine Kreditfinanzierung komme erst »in zweiter Linie in Betracht«. In welchem Umfang auf diese zurückzugreifen sei, blieb strittig. Die Mehrheit plädierte für einen vorsichtigen Umgang, während eine Minderheit »in größerem Umfang auf Kreditmittel« zurückzugreifen wollte.

359 R. Herlt, Sagt den Bürgern die Wahrheit, in: Die Zeit Nr. 19 vom 12.5.1972.

360 Staatsverschuldung: Vorbehalte der Wissenschaft, in: Wirtschaftswoche Nr. 3 vom 21.1.1972.

361 Disput der Gelehrten, in: Die Zeit Nr. 26 vom 30.6.1972; Haushalts-Krise: Was sagt die Wissenschaft?, in: Wirtschaftswoche Nr. 23 vom 9.6.1972; Konjunkturforscher plädieren für hohe Etatdefizite in 1972, in: Handelsblatt Nr. 118 vom 22.6.1972; *Gandenberger*, Rationalität; G. Zeitel, Staatsschulden und Inflation, in: Frankfurter Allgemeine Nr. 203 vom 2.9.1972.

362 Gutachten zur Finanzierung eines höheren Staatsanteils am Sozialprodukt vom 2.6.1972, in: *Bundesministerium der Finanzen*, Beirat 1949–1973, S. 537, 539, 567, 569. Vgl. auch Der (Finanz-) Wissenschaftliche Beirat des BMWF, in: Fuchs-Briefe vom 10.5.1972.

Die Debatten in der Öffentlichkeit und unter Experten verschränkten sich mit den internen Diskussionen in Ministerien und Regierung. Bereits Ende 1971 hatte der Parlamentarische Staatssekretär im Bundesfinanzministerium Hans Hermsdorf einen Artikel in Auftrag gegeben, der die Öffentlichkeit über die Entwicklung der Bundesschuld informieren, vor allem aber beruhigen sollte. Der Autor versicherte, dass der Bund das Instrument der Verschuldung »in Übereinstimmung mit den konjunkturpolitischen Notwendigkeiten restriktiv« gehandhabt hätte, was den Ländern und Gemeinden nicht gelungen sei.[363] Auf ein breites Medieninteresse stießen dann die Debatten des Finanzplanungsrats sowie die Auseinandersetzungen im Parlament und in der Regierung über eine Reduktion der Verschuldung. Dabei gingen die Meinungen weit auseinander. So hielten die Finanzminister von Bund und Ländern, zumal der unionsregierten, die Nettokreditaufnahme aus konjunktur- und preispolitischen Gründen für zu hoch, eine von der Deutschen Bundesbank nachdrücklich unterstützte Position.[364] Zurückhaltender fiel das Urteil des Kanzleramts aus. Hier sah man keinen Grund zu einer »Dramatisierung« der öffentlichen Kreditnachfrage, versprach sich auch von deren Reduzierung keinen wesentlichen Einfluss auf die Preise, allenfalls auf die »Erwartungen von Unternehmern, Konsumenten, Gewerkschaften«, und drängte nach wie vor auf eine eher expansive Finanzpolitik.[365] Freilich bliebe der Regierung »angesichts der politischen Konstellation, der aufgeheizten öffentlichen Diskussion und um einen Konflikt mit dem BMWF und der Bundesbank zu vermeiden« nichts anderes übrig, als verbal für eine Reduzierung der Verschuldung einzutreten.[366]

Nach dem Rücktritt Karl Schillers musste sich die Bundesregierung neu positionieren.[367] Helmut Schmidt, der nun dem Doppelministerium für Wirtschaft und Finanzen vorstand, forderte Ende Juli 1972 Positionspapiere seiner leitenden Beamten zur Frage einer verstärkten Kreditfinanzierung der öffentlichen Haushalte an. Diese zeigten sich bemerkenswert offen für die Debatten in der Finanzwissenschaft, wogen Chancen wie Grenzen der öffentlichen Verschuldung gründlich gegeneinander ab und votierten schließlich auf der Linie des Wissenschaftlichen Beirats dafür, eine »konjunkturgerechte« Neuverschuldung kleiner als die »konjunkturneutrale« zu halten, die Kreditfinanzierung »so bescheiden wie möglich anzusetzen« und Steuererhöhungen vorzuziehen

363 Referat F/V A 1 BMF (Bergböhmer) an PSt Hermsdorf am 21.12.1971, Anlage: Die neuere Entwicklung der Bundesschuld, BArch B 126/59272.

364 Ergebnisniederschrift der gemeinsamen Sitzung des Finanzplanungsrates und des Konjunkturrates für die öffentliche Hand am 9.3.1972, BArch B 136/9177; Vermerk Gruppe V/2 BKA (Krips/Quantz) für Chef BKA am 10.3.1972, BArch B 136/9177.

365 Finanzpolitik: Schillers letzter Versuch, in: Wirtschaftswoche Nr. 22 vom 2.6.1972.

366 Vermerk AL IV BKA (Pöhl) für Buka am 4. bzw. 25.5.1972, BArch B 136/3600 bzw. 3601.

367 *Soell*, S. 168 ff.

sowie für die Haushalte 1973 bis 1976 »maßvolle Ausgabensteigerungen in Verbindung mit Steuererhöhungen« ins Auge zu fassen.[368]

Helmut Schmidt folgte am Ende den Empfehlungen seiner Spitzenbeamten. Als Vorsitzender der Parteikommission für ein Langzeitprogramm hatte er sich mit dem »Entwurf eines ökonomisch-politischen Orientierungsrahmens für die Jahre 1973 bis 1985«, den er Anfang Juni 1972 der Öffentlichkeit präsentierte, zwar programmatisch auf einen Kurs der Expansion festgelegt.[369] Schmidt nahm an, dass das Bruttosozialprodukt bis 1975 mit 4,5 %, danach mit 5 % jährlich wachsen werde. In diesem Korridor sollten die öffentlichen Dienstleistungen und staatlichen Investitionen stärker zulegen als der private Konsum, so dass sich der Anteil der öffentlichen Ausgaben am Sozialprodukt von 27,9 % im Jahr 1970 auf 33,9 % im Jahr 1985 bzw. unter Einschluss der Sozialversicherung von 37,1 % auf 45,2 % erhöhen musste. Die Schwerpunkte der Expansion lagen in den Bereichen, welche die Partei seit den frühen sechziger Jahren als Gemeinschaftsaufgaben definierte.[370] Immerhin mahnte Helmut Schmidt, die »volks- und finanzwirtschaftlichen Voraussetzungen für die Verwirklichung der Programme« nicht aus den Augen zu verlieren.[371] In Interviews, die er etwa dem SPIEGEL oder der SÜDDEUTSCHEN ZEITUNG gab, zeigte sich der neue Minister dagegen klar als »Expansionist«.[372] Zur Finanzierung fasste Schmidt vor allem höhere Steuern ins Auge, zumal der Anteil der Steuereinnahmen des Bundes am Bruttosozialprodukt abgenommen habe. Er sah aber auch »nicht grundsätzlich etwas Böses« darin, Staatsausgaben durch höhere Verschuldung zu finanzieren. Diesen Kurs rechtfertigte er ein Jahr später noch einmal in dem umfangreichen Memorandum »Zur Finanzierung öffentlicher Ausgaben durch

368 AL W/I BMWF (Schlecht) an Minister am 4.8.1972 und AL F/I BMWF (Schüler) an Minister am 8.8.1972, BArch B 126/34312; Vermerk AL F/V BMWF (Weber) vom 5.8.1972, BArch B 126/59275. Vgl. K. Steves, Finanzminister prüft Erhöhung der Mehrwertsteuer für 1973, in: DIE WELT Nr. 175 vom 31.7.1972.

369 Zur Einordnung und zur politischen Neupositionierung von Helmut Schmidt *Soell*, S. 135 ff. Vgl. auch »Der Staat braucht in Zukunft mehr Steuern«, in: FRANKFURTER ALLGEMEINE Nr. 156 vom 10.7.1972; K. Steves, Der Nachfolger des Sündenbocks, in: DIE WELT Nr. 172 vom 27.7.1972.

370 Entwurf eines ökonomisch-politischen Orientierungsrahmens für die Jahre 1973–1985, in: *Heidermann*, Bd. 1, S. 5–128, hier S. 30 ff. und S. 83 ff. (Zitat: S. 32). Jede zweite Mark über die öffentlichen Kassen, in: FRANKFURTER ALLGEMEINE Nr. 128 vom 6.6.1972; P. C. Müller, Langzeitprogramm will den Steuerstaat, in: HANDELSBLATT Nr. 106 vom 6.6.1972; K.-H. Narjes, Wenn Glück verordnet wird, in: DIE ZEIT Nr. 34 vom 25.8.1972.

371 Entwurf eines ökonomisch-politischen Orientierungsrahmens für die Jahre 1973–1985, in: *Heidermann*, Bd. 1, S. 5–128 (Zitat: S. 17). Vgl. auch *Geyer*, Rahmenbedingungen, S. 27 ff.

372 H. D. Barbier, Der neue Mann auf altem Kurs?, in: FRANKFURTER ALLGEMEINE Nr. 157 vom 11.7.1972; »Mit Worten allein kann man nicht kämpfen«, in: DER SPIEGEL Nr. 34 vom 14.8.1972; Aktuelle Fragen zur Wirtschafts- und Finanzpolitik, Interview für die »Süddeutsche Zeitung« am 27.7.1972, in: BULLETIN Nr. 110 vom 4.8.1972.

Kreditaufnahme«, das er Mitte Juni 1973 allen SPD-Abgeordneten zugehen ließ und das die Verschuldungspolitik des Bundes ausführlich begründete.[373] Auch wenn die Neuverschuldung in den letzten Jahren zugenommen habe, könne in der Bundesrepublik von einer »übermäßigen Staatsverschuldung« nicht die Rede sein. Eine steigende Verschuldung, welche »die private Inanspruchnahme von Gütern und Leistungen entsprechend zurückdränge«, sei aber nötig, um »einen höheren Anteil der öffentlichen Hand am Sozialprodukt ohne schädliche Rückwirkungen auf die Preisstabilität zu erreichen«.

Programme und Beteuerungen auf der einen Seite und die Finanzpolitik des neuen Ministers auf der anderen Seite deckten sich jedoch nur partiell.[374] Das hatte zum einen politische Gründe. So positionierte sich Helmut Schmidt mit Blick auf die anstehende Neuwahl des Bundestags nicht nur als Mann der Mitte in der SPD, sondern auch als Garant eines soliden wirtschafts- und finanzpolitischen Kurses – ein »politischer Drahtseilakt«, wie die Frankfurter Allgemeine kommentierte.[375] Zum anderen entspannte sich die finanzielle Lage des Bundes, da die Preissteigerungen zunächst die Steuereinnahmen und dann erst mit einiger Verzögerung die Ausgaben rascher steigen ließen.[376] Schmidt mochte deshalb hoffen, dass die »inflationär aufgeblähten« Einnahmen ihren »knappen Vorsprung vor der Ausgabenflut«, vor allem vor den steigenden Personalkosten und den sich verteuernden Sach- und Investitionskosten, würden halten können.[377] Schließlich betätigte sich der Minister als gewiefter »Finanzmagier«, der mit den Haushaltszahlen so souverän jonglierte, dass alles nur »halb so schlimm« erschien.[378] Das zeigte sich, als Schmidt den Haushalt für 1973 vorlegte. Diesen für bare Münze zu nehmen verbot sich, weil der Minister, was auf heftige Kritik stieß, zunächst nur die Eckdaten, nicht aber einen

373 Finanzminister Schmidt an Mitglieder der SPD-Fraktion am 15.6.1973, Anlage: Zur Finanzierung öffentlicher Ausgaben durch Kreditaufnahme«, BArch B 126/67511 auch in AdsD 1/HSAA006002.

374 Bericht über die Situation der Bundesfinanzen in der Sendung »Bericht aus Bonn« am 11.8.1972, WDR 0011641. Erstmals seit Bismarck, in: Der Spiegel Nr. 35 vom 21.8.1972. Vgl. auch *Bökenkamp*, Ende, S. 29 ff.

375 W. Kannengießer, Schmidts Schaustück, in: Frankfurter Allgemeine Nr. 213 vom 14.9.1972. Vgl. auch »Ich bin nicht mehr Schmidt-Schnauze«, in: Der Spiegel Nr. 34 vom 14.8.1972; Wahl-Garant für Brandt, in: Capital Nr. 8/1972; Schmidt im Minenfeld, in: ebd. Nr. 9/1972; R.-D. Schwartz, Superminister auf Abruf, in: Frankfurter Rundschau Nr. 155 vom 8.7.1972.

376 Arbeitskreis »Steuerschätzungen« löst Schmidts Etatprobleme, in: Handelsblatt Nr. 164 vom 25./26.8.1972; K. Steves, Die Defizit-Lawine rollt, in: Die Welt Nr. 189 vom 16.8.1972; Schmidt an Möller am 31.8.1972, BArch N 1369/451.

377 Ebd.

378 Ebd.; Kg., Der Finanzmagier, in: Frankfurter Allgemeine Nr. 195 vom 24.8.1972; K. Steves, Schmidt stellet die Haushaltslage optimistisch dar, in: Die Welt Nr. 196 vom 24.8.1972; ders., Der Griff in die Trick-Kiste, in: ebd. Nr. 197 vom 25.8.1972.

ausgearbeiteten Etat präsentierte.[379] Denn nach dem Willen der Koalitionspartner sollte das Parlament das Budget vor den Neuwahlen nicht mehr beschließen, um die Politik der nächsten Bundesregierung nicht zu präjudizieren. So ging es lediglich darum, der an den Staatsfinanzen in zunehmendem Maß interessierten Öffentlichkeit »Klarheit« über die künftige Finanzpolitik zu geben und dem »Gerede von der Finanzkrise des Staates« etwas entgegenzusetzen.[380]

Der Rahmenentwurf des Haushalts, den Schmidt dem Kabinett Ende August unterbreitete, entsprach den genannten Zielen.[381] So wuchs der Etat 1973 bei einem Volumen von 120,5 Mrd. verglichen mit 1972 um 10,5 %, also ungefähr parallel zum nominalen Sozialprodukt, aber stärker als Schmidts Vorgänger noch für vertretbar gehalten hatte. Demnach war es dem Minister gelungen, die Anforderungen der Ressorts um mehr als 8 Mrd. zu reduzieren und außerdem 3,3 Mrd. zu streichen, die als kaum abweisbare Mehrausgaben galten. Dabei half ihm, dass die Koalition »eine kritische Zuspitzung der Lage des dritten Finanzministers« nicht riskieren konnte.[382] Kredite und leichte Steuererhöhungen zur Mitte des Jahres 1973 sollten die Lücken im Etat ausgleichen. Zwar lobte der Minister den Haushalt als »Brücke zur Stabilität«. Ob es ihm mit dem Entwurf gelungen war, die Finanzprobleme des Bundes wenigstens einigermaßen zu lösen oder er diese nur unter den »großen Teppich« gekehrt habe,[383] wurde in der Presse lebhaft diskutiert, zumal der rheinland-pfälzische Finanzminister Johann Wilhelm Gaddum kurz zuvor errechnet hatte, dass sich bis 1976 im öffentlichen Gesamthaushalt eine Deckungslücke von 55 bis 75 Mrd. auftun werde.[384]

Als Schmidt dem Kabinett Anfang September den ausgearbeiteten Haushalt vorlegte, zeigten sich die »Finanzierungsmodalitäten« – wie er sie beschönigend nannte – jedenfalls klar und deutlich.[385] So hatte der Minister zunächst

379 W. Kannengießer, Schmidts Schaustück, in: Frankfurter Allgemeine Nr. 213 vom 14.9.1972; K. Steves, Schmidt liefert nur den Rahmen für die Bundesausgaben 1973, in: Die Welt Nr. 209 vom 8.9.1972.

380 Entwurf einer Kabinettsvorlage, Stand: 17.8.1972, Anlage B, PAS H.S. privat, P2, Innenpolitik, A-M, Bd. 4, 1972, »H«.

381 121. Kabinettssitzung am 23.8. 1972, in: Kabinettsprotokolle; Kg., Schmidt will Etat für 1973 auf 120,5 Milliarden Mark begrenzen, in: Frankfurter Allgemeine Nr. 195 vom 24.8.1972.

382 Schmidt an Möller am 31.8.1972, BArch N 1369/451.

383 K. Steves, Griff in die Trick-Kiste, in: Die Welt Nr. 197 vom 25.8.1972.

384 Die Staatsfinanzen machen den Ländern große Sorgen, in: Frankfurter Allgemeine Nr. 185 vom 12.8.1972; K. Steves, In vier Jahren fehlen im Etat bis zu 75 Milliarden Mark, in: Die Welt Nr. 186 vom 12./13.8.1972.

385 Entwurf einer Kabinettsvorlage, Stand: 17.8.1972, PAS H.S. privat, P2, Innenpolitik, A-M, Bd. 4, 1972, »H«; Vermerk AL IV BKA (Pöhl) für Buka am 4.9.1972, BArch B 136/7166; 122. Kabinettssitzung am 6.9.1972, in: Kabinettsprotokolle. *Soell*, S. 177ff.; Schmidts Etat-Entwurf setzt Steuererhöhungen voraus, in: Frankfurter Allgemeine

den Einzelplan des Arbeitsministeriums entlastet, indem die Zuschüsse zur Rentenversicherung im Umfang von 2,5 Mrd. gegen hohe Zinsen gestundet wurden. Sodann mussten in den gekürzten Einzelplänen für Verkehr und Verteidigung bei den zu erwartenden steigenden Personalkosten fast zwangsläufig unabweisbare Mehrausgaben anfallen. Ferner passten die eingestellten Mehraufwendungen für Personal und die kalkulierten Lohnerhöhungen nicht zusammen. Außerdem hatte der Minister den Ressorts weder neue Stellen noch Stellenanhebungen zugebilligt. Schließlich wollte er die noch fehlenden Mittel durch Steuererhöhungen im Umfang von knapp 2 Mrd. sowie durch eine Neuverschuldung in Höhe von 4,9 Mrd. aufbringen.[386] Bei der mittelfristigen Finanzplanung hatte Schmidt mit 8,5 % zwar höhere jährliche Zuwachsraten als im geltenden Finanzplan vorgesehen, so dass sich steigende Mehrausgaben realisieren und damit Reformspielräume offenhalten ließen.[387] Dafür mussten aber auch hier sowohl die Steuern als auch die Nettokreditaufnahmen heraufgesetzt werden.[388]

Nach den für die sozial-liberale Koalition erfolgreichen Bundestagswahlen vom November 1972 und einer holprigen Regierungsbildung, bei der Helmut Schmidt nicht das erstrebte Schatzministerium nach englischem Vorbild, sondern nur ein um die Zuständigkeit für die Währungspolitik erweitertes Finanzministerium erhalten hatte,[389] wurde kurz vor dem Ende des Haushaltsjahres Mitte Dezember zunächst der noch nicht verabschiedete Etat 1972 in den Bundestag eingebracht.[390] Gemäß einer Absprache unter den Fraktionen sollten die Abgeordneten nur kurz über das Budget debattierten und es dann mit der Mehrheit der Koalition verabschieden. Dabei sparte die Opposition nicht an

Nr. 206 vom 6.9.1972; Die Kapitulation der fiscal policy, in: HANDELSBLATT Nr. 175 vom 11.9.1972; W. Kannengießer, Schmidts Schaustück, in: FRANKFURTER ALLGEMEINE Nr. 213 vom 14.9.1972.

386 Vermerk AL IV BKA (Pöhl) für Buka vom 4.9.1972, BArch B 136/7166.

387 Bei Gesamtaufwendungen, die von 130,6 Mrd. (1974) auf 153,8 Mrd. (1976) stiegen, ließen sich Mehrausgaben von 5,3 Mrd. (1973) bis 10,3 Mrd. (1975) finanzieren. Das erforderte allerdings Steuererhöhungen von 4,8 Mrd. (1974) sowie 5,6 Mrd. (1975) und 6,3 Mrd. (1976) sowie Nettokreditaufnahmen von 4,0 Mrd. (1974) sowie 6,5 Mrd. (1975) und 8,0 Mrd. (1976).

388 Entwurf einer Kabinettsvorlage, Stand: 17.8.1972, PAS H.S. privat, F2, Innenpolitik, A-M, Bd. 4, 1972, »H«. Zu diesen und weiteren »Manipulationen« des Haushalts vgl. den Vortrag von Heinz Günter Zavelberg »Haushalts- und Finanzplanung des Bundes im Strudel der Inflation«, gehalten am 15.9.1973 in der Politischen Akademie Eichholz der Konrad Adenauer Stiftung, BArch N 1431/29. Zavelberg errechnete eine Zuwachsrate gegenüber 1972 von 13,3 %. Vgl. auch die massive Kritik von G. Zeitel, Ist die Finanzpolitik des Bundes seriös?, in: DIE WELT Nr. 266 vom 14.11.1972.

389 *Soell*, S. 196 ff.

390 Schmidt an Brandt o. D. (5.12.1972), in: *Woyke*, Brandt, Nr. 314: 5.12.1972; K. Steves, Nun doch eine Etat-Farce?, in: DIE WELT Nr. 196 vom 24.8.1972; »Eingeklemmt zwischen Baum und Borke«, in: DER SPIEGEL Nr. 50 vom 4.12.1972.

Kritik:[391] Da man über einen »Leichnam« nicht reden solle, könne sie den Haushalt nur noch als »Akt der Barmherzigkeit« nach »355 Tagen etatlosen Regierens« zur Kenntnis nehmen.[392] Außer der verzögerten Einbringung des Haushalts beanstandeten Abgeordnete der CDU/CSU, dass die Einzelpläne nicht aktualisiert worden seien, das Budget so die finanzielle Realität kaum mehr abbilde und der Etat nicht zur Stabilisierung der Preise beitrage, sondern einer »trabenden Inflation« Vorschub leiste.[393] Immerhin war es dem Haushaltsausschuss gelungen, weitere über- und außerplanmäßige Ausgaben in den Etat einzustellen und ihn durch eine globale Minderausgabe zu bilanzieren sowie die Nettokreditaufnahme dank der Steuermehreinnahmen von knapp 1 Mrd. auf gut 4 Mrd. zu verringern.

Die Reduzierung des Defizits, mahnte der Sachverständigenrat, dürfe allerdings »nicht als stabilitätskonforme Zurückhaltung der Finanzpolitik interpretiert« werden. Vielmehr seien die öffentlichen Haushalte 1972 »in hohem Maße expansiv« gewesen. So errechneten die Experten einen konjunkturellen Effekt von 12,9 Mrd., entstanden vor allem durch die hohen inflationsbedingten Steuermehreinnahmen. Tatsächlich hatte das Jahr den Gebietskörperschaften »eine wahre Einnahmenflut beschert«.[394] So stieg das Steueraufkommen im Vergleich zum Vorjahr um 9 Mrd. oder 14,5 %. Davon profitierten in erster Linie die Länder und Gemeinden, während der Bund den Kürzeren zog, weil er zugunsten der Länder auf Einnahmen verzichtet hatte und auch mehr an die EG abführen musste.[395] So konnten die Länder ihre Ausgaben mit 12,5 % stärker ausweiten als der Bund mit knapp 11 %, und die Gemeinden standen kaum dahinter zurück. Der Staat habe »das Expansionstempo« seit 1969, als die Haushalte »zum letzten Mal kontraktiv« gewirkt hätten, »von Jahr zu Jahr erhöht«, kritisierte der Sachverständigenrat. Dass der Haushalt 1972 noch expansiver ausgefallen sei als in den Vorjahren, habe nicht nur den neuen Aufschwung, sondern zugleich den Preisauftrieb befördert.[396] Helmut Schmidt leugnete ebenfalls nicht, dass sich die Ansprüche der öffentlichen Hände, zumal des Bundes, schneller erhöht hätten, als »Güter und Dienstleistungen insgesamt zugewachsen« seien. Darin sah er zumindest eine der Ursachen für die Preissteigerungen.[397]

391 VDB, 7. WP, 4., 5. und 6. Sitzung vom 15., 19. und 20.12.1972.

392 Philipp Jenninger am 19.12.1972, ebd., S. 41.

393 Walter Althammer am 20.12.1972, ebd., S. 82.

394 *Fecht*, S. 146. Auch zum Folgenden.

395 Vgl. dazu Die wachsende Bedeutung der Europäischen Gemeinschaft für die öffentlichen Haushalte der Bundesrepublik, in: *Deutsche Bundesbank*, Monatsbericht Januar 1977, S. 15–22.

396 *Sachverständigenrat*, Jahresgutachten 1972/73, Ziff. 253 ff. (Zitat: Ziff. 265).

397 Referat Helmut Schmidt auf der Sitzung des Parteirates am 23.6.1973, PHS HS Eigene Arbeiten 1973/Juni-Juli.

Trugen die öffentlichen Haushalte nicht dazu bei, den Anstieg der Preise zu dämpfen, hatte auch die importierte Inflation ihren Anteil am Preisauftrieb. In welchem Ausmaß die Rate der Teuerung, die im Jahr 1972 auf 5,3 % kletterte, hausgemacht oder importiert war, blieb freilich in Politik, Wissenschaft und Öffentlichkeit umstritten.[398] Ohne Zweifel hatte jedoch die zunehmende wirtschaftliche Verflechtung der westlichen Industriestaaten deren Interdependenz wachsen lassen. Das wirkte sich gleichermaßen auf die Konjunktur wie auf die Preise aus.[399] 1973 spitzte sich die Situation zu. Trotz einer Reihe von Stabilisierungs- und Reformversuchen geriet das Weltwährungssystem von Bretton Woods, das auf festen Paritäten und dem Dollar als Leitwährung beruhte, zunehmend aus den Fugen. Denn die USA weiteten die Dollarmenge aus, um ihre Auslandsschulden, zumal für den Krieg in Vietnam, zu finanzieren. Die Schwäche des Dollars, die daraus resultierte, führte zu einer Flucht in andere, festere Währungen, nicht zuletzt in die D-Mark. Der Zustrom an Devisen, vor allem an vagabundierenden Euro-Dollar, blähte die Geldmenge auf und trieb die Preise nach oben. Bereits 1971 hatte die Bundesrepublik versucht, sich dagegen zu wehren, indem sie den Kurs der D-Mark vorübergehend freigab. Anfang 1973 eskalierte die Krise an den Devisenmärkten aber derart, dass sich die von Bundesbankpräsident Karl Klasen und Finanzminister Helmut Schmidt durchgesetzten Devisenkontrollen als wirkungslos erwiesen und die Bundesrepublik sowie fünf weitere EG-Staaten im Februar den Wechselkurs gegenüber dem Dollar schließlich doch freigeben mussten. Untereinander behielten sie allerdings im sogenannten *Block-floating* feste Paritäten bei. An die Stelle des Systems fester Währungsparitäten traten flexible Wechselkurse.[400]

Das neue Währungsregime stärkte zum einen die Bundesbank, die erheblich an Spielraum in der Geldpolitik gewann, da das »scharfe Schwert der Aufwertungspolitik« von der Regierung an sie übergegangen war.[401] Zum anderen gab es der Bundesregierung, die wegen der steigenden Preise politisch immer stärker unter Druck geriet, größere Handlungsfreiheit, um gegen die inflationären Tendenzen und den sich allmählich zu einem Boom steigernden konjunkturellen Aufschwung vorzugehen.[402] Denn ein erstes Stabilitätsprogramm, welches das Kabinett Mitte Februar 1973 verabschiedet hatte und das eine Erhöhung

398 Helmut Schmidt ging davon aus, dass die »außenwirtschaftlichen« Ursachen »ganz zweifellos überwiegen«, wollte aber der Schätzung von Klaus Dieter Arndt, der das Gewicht der außenwirtschaftlichen Faktoren mit 85–90 % und das der binnenwirtschaftlichen mit 10–15 % angesetzt hatte, nicht zustimmen. Ebd.

399 Vgl. etwa die Haushaltsrede Helmut Schmidts vom 3.4.1973, in: VDB, 7. WP, 25. Sitzung vom 3.4.1973, S. 1205 ff.

400 Einzelheiten bei *Eichengreen*, Goldstandard, S. 132 ff.; *James*, S. 131 ff.; *Emminger*, S. 211 ff. Vgl. auch Dollar-Krise: »Das war mehr als eine Bö« bzw. »Hoffentlich war es das letzte Lehrgeld«, in: Der Spiegel Nr. 7 bzw. Nr. 10 vom 12.2. bzw. 5.3.1973.

401 *von Hagen*, S. 447 ff.; *Emminger*, S. 252 ff. Zitat: *Scharpf*, Krisenpolitik, S. 162.

402 Einzelheiten in *Sachverständigenrat*, Sondergutachten 1973.

der Mineralölsteuer um 5 Pfg./Liter, eine Stabilitätsabgabe von zehn Prozent auf die Einkommen- und Körperschaftsteuer sowie eine Stabilitätsanleihe von 4 Mrd., außerdem eine Reduzierung der Investitionszulage um 2,5 % auf 7,5 % vorsah, war wegen seines politischen Kompromisscharakters und der weiterhin hohen spekulativen Dollar-Zuflüsse wenig wirksam gewesen.[403] Erst das zweite Programm, das die Regierung im Mai nachschob, zeitigte einige Wirkung. Es senkte die Jahreseinkommensgrenzen für den Stabilitätszuschlag deutlich, erhob eine elfprozentige Investitionssteuer und beseitigte verschiedene Abschreibungsmöglichkeiten. Allerdings hätten, wie der Sachverständigenrat der Regierung in seinem Sondergutachten vom Mai 1973 vorwarf, durchaus wirkungsvollere Maßnahmen ergriffen werden können. Ob diese politisch realisierbar gewesen wären, steht jedoch auf einem anderen Blatt.[404] Nachhaltiger wirkte dagegen die restriktive Geldpolitik der Bundesbank, die den Diskontsatz in mehreren Schritten von 3 % im Herbst 1972 auf 7 % im Sommer 1973 anhob und bis in den Herbst 1974 auf diesem Niveau hielt.[405]

Der Haushalt 1973, den der Finanzminister Mitte Februar dem Kabinett vorlegte und Anfang April in den Bundestag einbrachte,[406] orientierte sich mit einem Volumen von 120,4 Mrd. und einer Zuwachsrate von 9,7 % gegenüber dem Ist von 1972 am Wachstum des nominalen Sozialprodukts. Er entsprach damit den Vorgaben des Finanzplanungsrats vom September 1972 und sollte die Bemühungen um Stabilität flankieren.[407] Dazu waren die Ausgaben an die Zuwendungsempfänger um 5 % vermindert und die Zuschüsse zur Rentenversicherung verringert sowie die Mittel für den Straßenbau um 1 Mrd. gekürzt

403 7. Kabinettssitzung am 17.2.1973, in: Kabinettsprotokolle. Vgl. auch »Der Schuß kann nach hinten losgehen«, in: Der Spiegel Nr. 9 vom 26.2.1973; G. Schröder, Karateschlag am Sonntagmorgen, in: Die Welt Nr. 43 vom 20.2.1973.

404 *Sachverständigenrat*, Sondergutachten 1973.

405 15. Kabinettssitzung am 9.5.1973, in: Kabinettsprotokolle.

406 7. Kabinettssitzung am 17.2.1973, in: Kabinettsprotokolle; Vermerk Gruppe V/2 BKA (Krips/Quantz) für Buka am 15.2.1973, BArch B 136/7166. Vgl. auch das Interview mit Bundesfinanzminister Helmut Schmidt in der Sendung »Der Markt« am 27.1.1973, WDR 0012160; Steuererhöhungen wahrscheinlich noch 1973, in: Süddeutsche Zeitung Nr. 40 vom 17./18.2.1973. Haushaltsrede Helmut Schmidts vom 3.4.1973, in: VDB, 7. WP, 25. Sitzung vom 3.4.1973, S. 1205 ff., sowie die Debatte am 4.4.1973, ebd., S. 1220 ff.

407 Ergebnisniederschrift der gemeinsamen Sitzung des Finanzplanungsrates und des Konjunkturrates für die öffentliche Hand am 14.9.1972, BArch B 136/9178. An diese Vorgaben hielten sich die Länder nicht. Nordrhein-Westfalen plante zum Beispiel für 1973 einen Ausgabenzuwachs von rechnerisch 14,3 %, faktisch aber von nahezu 23 %. Kabinettsvorlage Wertz vom 17.11.1972 betr. Entwurf eines Gesetzes über die Feststellung des Haushaltsplans für das Haushaltsjahr 1973 und Entwurf des Haushaltsplans, LA NRW NW 277 Nr. 175. Vgl. dazu Staatskanzlei Referat III A 1 (Schmidt-Brücken) über Chef StK an MP am 18.11.1972, ebd. Kabinettssitzung am 19. und 21.11.1972, in: Kabinettsprotokolle NRW. Am Ende einigte man sich auf eine Zuwachsrate von 11,5 %.

und die Zweckbindungen des Mineralölsteueraufkommens entsprechend erweitert worden. Die Nettokreditaufnahme wurde zwar auf dem Stand von 1972, also knapp unter 4 Mrd., eingefroren, doch blieben 4,4 Mrd. unberücksichtigt, die vor allem auf eine erneute Stundung von Zuschüssen an die Rentenversicherungen zurückgingen. Da der Bund außerdem 1,2 Mrd. an Hilfen für die Bundesbahn überplanmäßig ins Jahr 1972 vorgezogen hatte und jene für den Krankenhausbau weiterhin außerhalb des Budgets finanzierte,[408] lag das tatsächliche Volumen des Haushalts um etwa 13 % höher als im Vorjahr.[409] Die mittelfristige Planung sah aber nur eine durchschnittliche jährlich Zuwachsrate des Etats von 8,5 % bis 1976 vor, ein »leicht überproportionales Ausgabenwachstum«, das »angesichts der steigenden Anforderungen an die öffentliche Aufgabenerfüllung erforderlich« sei.[410] Dabei war eine Reihe von Haushaltsrisiken unberücksichtigt geblieben, etwa die im Jahr 1974 neu auszuhandelnde Verteilung der Umsatzsteuer zwischen Bund und Ländern oder der erwartete Ausfall der Bundesbankgewinne.[411] Auch zeichnete sich im Vorfeld der Kabinettsberatungen für das kommende Haushaltsjahr ein Engpass ab, den Finanzminister Schmidt durch eine auf 9 % erhöhte Zuwachsrate des Budgets auffangen und so Spielraum für Mehrausgaben von 600 Mio. gewinnen wollte.[412]

Die Finanzplanung des Bundes aber auch der Länder und Gemeinden wurde von der Konjunkturentwicklung überholt. So stiegen die Preise im Verlauf des Jahres 1973 weiter und erreichten am Ende eine Quote von 6,8 %.[413] Der Boom und die Inflation ließen die Steuereinnahmen der Gebietskörperschaften mit 14,5 % weit stärker ansteigen als erwartet. Zwar drängte der Finanzplanungsrat nach ersten Sondierungsgesprächen zwischen dem Bundeskanzler und den Regierungschefs der Länder Ende März darauf, die Haushalte restriktiv zu fahren, die konjunkturbedingten Steuermehreinnahmen nicht für überplanmäßige Mehrausgaben zu verwenden und die Nettokreditaufnahme zu reduzieren, ließ aber als Hintertür offen, dass »neu auftretende unabweisbare Mehrbelastungen« aus Steuermehreinnahmen finanziert werden dürften.[414] Große Wirkung zeigte das nicht. Nordrhein-Westfalen zum Beispiel fuhr seinen Haushalt 1973 um 19,4 % hoch, wohl wissend, dass damit die »bisherige Linie der Landesregierung verlassen« werde, die »Steigerung des Haushaltsvolumens möglichst

408 Vgl. die Kritik an dieser Maßnahme von K. Steves, Unsolide Ausgabenpolitik, in: Die Welt Nr. 38 vom 14.2.1974, und G. Schröder, Karateschlag am Sonntagmorgen, in: ebd. Nr. 43 vom 20.2.1973.

409 *Sachverständigenrat*, Sondergutachten 1973, Ziff. 7.

410 Ebd.

411 Vermerk Gruppe V/2 BKA (Krips/Quantz) für Buka am 15.2.1973, BArch B 136/7166.

412 Schmidt an Buka am 16.2.1973, in: *Woyke*, Brandt, Nr. 323: 16.2.1973.

413 Einzelheiten bei *W. Ehrlicher* u. *Hagemann*, Finanzen 1973; *Sachverständigenrat*, Jahresgutachten 1973/74, Ziff. 190 ff.; *ders.*, Sondergutachten; *A. Ehrlicher*, S. 75 ff.

414 Vermerk Gruppe V/2 BKA (Krips) für AL V vom 21.2.1973, BArch B 136/7166; Ergebnisniederschrift der 20. Sitzung des Finanzplanungsrates am 29.3.1973, BArch B 136/9179.

innerhalb der vom Finanzplanungsrat empfohlenen Eckdaten zu halten«.[415] Im Mai beschloss die Bundesregierung deshalb, 10 % der Haushaltsansätze für Gemeinschaftsaufgaben in das folgende Jahr zu verschieben, 5 % der rechtlich nicht gebundenen Ansätze beim Bund einzusparen und die geplante Nettokreditaufnahme von 19 Mrd. durch einen sogenannten »Schuldendeckel« um 5,5 Mrd. auf den Betrag des Jahres 1972 zu reduzieren.[416] Diese Maßnahmen zur Stabilisierung griffen nur begrenzt, weil der Finanzplanungsrat lediglich Empfehlungen aussprechen, ein »haushaltswirtschaftliches Fehlverhalten« der Länder aber nicht sanktionieren konnte.[417] So sank zwar die Verschuldung auf etwa 13,5 Mrd., doch gaben die Gebietskörperschaften wegen der reichlich sprudelnden Steuerquellen 12,5 % mehr aus als im Vorjahr, wobei der Bund mit 10,5 % noch die größte Zurückhaltung übte, während die Ausgaben der Länder um 15,0 % und jene der Gemeinden um 13,5 % wuchsen.[418]

Haushalt und Haushaltsführung von Bund, Ländern und Gemeinden stießen auf massive öffentliche Kritik. Als »nicht konjunkturgerecht« beurteilte die Frankfurter Allgemeine die Etats, denn die »staatliche Ausgaben-Einnahmen-Spirale« treibe den inflationären Prozess weiter an.[419] Die Welt wähnte einmal mehr die »Finanzpolitik am Abgrund«, da die »Anspruchsinflation« fortwähre,[420] und Die Zeit klagte bitter über die »Bonner Stabilitätssünder«. Der Haushalt heize die Konjunktur immer mehr an und sei eine »kodifizierte Sünde der Bundesregierung wider das von ihr selbst proklamierte Stabilitätsziel«.[421] Selbst die regierungsfreundliche Frankfurter Rundschau musste feststellen, dass die öffentliche Hand keinen Beitrag zur Preisstabilität leiste.[422] Diese gebe, monierte der Sachverständigenrat, auch konjunktur- und

415 Staatskanzlei Referat A III 1 (Schmidt-Brücken) an Chef StK am 12.2.1973, LA NRW NW 277 Nr. 176; Kabinettsvorlage Wertz vom 8.3.1973 betr. Ergänzung des Entwurfs des Haushaltsgesetzes und des Haushaltsplans für das Haushaltsjahr 1973, ebd. Nr. 177; Staatskanzlei Referat III A 1 (Schmidt-Brücken) über Chef StK an MP am 9.3.1973, ebd.

416 15. Kabinettssitzung am 9.5.1972, in: Kabinettsprotokolle; Vermerk Gruppe IV/2 (Kurth) für AL IV Ende April 1973, BArch B 136/9179; Ergebnisniederschrift der 21. Sitzung des Finanzplanungsrates am 10.5.1973, BArch B 136/9179. Vgl. Da muß was her, in: Der Spiegel Nr. 20 vom 14.5.1973; D. Piel, Die Preise wollen alle dämpfen…, in: Die Zeit Nr. 19 vom 4.5.1973; R. Herlt, Die heimlichen Regenten, in: ebd. Nr. 20 vom 11.5.1973; M. Jungblut, Kur von zweifelhaftem Wert, in: ebd. Nr. 21 vom 18.5.1973.

417 Vermerk Gruppe IV/5 BKA (Quantz) für AL IV am 24.7.1973, BArch B 136/9179.

418 *Sachverständigenrat*, Jahresgutachten 1973/74, Ziff. 195 ff.

419 W. Kannengießer, Nicht konjunkturgerecht, in: Frankfurter Allgemeine Nr. 79 vom 3.4.1973.

420 K. Steves, Finanzpolitik am Abgrund, in: Die Welt Nr. 81 vom 5.4.1973; ders., Der Bund im Obligo, in: ebd. Nr. 142 vom 21.6.1973.

421 R. Herlt, Die Bonner Stabilitätssünder, in: Die Zeit Nr. 26 vom 22.6.1973.

422 K. Simon, Auf schwankendem Boden, in: Frankfurter Rundschau Nr. 81 vom 5.4.1973.

inflationsbedingte Steuermehreinnahmen umgehend aus und verschulde sich sogar in der Hochkonjunktur noch beträchtlich, was »konjunkturpolitisch fatal« sei.[423] Für 1973 errechneten die Fünf Weisen einen expansiven konjunkturellen Impuls, der mit 4,5 Mrd. zwar nur halb so hoch ausfiel wie im Vorjahr, aber nicht den stabilitätspolitischen Erfordernissen genügte.[424]

Die Kritik zielte in erster Linie auf die unzureichende konjunkturelle Passung des Budgets. Aus dem Blick geriet dabei, dass sich beim Haushalt 1973 vier Probleme offenbarten. Sie waren nicht neu, stellten sich jetzt aber immer schärfer:[425] Erstens standen mehr als 90 % der Ausgaben fest und hätten sich allenfalls durch ein Haushaltssicherungsgesetz reduzieren lassen. Die SÜDDEUTSCHE ZEITUNG sprach anlässlich der parlamentarischen Beratungen im Juni 1973 von einem »zementierten Bundeshaushalt«.[426] Dadurch verringerte sich die finanzielle Manövriermasse für stabilitätspolitische Maßnahmen, und es erhob sich die Frage, wie wirksam eine Finanzpolitik, die im Aufschwung auf eine Kürzung von Ausgaben setzte, überhaupt noch seien konnte. Diese Tatsache relativierte der Sachverständigenrat allerdings, indem er sie in einen weiteren zeitlichen Kontext einordnete. Indem die Experten auf die »Sünden in der Vergangenheit« verwiesen, entließen sie die Politik nicht aus der Verantwortung. Denn was heute rechtliche Bindung sei, schrieben die Fünf Weisen, war »freie Entscheidung früherer Jahre«.[427] Die Starre der öffentlichen Haushalte zog ein zweites Problem nach sich. Kürzungen ließen sich nämlich am leichtesten bei den Investitionen vornehmen. Diese sollten eigentlich Priorität genießen, mussten aber wegen ihrer geringen rechtlichen Bindung im Streitfall immer wieder hinter anderen Posten zurückstehen. Infolgedessen stieg die Investitionsquote des Bundeshaushalts nicht wie geplant mittelfristig an, sondern stagnierte oder fiel sogar.[428] Die Investitionen seien die »Invaliden der Konjunkturpolitik«, warf der CDU-Abgeordnete Philipp Jenninger dem Finanzminister vor; sie entwickelten sich gegenläufig zu den Beamtenstellen, die sich vermehrten, »als gelte es, ein Mutterkreuz zu erringen«.[429] Auch die FRANKFURTER RUNDSCHAU sah im Absinken des Anteils der Investitionen am Bundeshaushalt ein »alarmierendes Zeichen«.[430] So errechnete der Sachverständigenrat bei einem

423 *Sachverständigenrat*, Sondergutachten, Ziff. 17.
424 *Ders.*, Jahresgutachten 1973/74, Ziff. 211 und Tab. 22.
425 Vgl. dazu die Diskussionen aufnehmend und zusammenfassend H. Schmidt, Theorie und Thesen der Finanzpolitik, in: HANDELSBLATT Nr. 169 vom 3.9.1973.
426 G. Hennemann, Der zementierte Bundeshaushalt, in: SÜDDEUTSCHE ZEITUNG Nr. 142 vom 23./24.6.1973.
427 *Sachverständigenrat*, Sondergutachten 1973, Ziff. 15.
428 E. Thiel, Finanzplanung 1973 im Zeichen der Stabilitätskrise, in: WIRTSCHAFTSDIENST VI/1973, S. 313–316.
429 VDB, 7. WP, 45. Sitzung vom 19.6.1973, S. 2568, 2567.
430 R.-D. Schwartz, Etat ohne Opposition, in: FRANKFURTER RUNDSCHAU Nr. 80 vom 4.4.1973; K. Simon, Auf schwankendem Boden, in: ebd. Nr. 81 vom 5.4.1973.

strukturbereinigten Vergleich des öffentlichen Gesamthaushalts der Jahre 1966 und 1972 einen Zuwachs der Personalausgaben von 10,5 %, während die Investitionen um 1,5 % zurückgegangen waren.[431] Überproportionale Preissteigerungen bei den vom Staat nachgefragten Gütern verstärkten diesen Trend.[432] So fraß die Inflation, und das war das dritte Problem, die nominalen Zuwachsraten bei den Einzelplänen entweder ganz auf oder drückte diese auf bescheidene reale Zuwächse. Waren die öffentlichen Ausgaben von 1970 bis 1972 nominal um 28 % gestiegen, lag der Zuwachs in konstanten Preisen bei lediglich 10 %. Bei den Sachinvestitionen zeigte sich der Preisanstieg noch deutlicher. Diese hatten seit 1970 nominal um 3,5 % zu-, real jedoch um 9 % abgenommen.[433] Als viertes Problem stellte sich damit die grundsätzliche Frage, wie es mit der Reformpolitik weitergehen sollte. Der Etat 1973, klagte die Süddeutsche Zeitung, genüge »weder den Erfordernissen der Geldwertstabilität noch den Bedürfnissen der Reformpolitik«, und Eberhard Thiel bedauerte im Wirtschaftsdienst, dass das Jahr 1973 »eine Stagnation der finanzwirtschaftlichen Grundlagen der Reformpolitik« bringe.[434] Dagegen verwahrte sich Helmut Schmidt vehement in einem Artikel, der unter dem Titel »Theorie und Thesen der Finanzpolitik« im Herbst 1973 im Handelsblatt erschien. Es sei verkehrt, den gesamten Haushalt als »Verfügungsmasse« für die Konjunkturpolitik anzusehen und darüber dessen Bedeutung für die »öffentliche Leistungsdarbietung« zu vernachlässigen. Zwar hielt Schmidt es für gerechtfertigt, öffentliche Ausgaben aus konjunkturellen Gründen hinauszuschieben. Doch sei es nicht vertretbar, einen Nachfrageüberhang jahrelang »durch Verzicht auf staatliche Leistungen auszugleichen«, weil sich der »Rückstand in der öffentlichen Aufgabenerfüllung« andernfalls »kumulieren« würde.[435]

Schmidts Linie folgend gab sein Staatssekretär Manfred Schüler bei der Grundsatzabteilung des Finanzministeriums ein Gutachten zu den »finanziellen

431 *Sachverständigenrat*, Jahresgutachten 1973/74, Ziff. 217 ff.; L. Julitz, Die Progression nährt die Steuerflut, in: Frankfurter Allgemeine Nr. 224 vom 26.9.1973.

432 Vermerk Referat I A 4 BMF vom 3.6.1976 betr. Deflationierung der Bundes- und Landesausgaben 1970 bis 1975, BArch B 126/48174. Danach lag der Deflator bei Bund und Ländern im Schnitt der Jahre 1970/75 bei 7,2 %, jener des Bruttosozialprodukts dagegen nur bei 6,9 %. Skeptischere Schätzungen gingen davon aus, dass die Preisrate bei den Staatsausgaben etwa doppelt so hoch sei wie bei den Lebenshaltungskosten. Vgl. Vortrag von Heinz Günter Zavelberg »Haushalts- und Finanzplanung des Bundes im Strudel der Inflation«, gehalten am 15.9.1973 in der Politischen Akademie Eichholz der Konrad Adenauer Stiftung, BArch N 1431/29.

433 Vermerk Unterabteilung I A BMF (Strohe/Bittner) für BM Schmidt vom 13.1.1973, BArch B 126/44898.

434 G. Hennemann, Der zementierte Bundeshaushalt, in: Süddeutsche Zeitung Nr. 142 vom 23./24.6.1973; E. Thiel, Reformetat 1973?, in: Wirtschaftsdienst I/1973, S. 6.

435 H. Schmidt, Theorie und Thesen der Finanzpolitik, in: Handelsblatt Nr. 169 vom 3.9.1973.

Auswirkungen der Schwerpunkte sozialdemokratischer Politik« in Auftrag.[436] Der betraute Referent ging davon aus, dass die Sozialdemokratie die Lebensbedingungen in der Bundesrepublik verbessern, durch eine »Erhöhung des ›Staatsanteils‹ die notwendigen öffentlichen Leistungen« bereitstellen, zugleich aber auf stabile Preise sowie eine gerechte Steuerbelastung achten und die Wirtschaft auch nicht überbürden wolle. Unter diesen Prämissen und im Einklang mit dem Entwurf des Orientierungsrahmens, sollte der Anteil der Ausgaben am Sozialprodukt von 28,6 % (1970) auf 33,6 % (1985) steigen. Ohne den Preisauftrieb auf »tolerierbare Größen« zu senken, ließe sich der Trend aber nicht umkehren, da die Haushalte andernfalls »Inflationsausgleiche« gewähren müssten, dann aber die »eigentlichen ›zukunftsweisenden‹ Aufgaben« nicht erfüllen könnten. Nur wenn es gelinge, die Preissteigerung zu bremsen, hielt der Referent bei einer angenommenen durchschnittlichen jährlichen Wachstumsrate des Sozialprodukts von 8,1 % Zuwächse des öffentlichen Gesamthaushalts von 9,5 % bis 1977 für realisierbar. Dazu müsse sich jedoch das Haushaltsdefizit von 9,1 Mrd. (1974) auf 20,4 Mrd. (1977) mehr als verdoppeln. Das träfe angesichts der Verteilung der Umsatzsteuer weniger die Länder und Gemeinden, sondern mit Defiziten, die von 2,6 Mrd. (1974) auf 12,2 Mrd. (1977) wüchsen, vor allem den Bund. Dessen Anteil an den öffentlichen Ausgaben werde von 43 % (1973) auf 41,9 % (1977) sinken, falls ihm nicht durch eine geänderte Aufgabenverteilung zwischen den Gebietskörperschaften mehr Mittel zuflössen.

Der Haushalt des Jahre 1973 verdeutlichte, dass die pragmatische Expansion, wie sie der Finanzminister plante und ins Werk setzte, auf wachsende Hindernisse stieß. Denn die Kombination aus moderaten Steuererhöhungen und begrenzter Kreditfinanzierung, womit Schmidt einerseits die Reformpolitik fortführen und andererseits die Finanzen des Bundes nicht völlig destabilisieren wollte, ließ sich nicht realisieren. Mit den bisher ergriffenen Maßnahmen gelang es der Finanzpolitik jedenfalls nicht, die wachsenden Ansprüche des Bundes, aber auch der anderen öffentlichen Hände an das Sozialprodukt, die sich in den nominalen Zuwachsraten der Budgets niederschlugen, gegenüber den Anforderungen von Unternehmen und Haushalten durchzusetzen. Statt die privaten Investitionen bzw. den privaten Konsum oder sogar beide zurückzudrängen, was unpopuläre Maßnahmen, nämlich eine deutliche Erhöhung der Steuern, erfordert hätte, führte deren Rivalität zu steigenden Preisen. Diese blähten die öffentlichen Haushalte in einem inflationären Kreislauf nominal auf, erlaubten real aber nur sinkende Investitionen und abnehmende

436 Referat I A 4 BMF (Neuthinger) an Schüler am 14.8.1973, Anlage: Überlegungen zu den finanziellen Auswirkungen der Schwerpunkte sozialdemokratischer Politik, BArch B 126/44901.

Leistungsverbesserungen.[437] Verstand man wie Alex Möller unter Reformen vor allem öffentliche Investitionen, mit denen die staatlichen Leistungen Anschluss an die private Wohlstandsentwicklung fanden, also im Galbraithsche Sinne die öffentliche Armut reduzierten, dann, so kritisierte der finanzpolitische Berater der CDU/CSU-Fraktion Heinz Günter Zavelberg, betrieb die sozial-liberale Koalition »eine Politik verhinderter Reformen und eine Politik zur Verminderung der Lebensqualität«.[438] Denn die Inflation traf nicht nur einzelne Bürger, sondern weit mehr noch die öffentlichen Haushalte. So geriet die Expansionspolitik in einen Zielkonflikt zunächst mit der Preisstabilität und schließlich, als 1974/75 die Rezession einsetzte, mit der Vollbeschäftigung. Doch traten bis zu diesem Zeitpunkt, wie eine Analyse von Dynamik, Bereichen und Ebenen der Expansion zeigen wird, die Jahre zwischen 1970 und 1975 als eine deutlich unterscheidbare Zeitspanne hervor, in der die Ausgaben stärker anstiegen als in den Jahren zuvor und danach.

f) Die frühen siebziger Jahre als markante Expansionsphase

Mit der Feststellung, die öffentlichen Ausgaben seien »vom ersten Regierungsjahr Adenauers an« gestiegen, was auch so bleiben werde, hatte Helmut Schmidt diese Entwicklung 1972 in einem Spiegel-Interview als geradezu naturgegeben hingestellt.[439] Zweifellos waren die Ausgaben seit Gründung der Bundesrepublik angewachsen. Aber sie expandierten erstens nicht mit gleichmäßigen Raten, wuchsen zweitens in den einzelnen Bereichen verschieden stark, und nicht zuletzt gab es drittens Unterschiede zwischen den Ebenen von Bund, Ländern und Gemeinden. Trotzdem heben sich die Jahre von 1970 bis 1975 von der langfristigen Entwicklung der öffentlichen Ausgaben in der Zeit davor und danach als eine markante Expansionsphase deutlich ab.

Ein Blick auf die jährlichen *Gesamtausgaben des Staates (Abb. 1)*, also der Gebietskörperschaften und der Sozialversicherung, legt die Schwankungen im Zeitablauf offen.[440] Diese stiegen von 1960 bis 1970 von 99,7 Mrd. auf 264,1 Mrd. oder im Schnitt um 16,4 Mrd. jährlich. In den zwölf Jahren bis 1982 nahmen

437 Vgl. die Analyse der Unterabteilung I A BMF (Strohe/Bittner) für BM Schmidt vom 13.1.1973, BArch B 126/44898. In längerer Perspektive G. Schmidt, Wirtschaftsentwicklung und Staatsverschuldung: Gilt die Lückentheorie?, in: Wirtschaftsdienst III/1982, S. 124–128.

438 Vortrag von Heinz Günter Zavelberg »Haushalts- und Finanzplanung des Bundes im Strudel der Inflation«, gehalten am 15.9.1973 in der Politischen Akademie Eichholz der Konrad Adenauer Stiftung, BArch N 1431/29.

439 »Mit Worten allein kann man nicht kämpfen«, in: Der Spiegel Nr. 34 vom 14.8.1972.

440 Die folgenden Angaben nach *Sachverständigenrat*, Jahresgutachten 1993/94, Tab 38* (eigene Berechnungen).

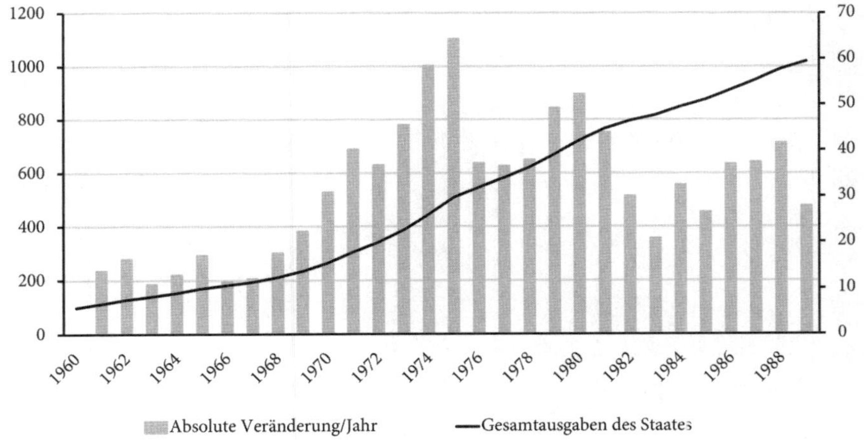

Abb. 1: Gesamtausgaben des Staates (in Mrd. DM)
Quelle: *Sachverständigenrat*, Jahresgutachten 1993/94, Tab 38* (eigene Berechnungen).

sie hingegen auf 795,7 Mrd. zu, was einem jährlichen Schnitt von 44,3 Mrd. entspricht.

Bei genauerer Betrachtung fällt zweierlei auf: Zum einen erfolgten die stärksten Zuwächse in der ersten Hälfte der siebziger Jahre, und zwar im Schnitt der Jahre 1970 bis 1975 um 49 Mrd., mit Gipfeln von 58,4 Mrd. und 64,3 Mrd. in den Jahren 1974 und 1975. Danach nahmen die Ausgaben bis 1982 mit durchschnittlich knapp 41 Mrd. pro Jahr zu, wobei die Jahre 1979 und 1980 mit 49,2 und 52,2 Mrd. Zuwachs noch einmal nach oben ausschlugen. Zum anderen wird deutlich, dass sich die *Ausgaben der Gebietskörperschaften und der Sozialversicherung (Abb. 2)* zunächst weitgehend parallel, dann aber zunehmend auseinander entwickelten. Während die Gebietskörperschaften 1960 noch 71,7 Mrd. und 1970 bereits 188,3 Mrd. ausgaben, mithin im Jahresdurchschnitt 11,7 Mrd. mehr, lag die Sozialversicherung 1960 bei 34,0 Mrd. und 1970 bei 87,9 Mrd., was einen Zuwachs um durchschnittlich 5,4 Mrd. pro Jahr bedeutete. Ganz anders sah es zwischen 1970 und 1982 aus: Die Ausgaben der Gebietskörperschaften nahmen jetzt von 188,3 Mrd. auf 531,0 Mrd. zu, was einem Jahresdurchschnitt von 28,6 Mrd. entspricht, während die Sozialversicherung von 87,9 Mrd. auf 311,3 Mrd., mithin jährlich im Mittel um 18,6 Mrd. zulegte.

Die unterschiedliche Ausgabenentwicklung der Gebietskörperschaften und der Sozialversicherung lässt sich anhand der *Staatsquoten (Abb. 3)* gut erfassen. Während der Anteil der Gebietskörperschaften am Bruttosozialprodukt (Staatsquote der Finanzstatistik) in den fünfziger und sechziger Jahren langsam von 28,7 % (1950) auf 29,1 % (1970) anstieg und erst in den Siebzigern und frühen Achtzigern kräftiger bis auf 34,2 % im Jahr 1982 wuchs, nahm der Anteil des Staats unter Einschluss der Sozialversicherung (Staatsquote der

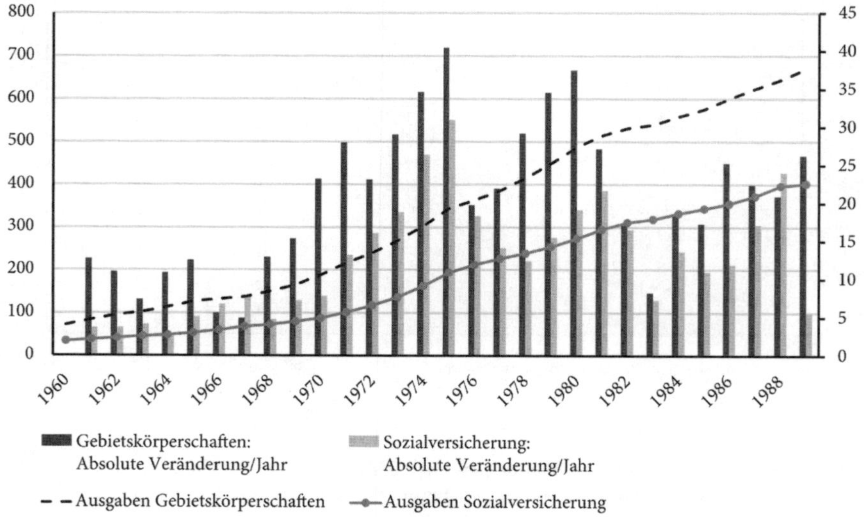

Abb. 2: Ausgaben der Gebietskörperschaften und der Sozialversicherung (in Mrd. DM)
Quelle: *Sachverständigenrat*, Jahresgutachten 1993/94, Tab. 38* (eigene Berechnungen).

Volkswirtschaftlichen Gesamtrechnung) bereits seit in den fünfziger Jahren auf 34 % zu, stieg bis Ende der Sechziger auf fast 40 % und erreichte Mitte der siebziger und zu Beginn der achtziger Jahre Höchststände von annähernd 50 %. So öffnete sich die Schere zwischen den beiden Staatsquoten immer weiter. Hatte der Abstand in den sechziger Jahren bei 6 bis 8 Prozentpunkten gelegen, wuchs dieser bis 1982 auf 15 Prozentpunkte.[441] Mithin ging der Anstieg der Staatsquote in den siebziger Jahren etwa zur Hälfte auf die Sozialversicherung zurück.

Die Entwicklung der Staatsquote suchte in der Geschichte der Bundesrepublik ihresgleichen. Zwar wuchs sie in diesen Jahren auch in den anderen Mitgliedsstaaten der OECD. Mit einem Sprung von 32,4 % (1960) auf 48,9 % (1975) oder um knapp 17 Prozentpunkte, davon allein fast 10 Prozentpunkte zwischen 1968 und 1975, gehörte Westdeutschland aber zur Spitzengruppe der großen

441 *Caesar* u. *Hansmeyer*, Entwicklung, S. 935 f. Die Daten weichen von jenen des *Sachverständigenrats*, Jahresgutachten 1993/94, Tab. 38*, ab; doch finden sich hier nur die Reihen der Volkswirtschaftlichen Gesamtrechnung. Vgl. dazu auch die Überlegungen von Referat I A 4 des Bundesfinanzministeriums, in denen der hohe Staatsanteil der Mittsiebziger Jahre in detaillierten Berechnungen auf die schwache Konjunktur zurückgeführt und die Finanzpolitik der sozial-liberalen Koalition argumentativ aus der Schusslinie manövriert wurde. Vermerk Referat I A 4 BMF für Pst Offergeld vom 7.10.1975 mit Anlage 1 betr. Argumente zum Staatsanteil vom 9.10.1975 bzw. Anlage 2 betr. Anteil der Ausgaben des Staates am Bruttosozialprodukt vom 8.10.1975, BArch B 126/48209.

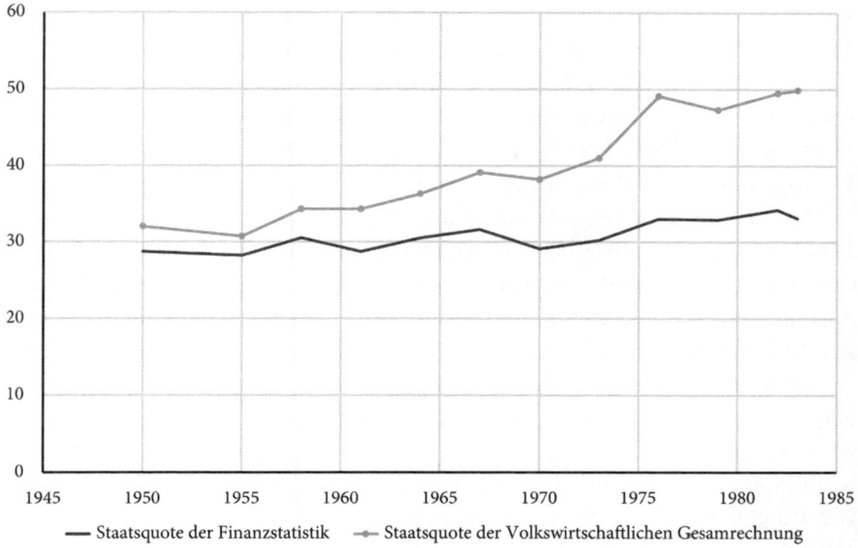

Abb. 3: Staatsquoten (in %)
Quelle: *Caesar u. Hansmeyer,* Entwicklung, S. 935 f.

OECD-Länder. Stärkere Zuwachsraten wiesen lediglich die skandinavischen Staaten, Irland und die Niederlande auf. Auch die Höhe der bundesdeutschen Staatsquote stellte im Jahr 1975 alle anderen OECD-Länder, ausgenommen die Niederlande und Schweden, in den Schatten.[442] Ließ der Ausgabenschub der späten sechziger und frühen siebziger Jahre die Staatsquote in der Bundesrepublik nach oben schnellen, zeigen die Werte der zweiten Hälfte der siebziger Jahre größere finanzielle Konsolidierungserfolge an. Nicht nur sank die Staatsquote bis 1979 auf knapp unter 48 % und stieg erst an der Wende von den siebziger zu den achtziger Jahre wieder auf über 49 % an; dieser Zuwachs fiel auch schwächer aus als in den meisten Mitgliedsländern der OECD. Unter den großen Staaten wies die Bundesrepublik zwischen 1975 und 1982 mit einem halben Prozentpunkt den geringsten Anstieg auf und blieb damit deutlich unter dem OECD-Durchschnitt.[443]

Betrachtet man nach den ungleichen Schüben im Zeitverlauf die verschiedenen *Ausgabenbereiche des öffentlichen Gesamthaushalts (Abb. 4)*, also der

442 *OECD*, S. 64. Die Daten der OECD decken sich weder mit den Angaben bei *Caesar* u. *Hansmeyer*, S. 935 f., noch mit denen des *Sachverständigenrats*, Jahresgutachten 1993/94, Tab. 38*. Insofern sind die drei Datenreihen nur jeweils in sich vergleichbar. Vgl. mit weiterführender Literatur *Franzese* und *Hallerberg*.

443 *OECD*, S. 64.

Ausgaben desStaates ohne Sozialversicherung, treten vier markante Trends hervor.[444] Da ist erstens der Anstieg der *Personalausgaben*.[445] Diese wuchsen von 27,4 Mrd. im Jahr 1962 auf 61,4 Mrd. im Jahr 1970, also um 124 %. Sie nahmen damit kräftiger zu als die Gesamtausgaben, so dass sich ihr Anteil von 25,7 % auf 31,3 % erhöhte.[446] Zwischen 1970 und 1982 steigerten die Gebietskörperschaften ihre Personalausgaben weiter. Diese stiegen von 61,4 Mrd. auf 177,2 Mrd. oder um 189 %, wobei der stärkste Zuwachs mit 77 % in die Jahre von 1970 bis 1975 fiel.[447] 1975 beanspruchten die Ausgaben für Personal 32,8 % der Gesamtausgaben; das war der größte Anteil in den siebziger Jahren. Drei Komponenten bestimmten dieses Wachstum. Zum einen nahm die Zahl der öffentlich Bediensteten von 1,7 Mio. (1962) über 2,1 Mio. (1970) auf 2,7 Mio. (1982) zu, am stärksten zwischen 1969 und 1973, als rund 390.000 Beschäftigte neu eingestellt wurden.[448] Damit weitete der öffentliche Bereich seinen Personalbestand stärker aus als der private. Das lag an den besonderen »Produktionsbedingungen« der öffentlichen Güter und Dienste, die sich durch den Einsatz von Kapital nur begrenzt rationalisieren ließen und deren Produktivitätsfortschritt darum vergleichsweise begrenzt blieb.[449] Wachstum bedeutete deshalb vor allem Personalwachstum. Zum anderen fielen lineare Einkommensverbesserungen ins Gewicht, wobei die höchsten Steigerungsraten mit durchschnittlich 10 % jährlich in den Tarifrunden seit 1969 zu verzeichnen waren. Schließlich spielten strukturelle Veränderungen eine Rolle, die sich mehr oder weniger lautlos und weitgehend unsichtbar ergaben. So wurden Arbeiter in höherwertigere Tätigkeitsgruppen, Angestellte und Beamte in höhere Besoldungsgruppen eingestuft.[450] Das Deutsche Institut für Wirtschaftsforschung schätzte, dass die Steigerung der Personalkosten zu zwei Dritteln auf die jährlichen Tariferhöhungen, zu einem Fünftel auf die Zunahme der Beschäftigtenzahlen und zu einem Sechstel auf strukturelle Veränderungen zurückging.[451] Seit den späten 1960er

444 Einen ersten Überblick bis 1976 liefert die Ausarbeitung von Referat I A 4 des BMF, Erläuterungen zur Entwicklung der Nettoausgaben der Gebietskörperschaften von 1950 bis 1976 vom 27.6.1977, BArch B 126/48176. Vgl. auch *Hanswillemenke* u. *Rahmann*, S. 47 ff.

445 *Vesper*, Personalausgaben; *ders.*, Entwicklung; *Borell*; *Bartholmai*, S. 27 ff.; *von Arnim*. Auf dem Wege in die Beamten-Republik, in: Der Spiegel Nr. 31 vom 16.12.1974. Vgl. auch die Antwort der Bundesregierung auf die Kleine Anfrage der Fraktion der CDU/CSU – BT-Drucksache VII/2955 – betr. Entwicklung der Besoldungs-, Vergütungs- und Versorgungsausgaben im öffentlichen Dienst, BT-Drucksache VII/3598 vom 5.5.1976.

446 *Sachverständigenrat*, Jahresgutachten 1993/94, Tab. 48*.

447 Ebd.

448 *Borell*, S. 14; *Bundesministerium der Finanzen*, Entwicklung, Tab. 9a.

449 Die Personalausgaben der Gebietskörperschaften seit 1961, in: *Deutsche Bundesbank*, Monatsberichte Juli 1972, S. 22–28.

450 *Borell*, S. 13 ff.

451 *Vesper*, Entwicklung, S. 42.

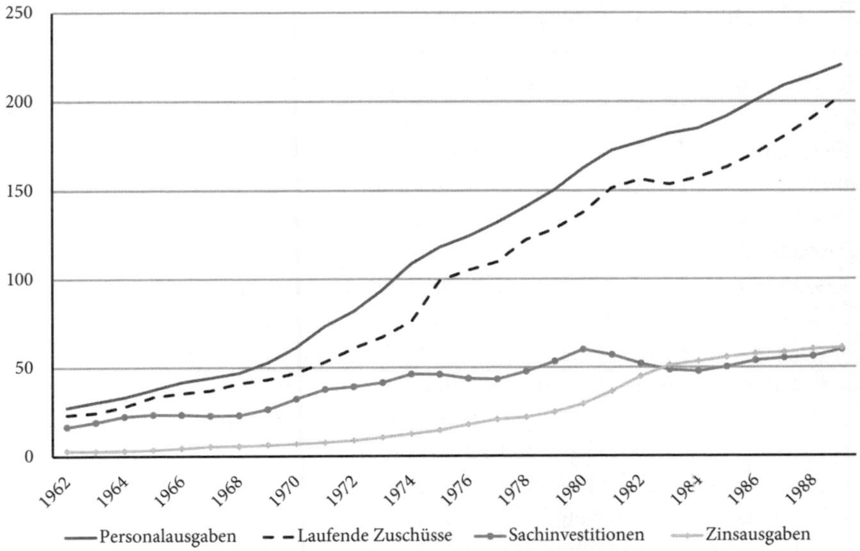

Abb. 4: Ausgabenbereiche des öffentlichen Gesamthaushalts (in Mrd. DM)
Quelle: *Sachverständigenrat*, Jahresgutachten 1993/94, Tab. 42* (eigene Berechnungen).

Jahren entwickelten sich die Personalausgaben zu einem regelrechten »Sprengsatz der öffentlichen Haushalte«,[452] floss doch bei den Gebietskörperschaften Anfang der achtziger Jahre fast jede dritte Mark in die Besoldung und Versorgung der Beschäftigten im öffentlichen Dienst. Das band nicht nur erhebliche Teile der Etats, sondern brachte auch wegen der wechselvollen Ergebnisse bei den Tarifverhandlungen erhebliche Planungsunsicherheiten mit sich. Nicht zuletzt begrenzte es die Möglichkeit, durch die Budgets auf die Konjunktur einzuwirken.[453]

Zweitens fällt beim Blick auf den öffentlichen Gesamthaushalt der zunehmende Finanztransfer vom öffentlichen Bereich an den privaten Sektor auf. Diese *laufenden Zuschüsse* stiegen von 1962 bis 1970 von 23,3 Mrd. auf 46,9 Mrd. oder um 102 %. In der Zeit von 1970 bis 1982 nahmen sie demgegenüber um 234 % von 46,9 Mrd. auf 156,4 Mrd. zu. Damit beanspruchten die Transfers 1982 einen Anteil von rund 27,8 % an den Gesamtausgaben; im Jahr 1970 hatte dieser noch bei 23,9 %, 1962 sogar nur bei 21,8 % gelegen.[454] Die Ausweitung der

452 *Borell* u. *Stern*, S. 67.

453 Die Personalausgaben der Gebietskörperschaften seit 1961, in: *Deutsche Bundesbank*, Monatsberichte Juli 1972, S. 26 f.

454 *Sachverständigenrat*, Jahresgutachten 1993/94, Tab. 48*. Die durchschnittlichen jährlichen Wachstumsraten sind wie die Anteile eigene Berechnungen.

Transferzahlungen, in erster Linie der sozialen Leistungen, fand bei Bund, Ländern und Gemeinden gleichermaßen statt.[455]

Schaut man auf den öffentlichen Gesamthaushalt wird drittens deutlich, dass im Unterschied zu den Personalaufwendungen und den laufenden Zuschüssen die *Sachinvestitionen* anteilmäßig zurückgingen. Waren diese zwischen 1962 und 1970 von 16,6 Mrd. auf 32,2 Mrd. oder um 95 % gestiegen, wuchsen sie von 1970 bis 1982 (52,0 Mrd.) lediglich um 61 % und blieben damit weit hinter dem Zuwachs der konsumtiven Ausgaben zurück. Zwar nahm ihr Anteil an den Ausgaben der öffentlichen Haushalte seit den späten sechziger Jahren zunächst noch leicht zu, erreichte aber bereits im Jahr 1971 mit 16,6 % seinen Höchststand, sank dann bis 1974 langsam auf 14,5 % ab und fiel schließlich mit einigen Schwankungen auf einen Tiefpunkt von 9,3 % im Jahr 1982.[456] In den siebziger Jahren schichteten sich die Gesamtausgaben also zugunsten der konsumtiven Ausgaben um, obwohl die sozial-liberale Koalition es zum Ziel ihrer Finanzpolitik erklärt hatte, die Investitionsquote zu steigern.

Viertens schließlich zeigt eine Analyse des öffentlichen Gesamthaushalts eine deutliche Zunahme der *Zinsausgaben*, eine Folge der steigenden Verschuldung der Gebietskörperschaften in den siebziger Jahren. Waren die Aufwendungen für Zinsen zwischen 1962 und 1970 von 3,0 Mrd. auf 6,8 Mrd. mithin um 129 % gestiegen, beschleunigte sich ihr Wachstum in den siebziger Jahren erheblich. 1982 mussten bereits 44,9 Mrd. aufgewendet werden, was einer Zunahme um 561 % entsprach. Damit stieg der Anteil der Zinsausgaben an den Gesamtausgaben von 2,8 % (1962) über 3,5 % (1970) auf 8 % (1982).[457]

Wenn die öffentlichen Ausgaben gemäß der föderalen Struktur der Bundesrepublik nach den drei Ebenen Bund, Länder und Gemeinden aufgeschlüsselt werden, ergeben sich signifikante Unterschiede bei der *Verteilung der Nettoausgaben auf die Gebietskörperschaften (Abb. 5)*.[458] Bis in die späten sechziger Jahre stiegen die Ausgaben der Länder stärker als die des Bundes und der Gemeinden. So erhöhte sich ihr Anteil an den Nettoausgaben auf 33,0 % im Jahr 1970, während der des Bundes auf 46,1 % sank und jener der Gemeinden lediglich auf 20,9 % anstieg.[459] Das Ausgabenwachstum der siebziger Jahre schoben dann aber alle Gebietskörperschaften gemeinsam an, allerdings wiederum mit unterschiedlichem Nachdruck. Bis 1982 sank so der Anteil des Bundes an den

455 Ebd.

456 Ebd.

457 Ebd.

458 Ausarbeitung von Referat I A 4 BMF, Erläuterungen zur Entwicklung der Nettoausgaben der Gebietskörperschaften von 1950 bis 1976 vom 27.6.1977, BArch B 126/48176. Außerdem *Bartholmai*, S. 42 ff.

459 Nettoausgaben eigene Berechnungen nach *Bundesministerium der Finanzen*, Finanzbericht 1966, S. 507 (1960: Rumpfrechnungsjahr); Finanzbericht 1968, S. 520 (1961–1963); Finanzbericht 1973, S. 345 (1964–1968); Finanzbericht 1974, S. 291 (1969–1970).

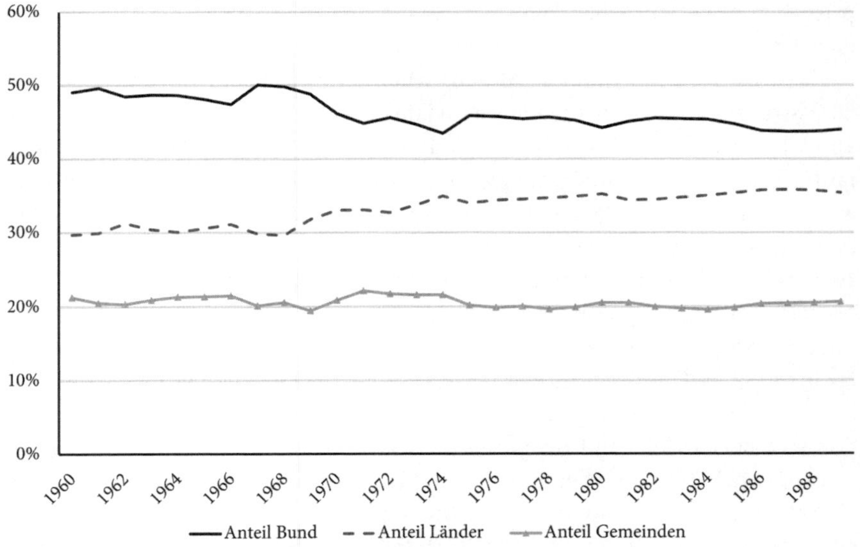

Abb. 5: Verteilung der Nettoausgaben auf die Gebietskörperschaften (in %)
Quelle: *Bundesministerium der Finanzen*, Finanzberichte 1966–1993 (Anm. 21, 22).

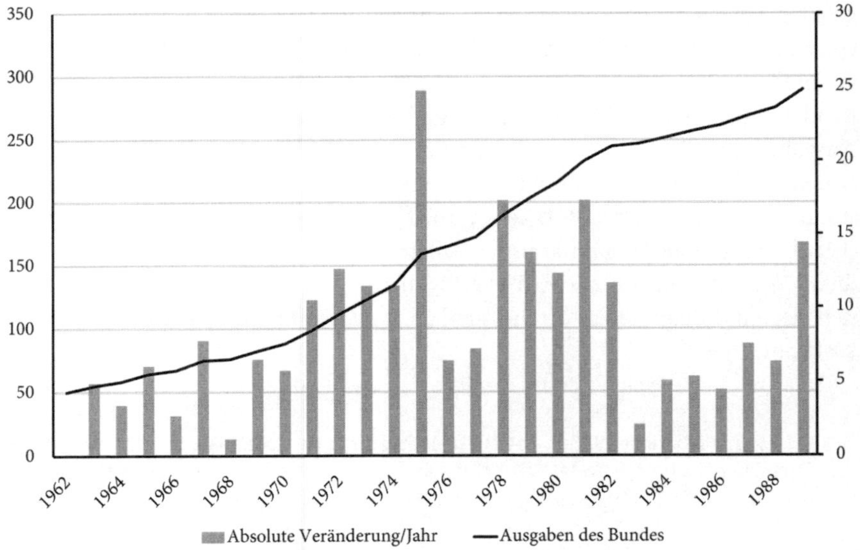

Abb. 6: Ausgaben des Bundes (in Mrd. DM)
Quelle: *Sachverständigenrat*, Jahresgutachten 1993/94, Tab. 42* (eigene Berechnungen).

Ausgaben der öffentlichen Haushalte weiter auf 45,5 %, jener der Länder stieg dagegen auf 34,5 %, während die Gemeinden leicht auf 20,0 % zurückfielen.[460]

Die *Ausgaben des Bundes (Abb. 6)* wuchsen zwischen 1970 und 1982 von 88,0 Mrd. auf 244,7 Mrd. und damit im jährlichen Durchschnitt um gut 13 Mrd. an. Allerdings fällt ein Schub auf, wiederum in der ersten Hälfte der siebziger Jahre. Während die Bundesausgaben zwischen 1962 und 1970 von 49,9 Mrd. auf 88,0 Mrd. angestiegen waren, mithin durchschnittlich pro Jahr um lediglich knapp 4,8 Mrd., wuchsen sie von 1970 bis 1975 im Jahresdurchschnitt um 14,2 Mrd., zuletzt mit einem auffälligen Spurt von 24,8 Mrd. im Jahre 1975.[461] Nach einer kurzen Pause in den nächsten beiden Jahren (1976 mit einer Steigerung um 6,4 Mrd., 1977 um 7,2 Mrd.) nahm die Expansion dann erneut Fahrt auf und lag bis 1982 im Durchschnitt der Jahre 1977 bis 1982 wieder bei 14,5 Mrd.[462]

Über alle Schwankungen hinweg blieben die Bundesausgaben im Bereich Soziale Sicherung der mit Abstand größte Etatposten. Dieser schlug 1970 noch mit 26,7 Mrd., 1982 aber bereits mit 86,6 Mrd. zu Buche, ein Zuwachs um 224 %. Damit stieg der Anteil an den Ausgaben des Bundes von 30,6 % (1970) zunächst auf den Höchststand von 36,2 % (1975), fiel dann jedoch nach einem zweiten Gipfel 1981 (36,1 %) auf 35,3 % (1982) zurück.[463] Der erhebliche Anstieg der Ausgaben für die soziale Sicherung war vor allem dem Ausbau des Sozialstaats geschuldet, der in den siebziger Jahren den Kreis der Begünstigten erweiterte, die Leistungen erhöhte und diese teilweise auch dynamisierte.[464] Den zweitgrößten Posten bei den Ausgaben des Bundes bildete der Bereich Verteidigung, der zwar von 19,8 Mrd. (1970) auf 46,0 Mrd. (1982) stieg, dessen Anteil an den Gesamtausgaben aber von 22,7 % auf 18,8 % zurückging. Im Unterschied zu den Ländern machten die Personalausgaben beim Bund einen geringeren Teil der Ausgaben aus. Zwar wuchsen sie von 14,5 Mrd. (1970) auf 34,4 Mrd. (1982), ihr Anteil an den gesamten Ausgaben fiel jedoch trotz zwischenzeitlicher Höchststände von knapp 18 % (1974) aufs Ganze gesehen von 16,5 % (1970) auf 14,1 % (1982). Die größte Dynamik entwickelten aber die Ausgaben für den Zinsendienst. Sie nahmen von 2,5 Mrd. (1970) auf 22,1 Mrd. (1982) zu, verneunfachten sich also, und steigerten so ihren Anteil an den Gesamtausgaben des Bundes von 2,8 % auf 9,0 %.[465]

460 *Dass.*, Finanzbericht 1977, S. 234 (1971–1973); Finanzbericht 1980, S. 284 (1974–1976); Finanzbericht 1983, S. 264 (1977–1979); Finanzbericht 1986, S. 218 (1980–1982); Finanzbericht 1989, S. 255 (1983–1985); Finanzbericht 1991, S. 282 (1986); Finanzbericht 1993, S. 285 (1987–1989).

461 Vgl. dazu Vermerk Referat I A 4 BMF (Diehl) vom 9.9.1976, BArch B 126/83456.

462 *Sachverständigenrat*, Jahresgutachten 1993/94, Tab. 42* (eigene Berechnungen).

463 *Bundesministerium der Finanzen*, Entwicklung, Tab. 2a und 3a.

464 Dazu im einzelnen *Bundesministerium für Arbeit und Sozialordnung u. Bundesarchiv*, Bde. 5–7.

465 *Bundesministerium der Finanzen*, Entwicklung, Tab. 2a und 3a.

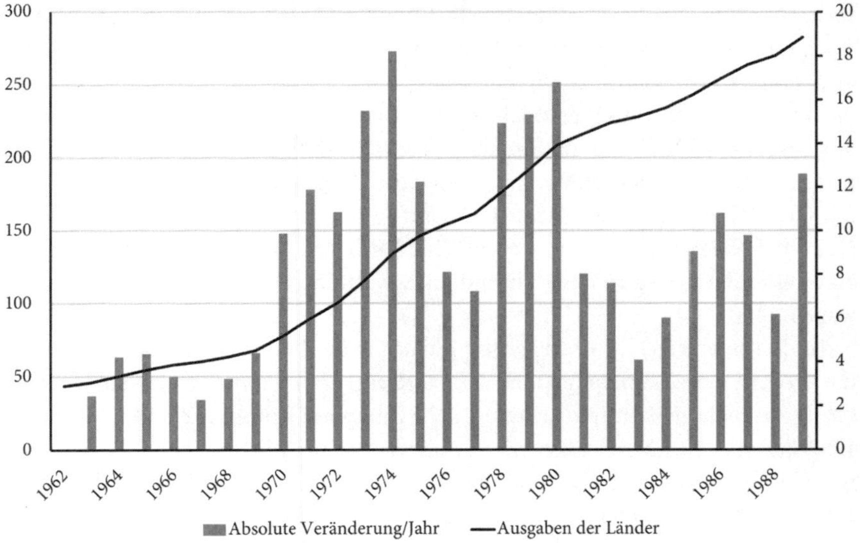

Abb. 7: Ausgaben der Länder (in Mrd. DM)
Quelle: *Sachverständigenrat,* Jahresgutachten 1993/94, Tab. 42* (eigene Berechnungen).

Kräftiger, aber nicht dramatisch stärker als die Ausgaben des Bundes stiegen die *Ausgaben der Länder (Abb. 7)*, nicht zuletzt dank des wachsenden Anteils an der Umsatzsteuer und höherer, an deren Aufkommen gebundener Bundesergänzungszuweisungen. Sie legten von 77,7 Mrd. (1970) auf 224,2 Mrd. (1982) zu, ein Plus von 146,6 Mrd. und damit annähernd eine Verdreifachung. Auch die Länderhaushalte waren in der ersten Hälfte der siebziger Jahre mit einem jährlichen Zuwachs von 13,7 Mrd. besonders expansiv. Danach gingen die Steigerungen zuerst deutlich zurück, und an der Wende zu den achtziger Jahren entsprachen die Zuwächse wieder denen von vor 1970.[466] Stärker als beim Bund schlug sich mithin die Rezession von 1974/75 in den Länderhaushalten nieder.

Ausgabenschwerpunkt blieb der Bereich Bildungswesen, Wissenschaft, Forschung und kulturelle Angelegenheiten. Die Aufwendungen dafür wuchsen von 19,5 Mrd. (1970) auf 63,4 Mrd. (1982), nahmen also insgesamt um 43,9 Mrd. auf gut das Dreifache zu. Damit stieg ihr Anteil an den Gesamtausgaben von 30,0 % auf 33,7 %. Hier schlug vor allem der Ausbau des Bildungs- und Wissenschaftssystems in den siebziger Jahren zu Buche. Einen weiteren Ausgabenschwerpunkt bildeten die Allgemeinen Dienste, die bei einem um 16 % schwankenden Anteil von 10,4 Mrd. (1970) auf 30,3 Mrd. (1982) zulegten, sich also ebenfalls

466 *Sachverständigenrat,* Jahresgutachten 1993/94, Tab. 42* (eigene Berechnungen); *Bundesministerium der Finanzen,* Entwicklung, S. 5 ff.

verdreifachten. Aus dieser Etatrubrik finanzierten die Länder ihre Ausgaben für die öffentliche Sicherheit und Ordnung sowie den Rechtsschutz, vor allem also Polizei und Justiz. Nicht nur diese, auch die anderen Aufgabenschwerpunkte waren überaus personalintensiv. Bereits 1970 machten die Personalausgaben 40,4 % der Gesamtausgaben aus; 1982 waren es dann 41,2 %.[467] Auch in den Haushalten der Länder entfalteten die Zinsausgaben aber die größte Dynamik. Sie stiegen von 1,7 Mrd. (1970) auf 13,8 Mrd. (1982), also um insgesamt 12,2 Mrd. oder im Schnitt um gut eine Mrd. pro Jahr. 1982 flossen bereits 6,4 % aller Ausgaben in den Zinsendienst, während es 1970 erst 2,2 % gewesen waren.[468]

In den siebziger Jahren steigerten nicht nur die Länder ihre Ausgaben, auch die *Ausgaben der Gemeinden und Gemeindeverbände (Abb. 8)* wuchsen in einem bis dahin nicht gekannten Ausmaß. 1970 gaben die Kommunen 56,5 Mrd. aus, 1982 bereits 153,1 Mrd., auch hier annährend eine Verdreifachung.[469] Den finanziellen Spielraum dafür hatte nicht zuletzt die Gemeindefinanzreform von 1969 geschaffen, welche die Finanzlage der Kommunen in den siebziger Jahren nachhaltig verbesserte. Auch deren Ausgaben expandierten zwischen 1970 und 1975 mit Zuwächsen von 8,9 Mrd. im Schnitt pro Jahr besonders stark. Dieser Ausweitung der kommunalen Ausgaben mit Gipfeln in den Jahren 1971 und 1974 folgte nach der Rezession 1974/75, die auch für die Gemeinden einen tiefen Einschnitt bedeutete, in der zweiten Hälfte der siebziger Jahre zunächst eine Phase der Normalisierung und Konsolidierung mit niedrigeren Wachstumsraten, bevor die Ausgaben am Ende der Siebziger wieder massiv anstiegen.[470]

Vom Wachstumsschub der frühen siebziger Jahre profitierten weniger die Sachinvestitionen, die zwar von 20,2 Mrd. (1970) auf 30,4 Mrd. (1974) stiegen, deren Anteil an den Gesamtausgaben aber von 35,6 % auf 31,7 % sank. Vielmehr nahmen die Anteile der Aufwendungen für Gesundheit und Sport, Soziale Sicherung sowie Wohnungs- und Bildungswesen zu, die in etwa zu gleich großen Anteilen die stärksten Ausgabenposten in den Gemeindebudgets bildeten. Seit Mitte der siebziger Jahre sanken bei weiterhin überproportional steigenden Sozialleistungen die Investitionen weiter, obwohl die Gemeinden im Rahmen der Mischfinanzierung an den Konjunkturprogrammen des Bundes partizipierten. In der Wirtschaftskrise der frühen achtziger Jahre spitzte sich die Finanzlage der Kommunen erneut zu, da besonders die Ausgaben für soziale Leistungen

467 So rechnete etwa NRW allein von 1970 bis 1973 mit einem Anstieg der Personalausgaben von 36,7 % auf 41,4 % der Gesamtausgaben. Kabinettsvorlage Wertz vom 17.9.1969 betr. Entwurf der Finanzplanung des Landes Nordrhein-Westfalen für die Jahre 1969 bis 1973, LA NRW NW 277 Nr. 201.

468 *Bundesministerium der Finanzen*, Entwicklung, Tab. 2b und 3b.

469 Ebd., Tab. 2c.

470 *Petzina*; Die Entwicklung der Gemeindefinanzen seit Mitte der siebziger Jahre, in: *Deutsche Bundesbank*, Monatsbericht Januar 1980, S. 18–26.

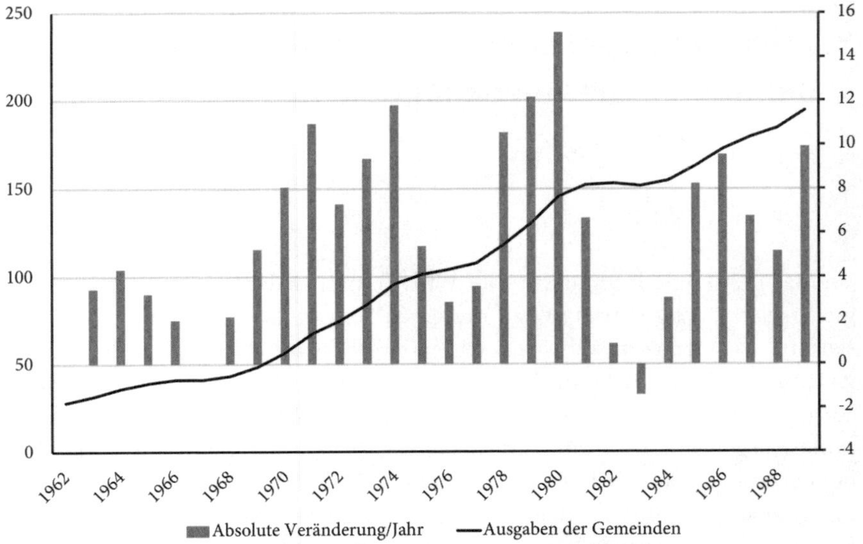

Abb. 8: Ausgaben der Gemeinden und Gemeindeverbände (in Mrd. DM)
Quelle: *Sachverständigenrat*, Jahresgutachten 1993/94, Tab. 42* (eigene Berechnungen).

stiegen. Die Erhöhung des Anteils an der Einkommensteuer auf 15 % vermochte das Wegbrechen anderer Steuern nicht zu kompensieren. Da die Gemeinden ungleich weniger als Bund und Länder auf Kredite zurückgreifen konnten, wuchsen die Zinsausgaben bei ihnen nur von 4,2 % (1970) auf 5,7 % (1982). Doch gingen wegen der angespannten Finanzlage die kommunalen Sachinvestitionen bis 1982 auf 22,6 % zurück.[471] Das machte sich nicht zuletzt konjunkturell bemerkbar, waren doch die Gemeinden mit einem Anteil von rund zwei Dritteln Hauptinvestoren der öffentlichen Hand.[472]

Überblickt man die langfristige Entwicklung der öffentlichen Ausgaben von den späten fünfziger bis zu den frühen achtziger Jahren, tritt die Zeit zwischen 1970 und 1975 als eine markante Phase fiskalischer Expansion klar hervor. In diesen Jahren erreichte die Expansionskoalition den Gipfel ihres Einflusses, bevor sie in den Krisen der späteren siebziger Jahre zu erodieren begann und schrittweise von der Konsolidierungskoalition zurückgedrängt wurde.

471 *Bundesministerium der Finanzen*, Entwicklung, Tab. 2c und 3c.
472 *H. Zimmermann* und *Elsner*.

3. Krise der Expansionspolitik und Aufstieg der Konsolidierungskoalition

Im Mai 1974 folgte Helmut Schmidt Willy Brandt als Bundeskanzler. Seine Regierungserklärung markierte auf der einen Seite einen finanzpolitischen Einschnitt.[1] In einer »Zeit weltweit wachsender Probleme« wolle sich die neue Regierung, so der Kernsatz, in »Realismus und Nüchternheit auf das Wesentliche, auf das, was jetzt notwendig ist«, beschränken. Schmidt kündigte eine »sparsame Ausgabenpolitik« an, da sich die staatlichen Haushalte die »bisherigen hohen Zuwachsraten bei den öffentlichen Ausgaben nicht mehr leisten« könnten. Indem er die »finanzwirtschaftlichen Grenzen« betonte, reagierte der neue Kanzler auf die Vorbehalte, die der Expansionspolitik zunehmend entgegengebracht wurden.[2] Schon Willy Brandt hatte in seiner zweiten Regierungserklärung vom Januar 1973 manche überschießende Reformeuphorie gedämpft und mit dem Begriff »Lebensqualität« den Akzent in Richtung auf Wachstumsskepsis und Nachhaltigkeit verschoben.[3] Auf der anderen Seite gab es Kontinuitäten, die einen finanzpolitischen Kurswechsel erschwerten. Ein großer Teil der Probleme, welche die öffentlichen Haushalte in der folgenden Zeit zu bewältigen hatten, wurzelte nämlich in der Finanzpolitik der vergangenen Jahre.

Der Expansion der öffentlichen Ausgaben und damit der Erweiterung des Staatskorridors hatte die optimistische Erwartung zugrunde gelegen, dass zum einen die bundesdeutsche Wirtschaft auch in Zukunft mit hohen Raten wachsen würde, es dem Staat zum anderen gelingen könnte, seinen Anteil am Sozialprodukt ohne größere Friktionen zu erhöhen, und sich schließlich das wirtschaftliche Wachstum wie die Ausdehnung der Staatstätigkeit genau planen und verlässlich steuern ließen.[4] Diese Planungs- und Steuerungsvisionen erwiesen sich schon auf mittlere, vor allem aber auf längere Sicht als illusorisch. Bis 1973 hatte eine durchweg günstige Konjunktur den Anstieg der öffentlichen Ausgaben

1 *Schmitt*.

2 VDB, 7. WP, 100. Sitzung vom 17.5.1974, S. 6593–6605 (Zitate: 6593, 6601 f.). Vgl. dazu M. Jungblut, Hoffnung in engen Grenzen, in: Die Zeit Nr. 22 vom 24.5.1974; G. Gillessen, Der Kanzler steckt die Grenzen ab, in: Frankfurter Allgemeine Nr. 187 vom 18.5.1974; W. Hertz-Eichenrode, Ein Labour-Kanzler für Bonn, in: Die Welt Nr. 115 vom 18.5.1974; H. Schmidt, Was wir nicht tun dürfen, damit wir Inflation, Inflationserwartung und »Angstlücke« nicht vergrößern, in: Die Zeit Nr. 21 vom 17.5.1974.

3 VDB, 7. WP, 7. Sitzung vom 18.1.1973, S. 121–134.

4 Die Erfolgsbedingungen einer antizyklischen Fiskalpolitik diskutiert *Leibinger*.

und die Erweiterung der staatlichen Aktivitäten getragen. Dabei wuchsen die öffentlichen Haushalte, zumal der Etat des Bundes, jedoch stärker, als es konjunkturpolitisch sinnvoll und finanzpolitisch akzeptabel gewesen wäre. Denn jährliche Zuwächse von 11 bis 12 % hätten nur »bei einer gleichzeitigen, entsprechenden, dauerhaften konjunkturunabhängigen Anhebung der Steuerlastquote eine sinnvolle Politik« ergeben.[5] Eine konsequente Steuerfinanzierung ließ sich politisch jedoch weder in der SPD noch mit dem Koalitionspartner FDP durchsetzen.[6] Da aber »vereinfacht ausgedrückt, auf der Ausgabenseite des Bundeshaushalts die Vorstellung der SPD und auf der Einnahmenseite die Vorstellung der FDP« dominierte,[7] war der Kompromiss darauf hinausgelaufen, die auf Dauer geplante Ausweitung der Staatstätigkeit durch eine permanente Neuverschuldung zu finanzieren. So ließen sich die politischen Divergenzen in der Koalition neutralisieren, freilich um den Preis eines schrumpfenden finanziellen Spielraums in der Zukunft. Da Konjunktur, Inflation und »kalte« Progression das Steueraufkommen nach oben trieben, hielten sich die Finanzierungssalden vorerst in Grenzen, und die steigende Nettoneuverschuldung des Bundes bewegte sich in einem noch vertretbaren Rahmen. In den Jahren 1969 bis 1973 verschuldete sich der Bund mit insgesamt 9,2 Mrd., legte zugleich aber auch Konjunkturrücklagen in Milliardenhöhe an. Die vergleichsweise geringe Schuldenaufnahme hätte aber nicht darüber hinwegtäuschen dürfen, dass in diesen Jahren ein strukturelles Defizit entstand, denn die Gebietskörperschaften, voran der Bund, nahmen selbst in Phasen konjunktureller Überhitzung Kredite auf und betrieben in Zeiten rückläufiger Wirtschaftstätigkeit eine expansive Konjunkturpolitik mit nicht reversiblen Wirkungen und folglich dauerhaften, oft sogar sich dynamisch entwickelnden Kosten. Für den Fall, dass die bundesdeutsche Wirtschaft in eine Krise geraten sollte, lag in dieser Weichenstellung eine schwere Hypothek.[8]

Seit 1974 änderten sich die Rahmenbedingungen für die Finanz- und Schuldenpolitik einschneidend. Das wirkte sich, zum Teil zeitverzögert, auf den Gestaltungsspielraum der Politik aus, der ohnehin stark von der konjunkturellen Entwicklung abhing: Dieser schnurrte, kurz gesagt, weiter zusammen.[9] Denn jetzt häuften sich die politischen, finanziellen und wirtschaftlichen Schwierigkeiten. Verantwortlich dafür waren mehrere Probleme, die gleichzeitig auftraten und sich so wechselseitig verstärkten. Die Ölkrise führte in Verbindung mit dem Zusammenbruch des Währungssystems von Bretton Woods 1973 in die Rezession von 1974/75, löste weltwirtschaftliche Turbulenzen aus und bewirkte

5 *Sarrazin*, Finanzpolitik, S. 374.
6 *Scharpf*, Krisenpolitik, S. 170 ff.
7 *Sarrazin*, Finanzpolitik des Bundes, S. 197. Vgl. auch die Argumentation von *Kloten*, Performance, bes. S. 381 ff.
8 *A. Ehrlicher*, S. 84 ff.
9 Interview Overhaus.

in den folgenden Jahren schwache Wachstumsraten.[10] Durch die Steuerreform von 1975 gerieten die öffentlichen Haushalte in arge Nöte. Ihr Dilemma, einerseits die Konjunktur anregen und andererseits die Etats konsolidieren zu müssen, spitzte sich zu. Die anschwellenden Schulden lösten eine heftige Debatte über die Grenzen der Verschuldung aus. In deren Verlauf fand sich eine neue Koalition politischer Kräfte zusammen, die nicht auf eine weitere Expansion der Aufgaben und Ausgaben des Staates setzte, sondern eine Konsolidierung der öffentlichen Haushalte und eine Reduzierung der Nettokreditaufnahme, kurz: weniger Staat, forderte. Die Erosion der Expansionskoalition und die Formierung der Konsolidierungskoalition überlappten sich zeitlich. So löste eine »Advocacy coalition« die andere nicht einfach ab. Es gab vielmehr Überschneidungen und Übergänge. Das gilt nicht zuletzt für wichtige Akteure, von denen angesichts der sich wandelnden Rahmenbedingungen an der Wende des Booms manche schnell, andere zögerlich von der einen zu der anderen Koalition konvertierten.

a) Ölkrise und Inflation, Rezession und antizyklische Konjunkturpolitik

Die erste Ölkrise veränderte die wirtschaftlichen Rahmenbedingungen der bundesdeutschen Finanzpolitik rasch und nachhaltig.[11] Seit den sechziger Jahren vergrößerten die Ölförderländer, indem sie die Beteiligungsverhältnisse zu ihren Gunsten änderten, Verstaatlichungen durchführten oder Konzessionen einschränkten, ihren Einfluss auf Kosten der westlichen Ölgesellschaften. Zugleich wuchs die Abhängigkeit der Industriestaaten vom Öl, und die weltweite Konjunktur der ausgehenden sechziger und frühen siebziger Jahre kurbelte die globale Nachfrage nach diesem Energieträger weiter an. Hinzu kamen im Herbst 1973 die Folgen des vierten Nahostkriegs. Nicht nur sank die Ölförderung kriegsbedingt, einige Förderländer am Persisch-Arabischen Golf entdeckten das Öl auch als politische Waffe. Da das Rohölangebot auf dem Höhepunkt der Krise weltweit um etwa 10 % schrumpfte, konnten die in der Organisation erdölexportierender Staaten (OPEC) zusammengeschlossenen Förderländer den Ölpreis schrittweise von 3,10 auf 11,70 Dollar anheben. Mit dieser Vervierfachung binnen zweier Monate endete jäh die Zeit billiger Energie. Die massive Verteuerung des Öls setzte die Zahlungsbilanzen aller Industriestaaten unter Druck und löste einen kräftigen Inflationsschub aus. Auch in

10 In globaler Perspektive *Ferguson*; die europäische Dimension betont *Eichengreen*, Economy, S. 225 ff.; zum bundesdeutschen Kontext *Abelshauser*, Wirtschaftsgeschichte, S. 408 ff.; *Giersch*, S. 176 ff.; *Herbert*, S. 887 ff.

11 Dazu im einzelnen *Hohensee* und *Graf*. Vgl. außerdem *Bösch* u. *Graf* sowie *Geyer*, Rahmenbedingungen, S. 49 ff. Als frühe Analyse außerdem *Apel*, Probleme.

der Bundesrepublik verschärfte die Ölkrise das »Dilemma der monetären und fiskalischen Restriktionspolitik«, denn sie heizte nicht nur die Inflation auf 7 % im Jahr 1974 weiter an, sondern schickte sowohl die Investitionen als auch den Konsum auf Talfahrt und ließ obendrein die Arbeitslosenzahlen ansteigen.[12] So kam der Boom an der Jahreswende 1973/74 zum Stillstand. Nachdem das Sozialprodukt im ersten Halbjahr 1973 noch real um 5,8 % zugenommen hatte, fiel es in der zweiten Jahreshälfte auf 3,7 %. Durch die Nachfrage des Auslands und des Staates gestützt, wuchs die Rate in den ersten Monaten des Jahres 1974 zwar noch langsam um 1,2 %, schrumpfte jedoch im zweiten Halbjahr, als der Export zu schwächeln begann, um 0,7 % und mündete in die Rezession des Jahres 1975.[13]

Die einbrechende Konjunktur wirkte sich massiv auf die öffentlichen Finanzen aus. Ausgeflaggt war der Bundeshaushalt 1974, den das Kabinett Anfang September 1973 verabschiedete und den Finanzminister Schmidt Ende Oktober in den Bundestag einbrachte, als ein Beitrag zu »finanzwirtschaftlicher Solidität«.[14] Ob er diesem Ziel tatsächlich dienen konnte, stand jedoch von Anfang an in Frage.[15] Zwar orientierte sich der Zuwachs von 10,5 % auf 134,5 Mrd. am nominalen Wachstum des Sozialprodukts, doch sah die mittelfristige Finanzplanung nur eine Steigerung von 8,5 % vor. Die weiterhin reichlich fließenden Steuereinnahmen erleichterten es dem Finanzminister außerdem, erstmals die bisherigen Nebenhaushalte, zumal der Öffa, sowie die Krankenhausfinanzierung korrekt zu budgetieren und den Etat mit einer Nettokreditaufnahme von 2,3 Mrd. auszugleichen.[16] Allerdings bot ihm die relativ günstige Finanzlage wenig Handhabe, um die Forderungen der Ressorts abzuwehren, die zudem darauf verwiesen, dass der Boom seinen Höhepunkt erreicht habe, sich die Konjunktur im Jahr 1974 abschwächen werde und deshalb höhere Ausgaben vertretbar seien.[17] So wuchsen vor allem die Einzelpläne der Ministerien für

12 *W. Ehrlicher* u. *Hagemann*, Finanzen 1973, S. 125; *dies.*, Finanzen 1974, S. 322 ff.; *A. Ehrlicher*, S. 80 ff. Arbeitslose: »So knüppeldick war's noch nie«, in: Der Spiegel Nr. 51 vom 17.12.1973; Konjunktur: »Das Schlimmste verhüten«, in: ebd. Nr. 52 vom 24.12.1973.

13 *Sachverständigenrat*, Jahresgutachten 1974/75, Tab. 24. Vgl. auch *K. Schroeder*, S. 122 ff.

14 *Kilian*; 30. Kabinettssitzung am 5.9.1973, in: Kabinettsprotokolle; Vermerk Gruppe IV/5 BKA (Quantz) für die Kabinettsitzung am 5.9.1973, BArch B 136/9233; Haushaltsrede Helmut Schmidt, in: VDB, 7. WP, 59. Sitzung vom 23.10.1973, S. 3429 ff. (Zitate: S. 3429, 3431, 3438).

15 E. Thiel, Etat der Kontinuität, in: Wirtschaftsdienst IX/1973, S. 446.

16 Schmidt an Buka o. D. (27.8.1973), in: *Woyke*, Brandt, Nr. 349: 27.8.1973. Öffentliche Haushalte 1973: Konsumtive Ausgaben steigen erneut überdurchschnittlich, in: DIW-Wochenbericht 21/73, S. 185 f.; Entwicklung der Bundesfinanzen im Haushaltsjahr 1973, in: Bulletin Nr. 40 vom 27.3.1974; Die Wirtschaft mit den Nebenhaushalten soll aufhören, in: Fuchs-Briefe vom 7.2.1973.

17 Schmidt an Buka am o. D. (27.8.1973), in: *Woyke*, Brandt, Nr. 349: 27.8.1973. Haushalt – Wird schwierig, in: Der Spiegel Nr. 34 vom 20.8.1973.

Arbeit und Landwirtschaft sowie für Wirtschaft und Wissenschaft überdurchschnittlich. Schmidt rechtfertigte dies mit dem schon mehrfach vorgebrachten Argument, dass die Grenze erreicht sei, »von der ab eine weitere Einschränkung des Wachstums der öffentlichen Leistungen des Bundes nicht mehr hingenommen werden« könne. Vielmehr müsse die Haushaltspolitik über die »nur ablaufbeeinflussende Fiskalpolitik« hinaus einen eigenen Beitrag »zur umfassenden Politik der Reformen unserer Strukturen« leisten.[18] Nicht nur die FRANKFURTER RUNDSCHAU bemängelte, dass der Minister »innerhalb des Haushaltsrahmens zu wenig bewegt« habe, es sich bei diesem Budget vielmehr nur um eine »Fortschreibung vergangener Etats« handele und wiederum keine »Gewichtsverlagerung von ungehemmter privater Konsumsteigerung zugunsten des öffentlichen Nachholbedarfs« erfolgt sei.[19] Obendrein enthielt auch dieser Haushalt etliche Verschleierungen und Risiken.[20] Einmal mehr wurden Bundeszuschüsse an die Rentenversicherungen in Höhe von 650 Mio. gestundet, und eine globale Minderausgabe von 1,8 Mrd. vernebelte, dass sich präzise Ausgabenkürzungen bei den Ressorts nicht hatten durchsetzen lassen. Dafür wurden 20 % der Gemeinschaftsaufgaben gestreckt. Unberücksichtigt blieb die zwischen Bund und Ländern nach wie vor strittige Neuverteilung der Umsatzsteuer; und für die anstehenden Besoldungserhöhungen im öffentlichen Dienst sowie die Zuschüsse des Bundes an die defizitäre Bahn und Post war ebenfalls nicht ausreichend vorgesorgt.[21]

Der Haushalt 1974 löste einen regelrechten »Verteilungskampf« zwischen Bund, Ländern und Gemeinden aus.[22] Im Juni 1973 gelang es dem Finanzplanungsrat nicht, die anderen Gebietskörperschaften auf einen finanzpolitischen Gleichschritt mit dem Bund festzulegen, wollten doch die Länder ihre Budgets um 12,5 % und die Gemeinden ihre Etats sogar um 14,0 % wachsen lassen.[23] Deshalb versuchte der Finanzminister, zumindest deren Nettokreditaufnahme durch einen sogenannten »Schuldendeckel« zu limitieren. Damit wollte er sich zugleich eine günstigere Ausgangsposition für die anstehenden Verhandlungen über die Neuverteilung der Umsatzsteuer sichern. Die Obergrenze der Neuverschuldung, die am Ende bei 14,4 Mrd. festgelegt wurde, blieb freilich umstritten.

18 Haushaltsrede Helmut Schmidt, in: VDB, 7. WP, 59. Sitzung vom 23.10.1973, S. 3429 ff. (Zitat: S. 3438).

19 R.-D. Schwartz, Etat des Abwartens, in: FRANKFURTER RUNDSCHAU Nr. 248 vom 24.10.1973.

20 Schmidt an Buka am 28.6.1973, in: *Woyke*, Brandt, Nr. 344: 28.6.1973.

21 Vgl. Über 27 Milliarden Mark für Sozialausgaben im Etat 1974, in: FRANKFURTER ALLGEMEINE Nr. 208 vom 7.9.1973.; K. Steves, Etat im Sog der Inflation, in: DIE WELT Nr. 209 vom 7.9.1973; ders., Finanzminister treibt Preise, in: ebd. Nr. 212 vom 11.9.1973.

22 Referat Helmut Schmidt auf der Sitzung des Parteirates am 23.6.1973, PHS HS Eigene Arbeiten 1973/Juni-Juli.

23 Ergebnisniederschrift der 22. Sitzung des Finanzplanungsrates am 27.6.1973, BArch B 136/9179.

Da sie einen zu großen Spielraum ließ, weitete sie nach Ansicht der Bundesbank »die Zuwachsrate des öffentlichen Gesamthaushalts auf eine stabilitätspolitisch nicht mehr zu verantwortende Höhe aus«.[24] Der seit langem schwelende Streit um die Neuverteilung der Umsatzsteuer verhärtete die Fronten zwischen Bund und Ländern, und die Debatte über eine bessere Koordinierung der Finanzpolitik heizte ihn politisch weiter an. Ausgelöst worden war sie vom Sachverständigenrat, der in seinem Sondergutachten vom Mai 1973 die Finanzplanung scharf kritisiert und »insbesondere deren Koordinationsformen« als »Skandal« bezeichnet hatte.[25] Die Fünf Weisen lieferten Finanzminister Schmidt damit die Steilvorlage für seinen Versuch, die Länder stärker als bisher in die konjunkturpolitische Gesamtverantwortung zu nehmen.[26] Diesen Vorstoß konterten die Länderfinanzminister, indem sie auf die Finanzautonomie der Länder verwiesen, die laut Art. 109 Abs. 1 GG »unantastbar« sei, und warfen Schmidt vor, auf eine »coopération dirigée« hinzuarbeiten. Außerdem verbaten sich die Minister, ihr Verhalten als konjunkturwidrig zu kritisieren. Ursache für die stärkeren Zuwachsraten ihrer Budgets seien, wie sie einmal mehr argumentierten, hohe Personalkosten sowie die Ausführung kostenintensiver Bundesgesetze, was den Anspruch auf einen höheren Prozentsatz an der Umsatzsteuer rechtfertige.[27] Waren die Länder mit der Forderung, ihren Anteil um 10 % aufzustocken, in den föderalen Machtkampf eingestiegen, stand am Ende ein Kompromiss, der ihnen statt der bisherigen 35 % für das Jahr 1974 zunächst 37 % und dann für die Jahre 1975 und 1976 jeweils 38 % des Umsatzsteueraufkommens zuzüglich 1,5 % in Form von Ergänzungszuweisungen zusprach.[28]

Nicht zuletzt als Folge des Bund-Länder-Kompromisses bei der Verteilung der Umsatzsteuer, aber auch des Tarifabschlusses im öffentlichen Dienst wichen der Haushaltsentwurf und der schließlich vom Parlament verabschiedete Etat des Bundes für 1974 weiter als üblich, ja, nach Meinung des Instituts »Finanzen und Steuern« so erheblich voneinander ab, dass eigentlich ein Ergänzungshaushalt notwendig gewesen wäre.[29] Insgesamt beliefen sich die Änderungen bei Einnahmen und Ausgaben auf 21 Mrd., die im Saldo Mehraufwendungen

24 Ergebnisniederschrift der 23. Sitzung des Finanzplanungsrates am 5.11.1973, ebd.; Vermerk Gruppe IV/2 BKA (Kurth) für die Kabinettsitzung am 28.11.1973 vom 27.11.1973, BArch B 136/7468; 41. Kabinettssitzung am 28.11.1973, in: Kabinettsprotokolle. Vgl. auch Der Schuldendeckel ist nur ein »Scheinmanöver«, in: Handelsblatt Nr. 215 vom 7.11.1973.

25 *Sachverständigenrat*, Sondergutachten 1973, Ziff. 14.

26 H. Schmidt, Theorie und Thesen der Finanzpolitik, in: Handelsblatt Nr. 169 vom 3.9.1973; Bund will Regie über die gesamte Finanzpolitik, in: ebd.

27 H. Wertz u. a., Für die Bundesländer ist die Finanzautonomie unantastbar, in: ebd Nr. 182 vom 20.9.1973. Vgl. auch die scharfe Auseinandersetzung in der 23. Sitzung des Finanzplanungsrat am 5.11.1973, BArch B 136/9179.

28 *Bundesministerium der Finanzen*, Finanzbericht 1975, S. 122 ff.

29 *Institut »Finanzen und Steuern«*, Haushaltslage, S. 15 ff.

von 2 Mrd. ergaben. So stieg das Haushaltsvolumen von 134,4 auf 136,4 Mrd., ein Plus von 12,0 % gegenüber 1973. Vor allem aber hatte sich das Defizit von 2,5 auf 8,4 Mrd. verdreifacht, womit die Verschuldung des Bundes auf 7,6 Mrd. anstieg. Kredite von Bundesbahn und Bundespost in Höhe von 7,1 Mrd. kamen hinzu.[30]

Auf den Vollzug des Haushalts wirkten schließlich noch die inzwischen veränderten wirtschaftlichen Rahmenbedingungen ein.[31] Zwar erwiesen sich die bei der Planung nicht konjunkturgerechten Zuwachsraten der Budgets, die sich am Ende auf 9,4 % beim Bund, auf 15,5 % bei den Ländern und auf 13,7 % bei den Gemeinden, bei den Gebietskörperschaften zusammen auf 13,8 % stellten, unter den neuen Bedingungen mit einem konjunkturellen Impuls von 9,8 Mrd. schließlich durchaus als konjunkturgerecht. Doch blieb das Steueraufkommen um 13 Mrd. hinter den ursprünglichen Schätzungen zurück.[32] Beim Bund stiegen die Steuereinnahmen nur um 3,2 %, während die Länder von der Neuverteilung der Umsatzsteuer profitierten und einen Zuwachs von 9 %, die Gemeinden sogar von 10,5 % verzeichneten. Doch das reichte nicht aus, so dass der Fehlbetrag in den Budgets auf 28 Mrd. zunahm; das waren 19,5 Mrd. mehr als im Vorjahr. Davon wurden beim Bund 9,5 Mrd., bei den Ländern 7,7 Mrd. und bei den Gemeinden 5,8 Mrd., insgesamt 23,0 Mrd. durch Nettokreditaufnahme finanziert. Die Verschuldung gegenüber dem Vorjahr hatte sich damit beim Bund verdoppelt, bei den Ländern verdreifacht und bei den Gemeinden nur darum verringert, weil diese Rücklagen auflösen konnten. Problematisch waren an dem hohen Finanzierungssaldo und der entsprechend kräftigen Neuverschuldung weniger die konjunkturellen Wirkungen als vielmehr die Friktionen, die der starke Anstieg des Kreditbedarfs der öffentlichen Hände auf dem Kapitalmarkt verursachte.[33] Aber auch die Natur der Ausgaben, für die neue Schulden gemacht wurden, erregte Besorgnis.[34] Denn nur ein kleiner Teil der zusätzlichen Aufwendungen ging auf konjunkturpolitisch motivierte, der weit größere Teil dagegen auf permanente Mehrausgaben zurück, wurde also »überwiegend in den falschen Bereichen getätigt«. Das strukturelle Defizit von rund 9 Mrd. rührte vor allem her von den mehr als 15 % höheren Personalkosten als

30 Ebd., S. 52.

31 Zum Folgenden Ergebnisniederschrift der 24. bzw. 25. Sitzung des Finanzplanungsrates am 25.3. bzw. 12.7.1974, BArch B 136/9179 bzw. 9180; *Sachverständigenrat*, Jahresgutachten 1974/75 bzw. Jahresgutachten 1975/76, Ziff. 198 ff. bzw. Ziff. 206 ff.; *Bundesministerium der Finanzen*, Finanzbericht 1976, S. 24 ff.; *W. Ehrlicher* u. *Hagemann*, Finanzen 1974, S. 328 ff.; Der Bund startet ins Defizit, in: FUCHS-BRIEFE vom 22.5.1974; Zur Situation, in: ebd. vom 26.6.1974.

32 Die Juni-Zahlen der Steuereinnahmen reißen neue Finanzierungslücken, in: ebd. vom 10.7.1974.

33 Ergebnisniederschrift der 25. Sitzung des Finanzplanungsrates am 24.6.1974, BArch B 136/9180; Zur Situation, in: FUCHS-BRIEFE vom 23.10.1974.

34 Dazu *W. Ehrlicher* u. *Hagemann*, Finanzen 1974, S. 344 ff. (Zitat: S. 346).

Folge der Tarifabschlüsse vom Februar 1974,[35] der Zunahme der Zinszahlungen und den gestiegenen Zuschüssen an die Sozialversicherung.

Der Haushalt des Jahres 1974 und vor allem dessen Vollzug unter dem Druck der sich zuspitzenden Finanz- und Haushaltsprobleme offenbarte das Dilemma, in das die Expansionspolitik geraten war. Im April 1974 versuchte der Finanzminister, sich über die bisherige Politik der sozial-liberalen Koalition Rechenschaft abzulegen und deren Grundlinien den gewandelten Verhältnissen anzupassen. Schmidt ging davon aus, dass die vom »Orientierungsrahmen '85« projektierte »Verbreiterung des Staatskorridors« erfolgt sei, jedoch mit der »gefährlichen Implikation« einer Vernachlässigung der öffentlichen Investitionen. Hätten diese 1969 noch 4,1 % des Bruttosozialprodukts ausgemacht, lägen sie 1973 nur noch bei 3,4 %. Auch der Anteil aller Investitionen am Sozialprodukt sei bedenklich von 28,3 % (1963) auf 25,3 % (1974) gesunken. Schmidt machte dafür die »enorme Verschiebung zwischen Gewinnquote und Lohnquote« seit Beginn der sozial-liberalen Koalition verantwortlich. Gegenläufig zur staatlichen Investitions- sei die staatliche Transferquote von 14,2 % (1964) auf 16,0 % (1974) gestiegen. Vor allem die Personalkosten des öffentlichen Dienstes bereiteten dem Minister Sorgen. Zwar hielt Schmidt an der geplanten Steuerreform fest, gab sich jedoch keiner Illusion über deren gravierende Folgen hin: »Der Haushalt 1975 wird politisch der schwierigste seit Beginn der sozial-liberalen Koalition.« Da Steuererhöhungen bis 1976 ausgeschlossen sein sollten, müsse 1975 ein »Jahr der finanzwirtschaftlichen Disziplinierung« werden. Dem von der Steuerreform bewirkten »Quantensprung« nach unten bei den Einnahmen müsse ein solcher bei den Ausgaben entsprechen.[36] Ähnlich argumentierte Helmut Schmidt, inzwischen als Bundeskanzler, im Juni 1974 vor den Führungsgremien der SPD. Die öffentlichen Hände, sorgte er sich, drohten zu »Selbstbedienungsläden« zu werden. Deshalb müsse man aufpassen: »auf einzelne Gruppen in der Gewerkschaftsbewegung, auf einzelne Gruppen in unserer Partei, innerhalb der Fraktionen und Parlamente, die zugreifen und meinen, das habe gefälligst zu sein, und ihre Forderung komme aus tiefer sozialer Verantwortung«. Jetzt gehe es darum, »den Riemen in den öffentlichen Haushalten so eng zu schnallen wie nur möglich«.[37]

35 D. Piel, Wer soll das bezahlen?, in: Die Zeit Nr. 4 vom 22.2.1974; Auf dem Wege in die Beamten-Republik, in: Der Spiegel Nr. 51 vom 16.12.1974.

36 Papier zur aktuellen ökonomischen Problematik unter dem Gesichtspunkt ihrer außenwirtschaftlichen Bedingtheiten vom 15.4.1974 (Amtlich geheimgehalten, 15. Ausf.), BArch N 1369/451, auch in 1/HSAA010071 und PHS HS Eigene Arbeiten 1974/April-Mai. Auszüge u. d. T. Was wir nicht tun dürfen, damit wir Inflation, Inflationserwartung und »Angstlücke« nicht vergrößern, in: Die Zeit Nr. 21 vom 17.5.1974.

37 Unsere wirtschaftlichen Herausforderungen. Bericht von Bundeskanzler Helmut Schmidt in der gemeinsamen Sitzung des Parteirates, des Parteivorstands und der Kontrollkommission am 29.6.1974 in Bonn, PHS HS Eigene Arbeiten 1974/Juni-September.

Das zuständige Referat im Finanzministerium folgte der restriktiven Grundlinie des Ministers und späteren Bundeskanzlers und beurteilte die Lage bereits auf kurze Sicht als höchst brisant.[38] Es rechnete für das Jahr 1975 mit einer Finanzierungslücke im Bundeshaushalt von 20,7 Mrd. (1,9 % des Bruttosozialprodukts) und einem Defizit des öffentlichen Gesamthaushalts von 40,6 Mrd. (3,7 %). Hinzu kämen die Fehlbeträge bei Bahn und Post mit knapp 6 Mrd., so dass der Kreditbedarf der öffentlichen Hand auf rund 50 Mrd. (4,5 %) steigen werde. Zwar sei eine Verschuldung dieses Ausmaßes bei schwächelnder Wirtschaft konjunktur- und auch haushaltspolitisch verkraftbar. Doch werde der Kapitalmarkt »mit gänzlich ungewohnten Größenordnungen konfrontiert«, zumal sich der Bund »zu einem bedeutenden ›Daueremittenten‹« verwandele, was »erhebliche kapitalmarktpolitische Probleme« zeitigen dürfte. Die Entwürfe des Ministeriums für die mehrjährige Finanzplanung ließen das Dilemma, in das die Expansionspolitik geraten war, noch schärfer hervortreten.[39] Man müsse zwei Ziele erreichen, die sich grundsätzlich widersprächen: Unter gesamtwirtschaftlichen Gesichtspunkten wäre eine »möglichst geringe Zunahme des Staatsanteils« nötig, während finanzpolitisch für eine »verbesserte öffentliche Leistungserstellung« genau das Gegenteil anzustreben sei. Zusätzlich kompliziert werde die Situation durch die Steuerreform, die zum 1. Januar 1975 in Kraft treten und den Finanzierungssaldo um 9 bis 10 Mrd. oder 0,5 bis 1 % des Bruttosozialprodukts verschlechtern dürfte. Da die Sozialversicherung einen um gut zwei Prozentpunkte (15,9 % auf 18,0 %) steigenden Anteil am Bruttosozialprodukt beanspruche, verbleibe den Gebietskörperschaften bestenfalls ein Zuwachs von einem Prozentpunkt (30,5 % auf 31,5 %). Damit zeichne sich gegenüber den Jahren zuvor eine verringerte »reale öffentliche Leistungserstellung« ab. Der einzige Ausweg läge in Steuererhöhungen, was aber angesichts der gerade beschlossenen Steuerreform »politisch kaum diskussionswürdig« sei. Eine drastische Zuspitzung der Finanzsituation der Gebietskörperschaften lasse sich daher absehen. So rechnete eine weitere Projektion mit einem Anstieg des Defizits von 9 Mrd. (1973) über 32 Mrd. (1975) auf 34 Mrd. (1978) und einer Verdoppelung des Schuldenstands von 170 Mrd. auf 330 Mrd. innerhalb der nächsten fünf Jahre.[40] Das schränke die Manövrierfähigkeit der öffentlichen Haushalte ein und gefährde die Preisstabilität. Deshalb empfahl der zuständige Referent, die Ausgabenzuwächse der Gebietskörperschaften unter die Wachstumsrate des nominalen Sozialprodukts zu drücken.

Nicht nur die Finanzlage des Bundes, sondern auch die vieler Länder trübte sich im Jahr 1974 deutlich ein. NRW-Finanzminister Wertz führte in einem

38 Vermerk Referat I A 3 BMF (Ro) vom 2.10.1974, BArch B 126/83456.

39 Vermerk Referat I A 4 BMF (Ziese) vom 9.5.1974, BArch B 126/48210.

40 Vermerk Referat I A 4 BMF (Ziese) vom 23.7.1974, ebd.

Brandbrief Ministerpräsident Kühn und seinen Ministerkollegen vor Augen, dass sich die Finanzen »in einem bisher nicht für möglich gehaltenen Ausmaß verschlechtert« hätten. Nicht nur seien die Ausgaben dramatisch gestiegen, allein in den ersten drei Monaten des Jahres um 29,5 %, auch die Einnahmen wären mit 3,9 % weit geringer gewachsen als geplant. Noch mehr Sorge bereitete dem Finanzminister aber der Haushalt 1975. Er erwartete Mindereinnahmen durch die Steuerreform in Höhe von 1,7 Mrd. Hinzu kämen Mehrausgaben von 3,9 bis 5,0 Mrd., so dass die Nettokreditaufnahme auf 3,5 bis 4,6 Mrd. stiege. Das sei »sowohl aus konjunkturpolitischen als auch aus deckungsmäßigen Gründen nicht vertretbar«. Selbst wenn man die professionelle Strategie finanzministerieller Schwarzmalerei in Rechnung stellt, hatte sich die Finanzlage des Landes deutlich verschlechtert.[41]

Sowohl der Bundesminister und die Referenten seines Ministeriums als auch die Landesfinanzminister sowie nicht zuletzt die wirtschaftswissenschaftlichen Experten und Forschungsinstitute, Interessenverbände und Parteien entwickelten im Frühjahr und Sommer 1974 eine Reihe von Konzepten, wie dem Dilemma der Expansionspolitik beizukommen sei. Dabei ging es freilich nicht allein um finanzpolitische Fragen; diese wurden vielmehr im Rahmen einer Stabilisierungspolitik diskutiert, die den besorgniserregenden Anstieg der Preise durch koordinierte Maßnahmen der Geld- und Kredit-, Einkommens- und Finanzpolitik beenden wollte. Die Grundsatzabteilung des Finanzministeriums gruppierte die ernstzunehmenden Vorschläge zu vier Konzepten.[42] Da gab es erstens den Plan einer »Verschärfung der Nachfragerestriktionspolitik«. Das Rheinisch-Westfälische Institut für Wirtschaftsforschung (RWI) in Essen und das Institut für Weltwirtschaft (IfW) in Kiel wollten die Sozialpartner das Risiko ihres stabilitätswidrigen Verhaltens in Form einer höheren Arbeitslosigkeit selbst tragen lassen, da die Vollbeschäftigungsgarantie der sozial-liberalen Koalition von ihnen nicht honoriert worden sei. Sie traten entsprechend für eine restriktive, den Kurs des knappen Geldes flankierende Finanzpolitik ein. Dem Ministerium erschien diese Linie aus sozialpolitischen Erwägungen fragwürdig, nahm sie doch größere Einbußen bei der Beschäftigung in Kauf. Die zweite Empfehlung lief auf eine »restriktive Konjunkturpolitik bei strukturpolitischer Absicherung von Beschäftigungsrisiken in bestimmten Bereichen« hinaus. Das Deutsche Institut für Wirtschaftsforschung (DIW) in Berlin, das Hamburgische Weltwirtschafts-Institut (HWWA) und das Ifo-Institut (München) plädierten im Mehrheitsvotum der Gemeinschaftsdiagnose der Wirtschaftsforschungs-

41 Wertz an Ministerpräsident und Minister am 5.6.1974 betr. Haushaltsentwurf 1975, LA NRW NW 270 Nr. 135. Zum weiteren Verfahren vgl. 1217. Kabinettsitzung am 9. Juli 1974, in: Kabinettsprotokolle NRW.

42 Referat I A 2 BMWi (Tietmeyer?), Konzepte zur Stabilisierungspolitik vom 21.6.1974 mit Anlage 1: Konzepte zur Stabilisierungspolitik vom 20.6.1974, BArch B 126/48157. Vgl. dazu *Geyer*, Denk- und Handlungsfelder, S. 121 ff.

institute vom Frühjahr 1974 dafür, die Stabilisierungsrisiken einer restriktiven Geld- und Finanzpolitik zumindest teilweise beschäftigungspolitisch abzufedern und die entstehenden Haushaltsdefizite durch Anleihen auf dem Kapitalmarkt zu finanzieren. Bei dieser Empfehlung fürchtete das Ministerium, dass die Sozialpartner sich auf eine solche Absicherung verlassen und weiterhin einen stabilitätswidrigen Kurs steuern würden. Das dritte, monetaristische Konzept setzte auf eine »potentialorientierte Geldpolitik«, die den Zuwachs der Geldmenge auf das Wachstum des Produktionspotentials begrenzte. Wissenschaftler im Umfeld des sogenannten »Neun-Professoren-Gutachtens« vom Mai 1974 wollten flankierend zur Politik der Bundesbank die »kalte« Steuerprogression bei der Einkommen- und Lohnsteuer beseitigen, die entstandenen Lücken im Haushalt durch höhere Steuern und wertgesicherte Anleihen schließen und aufs Ganze gesehen den Staatsanteil nicht weiter wachsen lassen.[43] Zweifel gab es im Ministerium, ob eine derart starr angewandte Geldpolitik durchführbar und wirksam sei sowie ein stabilitätskonformes Verhalten der Sozialpartner erreichen könne. Ein vierter Vorschlag, den die Wirtschafts- und Bankenverbände, voran der Bundesverband der Deutschen Industrie, die Bundesvereinigung der Deutschen Arbeitgeberverbände sowie der Sparkassen- und Giroverband, präsentiert hatten und der auch in der CDU, etwa beim sogenannten »Schäfer-Papier«, Rückhalt fand,[44] wollte ein »abgestimmtes Verhalten der Sozialpartner einschl. Staat« zur »Koordinierung der Ansprüche an das Sozialprodukt« herbeiführen. Nach diesem korporativistischen Plan sollte der Staat auf inflationsbedingte Steuermehreinnahmen verzichten, eine restriktive Finanzpolitik fahren sowie seine Aktivitäten einschränken und die Bundesbank die Geldmenge potentialorientiert steuern. Problematisch erschien dabei vor allem der Gedanke, die Verteilungsrelationen zeitweise festschreiben zu können. Da alle vier Empfehlungen »eine Vielzahl von stabilisierungspolitischen Anregungen« verbände, verstand das Ministerium diese nicht als »alternativ«, sondern wollte sie zu einem Gesamtkonzept zusammenfügen.

Die verschiedenen Überlegungen, die innerhalb wie außerhalb des Finanzministeriums angestellt wurden, zeichneten ein »höchst widersprüchliches Bild«.[45] Doch spiegelt dieses genau die finanzpolitische Situation des Jahres 1974 wider. Denn unter dem Einfluss der Ölkrise, der anhaltenden Preissteigerung und des beginnenden konjunkturellen Abschwungs kann 1974 finanz-, haushalts- und schuldenpolitisch als eine Art Brückenjahr gelten. Es schlug den Bogen zwischen der pragmatischen Expansionspolitik der Jahre 1972/73 und dem Jahr 1975, in dem die Rezession und die Steuerreform zusammenfielen.

43 *Dürr.*

44 Art. Schäfer, Manfred, in: *Vierhaus* u. *Herbst*, S. 723–724. Patentrezept?, in: Die Zeit Nr. 27 vom 28.6.1974.

45 *Geyer*, Denk- und Handlungsfelder, S. 123.

Dadurch musste sich, prognostizierte das Institut »Finanzen und Steuern«, die ohnehin prekäre Lage des Bundeshaushalts weiter zuspitzen.[46] So übernahm Hans Apel,[47] der Mitte Mai 1974 Helmut Schmidt im Amt des Finanzministers folgte, die Leitung des Ministeriums nicht nur in einer sich abzeichnenden Krisenzeit. Es verschoben sich auch die Gewichte zwischen dem Bundeskanzler und seinem Finanzminister, da sowohl Helmut Schmidt als auch das Bundeskanzleramt unter der Leitung von Manfred Schüler[48] das Finanzministerium und dessen Politik genau beobachteten sowie den Handlungsspielraum, den es unter Möller, Schiller und Schmidt besessen hatte, deutlich einschränkten.[49] Das lag auch daran, dass sich Apel als Generalist verstand, den Detailfragen der Finanz- und Schuldenpolitik nur wenig kümmerten und diese darum, soweit sie nicht politisch brisant zu werden drohten, den Fachleuten seines Ministeriums überließ. Das scheint seine Stellung im Ministerium nicht eben gestärkt zu haben. Hinzu kam, dass Apel im Unterschied zu seinem Nachfolger Hans Matthöfer weniger konzeptionell agierte und mit seiner pragmatischen Politik kaum Akzente setzen konnte.[50]

b) An den Grenzen des Steuerstaats

Die Politik der sozial-liberalen Koalition laufe Gefahr, »an die Grenzen des Steuerstaates zu stoßen«, warnte 1975 Walter Hesselbach, der Chef der gewerkschaftseigenen Bank für Gemeinwirtschaft. Die Auseinandersetzung um die Steuerreform von 1975 und die Konflikte über die Verteilung der entstehenden Kosten offenbarten nämlich, dass die Koalition die Opferbereitschaft vieler Bürger überschätzt hatte. »Solange wir nur darüber geredet haben, dass die Staatsaufgaben erweitert werden müssen, waren alle dafür«, klagte der linke SPD-Abgeordnete Günter Wichert. »Seitdem es ans Portemonnaie geht, sind sie dagegen«.[51] Doch rührten die finanziellen Engpässe des Jahres 1975 außer von der Steuerreform auch von der Rezession her, die globale Ausmaße

46 *Institut »Finanzen und Steuern«*, Haushaltslage, S. 57.

47 Eine Biographie Apels fehlt. Zu seiner Zeit als Finanzminister nur wenige Seiten in *Apel*, Abstieg.

48 Schmidt hatte Schüler, einen anerkannten Verwaltungsfachmann, der von 1969 als Leiter der Grundsatzabteilung und ab 1972 als beamteter Staatssekretär im Bundesministerium der Finanzen gearbeitet hatte, 1974 mit der Leitung des Bundeskanzleramts beauftragt. Aus eigener Erfahrung als Minister und Dank Schülers Kenntnissen hatte der Kanzler einen guten Einblick in die Interna des Finanzministeriums. Interview Quantz.

49 Interview Obert.

50 Interview Lahnstein.

51 Zit. nach Steuerreform: Für viele wenig, für wenige mehr, in: Der Spiegel Nr. 27 vom 1.7.1974.

angenommen hatte und in der Bundesrepublik in der ersten Hälfte des Jahres 1975 ihrem Tiefpunkt zusteuerte.

Dass sich die Auseinandersetzung über die finanziellen Grenzen der Reformpolitik an der Steuerreform entzündete, lag an deren Doppelgesicht.[52] Einerseits hatte Willy Brandt in seiner Regierungserklärung ein »gerechtes, einfaches und überschaubares Steuersystem« versprochen.[53] Die Vorarbeiten für die von Alex Möller als »Jahrhundertwerk« angekündigte große Steuerreform beschäftigten zahlreiche Kommissionen, den Steuerparteitag der SPD 1972 und nicht zuletzt eine Vielzahl von Beamten in den Ministerien sowie Politiker in Parteien und Parlament.[54] Andererseits stieg die Steuerbelastung gerade der Arbeitnehmer durch die inflationsbedingte »kalte« Progression immer weiter an.[55] Das rettete zwar die Koalition über manches Haushaltsproblem hinweg, doch stieß der Wunsch nach einem steuerlichen »Inflationsausgleich«, schon von der FDP, vor allem aber von der CDU/CSU-Opposition vorgebracht, in der Öffentlichkeit auf wachsendes Interesse.[56] Beide Forderungen, die nach größerer sozialer Gerechtigkeit durch eine Umverteilung der Steuerlast sowie die nach einer Entlastung der Steuerzahler von inflations- und progressionsbedingten Steuererhöhungen, liefen in der Steuerreform von 1975 zusammen. Das dritte Ziel, nämlich das Steuerrecht zu vereinfachen, wie es etwa der Bund der Steuerzahler gefordert hatte,[57] trat dahinter zurück. Ursprünglich war geplant, die Masseneinkommen und die Familien mit Kindern auf Kosten der Bezieher mittlerer und höherer Einkommen sowie der Unternehmen steuerlich besser zu stellen und damit die Reform aufkommensneutral zu gestalten. Die verbleibenden Mindereinnahmen von rund 3,7 Mrd. hatte das Kabinett, als es im Juni 1971 die Eckwerte der Steuerreform beschloss, durch eine Erhöhung der Umsatzsteuer um einen Prozentpunkt von 11 % auf 12 % ausgleichen wollen.[58] Inzwischen war der politische Druck, die Steuern zu senken, aber so stark geworden, dass die Koalition den Gedanken der Aufkommensneutralität wenn nicht ganz fallenlassen, so doch die Kernstücke der Reform und deren Gegenfinanzierung zeitlich trennen

52 Zur Steuerreform 1975 vgl. *Muscheid*, S. 142 ff.

53 Regierungserklärung Willy Brandt vom 28.10.1969, in: VDB, 6. WP, 5. Sitzung vom 28.10.1969, S. 24.

54 Einzelheiten zur Vorgeschichte der Steuerreform bei *Krüer-Buchholz*, S. 199 ff. Vgl. auch *Haller*, Glück, S. 127 ff.; *Bökenkamp*, Ende, S. 96 ff.

55 Die Entwicklung der Steuerbelastung seit Beginn der siebziger Jahre, in: *Deutsche Bundesbank*, Monatsbericht November 1978, S. 21–28.

56 W. Kannengießer, Konflikt oder Kompromiß bei der Steuerreform?, in: Frankfurter Allgemeine Nr. 139 vom 20.6.1974.

57 *Karl-Bräuer-Institut*, Weg. Vgl. auch *Fredersdorf*, S. 23 ff.

58 71. Kabinettssitzung am 9. und 10./11.6.1971, in: Kabinettsprotokolle. Vgl. auch Die Beschlüsse der Bundesregierung über Eckwerte und Grundsätze der Steuerreform, in: Bulletin Nr. 95 vom 11.6.1971.

musste.[59] Denn während sich die Brutto-Lohn- und -Gehaltssumme von 1968 bis 1974 von 232,7 Mrd. auf 469,1 Mrd. verdoppelt hatte, war die Lohnsteuer von 22,1 Mrd. auf etwa 74 Mrd., also um das Dreieinhalbfache, gestiegen. Nach einer Schätzung der Arbeitsgruppe Finanzen bei der Vertretung des Landes Rheinland-Pfalz beim Bund verdankten sich davon 1972 bereits 11 Mrd., 1973 sogar 20 Mrd. und 1974 nicht weniger als 32 Mrd. der Inflation.[60]

Vor allem an der Frage des Spitzensteuersatzes der Einkommensteuer entzündeten sich innerhalb der Koalition lange und heftige Querelen. Als Finanzminister Helmut Schmidt im September 1973 die Fortschreibung der Eckwertbeschlüsse für die Lohn- und Einkommensteuer, den Abzug von Sonderausgaben sowie den Familienlastenausgleich vorlegte, stimmte das Kabinett zu, die inzwischen auf rund 8,2 Mrd. gewachsenen Steuermindereinnahmen nicht durch eine Erhöhung der Umsatzsteuer gegenzufinanzieren.[61] Der auf dieser Grundlage ausgearbeitete Entwurf eines Dritten Steueränderungsgesetzes wurde im Januar 1974 in den Bundestag eingebracht und Anfang Juni mit den Stimmen der Koalition verabschiedet.[62] Da der Bundesrat mit seiner Mehrheit unionsregierter Länder dem Entwurf zustimmen musste, wurde nach Vorarbeiten des Vermittlungsausschusses in einem Spitzengespräch ein Kompromiss ausgehandelt, der in erster Linie die Absetzbarkeit der Sonderausgaben betraf und die Kosten der Reform weiter nach oben trieb.[63]

Das Gesetz vom 5. August 1974 änderte den Einkommensteuertarif und strich die Ergänzungsabgabe zur Einkommensteuer, hob die Höchstbeträge für Vorsorgeaufwendungen an und führte eine Vorsorgepauschale ein, verdoppelte den Arbeitnehmerfreibetrag und reformierte den Familienausgleich, indem es das duale System von Kinderfreibeträgen und Kindergeld durch ein reines Kindergeldsystem ersetzte, das der Bund allein trug und verwaltete.[64] Nach Berechnungen der Bundesregierung bezifferten sich die Gesamtentlastung bezie-

59 Bericht Krelle an Höcherl am 6.2.1973 betr. Steuerreformtagung von Vertretern der Regierungskoalition und der Verwaltung in Boppard Anfang Februar 1973, ACSP NL Höcherl 34.

60 Für viele wenig, für wenige mehr, in: Der Spiegel Nr. 27 vom 1.7.1974.

61 31. Kabinettssitzung am 12.9.1973, in: Kabinettsprotokolle. Vgl. auch Steuerreform 1975, in: Bulletin Nr. 90 vom 30.7.1974.

62 Entwurf eines Dritten Steueränderungsgesetzes vom 9.1.1974, BT-Drucksache VII/1470; VDB, 7. WP, 104. Sitzung vom 5.6.1974.

63 Ergebnisprotokoll der Sitzung am 17.7.1974 (Helmut Kohl, Gerhard Stoltenberg, Franz Josef Strauß; Helmut Schmidt, Hans Apel, Hans-Dietrich Genscher), PHS HS Eigene Arbeiten 1974/Juni-September; Interview Offergeld; D. Stolze, … und wann die nächste Reform«?, in: Die Zeit Nr. 31 vom 26.7.1974; K. Steves, Koalition gibt nach: Nächstes Jahr 13 Milliarden weniger Steuern, in: Die Welt vom 19.7.1974. Vermerk der Haushaltsabteilung II A 1 BMF (Hiehle) für Minister am 3.5.1974, AdsD 1/HSAA010029.

64 BGBl. I, 1769. Zu den Verschiebungen bei der Steuerbelastung vgl. Steuerreform 1975, in: Bulletin Nr. 90 vom 30.7.1974; *Institut »Finanzen und Steuern«*, Die belastungsmäßigen Auswirkungen.

hungsweise die Mehrbelastungen durch das Gesetz für die Gebietskörperschaften im Jahr 1975 auf 14,6 Mrd. und für 1976 auf 15,4 Mrd., wovon mit 12,8 Mrd. (1975) und 14,2 Mrd. (1976) der bei weitem überwiegende Teil auf den Bund entfiel. Dabei schlug allein die Neuregelung des Kindergeldes mit rund 11 Mrd. zu Buche. Spätere Korrekturen änderten die Kosten auf 15,0 Mrd. (1975) bzw. 15,3 Mrd. (1976), wovon wiederum 12,4 Mrd. bzw. 13,9 Mrd. zu Lasten des Bundes gingen. Allerdings griffen auch diese Schätzungen noch zu niedrig, lag doch die kassenmäßige Belastung der öffentlichen Haushalte durch die Steuerreform am Ende bei 18 Mrd. pro Jahr, wobei 8 Mrd. auf Mindereinnahmen und 10 Mrd. auf zusätzliche Ausgaben durch das Kindergeld entfielen.[65]

Nachdem die Kernstücke der Steuerreform Anfang 1975 in Kraft getreten waren und sich deren Auswirkungen für die Steuerzahler zeigten, hagelte es Kritik.[66] Zum einen genügte die Reform nicht den hochgespannten Erwartungen, welche die Koalition bei den Bürgern geweckt hatte. Zum anderen waren die verteilungspolitischen Wirkungen durch die Bundesratsmehrheit zugunsten mittlerer und höherer Einkommen korrigiert worden, was die Reform ein Stück weit verwässerte. Ferner entstanden technische Probleme beim Abzug der Vorsorgeaufwendungen, vor allem aber bei der Auszahlung des Kindergelds, die jetzt in die Zuständigkeit der Arbeitsämter fiel und deshalb nicht mehr auf den Lohn- und Gehaltsabrechnungen erschien. Außerdem standen den Entlastungen bei einer Mehrzahl der Besteuerten höhere Belastungen für Geschiedene, Rentner und ältere Bürger gegenüber. Schließlich ließ sich absehen, dass die Reform die inflationsbedingte Progression bei der Lohn- und Einkommensteuer allenfalls für wenige Jahre mildern konnte und darum schon bald eine Nachbesserung nötig wäre. Ob die Steuerreform deshalb, wie Der Spiegel fand, ein »politischer Reinfall« war, ist schwer zu beurteilen, denn es meldeten sich vor allem jene zu Wort, die nicht von ihr profitierten. Doch gaben bei einer Umfrage des Instituts für Demoskopie in Allensbach im Sommer 1975 nur 30% der Befragten an, weniger Steuern zu zahlen, während 14% vor allem Nachteile sahen und der Rest keinen Unterschied gegenüber dem früheren Zustand festzustellen vermochte.[67]

Gingen die Meinungen über die Steuerreform je nach Interessenlage auseinander, standen deren finanzielle Folgen außer Zweifel. So kolportierte Der Spiegel die Äußerung eines Vorstandsmitglieds der SPD: »Das haben die Macher doch prima hingekriegt. Jetzt ist der Haushalt total zerrüttet. Wir

65 *Dass.*, Auswirkungen, S. 7, 22; Der öffentliche Haushalt 1974/75: Rekorddefizite bei unbefriedigender Ausgabenstruktur, in: DIW-Wochenbericht 36–37/74, S. 315–324. Dazu der Vermerk Abteilung I (Lahnstein) für Minister am 4.9.1974, BArch B 126/44900, der die Berechnung in den Grundlinien bestätigt.

66 Interview Uelner. Vgl. auch Gut für die CDU, in: Der Spiegel Nr. 50 vom 9.12.1974; Steuerreform: »Unruhe und böses Blut«, in: ebd. Nr. 6 vom 3.2.1975; *Soell*, S. 561 f.

67 Wirtschaftswoche Nr. 33 vom 8.8.1975.

machen Schulden noch und noch, aber für die 14 Milliarden werden wir auch noch draußen beschimpft«.[68] Die exakten Kosten der Reform blieben freilich solange offen, wie der Bund hoffte, wenigstens einen Teil von ihnen auf die Länder abwälzen zu können. Bei der Übereinkunft, die der Bundeskanzler mit den Ministerpräsidenten Ende November 1973 über die Verteilung des Umsatzsteueraufkommens für die Jahre 1974 bis 1976 getroffen hatte, war nämlich die Steuerreform bewusst außer Anschlag geblieben und stattdessen verabredet worden, den für die Jahre 1975 und 1976 erzielten Kompromiss im Licht der Reform zu gegebener Zeit zu überprüfen.[69] Die Verhandlungen über diese sogenannte »Revisionsklausel« zogen sich in die Länge, da die Positionen des Bundes auf der einen Seite und die der Länder auf der anderen Seite weit auseinander klafften. Zwar vereinbarte der Kanzler im Juli 1974 mit den Ministerpräsidenten einiger Bundesländer, die Lasten der Reform so zu verteilen, dass die Steuereinnahmen von Bund, Ländern und Gemeinden »im Verhältnis zueinander dem Verhältnis der Steuereinnahmen 1974« entsprächen.[70] Doch enthielt auch diese Regelung noch genügend Auslegungsspielraum, zumal zwischenzeitlich eingetretene Mehrbelastungen berücksichtigt werden sollten. So forderte der Bund, seinen Anteil an der Umsatzsteuer für 1975 um 9,7 Prozentpunkte und für 1976 um 11,4 Prozentpunkte anzuheben, während die Länder ihm lediglich 2,4 bzw. 3,5 Prozentpunkte zugestehen wollten. Bei dieser Differenz fiel eine Einigung schwer. Noch im Juni 1975 beharrte Finanzminister Apel auf den genannten 9,7 Prozentpunkten oder in runder Summe 5,3 Mrd., während die Länder lediglich 3,3 Mrd. zahlen wollten. Der Kanzler drohte sogar damit, die Mittel für die gemeinsam finanzierten Aufgaben drastisch zu kürzen, falls die Länder nicht einlenken sollten.[71] Stark war die Verhandlungsposition des Bundes allerdings nicht. Käme nämlich keine Regelung zustande, bliebe es bei der im November 1973 festgelegten, für die Länder günstigen Aufteilung der Umsatzsteuer im Verhältnis 38 % zu 62 %, während der Bund die knapp 1 Mrd. pro Monat an Kindergeld allein aufbringen müsste. So hatte die Bundesregierung keine andere Wahl, als sich im Juli 1975 auf einen Kompromiss einzulassen, der den Anteil des Bundes für 1975 um 6,25 Prozentpunkte auf 68,25 % und für 1976 um weitere 0,75 Prozentpunkte auf 69 % anhob, damit aber um rund 2 Mrd. hinter der ursprünglichen Forderung zurückblieb. Am Ende stand

68 Steuerreform: »Unruhe und böses Blut«, in: Der Spiegel Nr. 6 vom 3.2.1975.

69 *Institut »Finanzen und Steuern«*, Auswirkungen, S. 4 ff.

70 Ergebnisprotokoll der Sitzung am 17.7.1974 (Helmut Kohl, Gerhard Stoltenberg, Franz Josef Strauß; Helmut Schmidt, Hans Apel, Hans-Dietrich Genscher), PHS HS Eigene Arbeiten 1974/Juni-September.

71 Die Haushaltslücken bei Bund und Ländern bereiten wachsende Sorge, in: Frankfurter Allgemeine Nr. 136 vom 16.6.1975; Schmidts Drohungen beeindrucken die Länder wenig, in: ebd. Nr. 156 vom 10.7.1975.

der Bund als »Verlierer des monatelangen Feilschens« da, hatte er doch sein Ziel nicht erreicht, die Länder zur Hälfte an den Kosten der Steuerreform zu beteiligen.[72]

Der Haushalt des Jahres 1975 war aber nicht allein durch die Kosten der Steuerreform und die Auseinandersetzung um die Aufteilung der Umsatzsteuer belastet, sondern stand auch konjunkturell unter keinem guten Stern. Nachdem das reale Sozialprodukt bereits in der zweiten Hälfte des Jahres 1974 um 0,7 % leicht geschrumpft war, brach das Wachstum in den ersten sechs Monaten des Jahre 1975 mit einem Minus von 2,8 % ein und ging auch im zweiten Halbjahr noch einmal um 0,2 % zurück. Auf das ganze Jahr gerechnet schrumpfte das Sozialprodukt um 2,5 %. Die Inflationsrate sank dagegen nur langsam und mit einiger Verzögerung. Hatte sie im zweiten Halbjahr 1973 bei 7,0 % gelegen, stieg sie in den ersten Monaten des Jahres 1974 noch auf 7,1 %. In der zweiten Jahreshälfte fiel sie zwar geringfügig auf 6,8 %. Aber erst 1975 ließen die Preissteigerungen mit 6,1 % bzw. 5,7 % nach, blieben jedoch nach wie vor auf einem hohen Niveau.[73]

Die Bundesregierung begegnete der Rezession, insbesondere dem Anstieg der Zahl der Arbeitslosen auf 1,2 Mio. am Tiefpunkt der Krise und der Arbeitslosenquote auf 4,7 % im Jahr 1975 mit einer Reihe von Maßnahmen. Sie wollte die durch den hohen Ölpreis entstandene Nachfragelücke durch binnenwirtschaftliche Expansion ausgleichen und so die Zeit überbrücken, bis die OPEC-Länder auf dem Weltmarkt mit einer stärkeren Nachfrage aufträten.[74] Zunächst wurden im Dezember 1973 die wichtigsten Bestimmungen des zweiten Stabilisierungsprogramms ausgesetzt. Im Februar und September 1974 folgten zwei Investitionsprogramme, die gezielt einzelne von der Arbeitslosigkeit besonders betroffene Regionen oder Branchen fördern sollten. Blieben diese mit 900 Mio. bzw. 950 Mio. noch unter einer Milliarde, nahm das »Programm zur Förderung von Beschäftigung und Wachstum bei Stabilität« im Dezember 1974, als die Arbeitslosenzahl bereits bei 800.000 lag, 1,73 Mrd. in die Hand, um die Wirtschaft durch eine Reihe von Zuschüssen und Finanzierungshilfen anzukurbeln. Hinzu kam eine größer dimensionierte Investitionszulage von 7,5 % für Anschaffungsgüter und Bauten.[75]

72 Kg., Zu Lasten des Bundes, in: Frankfurter Allgemeine Nr. 159 vom 14.7.1975.

73 *W. Ehrlicher* u. *Rohwer*, Finanzen 1975, S. 486 ff.; *A. Ehrlicher*, S. 95 ff.; vgl. auch *K. Schroeder*, S. 122 ff.

74 *Scharpf*, Krisenpolitik, S. 164 f.; *K. Schroeder*, S. 144 ff.; vgl. auch *Apel*, Pferd, S. 9 ff.

75 44. Kabinettssitzung am 19.12.1973, in: Kabinettsprotokolle; 49. bzw. 81. Kabinettssitzung vom 6.2. bzw. 25.9.1974, in: ebd.; 91. Kabinettssitzung am 11. und 12.12.1975, in: ebd. Vgl. *W. Ehrlicher* u. *Rohwer*, Finanzen 1975, S. 488 ff.; *A. Ehrlicher*, S. 95 ff.; »Illusionen, die man nicht mehr haben darf«, in: Frankfurter Rundschau Nr. 292 vom 17.12.1974; K. Steves, Bonner Konjunktur-Theater, in: Die Welt Nr. 290 vom 13.12.1974; ders., Konjunkturpolitik im Zwiespalt, in: ebd. Nr. 300 vom 27.12.1974.

Angestoßen hatte das sogenannte »Dezemberprogramm« Albrecht Müller, der Leiter der Planungsabteilung (Abt. V) im Bundeskanzleramt. Er wartete im Juli 1974 mit dem Vorschlag auf, ein »Nationales Investitionsprogramm zur Sicherung der Arbeitsplätze und Modernisierung der Volkswirtschaft« auf den Weg zu bringen. Diesem Plan lag eine pessimistische Prognose für das Jahr 1975 zugrunde, das konjunkturell schwierig und bei sinkenden Investitionen, steigenden Arbeitslosenzahlen sowie anhaltender Preissteigerung für die Regierung Schmidt politisch brisant zu werden drohte. Deshalb plädierte Müller dafür, »rechtzeitig, d.h. bald umzuschalten« und ein keynesianisch inspiriertes Konjunkturprogramm auf den Weg zu bringen. Zugleich sei aber zu betonen, dass man die Stabilitätspolitik fortführen wolle und der Staat weiterhin öffentliche Mittel im Konsumbereich sparen werde.[76] Müllers Initiative stieß beim Chef des Bundeskanzleramts Manfred Schüler und bei Helmut Schmidt auf einige Skepsis, vor allem was den Erfolg staatlicher Konjunkturimpulse anging.[77] Am Ende fielen aber die politischen Argumente, die Müller nachschob, auf fruchtbaren Boden. Ein ungesteuerter wirtschaftlicher Aufschwung, so sein Gedanke, komme »zu spät und zu heftig« – zu spät für die Landtagswahlen in Nordrhein-Westfalen im Mai 1975 und zu heftig für die Bundestagswahl im Oktober 1976. Der Boom müsse deshalb »gesteuert«, er müsse »vorverlegt werden«.[78] Um das dafür erforderliche Konjunkturprogramm zu finanzieren, wollte Müller die Verbrauchsteuern auf Tabak und Branntwein erhöhen sowie zusätzliche Kredite aufnehmen.[79] War sich die sozial-liberale Koalition bis dahin in Sachen Konjunkturpolitik weitgehend einig gewesen, traten bei den Beratungen über Müllers Vorschläge ernste Differenzen zutage. Während die SPD auf vermehrte öffentliche Investitionen drängte, wollte die FDP durch Prämien und Zulagen, Sonderabschreibungen und Steuerermäßigungen die Investitionen der Unternehmen fördern.[80] Der im Kabinett und im Koalitionsgespräch schließlich erzielte Kompromiss kam zwar beiden Seiten entgegen, die zeitlich befristete Investitionszulage beanspruchte aber erheblich mehr

76 AL V BKA (Müller) über Chef BKA an Buka am 22.7.1974, BArch B 136/14838. Vgl. auch *Geyer*, Denk- und Handlungsfelder, S. 123ff.

77 AL V BKA (Müller) über Chef BKA an Buka am 22.7.1974, BArch B 136/14838, bes. die Randbemerkungen von Schüler und Schmidt.

78 AL V BKA (Müller) über Chef BKA an Buka betr. Wirtschaftliche Entwicklung bis 1976 – Szenario und mögliche Politik (Entwurf o.D., Oktober 1974), BArch B 136/14838 (im Original z.T. unterstrichen).

79 Ebd., Anlage 2: Haushaltsfinanzierung 1975 (Bert Rürup).

80 GL IV/2 BKA (Heick) über AL IV und Chef BKA an Buka am 18.10.1974, BArch B 136/11672; GL IV BKA (Heick), Stand der Vorarbeiten des Konjunkturprogramms, ebd.; GL IV/2 BKA (Heick) über Chef BKA an Buka am 7.11.1974 betr. Möglichkeiten zur Förderung der privaten Investitionstätigkeit, BArch B 136/11627.

Mittel als das Konjunkturprogramm (1,13 Mrd.) und die zusätzlichen Leistungen der Bundesanstalt für Arbeit (0,6 Mrd.).[81]

Wollten die Maßnahmen zur Konjunkturbelebung in erster Linie die privaten wie öffentlichen Investitionen fördern, lief die Steuerreform auf einen massiven Schub für den privaten Konsum hinaus, da sie die verfügbaren Einkommen geplant um gut 14 Mrd., tatsächlich aber um rund 18 Mrd. erhöhte. Als die erhoffte Wirkung aber zunächst ausblieb, die privaten Konsumausgaben im ersten Halbjahr 1975 real nur um 2,5 % zunahmen, der größte Teil des Mehreinkommens also in Sparguthaben floss,[82] legte die Bundesregierung, dieses Mal geschlossener als Ende 1974, im August 1975 ein weiteres »Programm zur Stärkung von Bau- und anderen Investitionen« mit einem Volumen von 5,75 Mrd. auf. Dieses sollte ergänzt durch private Mittel eine zusätzliche Nachfrage von über 10 Mrd. stimulieren.[83]

Die Kosten und konjunkturellen Wirkungen der Steuerreform, die Rezession bei fortdauerndem Preisanstieg sowie die Konjunkturprogramme, von Diether Stolze in der Zeit als »Super-Milliardenrausch frei nach Keynes« bezeichnet,[84] schlugen sich massiv bei der Planung, vor allem aber im Vollzug der öffentlichen Etats des Jahres 1975 nieder. Schon bei der Aufstellung des Bundeshaushalts, von Helmut Schmidt noch als Finanzminister verantwortet, hatten sich die Probleme abgezeichnet. Angesichts der prekären wirtschaftlichen Situation, zumal des Nachfragestoßes, den die Steuerreform bringen würde, musste das Budget restriktiv geplant werden.[85] Das hatte Schmidt, nunmehr

81 BMWi und BMF, Programm zur Förderung von Stabilität, Beschäftigung und Wachstum vom 10.12.1974, BArch B 136/11627; 91. Kabinettssitzung am 11. und 12.12.1974, in: Kabinettsprotokolle; BMF (Apel) an Chef BKA am 12.12.1974 betr. Zuleitung der Vorlage der Bundesregierung gemäß § 8 des Gesetzes zur Förderung der Stabilität und des Wachstums der Wirtschaft (StWG) über zusätzliche Bundesausgaben zur Förderung der Konjunktur (§ 6 Abs. 2 StWG) an die gesetzlichen Körperschaften, BArch B 136/11672. Entwurf eines Gesetzes zur Förderung von Investitionen und Beschäftigung vom 12.12.1974, BT-Drucksache VII/2979; Zusätzliche Bundesausgaben zur Förderung der Konjunktur (§ 6 Abs. StWG), BT-Drucksache VII/2978. D. Stolze, Hilflos in die Rezession, in: Die Zeit Nr. 29 vom 29.11.1974; Der größte Härtetest für das System, in: Der Spiegel Nr. 49 vom 2.12.1974; Kabinett: Schlimmer als zu Schillers Zeiten, in: ebd. Nr. 51 vom 16.12.1974. Vgl. auch *Kiesow*, S. 179 ff.

82 R. Herlt, Sparen oder lieber verschwenden?, in: Die Zeit Nr. 24 vom 6.6.1975.

83 126. Kabinettssitzung am 27.8.1975, in: Kabinettsprotokolle. Einzelheiten bei *Kiesow*, S. 181. R. Zundel, Ein Hauch von Großer Koalition in: Die Zeit Nr. 52 vom 19.12.1975; ders., Bonner Koalition im Wechselbad, in: ebd. Nr. 5. Vom 23.1.1976. Zu den Wirkungen der Konjunkturprogramme vgl. *W. Ehrlicher* u. *Rohwer*, Finanzen 1975, S. 492 ff.; *A. Ehrlicher*, S. 106 ff.

84 D. Stolze, Hilflos in die Rezession, in: Die Zeit Nr. 29 vom 29.11.1974.

85 H. Schmidt, Gesamtwirtschaftliche Aussichten für 1975, PHS HS Privat-Pz Ökonomisches Papier 1974; Ergebnisniederschrift der 24. Sitzung des Finanzplanungsrates am 25.3.1974, BArch B 136/9179; Vermerk Haushaltsabteilung II A 1 BMF (Hiele) für Minister am 3.5.1974, AdsD 1/HSAA010029; Referat II A 1 BMF, Überlegungen zur

Bundeskanzler, in der Regierungserklärung vom Mai angekündigt, im Finanzplanungsrat mit Ländern und Gemeinden abgestimmt und seinem Nachfolger Hans Apel als Erbe hinterlassen.[86] Die Kabinettsvorlage folgte denn auch der »8 vH-Linie«, die einen Zuwachs um höchstens 8 % vorsah. Zwar hätte, wie der Finanzminister im Kabinett Anfang Juli vortrug, die Steuerreform eigentlich eine »Überrollung«, also ein Null-Wachstum des Etats, erfordert. Doch ließ sich dieses »Traumziel« nicht erreichen, da das Budget real um die Inflationsrate geschrumpft wäre, die bei den öffentlichen Ausgaben höher lag als beim Index der Verbraucherpreise. Bereits die »8 vH-Linie«, die auf ein Haushaltsvolumen von 147,3 Mrd. und einschließlich der Steuerreform auf 156,5 Mrd. hinauslief, ließ sich nur schwer realisieren. Auf der Ausgabenseite flossen allein 10 der 11 verfügbaren Milliarden in »rechtlich und faktisch dynamisierte Bereiche«, so dass für die Wünsche der Ressorts kaum noch finanzieller Spielraum blieb. Noch größere Probleme ergaben sich auf der Einnahmenseite. So ließ sich das Budget bereits ohne die Kosten der Steuerreform nur mit einer Nettokreditaufnahme von 11,4 Mrd. ausgleichen; jene eingerechnet stieg die Verschuldung auf 22,8 Mrd. an. Zwar hoffte der Finanzminister, diese Summe durch die volle Anwendung der »Revisionsklausel« auf 17,1 Mrd. und durch eine Kürzung der Bundeszuschüsse zur Rentenversicherung auf 12,1 Mrd. drücken zu können, doch hielt er selbst diese reduzierten Beträge für »immer noch überhöht«, ihre Realisierung für »fraglich« und befürchtete, die Kreditfinanzierung würde im Zentrum der öffentlichen Diskussion um den Haushalt 1975 stehen.[87] Dass in dieser Situation kein Spielraum mehr für kostenintensive Reformen blieb, betonte Apel stets aufs Neue und durchaus nicht ohne Selbstkritik: »Wir haben«, erklärte er etwa in einem Spiegel-Interview, »zu stark in Bonn das, was ich Staatsverbrauch nenne, ausgeweitet«.[88]

Gestaltung des Bundeshaushalts 1975 und des Finanzplans bis 1978 vom 27.5.1974, ebd. Vgl. auch Die Finanzierung des Haushalts 1975 bereitet Schmidt große Schwierigkeiten, in: Frankfurter Allgemeine Nr. 107 vom 9.5.1974; Die große Geldvermehrung, in: Wirtschaftswoche Nr. 25 vom 14.6.1974.

86 Vermerk Gruppe IV/5 BKA (Krips) für die Kabinettsitzung am 4.7.1974, BArch B 136/9212; Ergebnisniederschrift der 25. Sitzung des Finanzplanungsrates am 24.6.1974, BArch B 136/9180.

87 Sprechzettel (Apel) für die Kabinettsitzung am 4.7.1974, BArch B 136/9212; 69. Kabinettssitzung am 4.7.1974, in: Kabinettsprotokolle. Steuersenkungen setzen dem Haushaltswachstum engere Grenzen, in: Frankfurter Allgemeine Nr. 152 vom 5.7.1974; Balanceakt, in: ebd.; kritisch zum Haushalt dagegen R.-D. Schwartz, Haushalt der neuen Ära, in: Frankfurter Rundschau Nr. 153 vom 6.7.1974.

88 »Vielleicht haben wir einen Fehler gemacht«, in: Der Spiegel Nr. 29 vom 15.7.1974; Apel: Haushaltslücken machen kostspielige Reformen auf Jahre hinaus unmöglich, in: Frankfurter Allgemeine Nr. 266 vom 15.11.1974; Apel: Kein Raum für kostspielig Reformen, in: Süddeutsche Zeitung Nr. 53 vom 1.11.1974; *Apel*, Pferd, S. 42 ff.; G. Ziegler, Ein Land ohne Klima, in: Frankfurter Rundschau Nr. 267 vom 16.11.1974.

An der Verschuldung von Bund, Ländern und Gemeinden sowie an dem auf 47,6 % gewachsenen Anteil des Staates am Bruttosozialprodukt entzündete sich in Parlament und Öffentlichkeit immer heftigere Kritik.[89] Als der Finanzminister Mitte September 1974 den Entwurf des Haushaltsgesetzes mit einem Volumen von 154,0 Mrd. in den Bundestag einbrachte,[90] gestand er in seiner Haushaltsrede zwar ein, die Nettokreditaufnahme werde 1975 mit 15,6 Mrd. »Größenordnungen erreichen«, wie es sie »bisher in der Geschichte der Bundesrepublik noch nicht gegeben« habe. Doch führte er dafür Gründe an, die ihm nachvollziehbar erschienen: die Ölpreisexplosion, die schwierige Lage der Weltwirtschaft und die Steuerreform. Alles das zwänge den Bund, eine »finanzielle Durststrecke« durchzustehen, um die öffentlichen Leistungen in Zukunft merklich steigern zu können. Allerdings sei mit dem Haushaltsentwurf die »Grenze des Vertretbaren« erreicht, denn die Bürger hätten Anspruch auf eine »ausreichende Erfüllung der öffentlichen Aufgaben«.[91] Franz Josef Strauß, der finanzpolitische Sprecher der Opposition, verwarf Apels Vorlage in Bausch und Bogen, ja, er nutzte die Haushaltsdebatte einmal mehr zu einer Generalabrechnung mit der Wirtschafts- und Finanzpolitik der sozial-liberalen Koalition, der er »jahrelange Schlamperei« vorwarf. Besonders scharf kritisierte er den »absoluten Schuldenrekord für 1975« sowie die »Schuldenlawine«, die jetzt auf die Bundesrepublik zurolle und den »Schuldenbestand, dessen Ansammlung früher 24 Jahre gedauert« habe, in fünf Jahren von 41 Mrd. auf 126 Mrd. verdreifachen dürfte. Helmut Schmidt, so Strauß, werde als »Schuldenkanzler« in die Geschichte eingehen.[92]

Nicht nur im Parlament, auch in der Presse stieß der Haushalt auf unterschiedliche Resonanz. Nach der Verabschiedung des Entwurfs durch die Bundesregierung hatte Die Zeit bereits von einem »Etat der Ungewißheit« gesprochen und den »Rekord im Schuldenmachen« angeprangert.[93] Auch die Frankfurter Allgemeine sah mit Blick auf die mittelfristige Finanzplanung der Jahre bis 1978 den Bund »vor einer Schuldenlawine«.[94] Die Wirtschaftswoche machte sogar mit der Titelgeschichte »Höhere Steuern oder Staatsbankrott« auf und verstieg sich zu dem Befund: »Die Republik lebt über ihre Verhältnisse. Deutschland ist pleite, bankrott, konkursreif, ausgepowert.« Der Artikel nahm Bezug auf ein Gutachten des Deutschen Instituts für Wirtschafts-

89 Vgl. dazu die Reaktion von *Apel*, Staatsbankrott.

90 Entwurf eines Gesetzes über die Feststellung des Bundeshaushaltsplans für das Haushaltsjahr 1975 (Haushaltsgesetz 1975), BT-Drucksache VII/2440.

91 VDB, 7. WP, 115. Sitzung vom 18.9.1974, S. 7687–7697 (Zitate: S. 7689, 7691).

92 Ebd., S. 7733–7745 (Zitate: S. 7745, 7743); »Folge jahrelanger Schlamperei«, in: Wirtschaftswoche Nr. 39 vom 20.9.1974.

93 D. Stolze, Die Entzauberung des Helmut Schmidt, in: Die Zeit Nr. 29 vom 12.7.1974.

94 Der Bund vor einer Schuldenlawine, in: Frankfurter Allgemeine N. 210 vom 11.9.1974.

forschung, das den Kreditbedarf des Bundes höher und die Gesamtverschuldung der öffentlichen Hände einschließlich Bahn und Post für das Jahr 1975 auf über 60 Mrd. geschätzt hatte.[95] DIE WELT mochte immerhin eine Besinnung auf die »Grenzen des Machbaren« erkennen, sah in der starken Ausweitung der Staatsschulden aber zugleich ein »Warnsignal«, das die finanzpolitischen Fehlentwicklungen der Vergangenheit offenbare.[96] Lediglich die FRANKFURTER RUNDSCHAU fragte angesichts des »Maßhalte-Haushalts« besorgt, ob der »Nachholbedarf an Leistung« tatsächlich bereits gestillt sei oder die Finanzminister der Koalition von Möller bis Schmidt einer »Wahnvorstellung« gefolgt wären, als sie von der »Notwendigkeit der ›Ausweitung des öffentlichen Korridors‹ zu Lasten des privaten Bereichs« gesprochen hätten.[97]

Die Sorge um die finanziellen Probleme des Bundes quälte den Bundeskanzler sogar im Weihnachtsurlaub. »Falls unsere Kollegen und Genossen«, schrieb er Willy Brandt aus Mallorca, »auch 1975 versuchen, das Sozialprodukt zu überfordern, geht unsere Sache ökonomisch (und dann politisch!) schief«.[98] In der Tat standen die Haushaltsberatungen im Bundestag, die sich bis ins Frühjahr 1975 hinzogen, ganz im Zeichen der Kritik an der »Politik des großen Schuldenmachens« und der Suche nach einem Ausweg, etwa einer Erhöhung der Mehrwertsteuer.[99] Denn zum einen verursachte die Steuerreform höhere Kosten als geplant, und es bestand das Risiko eines niedrigeren Anteils des Bundes an der Umsatzsteuer; zum anderen musste dieser der Bundesanstalt für Arbeit im Rahmen seiner Defizithaftung wegen der zunehmenden Arbeitslosigkeit mit höheren Liquiditätsdarlehen beispringen; außerdem wuchsen die Verluste der Deutschen Bundesbahn; schließlich und vor allem blieben die Steuereinnahmen konjunkturbedingt immer weiter hinter den ursprünglichen Schätzungen zurück.[100] Anfang Oktober 1974 rechnete das Finanzministerium bereits mit einem Finanzierungsdefizit des Bundes von 20,7 Mrd. und des öffentlichen Gesamthaushalts von 40,6 Mrd., so dass der Kreditbedarf des Bundes auf 19,5 Mrd., jener der öffentlichen Hand mit Bahn und Post auf bis zu 50 Mrd. stieg.[101] Die Steuerschätzung vom November färbte das ohnehin

95 WIRTSCHAFTSWOCHE Nr. 42 vom 11.10.1974.

96 K. Steves, Späte Besinnung in Bonn, in: DIE WELT Nr. 220 vom 21.9.1974.

97 R.-D. Schwartz, Maßhalte-Haushalt, in: FRANKFURTER RUNDSCHAU Nr. 217 vom 19.9.1974.

98 Schmidt an Brandt am 7.1.1975, in: *Woyke*, Brandt, Nr. 424: 7.1.1975.

99 W. Kannengießer, Fiskus in Not, in: FRANKFURTER ALLGEMEINE Nr. 18 vom 22.1.1975; K. Steves, Schulden, Schulden, Schulden, in: DIE WELT Nr. 27 vom 1.2.1975; G. Zeitel, Staatsschulden drücken alle Bürger, in: ebd. Nr. 34 vom 10.2.1975 bzw. Der Staat schiebt die Lasten vor sich her, in: ebd. Nr. 35 vom 11.2.1975.

100 Der Bund muß sich 1975 höher verschulden als je zuvor, in: FRANKFURTER ALLGEMEINE Nr. 21 vom 25.1.1975.

101 Vermerk Referat I A 3 BMF betr. Überlegungen zur Finanzierung der Defizite im Bundeshaushalt vom 2.10.1974, BArch B 126/83456.

düstere Bild wegen Mindereinnahmen von 14 Mrd., davon 7 Mrd. beim Bund, 6 Mrd. bei den Ländern und 1 Mrd. bei den Gemeinden, noch schwärzer ein.[102] Sie ließ den Kreditbedarf des öffentlichen Gesamthaushalts auf mindestens 55 Mrd. ansteigen, und jener des Bundes näherte sich mit 23 Mrd. der Verschuldungsgrenze, die Art. 115 GG bei den Investitionsausgaben von 23,5 Mrd. zog.[103] Da die Regierung Steuererhöhungen für 1975 kategorisch ausgeschlossen hatte, Ausgabenkürzungen politisch nicht durchsetzbar waren und es der Bundesbank für eine Auflösung der Konjunkturreserven von Bund (6,2 Mrd.) und Ländern (3,3 Mrd.) konjunkturpolitisch noch zu früh erschien, blieb als Ausweg nur die Kreditfinanzierung nach Apels Devise »Wir müssen die Ohren steif halten und durch«.[104]

Auch wenn der im April 1975 verabschiedete Bundeshaushalt mit Ausgaben von 155,0 Mrd. schließlich ein Plus von 13,7 % und eine Nettokreditaufnahme von 22,8 Mrd. vorsah,[105] sollte es damit nicht sein Bewenden haben. Es kam zu weiteren Steuerausfällen in Höhe von 6 Mrd., und die mit den Ländern getroffene Vereinbarung über die Verteilung der Umsatzsteuer minderte die Einnahmen noch einmal um 2 Mrd., während der Bund zusätzlich 5 Mrd. an die Bundesanstalt für Arbeit zur Finanzierung des Arbeitslosengeldes zahlen musste. Schließlich reichten die Etatansätze für das Kindergeld und die Entwicklungshilfe nicht aus, und es galt, die Verzinsung des Kredits von 1 Mrd. an die Volksrepublik Polen zu etatisieren.[106] Bereits im Mai zeichnete sich ab, dass die inzwischen entstandene Finanzierungslücke durch einen Nachtragshaushalt

102 Vermerk Abteilung I BMF (Lahnstein) für Minister am 4.9.1974, BArch B 126/44900; 88. Kabinettssitzung am 13.11.1974, in: Kabinettsprotokolle.

103 Vermerk Gruppe IV/5 BKA (Quantz) für die Kabinettsitzung am 27.11.1974, BArch B 136/9236; 89. Kabinettssitzung am 27.11.1974, in: Kabinettsprotokolle. H.D. Barbier, Im Karussell der Steuern, in: Süddeutsche Zeitung Nr. 239 vom 16.10.1974; Werden die Haushaltsdefizite 1975 aus der Konjunktur-Rücklage ausgeglichen?, in: Frankfurter Allgemeine Nr. 257 vom 5.11.1974; R. Herlt, Hans Apel auf dem Hochseil, in: Die Zeit Nr. 45 vom 1.11.1974; K. Steves, Nichts geht mehr im Etat 1975, in: Die Welt Nr. 268 vom 16.11.1974.

104 Vermerk Referat I A 3 BMF betr. Überlegungen zur Finanzierung der Defizite im Bundeshaushalt vom 2.10.1974, BArch B 126/83456; Apel: Haushaltslücken machen kostspielige Reformen auf Jahre hinaus unmöglich, in: Frankfurter Allgemeine Nr. 266 vom 15.11.1974; Zitat: ebd.; W. Kannengießer, Fiskus in Not, in: Frankfurter Allgemeine Nr. 18 vom 22.1.1975; ders., Unter dem Druck der Defizite, in: ebd. Nr. 64 vom 17.3.1975.

105 *Bundesministerium der Finanzen*, Finanzbericht 1975, S. 69 ff.; P. Gillies, Hinkendes und tanzendes Geld, in: Die Welt Nr. 69 vom 22.3.1975.

106 Vermerk Gruppe IV/5 BKA (Quantz) für die Kabinettsitzung am 27./28.8.1975, BArch B 136/9238; 126. Kabinettssitzung am 27.8.1975, in: Kabinettsprotokolle; Auch 1976 muß sich der Bund mit 40 Milliarden Mark verschulden, in: Frankfurter Allgemeine Nr. 193 vom 22.8.1975.

geschlossen werden musste.[107] Dieser lag Ende August mit einem Umfang von 14,5 Mrd. vor.[108] Er hob die Ausgaben des Bundes auf 162 Mrd. an und warf massive Finanzierungsprobleme auf. Denn die Bundesregierung hatte die frei disponible Stabilitätsanleihe von 2,5 Mrd. bereits im Mai vom Sonderkonto der Bundesbank abgebucht und verfügte nur noch über die Konjunkturausgleichsrücklagen aus den Jahren 1969–1971 sowie größere Beträge auf dem Sonderkonto »Stabilitätszuschlag«, soweit diese nicht bereits das Konjunkturprogramm vom Dezember 1974 geschluckt hatte.[109] So blieb einmal mehr als Ausweg nur eine höhere Nettokreditaufnahme. Diese stieg jetzt auf knapp 40 Mrd., so dass die Ausnahmeregelung des Art. 115 GG bemüht und mit der »Abwehr einer Störung des gesamtwirtschaftlichen Gleichgewichts« gerechtfertigt werden musste.[110]

Die Bilanz des Haushaltsjahres 1975 war alles andere als ermutigend.[111] Am Ende beliefen sich die Ausgaben des Bundes zwar nur auf 158 Mrd., hatten aber gegenüber dem Vorjahr – bereinigt um die Auswirkungen der Kindergeldreform – um 14,2 % zugelegt. Demgegenüber waren die Einnahmen – wiederum bereinigt – um 3,8 % gesunken, und es tat sich ein Finanzierungssaldo von 35 Mrd. auf. Dieses Defizit ließ sich durch Nettokreditaufnahmen in Höhe von 36,4 Mrd. sowie durch die Auflösung von Rücklagen und den Gewinn aus Münzprägungen im Umfang von 5,1 Mrd. decken, so dass bis zum Jahresende unerwartet hohe Kassenbestände aufliefen.[112] Die finanziellen Probleme das Jahres 1975 treten noch deutlicher hervor, wenn man auf den öffentlichen Gesamthaushalt blickt. Dieser war bereinigt um 11,8 % gewachsen und schloss bei stagnierenden Einnahmen mit einem Defizit von 65,8 Mrd., während es 1974

107 Koalitionsgespräch (Protokoll Manfred Schüler) am 5.5.1975, AdsD 1/HSAA009369; Vermerk Gruppe IV/5 BKA (Quantz) für Buka am 20.5.1975, BArch B 136/9236; Neue Deckungslücken im Bundeshaushalt, in: SÜDDEUTSCHE ZEITUNG Nr. 117 vom 25.5.1975.

108 Einzelheiten in BArch B 136/9237. Vgl. auch *Bundesministerium der Finanzen*, Finanzbericht 1976, S. 83 ff.

109 Apel an Buka am 7.8.1975, PHS Korrespondenz HS politisch-privat 1975 A-K Bd. 13; Vermerk Gruppe IV/5 BKA (Quantz) für Buka am 20.5.1975, BArch B 136/9236.

110 Ebd. Vgl. auch die Argumentationshilfen von Referat I A 4 BMF, in denen der hohe Staatsanteil in detaillierten Berechnungen auf die schwache Konjunktur zurückgeführt und die Finanzpolitik der sozial-liberalen Koalition argumentativ aus der Schusslinie manövriert wurde. Vermerk Referat I A 4 BMF für Pst Offergeld vom 7.10.1975 mit Anlage 1 betr. Argumente zum Staatsanteil vom 9.10.1975 bzw. Anlage 2 betr. Anteil der Ausgaben des Staates am Bruttosozialprodukt vom 8.10.1975, BArch B 126/48209.

111 Zum Folgenden *W. Ehrlicher* u. *Rohwer*, Finanzen 1975, bes. S. 495 ff.; *Sachverständigenrat*, Jahresgutachten 1975/76, Ziff. 205 ff.; *ders.*, Jahresgutachten 1976/77, Ziff. 202 ff.

112 Fraktion der SPD, Arbeitsgruppe Haushalt (von Bülow) an Mitglieder der SPD-Fraktion am 3.5.1976, Anlage: Zum Bundeshaushalt 1976, BArch B 136/11609. Zur Problematik des hohen Kassenüberschusses am Ende des Jahres 1975 und der »Umbuchung« in das Haushaltsjahr 1976 vgl. *Kitterer* u. *Lipp*.

noch 27,7 Mrd. gewesen waren. Davon entfielen 35,0 Mrd. (1974: 10,3 Mrd.) auf den Bund und 19,9 Mrd. (9,1 Mrd.) auf die Länder sowie 10,9 Mrd. (8,3 Mrd.) auf die Gemeinden. 53,6 Mrd. DM wurden durch Kredite beschafft, 11,4 Mrd. durch die Auflösung von Rücklagen und 0,8 Mrd. durch Münzgewinne finanziert, so dass die Gebietskörperschaften am Ende des Jahres wider Erwarten über rund 10 Mrd. an Kassenguthaben verfügten.

Konjunkturpolitisch passten die hohen Defizite in die wirtschaftliche Landschaft.[113] So errechnete der Sachverständigenrat bei einem Finanzierungssaldo von 68,1 Mrd. (einschließlich der gestundeten Zuschüsse an die Sozialversicherung in Höhe von 2,5 Mrd.) und einem konjunkturneutralen Defizit von 33,3 Mrd. einen expansiven Impuls von 34,9 Mrd.[114] Dieser lag, auch wenn man nicht alle Annahmen teilt, auf denen die Kalkulation beruhte,[115] um das Dreifache über dem des Vorjahres, so dass die Finanzpolitik der öffentlichen Hände sicher half, »die Abwärtsbewegung der Konjunktur aufzuhalten«, ja, zu dem starken Aufschwung im ersten Halbjahr 1976 »beigetragen hat«.[116] Jedoch sollte über die konjunkturpolitische Vertretbarkeit der Finanzpolitik deren haushaltspolitische Problematik nicht aus dem Blick geraten. Denn nur ein Teil des Gesamtdefizits war konjunkturell bedingt, also durch Steuermindereinnahmen und Mehrausgaben entstanden. Der andere Teil musste dagegen als strukturelles Defizit gelten, genauer: als struktureller Finanzierungssaldo, der auch bei den gesetzlich festgelegten oder in der mittelfristigen Finanzplanung vorgesehenen Ausgaben sowie der gegebenen Besteuerung bei einer vollen Auslastung der Produktionsfaktoren angefallen wäre.[117] In seinem Sondergutachten vom August 1975 schätzte der Sachverständigenrat dieses strukturelle Defizit auf 30 Mrd., und zu einer ähnlichen Größenordnung, allerdings nach einem anderen Berechnungsmodus, war der Wissenschaftliche Beirat beim Bundesfinanzministerium in seinem Gutachten vom Juli gekommen.[118] Beide stützen sich auf

113 *Sachverständigenrat*, Sondergutachten 1975, Ziff. 15.

114 *Sachverständigenrat*, Jahresgutachten 1976/77, Tab. 29; *A. Ehrlicher*, S. 100 ff.

115 Zur Kritik vgl. *Gandenberger*, Messung. Die damit befassten Referenten im Bundesfinanzministerium standen dem Konzept und den Berechnungen eines strukturellen Defizits äußerst skeptisch gegenüber, da diese »keineswegs schlüssig und abhängig von den Ausgangsannahmen seien« und sich das Finanzierungsdefizit nur »gewaltsam in ›Einzelteile‹« zergliedern lasse. Lege man es darauf an, sei letztlich für jedes Defizit der rechnerische Nachweis zu erbringen, dass es sich um ein strukturelles handle. Vermerk Referat I A 3 BMF vom 4.6.1976 betr. Strukturelles Finanzierungsdefizit 1976 mit Anlage, BArch B 126/67512.

116 *W. Ehrlicher* u. *Rohwer*, Finanzen, S. 495; *A. Ehrlicher*, S. 103.

117 *Sachverständigenrat*, Jahresgutachten 1975, Ziff. 424; *A. Ehrlicher*, S. 110 ff.; W. Ehrlicher, Das Strukturelle Defizit, in: Wirtschaftsdienst 1975/IX, S. 449–453; *Krause-Junk*.

118 *Sachverständigenrat*, Sondergutachten 1975, Ziff. 48; Gutachten zur Lage und Entwicklung der Staatsfinanzen in der Bundesrepublik Deutschland vom 5.7.1975, in: *Bundesministerium der Finanzen*, Beirat 1974–1987, S. 1–29.

das zu diesem Zeitpunkt vorliegende Zahlenmaterial. Berücksichtigt man die später eingetretenen Veränderungen, dürfte das strukturelle Defizit zwischen 38 und 40 Mrd. gelegen haben.[119] Es rührte einerseits von den Entlastungen der Steuerreform her und andererseits von den Beschlüssen der vergangenen Jahre, die zu einem massiven Anstieg der öffentlichen Aufwendungen vor allem im konsumtiven Bereich geführt hatten.

Vor dem Hintergrund des hohen Defizits im öffentlichen Gesamthaushalt und besonders angesichts der stark gestiegenen Nettokreditaufnahme des Bundes gewann die Debatte über die Verschuldung im Frühjahr und Sommer 1975 deutlich an Schwung. Sie konzentrierte sich auf drei Probleme: Erstens ging es um die Frage, ob der Kapitalmarkt aufnahmefähig genug wäre, um die hohe Kreditnachfrage der öffentlichen Hände zu befriedigen. Mancher sah das durchaus skeptisch, doch gingen die Meinungen mehrheitlich dahin, dass sich bei der konjunkturbedingt geringen privaten Kapitalnachfrage und der hohen Sparquote der Bundesbürger der öffentliche Kreditbedarf befriedigen ließe. Seine rasche Zunahme könnte allenfalls zu Friktionen führen, zumal sich die öffentlichen Hände mit der Emission von Papieren kürzerer, bestenfalls mittlerer Laufzeiten begnügen müssten. Auch könnte die massive Schuldenaufnahme die Politik der Bundesbank konterkarieren, welche die Zinsen senken wollte, um die Investitionen anzuregen.[120] Zweitens beunruhigte das starke Wachstum der öffentlichen Schulden. Die Neuverschuldung des Jahre 1975 sprenge jede Größenordnung, monierte DIE WELT.[121] Sie sei »doppelt so hoch wie die zusammengefassten Haushaltsfehlbeträge aller Gebietskörperschaften in den fünfundzwanzig Jahren von 1950 bis 1974«, stellte die FRANKFURTER ALLGEMEINE fest und fuhr fort: »Hat der Bonner Schulden-Seilschaft am Anfang vielleicht der Venusberg vor der eigenen Haustür genügt, so scheint sie sich jetzt offenbar den Mount Everest zum Ziel gesetzt zu haben.«[122] Auch wenn sich die starke Neuverschuldung für das Jahr 1975 konjunkturpolitisch rechtfertigen lasse, würde sie doch Probleme in der Zukunft aufwerfen, denn die öffentliche Zinslast habe sich in den letzten zehn Jahren bereits verfünffacht.[123] Drittens schließlich erörterte man, ob und in welchem Umfang die Verschuldungspolitik fortgeführt werden sollte oder ob nicht dringend Maßnahmen zur Konsolidierung der öffentlichen Haushalte und zur Senkung der Nettokreditaufnahme

119 *A. Ehrlicher*, S. 115 f.

120 F. Gotta, Wird der Kapitalmarkt überfordert?, in: FRANKFURTER ALLGEMEINE Nr. 59 vom 11.3.1975; R. Herlt, Bald borgen wir im Ausland, in: DIE ZEIT Nr. 40 vom 26.9.1975; Die Lage wurde schwieriger, in: ebd. Nr. 13 vom 21.3.1975.

121 P. Gillies, Rotstift, nicht Füllhorn, in: DIE WELT Nr. 64 vom 17.3.1975; ders., Ächzen unter dem Schuldenberg, in: ebd. Nr. 116 vom 22.5.1975.

122 L. Julitz, Vom Bonner Venusberg zum Mount Everest, in: FRANKFURTER ALLGEMEINE Nr. 135 vom 14.6.1975.

123 Ebd.

einzuleiten wären.[124] Denn die kurzen bis mittleren Laufzeiten, zu denen sich die öffentlichen Hände verschulden mussten, zogen zwangsläufig hohe Umschuldungen oder umfangreiche Tilgungsverpflichtungen in naher Zukunft nach sich.[125] Der »Schuldenberg«, meinte die FRANKFURTER ALLGEMEINE, »mag noch zu verkraften sein«, das, was danach komme »mit Sicherheit nicht mehr«. Denn die »Politik des Schuldenmachens« lasse sich »nur im Konjunkturabschwung und auch dann nur befristet durchhalten«.[126] Das erkannte auch die FRANKFURTER RUNDSCHAU, wenn sie den Ausweg in einem »wieder anspringenden Konjunkturmotor« suchte.[127]

Die überwiegend kritischen Urteile in der Presse deckten sich nicht mit den Ansichten vieler Bundesbürger. Denn obwohl die Staatsverschuldung fortwährend Gegenstand der öffentlichen Diskussion war, wofür schon die Opposition sorgte, interessierte sich nach einer repräsentativen Umfrage, die Infas im Auftrag des Presse- und Informationsamts der Bundesregierung im Frühjahr 1975 durchführte,[128] nur knapp die Hälfte der Wahlberechtigten überhaupt für dieses Thema. Immerhin wussten aber 59 % der Befragten, dass die Bundesregierung viele oder sehr viele Schulden machte. 40 % der Bürger begrüßten eine Kreditaufnahme der öffentlichen Hand, wobei die Zustimmung von der Parteipräferenz und der Schulbildung abhing. Während 51 % der SPD- und 60 % der FDP-Anhänger einer Kreditfinanzierung positiv gegenüberstanden, waren es unter den CDU-Anhängern nur 29 %. Auch das Bildungsniveau spielte eine Rolle, stieg doch die positive Einstellung bis auf 62 % bei Befragten mit Abitur und Studium. Eine hohe Verschuldung zur Belebung der Konjunktur akzeptierten 39 % der Bürger, 36 % (44 % der CDU/CSU-Anhänger) hingegen lehnten sie ab.

Die öffentliche Debatte über die wachsenden Schulden und die Kritik an der hohen Nettokreditaufnahme des Jahres 1975 ließen die Beamten des Bundesfinanzministeriums nicht unbeeindruckt. Vor allem das zuständige Referat trug eifrig rechtfertigende Argumente zusammen. In einem umfangreichen Bericht ordnete es das Jahr 1975 in die langfristige Entwicklung der öffentlichen Schulden seit den fünfziger Jahren ein, verteidigte die hohe Nettokreditaufnahme und relativierte die Belastung des Haushalts durch Zinsen und Tilgungen. Am Ende hieß es, dass die derzeitige Lage der Verschuldung des Bundes bzw. des

124 *W. Ehrlicher*, Neuverschuldung; G. Berg, Grenzen öffentlicher Verschuldung, in: WIRTSCHAFTSDIENST 1975/XI, S. 569–575.

125 R. Herlt, Bald borgen wir im Ausland, in: DIE ZEIT Nr. 40 vom 26.9.1975

126 W. Kannengießer, Fiskus in Not, in: FRANKFURTER ALLGEMEINE Nr. 18 vom 22.1.1975.

127 R.D. Schwartz, Mut zum Risiko im Bundeshaushalt 1975, in: FRANKFURTER RUNDSCHAU Nr. 66 vom 19.3.1975; ders., Haushalt der Widersprüche, in: ebd. Nr. 68 vom 21.3.1975.

128 Vermerk Presse- und Informationsamt der Bundesregierung (Bölling) für Buka am 19.6.1975, BArch B 136/9213.

Staates auch heute sowohl in konjunktureller und haushaltswirtschaftlicher Hinsicht als auch im internationalen Vergleich nicht der Verhältnismäßigkeit entbehre und »schon gar nicht Anlass zu ernster Besorgnis über die finanzwirtschaftliche Kraft der Bundesrepublik« gebe.[129] Mit der hohen Neuverschuldung befasste sich 1976 auch der Wissenschaftliche Beirat beim Bundesministerium der Finanzen. Ihm ging es freilich weniger darum, diese zu rechtfertigen, als vielmehr um die Frage, wie sich die öffentliche Verschuldung effizienter gestalten und das *Debt management* verbessern ließe.[130] Die Diskussionen mündeten in ein »Gutachten zur Schuldenstrukturpolitik des Staates«, das der Beirat 1978 vorlegte.[131]

Doch beließ es das Ministerium nicht bei internen Beratungen und dem Austausch mit Experten. Es intensivierte Ende 1975 auch die PR-Arbeit zum Thema Staatsverschuldung und verband diese mit einer Werbeaktion für die vom Bund emittierten Wertpapiere. Es seien nämlich, hieß es, besondere Anstrengungen erforderlich, um Bundesanleihen, Schatzbriefe und Finanzierungsschätze »in dem erwünschten Umfang absetzen zu können«.[132] Schließlich ließ das Ministerium von einer Werbeagentur eine Broschüre gestalten mit dem Titel »Sind Schulden vernünftig? Wie die Kreditpolitik des Bundes dem Bürger Nutzen bringt«. Das Heftchen wurde in einer Auflage von rund 7 Mio. Exemplaren gedruckt, zunächst bei einer Pressekonferenz vorgestellt und dann allen überregionalen Zeitungen und Zeitschriften beigelegt.[133] Während der zweite Teil sachlich über die verschiedenen Anlagemöglichkeiten in Bundeswertpapieren informierte, erläuterte Finanzminister Apel – mit Bild und Signatur – im ersten Teil unter der Überschrift »Bundesschulden – nüchtern betrachtet« die

129 Referat I A 3 BMF, Schuldenbericht 1975 (o. D., Ende 1975), BArch B 126/67512. Vgl. auch den Vermerk von Referat I A 3 BMF (Kaempf) vom 16.12.1976 betr. Schuldenpolitik und Schulden der öffentlichen Hand – unter besonderer Berücksichtigung des Bundes, ebd.

130 Niederschrift 7/76 über die Arbeitstagung des Wissenschaftlichen Beirats beim Bundesministerium der Finanzen am 12./13.11.1976, Anlage 1: K. O. Pöhl, Analyse der Kreditaufnahmen des Bundes in den Jahren 1975 und 1976; Anlage 2: H. Irmler, Einige Gedanken zum Debt Management, BArch B 126/53215; Niederschrift 8/76 über die Arbeitstagung des Wissenschaftlichen Beirats beim Bundesministerium der Finanzen am 10./11.12.1976, Anlage: Vortrag MD Stadler, ebd.; Niederschrift 1/77 über die Arbeitstagung des Wissenschaftlichen Beirats beim Bundesministerium der Finanzen am 21./22.1.1977, Anlage: B. Weinberger, Debt Management und Kreditversorgung der Gemeinden, ebd.

131 Gutachten zur Schuldenstrukturpolitik des Staates vom 28.9.1978, in: *Bundesministerium der Finanzen*, Beirat 1974–1987, S. 169–301.

132 Vermerk LP BMF (Göth) vom 12.12.1975 betr. Intensivierung der PR-Arbeit zum Problem Staatsverschuldung in Verbindung mit Informationen für die Bürger über Anlagemöglichkeiten, BArch B 126/70352.

133 Vermerk LP BMF (Rudloff) über St Pöhl an Minister im März 1976, ebd.; weitere Einzelheiten zur Durchführung in BArch B 126/70351.

Kreditpolitik des Bundes.[134] Mit Krediten würden öffentliche Investitionen finanziert, die allen Bürgern zugutekämen – ein Argument, dem ein Bild des Deutschen Krebsforschungszentrums in Heidelberg anschaulich Gewicht verlieh. Außerdem erfolge die Verschuldung im Rahmen einer soliden antizyklischen Finanzpolitik, die Arbeitsplätze erhalte und Einkommen sichere. Schließlich profitierten die Bürger auch insofern von der öffentlichen Kreditaufnahme, als diese ihnen die Möglichkeit einer sicheren und ertragreichen Vermögensanlage biete: »Sie helfen damit nicht nur dem Bund bei der inflationsfreien Finanzierung seines Haushalts«, schloss Apel, »vor allem helfen Sie sich selbst durch die substanzsichere und zinsgerechte Anlage ihrer Ersparnisse«.

c) Öffentliche Haushalte zwischen Ausweitung und Kürzung der Ausgaben

In einem Interview, das der Bundeskanzler Anfang September 1975 dem ARD-Wirtschaftsmagazin »Plusminus« gab, formulierte er die Grundgedanken jener »Mischstrategie«,[135] der die Bundesregierung erst einmal zu folgen gedachte. »Der Kern Ihrer Frage«, dozierte Schmidt, »bezieht sich auf Sparmaßnahmen hier und zusätzliche Ausgaben für Bauinvestitionen und andere Investitionen dort. Dies hat zwei Gründe, dass man gleichzeitig spart und gleichzeitig mehr Geld ausgibt. Man kann nur mehr Geld ausgeben für öffentlich geförderte Bautätigkeit und andere Investitionen, wenn man es hat. Infolgedessen muss man bei den laufenden Ausgaben sparen, damit man mehr Geld freibekommt für diese Konjunkturinvestitionspolitik. Nun könnte jemand noch kommen und sagen: Dann pumpt Euch doch ein bisschen mehr Geld, dann habt Ihr ja gleich mehr. – Dazu müssen wir antworten: Noch mehr Geld dürfen wir nicht pumpen.«[136] Der Bundeskanzler umschrieb damit das Dilemma, vor dem die öffentlichen Hände standen: Haushaltspolitisch drängten die hohen Defizite auf eine Konsolidierung der Staatsfinanzen, konjunkturpolitisch erschien dagegen eine expansive Politik vonnöten. Da die Wissenschaft keine klaren Empfehlungen bereithielt und die sozial-liberale Koalition ihre divergierenden Vorstellungen harmonisieren musste, lief die Finanzpolitik des Bundes auf eine in sich keineswegs widerspruchsfreie Mischung von Keynesianismus und Angebotspolitik hinaus.[137] Dabei änderte sich im Laufe der Zeit wiederholt

134 Sind Schulden vernünftig? Wie die Kreditpolitik des Bundes dem Bürger Nutzen bringt. Hg. Bundesministerium der Finanzen, Bonn o. J. (April 1976), zit. nach dem Exemplar in BArch B 126/70352.

135 *A. Ehrlicher*, S. 125.

136 Bulletin Nr. 110 vom 9.9.1975, S. 1081–1084 (Zitat: S. 1081).

137 Interview Offergeld. Vgl. dazu die kritische Sicht von *Bökenkamp*, Ende, S. 108 ff., und die abgewogene Interpretation von *A. Ehrlicher*.

aus politisch-pragmatischen Gründen das Mischungsverhältnis von expansiven und konsolidierenden Maßnahmen.

Die Wissenschaftler, die im Sommer 1975 zur aktuellen Lage sowie zu den künftigen Aussichten der öffentlichen Finanzen gutachteten, waren sich einig bei der Diagnose des Problems, nicht aber, was dessen Lösung anging.[138] Sowohl der Wissenschaftliche Beirat beim Bundesministerium der Finanzen als auch der Sachverständigenrat und nicht zuletzt das Deutsche Institut für Wirtschaftsforschung drängten darauf, die öffentlichen Haushalte zu konsolidieren. Würde, so fürchteten sie, in der Aufschwungphase des kommenden Konjunkturzyklus ein strukturelles Defizit bestehen bleiben, führe das zu einer »wirtschafts-, sozial- und gesellschaftspolitisch bedenklichen Entwicklung«.[139] Uneins waren sich die Experten jedoch, wann die Konsolidierung einzusetzen hätte, wie entschieden sie vorangetrieben werden sollte und welche Maßnahmen im Einzelnen ergriffen werden müssten. Der Wissenschaftliche Beirat, der für eine Einschränkung der staatlichen Aktivitäten eintrat, setzte darauf, das Defizit gleich nach der Überwindung der Rezession abzubauen. Dagegen wollte das expansionsfreudige Deutsche Institut für Wirtschaftsforschung den erwarteten Aufschwung durch staatliche Programme weiter ankurbeln und erst dann zu konsolidierenden Maßnahmen greifen, wenn dieser sich voll entfaltet hätte. Der Sachverständigenrat plädierte schließlich für einen Mittelweg. Zwar müssten die Fehlbeträge auf mittlere Sicht beseitigt werden, doch seien für kurze Zeit noch konjunkturstabilisierende Programme erforderlich.[140]

Die anschwellende Kritik an der Finanzpolitik der sozial-liberalen Koalition, die nun auch den Rückhalt der Experten fand, stärkte jene Kräfte in der Regierung, die zwar für eine Konsolidierung der öffentlichen Haushalte eintraten, zugleich aber die Konjunktur durch ein weiteres Programm stützen wollten.[141]

138 Zu den größeren Zusammenhängen, vor allem zur Krise der Globalsteuerung und den Anfängen der monetaristisch geprägten Angebotspolitik vgl. *Schanetzky*, Ernüchterung, S. 178 ff. Das BMF erarbeitete rückblickend eine Synopse der einzelnen Vorschläge: Vermerk I A 4 BMF vom 26.9.1977 betr. Äußerungen zur Frage der Konsolidierung der öffentlichen Haushalte, BArch B 126/48177.

139 Zur Lage und Entwicklung der Staatsfinanzen in der Bundesrepublik Deutschland vom 5.7.1975, in: *Bundesministerium der Finanzen*, Beirat 1974–1987, S. 1–29 (Zitat: S. 5); *Sachverständigenrat*, Sondergutachten 1975; Die Lage der Weltwirtschaft und der westdeutschen Wirtschaft, in: DIW-Wochenbericht 42–43/75, S. 345–370; Staatshaushalt 1976, in: ebd., 48–49/75, S. 407–412. Vgl. dazu die große Resonanz in der Presse: Gutachter empfehlen nach Aufschwung Sparmaßnahmen oder höhere Steuern, in: Süddeutsche Zeitung Nr. 182 vom 11.8.1975; »Öffentliche Ausgaben drastisch kürzen«, in: Frankfurter Allgemeine Nr. 183 vom 11.8.1975.

140 Diese unterschiedlichen Empfehlungen wurzelten in divergenten wirtschaftspolitischen Positionen; vgl. dazu *A. Ehrlicher*, S. 119 f.

141 Gruppe IV/5 BKA (Quantz), Stellungnahme zum Gutachten des Wissenschaftlichen Beirats beim BMF zur Lage und Entwicklung der Staatsfinanzen in der Bundesrepublik Deutschland vom 14.8.1975, BArch B 136/9213.

Im Frühjahr 1975 hatte Wirtschaftsminister Hans Friderichs seinem Parteivorsitzenden Hans-Dietrich Genscher und dem Vorsitzenden der FDP-Fraktion im Bundestag Wolfgang Mischnick in einem Brandbrief vor Augen geführt, dass die Lage der öffentlichen Haushalte 1976 »eine Weichenstellung unerlässlich« mache. Bei wachsenden Defiziten drohe entweder ein »Konflikt mit der Geldpolitik« oder ein »neuer Inflationsstoß«, und beides gefährde den wirtschaftlichen Aufschwung.[142] Friderichs stützte sich auf einen Entwurf seines Hauses, das den kritischen Zustand der öffentlichen Finanzen zwar auch der konjunkturellen Situation zuschrieb, vor allem aber als Ergebnis »eines schon seit längerem eingeleiteten Trends zu einer überproportionalen Steigerung der Staatsausgaben« wertete.[143] Kritisch sah das Papier, dass die inflationsbedingten Steuermehreinahmen für zusätzliche Ausgaben und diese nicht für öffentliche Investitionen verwendet worden seien, sondern in den Konsum geflossen wären. Erst wenn man die Fehlbeträge abgebaut haben werde, entstände Raum für private Investitionen, die allein den Aufschwung tragen könnten. Die Konsolidierung müsse rasch in Angriff genommen werden und an der Ausgabenseite, zumal bei den Sozialleistungen ansetzen. Auf dieser Linie argumentierte der Minister bei der Bundesvorstandssitzung der FDP in der zweiten Julihälfte. Er warb für »Grundsatzentscheidungen« in Fragen von »Ausgabenkürzungen und Durchforstung der Sozialausgaben« und setzte eine Kommission durch, die entsprechende Vorschläge erarbeiten sollte.[144] Zugleich schlug Friderichs ein Ausgabenprogramm mit einem Volumen von etwa 5 Mrd. vor, um besonders die im Baubereich steigende Arbeitslosigkeit abzufedern. Mitte August akzeptierte der Bundesvorstand den von der Kommission vorgelegten umfangreichen Sparkatalog, achtete jedoch darauf, dass die Maßnahmen »nicht einseitig zu Lasten einer bestimmten Wählergruppe der F.D.P.« gingen. Dagegen passierte das projektierte Konjunkturprogramm glatt.[145]

Während sich der kleine Koalitionspartner offensiv auf das Ringen um die Verteilung der Ausgabenkürzungen vorbereitete, drohte der größere in die Defensive zu geraten. Zwar hatte sich der Kanzler bereits Anfang Mai mit Minister Genscher darauf verständigt, den Haushalt 1976 durch Ausgabenkürzungen und Steuererhöhungen auszufinanzieren. Den »großen Ärger« wollte er aber auf

142 Friderichs an Genscher und Mischnick am 9.5.1975, AdL NL Mischnick A40-719.

143 Abteilung I A BMWi (Molitor), Probleme des öffentlichen Gesamthaushalts vom 7.5.1975, ebd.

144 Ingrid Matthäus, Bericht über die 8. Bundesvorstandssitzung der F.D.P. am 23.7.1975, AdL Bundesvorstand 177. Dazu auch Warnungen unter Verschluß, in: Der Spiegel Nr. 33 vom 11.8.1975; Lebten die Deutschen über ihre Verhältnisse?, in: ebd.

145 Ingrid Matthäus, Bericht über die 9. Bundesvorstandssitzung der F.D.P. am 19.8.1975, AdL Bundesvorstand 177. Matthäus, Bundesvorsitzende der Jungdemokraten, hatte als einzige gegen die Ausgabenkürzungen votiert. Vgl. auch Die Sparpläne des Ministers Friderichs, in: Der Spiegel Nr. 35 vom 25.8.1975.

die Zeit nach der Sommerpause verschieben.[146] Dagegen forderte Finanzminister Apel rasches Handeln, denn mittlerweile steuerte die zum Ausgleich des Budgets erforderliche Nettokreditaufnahme auf 46 Mrd. zu.[147] Da das Haushaltsjahr 1976 nicht »im gleichen Maße wie 1975 über Netto-Kreditaufnahmen« finanziert werden könnte,[148] drängte er auf eine Senkung der Ausgaben und eine höhere Mehrwertsteuer.[149] Schmidt unterstützte diesen Kurs, befürchtete er doch andernfalls im Wahljahr »eine allgemeine Krise der öffentlichen Finanzen«.[150] Damit geriet die SPD in das Dilemma, einerseits die Konsolidierungsanstrengungen ihres Kanzlers und ihres Finanzministers mittragen zu müssen, andererseits im Vorfeld der Bundestagswahlen nicht die eigene Klientel verprellen zu dürfen.[151] Deshalb forderten Teile der Partei und die Gewerkschaften als Ausgleich ein weiteres Konjunkturprogramm, um die Zahl der Arbeitslosen im Winter 1975/76 in Grenzen zu halten.[152]

Mit der Mischstrategie, also Ausgabenkürzungen zur Konsolidierung der Haushalte auf der einen Seite und Programme zur Belebung der Wirtschaft auf der anderen, folgte die Regierung den Empfehlungen des Sachverständigenrats.[153] Ein Spitzengespräch beim Bundeskanzler legte Mitte August die Grundlinie des weiteren Vorgehens fest.[154] Die Deckungslücke vor Augen, die

146 Koalitionsgespräch (Protokoll Manfred Schüler) am 5.5.1975, AdsD 1/HSAA009369.

147 Apel an Schmidt am 7.8.1975, PHS Korrespondenz HS politisch-privat 1975 A–K Bd. 13.

148 H. Schmidt, »Apel Papier« Finanzpolitik 1975/76, PHS Korrespondenz HS politisch-privat 1975 A-K Bd. 13. F. Nowotny, Apels Alptraum, in: Capital Nr. 8/1975.

149 »Wenn's uns besser geht, erhöhe ich die Steuern«, in: Der Stern Nr. 24/1975; D. Stolze, Höhere Steuern retten uns auch nicht…, in: Die Zeit Nr. 26 vom 20.6.1975; P. Gilles, Finanzminister Apel: Höhere Steuern, sobald es besser geht, in: Die Welt Nr. 122 vom 4.6.1975.

150 H. Schmidt, Geschrieben in Porto Rafti Griechenland 4.1.1976, PHS HS Privat-Pz Ökonomische Papiere der Jahre 1975, 1976, 1977 und 1978.

151 SPD-Geheimplan: Wer die Zeche zahlt, in: Der Spiegel Nr. 30 vom 21.7.1975.

152 Apel an Schmidt am 7.8.1975, PHS Korrespondenz HS politisch-privat 1975 A-K Bd. 13. Auch 1976 muß sich der Bund mit 40 Milliarden Mark verschulden, in: Frankfurter Allgemeine Nr. 193 vom 22.8.1975; Massiver Verlust, in: Der Spiegel Nr. 30 vom 21.7.1975.

153 C. Ahlers, Nur nicht zu optimistisch, in: Der Stern Nr. 36/1975; W. Kannengießer, Kein Weg aus der Finanzkrise, in: Frankfurter Allgemeine Nr. 292 vom 17.12.1975.

154 AL IV BKA (Hiss), Aufzeichnung über das Ministergespräch beim Bundeskanzler am 20.8.1975 vom 21.8.1975, BArch B 136/9213 bzw. PHS HS privat TG II 1975/II. Vgl. dazu »Es werden alle gerupft«, in: Der Spiegel Nr. 35 vom 25.8.1975; W. Kannengießer, Ende des finanzpolitischen Schlendrians, in: Frankfurter Allgemeine Nr. 195 vom 25.8.1975; Vom Füllhorn zum Besen, in: ebd. Nr. 198 vom 28.8.1975; H. Pentzlin, SOS für den Haushalt, in: Die Welt Nr. 195 vom 23.8.1975. An dem Treffen nahmen außer dem Bundeskanzler die Minister Genscher, Apel und Friderichs, Klasen und Emminger von der Bundesbank sowie hohe Beamte aus Kanzleramt (Schüler, Hiss, Grünewald) und Finanzministerium (Obert) teil.

der Finanzminister für 1976 auf gut 43 Mrd. bezifferte, verständigte sich die Runde auf einschneidende Maßnahmen. Diese liefen auf Einsparungen von rund 3,5 Mrd. hinaus und gingen mit Rückendeckung des Kanzlers weiter als die Vorschläge Apels, die, so der zuständige Referent im Bundeskanzleramt, weder auf eine »nachhaltige Haushaltssanierung« noch eine »Strukturverbesserung für den Haushalt« abzielten.[155] Zugleich kam man überein, das vom Wirtschafts- und Finanzministerium ausgearbeitete Konjunkturprogramm auf den Weg zu bringen. Damit waren die grundlegenden Entscheidungen gefallen, die anschließend in einer Arbeitsgruppe der Staatssekretäre und in weiteren Koalitionsgesprächen konkretisiert, Ende August im Kabinett behandelt und hier Anfang September formell beschlossen wurden.[156]

Vorgesehen war einerseits ein »Programm zur Stützung von Bau- und anderen Investitionen« mit einem Volumen von 5,7 Mrd., davon 3,2 Mrd. für den Bund, dessen Anstoßwirkung auf über 10 Mrd. geschätzt wurde.[157] Es sollte die Konjunktur beleben und verfolgte zugleich strukturpolitische Ziele. Andererseits verständigte sich das Kabinett auf ein Paket von Ausgabenkürzungen sowie Steuer- und Beitragserhöhungen. Diese ließen den Haushalt 1976 um lediglich 4,1 % auf 168,1 Mrd. steigen und drückten die Nettokreditaufnahme mit 38,9 Mrd. knapp unter die von der Bundesbank bei 40 Mrd. gezogene rote Grenze.[158] Die mittelfristige Finanzplanung bis 1979 sah zwar bei einer durchschnittlichen jährlichen Steigerung von 5 % einen auf 195,2 Mrd. wachsenden Bundeshaushalt vor. Dieser sollte aber dank der geplanten Steuererhöhungen, welche die Einnahmen von 129,2 Mrd. (1976) auf 183,9 Mrd. (1979) anhoben, mit einer schrittweise von 38,6 Mrd. auf 11,2 Mrd. sinkenden Nettokreditaufnahme auskommen.[159] Dadurch reduzierte sich das Finanzierungsdefizit des öffentlichen Sektors von 7,0 bis 7,5 % auf durchschnittlich 2,0 %, und es öffneten sich

155 Vermerk Gruppe IV/5 BKA (Quantz) betr. Haushalt 1976 und Finanzplan bis 1979, BArch B 136/9214.

156 Koalitionsgespräch (Protokoll Manfred Schüler) am 26.8.1975, AdsD 1/HSAA009369. 126. bzw. 128. Kabinettssitzung am 27. und 28.8. bzw. 10.9.1975, in: Kabinettsprotokolle. Vgl. dazu Hosen runter, Steuern rauf, in: Der Spiegel Nr. 36 vom 1.9.1975; »Wir saßen da wie Kopfschlächter«, in: ebd. Nr. 37 vom 8.9.1975; Der Bürger wird zur Kasse gebeten, in: Süddeutsche Zeitung vom 30.8.1975.

157 Programm zur Stärkung von Bau- und anderen Investitionen, in: Bulletin Nr. 106 vom 2.9.1975, S. 1037–1043.

158 AL IV BKA (Hiss), Aufzeichnung über das Ministergespräch beim Bundeskanzler am 20.8.1975 vom 21.8.1975, BArch B 136/9213 bzw. PHS HS privat TG II 1975/II.

159 Entwurf zum Haushalt 1976 und zum Finanzplan 1975 bis 1979, in: Bulletin Nr. 106 vom 2.9.1975, S. 1035–1036. Weitere Einzelheiten erläuterten die Minister Apel und Friderichs auf der Pressekonferenz (98/75) am 29.8.1975, BArch B 136/9214. Der Text findet sich auch im Bulletin Nr. 109 vom 5.9.1975, S. 1073 ff.; vgl. auch die Erklärung von Bundesfinanzminister Hans Apel zu den vom Bundeskabinett beschlossenen Sparmaßnahmen und Steuererhöhungen vom 29.8.1975, WDR 6126270101.

finanzielle Spielräume für etwas höhere Investitionen.[160] Dies erlaubten zum einen Ausgabenkürzungen, die ein Haushaltssicherungsgesetz »paritätisch auf die Anhängerschaft beider Koalitionspartner« verteilte.[161] So erfolgten Einsparungen im öffentlichen Dienst, und es begann der Abbau des Aufwertungsausgleichs für die Landwirtschaft. Nicht zuletzt sanken die Zahlungen nach dem Arbeitsförderungsgesetz und die Leistungen des Bundesausbildungsförderungsgesetzes, außerdem die Sätze der Spar- und Wohnungsbauprämien sowie die Steuervergünstigungen für Kreditinstitute.[162] Zum anderen stiegen die Beiträge zur Arbeitslosenversicherung von 2 % auf 3 % zum Jahresanfang 1976. Dadurch sparte der Bund Zuschüsse in Höhe von 3,8 Mrd. ein. Schließlich sollten ab 1977 etwa 10 Mrd., davon rund 7 Mrd. für den Bund, durch eine um zwei Prozentpunkte von 11 % auf 13 % Prozent angehobene Mehrwertsteuer sowie Steuererhöhungen auf Tabak und Spirituosen im Umfang von etwa 1,2 Mrd. hinzukommen.[163]

Die Bundesregierung setzte den Umfang der Konsolidierungsmaßnahmen für die Jahre 1976 bis 1979 mit knapp 100 Mrd. an.[164] Davon entfielen gut 29 Mrd. auf die Einnahmen- und rund 67 Mrd. auf die Ausgabenseite.[165] Bei einer durchschnittlichen jährlichen Zuwachsrate von 5 % und einer Inflationsrate, die sich im Sommer 1975 bei 5,7 % bewegte, bedeutete dies, dass die Budgets bis 1979 real nicht mehr wuchsen, sondern bestenfalls stagnierten.[166] Dahinter stand, wie Apel in einem ZEIT-Interview erläuterte, eine »Drei-Phasen-Strategie«: zunächst volle »Hinnahme der Verschuldung im Jahre 1975«; dann »Abbau eines Teils des Defizits im Jahre 1976 bei gleichzeitiger Verabschiedung eines Bauinvestitionsprogramms«; schließlich 1977 »zusätzliche Verbesserungen der Einnahmen zur Reduzierung des Haushaltsdefizits auf erträgliche Größenordnungen«. Allerdings hing der Erfolg dieser Strategie davon ab, ob die Rezession im Laufe des Jahres 1976 überwunden werden konnte.[167]

160 I A 4 BMF, Projektion des öffentlichen Gesamthaushalts 1976 und bis 1979 vom 23.9.1975, BArch B 126/49642.

161 Hosen runter, Steuern rauf, in: DER SPIEGEL Nr. 36 vom 1.9.1975.

162 Entwurf eines Gesetzes zur Verbesserung der Haushaltsstruktur vom 8.10.1975, BT-Drucksache VII/4127.

163 Maßnahmen zur Verbesserung der Haushaltsstruktur, in: BULLETIN Nr. 111 vom 12.9.1975, S. 1093.

164 13,0 Mrd. (1976) und 26,9 Mrd. (1977) sowie 32,9 Mrd. (1978) und 23,5 Mrd. (1979).

165 Maßnahmen zur Verbesserung der Haushaltsstruktur, in: BULLETIN Nr. 111 vom 12.9.1975, S. 1093. Doch dürften diese Zahlen zu hoch gegriffen sein und den Konsolidierungsbedarf überzeichnen, da sie auf der Grundlage des nicht veröffentlichten »Fortgeschriebenen Finanzplans 1974/75 bis 1978/79« ermittelt wurden, der zeitlich zwischen dem im Juli verabschiedeten Finanzplan 1974 bis 1978 sowie dem im September beschlossenen Finanzplan 1975 bis 1979 lag und von überhöhten Haushaltsansätzen ausging. Dazu die genauen Berechnungen bei *A. Ehrlicher*, S. 135 ff.

166 Fraktion der SPD, Arbeitsgruppe Haushalt (von Bülow) an Mitglieder der SPD-Fraktion am 3.5.1976, Anlage: Zum Bundeshaushalt 1976, BArch B 136/11609.

167 *Apel*, Konsolidierung, S. 11.

Zunächst stand und fiel das Programm jedoch mit den finanzpolitischen Entscheidungen im Parlament. In seiner Partei und in der SPD-Fraktion konnte der Kanzler, obwohl sich Unmut regte, die »Mager-Kur« durchsetzen.[168] Auch die Gewerkschaften gingen am Ende nicht auf Konfrontationskurs,[169] und die FDP blieb ebenfalls im Boot.[170] Die Opposition fand lange zu keiner klaren Position, waren doch in der CDU/CSU, wie die WIRTSCHAFTSWOCHE spöttelte, die Meinungen »vielfarbig wie ein Schottenrock«.[171] Das lag einmal daran, dass die unionsregierten Länder nicht grundsätzlich etwas gegen eine höhere Mehrwertsteuer einzuwenden hatten; auch gingen die Meinungen der Unionspolitiker auseinander, ob sie sich gut ein Jahr vor der Bundestagswahl auf ein klares Nein festlegen und damit die notwendigen Maßnahmen zur Sanierung des Haushalts blockieren sollten.[172] Am Ende aber schwenkte die Opposition in den Parlamentsdebatten über den Nachtragshaushalt 1975, das Konjunkturprogramm und das Sachverständigenratsgutachten Mitte September auf einen Kurs des »Neinsagens« ein.[173] Dabei blieb sie auch in den Beratungen über das Haushaltsstrukturgesetz, die Mitte Oktober begannen,[174] und über

168 SPD-Fraktion im Bundestag, Protokoll der Fraktionssitzung am 12.9.1975, AdsD Abt. II SPD-Bundestagsfraktion 7. WP, 2/BTFG000107; H. Schmidt, Geschrieben in Porto Rafti Griechenland 4.1.1976, PHS HS Privat-Pz Ökonomische Papiere der Jahre 1975, 1976, 1977 und 1978; Möller an Schmidt am 16.10.1975, BArch N 1369/451.

169 Vermerk DGB Abt. Wirtschaftspolitik (Hentschel) vom 13.8.1975 betr. Material für Gespräch mit dem Bundeskanzler am 2.9.1975, AdsD 5/DGAN000092. Sparprogramm: Die Genossen schweigen, in: DER SPIEGEL Nr. 37 vom 8.9.1975; Massive Kritik an den Sparbeschlüssen, in: WELT DER ARBEIT Nr. 36 vom 5.9.1975; Stand von 1967 wieder erreicht, in: WIRTSCHAFTSWOCHE Nr. 27 vom 5.9.1975; C. Ahlers, Ring frei für die zweite Krisen-Runde, in: DER STERN Nr. 32/1975.

170 Protokoll (Schüler) des Koalitionsgesprächs am 8.9.1975, AdsD 1/HSAA009369; Ingrid Matthäus, Bericht über die 10. Bundesvorstandssitzung der F.D.P. am 9.9.1975, AdL Bundesvorstand 177.

171 Vgl. die scharfe Kritik der CDU/CSU-Fraktion (Zavelberg), Die Haushaltssicherungsbeschlüsse der Bundesregierung vom 27./28.8.1975. Erste Analyse und kritische Stellungnahme vom 3.9.1975, BArch N1431/41. Zavelberg sah die Regierung in einer Zwickmühle, da der Bund, würden keine Gegenmaßnahmen ergriffen, bald »zahlungsunfähig« werde. Auch habe der »gewaltige Kreditbedarf der öffentlichen Hand« den »Rentenmarkt in einen nahezu trostlosen Zustand versetzt« und nur die »Milliardeninterventionen der Bundesbank« den »völligen Zusammenbruch« verhindert. Sparprogramm: Die Genossen schweigen, in: DER SPIEGEL Nr. 37 vom 8.9.1975; Zitat: Stand von 1967 wieder erreicht, in: WIRTSCHAFTSWOCHE Nr. 27 vom 5.9.1975.

172 »Wir lehnen nicht von vornherein alles ab«, in: DIE ZEIT Nr. 37 vom 5.9.1975.

173 VDB, 7. WP, 184. bzw. 185. Sitzung vom 17. bzw. 18.9.1975. Vgl. dazu F.U. Fack, Der Steuer-Staat, in: FRANKFURTER ALLGEMEINE Nr. 217 vom 19.9.1975; »Den Kanzler direkt packen«, in: DER SPIEGEL Nr. 39 vom 22.9.1975.

174 VDB, 7. WP, 192. Sitzung vom 15.10.1975; BT-Drucksache VII/4127; Bedenken aller Länder gegen die Haushaltspolitik der Bundesregierung, in: FRANKFURTER ALLGEMEINE Nr. 271 vom 22.11.1975.

den Haushalt 1976, den die Regierung Anfang November in den Bundestag einbrachte.[175]

Wirksamer als die Kritik der Opposition im Bundestag war freilich der Widerstand der CDU/CSU-regierten Länder gegen eine koordinierte Konsolidierungspolitik der Gebietskörperschaften und – den eigenen Interessen zuwider – gegen die Erhöhung der Mehrwertsteuer. Nachdem die Länder bei der Neuverteilung der Umsatzsteuer im Frühsommer 1975, so sahen es Kanzler und Finanzminister, dem Bund 2 Mrd. jährlich schuldig geblieben waren, hatte sich das politische Klima zwischen Bund und Ländern abgekühlt. Zu den Konsolidierungsmaßnahmen gehörte deshalb auf Drängen von Bundeskanzler Schmidt, der die »Finanzreform« von 1969 mittlerweile für eine »Fehlentscheidung« hielt, auch eine Reduzierung der Gemeinschaftsausgaben um 10 % von 1977 an.[176] Zudem wies Schmidt den Ländern in der Bundestagsdebatte Mitte September eine Mitverantwortung für die Finanzprobleme des Bundes zu, sei doch der Bundeshaushalt »zwischen zwei Mühlsteine« geraten: hier die »wachsenden Länderansprüche«, dort die »wachsende(n) Finanzierungsansprüche der Europäischen Gemeinschaft«.[177] Schmidt hatte dabei auf der einen Seite die steigenden bundesdeutschen Beiträge für den Haushalt der EG vor Augen, von denen rund 80 % für die Gemeinsame Agrarpolitik verausgabt wurden.[178] Allein zwischen 1973 und 1977 waren die Zahlungen an die EG von 5,2 Mrd. auf 9,1 Mrd. gestiegen, hatten sich also fast verdoppelt.[179] Auf der anderen Seite waren Schmidt die Auseinandersetzungen mit den Ländern um die Verteilung der Umsatz- und die Anhebung der Mehrwertsteuer ein Dorn im Auge. Einerlei ob er mit der Reduzierung der Gemeinschaftsaufgaben grundsätzlich von diesen abrücken oder nur einen »Eröffnungszug« in der Auseinandersetzung um die Mehrwertsteuer machen wollte, in jedem Fall verschärfte er damit die politischen Spannungen.[180]

Bereits auf der Sitzung des Finanzplanungsrats Anfang September waren die unterschiedlichen Interessen des Bundes und der Länder, vor allem der unionsregierten sogenannten »B-Länder«, aufeinander gestoßen. Während es den Vertretern des Bundes darum ging, eine zurückhaltende Ausgabenpolitik zu betreiben, um das Finanzierungsdefizit abzubauen, stießen sich die Länder an der durchschnittlichen Jahreszuwachsrate von lediglich 6 %, die ihnen der Bund

175 VDB, 7. WP, 198. Sitzung vom 4.11.1975; BT-Drucksache VII/4100.

176 AL IV BKA (Hiss), Aufzeichnung über das Ministergespräch beim Bundeskanzler am 20.8.1975 vom 21.8.1975, BArch B 136/9213 bzw. PHS HS privat TG II 1975/II; 126. Kabinettssitzung am 27. und 28.8.1975, in: Kabinettsprotokolle.

177 VDB, 7. WP, 184. Sitzung vom 17.9.1975, S. 12888 f.

178 Dazu ausführlich *Patel*, Europäisierung, S. 397 ff., und *ders.*, Ground. Ein knapper Überblick über die Finanz- und Haushaltspolitik der EG bei *Folkers*.

179 *Bundesministerium der Finanzen*, Finanzbericht 1978, S. 54; Interview Quantz.

180 H. Rudolph, Druck über die Länder auf die Union, in: Frankfurter Allgemeine Nr. 224 vom 27.9.1975.

in der Projektion des öffentlichen Gesamthaushalts zugestehen wollte. Diese sei zu gering und nicht realistisch, führe zu rückläufigen Investitionen und gefährde damit den Konjunkturaufschwung. Da die Vertreter der Kommunen diese Position teilten, konnte der Finanzplanungsrat die Gebietskörperschaften nicht auf eine gemeinsame Konsolidierungspolitik verpflichten.[181] Auch bei den Beratungen über eine höhere Mehrwertsteuer ging die Opposition auf Konfrontationskurs. Als sie sich entschied, eine Anhebung der Steuer im Bundesrat mit der Mehrheit der unionsregierten Länder abzulehnen,[182] setzte sie darauf, die Steuererhöhung zu einem Thema des kommenden Bundestagswahlkampfes machen zu können. Die Länder waren dafür sogar bereit, auf ihren Anteil an der höheren Umsatzsteuer zu verzichten, was gerade den finanzschwachen unter ihnen – Schleswig-Holstein, Rheinland-Pfalz und Saarland – schwerfiel. Mit dem Veto im Bundesrat und einer unnachgiebigen Haltung im Vermittlungsausschuss hielt die Opposition an ihrem Kurs fest.[183]

Wenn das Konsolidierungsprogramm trotz des Widerstandes der Opposition nicht fehlschlug, verdankte sich das der günstigen konjunkturellen Entwicklung.[184] Der Aufschwung setzte Mitte 1975 schleppend ein, ließ das Bruttosozialprodukt im vierten Quartal um 1,6 % wachsen und gewann aber im ersten Halbjahr 1976 mit einem Anstieg um 6,2 % an Fahrt.[185] Für 1976 insgesamt ergab sich eine Rate von 5,3 %, da die Dynamik im zweiten Teil des Jahres mit 5 % leicht nachließ, eine Entwicklung, die sich 1977 mit 2,8 % Wachstum deutlich fortsetzte. Im Jahr darauf wuchs die Wirtschaft indes wieder mit 3,6 %. Zugleich sank die Inflationsrate von 5,9 % (1975) auf einen Tiefstand von 2,4 % im zweiten Halbjahr 1978.[186] Dank der anziehenden Konjunktur stiegen die

181 Ergebnisniederschrift der 29. Sitzung des Finanzplanungsrates am 8.9.1975 vom 10.10.1975, BArch B 136/9181; Vermerk Gruppe IV/5 BKA (Thüring) für AL IV betr. 29. Sitzung des Finanzplanungsrates am 8.9.1975, ebd.

182 »Den Kanzler direkt packen«, in: Der Spiegel Nr. 39 vom 22.9.1975.

183 Nach der Wahl mehr, in: ebd. Nr. 3 vom 12.1.1976; D. Piel, Angst vor der eignen Courage?, in: Die Zeit Nr. 6 vom 30.1.1975; Mehrwertsteuer: Vor der Wahl in die Kurve, in: Der Spiegel Nr. 15 vom 5.4.1976; Die Bonner Regierungsparteien überprüfen Apels Steuerpläne, in: Frankfurter Allgemeine Nr. 83 vom 7.4.1976; »Ich habe Lehrgeld bezahlt«, in: Der Spiegel Nr. 25 vom 14.6.1976; Vermerk DGB Bundesvorstand, Abt. Wirtschaftspolitik, Daten zur geplanten Erhöhung der Mehrwertsteuer vom 29.4.1976, AdsD 5/DGI000490; Kurzprotokoll der Sitzung des DGB Bundesvorstands am 4.5.1976, AdsD 5/DGAI000554.

184 Apel spricht von vermindertem Finanzierungsrisiko für 1976, in: Frankfurter Allgemeine Nr. 18 vom 22.1.1976. Apels Purzelbäume, in: ebd. Nr. 22 vom 27.1.1975. Dagegen mit einem skeptischen Blick auf 1976 die Ausführungen im Platow Brief Nr. 1 vom 5.1.1976.

185 Reales Bruttosozialprodukt nimmt wieder zu, in: DIW-Wochenbericht 47/75, S. 391–398.

186 *A. Ehrlicher*, S. 121 ff.; *W. Ehrlicher* u. *Rohwer*, Finanzen 1976, S. 308 ff.; *Sachverständigenrat*, Jahresgutachten 1976/77, Ziff. 202 ff.

Steuereinnahmen der Gebietskörperschaften 1976 um 10,6 %, während die Ausgaben nur um 4,7 % wuchsen, so dass ihr Finanzierungssaldo mit 47,9 Mrd. oder 12,7 % des Haushaltsvolumens geringer ausfiel als im Jahr zuvor mit 63,9 Mrd. bzw. einem Anteil von 17,8 %.[187] Im Unterschied zu den Ländern, die ihre Ausgaben zwar um 5,5 % steigerten, aber dank Steuermehreinnahmen von 11 % ihren Finanzierungssaldo mit 15,5 Mrd. gut 5 Mrd. unter Plan halten konnten, setzten die Gemeinden ihren 1975 begonnenen Konsolidierungskurs fort. Sie erhöhten ihre Ausgaben nur um 4,8 %, so dass sich bei einem Einnahmenplus von 11 % das Defizit um knapp zwei Drittel auf 3,8 Mrd. reduzierte.[188]

Der Bund profitierte ebenfalls von der günstigen Konjunktur. Während der parlamentarischen Beratungen hatte sich das Volumen seines Haushalts, der im Juni 1976 verabschiedet wurde, gegenüber der Regierungsvorlage auf 164,1 Mrd. und mit Konjunkturprogrammen auf 167 Mrd. reduzieren lassen.[189] Dieser Ansatz konnte im Vollzug noch um 2,4 Mrd. unterschritten werden, da vor allem die Bundesanstalt für Arbeit geringere Zuschüsse benötigte. So wuchsen die Ausgaben gegenüber 1975 nur um 3,9 %. Dagegen erhöhten sich die Einnahmen um 10,3 %, so dass der Finanzierungssaldo mit 28,5 Mrd. um gut 7 Mrd. unter den geplanten 35,7 Mrd. blieb.[190] Die Konsolidierung erfolgte allerdings einmal mehr auf Kosten der Investitionen, während der Anteil der laufenden Zuschüsse an den Gesamtausgaben weiter stieg und jener der Personalausgaben lediglich stagnierte.[191]

Im Jahr 1976 setzte die Bundesregierung ihre Mischstrategie fort, wenn auch mit deutlich reduziertem Umfang bei der Konjunkturförderung. Parallel zur Konsolidierung des Haushalts beschloss sie eine Reihe arbeitsmarktpolitischer und investitionsfördernder Maßnahmen, die auf der Angebotsseite ansetzten. Dazu zählten das »Sonderprogramm für Arbeitsförderungsmaßnahmen« mit einem Volumen von 200 Mio. und ein »Arbeitsmarktpolitisches Programm« im Umfang von 1,6 Mrd. Beides zielte darauf, die Arbeitslosigkeit besonders unter Jugendlichen abzubauen. Außerdem sollten ein Verlustrücktrag eingeführt sowie die Doppelbesteuerung der ausgeschütteten Gewinne von Kapitalgesellschaften aufgehoben werden, um die Rahmenbedingungen für die Wirtschaft und damit das Investitionsklima zu verbessern.[192]

187 *W. Ehrlicher* u. *Rohwer*, Finanzen 1976, S. 313 ff.

188 Ebd., S. 323 ff., 327 ff.

189 Fraktion der SPD, Arbeitsgruppe Haushalt (von Bülow) an Mitglieder der SPD-Fraktion am 3.5.1976, Anlage: Zum Bundeshaushalt 1976, BArch B 136/11609. D. Piel, So reich und doch so arm, in: Die Zeit Nr. 21 vom 14.5.1976; Haushalt 1976 vom Bundestag verabschiedet, in: Süddeutsche Zeitung Nr. 117 vom 21.5.1976.

190 *Bundesministerium der Finanzen*, Finanzbericht 1979, S. 18; P. Gillies, Überschuß an Kredit und Defizit an Vertrauen, in: Die Welt Nr. 19 vom 23.1.1976.

191 *Sachverständigenrat*, Jahresgutachten 1976/77, Ziff. 208.

192 *W. Ehrlicher* u. *Rohwer*, Finanzen 1976, S. 312 f.

Die Beratungen über den Haushalt 1977 verzögerten sich durch die Bundestagswahl im Oktober 1976. Sie standen obendrein im Zeichen des sogenannten »Rentendebakels«, bei dem es um die Sicherheit der Renten und die in den Folgejahren schrumpfenden Rücklagen der Rentenversicherung ging.[193] Obwohl aus dem Finanzministerium, von der Bundesbank und von verschiedenen anderen Seiten pessimistische Berechnungen vorlagen, wollte der Bundeskanzler im Vertrauen auf die Zusicherungen von Arbeits- und Sozialminister Walter Arendt die drohenden Finanzprobleme der Rentenversicherung, ob willentlich oder leichtfertig sei dahingestellt, aus dem Bundestagswahlkampf heraushalten.[194] Gegen die Vorwürfe der Opposition, die Renten seien nicht sicher, beschworen Kanzler, Regierung und führende Politiker der Koalition in Reden und Interviews, dass diese solide finanziert seien und die angekündigte Erhöhung der Renten um 11 % zum Juli 1976 auf jeden Fall erfolgen werde.[195]

Dabei hatte sich die Lage der Rentenversicherung seit dem Rentenreformgesetz von 1972, das von höchst optimistischen Voraussagen ausgegangen war, laufend verschlechtert.[196] Einerseits blieben die Beitragseinnahmen hinter den Berechnungen zurück, weil die Lohnzuwachsraten sanken, die Arbeitslosenzahlen stiegen und weitere Belastungen für die Rentenkassen hinzukamen. Andererseits nahmen die Ausgaben stärker zu als geplant. So fielen die Anpassungssätze der Renten zeitversetzt nach den hohen Lohnzuwachsraten der frühen siebziger Jahre und aufgrund des Brutto-Prinzips entsprechend üppig aus. Außerdem türmte sich im Zug der demographischen Entwicklung und als Folge der flexiblen Altersgrenze ein immer höherer Rentenberg auf. Schließlich schlugen die steigenden Zahlungen der Renten- an die Krankenversicherung zu Buche. So schrumpften die Überschüsse der Rentenkassen schrittweise, fielen 1975 ganz aus, und in den folgenden Jahren drohten steigende Defizite. Diese konnten vorübergehend aus den Rücklagen finanziert werden, die Ende 1975 rund 43 Mrd. betrugen. Doch ließen die hohen Fehlbeträge die Reserven rasch abschmelzen. Zudem bestanden diese zu rund 10,5 Mrd. aus Forderungen an den Bund, darunter knapp 5,7 Mrd. an gestundeten Zuschüssen. Wäre der Finanzminister gezwungen worden, die Summen vorzeitig zurückzuzahlen, hätte er diese in den Haushalt einstellen müssen und damit das ohnehin vorhandene Defizit erhöht sowie den Konsolidierungskurs gefährdet. Darum leistete Apel

193 Zum Folgenden ausführlich *Schmähl*, Bd. 6, S. 393–514, bes. S. 410 ff.; *Soell*, S. 612 ff.; *W. Süß*, Reform.

194 Die Finanzentwicklung der Sozialversicherungen seit Mitte der sechziger Jahre, in: *Deutsche Bundesbank*, Monatsbericht November 1975, S. 22–29; *Apel*, Abstieg, S. 24 f.; Renten: Vor Wohltätern wird gewarnt, in: Der Spiegel Nr. 33 vom 9.9.1976. Vgl. die Überlegungen von *W. Süß*, Reform.

195 Ebd. »Wir können natürlich noch Fehler machen«, in: Der Spiegel Nr. 36 vom 30.8.1976.

196 Renten: So schön wird es nicht wieder, in: ebd. Nr. 3 vom 12.1.1976.

heftigen Widerstand gegen entsprechende Forderungen und wehrte sich auch gegen einen höheren Bundeszuschuss zur Rentenversicherung.[197]

Bei den Koalitionsgesprächen nach der Bundestagswahl, die der SPD/FDP-Regierung eine knappe Bestätigung gebracht hatte, kamen neue Berechnungen zur Lage der Rentenversicherung auf den Tisch. Sie prognostizierten für die laufende Legislaturperiode Fehlbeträge von 83,3 Mrd. und für die Zeit danach das astronomisch hohe Defizit von 667 Mrd. bis zum Jahr 1990.[198] Der Versuch, die geplante Anpassung der Renten auf den Januar 1977 zu verschieben, um die Rentenkassen nicht noch weiter zu belasten, schlug fehl. Ja, er führte zu einem Aufschrei in der Öffentlichkeit und zu einer regelrechten Fronde von Abgeordneten der Koalition. So musste die politisch angezählte Regierung zurückrudern und konnte sich dadurch noch nicht einmal vom Vorwurf der »Rentenlüge« befreien.[199] Der Koalition blieb deshalb nur übrig, ein Sanierungspaket zu schnüren, das als 20. Rentenanpassungsgesetz verabschiedet und dessen Gesamtvolumen an Mehreinnahmen und Minderausgaben für die Jahre 1977 bis 1980 auf 63 Mrd. beziffert wurde.[200]

Mit dem Rentenanpassungsgesetz gelang es, den Bundeshaushalt vorerst gegenüber den wachsenden Finanzierungsproblemen der Rentenversicherung abzuschirmen. Denn sowohl eine Erhöhung des allgemeinen Bundeszuschusses, der sich 1975 bereits auf 13,4 Mrd. belief,[201] als auch die Zahlung der gestundeten Zuschüsse hätten dessen Fehlbetrag erhöht. Es bereitete dem Finanzminister ohnehin genug Probleme, den Haushalt 1977 ins Gleichgewicht zu bringen. Zwar konnte er Mehranforderungen der Ressorts von 10 Mrd. abwehren,[202] durfte auch mit höheren Steuereinnahmen rechnen, die allerdings wegen der sich abschwächenden Konjunktur bereits wieder geringer ausfielen als erwartet, und musste endlich keine hohen Zuschüsse für die Bundesanstalt für Arbeit einplanen. Doch ließ sich die Nettokreditaufnahme ohne eine Erhöhung der Mehrwertsteuer nicht unter die Grenze drücken, die ihr Art. 115 GG in kon-

197 *Schmähl*, Bd. 6, S. 425 f.; Schüler/Kinkel, Koalitionsgespräch am 25.11.1976, AdsD Dep. Müller Sig. 067.

198 Vgl. die Protokolle (Schüler/Kinkel) der Koalitionsgespräche vom 23.11. bis 10.12.1976, AdsD Dep. Albrecht Müller Sig. 067 bzw. 1/HSAA009371/72. Vgl. auch *Schmähl*, Bd. 6, S. 432 ff.

199 Der Renten-Skandal: »Wirklich das Dümmste«, in: Der Spiegel Nr. 51 vom 13.12.1976; D. Piel, Hilflos im Zahlenwerk und Datenkranz, in: Die Zeit Nr. 52 vom 17.12.1976.

200 *Schmähl*, Bd. 6, S. 439 ff. P. Gillies, Rentenpolitik mit Schiebung, in: Die Welt Nr. 12 vom 15.1.1977; H. Heck, 83 Milliarden – woher nehmen?, in: ebd.

201 Bericht der Bundesregierung über die gesetzlichen Rentenversicherungen, insbesondere über deren Finanzlage in den künftigen 15 Kalenderjahren, gemäß §§ 1273 und 579 der Reichsversicherungsordnung, § 50 des Angestelltenversicherungsgesetzes und § 71 des Reichsknappschaftsgesetzes (Rentenanpassungsbericht 1977), BT-Drucksache VIII/119.

202 Vgl. etwa das kritische Schreiben Hans Matthöfers an Helmut Schmidt vom 30.11.1976, PHS Korrespondenz HS politisch-privat 1976 K-Z Bd. 16.

junkturellen Normaljahren mit einem Volumen der Investitionen von 23 Mrd. zog.[203] Unter der Prämisse, dass die von ihm seit langem geforderte Mehrwertsteuererhöhung um zwei Prozentpunkte zum Juli 1977 erfolgen werde, legte der Finanzminister das Kabinett auf ein Haushaltsvolumen von 173,2 Mrd. fest.[204] Als die Ministerrunde Ende Januar 1977 die Einzelheiten des Haushaltsgesetzes festzurrte, herrschte weiterhin Einigkeit über die »notwendige Fortführung der Konsolidierung der Bundesfinanzen«.[205]

Der Haushalt, der im Februar in den Bundestag eingebracht wurde, sah bei einer Nettokreditaufnahme von 22,8 Mrd. Ausgaben und Einnahmen von 171,8 Mrd. vor.[206] Wie der Finanzminister in seiner Haushaltsrede betonte, stand für ihn einerseits die »Konsolidierung der Finanzen« im Zentrum; andererseits sah er in der »Zurückdrängung der konsumtiven Ausgaben« eine wesentliche Voraussetzung für das geplante »mehrjährige Programm für Zukunftsinvestitionen«.[207] Auf diese Weise wollte Apel die schwierige Aufgabe meistern, das Wachstum der Wirtschaft anzuregen und zugleich längerfristig am Ziel der Konsolidierung festzuhalten.

Ein Blick auf den Vollzug des Bundeshaushalts zeigt, dass dieser Spagat im Jahr 1977 weitgehend gelang. So erhöhten sich die Ausgaben, die das Haushaltsgesetz bei 172,4 Mrd. limitiert hatte, um 4,4 % und damit zwar etwas stärker als im Vorjahr, aber noch immer geringer als der öffentliche Gesamthaushalt, der um 5,7 % zulegte. Obwohl die Einnahmen um 9,6 % zunahmen, blieben sie hinter den Planungen zurück, da sich der Bund bei der Erhöhung der Mehrwertsteuer mit nur einem Prozentpunkt begnügen musste. Diesen Kompromiss mit den Ländern hatte der Kanzler mit Rückendeckung der FDP über den Kopf seines Finanzministers hinweg ausgehandelt.[208] Deswegen fiel auch die

203 Referat V/4 BKA (Hammers) an Schüler am 22.9.1976, AdsD Dep. Müller Sig. 066; AL 5 BKA (Müller) an Buka am 15.10.1975, ebd.; Nackter Mann, in: Der Spiegel Nr. 44 vom 25.10.1976; Ergebnisniederschrift der 31. Sitzung des Finanzplanungsrates am 2.12.1976, BArch B 136/9181; Knausern und nochmals knausern, in: Wirtschaftswoche Nr. 5 vom 21.1.1977.

204 189. Kabinettssitzung am 24.11.1976, in: Kabinettsprotokolle.

205 Apel an Schmidt am 21.1.1977, AdsD 1/HSAA010035; 6. Kabinettssitzung am 26.1.1977, in: Kabinettsprotokolle. Vgl. dazu H. D. Barbier, Konsolidierung auf dem Drahtseil, in: Süddeutsche Zeitung Nr. 22 vom 28.1.1977.

206 Entwurf eines Gesetzes über die Feststellung des Bundeshaushaltsplans für das Haushaltsjahr 1977 (Haushaltsgesetz 1977) vom 18.2.1977, BT-Drucksache VIII/100.

207 VDB, 8. WP, 15. Sitzung vom 2.3.1977, S. 726–737 (Zitate: S. 727). Vgl. auch Apel verspricht die Konsolidierung der Staatsfinanzen, in: Frankfurter Allgemeine Nr. 52 vom 3.3.1977.

208 Ergebnisniederschrift der 31. Sitzung des Finanzplanungsrates am 2.12.1976, BArch B 136/9181; Der Widerstand gegen Apels Steuerpaket wächst, in: Frankfurter Allgemeine Nr. 90 vom 19.4.1977; Koalitionsgespräch (Schüler) am 23.5. bzw. 24.5.1977, AdsD 1/HSAA009373; Auf die Füße, in: Der Spiegel Nr. 23 vom 30.5.1977; Apel an Schmidt am 14.6.1977, AdsD 1/HSAA010036; Vermerk Quantz (BKA) für Buka am

Nettokreditaufnahme mit 22,6 Mrd. gut 1,5 Mrd. höher aus als im Haushalt vorgesehen, blieb aber unter dem Vorjahreswert von 28,5 Mrd.[209] Der Konsolidierungserfolg des Jahres 1977 beruhte also in erster Linie auf einer positiven Entwicklung der Einnahmen, die sich trotz der geringeren Erhöhung der Mehrwertsteuer eingestellt hatte.[210]

Wie der Bund setzten auch die Länder ihre Ende 1975 begonnene Konsolidierungspolitik fort. Bei einem Anstieg der Ausgaben um 4,7 % und Mehreinnahmen von 10,5 % sank ihr Finanzierungssaldo auf 8,1 Mrd., lag damit um 7 Mrd. unter Plan und hatte sich gegenüber dem Vorjahr ungefähr halbiert.[211] Unter den Ländern bereitete es nicht zuletzt Nordrhein-Westfalen erhebliche Probleme, den Konsolidierungskurs umzusetzen. Es plante lediglich, die Nettokreditaufnahme von 3,5 Mrd. (1977) schrittweise auf 2,7 Mrd. (1980) zu verringern, peilte also für dieses Jahr eine »mittelfristige Normalverschuldung« nach den Vorstellungen des Sachverständigenrats an.[212] Anders als Bund und Länder hatten die Gemeinden ihre Budgets bereits 1976 kräftig konsolidiert, so dass bei ihnen ein geringerer Sanierungsbedarf bestand. Sie erhöhten ihre Ausgaben mit 7,8 % stärker als die anderen Gebietskörperschaften, konnten aber dank weiter steigender Einnahmen ihre Defizite noch einmal auf nunmehr 2,2 Mrd. reduzieren.[213] Damit sank der Finanzierungssaldo des öffentlichen Gesamthaushalts auf 32 Mrd., so dass der konjunkturelle Impuls, wie ihn der Sachverständigenrat berechnete, nur noch 4 Mrd. betrug, die öffentlichen Haushalte also kaum mehr expansiv wirkten.[214] Betrachtet man die Folgen der Konsolidierungspolitik für den öffentlichen Gesamthaushalt, wird einmal mehr deren Kehrseite deutlich. Zwar nahmen 1977 die Sachinvestitionen im Vergleich zum Vorjahr mit 1,5 % leicht zu; ihr Anteil an den Gesamtausgaben fiel jedoch auf den neuen Tiefstand von 11,1 %. Das lag in erster Linie an den Gemeinden, die als Hauptinvestoren der öffentlichen Hand ihre Investitionen lediglich um 0,7 % ausdehnten, während sie beim Bund um 2,9 % und bei den Ländern um 3,1 % stiegen. Wieder einmal zeigte sich, dass Konsolidierungsmaßnahmen, da sie am leichtesten bei

20.6.1977, ebd.; Vor einem Kompromiß über das Steuerpaket der Bundesregierung, in: Frankfurter Allgemeine Nr. 148 vom 30.6.1977; P. Gillies, Das Steuerpaket brachte Hans Apel auf Null, in: Die Welt Nr. 156 vom 8.7.1977; *Apel*, Abstieg, S. 25.

209 *W. Ehrlicher* u. *Rohwer*, Finanzen 1977, bes. S. 318 ff.; *Bundesministerium der Finanzen*, Finanzbericht 1980; Die Entwicklung der Bundesfinanzen im Haushaltsjahr 1977, in: Bulletin Nr. 32 vom 11.4.1978, S. 294–299.

210 *A. Ehrlicher*, S. 144.

211 *Bundesministerium der Finanzen*, Finanzbericht 1980; *W. Ehrlicher* u. *Rohwer*, Finanzen 1977, S. 321 ff.

212 Staatskanzlei Referat III A 1 (Gräf) über Chef StK an MP am 11.2.1977 betr. Vorberatung des Haushaltsentwurfs 1978, LA NRW NW 518 Nr. 19; dass. an Referat I A 3 am 3.3.1977 betr. Ausgaberahmen für die Aufstellung des Haushaltsplans 1978, ebd.

213 *W. Ehrlicher* u. *Rohwer*, Finanzen 1977, S. 324 ff.

214 *Sachverständigenrat*, Jahresgutachten 1977/78, Ziff. 160 ff.

den disponiblen Ausgaben ansetzen konnten, vornehmlich zulasten der Investitionen erfolgten.[215] Das beunruhigte nicht zuletzt die zuständigen Referenten im Bundesfinanzministerium.[216] Sie errechneten ein »Investitionsdefizit« von mittlerweile fast 43 Mrd., weil nach der mittelfristigen Finanzplanung die Investitionen in den Jahren 1977 bis 1979 langsamer wachsen sollten als das Bruttosozialprodukt. Dem ließe sich nur durch eine Umstrukturierung der öffentlichen Ausgaben zugunsten höherer staatlicher Investitionen abhelfen. Eine solche Maßnahme würde jedoch mit einer antizyklischen Finanzpolitik kollidieren.[217]

Die Konsolidierungspolitik, welche die Bundesregierung mit den Beschlüssen vom Herbst 1975 eingeleitet hatte, geriet aber nicht nur aus Gründen der Haushaltsstruktur immer stärker in die Kritik. Sowohl unter den wirtschaftswissenschaftlichen Experten als auch im Kreis der hohen Finanzbeamten und nicht zuletzt in den Reihen der Politiker wurde vor allem über die Finanzpolitik des Jahres 1976 kontrovers diskutiert. Ob diese nicht einen weniger scharfen Konsolidierungskurs hätte fahren sollen, um den Konjunkturaufschwung nicht zu gefährden, überlegten die einen.[218] Dagegen betonten die anderen, dass die restriktive Finanz- und Schuldenpolitik zur Sanierung der Haushalte unumgänglich gewesen sei.[219] Da sich diese Debatte mit der Kontroverse überschnitt, wie wirksam keynesianisch inspirierte Maßnahmen zur Belebung der Nachfrage überhaupt sein könnten, erbrachte sie kein klares Ergebnis.[220]

215 Ebd., Ziff. 85 ff.; *W. Ehrlicher* u. *Rohwer*, Finanzen 1977, S. 310 ff.

216 Positionspapier Referat I A 3 BMF (Kaempf) für AL I vom 12.3.1976 betr. Finanzierung zusätzlicher öffentlicher Investitionen, BArch B 126/67512.

217 Das Papier wurde am 11.11.1976 mit der Randbemerkung (Kaempf) »Weitere Überarbeitung empfohlen – aber zurückgestellt wegen politischer Brisanz« zu den Akten gelegt (BArch B 126/67512).

218 So etwa die Argumentation im Vermerk von Referat I A 4 BMF (Neuthinger) betr. Probleme der Finanz- und Haushaltsplanung und der Haushaltskonsolidierung vom 22.6.1977, BArch B 126/48176, oder im Vermerk I A 4 BMF (Neuthinger) betr. Darstellung der finanzpolitischen Entwicklung seit 1975 vom 27.12.1978, BArch B 126/67506. Vgl. auch Konsolidierung der öffentlichen Haushalte erschwert Abbau der Arbeitslosigkeit, in: DIW-Wochenbericht 18/77, S. 149–266; Zur Entwicklung des Staatsverbrauchs, in: ebd., S. 267–273. So sah es auch der *Sachverständigenrat*, Jahresbericht 1978/79, Ziff. 173 ff.

219 Einen guten Überblick über die widerstreitenden Positionen liefert eine Zusammenstellung von Referat I A 4 BMF vom 26.9.1977 betr. Äußerungen zur Frage der Konsolidierung der öffentlichen Haushalte, BArch B 126/48177. Vgl. auch *A. Ehrlicher*, S. 146 ff., und Interview Neuthinger.

220 *W. Ehrlicher* u. *Rohwer*, Finanzen 1977, S. 327 ff. Einzelheiten der Kontroverse, die bis in die aktuelle wirtschaftswissenschaftliche Forschung hineinreicht, bei *A. Ehrlicher*, S. 119 ff. Ehrlicher bemüht sich um eine differenzierte Sicht der Konsolidierungspolitik und interpretiert diese als den ersten »Versuch einer Neuorientierung der Finanzpolitik«. Diese zielte, so argumentiert sie, auf »eine längerfristig orientierte, kontinuierliche Finanzgebarung, die nicht auf jeden tatsächlichen oder vermeintlichen Ausschlag der wirtschaftlichen Entwicklung hektisch reagiert« (S. 196).

Trotzdem änderte der Bund im Laufe des Jahres 1977 seine Finanzpolitik aus konjunkturellen Erwägungen und vertagte eine weitere Konsolidierung des Haushalts.[221] Diese Konsolidierungspause hatte sich bereits in den Koalitionsgesprächen vom November und Dezember 1976 abgezeichnet, als SPD und FDP nicht zuletzt auf Drängen des Deutschen Gewerkschaftsbundes übereinkamen, im ersten Halbjahr 1977 ein Investitionsprogramm auf den Weg zu bringen sowie ein Paket von Maßnahmen zur Steuerentlastung zu schnüren. Diese sollten einerseits durch eine niedrigere Gewerbe- und Vermögensteuer die Investitionsbereitschaft der Unternehmen fördern, andererseits die Steuerprogression abmildern, welche die Steuerreform 1975 nur vorübergehend entschärft hatte.[222]

Die Koalition setzte ihre Pläne 1977 schrittweise um, beschleunigt durch das Abklingen der Konjunktur in der zweiten Jahreshälfte. Bereits im März verständigte sich das Kabinett auf ein »Programm für Zukunftsinvestitionen«, das die Wachstumsbedingungen der Wirtschaft durch den Ausbau der Infrastruktur verbessern und die Lebensqualität erhöhen sollte. Das Volumen lag, verteilt auf vier Jahre, zunächst bei 16 Mrd., wurde dann aber auf 20 Mrd. aufgestockt. Davon entfiel gut die Hälfte auf den Bund, während die Länder ein Fünftel sowie die Gemeinden und sonstigen Träger je ein Achtel übernahmen.[223] Das Programm unterschied sich von den bisherigen Konjunkturprogrammen in mehrerlei Hinsicht: Als Ausgabenprogramm zielte es erstens nicht auf die Gesamtnachfrage; zweitens bemühte sich der Bund um eine bessere Koordination mit den Ländern; und drittens vermied man es, neue dauerhafte Verpflichtungen einzugehen.[224] Gleichzeitig mit dem Zukunftsinvestitionsprogramm beschloss das Kabinett den Entwurf des sogenannten »Steueränderungsgesetzes 1977«, das unter anderem Neuerungen bei der Umsatzsteuer, beim Kindergeld sowie bei der Einkommensteuer bringen und fiskalische mit steuersystemati-

221 Vgl. die ausführliche Darstellung und Begründung von BMF-Staatssekretär Joachim Hiehle in seinem Vortrag vom 14.9.1977 »Die Finanzierung der Staatsaufgaben«, gehalten auf dem 11. staatspolitischen Bildungsseminar des Verbandes der Bundesbankbeamten am 22.9.1977, BArch B 126/48177; Referat I A 3 BMF, Zur Rolle der deutschen Finanzpolitik bei den internationalen Bemühungen um eine Beschleunigung des Wachstumsprozesses vom 8.2.1978, BArch B 126/67512. Vgl. auch *K. Schroeder*, S. 205 ff.

222 Manfred Schüler, Koalitionsgespräch am 25.11.1976 bzw. 6.12.1976, AdsD Dep. Müller Sig. 067; Manfred Schüler und Klaus Kinkel, Koalitionsgespräch am 7.12.1976, AdsD 1/HSAA009372; DGB (Vetter/Pfeiffer) an Buka am 18.1.1977, AdsD 5/DGAN000092. Vgl. auch *Geyer*, Denk- und Handlungsfelder, S. 155 ff.

223 14. Kabinettssitzung am 23.3.1977, in: Kabinettsprotokolle; *Bundesministerium der Finanzen*, Finanzplan 1977 bis 1981; Übersicht über die Durchführung des Programms im Bericht des Referats I A 3 BMF an Staatssekretär am 13.3.1981, BArch B 126/83462. Vgl. *Wegner* und *Bundesministerium der Finanzen*, Finanzbericht 1980, S. 24.

224 *Lahnstein*, Einsatz, S. 24; *Schanetzky*, Ernüchterung, S. 217 ff.

schen und wachstumspolitischen Zielen verbinden sollte.[225] Damit begann eine Steuerpolitik, die »kontraktive wie expansive, sozialpolitische wie investitionsfördernde Maßnahmen« verknüpfte, ohne dass eine »eindeutige Zielsetzung« feststellbar gewesen wäre.[226] So standen einer Erhöhung der Mehrwertsteuer um einen Prozentpunkt, die Mehreinnahmen von 6,2 Mrd. brachte, Mehrausgaben bzw. Mindereinnahmen von 6,5 Mrd. gegenüber, von denen in der Koalition besonders die Entlastung bei der Gewerbe- und Vermögensteuer (zusammen 2 Mrd.) politisch umstritten war.[227]

Als sich die konjunkturellen Aussichten Mitte 1977 weiter verschlechterten,[228] beschloss die Regierung im September ein Programm, das sowohl den privaten Konsum als auch die Nachfrage nach Investitionsgütern beleben sollte.[229] Das im Oktober verabschiedete »Gesetz zur Steuerentlastung und Investitionsförderung« hob den Grund-, Tarif- und Weihnachtsfreibetrag an, was den Arbeitnehmern zugutekam, und verbesserte die Abschreibungsmöglichkeiten für Unternehmer.[230] Als typischer Koalitionskompromiss bediente es einerseits das Bedürfnis nach expansiven haushaltspolitischen Maßnahmen, zeichnete sich andererseits, wie Der Spiegel betonte, zwar durch »soziale Symmetrie« aus, war aber am Ende nicht mehr als eine »bunte Wundertüte«. So stellten die vorgesehenen Projekte, abgesehen davon, dass deren Anschubwirkung »zweifelhaft« war,[231] keine Seite zufrieden, bauten vielmehr »Ressentiments« und »Mißmut« auf.[232] Vor allem der Sachverständigenrat sah seine Expertise missachtet.[233] In der »Stellungnahme zur wirtschaftlichen Lage« hatte er die Ursache für die Wachstumsschwäche nämlich in den ungelösten Problemen auf

225 14. Kabinettssitzung am 23.3.1977, in: Kabinettsprotokolle; BT-Drucksache VIII/292; *Muscheid*, S. 168 ff.

226 Ebd., S. 168.

227 StÄndG vom 16.8.1977, BGBl. I, S. 1586; Auf die Füße, in: Der Spiegel Nr. 23 vom 30.5.1977; »Weitere Ausfälle darf es nicht geben«, in: Wirtschaftswoche Nr. 24 vom 3.6.1977; Steuerstreit: »Auf verdrehter Bühne«, in: Der Spiegel Nr. 26 vom 20.6.1977. Vgl. auch den Beitrag zum Thema »Steuerpaket« in der Sendung »FAZIT« am 18.6.1977, WDR 0104074.

228 Düstere Diagnose, keine Therapie, in: Der Spiegel Nr. 33 vom 8.8.1977; Das Notopfer vom Feenteich, in: ebd. Nr. 34 vom 15.8.1977; H.-J. Mahnke, Diskussion über Steuersenkung läuft der Regierung davon, in: Die Welt Nr. 186 vom 12.8.1977; Bittere Wahrheit, kein Konzept, in: ebd. Nr. 37 vom 5.9.1977.

229 BT-Drucksache VIII/741; Die Kartoffel ist da, in: Der Spiegel Nr. 38 vom 12.9.1977; »Zur Begeisterung sehe ich keinen Anlaß«, in: ebd. Nr. 39 vom 19.9.1977.

230 BGBl. I, S. 1965.

231 Auf die Füße, in: Der Spiegel Nr. 23 vom 30.5.1977.

232 *Geyer*, Denk- und Handlungsfelder, S. 162. P. Gilles, Nicht gewußt, wie, in: Die Welt Nr. 205 vom 3.9.1977; H. D. Barbier, Kurswechsel mit Schulden, in: Süddeutsche Zeitung Nr. 212 vom 15.9.1977; Bumerang aus Bonn, in: Wirtschaftswoche Nr. 44 vom 21.10.1977.

233 Zur Einordnung vgl. *Geyer*, Denk- und Handlungsfelder, S. 159 ff.

der Angebotsseite gesehen und entsprechend einen klaren »Vorrang der auf die Angebotsseite zielenden Maßnahmen« gefordert.[234] Dagegen hielten die Wirtschaftsweisen eine vorübergehende Expansion der Staatsausgaben »für beschäftigungspolitisch nicht besonders wirksam«, während eine dauerhafte Erhöhung einer klaren Absage an die Politik der vergangenen Jahre gleichkäme. Der Bund dürfe das Ziel »einer Bewahrung des für die öffentlichen Haushalte erreichten Konsolidierungserfolges« nicht aus den Augen verlieren.

Doch die Prioritäten hatten sich geändert. Der Kurswechsel prägte nicht nur die Projekte zur Konjunkturbelebung, sondern auch die Beratungen über den Haushalt des Jahres 1978.[235] Angesichts der düsteren Konjunkturaussichten beschloss das Wirtschaftskabinett, den Etat stärker expandieren zu lassen als in der mittelfristigen Finanzplanung projektiert. Hatte diese für 1978 eine Steigerungsrate von 7,5 % vorgesehen, sollte das Budget jetzt um 9,2 % wachsen.[236] Die Ressorts beeilten sich, die neue Linie umzusetzen und überboten sich zum Leidwesen von Finanzminister Apel mit kostspieligen Vorschlägen.[237] Ende August entschied das Kabinett, die Nettokreditaufnahme »angesichts der Konjunkturaussichten« zu erhöhen.[238] Nach der Sitzung drängte der Kanzler seinen politisch angeschlagenen Minister, »den gestern vorgezeichneten finanz- und konjunkturpolitischen Kurs grundsätzlich einzuhalten« und den gewonnenen Handlungsspielraum »politisch voll auszunutzen«.[239] Wunschgemäß legte Apel Mitte September einen Haushaltsentwurf vor, der mit einem Volumen von

234 Stellungnahme des Sachverständigenrates zur wirtschaftlichen Lage. Der Bundesregierung am 7.9.1977 übermittelt, in: *Sachverständigenrat*, Jahresbericht 1977/78, S. 201–203 (Zitate: Ziff. 3, 5, 10, 9).

235 Öffentliche Haushalte 1977/78. Durchgreifender Kurswechsel in der Finanzpolitik erforderlich, in: DIW-Wochenbericht 36/77, S. 311–319.

236 Liste möglicher kredit-, finanz-, struktur-, einkommens-, vermögens- und arbeitspolitischer Maßnahmen vom 8.8.1977, BArch B 136/11637; AL 4 BKA (i. V. Heick) über Chef BKA an Buka am 9.8.1977 betr. Ministergespräch am 9.8.1977, ebd.; AL 4 BKA (i. V. Heick), Ministergespräch am 9.8.1977, ebd.; AL 4 BKA (i. V. Heick), Aufzeichnung über das Ministergespräch am 9.8.1977 in Hamburg, ebd. Das Notopfer vom Feenteich, in: Der Spiegel Nr. 34 vom 15.8.1977. Vgl. auch Apel setzt auf expansive Ausgaben-Politik im kommenden Jahr, in: Frankfurter Allgemeine Nr. 156 vom 9.7.1977; Düstere Diagnose, keine Therapie, in: Der Spiegel Nr. 33 vom 8.8.1977; Bonn erwägt Steuer-Erleichterungen zur Belebung der Nachfrage, in: Frankfurter Allgemeine Nr. 184 vom 11.8.1977.

237 Gruppe 45 BKA (Krips) über AL 4 und Chef BKA an Buka am 18.8.1977, B 136711637, sowie die umfangreichen Unterlagen in ebd.; AL 4 BKA (Hiss) an Buka am 27.8.1977 betr. Finanz- und wirtschaftspolitische Handlungsmöglichkeiten und Entscheidungsvorschläge, BArch B 136/24167.

238 Referat II A 1 BKA, Vermerk für die Kabinettsitzung am 31.8.1977 betr. Grundsatzaussprache über Bundeshaushalt 1978 und Finanzplan bis 1981, BArch B 136/11637; 37. Kabinettssitzung am 31.8.1977, in: Kabinettsprotokolle. Bittere Wahrheit, kein Konzept, in: Der Spiegel Nr. 37 vom 5.9.1977.

239 Schmidt an Apel am 1.9.1977, PHS Korrespondenz HS politisch-privat 1974 L–Z Bd. 12.

188,6 Mrd. und einem Zuwachs von 10,1 % den erwarteten nominalen Anstieg des Sozialprodukts um gut 2 % übertraf.[240] Höhere Ausgaben sah der Entwurf insbesondere bei Personal und Verkehr, Städtebau und Entwicklungshilfe sowie in den Einzelplänen des Innen- und Wirtschaftsministers vor. Bei deutlich verhaltener Zustimmung der Bundesbank[241] betonte die neue mittelfristige Finanzplanung, dass die »Konsolidierungsgeschwindigkeit« zurückgenommen, ja, womöglich weit in die Zukunft verschoben werden sollte. So war vorgesehen, die Nettokreditaufnahme von 27,5 Mrd. (1978) lediglich auf 24,6 Mrd. im Jahr 1981 zu senken.[242] »Anders als früher«, kritisierte der Sachverständigenrat, gebe es »dieses Mal wenig Anzeichen dafür, dass die jetzt neu entstehenden hohen öffentlichen Defizite mittelfristig zurückgeführt werden sollen«.[243]

Anfang Oktober 1977 wies der Finanzminister in seiner Rede zur Einbringung des Bundeshaushalts noch einmal auf die prekäre Lage der Weltwirtschaft hin und plädierte für eine »Doppeloperation«, nämlich für »Ausgabensteigerung plus Steuererleichterungen«. Dieses Vorgehen sichere den Konjunkturaufschwung, knüpfe das Netz der sozialen Sicherheit fester und verliere darüber, wenn auch »zeitlich versetzt«, die »Notwendigkeit der Haushaltskonsolidierung« nicht aus den Augen. Scharf ging Apel in seiner Rede mit den Ländern ins Gericht.[244] Diese hätten es zu verantworten, »dass der Bund mit immer weniger Spielraum, mit immer weniger Steuereinnahmen aller öffentlichen Hände immer mehr leisten« müsse. So sei der Bund gezwungen, sich immer höher zu verschulden und im kommenden Jahr 15 % seiner Ausgaben durch Kredite zu finanzieren, während es bei den Ländern lediglich 7,5 %, bei den Gemeinden sogar nur 4,5 % seien.[245]

Apel kritisierte aber nicht nur die Auseinandersetzung um die Verteilung der Umsatzsteuer, sondern auch die fortschreitende Erosion des Finanzplanungsrats. Diese rührte einerseits von den unterschiedlichen finanziellen und

240 BMF (Lahnstein) und BMWi (Schlecht) an Chef BKA am 2.9.1977, Anlage: Zur Finanzierbarkeit des öffentlichen Gesamtdefizits, BArch B 136/11638; BMF, BMWi und BMAS, Gemeinsame Tischvorlage zur Kabinettsitzung am 14.9.1977 vom 13.9.1977, BArch B 136/11638; 39. Kabinettssitzung am 14.9.1977, in: Kabinettsprotokolle; Kabinett billigt Haushaltsentwurf 1978, in: Süddeutsche Zeitung Nr. 212 vom 15.9.1977.

241 Protokoll der 491. Sitzung des Zentralbankrats der Deutschen Bundesbank am 8.9.1977, ADB B 330 DRS 142 ZBR Protokolle 1976/1977, Nr. 475–498.

242 Bumerang aus Bonn, in: Wirtschaftswoche Nr. 44 vom 21.10.1977.

243 *Sachverständigenrat*, Jahresgutachten 1978/79, Ziff. 175.

244 Vgl. schon H. Apel, Wie lange soll Bonn die Zeche zahlen?, in: Die Zeit Nr. 29 vom 15.7.1977; aber auch Die Wirtschaft der Bundesrepublik Deutschland im Jahre 1978: Interview mit Bundesfinanzminister Hans Apel am 5.1.1978, WDR 6098800106.

245 Entwurf eines Gesetzes über die Feststellung des Bundeshaushaltsplans für das Haushaltsjahr 1978 (Haushaltsgesetz 1978), BT-Drucksache VIII/950; VDB, 8. WP, 45. Sitzung vom 4.10.1977, S. 3457–3465 (Zitate: S. 3459 f., 3461, 3462). Vgl. auch Apel: Den Aufschwung sichern, in: Süddeutsche Zeitung Nr. 229 vom 5.10.1977.

politischen Interessen von Bund und Ländern her, die sich unter der sozialliberalen Koalition parteipolitisch aufgeladen und zugespitzt hatten, zumal die Länder mit Argusaugen über die ihnen grundgesetzlich garantierte Finanzautonomie wachten. Andererseits machten sich die strukturellen Mängeln des Gremiums immer stärker bemerkbar.[246] Da gab es zunächst asymmetrische Informationsstände. Waren die Länder über den Bundesrat mit der Budgetplanung des Bundes stets bestens vertraut, weigerten sie sich ihrerseits, Haushaltsdaten direkt an den Bund zu liefern, sammelten diese vielmehr intern und bereiteten sie nach ihren Vorstellungen auf. Außerdem gelang es nicht, die Zahlen von Bund und Ländern vergleichbar und für eine übergreifende Planung nutzbar zu machen. Schließlich belasteten die parallel laufenden Verhandlungen über die Erhöhung und Verteilung der Umsatzsteuer die Beratungen des Finanzplanungsrats immer mehr. Insofern war und blieb das Gremium einerseits nicht ohne Einfluss, da sich Bund und Länder zumindest argumentativ bemühten, den Rahmen dessen einzuhalten, was dort beschlossen worden war.[247] Andererseits nahm diese Bereitschaft mit der Zeit ab, so dass der Rat am Ende seinen gesetzlichen Auftrag kaum mehr erfüllen konnte.

Die Gegensätze zwischen Bund und Ländern brachen erneut in der Sitzung des Finanzplanungsrats Anfang September 1977 auf, als sich die Länder weigerten, den expansiven Kurs mitzufahren, den der Bund gerade für das anstehende Haushaltsjahr abgesteckt hatte.[248] Ihre Forderung, die Ausgabenpolitik zu ver stetigen, kam »praktisch einer Absage an eine antizyklische Finanzpolitik« gleich.[249] Aber die Länder gingen nicht geschlossen auf Gegenkurs. Zumindest Nordrhein-Westfalen, das besonders von der schwächelnden Konjunktur betroffen war und erheblich von den zusätzlichen Hilfsmaßnahmen des Bundes für den Kohlebergbau und die Stahlindustrie profitierte, kündigte eine Ergänzungsvorlage an, welche die Wachstumsrate der Länderausgaben über die psychologisch wichtige Marke von 10 % hob.[250] Weiterhin auf Gegenkurs blieben aber die unionsregierten Länder. Sie sprachen dem Bund das Recht ab, seine Nettokreditaufnahme von 31 Mrd. bei einem erwarteten Wirtschaftswachstum von 3,5 % mit der Ausnahmevorschrift des Art. 115 GG zu rechtfertigen, und versuchten, die Bundesbank für ihre Politik einzuspannen. Trotzdem

246 Gruppe 45 BKA (Quantz) an Chef BKA am 11.7.1977, BArch B 136/9182. Vgl. dazu *Kock*, S. 133 ff.

247 Interview Obert. Obert war über Jahre als zuständiger Unterabteilungsleiter im BMF für die Bund-Länder-Beziehungen und damit für den Finanzplanungsrat zuständig und nahm an praktisch allen seinen Sitzungen teil.

248 Ergebnisniederschrift 33. Sitzung des Finanzplanungsrates am 1.9.1977, BArch B 136/9182.

249 Vermerk Gruppe 45 BKA (Quantz) betr. 33. Sitzung des Finanzplanungsrates vom 2.9.1977, BArch B 136/9182.

250 *Düding*, Parlamentarismus, S. 82 ff.

drängte Apel weiterhin darauf, die geplanten Ausgaben entsprechend den »konjunkturellen Erfordernissen in vollem Umfang« zu realisieren und Einnahmenausfälle durch »zusätzliche Kreditaufnahmen« auszugleichen.[251]

Der Bund beließ es 1978 nicht bei der Ausweitung seines Haushalts, sondern legte im Früh- und Spätsommer in kurzer Folge drei Programme auf, um die Konjunktur anzuschieben, die Arbeitslosenzahlen zu senken und die sich erneut abzeichnenden Probleme bei der Sozialversicherung durch wirtschaftliches Wachstum zu bewältigen.[252] Am Anfang stand das »Gesetz zur Änderung des Investitionszulagengesetzes und anderer Gesetze«, das knapp 300 Mio. für die Forschungsförderung und für strukturschwache Gebiete bereitstellte. Größer dimensioniert waren mit 4,35 Mrd. das »Programm zur Förderung heizenergiesparender Investitionen« sowie die »Maßnahmen zur Stärkung der Nachfrage und zur Verbesserung des Wirtschaftswachstums«. Damit löste die Regierung nach außen hin ihre Zusage auf dem Bonner Weltwirtschaftsgipfel vom Juli 1978 ein, das öffentliche Defizit um einen Prozentpunkt des Bruttosozialprodukts auszuweiten, um nach der sogenannten »Lokomotivtheorie« einen Beitrag zum Wachstum zu leisten und die Weltwirtschaft durch eine deutsche Konjunkturlokomotive aus der Krise zu ziehen.[253]

Tatsächlich hatten aber führende Politiker der Koalition auf Drängen von Wirtschaftsminister Graf Lambsdorff die Weichen für dieses Programm bereits im Mai gestellt, und der Gipfel diente ihnen lediglich als willkommener Anlass, bereits Beschlossenes in die Tat umzusetzen.[254] Wie die Konjunkturspritze aussehen sollte, war zwischen Wirtschafts- und Finanzministerium sowie in der sozial-liberalen Koalition heftig umstritten gewesen.[255] So drängte die FDP nach den Wahlniederlagen in Hamburg und Niedersachsen sowie angesichts der bevorstehenden Landtagswahlen in Hessen und der Forderungen der Opposition

251 Ergebnisniederschrift 34. Sitzung des Finanzplanungsrates am 14.12.1977, BArch B 136/9182. Vgl. dazu die Argumentation von Referat I A 3 BMF für Minister am 7.2.1978 betr. Schuldenpolitik der öffentlichen Hand, BArch B 126/67512.

252 Oberster Krisenstab, in: Der Spiegel Nr. 16 vom 17.4.1978; Teurer Fehler, in: ebd., Nr. 23 vom 5.6.1978.

253 Referat I A 3 BMF, Zur Rolle der deutschen Finanzpolitik bei den internationalen Bemühungen um eine Beschleunigung des Wachstumsprozesses vom 8.2.1978, BArch B 126/67512; *von Karczewski*, S. 331 ff.; *Wiegräfe*, S. 206 ff. Vgl. auch Des Kanzlers Beute, in: Die Zeit Nr. 30 vom 21.7.1978; Drei Sünder, in: Der Spiegel Nr. 24 vom 12.6.1978.

254 Ergebnisvermerk AL 4 BKA (Schulmann) vom 23.5.1977 über das Gespräch des Bundeskanzlers mit BM Genscher, BM Graf Lambsdorff und BM Matthöfer am 22.5.1977, BArch B 136/11609. Weitere Einzelheiten bei *Geyer*, Denk- und Handlungsfelder, S. 162 f., und *Abelshauser*, Wirtschaftswunder, S. 378 ff.

255 Vermerk GL 42 BKA (Heick) über AL 4 und Chef BKA an Buka vom 24.7.1978, BArch B 136/11639 bzw. PHS HS Privat TG XI 1978/II und AdsD 1HSAA010037/38; Vermerk GL 42 BKA (Heick) über AL 4 und Chef BKA an Buka vom 25.7.1978, BArch B 136/11639. Konjunktur: Ein bißchen mehr Inflation?, in: Der Spiegel Nr. 30 vom 24.7.1978.

nach Steuererleichterungen, aber auch der Pläne Hermann Fredersdorfs,[256] eine Steuerprotest-Partei zu gründen, in ihren »Steuerpolitischen Leitlinien« vom Frühjahr 1978 auf massive Steuersenkungen für ihre Klientel. Die SPD ihrerseits stand unter dem Druck der Gewerkschaften, die wegen der überproportional steigenden Einnahmen aus der Lohnsteuer den Steuertarif geändert wissen wollten.[257] Da die Kosten aller dieser Maßnahmen in die Milliarden gingen – allein die Wünsche der FDP addierten sich zu rund 25 Mrd. –, stellte sich zum einen das Problem der Gegenfinanzierung. Zum anderen war offen, wie sich die Entlastungen und Leistungsverbesserungen mit der Strategie zur Wiedergewinnung von Vollbeschäftigung vereinbaren ließen, die sich der neue Finanzminister Hans Matthöfer auf die Fahnen geschrieben hatte.[258]

Am Ende der langwierigen koalitionsinternen Auseinandersetzungen stand jedenfalls, so DER SPIEGEL, ein »Präsent für die Welt draußen und die Koalition drinnen«, ein Bündel von nachfrage- und wachstums- sowie sozialpolitischen Maßnahmen, die 1979 insgesamt mit gut 12 Mrd. sowie 1980 mit über 14 Mrd. zu Buche schlugen. Mit ihnen verabschiedete sich die Regierung von der mittelfristig ausgerichteten, angebotsorientierten Politik und setzte wieder mehr auf die Anregung der Nachfrage.[259] Dem diente vor allem das »Gesetz zur Änderung des Einkommensteuergesetzes, des Gewerbesteuergesetzes, des Umsatzsteuergesetzes und anderer Gesetze (Steueränderungsgesetz 1979)«.[260] Es modifizierte den Einkommensteuertarif, erhöhte den Vorwegabzug für Versicherungsbeiträge, brachte Entlastungen bei der Gewerbesteuer, vor allem aber die seit langem diskutierte Abschaffung der Lohnsummensteuer,[261] und stockte

256 *Fredersdorf*.

257 Das Steuerprogramm der FDP überrascht den Koalitionspartner, in: FRANKFURTER ALLGEMEINE Nr. 128 vom 21.6.1978; »Unter die Steuerschraube geklemmt«, in: DER SPIEGEL Nr. 26 vom 26.6.1978; D. Piel, Suche nach verpassten Chancen, in: DIE ZEIT Nr. 26 vom 23.6.1978; Die politischen Weichen in Bonn sind auch eindeutig in Richtung Steuersenkung gestellt, in: FUCHS-BRIEFE vom 13.7.1978.

258 »Nur ein Schelm gibt mehr, als er hat«, in: DER SPIEGEL Nr. 26 vom 26.6.1978.

259 Vermerk GL 42 BKA (Heick) über AL 4 und Chef BKA an Buka vom 24.7.1978, BArch B 136/11639; 83. Kabinettssitzung am 26., 27. und 28.7.1978, in: Kabinettsprotokolle; 84. Kabinettssitzung am 2.8.1978, in: Kabinettsprotokolle; *Schanetzky*, Ernüchterung, S. 220ff.; Zitat: Steuern: »Da wird uns noch einiges blühen«, in: DER SPIEGEL Nr. 31 vom 31.7.1978.

260 BGBl. I, S. 1849; vgl. dazu im einzelnen *Muscheid*, S. 171ff.

261 Zähes Monstrum, in: DER SPIEGEL Nr. 33 vom 14.8.1978. Die Steuer wurde von den Gemeinden erhoben und erbrachte rund 3,5 Mrd. Besonders die Ruhrgebietsstädte finanzierten bis zu einem Fünftel ihrer Ausgaben aus dieser Steuer. Entsprechend groß war hier der Widerstand. Zum Ausgleich erhielten die Gemeinden 1,4 Mrd., die zur Hälfte vom Bund aufgebracht wurden. Der Bund zahlte zusätzlich 700 Mio. an Länder wie Bayern, die ihren Gemeinden die Erhebung der Lohnsummensteuer nicht genehmigt hatten. Interview Quantz. Vgl. außerdem W. Kannengießer, Die Lohnsummensteuer muß weg, in: FRANKFURTER ALLGEMEINE Nr. 188 vom 30.8.1978; Juckpulver hinten rein, in: DER SPIEGEL Nr. 36 vom 4.9.1978.

das Kindergeld auf. Nur ein Teil der Mindereinnahmen und Mehrausgaben von knapp 20 Mrd. sollte durch eine Erhöhung der Mehrwertsteuer von 12 auf 13 %, was 6,5 Mrd. einbrachte, gegenfinanziert werden.[262]

Der Bund vollzog den Kurswechsel in der Finanzpolitik am drastischsten, doch am Ende trugen auch die Länder den Expansionskurs mit.[263] Das galt nicht zuletzt für Nordrhein-Westfalen, das den Haushalt 1979 an der finanzpolitischen Grundlinie ausrichtete, das Defizit zwar auf mittlere Sicht zurückzuführen, darüber aber das Wirtschaftswachstum nicht zu gefährden. So wurde hier die Konsolidierung auf die Zeit nach Ablauf der mittelfristigen Finanzplanung verschoben. Entsprechend sollte der Fehlbetrag im Budget 1979 nur minimal von 7,0 auf 6,9 Mrd. sinken, so dass die Ausweitung des Haushalts um 6,3 % einen »massiven expansiven Impuls« erlaubte.[264] Beim Bund stiegen die Ausgaben sogar um 10,0 %, während die Einnahmen nur um 8,9 % zunahmen. Das war weniger als 1977 (9,6 %), aber wegen der Mehreinnahmen bei den Gewinnsteuern, der in ihren Wirkungen schwer überschaubaren Steuerrechtsänderungen sowie einiger Sonderfaktoren doch wesentlich mehr als geplant (5 %). Infolgedessen erhöhte sich das Defizit im Vergleich zu 1977 zwar um 3,8 auf 28,5 Mrd., unterschritt aber die Planung, die mit 31,2 Mrd. kalkuliert hatte. Die Ausgaben der Länder legten mit einem Plus von 9,2 % weniger zu als die des Bundes, wuchsen aber stärker als mit 8,5 % ursprünglich vorgesehen. Da die Einnahmen nur um 6,9 % zunahmen, stieg das Finanzierungsdefizit der Bundesländer gegenüber 1977 um 4,3 Mrd. auf 12,4 Mrd. an. Auch die Gemeinden, die ihre Ausgaben in den Jahren 1975 bis 1977 stark zurückgefahren hatten, ließen diese mit 8,3 % wieder deutlicher wachsen, wobei gleichzeitig ihre Einnahmen zunahmen. Das Defizit von 1,5 Mrd. deckten die Kommunen durch Kredite im Umfang von 3 Mrd., so dass ihr Kassen- und Rücklagenbestand zum Ende des Jahres anstieg. Nach den Berechnungen des Sachverständigenrats nahm der expansive Impuls, der 1977 lediglich 4,2 Mrd. ausgemacht hatte, kräftig auf 18,2 Mrd. zu. Auch die öffentliche Investitionstätigkeit wuchs um etwa 14 %, womit der Trend sinkender Investitionsquoten vorübergehend zum Stillstand kam. Die Finanzpolitik dürfte deshalb wesentlich dazu beigetragen haben, dass die Konjunktur im Laufe des Jahres 1978 an Dynamik gewann. Allerdings sind neben diesen konjunkturellen Folgen wiederum die länger-

262 *Bundesministerium der Finanzen*, Finanzbericht 1980, S. 53 ff. Zu den Programmen und ihren Wirkungen im einzelnen *Sachverständigenrat*, Jahresgutachten 1978/79, Ziff. 196 ff.; *W. Ehrlicher* u. *Leibinger*, bes. S. 485 ff.

263 *Sachverständigenrat*, Jahresgutachten 1978/79, Ziff. 173 ff.; *Bundesministerium der Finanzen*, Finanzbericht 1980, S. 19 ff.; *W. Ehrlicher* u. *Leibinger*. Ergebnisniederschrift 35. bzw. 36. Sitzung des Finanzplanungsrates am 13.4. bzw. 25.7.1978, BArch B 136/9182.

264 Staatskanzlei Referat III A 1 (Gräf) an Referat I A 1 am 13.6. bzw. 23.6.1978 betr. Entwurf eines Gesetzes über die Feststellung des Haushaltsplans für das Haushaltsjahr 1979 und Entwurf des Haushaltsplans 1979, LA NRW NW 518 Nr. 22.

fristigen fiskalischen Konsequenzen zu bedenken. Dann stellt sich nämlich die Frage, ob die Fortführung des Konsolidierungskurses »nicht vorteilhafter gewesen wäre als die Umschaltung auf Expansionskurs« und ob dieser nicht so hätte ausgestaltet werden müssen, dass die Maßnahmen im Konjunkturaufschwung rückgängig zu machen gewesen wären.[265]

Die Mischstrategie des Bundes, der in abgeschwächter Form auch Länder und Gemeinden folgten, hinterlässt deshalb ex post betrachtet ein ambivalentes Bild.[266] Konjunkturpolitisch gesehen dürfte sie die wirtschaftliche Entwicklung zunächst etwas zu stark gebremst, dann etwas zu sehr beschleunigt haben, zumal es nicht gelang, die restriktiven Wirkungen der Konsolidierung durch eine veränderte Ausgabenstruktur aufzufangen oder stärker auf Steuererhöhungen zu setzen. Fiskalisch betrachtet häufte die Mischstrategie durch die Art der Defizitfinanzierung immer höhere Belastungen für die Zukunft auf und vergrößerte vor allem den Schuldenberg derart, dass für die Zeit nach 1975 von einer regelrechten Explosion der öffentlichen Verschuldung gesprochen werden muss.[267]

d) Explosion der Staatsschulden und Erosion der Expansionskoalition

»Der Schuldenberg ist mittlerweile der höchste Berg Deutschlands geworden«, schimpfte Franz Josef Strauß, bayerischer Ministerpräsident und finanzpolitischer Sprecher der CDU/CSU-Opposition, bei der ersten Lesung des Bundeshaushalts 1979. Um einprägsame Vergleiche nie verlegen, erinnerte er in seiner Rede an die Papiermarkberge der Inflationszeit: Allein der Schuldenzuwachs von 35,5 Milliarden im Jahre 1979 ergebe, wenn man »1 000-Mark-Scheine aufeinanderlegte, einen Berg von 3 550 Meter«. Dieser Berg überträfe die Zugspitze, den höchsten deutschen Berg, »um das Vierfache des Kölner Doms«.[268] Mit diesem Bild schürte Strauß die Angst der Bürger vor einer wachsenden Staatsverschuldung, die in eine Inflation münden könnte. Bei aller Übertreibung gab es für diese Sorge aber in der Explosion der öffentlichen Schulden seit Mitte der siebziger Jahre eine reale Grundlage. Die Befürworter einer kreditfinanzierten Ausweitung der Staatstätigkeit gerieten daher in immer ärgere Argumentationsnot. Angesichts der Schuldenexplosion verschoben sich in der Debatte über öffentliche Armut und privaten Reichtum die Gewichte.

265 Vgl. die Überlegungen bei *W. Ehrlicher* u. *Leibinger*, S. 491 ff. (Zitat: S. 493).

266 *Burret*, bes. S. 476 ff.

267 Vermerk Referat I A 4 BMF betr. Darstellung der finanzpolitischen Entwicklung seit 1975 vom 27.12.1978, BArch B 126/67506. Im Teufelskreis, in: Die Zeit Nr. 5 vom 27.1.1978; Die Quittung kommt 1981, in: Wirtschaftswoche Nr. 7 vom 9.2.1978.

268 VDB, 8. WP, 104. Sitzung vom 21.9.1978, S. 8181.

Die Explosion der öffentlichen Schulden seit den Mittsiebzigern muss im Kontext der langfristigen Entwicklung der Staatsschulden betrachtet und in internationale Zusammenhänge gestellt werden. Sie erfolgte in drei Phasen, in denen die Zinslasten wuchsen und sich Schuldenarten wie Gläubigerstruktur änderten.[269] Die *erste schuldenpolitische Phase* umfasste die Jahre *1950 bis 1966*; sie war gekennzeichnet durch einen langsamen Anstieg der Schulden des öffentlichen Gesamthaushalts. Diese erhöhten sich von 20,6 Mrd. (1950) auf 93,1 Mrd. (1966) also um insgesamt 72,5 Mrd. Abzüglich der sogenannten »Altschulden« von 17,6 Mrd., welche die Bundesrepublik übernahm, stiegen die Neuschulden um 54,8 Mrd. an.[270] Bereits in den fünfziger und frühen sechziger Jahren beschleunigte sich das Wachstum der Schulden, wenn auch noch recht moderat: Lag die Zunahme 1954/58 bei 7,8 Mrd. oder im Durchschnitt bei 2,0 Mrd. im Jahr, waren es 1958/62 bereits 13,9 Mrd. bzw. 3,5 Mrd. jedes Jahr und 1962/66 schließlich 32,7 Mrd. oder im Durchschnitt 8,2 Mrd. per anno. Da das Bruttosozialprodukt erheblich stieg, blieb die Schuldenquote bei einigen Schwankungen nahezu konstant (1951: 18,7 %; 1966: 18,9 %), und auch die Kreditfinanzierungsquote veränderte sich nur geringfügig (1951: 4,9 %; 1966: 4,0 %).[271] Auffällig sind jedoch die Verschiebungen zwischen den Gebietskörperschaften.

Der Anteil, den die Schulden des Bundes an den Gesamtschulden ausmachten, nahm deutlich von 35,3 % (1950) auf 46,5 % (1966) zu, während jener der Länder erheblich von 62,2 % auf 21,8 % sank, wohingegen der Anteil der

269 Wir folgen der Einteilung von *Hansmeyer*, Kredit, S. 52 ff., setzen die Zäsur im Unterschied zu ihm aber im Jahr 1975. Die folgenden Überlegungen beruhen, soweit nicht anders angegeben, auf den Daten des *Sachverständigenrats*, Jahresgutachten 1993/94, Tab. 45*, und eigenen Berechnungen. Die Daten der Deutschen Bundesbank und des Statistischen Bundesamtes (Fachserie 14, Reihe 4) weichen geringfügig ab; auch sind die langen Reihen in sich nicht völlig konsistent. Vgl. *Rehm*, Statistiken; Zur Verschuldung und Zinsbelastung des Staates in Deutschland, in: *Deutsche Bundesbank*, Monatsbericht April 2010, S. 15–33; *Institut »Finanzen und Steuern«*, Wirkung; *Bartholmai*, S. 75 ff.; *Hanswillemenke* u. *Rahmann*, S. 39 ff.

270 Bei den Altschulden handelte es sich um Auslandsschulden aus der Zeit der Weimarer Republik, die das Londoner Schuldenabkommen von 1953 neu geordnet hatte, Ausgleichsforderungen im Zusammenhang mit der Währungsreform, Deckungsforderungen aus der Altsparerentschädigung von 1953 sowie Ablösungs- und Entschädigungsschulden nach dem Kriegsfolgenschlussgesetz von 1957. Vgl. die Verschuldung der öffentlichen Haushalte, in: *Deutsche Bundesbank*, Monatsbericht April 1967, S. 24–33, bes. die Aufstellung der sog. »Altschulden« S. 25; Referat I A 3 BMF, Schuldenbericht 1975 o. D. (1975), BArch B 126/67512; Hansmeyer, Kredit, S. 30 ff.; *Parsche*.

271 Schuldenquote (Anteil der Schulden am Bruttosozialprodukt) und Kreditfinanzierungsquote (Anteil der Nettokreditaufnahme an den Gesamtausgaben) nach *Hansmeyer*, Kredit, Tab. 9 und 10. Auch für die folgenden Angaben zu beiden Quoten. Zu den Reihen des Sachverständigenrats gibt es Abweichungen, die vor allem mit der Einrechnung des Lastenausgleichsfonds und der Öffa zusammenhängen. Vgl. *Sachverständigenrat*, Jahresbericht 1993/94, Tab. 45*.

Gemeindeschulden massiv von 2,4% auf 31,7% stieg. Hieran lässt sich die unterschiedliche Verschuldungsdynamik der Gebietskörperschaften ablesen. Die Schulden des Bundes nahmen von 1950 bis 1966 von 7,3 Mrd. auf 43,3 Mrd. oder um 36,0 Mrd. zu. Zieht man die Altschulden, die auf den Bund entfielen, mit 16,5 Mrd. ab, bleibt ein Zuwachs von 19,5 Mrd. übrig. Bis in die späten fünfziger Jahre kam der Bund ohne eine größere Neuverschuldung aus. 1962/66 nahmen seine Schulden dann um 11,4 Mrd. bzw. im jährlichen Durchschnitt um 2,8 Mrd. zu. Die Schulden der Länder wuchsen, allerdings nicht kontinuierlich, um 7,5 Mrd. von 12,8 Mrd. (1950) auf 20,3 Mrd. (1966). Dabei folgten Jahren mit zunehmenden solchen mit sinkenden Schulden, teils durch Tilgung, teils durch Übertragung von Ausgleichsforderungen an den Bund. 1962/66 lag der Zuwachs bei 6,9 Mrd. bzw. 1,7 Mrd. pro Jahr. Allerdings fiel die Kreditfinanzierungsquote der Länder 1966 mit 4,5% (1951: 5,3%) deutlich höher aus als die des Bundes mit 0,3% (1951: 5,2%). Anders sah es bei den Gemeinden aus. Ihre Schulden legten um 29 Mrd. von 0,5 Mrd. (1950) auf 29,5 Mrd. (1966) zu, davon allein 16,7 Mrd. oder 3,3 Mrd. im jährlichen Durchschnitt zwischen 1962 und 1966. Auf die Kommunen entfiel mithin in den Jahren bis 1966 fast die Hälfte der Neuverschuldung der Gebietskörperschaften. Entsprechend hoch lag darum mit 8,1% (1951: 5,3%) auch ihre Kreditfinanzierungsquote. Das zeugt einerseits von der wachsenden Bedeutung der Gemeinden als öffentlichem Investor, andererseits vom kommunalen Finanzierungsengpass vor der Gemeindefinanzreform von 1969.

Die *zweite schuldenpolitische Phase* erstreckte sich von *1966 bis 1974*.[272] Im Zeichen der Erweiterung des Staatskorridors nahm die Verschuldung jetzt erheblich an Tempo auf. So stiegen die Schulden des öffentlichen Gesamthaushalts von 93,1 Mrd. auf 192,4 Mrd., ein Plus von 99,3 Mrd. Wuchsen die Schulden 1966/70 im Durchschnitt um 8,2 Mrd. pro Jahr, waren es 1970/74 bereits 16,6 Mrd. Da die Schuldenquote leicht von 18,9% auf 19,5% anstieg, nahmen die Schulden etwas schneller zu als das Bruttosozialprodukt. Deutlicher erhöhte sich die Kreditfinanzierungsquote, die von 4,0% (1966) auf 7,1% (1974) stieg.

Anders als in der ersten Phase verschoben sich die Anteile der Gebietskörperschaften an den Gesamtschulden nur noch moderat. Da die Schulden des Bundes weniger stark wuchsen als die der Länder und Gemeinden, sank dessen Anteil von 46,5% (1966) auf 40,9% (1974), während jener der Länder von 21,8% auf 24,6% und jener der Gemeinden von 31,7% auf 34,5% zunahm. Die Schulden des Bundes verdoppelten sich fast von 43,3 Mrd. (1966)

272 Dazu im Einzelnen: Referat I A 3 BMF, Schuldenbericht 1975 o.D. (1975), BArch B 126/67512; Neuere Tendenzen der öffentlichen Verschuldung, in: *Deutsche Bundesbank*, Monatsbericht August 1970, S. 13–22; Die Verschuldung der öffentlichen Haushalte, in: *dies.*, Monatsbericht Juli 1979, S. 15–22; *Parsche*.

auf 78,7 Mrd. (1974). Sie nahmen dabei 1966/70 im Durchschnitt mit 3,6 Mrd. per anno langsamer, 1970/74 dafür mit 5,2 Mrd. schneller zu. Während sich die Schuldenquote (1966 wie 1974: 7,3 %) nicht veränderte, erhöhte sich die Kreditfinanzierungsquote markant von 0,3 % auf 7,1 %. Die Landesschulden wuchsen von 20,3 Mrd. auf 47,3 Mrd. und damit prozentual stärker als die Bundesschulden, wie diese 1966/70 langsamer (1,9 Mrd. im Schnitt pro Jahr), 1970/74 dafür deutlich schneller (4,9 Mrd.). Im Unterschied zum Bund steigerten die Länder ihre Schuldenquote leicht von 4,2 % auf 4,8 %, die Kreditfinanzierungsquote deutlicher von 4,5 % auf 5,8 %. Das Wachstum der Gemeindeschulden (29,5 Mrd. auf 66,4 Mrd.) lag 1966/70 mit 2,7 Mrd. pro Jahr zwischen den Zuwächsen der Bundes- und Landesschulden, 1970/74 mit 6,5 Mrd. dagegen an der Spitze. Während die Schuldenquote der Gemeinden moderat von 6,1 % auf 6,7 % zulegte, sank ihre Kreditfinanzierungsquote von 8,1 % auf 5,9 %.

Die *dritte schuldenpolitische Phase* von *1974 bis 1982* zeichnete sich durch ein rasantes Wachstum der öffentlichen Gesamtschulden aus.[273] Diese wuchsen von 192,4 Mrd. (1974) auf 614,8 Mrd. (1982), also um 422,4 Mrd. Dabei lagen die Zuwächse 1974/78 mit 44,6 Mrd. im Jahresschnitt deutlich höher als 1978/82 mit 33,1 Mrd. Besonders hervor stechen die Jahre 1975 und 1976, als die Nettokreditaufnahme 5,2 % bzw. 4,2 % des Bruttosozialprodukts erreichte, während diese in den Jahren zuvor um 2 % geschwankt hatte und nur im Rezessionsjahr 1967 auf 3,1 % gestiegen war. Ähnlich hoch lagen die Werte mit 4,5 % in den Jahren 1981 und 1982.[274] Das rasche Wachstum der Schulden spiegelt die Schuldenquote wider, die sich von 19,5 % (1974) auf 39,0 % (1982) verdoppelte, aber auch die Kreditfinanzierungsquote, die von 7,1 % auf 13 % zulegte. Nicht minder wichtig ist, dass der Staat im Prozess der gesamtwirtschaftlichen Kapitalbildung und -verwendung eine neue Rolle zu spielen begann. Er sparte nicht mehr, leistete also keinen Beitrag mehr zum Wachstum des Volksvermögens, sondern verbrauchte im Gegenteil die Ersparnisse anderer Bereiche zum guten Teil für konsumtive Zwecke. 1978/82 beanspruchte der Staat rund 30 % des im Inland gebildeten Geldvermögens, um seine Defizite zu decken; Anfang der siebziger Jahre war es erst rund ein Zehntel gewesen.[275]

Zwar wuchsen die Schulden aller Gebietskörperschaften. Anders als in der zweiten Phase fallen jedoch wieder markante Unterschiede auf. Mit Abstand am stärksten stiegen die Schulden des Bundes, während jene der Länder moderater, die der Gemeinden am langsamsten zulegten. Die Verteilung

273 Vgl. im Einzelnen Vermerk I A 3 BMF betr. Schuldenpolitik und Schulden der öffentlichen Hand – unter besonderer Berücksichtigung des Bundes vom 16.12.1976, BArch B 126/67512; Die Verschuldung der öffentlichen Haushalte, in: *Deutsche Bundesbank*, Monatsbericht Juli 1979, S. 15–22; Neuere Entwicklung der öffentlichen Verschuldung, in: *dies.*, Monatsbericht Januar 1984, S. 21–29.

274 *Hansmeyer*, Kredit, Tab 10.

275 Dazu *Häuser*, S. 101 ff.

der Gesamtschulden spiegelt diese unterschiedlichen Entwicklungen wider. So nahm der Anteil des Bundes von 40,9 % (1974) auf 51,1 % (1982) zu, jener der Länder erheblich weniger (24,6 % auf 31,0 %); dagegen halbierte sich der Anteil der Gemeinden von 34,5 % auf 17,9 %. Die Vorreiterrolle des Bundes zeigte sich in der Expansion seiner Schulden von 78,7 Mrd. (1974) auf 314,3 Mrd. (1982). Mit einem durchschnittlichen jährlichen Zuwachs von 25,8 Mrd. stachen schon die Jahre 1974/78 hervor; dieser stieg 1978/82 aber noch einmal auf 33,1 Mrd. an. Besonders hoben sich die Jahre 1975 und 1976 ab, in denen die Nettokreditaufnahme 29,9 Mrd. und 25,8 Mrd. erreichte. Diese wurden noch von den beiden Jahren 1981 und 1982 übertroffen, in denen netto 37,4 Mrd. und 37,2 Mrd. aufgenommen wurden. Diese Zuwächse schlugen sich sowohl in der Schulden- als auch in der Kreditfinanzierungsquote nieder, die von 7,3 % (1974) auf 19,8 % (1982) bzw. von 7,1 % auf 16,0 % stiegen. Auch die Schulden der Länder expandierten kräftig von 47,3 Mrd. auf 190,6 Mrd., wobei sich das jährliche durchschnittliche Wachstum mit 13,7 Mrd. (1974/78) und 22,1 Mrd. (1978/82) ungleichmäßiger verteilte als beim Bund. Bei den Ländern stiegen die Schulden- (1974: 4,8 %; 1982: 12,2 %) und die Kreditfinanzierungsquote (5,8 % bzw. 12,0 %) ähnlich stark an wie beim Bund, blieben aber unter dessen hohen Werten. Deutlich langsamer als die Schulden des Bundes und der Länder stiegen die Gemeindeschulden. Ihr Zuwachs (1974: 66,4 Mrd.; 1982: 109,9 Mrd.) verteilte sich im jährlichen Durchschnitt mit 5,1 Mrd. (1974/78) bzw. 5,8 Mrd. (1978/82) auf die beiden Zeitabschnitte. Das vergleichsweise moderate Wachstum der kommunalen Schulden ließ deren Schuldenquote (6,7 % auf 6,2 %) ebenso sinken wie die Kreditfinanzierungsquote (5,9 % auf 3,5 %).

Überblickt man noch einmal die Phasen in der Entwicklung der öffentlichen Schulden, zeigen sich fünf Tendenzen. Erstens fällt das durchgängige Wachstum der Schulden auf, das sich bereits in den 1960er Jahren moderat zu beschleunigen begann, dann in den späteren Sechzigern auf Touren kam und schließlich seit Mitte der siebziger Jahre ein rasantes Tempo einschlug. So wuchsen die *Schulden des öffentlichen Gesamthaushalts (Abb. 9)* zwischen 1966 und 1982 um das Sechseinhalbfache, allein zwischen 1974 und 1982 um gut das Dreifache. Die Entwicklung zum hohen Schuldenstand der frühen achtziger Jahre setzte zwar früh ein, rührte vor allem aber von dem extremen Schuldenwachstum seit Mitte der siebziger Jahre her.

Zweitens verlief die Entwicklung bei Bund, Ländern und Gemeinden unterschiedlich, so dass sich die *Anteile der Gebietskörperschaften an der Gesamtverschuldung (Abb. 10)* veränderten. Die Bundesschulden legten um das Achtfache, die Schulden der Länder um das Neunfache und die kommunalen Schulden um gut das Dreifache zu. Hatten in der ersten Phase die Kommunen die Nase vorn, schoben in der zweiten Phase Länder wie Gemeinden das Schuldenwachstum an, während in der dritten Phase mit einem gewissen Abstand der Bund aber auch die Länder in Führung gingen.

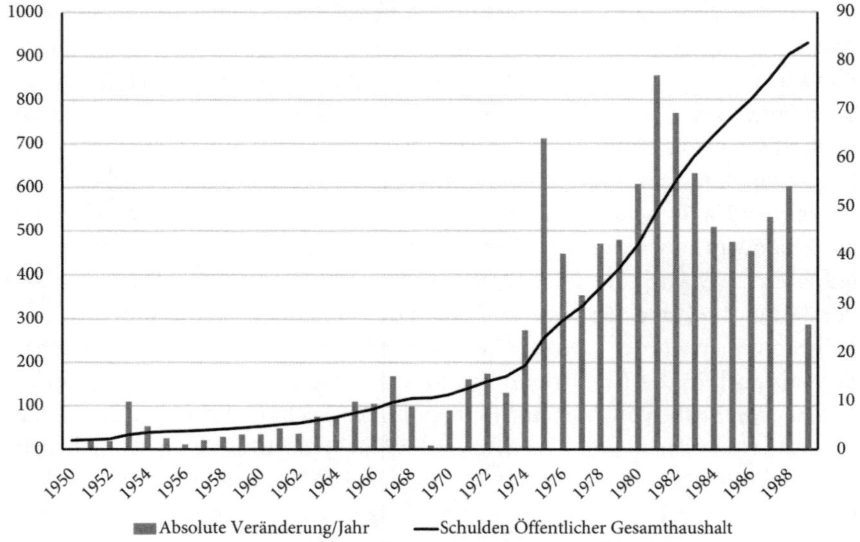

Abb. 9: Schulden des öffentlichen Gesamthaushalts (in Mrd. DM)
Quelle: *Sachverständigenrat*, Jahresgutachten 1993/94, Tab. 45* (eigene Berechnungen).

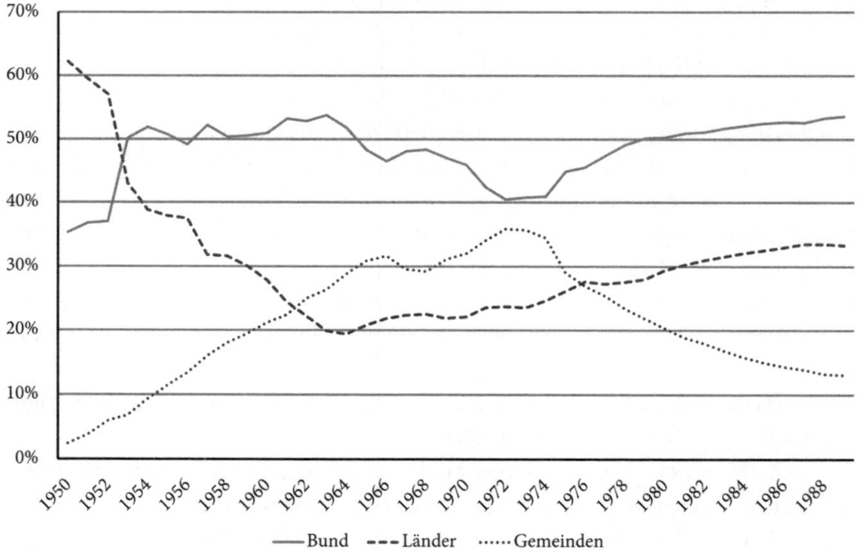

Abb. 10: Anteile der Gebietskörperschaften an der Gesamtverschuldung (in %)
Quelle: *Sachverständigenrat*, Jahresgutachten 1993/94, Tab. 45* (eigene Berechnungen).

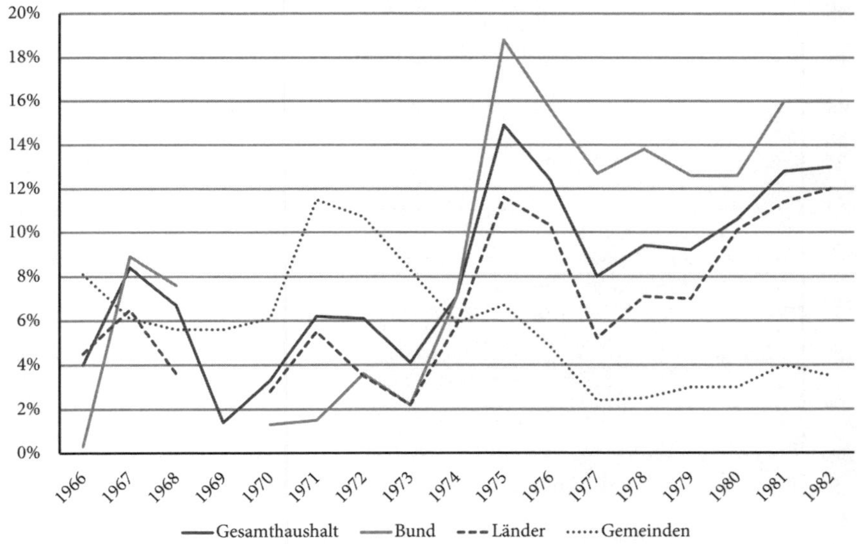

Abb. 11: Kreditfinanzierungsquoten (in %)
Quelle: *Hansmeyer*, Kredit, Tab 10.

Drittens zeigen die *Kreditfinanzierungsquoten (Abb. 11)*, dass Bund, Länder und letztlich auch die Gemeinden in der Verschuldung nicht mehr ein »Aushilfsmittel für besondere Fälle« sahen, diese sich vielmehr »fast zu einer normalen Einnahmequelle« entwickelt hatte.[276] So finanzierte der Bund in der zweiten Hälfte der siebziger und in den frühen achtziger Jahren durchweg zwischen 12,6 % und 18,8 % seiner Ausgaben durch Kredite. Besonders heben sich die Jahre 1975 mit 18,8 % sowie 1981 und 1982 mit jeweils 16 % ab. Bei den Ländern, vor allem aber bei den Gemeinden lag die Kreditfinanzierungsquote zwar niedriger. Doch kamen auch die Länder auf Spitzen von 11,6 % (1975) und 12 % (1982). Nur die Gemeinden blieben, sieht man von 1975 mit 6,7 % ab, meist unter 3 bis 4 %.

Viertens nahmen die *Schuldenquoten (Abb. 12)* seit der Mitte der siebziger Jahre erkennbar zu. Das galt in erster Linie für den Bund, dessen Quote von 7,3 % (1974) auf 19,8 % (1982) anstieg und sich damit fast verdreifachte. Doch verzeichneten die Länder mit einem Zuwachs von 4,8 % (1974) auf 12,2 % (1982) eine ähnliche Entwicklung. Nur die Gemeinden hielten ihre Schuldenquote bei 6–7 % mehr oder minder konstant.

276 Gutachten zu den Problemen einer Verringerung der öffentlichen Netto-Neuverschuldung vom 4.5.1984, in: *Bundesministerium der Finanzen*, Beirat 1974–1987, S. 455–511 (Zitat: S. 460).

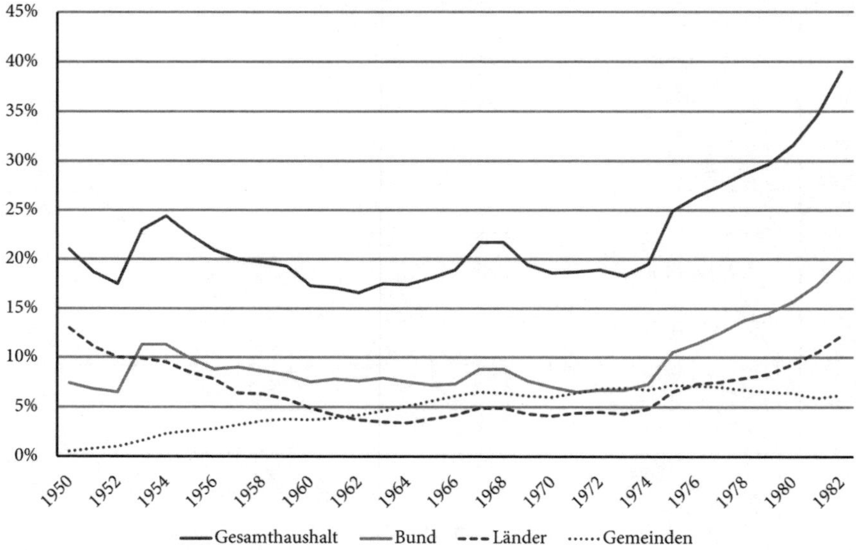

Abb. 12: Schuldenquoten (in %)
Quelle: *Hansmeyer*, Kredit, Tab 9.

Fünftens wuchs infolge des starken Schuldenwachstums die Belastung der Haushalte durch steigende Ausgaben für Zinsen. Diese erhöhten sich von 4,2 Mrd. (1966) über 13,1 Mrd. (1974) auf 45,0 Mrd. 1982. Entsprechend nahm die *Zinsdienstquote (Abb. 13)*, also der Anteil der Zinsaufwendungen an den Gesamtausgaben von 3,0 % (1966) über 3,9 % (1974) auf 8,0 % (1982) zu. Von dieser Entwicklung war besonders der Bund betroffen. Bei ihm lag die Quote 1966 bei 2,3 %, stieg bis 1974 auf 3,2 % zu und erreichte 1982 9,0 %, was einer Summe von 22,1 Mrd. entsprach. In diesem Jahr floss also nahezu jede zehnte Mark in den Zinsendienst, gab der Bund rund 1,5 % des Bruttosozialprodukts dafür aus; das war mehr als die beiden anderen Gebietskörperschaften zusammen.[277] Bei den Ländern und Gemeinden belasteten die Zinszahlungen die Haushalte zwar stärker als in den sechziger und frühen siebziger Jahren, beanspruchten aber 1982 mit 6,2 % (1966: 1,7 %; 1974: 2,3 %) bzw. mit 5,8 % (1966: 3,9 %; 1974: 5,1 %) kleinere Anteile ihrer Budgets im Vergleich zum Bund.

Das Wachstum der Schulden schlug sich aber nicht nur in Form steigender Zinsaufwendungen in den Haushalten nieder, sondern veränderte auch die *Schuldenstruktur*.[278] Unterscheidet man, wie es der Sachverständigenrat tat, mit

277 *Hansmeyer*, Kredit, Tab. 12.

278 Ausführlich dazu Sts. K.O. Pöhl, Analyse der Kreditaufnahmen des Bundes in den Jahren 1975 und 1976, Anlage 1 zur Niederschrift über die Arbeitstagung des

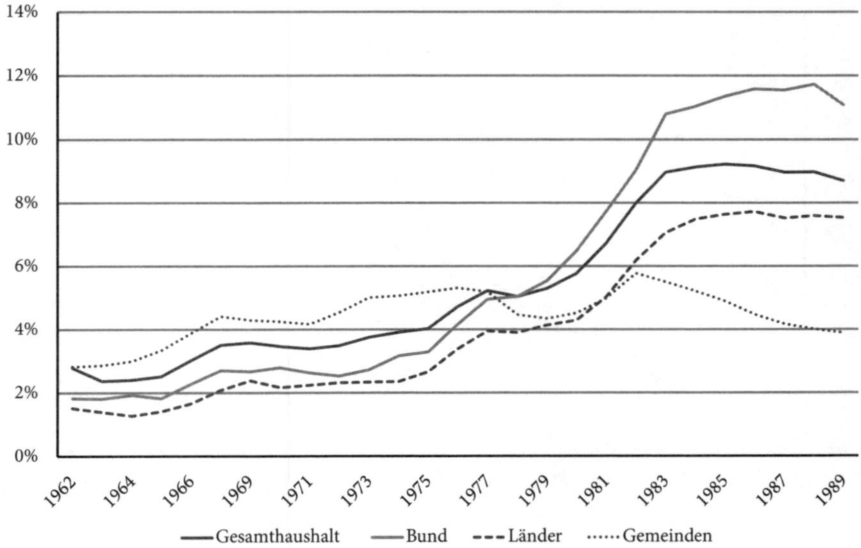

Abb. 13: Zinsdienstquoten (in %)
Quelle: *Sachverständigenrat*, Jahresgutachten 1993/94, Tab. 42* (eigene Berechnungen).

Anleihen, Direktausleihungen der Kreditinstitute und Darlehen von Nichtbanken, darunter in erster Linie der Sozialversicherungen, drei ausgewählte Schuldenarten, lässt sich ein erster Eindruck gewinnen (Abb. 14).[279] So verteilten sich die Schulden des öffentlichen Gesamthaushalts 1966 zu 13 % auf Anleihen, 33 % auf Direktausleihungen und 16 % auf Darlehen von Nichtbanken. In den folgenden Jahren stieg vor allem der Anteil der Direktausleihungen massiv an. Er lag 1974 bereits bei 56 % und erreichte 1982 schließlich 68 %. Zwei Drittel der Schulden gingen mithin auf diese Schuldenart zurück. Auch der Anteil der Anleihen nahm noch geringfügig über 16 % (1974) auf 19 % (1982) zu, während die Darlehen der Nichtbanken klar an Bedeutung einbüßten; ihr Anteil sank über 14 % (1974) auf 6 % (1982).

Wissenschaftlichen Beirats beim Bundesministerium der Finanzen am 12./13.11.1976, BArch B 126/53215; Vermerk I A 3 BMF betr. Schuldenpolitik und Schulden der öffentlichen Hand – unter besonderer Berücksichtigung des Bundes vom 16.12.1976, BArch B 126/6751; Gutachten zur Schuldenstrukturpolitik des Staates vom 28.9.1978, in: *Bundesministerium der Finanzen*, Beirat 1974–1987, S. 169–302. Vgl. auch *Dreißig*, Technik, und aus der Sicht der Geschäftsbanken *Sattler*, S. 423 ff.

279 Die folgenden Angaben nach *Sachverständigenrat*, Jahresgutachten 1993/94, Tab. 45*. Da es sich um ausgewählte Schuldarten handelt, ergibt ihre Summe nicht 100 %.

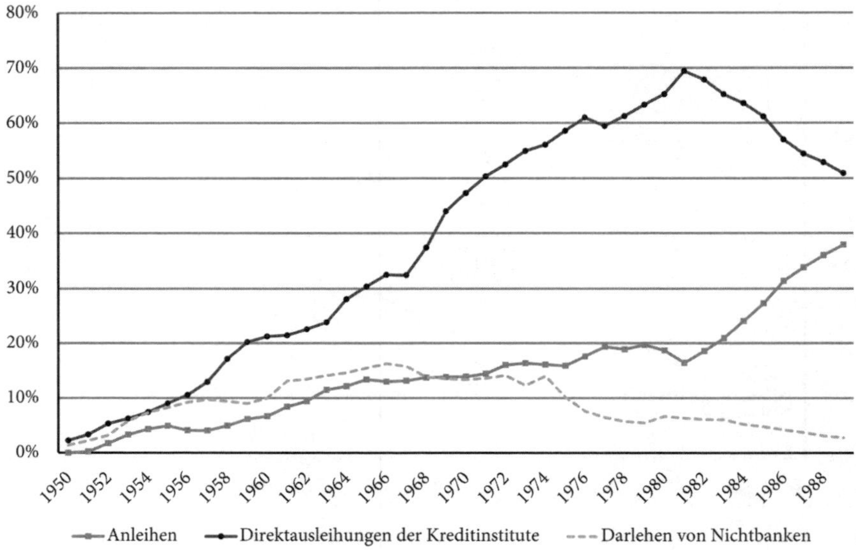

Abb. 14: Anteile an der Verschuldung des öffentlichen Gesamthaushalts (in %)
Quelle: *Sachverständigenrat*, Jahresgutachten 1993/94, Tab. 45* (eigene Berechnungen).

Eine genauere Aufschlüsselung erlauben Daten, welche das »Institut Finanzen und Steuern« zusammengestellt hat (Abb. 15).[280] Diese weisen die Anteile der Schuldenarten an der *Neu*verschuldung, nicht am Schulden*stand* des öffentlichen Gesamthaushalts nach. Auch hier zeigt sich, dass die mittel- bis langfristigen Direktausleihungen der Kreditinstitute, die meist in Form von Schuldscheindarlehen erfolgten, die mit Abstand wichtigste Verschuldungsart bildeten. Ihr Anteil an der Neuverschuldung des öffentlichen Gesamthaushalts stand bereits 1960 bei 50,7 % und stieg bis 1982 weiter auf 69,7 % an. Die Vorteile der Schuldscheindarlehen lagen zuerst in ihrer Flexibilität, die Schuldner wie Gläubiger entsprechend ihrer jeweiligen Bedürfnisse nutzten konnten, dann in den geringen Kosten und ferner in der fehlenden Genehmigungspflicht, mithin der Geräuschlosigkeit. Schließlich waren auf Schuldscheine anders als auf Wertpapiere keine Wertberichtigungen vorzunehmen, sodass Buchverluste nicht entstehen konnten. Obwohl Umfang und Konditionen der Darlehen geheim gehalten wurden, war der Schuldscheinmarkt transparent, da sich die jeweils gewährten Kreditbedingungen zumal im Kreis der Banken rasch herumsprachen. Leicht rückläufig war dagegen der Anteil der Anleihen, die hinter den Direktausleihungen an zweiter Stelle rangierten. Er stieg von 16,0 % (1960) zunächst

280 Die folgenden Zahlenangaben nach *Institut »Finanzen und Steuern«*, Wirkung, S. 11 ff. und S. 61 ff.

20,1 % (1965) an, oszillierte dann um die 18 %, wuchs Ende der siebziger Jahre noch einmal auf knapp über 20 % und sank dann bis 1982 drastisch auf 13 % ab. Das lag am insgesamt schwerfälligen Konsortialverfahren und der größeren Publizität, welche die Bundesanleihen zu Referenzgrößen machte, sowie an der im Vergleich zum Schuldscheindarlehen meist höheren Effektivverzinsung. Diese hing mit der Bonifikation für das Anleihekonsortium zusammen, die sich zwischen 1,5 % und 1,6 % bewegte, sowie dem sogenannten »Geleitzugprinzip«, das es auch den schwächeren Konsortialbanken erlauben musste, ihre Quoten abzusetzen. Vor dem Versuch, das Konsortialprinzip zu lockern oder gar ganz aufzugeben, schreckten die Verantwortlichen, allen voran die Deutsche Bundesbank, aber zurück, da dies einer Kriegserklärung an die Kreditinstitute gleichgekommen wäre und Daueremissionen nicht unbedingt eine günstigere Alternative darstellten. Die Vorteile der Anleihe, die sie zu einem unverzichtbaren Finanzierungsinstrument machten, lagen in der hohen Markttransparenz und der starken Beteiligung privater Sparer. So schätzte das Finanzministerium, dass 60 % der Emissionen von Privaten gezeichnet wurden und 40 % der Bundesemissionen in deren Depots lagen. Noch stärker als der Anteil der Anleihen sank freilich der Prozentsatz der Darlehen von Nichtbanken, im Wesentlichen von Privat- und Sozialversicherungen. Er ging von 23,9 % auf 6,3 % zurück. Die unverzinslichen Schatzanweisungen (»U-Schätze«) als Geldmarktpapiere mit unterschiedlichen, aber längstens zweijährigen Laufzeiten spielten vor allem in den Jahren 1967 und 1968 mit einem Anteil von 9,4 % und 9,5 % eine wichtigere Rolle, kamen aber in den übrigen Jahren nur gelegentlich, etwa im Jahr 1975, über 5 % hinaus, seit für sie nicht mehr die Refinanzierungszusage der Bundesbank galt. Die drei bis fünf Jahre laufenden Kassenobligationen hatten mit 3,9 % bzw. 4,4 % eine vergleichsweise geringe Bedeutung; doch gab es Jahre wie etwa 1977 und 1978, in denen ihr Gewicht für die Finanzierung der öffentlichen Haushalte zunahm. Die Obligationen wurden entweder im Tenderverfahren, einer Form der Auktion, oder freihändig untergebracht. Sie waren lombardfähig, deshalb für die Kreditinstitute wegen ihrer hohen Liquidität recht attraktiv und daher vor allem für den Bund ein zinsgünstiges Finanzierungsinstrument. Besonders die privaten Sparer zum Kauf anregen sollten die fünfjährigen Bundesobligationen,[281] die 1969 in Umlauf kamen, aber erst Mitte der siebziger Jahre an Bedeutung gewannen und es bis 1982 immerhin auf einen Anteil von 6,3 % an der Neuverschuldung brachten. So konnten, wenn auch nach erheblichen Anlaufschwierigkeiten, diesem für den Bund billigen Kreditinstrument breitere Käuferschichten erschlossen werden. Trotz eines beträchtlichen Werbeaufwands blieb der Absatz aber unter den Erwartungen, da sich die Kreditinstitute zurückhielten und die Deutsche Bundespost einen Vertrieb verweigerte.

281 Der Bund greift in alle Taschen, in: Die Zeit Nr. 16 vom 13.4.1979.

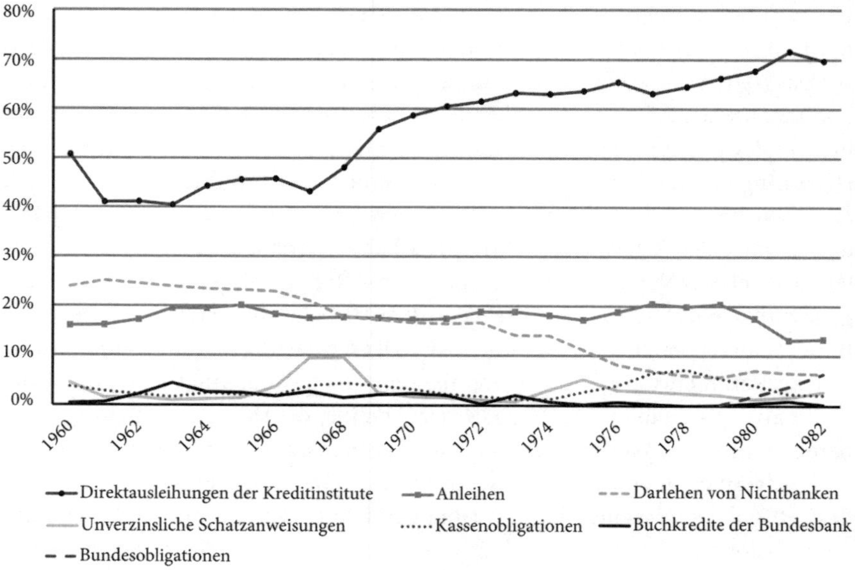

Abb. 15: Anteile an der Neuverschuldung des öffentlichen Gesamthaushalts (in %)
Quelle: *Institut »Finanzen und Steuern«*, Wirkungen, S. 61ff.

Die Gebietskörperschaften entwickelten bei der *Zusammensetzung der Neuverschuldung* je eigene Schuldenstrukturprofile.[282] So verschuldete sich der *Bund (Abb. 16)* bis in die sechziger Jahre fast nur durch die Ausgabe von Wertpapieren, vollzog im Jahre 1968 aber eine Kehrtwende und setzte seitdem zunehmend auf Direktausleihungen der Kreditinstitute. Obwohl ihr Anteil an der Neuverschuldung auf fast 50 % im Jahr 1982 stieg, blieben, wenn auch bei sinkenden Anteilen, Anleihen (22,4 %) und Darlehen von Nichtbanken (7,5 %) wichtig. Phasenweise griff der Bund auch in erheblichem Umfang auf unverzinsliche Schatzanweisungen (1967: 22,2 %; 1968: 21,4 %) und Kassenobligationen (1977: 13,3 %; 1978: 14,4 %) zurück.[283]

Bei den *Ländern (Abb. 17)* nahmen dagegen die Direktausleihungen von 35,5 % (1960) auf 85,3 % im Jahr 1982 zu, während Anleihen (1960: 32,2 %; 1982: 4,7 %) und Darlehen von Nichtbanken (1960: 25,9 %; 1982: 4,5 %) entsprechend stark rückläufig, Schatzanweisungen und Kassenobligationen kaum von Bedeutung waren. Die Gemeinden schließlich griffen in wachsendem Umfang, tendenziell fast ausschließlich auf Direktausleihungen der Kreditinstitute und nur noch in stark abnehmenden Anteilen auf Darlehen von Nichtbanken zurück. Die Veränderungen der Schuldenstruktur spiegelt nicht zuletzt der Wandel in der

282 *Institut »Finanzen und Steuern«*, Wirkungen.
283 Vgl. pl, Die Schuldenmanager des Bundes, in: Die Zeit Nr. 15 vom 3.4.1981.

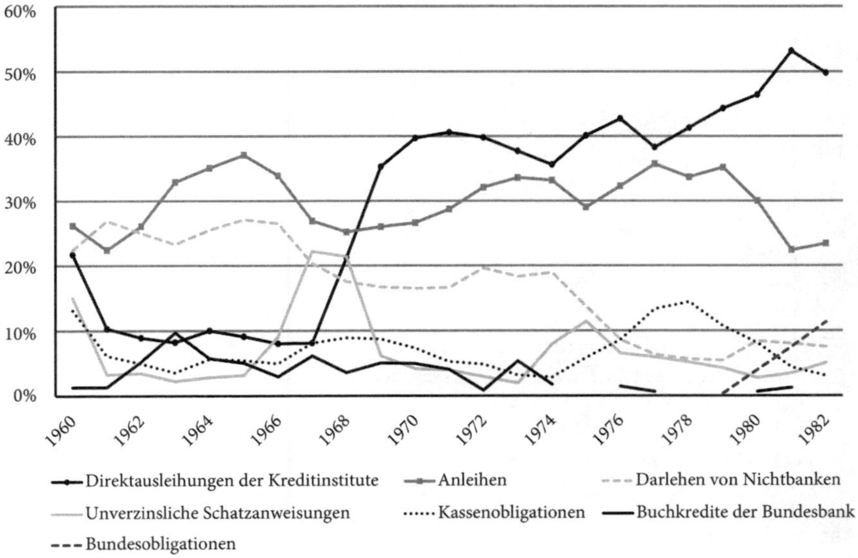

Abb. 16: Anteile an der Neuverschuldung des Bundes (in %)
Quelle: *Institut »Finanzen und Steuern«*, Wirkungen, S. 64.

Zusammensetzung der Gläubiger des öffentlichen Gesamthaushalts wider. Am Ende der ersten Entwicklungsphase der öffentlichen Verschuldung im Jahr 1966 stand das inländische Bankensystem mit rund 62 % klar an der Spitze, wobei 48 % auf die inländischen Kreditinstitute und 14 % auf die Bundesbank entfielen (Abb. 18). Die zweite große Gläubigergruppe bildeten die inländischen Nichtbanken mit 34 %, darunter die Sozialversicherungsträger mit knapp 10 % und die Mischkategorie Sonstige inländische Nichtbanken, die es auf 24 % brachte. Gegenüber dem Ausland waren die Gebietskörperschaften mit knapp 4 % verschuldet.[284]

Vergleicht man die Gläubigerstruktur des Jahres 1966 mit jener von 1982, fallen Kontinuitäten und Diskontinuitäten auf (Abb. 19).[285] Nach wie vor stellte das inländische Bankensystem mit 68 % die größte Gläubigergruppe. Doch war der Anteil der inländischen Kreditinstitute auf 66 % gestiegen, jener der Bundesbank dagegen deutlich auf 2 % gesunken. Der Prozentsatz der inländischen Nichtbanken war ebenfalls zurückgegangen. Das galt besonders für die Sozialversicherungen, die nur noch auf 2 % kamen, aber auch für die Sonstigen inländischen Nichtbanken, die es noch auf 17 % brachten. Entscheidend hatte sich der

284 Die Verschuldung der öffentlichen Haushalte, in: *Deutschen Bundesbank*, Monatsbericht April 1967, S. 24–33, bes. S. 32 f.
285 *Deutsche Bundesbank*, Monatsbericht Juni 1983, S. 63*.

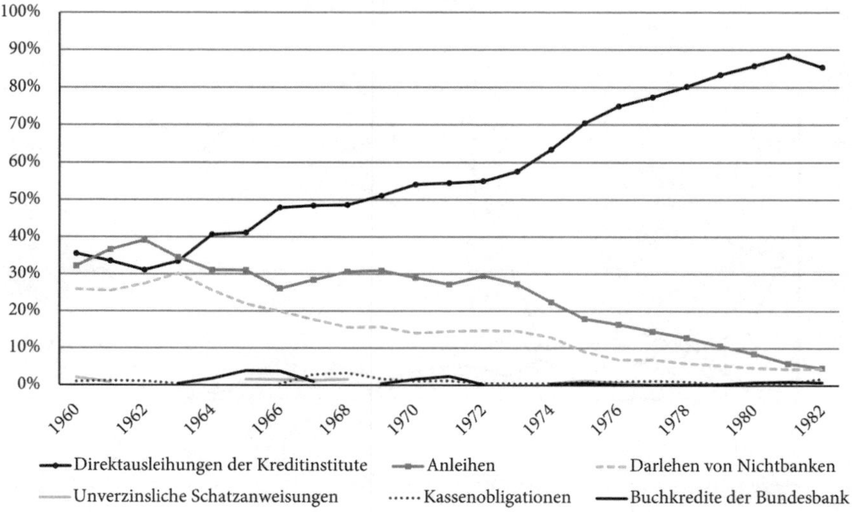

Abb. 17: Anteile an der Neuverschuldung der Länder (in %)
Quelle: *Institut »Finanzen und Steuern«*, Wirkungen, S. 67.

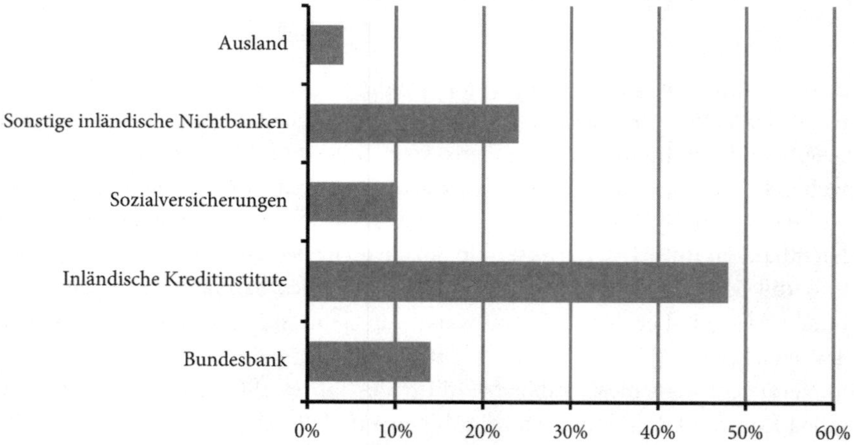

Abb. 18: Zusammensetzung der Gläubiger des öffentlichen Gesamthaushalts 1966 (in %)
Quelle: *Deutschen Bundesbank*, Monatsbericht April 1967, S. 32 f.

Anteil des Auslands verändert. Er lag jetzt bei 13 %, wobei der größte Teil der Auslandsschuld auf den Bund entfiel.[286] Entweder nahmen die Gebietskörperschaften direkt Schuldscheindarlehen bei ausländischen Investoren auf, beson-

286 Neuere Entwicklung der öffentlichen Verschuldung, in: *dies.*, Monatsbericht Januar 1984, S. 21–29, bes. S. 28 f.

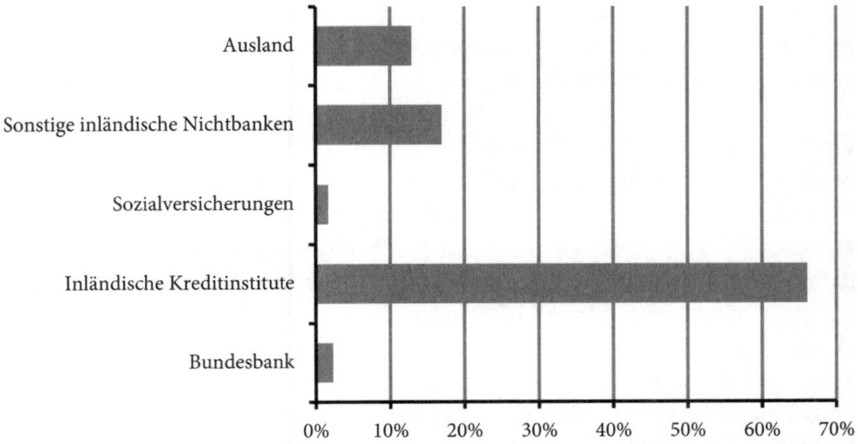

Abb. 19: Zusammensetzung der Gläubiger des öffentlichen Gesamthaushalts 1982 (in %)
Quelle: *Hansmeyer*, Kredit, S. 44 und 59.

ders bei den OPEC-Staaten, oder inländische Banken vermittelten solche Darlehen an Ausländer. Die Verschuldung im Ausland stieg seit der Mitte der siebziger Jahre leicht, seit 1980 jedoch stark an, da die Regierung die Beschränkungen des Kapitalimports wegen der sich verschlechternden Leistungsbilanz schrittweise lockerte. 1980 nahmen die öffentlichen Hände Auslandskredite in Höhe von 22,0 Mrd. netto, 1981 sogar von 25,2 Mrd. auf, sodass sich die Gesamtsumme der Auslandsverschuldung im Jahr 1982 auf 79,3 Mrd. belief.[287]

Vergleicht man das Wachstum der öffentlichen Schulden in der Bundesrepublik mit dem anderer Staaten, was erhebliche statistische und methodische Probleme aufwirft,[288] stellt es also in einen *internationalen Kontext*, zeigen sich zwei Besonderheiten.[289] Erstens bildete die Bundesrepublik Anfang der achtziger Jahre mit einer Schuldenquote (Schulden in Prozent des Bruttosozialprodukts) von 38 % mit Frankreich (25 %) und mit den USA (46 %) das Schlusslicht unter den großen OECD-Ländern (Abb. 20).[290] Von den kleinen Staaten wiesen nur Spanien (12,0 %) und Finnland (13,8 %), Australien (17,4 %), Griechenland (29,3 %) und Norwegen (29,7 %) günstigere Werte auf. Ins Auge sticht jedoch zweitens, dass die Verschuldung in der Bundesrepublik seit den späten sechziger Jahren stärker expandierte als in fast allen großen OECD-Ländern. Während

287 *Hansmeyer*, Kredit, S. 59. Vgl. dazu auch Th. Thormählen, Kreditaufnahme des Staates im Ausland, in: WSI-Mitteilungen 1/1981, S. 34–42.
288 *Neumark*, Gemeinsamkeiten; *Hedtkamp*.
289 Schuldenbericht 1975 o.D., BArch, B 126/67512; Referat I A 3 BMF (Rosenkränzer) an Minister am 7.2.1978 betr. Schuldenpolitik der öffentlichen Hand, BArch B 126/67512.
290 Die folgenden Daten nach *Mauro* (d: Gross public debt, percent of GDP). Die Daten sind mit den vorn verwendeten nicht vergleichbar, sondern nur untereinander kompatibel.

Großbritannien seine Schuldenquote zwischen 1966 und 1982 um 44 Prozentpunkte (92 % auf 48 %) stark verringern konnte, diese bei den USA um 5 Prozentpunkte (51 % auf 46 %) leicht zurückging und im Fall Frankreichs von 15 % auf 25 %, also um 10 Prozentpunkte anstieg, nahm die bundesdeutsche Quote um 18 Prozentpunkte von 20 % auf 38 % zu. Das Verschuldungstempo war nur bei Italien mit 30 Prozentpunkten und Japan mit 53 Prozentpunkten höher.

Nach einer anderen Datenreihe stieg die bundesdeutsche Schuldenquote zwischen 1972 und 1982 von 18,8 % auf 39,4 %, also um 20,6 Prozentpunkte und damit stärker als der Durchschnittswert für die sieben großen OECD-Länder (7,2 Prozentpunkte mit und 16,7 Prozentpunkte ohne die USA), stärker auch als der Wert für alle Mitgliedsstaaten (8,0 Prozentpunkte mit und 15,9 Prozentpunkte ohne USA).[291] Hatte der Abstand zum OECD-Durchschnitt 1972 noch 19,6 Prozentpunkte betragen, war dieser bis 1982 auf 7 Prozentpunkte geschrumpft. So stand die Bundesrepublik zwar im internationalen Vergleich Anfang der achtziger Jahre noch vergleichsweise gut da, doch hatte sich ihre Position gemessen an den frühen Siebzigern rasch und deutlich verschlechtert. Das gilt in gleicher Weise für die Belastung der öffentlichen Haushalte mit Zinsen. Da die Schulden in der Bundesrepublik rasch, aber von einem niedrigen Ausgangsniveau expandiert waren, hielt sich die Zinsbelastung Anfang der achtziger Jahre noch in Grenzen. Obwohl sich diese seit 1972 gut verdoppelt hatte, lag sie doch im Vergleich mit 5,7 % der öffentlichen Gesamtausgaben nur vor den USA (5,1 %). Alle anderen großen OECD-Staaten mussten zwischen 11,3 % (Großbritannien) und 15,9 % (Kanada) der Ausgaben für die Verzinsung ihrer Staatsschulden aufwenden. Damit stand sich die Bundesrepublik besser als der Durchschnitt der sieben großen OECD-Länder (7,7 % mit und 10,0 % ohne USA) und fiel auch gegenüber dem OECD-Durchschnitt (7,7 % mit und 10,0 % ohne USA) durch eine »mittlere Position« positiv auf.[292]

Die Explosion der öffentlichen Verschuldung seit der Mitte der siebziger Jahre, die auch im internationalen Vergleich hervortrat und von den Akteuren genau registriert wurde, trug wesentlich dazu bei, dass die Expansionskoalition schrittweise erodierte. Einst hatte die Überzeugung sie zusammengeschweißt, dass die öffentliche Armut überwunden werden müsse. Mit der wachsenden Kritik an der Galbraith-These schwand die verbindende Kraft dieses Leitbilds. Schon Anfang der 1970er Jahre hatte die CDU/CSU-Opposition begonnen, die sozial-liberale Koalition an deren eigenem Anspruch zu messen. Sie kritisierte sowohl die Steuererhöhungen, welche die öffentliche Armut hätten abbauen sollen, als auch die Preissteigerungen, welche die Mehrausgaben auffraßen

291 *Chouraqui*, Tab. 1. Vgl. auch *Leibfritz*, S. 80 f.; *Skilling*; *Franzese*, S. 22 ff., 126 ff.; *Corsetti* u. *Roubini*, Tab. 5, S. 2 ff. Die Daten sind wiederum in sich konsistent, aber mit anderen Reihen nicht vergleichbar.

292 *Chouraqui*, Tab. 5. Zitat: *Thormählen*, Finanzierung, S. 624.

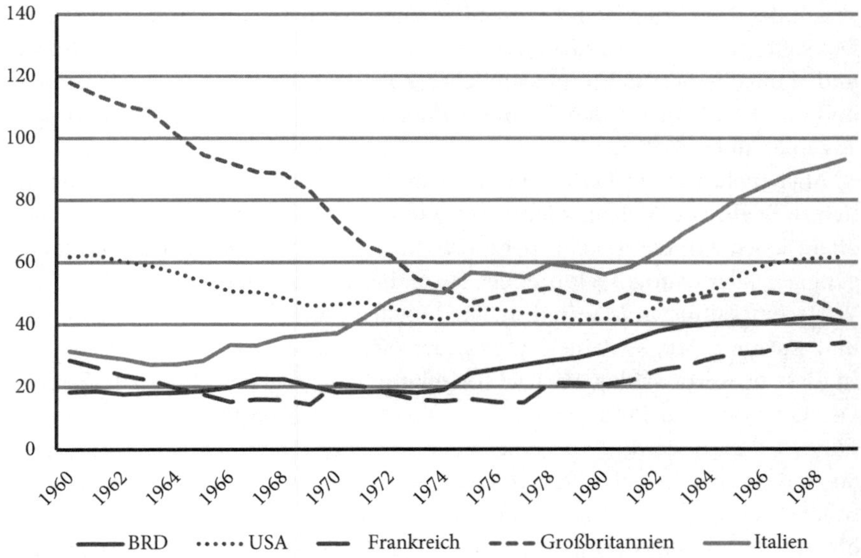

Abb. 20: Schuldenquoten im internationalen Vergleich (in %)
Quelle: *Mauro* (d: Gross public debt, percent of GDP).

und real keine höheren öffentlichen Investitionen erlaubten. So nannte Franz Josef Strauß bei der Lesung des Haushalts 1972 die geplanten Steuererhöhungen eine »Morphiumspritze«, die das Problem nicht behebe, welches die Regierung »öffentliche Armut und privater Reichtum« nenne.[293] Den Rückgang der öffentlichen Investitionen kritisierte der Unions-Abgeordnete Wolfgang Vogt. In der Debatte über die Große Anfrage der CDU/CSU-Fraktion zum Arbeitsprogramm der Bundesregierung zu den inneren Reformen in der sechsten Legislaturperiode im Dezember 1971 wies er darauf hin, dass der Anteil der investiven Ausgaben bei den öffentlichen Haushalten zurückgegangen sei: »Sie reden immer von der öffentlichen Armut, die Sie beseitigen wollen. Dabei produzieren Sie diese öffentliche Armut«.[294] Ganz ähnlich argumentierten Philipp Jenninger, Hans Katzer oder Karl Carstens, der Fraktionsführer der CDU/CSU im Bundestag.[295] Polemischer fiel der Diskussionsbeitrag des Berliner CDU-Abgeordneten Jürgen Wohlrabe aus, den Herbert Wehner 1970 als »Übelkrähe« tituliert hatte. Bei den Beratungen des Haushalts 1974 brachte er vor: »Die These von der öffentlichen Armut … und dem privaten Reichtum wurde allerorts

293 VDB, 6. WP, 145. Sitzung vom 21.10.1971, S. 8347.
294 Ebd., 153. Sitzung vom 1.12.1971, S. 8815.
295 Ebd., 154. Sitzung vom 2.12.1971, S. 8855 bzw. 182. Sitzung vom 26.4.1972, S. 10606; 7. WP, 44. Sitzung vom 18.6.1973, S. 2460.

verkündet. Nach 20 Jahren CDU/CSU-Regierung sollte nun damit Schluss sein. Das sollte alles besser werden. Ja, das Sendungsbewusstsein des Bundeskanzlers und seiner Berater nahm quasireligöse Züge an. Die Regierungserklärungen und die öffentlichen Reden des Bundeskanzlers lasen sich wie Verlautbarungen aus einer anderen Welt«.[296]

Aber nicht nur im Parlament, auch in der veröffentlichen Meinung drehte sich zu Beginn der siebziger Jahre der Wind. Die Rede von der »erschreckenden öffentlichen Armut« sei »eine der gut verkäuflichen Thesen auf dem Markt eingängiger, aber häufig irreführender Formulierungen«, klagte der saarländische Wirtschaftsminister Manfred Schäfer in der Frankfurter Allgemeinen und warnte davor, »in eine Hysterie der öffentlichen Armut« zu verfallen.[297] In dieselbe Kerbe schlug Michael Jungblut in der Wochenzeitung Die Zeit.[298] Der Ökonom und Publizist Wolfram Engels sprach ebenfalls in der Frankfurter Allgemeinen von einer neue »Legende«, nämlich der »vom armen Staat, der seine Aufgaben mit den zur Verfügung stehenden Mitteln nicht erfüllen« könne.[299] Für ihn lag die politische Gefahr des Schlagworts von der öffentlichen Armut darin, dass es eine »Euphorie der öffentlichen Ausgaben« erzeuge, welche sich »die Reformbereitschaft breiter Bevölkerungsschichten« zunutze mache. Die Ebbe in den öffentlichen Kassen, argumentierte er dagegen, beruhe »nicht auf Armut, sondern auf Verschwendung«. Es komme deshalb auf den »Abbau öffentlicher Verschwendung«, nicht dagegen auf eine »Beseitigung öffentlicher Armut« an. Die Zeitschrift Capital griff Engels' Überlegungen, die Galbraith gleichsam gegen den Strich bürsteten, auf und machte damit Front gegen Steuererhöhungen, die 1972 zur Diskussion standen.[300] Auch der Bundesverband der Deutschen Industrie hielt Galbraiths These für äußerst bedenklich, stehe diese doch »stellvertretend für eine breite Strömung in der öffentlichen Meinung«, die sich für einen wachsenden Anteil des Staates am Bruttosozialprodukt stark mache, ohne dass klar sei, wie dieser finanziert werden könne.[301] Front gegen die »Legende vom armen Staat« machte auch Enno von Loewenstein in der Welt. Es handle sich, meinte er, um ein »Schlagwort«, mit dem »unsere Systemveränderer besonders lustvoll operieren«.[302]

Je mehr sich die finanziellen Probleme Mitte der siebziger Jahre zuspitzten und die Verschuldung wuchs, desto kritischer und schärfer, aber auch differenzierter verlief die Auseinandersetzung mit der Galbraith-These. Dabei spielten

296 Ebd., 7. WP, 61. Sitzung vom 25.10.1973, S. 3561.
297 Das Spektakel um die öffentliche Armut, in: Frankfurter Allgemeine Nr. 215 vom 16.9.1972.
298 Streit um eine heilige Kuh, in: Die Zeit Nr. 14 vom 7.4.1972.
299 Die öffentliche Verschwendung, in: Frankfurter Allgemeine Nr. 167 vom 22.7.1972.
300 Die öffentliche Verschwendung, in: Capital Nr. 10/1972.
301 *Bundesverband der Deutschen Industrie*, Jahresbericht 1973/1974, S. 37.
302 E. von Loewenstein, Die Legende vom armen Staat, in: Die Welt Nr. 4 vom 5.1.1974.

nicht zuletzt die Erfahrungen mit der Rezession eine wichtige Rolle. Auf der Sitzung des CDU-Bundesvorstands im November 1974 hielt Kurt Biedenkopf den Sozialdemokraten vor, sie seien angetreten mit der Forderung, die öffentliche Armut abzubauen, hätten dieses Ziel aber nicht erreicht. Trotz steigender Staatsquote und wachsender Steuerlast seien die öffentlichen Investitionen gesunken.[303] Schärfer ging Franz Josef Strauß anlässlich der Beratungen des Haushaltsstrukturgesetzes im Herbst 1975 mit der Galbraith-Formel ins Gericht: Statt auf »Solidität in der deutschen Finanz- und Wirtschaftspolitik« zu setzen, sei zur »propagandistischen Abschirmung« einst »die Formel von der öffentlichen Armut und dem privaten Reichtum« ins Feld geführt worden. Unter dem Motto »Jetzt wird alles besser« habe man »ein sozialdemokratisches Paradies auf Erden mit liberalem Pavillon« in Aussicht gestellt.[304]

Die 43. Staatswissenschaftliche Fortbildungstagung der Hochschule für Verwaltungswissenschaften in Speyer 1975 wollte das Thema differenzierter behandeln. Sie widmete der Frage »Privater Wohlstand – Öffentliche Armut?« eine Vortragsreihe und eine Podiumsdiskussion.[305] Zwar stellte Wolfram Engels dabei Galbraith einmal mehr vom Kopf auf die Füße und formulierte seine bekannte Gegenposition, dass die Bundesrepublik Deutschland aus institutionellen Gründen zu einer »Überproduktion öffentlicher Güter« neige. »Öffentlicher Luxus« sei daher »wahrscheinlicher als öffentliche Armut«. Seine These von der »gesellschaftlichen Hypochondrie« besagte, dass, »obwohl es zuviel öffentliche Güter« gebe, allgemein ein Mangel an solchen empfunden werde. Infolgedessen habe der Staat zu viele Aufgaben an sich gezogen, und es drohe eine »öffentliche Überlastung«, da er inzwischen »überwiegend private Güter« produziere, statt sich auf öffentliche Güter zu beschränken.[306] Die anderen Vortragenden bemühten sich aber um mehr Differenzierung und forderten eine Entideologisierung der Debatte. Sie betonten entweder die Komplementarität individueller und kollektiver Bedürfnisbefriedigung, warfen unter dem Eindruck der Wachstumskritik des Club of Rome die Frage nach den Indikatoren für die Messung von Lebensqualität auf oder plädierten aus systemtheoretischer Sicht dafür, die »Frage: Privater Reichtum – Öffentliche Armut?« als ein politisch lösbares Problem zu sehen und »nicht lediglich als Vorwand zum Aufwärmen von Ideologien« zu missbrauchen.[307] Der Leiter der Tagung griff diesen Gedanken in seinem Resümee auf.[308] Wenn auch das Thema als »Leerformel ohne zwingende Beweiskraft« erscheine, sei es doch wichtig, sich mit diesem Fragenkomplex zu

303 *Buchstab*, Kohl, Nr. 15: 25.11.1974.

304 VDB, 7. WP, 199. Sitzung vom 5.11.1975, S. 13632.

305 *Duwendag*, Staatssektor; vgl. dazu G. Epping u. E. Paul, Probleme langfristig wachsender Staatsaktivität, in: Wirtschaftsdienst 1975/VI, S. 317–324.

306 *Engels*, Privater Wohlstand, S. 151, 153, 156.

307 *Wehner*; *von Kortzfleisch*, S. 175.

308 *Duwendag*, Schlußwort, in: *ders.*, Staatssektor, S. 185 f.

befassen, »um ihn des bloßen Schlagwortcharakters zu entkleiden«. Deshalb müssten die beiden zentralen Begriffe geklärt und Indikatoren entwickelt werden, mit denen sich das »Ist« und das »Soll« der Versorgung mit öffentlichen Gütern messen lasse. Außerdem gelte es, kritisch zu analysieren, welche Interessen sich im politischen Prozess durchsetzten und welche Kriterien das Handeln der Politiker bestimmten, wenn sie sich entschieden, bestimmte öffentliche Güter und Dienste bereitzustellen, andere jedoch nicht.

Die Fortbildungstagung von 1975 eröffnete den Reigen der nunmehr skeptischen Stimmen, die anfänglich noch der Galbraithschen Dichotomie gehuldigt hatten. Unter der Überschrift »Im Teufelskreis« schrieb Die Zeit Anfang 1978, dass diejenigen, »die zu Beginn des Jahrzehnts mit durchaus plausiblen Argumenten von der Überwindung der ›öffentlichen Armut‹ sprachen, die in einem allzu krassen Kontrast zum ›privaten Reichtum‹ stehe«, jetzt erkennten, »dass der ›staatliche Korridor‹ kaum mehr erweitert werden« dürfe.[309] Die sich seit der Mitte der siebziger Jahre verbreitende Galbraith-Skepsis reichte bis in die Sozialdemokratie hinein. So erklärte Konrad Porzner, Parlamentarischer Staatssekretär im Finanzministerium, als es um die Folgen der Steuerreform von 1975 ging, dass es mittlerweile »keine Armut zu verwalten« gelte.[310] Auch Finanzstaatsekretär Joachim Hiehle stellte in einem Vortrag im Herbst 1977 fest, dass die Rezession von 1974/75 einen Meinungswandel darin bewirkt habe, »was vom Staat erwartet werden könne und welche Forderungen an die öffentliche Aufgabenerfüllung zu richten seien«. So hätte »jener Elan« seine Kraft verloren, der einst »aus der Feststellung des Widerspruchs zwischen privatem Reichtum und öffentlicher Armut« erwachsen sei. Denn vieles habe man zur Beseitigung öffentlicher Armut getan. Zweifel kämen inzwischen aber auf, ob der private Reichtum gesichert sei und alle eine Chance hätten, an ihm teilzuhaben.[311]

Nachdem die Skepsis gegenüber der Galbraith-Formel nicht zuletzt unter dem Eindruck der Rezession 1974/75 zugenommen hatte, spielte sie in den politischen Auseinandersetzungen bald keine Rolle mehr. Allenfalls wurde sie von der Opposition noch bemüht, um den Irrweg zu kritisieren, den die Finanzpolitik der sozial-liberalen Koalition in ihren Augen beschritten hätte. So warf der Unions-Abgeordnete Lothar Haase, der 1981/82 zeitweilig den Vorsitz des Haushaltsausschusses übernehmen sollte, Finanzminister Matthöfer bei der Beratung des zweiten Nachtragshaushalts 1979 vor, die Regierung habe das Gegenteil von dem erreicht, was sie sich vorgenommen hätte und so »den Staat auf das Niveau des öffentlich-rechtlichen Sozialhilfeempfängers gebracht«.[312] Ähnlich

309 Im Teufelskreis, in: Die Zeit Nr. 5 vom 27.1.1978.

310 Steuerreform: Für viele wenig, für wenige mehr, in: Der Spiegel Nr. 27 vom 1.7.1974.

311 BMF-Staatssekretär Joachim Hiehle in seinem Vortrag vom 14.9.1977 »Die Finanzierung der Staatsaufgaben«, gehalten auf dem 11. Staatspolitischen Bildungsseminar des Verbandes der Bundesbankbeamten am 22.9.1977, BArch B 126/48177.

312 VDB, 8. WP, 169. Sitzung vom 13.9.1979, S. 13451.

argumentierte Franz Joseph Strauß bei der zweiten Lesung des Haushalts 1980 im Dezember 1979, wenn er beklagte, dass die Koalition »die öffentliche Armut eher vergrößert, den Staat in die Überschuldung geführt, den Anteil der Investitionen an den Gesamtausgaben im Gesamtergebnis laufend und wesentlich verkleinert« habe.[313] An der Wende von den siebziger zu den achtziger Jahren kritisierten auch große Teile der veröffentlichten Meinung den Versuch der sozial-liberalen Koalition, »die ›öffentliche Armut‹ zu überwinden« und dies über höhere Staatsschulden zu erreichen, als Irrweg und forderten eine »Kurskorrektur« sowie den »Abschied von teuren Träumen«. Die Politiker hätten es nämlich unterlassen, »den Wählern die Kosten dieser Entscheidung vor Augen zu führen«.[314] John Kenneth Galbraith, dessen »Satz von ›der öffentlichen Armut bei privatem Reichtum‹« zum »Schlachtruf aller ausgabefreudigen Politiker der westlichen Welt« avanciert war, zählte jetzt zu »jenen anderen Propheten«, die »nur außerhalb der Fachwelt wirklich viel« galten, sich im »Bereich der Wissenschaft – also dort, wo flotte Sprüche gar nichts und gute Analysen alles gelten«, aber »mehr Ruch denn Ruhm erworben« hätten.[315]

Die Expansionskoalition geriet in diesem Meinungsumschwung immer stärker in die Defensive. Außer den Gewerkschaften hielt kaum noch jemand an der Galbraith-These fest. Ende 1976 brachen die GEWERKSCHAFTLICHEN MONATSHEFTE noch einmal eine Lanze für den »Kollektivverbrauch« und sahen die Gefahr, »dass sich der westliche Kapitalismus mit seiner Abneigung gegen all das was nach öffentlichem Verbrauch und öffentlicher Investition aussieht, den Wohlstandsast selber absägt, auf dem er noch in den sechziger Jahren gesessen hat«.[316] Aber selbst bei den Gewerkschaften stand die Galbraith-These in den späteren siebziger Jahren nicht mehr hoch im Kurs. Ihre argumentative Kraft war angesichts der Explosion der öffentlichen Verschuldung verbraucht.

Nach dem Ende der sozial-liberalen Koalition und der von ihrer Nachfolgerin propagierten Wende mutierte die Galbraith-These zum Synonym für ein maßloses Wachstum der Staatsschulden. In seinem »Gutachten zu den Problemen einer Verringerung der öffentlichen Netto-Neuverschuldung«, das der Wissenschaftliche Beirat beim Bundesministerium der Finanzen im Frühjahr 1984 vorlegte, führte er als eine Erklärung für das rasante Wachstum der öffentlichen Schulden an, dass dieses sich »vor dem Hintergrund vielfältiger politisch-psychologischer Strömungen« vollzogen habe, »die mit der Galbraithschen Formel ›Armer Staat – reicher Bürger‹ grob umschrieben werden können. Es handelt sich um die These einer Unterversorgung mit öffentlichen Leistungen, die sicherlich für einzelne Bereiche nicht bestritten werden kann. Sie wurde

313 VDB, 8. WP, 191. Sitzung vom 11.12.1979, S. 15056.
314 R. Herlt, Abschied von teuren Träumen, in: DIE ZEIT Nr. 44 vom 24.10.1980.
315 *Merklein*, Deutschen, S. 142.
316 K. Kühne, Blutarmer Aufschwung im Schatten neuer Rezessionsdrohung, in: GEWERKSCHAFTLICHE MONATSHEFTE, Heft 12, 1976, S. 713–728, hier S. 728.

jedoch oft so allgemein vorgetragen, dass fast jede Staatstätigkeit grundsätzlich als gut und deren Ausweitung als sinnvoll erscheinen musste«.[317]

e) Konsolidierung, Schuldengrenzen und weniger Staat

Die wachsende Nettokreditaufnahme der Gebietskörperschaften, die zu einer Explosion der öffentlichen Schulden führte, löste Ende der siebziger Jahre eine Kontroverse über die Grenzen und Gefahren der Staatsverschuldung aus, die bis in die frühen achtziger Jahre andauerte. Einerseits handelte es sich um eine wissenschaftliche Debatte, befeuert durch den Streit zwischen Keynesianern und Monetaristen. Andererseits verflocht sich diese mit der Diskussion um die Legitimationskrise und die Unregierbarkeit des Staates.[318] Im Bundestagswahlkampf des Jahres 1980 kam sogar eine hochpolitische Dimension hinzu, da mit den öffentlichen Schulden zugleich die Finanzpolitik der sozial-liberalen Koalition und deren Fähigkeit, den Haushalt zu konsolidieren, zur Diskussion stand. Nicht zuletzt wurde mit der Kontroverse ein »Stellvertreterkrieg« geführt,[319] denn wer über Schulden sprach, meinte eigentlich den Staat. Wie in der Diskussion über öffentliche Armut und privaten Reichtum ging es erneut um die Frage, welche Rolle dieser in Wirtschaft und Gesellschaft spielen, ob das »golden age of public sector intervention« andauern sollte oder nicht.[320]

Nimmt man die Veröffentlichungen in einschlägigen Fachzeitschriften wie dem FINANZ-ARCHIV als Indikator, lebte die Auseinandersetzung mit dem Thema »Öffentliche Schulden«, die in den 1960er Jahre abgeebbt war und danach in der Forschung kaum noch eine Rolle gespielt hatte,[321] mit dem Jahr 1978 schlagartig wieder auf.[322] Nicht nur erschien eine Vielzahl von Monographien

317 Gutachten zu den Problemen einer Verringerung der öffentlichen Netto-Neuverschuldung vom 4.5.1984, in: *Bundesministerium der Finanzen*, Beirat 1974–1987, S. 455–511 (Zitat: S. 467). Zu Beginn des 21. Jahrhunderts lebt die Debatte über öffentliche Armut und privaten Reichtum unter anderen Rahmenbedingungen, aber mit durchaus vergleichbaren Argumenten wieder auf. Vgl. etwa S. Bach, Staatsverschuldung und gesamtwirtschaftliche Vermögensbilanz: Öffentliche Armut, privater Reichtum, in: DIW-WOCHENBERICHT 50/10, S. 2–8.

318 *Hacke*; *Metzler*, Staatsversagen.

319 *Hickel*, Ideologiegehalt, S. 139.

320 *Tanzi* u. *Schuknecht*, S. 16.

321 Eine Ausnahme bildete der Band *Haller* u. *Albers*, der vor allem aber den Diskussionsstand der 1960er Jahre zusammenfasste. Auch kam es im Zusammenhang mit der hohen Nettokreditaufnahme des Jahres 1975 zu einigen kleineren Publikationen, die sich mit den Gefahren wachsender Staatsschulden beschäftigten. *Beyfuss*; G. Berg, Grenzen der öffentlichen Verschuldung, in: WIRTSCHAFTSDIENST 1975/XI, S. 569–575.

322 *Dreißig*, Diskussion; *dies.*, Frage; *dies.*, Fragen. Zu Dreißig vgl. *J.-O. Hesse*, S. 231 f. *Gandenberger*, Staatsverschuldung. Gandenberger lehrte von 1968 bis 1978 als ordentlicher

sowie Aufsätzen und kürzeren Beiträgen;[323] auch Tagungen wie die 43. Mitgliederversammlung der Arbeitsgemeinschaft deutscher wirtschaftswissenschaftlicher Forschungsinstitute im Mai 1980 widmeten sich dem Thema Staatsverschuldung.[324] Außerdem wurden Sammelbände und Überblicksdarstellungen veröffentlicht, die sich in der Kontroverse entweder klar positionierten oder um eine vermittelnde Haltung bemühten.[325] Nicht zuletzt kamen Neuauflagen von »Klassikern« auf den Markt, was die historische Dimension der Debatte über Staatsschulden dokumentiert.[326]

Das aufflammende Interesse der Finanzwissenschaft an den öffentlichen Schulden hatte drei Gründe: Erstens kamen die Experten angesichts des massiven Wachstums der Verschuldung nicht umhin, sich mit dieser Entwicklung und ihren Folgen auseinander zu setzen. Die Jahre seit 1974 hatten nicht nur die bisherige Größenordnung der Staatsschulden gesprengt, sondern auch den Blick für die langfristigen Folgen wie die steigenden Zinsverpflichtungen oder die abnehmenden Spielräume in den öffentlichen Haushalten geschärft.[327] Zweitens war ein Teil der Wissenschaftler aus der Rezession 1974/75 mit einem »veränderten Bewusstsein« hervorgegangen.[328] Spätestens bei der Bekämpfung der Wirtschaftskrise hatte sich die Globalsteuerung als wenig wirksam erwiesen, da exogene, durch die Ölkrise ausgelöste Schocks die konjunkturellen und strukturellen Probleme überlagerten. Damit war die Illusion zerstoben, dass sich im Wechselspiel von Rezession und Hochkonjunktur der Aufbau von Schulden und deren Abbau auf längere Sicht die Waage halten würden. Im Raum stand daher die Frage, ob, wie und mit welchen Konsequenzen sich künftige Konjunktureinbrüche bewältigten ließen, ohne dabei an die finanziellen und ökonomischen, politischen oder psychologischen Grenzen der öffentlichen Verschuldung zu stoßen. Drittens vollzog sich vor dem Hintergrund dieser Erfahrungen und Einsichten in mitunter scharfen Auseinandersetzungen schrittweise und partiell ein Paradigmenwechsel von nachfrage- zu angebotsorientierten kon-

Professor für Finanzwissenschaft an der Universität Mainz. 1978 wurde er von der Universität München auf den Lehrstuhl für Finanzwissenschaft berufen.

323 Einen Überblick über die einschlägige Literatur liefern die Bände *Nowotny*, Verschuldung, S. 178 ff., *Simmert* u. *Wagner*, S. 511 ff., sowie die Beiträge von *Gandenberger*, Theorie, und *Dreißig*, Technik.

324 Probleme der Staatsverschuldung. Vgl. dazu den abgewogenen Bericht von Referat I A 3 BMF (Thormählen) für M vom 4.6.1980 betr. Tagung der wirtschaftswissenschaftlichen Forschungsinstitute am 8. und 9.5.1980 in Bonn über Probleme der Staatsverschuldung, BArch B 126/79368.

325 *Nowotny*, Verschuldung, S. 178 ff.; *Simmert* u. *Wagner*.

326 *Diehl* u. *Mombert*.

327 *Gandenberger*, Staatsverschuldung, S. 159.

328 *Ders.*, Grenzen, S. 10.

junktur- und finanzpolitischen Konzepten. Damit erschien auch die öffentliche Verschuldung in einem neuen Licht.[329]

Die keynesianische Wirtschaftstheorie, auf die sich die *Fiscal policy* stützte, war davon ausgegangen, dass eine unzureichende gesamtwirtschaftliche Nachfrage, die zu einer Unterauslastung von Produktionsanlagen und Unterbeschäftigung von Arbeitskräften führte, durch ein staatliches *Deficit spending* angehoben oder ihr weiteres Absinken zumindest gebremst werden könnte. Dagegen galt es bei einer gesamtwirtschaftlichen Nachfrage, die das Produktionspotential überstieg und daher inflationär wirkte, das Rezept der Nachfragebelebung umzukehren, also das Defizit im Haushalt zu vermindern oder sogar Überschüsse zu bilden. Da es in beiden Fällen weniger auf die absolute Höhe als vielmehr auf die Veränderung der Nettokreditaufnahme ankam, lief die keynesianische Stabilisierungspolitik auf diskretionäre Maßnahmen hinaus, die in Rezession wie Boom antizyklisch wirken und dabei von der Geldpolitik flankiert werden sollten. Der öffentlichen Verschuldung kam im Rahmen dieser nachfrageorientierten Politik eine zentrale stabilitätspolitische Funktion zu.

Die vor allem von den Monetaristen verfochtene Gegenposition bestritt, dass eine nachfrageorientierte Politik langfristig Stabilität erzeugen könne. Sie hielten eine staatliche Nettokreditaufnahme per se für inflationstreibend und lehnten sie deshalb ab. Entweder, so der Kern ihrer Argumente, unterstütze die Zentralbank die höhere öffentliche Kreditaufnahme durch eine entsprechende Geldpolitik; dann nehme zwar das nominale Sozialprodukt, da dieses in erster Linie von der Entwicklung der Geldmenge abhänge, stärker zu, nicht aber das reale, was zu mehr Inflation führe. Oder die Zentralbank sperre sich gegen eine Ausweitung der Geldmenge, dann konkurrierten staatliche und private Kreditnachfrage, was die privaten Investitionen zurückdrängen (*Crowding-out*) und das Wachstum des Produktionspotentials wie letztlich auch des Sozialprodukts vermindern würde. Dieses Szenario ende ebenfalls in einer höheren Inflation. Anstatt per Staatsverschuldung auf die gesamtwirtschaftliche Nachfrage einzuwirken und die Wirtschaft durch diskretionäre Maßnahmen zu destabilisieren, kam es nach Ansicht der Monetaristen darauf an, die Finanzpolitik zu verstetigen und die Bedingungen für private Investitionen durch angebotsseitige Maßnahmen zu verbessern.

Der sich anbahnende Paradigmenwechsel in der Wirtschafts- und Finanzwissenschaft sowie die zunehmende Favorisierung angebotsorientierter Ansätze in der Geld- und Finanzpolitik heizten die Verschuldungsdebatte der späten siebziger und beginnenden achtziger Jahre ideologisch wie politisch auf. Dennoch grenzten sich Befürworter und Gegner der öffentlichen Verschuldung nicht klar voneinander ab. Vier Themen beherrschten die Auseinandersetzung. Umstritten waren zunächst die konjunkturellen Wirkungen der öffentlichen

329 Dazu ausführlich *Schanetzky*, Ernüchterung.

Verschuldung, sodann ihre langfristigen Folgen für die staatlichen Haushalte und das Wirtschaftswachstum, ferner die interpersonellen und intertemporalen Verteilungswirkungen, die von den Staatsschulden ausgingen, und schließlich – hier bündelten sich die Probleme – die Frage nach den Grenzen staatlicher Verschuldung. Im Prinzip lassen sich vier Grundeinstellungen ausmachen, welche die genannten kontroversen Fragen mit jeweils anderen Akzenten und Argumenten zu beantworten versuchten.

Da gab es *erstens* die entschiedenen Befürworter der Staatsverschuldung. Sie versammelten sich um die »Arbeitsgruppe: Alternativen der Wirtschaftspolitik« mit den Bremer Hochschullehrern Rudolf Hickel, Jörg Huffschmid und Herbert Schui an der Spitze.[330] Zusammengefunden hatte sich die »Memoranden-« oder »Memo-Gruppe« im Protest gegen das Haushaltsstrukturgesetz vom Herbst 1975.[331] Seit 1977 legte sie alljährlich eine Denkschrift vor, die sich als Gegengutachten zum Jahresbericht des Sachverständigenrats verstand. Dessen Schwenk zur angebotsorientierten Richtung griff die »Memo-Gruppe« heftig an, und ihre Denkschrift avancierte dank großer öffentlicher Resonanz bald zu einer »Gegenexpertise«.[332] Das Netzwerk aus linkskeynesianischen und marxistischen Ökonomen legte eine materialistische Staatsanalyse vor, die auf Überlegungen der Finanzsoziologie zurückging und Argumente aus der Diskussion über die »Krise des Steuerstaates« aufgriff.[333] Es trat dafür ein, die staatliche Konjunktursteuerung nicht nur fortzusetzen, sondern diese konsequenter, bei einigen Vertretern bis zur Überwindung der Marktwirtschaft,[334] auszugestalten und dabei bewusst auf eine höhere öffentliche Verschuldung zu setzen.[335] Falls eine solche Politik an »politisch-psychologische Barrieren« stoße, müsse eine »Entdämonisierung« der Verschuldung erfolgen; ein aufgeklärter »Kreditbürger« wisse »um die Entwicklungswirkungen öffentlicher Verschuldung«.[336]

Mehr oder minder enge Kontakte verbanden die »Memo-Gruppe« mit dem Wirtschafts- und Sozialwissenschaftlichen Institut des Deutschen Gewerkschaftsbundes (WSI) in Düsseldorf, hatten doch einige der dort tätigen Wissenschaftler zu den Erstunterzeichnern des Memorandums vom November 1975 gehört. Offiziell hielt das WSI zwar auf Distanz zur »Memo-Gruppe«; doch gab es informelle Kontakte und vor allem inhaltlich etliche Berührungs-

330 *Heseler*; *Engelhard*, S. 119–121

331 Memorandum.

332 *Schanetzky*, Ernüchterung, S. 192 ff.

333 Zentral für die Debatte über die Krise des Steuerstaates war das Buch von *O'Connor*, Crisis, das ein Jahr später in deutscher Übersetzung erschien: *ders.*, Finanzkrise. Vgl. bes. *Goldscheid* u. *Schumpeter*; *Grauhan* u. *Hickel*; *Groth*.

334 R. Herlt, Eine andere Republik, in: Die Zeit Nr. 23 vom 2.6.1978.

335 *Hickel*, Ideologiegehalt; *ders.*, Notwendigkeit.

336 *Ders.*, Ideologiegehalt, S. 168, 150.

punkte.[337] So bezogen beide eine entschiedene keynesianische Position.[338] Mit einer kreditfinanzierten Konjunkturpolitik wollten die gewerkschaftsnahen Wissenschaftler die hohe Arbeitslosigkeit abbauen und den Weg zurück zur Vollbeschäftigung ebnen. Im Rahmen einer solchen »beschäftigungssichernden Finanzpolitik«, wie sie der DGB forderte,[339] spielte die öffentliche Verschuldung eine zentrale Rolle.[340] Doch sahen Ökonomen des WSI und ihnen nahestehende Finanzwissenschaftler wie Ewald Nowotny deren Grenzen dann erreicht, wenn die öffentlichen Schulden infolge schärfer ausgeprägter oder längerer Rezessionsphasen rasch anstiegen und der Schuldendienst finanzielle Spielräume einengte. Sie plädierten deshalb dafür, die Verschuldung direkt durch die Notenbank zu finanzieren, was den Spielraum deutlich vergrößere.[341]

Im Spektrum der unterschiedlichen Positionen gab es *zweitens* eine gewichtige Gruppe, die sich lediglich in der speziellen Konstellation der späten siebziger und beginnenden achtziger Jahre für eine öffentliche Verschuldung aussprach. Man kann sie als pragmatische Befürworter von Staatsschulden bezeichnen.[342] Zu ihnen zählte nicht zuletzt Bert Rürup, der Mitte der siebziger Jahre in der Planungsabteilung des Bundeskanzleramts gearbeitet hatte und seit 1976 als Professor für Wirtschafts- und Finanzpolitik an der TH Darmstadt forschte. Ökonomen wie Rürup wandten sich zum einen dagegen, die Nettokreditaufnahme und den erreichten Schuldenstand zu dramatisieren. Ihnen erschienen beide weder gemessen an den wichtigsten Indikatoren noch im internationalen Vergleich als beunruhigend. Auch sahen diese Wissenschaftler die wirtschaftlichen oder finanziellen Grenzen der Verschuldung noch längst nicht erreicht. Sie hielten sich eher an die kreislauftheoretische Argumentation von Wolfgang Stützel, eines Finanzwissenschaftlers an der Universität des

337 *Schanetzky*, Ernüchterung, S. 199ff.

338 WSI-Konjunkturbericht 1980: Zur Diskussion um die Staatsverschuldung, in: WSI-Mitteilungen 9/1980, S. 494–498; R. Hickel, Anmerkungen »Zur Diskussion um die Staatsverschuldung« im WSI-Konjunkturbericht 1980, in: ebd 1/1981, S. 57–59; G. Müller, »Zur Diskussion um die Staatsverschuldung« – Eine Antwort auf die Anmerkungen von Rudolf Hickel, in: ebd. 3/1981, S. 187–190.

339 Vgl. *Höhnen* und *Markmann*. Dazu den Vermerk von Referat A I 3 BMF über St Sch an M vom 16.2.1981 mit Anlagen, BArch B 126/83463.

340 *Höhnen*. Vgl. auch C. Schäfer, Keine Angst vor Staatsverschuldung. Trugschluß von der großen Bremse, in: Vorwärts Nr. 7 vom 5.2.1981 (Schäfer war Mitarbeiter des WSI).

341 *Thoss*; E. Nowotny, Funktionale Finanzpolitik und öffentliche Verschuldung, in: WSI-Mitteilungen 1/1981, S. 15–21. Eine ähnliche Argumentation findet sich auch in dem Beitrag *Nowotny*, Ökonomie, bes. S. 9f.

342 B. Rürup, Staatsverschuldung: Kein Anlaß zur Besorgnis, in: Wirtschaftsdienst 1980/IX, S. 424–429; *Nölling*; auf einer verschuldungsfreundlichen, aber eher zurückhaltenden Linie auch der DIW-Präsident *Krupp*. Vgl. dazu Referat I A 3 BMF (Thormählen) für M vom 4.6.1980 betr. Tagung der wirtschaftswissenschaftlichen Forschungsinstitute am 8. und 9.5.1980 in Bonn über Probleme der Staatsverschuldung, BArch B 126/79368. Speziell zum des *Crowding-out* vgl. *Sinn*, Crowding-Out, und *Heilemann*.

Saarlandes, der den Staat in der Pflicht sah, die wachsende Gläubigerposition der privaten Haushalte durch eine ebenfalls wachsende Nettoschuldnerposition auszugleichen.[343] Aus ihrer Sicht konnte allenfalls das Tempo der Neuverschuldung Bedenken erregen und der Verschuldung psychologische Grenzen setzen, deren politische Folgen sie durchaus gewärtigten. Zum anderen verteidigten die pragmatischen Befürworter der öffentlichen Schulden mehr oder minder entschieden die antizyklische Konjunkturpolitik der siebziger Jahre, denn diese habe die Arbeitslosigkeit wirksam bekämpft und das Wirtschaftswachstum stimuliert. Dass dabei private Investitionen verdrängt worden wären, wie es die *Crowding-out*-These behauptete, wiesen sie zurück. Dergleichen könnte allenfalls in Zeiten der Vollbeschäftigung und eines privaten Investitionsbooms geschehen; aber selbst dann sei die Aufnahmefähigkeit des Kreditmarkts nicht begrenzt, wie die sogenannte »Quellentheorie« behaupte, sondern elastisch, wie es die »Fontainentheorie« nahelege.[344] Ferner sprachen sich die Wissenschaftler dagegen aus, kurz- und mittelfristig den Schuldenstand, ja, nicht einmal die Neuverschuldung deutlich abzubauen, da dies ökonomisch nicht zu verantworten sei. Sie verwiesen auf die nach wie vor angespannte konjunkturelle Lage, sahen demographisch bedingte Engpässe auf dem Arbeitsmarkt und unterstrichen die Notwendigkeit, das wirtschaftliche Wachstums in den kommenden Jahren zu sichern. Schließlich räumten aber selbst die pragmatischen Befürworter der Staatsverschuldung ein, dass »eine unkontrollierte und leichtfertige Überdosierung der ›Medizin Staatsverschuldung‹ diese Finanzierungsart zu einem hauswirtschaftlichen, aber auch gesamtgesellschaftlichen Gift« werden lassen könnte.[345] Deshalb sei langfristig eine Konsolidierung der öffentlichen Haushalte, möglichst durch eine innovations- und investitionsorientierte Umstrukturierung der Ausgaben, unumgänglich.

Die Grenzen zwischen den pragmatischen Befürwortern der öffentlichen Verschuldung und einer *dritten* Gruppe von Finanzwissenschaftlern, die man als moderate Anhänger einer angebotsorientierten Richtung bezeichnen könnte, waren fließend. Professoren wie Otto Gandenberger, einer ihrer Vordenker, akzentuierten nicht die Differenzen zu monetaristischen Positionen, sondern suchten nach Übereinstimmungen, um beide Ansätze möglichst zu verbinden.[346] Konvergenzen gab es vor allem bei der stabilitätspolitischen Funktion

343 *Stützel*; zur Kritik vgl. *Francke*.

344 Vgl. *Duwendag*, Staatsverschuldung, S. 81 ff.

345 B. Rürup, Staatsverschuldung: Kein Anlaß zur Besorgnis, in: Wirtschaftsdienst 1980/IX, S. 424–429 (Zitat: S. 428 f.).

346 *Gandenberger*, Staatsverschuldung; *ders.*, Grenzen; *ders.*, Theorie. Vgl. dazu Referat I A 3 BMF (Thormählen) für M vom 4.6.1980 betr. Tagung der wirtschaftswissenschaftlichen Forschungsinstitute am 8. und 9.5.1980 in Bonn über Probleme der Staatsverschuldung, BArch B 126/79368. Außerdem M. Willms, Volkswirtschaftliche Wirkungen einer zunehmenden Staatsverschuldung, in: WIRTSCHAFTSDIENST 1978/IX, S. 439–445;

der öffentlichen Verschuldung. Beide Seiten waren sich einig, dass staatliche Ausgaben nicht prozyklisch wirken, sondern möglichst verstetigt werden sollten. Während die entschieden angebotsorientierte Richtung grundsätzlich bestritt, dass sich mit einer nachfrageorientierten, antizyklischen Finanzpolitik konjunkturelle Wirkungen erzielen ließen, führten die moderaten Anhänger empirische Studien ins Feld, die zumindest kurzfristig eine Nachfragewirksamkeit der Fiskalpolitik nachwiesen.[347] Doch war auch bei ihnen die Skepsis gegenüber einer auf längere Sicht wirksamen diskretionären Stabilisierungspolitik gewachsen, zeitige diese doch erhebliche Folgewirkungen. Deshalb empfahlen die Wissenschaftler, Therapien auf der Nachfrage- mit solchen auf der Angebotsseite zu kombinieren. Auf diese Weise wollten sie auch der Tatsache Rechnung tragen, dass die ökonomischen Probleme nicht allein konjunktureller, sondern zugleich struktureller Natur waren. Ihre Skepsis gegenüber der öffentlichen Verschuldung wuchs in dem Maß, wie sich zeigte, dass die aus konjunkturpolitischen Gründen ergriffenen kreditfinanzierten Maßnahmen nur schwer rückgängig zu machen waren, vielmehr die finanziellen Spielräume einengten und damit den Kampf gegen zukünftige Rezessionen erschwerten.[348] Zum anderen sorgten sie sich um die Wachstumsverluste, die bei einer Verdrängung privater Kreditnachfrage entstehen könnten, befürchteten in längerfristiger Perspektive sogar ein *Crowding-out*.[349] Schließlich bezweifelten die Ökonomen, dass es richtig sei, die Lasten der Rezession, soweit das unter bestimmten Bedingungen überhaupt möglich war, auf künftige Generationen zu verteilen. Das alles mündete in die Empfehlung, »die Verschuldung drastisch zu reduzieren, sie an der untersten Grenze dessen zu halten, was konjunkturpolitisch noch vertretbar« sei.[350]

Viertens gab es eine Reihe von Finanzwissenschaftlern, allen voran den an der Universität Kiel lehrenden Manfred Willms oder den Bochumer Professor

W. Ehrlicher, Grenzen der öffentlichen Verschuldung, in: ebd. 1979/VIII, S. 393–400; *ders.*, Grenzen; *Lenk*; *Gschwendter*; W. Kitterer, Über die Grenzen der Staatsverschuldung, in: IAW Mitteilungen 1/1980; N. Walter, Zunehmende Staatsverschuldung – Ansporn zur Neuorientierung der Finanzpolitik, in: Wirtschaftsdienst 1980/IX, S. 429–42; *Dreißig*, Entwicklung der öffentlichen Verschuldung; *dies.*, Diskussion; *dies.*, Fragen, bes. S. 611 f.

347 *Dieckheuer*, Staatsverschuldung, S. 263 ff.; *ders.*, Möglichkeiten.

348 Vgl. dazu die Modellrechnungen bei *Ziffzer*, Grenzen; *ders.*, Grenzen der Staatsverschuldung.

349 *Dieckheuer*, Crowding-out-Effekt. Vgl. dazu den Vermerk I A 3 BMF (Rosenkränzer/Thormählen) für St Sch vom 17.12.1980 betr. Verdrängung privater Wirtschafts- und Investitionstätigkeit durch staatliche Kreditnahme (sog. Crowding-out), BArch B 126/83463.

350 *Gandenberger*, Staatsverschuldung, S. 17. Zur Belastungsverschiebung vgl. den Vermerk von Referat A I 3 BMF (Rosenkränzer) vom 23.10.1978 betr. Belastung der gegenwärtigen und künftigen Generationen durch staatliche Schuldenaufnahme, BArch B 126/67504.

Hans Besters, welche die angebotsorientierte Richtung mit Nachdruck vertraten.[351] Sie hielten eine kreditfinanzierte, antizyklische Finanzpolitik für verfehlt, da deren »Stopp« und Go« die Wirtschaft nicht stabilisiere, sondern im Gegenteil aus dem Gleichgewicht bringe beziehungsweise verhindere, dass sie exogene Schocks wie etwa die Ölkrise einigermaßen verkrafte. So führten diese Ökonomen die Preissteigerungen ebenso auf die wachsende öffentliche Verschuldung zurück wie die sinkenden Investitionen. Denn zum einen verdränge die zinsrobustere staatliche Kreditnachfrage diejenige der privaten Wirtschaft. Zum anderen hegten die Unternehmer wegen der drohenden Belastungen als Folge steigender Staatsschulden pessimistische Erwartungen, was ihre Bereitschaft zu investieren verringere. Beides schränke das wirtschaftliche Wachstum ein und belaste künftige Generationen.[352] Aus diesen Überlegungen ergab sich ein klares Sanierungsprogramm: zum einen »die Abkehr von der kostspieligen, aber dennoch erfolglosen antizyklischen Nachfragesteuerung und ein Übergang zu einer nachhaltigen Sicherung der Preisstabilität«;[353] zum anderen eine weitgehende Reduzierung der Nettokreditaufnahme und nach Möglichkeit ein Abbau der öffentlichen Schulden; ferner eine gezielte Wachstumspolitik, welche die Investitionen der Unternehmen von der Angebotsseite her durch stabile Gewinnerwartungen und steuerliche Anreize, insgesamt durch ein positives Investitionsklima fördere; sowie nicht zuletzt als Gesamtstrategie die »Entlastung des Staates von Aufgaben«.[354]

In der Verschuldungsdebatte ging es, hat Otto Gandenberger argumentiert, einerseits um die »Rationalitätsgrenzen« der Staatsverschuldung, also die Frage, wann die Vorteile dieses Instruments und wann seine Nachteile überwögen. Hier handelte es sich bei aller Polemik, die sich in manchen Beitrag einschlich, um eine wissenschaftliche Diskussion. Aus dieser entstand andererseits in Politik und Öffentlichkeit eine »Zerrüttungsdebatte«, hinter der die Vorstellung stand, dass Staatsverschuldung »von irgendeiner Größenordnung an den geordneten Bestand unseres Gemeinwesens gefährden« könnte.[355] Den Transfer von der Wissenschaft in die Politik besorgten zahlreiche Druckschriften. Ihnen ging es darum, die Debatten und Argumente der Wissenschaftler in eine

351 M. Willms, Volkswirtschaftliche Wirkungen einer zunehmenden Staatsverschuldung, in: Wirtschaftsdienst 1978/IX, S. 439–445; H. Besters, Wie kam es zur hohen Staatsverschuldung?, in: ebd. 1980/IX, S. 419–424; *K. Ullmann*; *Trapp*.

352 Zur Belastungsverschiebung vgl. den Vermerk von Referat A I 3 BMF (Rosenkränzer) vom 23.10.1978 betr. Belastung der gegenwärtigen und künftigen Generationen durch staatliche Schuldenaufnahme, BArch B 126/67504.

353 H. Besters, Wie kam es zur hohen Staatsverschuldung?, in: Wirtschaftsdienst 1980/IX, S. 419–424 (Zitate: S. 423 f.).

354 Dieses Programm teilte auch der Sachverständigenrat. Vgl. ausführlich *Schanetzky*, Ernüchterung, S. 253 ff.

355 *Gandenberger*, Grenzen, S. 11 f.

allgemeinverständliche Sprache zu übersetzen. Dabei begnügten sie sich entweder damit, die unterschiedlichen Positionen darzulegen, oder neigten mehr der nachfrage- bzw. eher der angebotsorientierten Richtung zu.[356]

Unter den Publikationen, die am Ende der siebziger und in den beginnenden achtziger Jahren herauskamen, spielte für die Verständigung, Versicherung und Stabilisierung der Konsolidierungskoalition das Buch »Die programmierte Krise. Alternativen zur staatlichen Schuldenpolitik« von Kurt Biedenkopf und Meinhard Miegel eine wichtige Rolle.[357] Es erschien 1979 in der Reihe »IWG-Impulse«, die das Institut für Wirtschafts- und Gesellschaftspolitik, später: Institut für Wirtschaft und Gesellschaft, in Bonn herausgab. Dieses private sozialwissenschaftliche Forschungsinstitut war 1977 vom CDU-Politiker Kurt Biedenkopf sowie dem Gesellschaftswissenschaftler und Publizisten Meinhard Miegel gegründet worden und finanzierte sich durch Spenden der Wirtschaft sowie Auftragsforschung für Ministerien, Verbände und Stiftungen.[358] Es hatte sich zur Aufgabe gemacht, »nicht nur die wichtigsten wirtschafts- und gesellschaftspolitischen Fragen zu erörtern, sondern präzise zu analysieren und mit konkreten Vorstellungen zu ihrer Lösung beizutragen«.[359] Diesem Anspruch folgte die »Programmierte Krise«.

Das Buch sollte *erstens* ein breites Publikum ansprechen. Bisweilen stark vereinfachend und spitz formuliert, setzte die Streitschrift mit einem kräftigen Aufschlag ein: »Die Wirtschafts- und Finanzpolitik der letzten Jahre hat die Bundesrepublik an den Rand einer Finanzkrise gebracht. Der Grund: Die öffentlichen Hände, allen voran der Bund, haben sich in einem Ausmaß verschuldet, wie es in der bisherigen deutschen Geschichte – von Kriegszeiten abgesehen – ohne Beispiel ist.«[360] Dem schloss sich eine massive Kritik an der Finanzpolitik der sozial-liberalen Koalition an, die, würde sie fortgesetzt, in eine Finanzkrise münden müsse. Den Grund für die wachsende Verschuldung sahen Biedenkopf und Miegel darin, dass der Staat die von ihm übernommenen oder ihm übertragenen Aufgaben, vor allem die Sicherung eines stetigen

356 Vgl. u.a. *Triesch*; *Simmert*; *B. Wagner*; *Piel* u. *Simmert*; *Milbradt*; *Fuest* u. *Kroker*; *A. Möller* u. *Schwebler*; *Duwendag*, Staatsverschuldung.

357 *Biedenkopf* u. *Miegel*.

358 Biedenkopf rief das IWG gemeinsam mit Miegel ins Leben, nachdem er sein Amt als CDU-Generalsekretär niedergelegt hatte und nur noch sein Bundestagsmandat wahrnahm. Miegel zählte zu seinen engsten politischen Weggefährten. Er arbeitete von 1970 bis 1973, als Biedenkopf in der zentralen Geschäftsleitung des Henkel-Konzerns wirkte, als Syndikusanwalt des Unternehmens. Von 1973 bis 1977 war er Mitarbeiter des Generalsekretärs der CDU, ab 1975 Leiter der Hauptabteilung Politik, Information und Dokumentation der Bundesgeschäftsstelle der CDU. Seit 1977 fungierte er als wissenschaftlicher Leiter des IWG.

359 *Biedenkopf* u. *Miegel*, S. 144.

360 Ebd., S. 11.

und starken Wirtschaftswachstums sowie ständiger Vollbeschäftigung, mit den Mitteln, die ihm die Bürger zur Verfügung stellten, nicht erfüllen könne. Die Politik der Koalition, getrieben von dem Wunsch, »möglichst viel zu steuern, zu reglementieren, zu bevormunden und zu beglücken«, führe dazu, dass der Staat in weite Lebensbereiche der Bürger eindringe. Das untergrabe die »Grundlagen unseres freiheitlichen Gemeinwesens« und öffne »dem planwirtschaftlich, bürokratisch und zentralistisch geordneten Staat Tür und Tor«. Am Ende dieser Entwicklung gehe die Souveränität an einen »allzuständigen Staat« über. Dieser »Entgrenzung der staatlichen Tätigkeit« müsse Einhalt geboten werden. Die »freiheitliche Ordnung« werde nur Bestand haben, wenn die Bürger wieder »übernehmen, was sie selbst oder mit ihrer Hilfe gesellschaftliche Einrichtungen tragen« könnten.[361]

Eingerahmt von den einleitenden Passagen und den jeweils am Ende der Kapitel platzierten Zusammenfassungen und Wertungen, die den Text als Streitschrift charakterisierten, enthielt die »Programmierte Krise« *zweitens* eine solide, wenn auch einseitige Darstellung der Debatte über die öffentliche Verschuldung, des aktuellen Standes der Staatsschulden sowie nicht zuletzt der staatlichen Finanz- und Schuldenpolitik von den fünfziger bis zu den späten siebziger Jahren. Es folgten Überlegungen, die unter verschiedenen denkbaren Szenarien sowie mit Blick auf die Folgen für Politik, Wirtschaft und Gesellschaft die voraussichtliche Entwicklung der öffentlichen Schulden skizzierten. Schließlich diskutierten die Verfasser mögliche Wege, um die Staatsverschuldung abzubauen, angefangen bei der Geldentwertung über Steuer- und Abgabenerhöhungen bis hin zur Verminderung der Ausgaben, die sie durch einen wirksameren Einsatz der öffentlichen Mittel, vor allem aber durch einen Abbau staatlicher Zuständigkeiten erreichen wollten.

Ausgehend von den diagnostizierten Mängeln entwarf die »Programmierte Krise« *drittens* »Grundzüge einer freiheitlichen Wirtschafts- und Gesellschaftspolitik in den achtziger Jahren«. Da die Probleme des kommenden Jahrzehnts weder durch »ein Wachstum größten Ausmaßes oder mit Hilfe der untauglichen Instrumente der siebziger Jahre« zu bewältigen seien, plädierten Biedenkopf und Miegel ganz auf der Linie der Angebotspolitik dafür, den Geldwert stabil zu halten und die Ertragslage der Unternehmen zu verbessern, den Wettbewerb zu stärken und die individuelle Vermögensbildung zu erleichtern, den wirtschaftlichen Strukturwandel zu fördern und die Staatsquote zu senken sowie nicht zuletzt auf staatliche Vollbeschäftigungs- und Wachstumsgarantien zu verzichten, um den Staat von Verpflichtungen zu befreien, die er ohnehin nicht erfüllen könne.[362]

361 Ebd., S. 12f., 70, 118.
362 Ebd., S. 105ff. (Zitate: 117, 114).

In der veröffentlichten Meinung stieß die »Programmierte Krise« auf breite Resonanz.[363] Das lag zunächst daran, dass der Band eine vermeintlich heile Vergangenheit beschwor, die Gegenwart scharf kritisierte und Wege in eine vorgeblich bessere Zukunft wies. Sodann verknüpfte er alle wesentlichen Argumente aus der Verschuldungsdebatte und verband sie routiniert zu einer leicht nachvollziehbaren Gesamtdeutung. Diese verquickte zudem geschickt die Frage der öffentlichen Verschuldung mit grundsätzlichen Überlegungen, wie ein demokratisches Gemeinwesen und die individuelle Freiheit seiner Bürger zu gewährleisten seien. Ferner lieferte die Schrift klare Positionen in einer unübersichtlichen Debatte. Nicht zuletzt war der Zeitpunkt, zu dem das Buch erschien, mit dem November 1979 gut gewählt, stand doch im Oktober 1980 die nächste Bundestagswahl an. So löste die »Programmierte Krise« nicht allein eine hitzige Debatte darüber aus, »ob es eigentlich Sache des Staates sein kann, die Wirtschaft permanent anzukurbeln und sich dabei schließlich so hoch zu verschulden, dass er handlungsfähig wird«,[364] sondern bereitete das Thema auch für den bevorstehenden Wahlkampf auf.[365] Der zeichnete sich bereits Anfang 1980 ab, als Kurt Biedenkopf und Hans Matthöfer in der ZDF-Sendung »Lebt der Staat über unsere Verhältnisse« aufeinander trafen.[366] Der Finanzminister hatte sich für diese Diskussion von seinen Referenten munitionieren lassen. Diese hoben resümierend hervor, dass Biedenkopfs Argumentation auf der einen Seite »nicht zu Ende gedacht« und »widersprüchlich«, »ideologisch« und »wenig konkret« sei sowie »in ihrem Kern nicht« zutreffe; auf der anderen Seite erweise sich seine Studie aber als »hilfreich«, mache sie doch auf die »geringeren Wachstumsspiel-

363 Vgl. aus der Vielzahl der Artikel etwa Abkehr vom Wachstumsdenken bzw. Vorwärts nach hinten, in: Frankfurter Rundschau Nr. 7 vom 9.1.1980; Biedenkopf warnt Regierung vor weiterer Schuldenpolitik bzw. G. Weck, Biedenkopfs Rezept, in: Frankfurter Neue Presse Nr. 7 vom 9.1.1980; R. D. Schwartz, Empörung über Biedenkopf, in: Frankfurter Rundschau Nr. 9 vom 11.1.1980; P. Gillies, Staatlich erzeugtes Wachstum kann Arbeitsmarktprobleme nicht lösen, in: Die Welt Nr. 7 vom 9.1.1980; ders., Die Bugwelle, in: ebd. Nr. 9 vom 11.1.1980; vgl. auch die Beiträge von Biedenkopf, Matthöfer, Stoltenberg, Kühnen und Loderer unter der Überschrift »Die Welt stellt Kurt Biedenkopfs finanzpolitische Thesen zur Diskussion«, in: Die Welt Nr. 31 vom 6.2.1980; Ch. Zöpel, Gegenrede zu Biedenkopfs These, in: Frankfurter Rundschau Nr. 10 vom 12.1.1980; »Diese Theorie wirft eher Nebel, als daß sie Klarheit schafft«, in: ebd. Nr. 22 vom 26.1.1980.

364 M. Jungblut, Unerwünschtes Doping, in: Die Zeit Nr. 7 vom 8.2.1980. Vgl. auch »Der Schuldenberg kann nicht mehr abgebaut werden«, in: Frankfurter Allgemeine Nr. 7 vom 9.1.1980.

365 W. Hoffmann, Die Bonner Torjäger, in: Die Zeit Nr. 41 vom 3.10.1980.

366 BPA – Nachrichtenabt. Ref. II R 3 Rundf.-Ausw. Deutschland, Hans Matthöfer, Bundesminister der Finanzen, Prof. Dr. Kurt Biedenkopf, MdB/CDU, zum Thema »Lebt der Staat über unsere Verhältnisse«, BArch B 126/67504. Vgl. auch die Interviews von Kurt Biedenkopf und Hans Matthöfer in der Sendung »Momente« am 29.2.1980 mit dem Thema »Vor dem Bankrott«, WDR 0112180.

räume in den 80er Jahren« aufmerksam, kritisiere das »Besitzstandsdenken der Bürger gegenüber dem Staat« und relativiere »die Möglichkeiten der fiskalpolitischen Wirtschaftssteuerung«.[367]

Das Thema der öffentlichen Verschuldung spielte in dem mit ungewöhnlicher Härte geführten Bundestagswahlkampf eine wichtige Rolle.[368] »Der kleine Professor«, kommentierte DER SPIEGEL nicht ohne Hochachtung, »hatte es schon immer gewusst: Das Jahr der Bundestagswahl wird das Jahr des großen Hexeneinmaleins«. Deshalb läge Biedenkopf mit seinem »Horrorgemälde über die Verschuldung der Bundesrepublik« genau richtig, denn es bedienten sich alle, die dem Bundeskanzler sonst kaum etwas entgegenzusetzen wüssten, seiner »Weisheit«.[369] Vor allem Gerhard Stoltenberg, den Franz Josef Strauß im Fall seines Wahlsiegs als Finanzminister und Vizekanzler vorgesehen hatte,[370] spielte geschickt auf der Klaviatur der Staatsverschuldung und wurde dabei von der CDU/CSU-Fraktion im Bundestag, welche die Diskussion über die öffentliche Verschuldung durch eine Kleine Anfrage ins Parlament brachte,[371] und einem Teil der bürgerlichen Presse massiv unterstützt. Die »Sachkontroverse« entwickelte sich infolgedessen zu einer »Autoritätsdebatte«.[372] Diese verstärkte die Vorbehalte gegen die hohe Verschuldung, spielte mit den Ängsten der Bürger vor einer Inflation oder gar einer Währungsreform und griff dabei auf Argumente zurück, wie sie in erster Linie von der angebotsorientierten Richtung entwickelt und durch Schriften wie die »Programmierte Krise« popularisiert worden waren. So feuerte zum Beispiel Hugo Müller-Vogg in der FRANKFURTER ALLGEMEINEN unter der Überschrift »Die Geißel der Staatsverschuldung«, womit er die berühmte Formulierung des englischen Nationalökonomen David Ricardo aufgriff, eine Breitseite gegen die Finanzpolitik der sozial-liberalen Koalition. Die gegenwärtige Regierung habe in einer Zeit wirtschaftlichen Wachstums, unterbrochenen nur durch die Rezession 1974/75, die Schulden des Bundes fast verfünffacht. Ihre Schuldenpolitik hätte die staatlichen Mehraufgaben und -ausgaben gegenüber den Bürgern verschleiert, die Zinsen auf dem

367 Vermerk Abteilung I, Referat A 3 BMF (Rosenkränzer/Rolle) für M vom 31.1.1980 betr. ZDF-Diskussion mit Prof. Biedenkopf am 6.2.1980, BArch B 126/67504.

368 *Jäger*, Innenpolitik, S. 166. Vgl. auch die Sendung »Zur Inflation verdammt« in WDR III am 10.3.1980, WDR 0112264.

369 W. Meyer-Larsen, Die fetten Jahre sind vorbei (II), in: DER SPIEGEL Nr. 38 vom 15.9.1980.

370 *Stoltenberg*, S. 263 f.; »Wir gewinnen oder verlieren gemeinsam«, in: DER SPIEGEL Nr. 38 vom 15.9.1980.

371 Kleine Anfrage der Abgeordneten Dr. Häfele und Konsorten, Öffentliche Verschuldung in der Bundesrepublik Deutschland, BT-Drucksache VIII/3634; Antwort der Bundesregierung auf die Kleine Anfrage der Abgeordneten Dr. Häfele und Konsorten, Öffentliche Verschuldung in der Bundesrepublik Deutschland, BT-Drucksache VIII/3773.

372 Vgl. die detaillierte Analyse bei *Sarcinelli*, S. 122 ff.

Kapitalmarkt zulasten der Unternehmen nach oben getrieben und damit private Investitionen verdrängt, auf diese Weise Wachstumsverluste herbeigeführt und so nicht zuletzt die kommenden Generationen mit einer schweren finanziellen Hypothek belastet.[373] Je näher der Wahltermin rückte, desto schriller wurden die Töne. Das veranlasste Dieter Piel in der ZEIT, drei Gruppen von Politikern zu unterscheiden: Er nannte erstens die »Übertreiber« wie den CDU-Bundestagsabgeordneten und Finanzexperten der Fraktion Hansjörg Häfele, der die aktuelle bundesdeutsche Staatsschuld mit der des zusammenbrechenden »Dritten Reiches« verglich, oder die »Demokraten für Strauß«, die Ängste vor einem drohenden Währungsschnitt schürten. Da waren zweitens die »Vereinfacher«, welche die Staatsverschuldung als Folge einer weisen Vollbeschäftigungspolitik bagatellisierten. Drittens gab es schließlich die »Heuchler«, die zwar Sparsamkeit predigten, dieses Gebot aber nicht für sich, sondern nur für andere gelten lassen wollten.[374]

Auch Wirtschaftskreise nahmen die wachsende Verschuldung mit immer größerer Sorge wahr. Das geht etwa aus der Berichterstattung der FUCHS-BRIEFE hervor.[375] Diese hatten dem Thema öffentliche Schulden bis 1979 vergleichsweise wenig Beachtung geschenkt. Das änderte sich 1980. Der Informationsdienst stellte jetzt nicht nur fest, dass die Staatsverschuldung zu einem zentralen Wahlkampfthema aufsteigen könnte,[376] sondern sorgte sich auch um die fiskalischen und wirtschaftliche Folgen der wachsenden Schuldenlast und befürchtete ein Schrumpfen des politischen Handlungsspielraums von Bund und Ländern infolge der steigenden Zins- und Tilgungsverpflichtungen. Zudem verteuerten höhere Zinsen die Kredite merklich.[377] Besonders kritisch sahen die FUCHS-BRIEFE die Kreditaufnahme bei den OPEC-Staaten.[378] Es mischte sich in die Analysen aber zunehmend auch Kritik an der Finanzpolitik der sozialliberalen Koalition, sei doch die »Schulden-Expansion« nicht allein »Ergebnis

373 H. Müller-Vogg, Die Geißel der Staatsverschuldung, in: FRANKFURTER ALLGEMEINE Nr. 149 vom 1.7.1980. Vgl. auch H. Irmler, Staatsverschuldung – ein Holzweg, in: ebd. Nr. 136 vom 14.6.1980; W. Hamm, Für Versäumnisse muß der Bürger zahlen, in: ebd. Nr. 207 vom 6.9.1980; J. Eick, Finanzpolitik im Wahlkampf, in: ebd. Nr. 217 vom 18.9.1980; H. Müller-Vogg, Aus der Finanznot eine Tugend gemacht, in: ebd. Nr. 227 vom 30.9.1980; G. Brüggemann, Pflicht und Schuldigkeit, in: DIE WELT Nr. 230 vom 2.10.1980.

374 D. Piel, Schaukampf auf dem Schuldenberg, in: DIE ZEIT Nr. 40 vom 26.9.1980.

375 Die FUCHS-BRIEFE erschienen seit 1949 als Informationsdienst für Unternehmer und Kapitalanleger. Sie wurden zunächst als Ein-Mann-Unternehmen von Hans Fuchs gestaltet, später von einem Redaktionsteam, dem zeitweise Karl Otto Pöhl angehörte.

376 Die Staatsverschuldung wird zum Wahlkampfthema '80, in: FUCHS-BRIEFE vom 14.2.1980.

377 Staatsverschuldung, in: ebd. vom 21.2.1980; Steuern, in: ebd. vom 14.5.1980; Staatsverschuldung, in: ebd. vom 19.6.1980.

378 Zur Situation, in: ebd. vom 27.3.1980; Wirtschaftspolitik, in: ebd. vom 14.4.1980.

antizyklischen Fehlverhaltens«, sondern auch »eines permanent gewachsenen Wohlfahrts- und Versorgungsstaates«.[379]

Besondere heftige Diskussionen in der Presse wie in der Öffentlichkeit entfachte in der angespannten Atmosphäre der Vorwahlzeit der Hirtenbrief der deutschen Bischöfe. Er wurde Ende August von der Deutschen Bischofskonferenz beschlossen, sollte zwei Wochen vor der Wahl von den Kanzeln verkündet werden und forderte die Katholiken kaum verdeckt dazu auf, die Unionsparteien zu wählen.[380] In diesem Hirtenbrief beklagten die kirchlichen Würdenträger, dass in der Bundesrepublik Deutschland die Gefahr drohe, über die »Verhältnisse« zu leben und die »Lebenschancen« der Kinder zu schmälern. Deshalb müssten die »Ausweitung der Staatstätigkeit, die damit verbundene Bürokratisierung und die gefährlich hohe Staatsverschuldung« korrigiert werden. Es sei nämlich »ein Trugschluß zu meinen, der Staat könne alles, und insbesondere, er könne alles besser machen«.[381]

CDU/CSU stellten das Thema »Staatsverschuldung« ins Zentrum ihres Wahlkampfs.[382] Die Sozialdemokraten mit Bundeskanzler Helmut Schmidt und Finanzminister Hans Matthöfer hielten dem zunächst wenig entgegen. Nachdem die SPD-Wahlkampfmanager Schmidt in Nordrhein-Westfalen erfolgreich als »Friedenskanzler« positioniert hatten, setzten sie auch im Bund auf diese Strategie und konzentrierten sich auf außenpolitische Themen. Im Übrigen vertrauten SPD wie FDP auf den »Anti-Strauß-Effekt«.[383] Zwar gelang es Matthöfer, sich im Wahljahr mit Unterstützung des Kanzlers als »Soliditätsminister« zu profilieren, und er erkannte auch die Gefahr, die von der Verschuldungskampagne der Opposition ausging. So hatte er im Finanzministerium bereits Anfang 1980 ein Argumentationspapier zur »Finanz- und Steuerpolitik des Bundes« für die Mandatsträger der SPD entwerfen lassen.[384] Erst in der letzten Phase des Wahlkampfs ging die Partei aber hier in die Offensive.[385] Das geschah nicht zuletzt auf Drängen von Albrecht Müller, dem Chef der Pla-

379 Die Dynamik der roten Zahlen ist das Ergebnis eines falschen fiskalpolitischen Weges, in: ebd. vom 27.10.1980.

380 Aus der Vielzahl der Stimmen hier nur als Beispiele Th. Eschenburg, Bombe der Bischöfe, in: Die Zeit Nr. 39 vom 19.9.1980; »Das ist geistliche Nötigung«, in: Der Spiegel Nr. 39 vom 22.9.1980. Vgl. auch *Rock* u. *von Rutenberg*; *Sarcinelli*, S. 124 ff.

381 *Sekretariat der Deutschen Bischofskonferenz*, S. 3.

382 Vgl. das Stakkato an Artikeln in Union in Deutschland. Vermerk Heinz Günter Zavelberg für Ministerpräsident Franz Josef Strauß am 11.6. 1980 betr. Verniedlichung der Staatsverschuldung durch die SPD mit Anlage: Argumentationspapier gegen die Verniedlichung der gegenwärtig erreichten Staatsverschuldung. Für das Dokument danke ich Eberhard Schmiege.

383 *Jäger*, Innenpolitik, S. 167 ff.; *Faulenbach*, S. 664 ff.

384 Referat I A 3 BMF, Finanz- und Steuerpolitik des Bundes (Argumentationspapier für Mandatsträger, M vorgelegt am 25.1.1980), BArch B 126/67504.

385 *Abelshauser*, Wirtschaftswunder, S. 445 ff.

nungsabteilung im Kanzleramt, der es für falsch hielt, der Union das Thema »Staatsverschuldung« kampflos zu überantworten und sie unwidersprochen die Gefahr einer Währungsreform an die Wand malen zu lassen.[386] Schließlich konterte der Finanzminister die Vorwürfe der Opposition in einer Reihe von Artikeln und Reden mit den klassischen Argumenten einer nachfrageorientierten Politik, nicht ohne genüsslich aus der FRANKFURTER ALLGEMEINEN zu zitieren, die unter der Überschrift »Unsinn« den Gedanken an eine drohende Währungsreform als völlig abwegig bezeichnet hatte.[387] Matthöfer verwahrte sich auch in einem vom SPIEGEL veröffentlichten Brief an Josef Kardinal Höffner, den Vorsitzenden der Deutschen Bischofskonferenz, gegen die im Hirtenbrief geäußerte Kritik an der Finanz- und Schuldenpolitik der sozial-liberalen Koalition: Die verstärkte Kreditaufnahme, schrieb er, sei unvermeidbar gewesen, um eine »Massenarbeitslosigkeit« zu verhindern; sie gefährde auch nicht die »Lebens-Chancen« unserer Kinder, sondern erlaube im Gegenteil »Zukunftsinvestitionen«, die wirtschaftliche und soziale, kulturelle und politische Handlungsspielräume eröffneten.[388]

Die Strategie der Opposition, die Staatsverschuldung ins Zentrum der politischen Auseinandersetzung zu rücken und Helmut Schmidt als »Schuldenkanzler« abzuqualifizieren, ging auf. Ihre Kampagne habe, so Hans Matthöfer, »bei den Wählern erstmals bewußtseinsverändernde Wirkungen gezeigt, die wir sehr ernst nehmen müssen«.[389] Dass die CDU/CSU das Thema »Öffentliche Verschuldung« erfolgreich auf die politische Tagesordnung gesetzt hatte und dafür in der Bevölkerung auf größere Resonanz gestoßen war, stellte auch Gerhard Stoltenberg fest: »Die Staatsverschuldungen, die öffentlichen Finanzen waren vor zwei Jahren noch eine Sache weniger Experten, heute ist das ein breites Thema«.[390] Das belegen auch Meinungsumfragen. Zwar rangierte die Verschuldung nach Arbeitslosigkeit und Inflation, Energieversorgung oder

386 Vermerk AL 5 BKA (Müller) über Chef BKA an Buka am 6.8.1980 betr. Gerüchte um eine angebliche Währungsreform (mit zustimmenden Bemerkungen von Helmut Schmidt), BArch B 126/79368.

387 H. Matthöfer, Einige Argumente zur öffentlichen Kreditaufnahme vom 7.8.1980, BArch B 126/79368; Unsinn, in: FRANKFURTER ALLGEMEINE Nr. 176 vom 1.8.1980. Vgl. auch H. Matthöfer, Zur Debatte über eine angebliche Währungsreform vom 12.9.1980, BArch B 126/83463.

388 »So wahr mir Gott helfe, was soll ich tun?«, in: DER SPIEGEL Nr. 39 vom 22.9.1980. So sachlich Matthöfer hier argumentierte, er konnte auch austeilen: »Wer die Sozialdemokraten mit den Nazis vergleiche, das finanzielle Ergebnis des Zweiten Weltkriegs mit dem Ergebnis der SPD-Politik gleichstelle und wer alten Leuten mit dem ›Schreckgespenst‹ der Währungsreform Angst einjage, den bezeichne er ›als Pack‹«. FRANKFURTER RUNDSCHAU Nr. 188 vom 15.8.1980.

389 Bundesminister Hans Matthöfer anläßlich der SPD-Fraktionssitzung am 8.10.1980 in Bonn, AdsD P-HM-0259.

390 Zit. bei W. Hoffmann, Die Bonner Torjäger, in: DIE ZEIT Nr. 41 vom 3.10.1980; vgl. auch »Wir gewinnen oder verlieren gemeinsam«, in: DER SPIEGEL Nr. 38 vom 15.9.1980.

Umweltschutz erst an achter Stelle auf der Skala von Problemen, welche die Bürger beschäftigten. Doch vertraten 62 % der Befragten die Ansicht, dass die Bundesrepublik zu hoch verschuldet sei, und 44,5 %, dass der Staat nicht sparsam genug mit den Steuergeldern gewirtschaftet habe.[391]

Die Debatte über die Staatsschulden hatte als wissenschaftliche Kontroverse begonnen. Schriften wie die »Programmierte Krise« trugen ihre Argumente in die Politik. Schließlich beherrschte sie den Bundestagswahlkampf und sensibilisierte allgemein für das Thema »Öffentliche Verschuldung«. Dies trug zugleich wesentlich zum Entstehen einer Konsolidierungskoalition bei, die sich an Leitbegriffen wie »Konsolidierung«, »Schuldengrenze« und »weniger Staat« ausrichtete.

f) Die Konsolidierungskoalition

Als in Wissenschaft, Politik und Öffentlichkeit die Verschuldungsdebatte entbrannte, läutete dies das Ende der Expansionskoalition ein. Doch begann ihre Erosion zeitlich früher, etwa Mitte der 1970er Jahre. Das gilt auch für die Anfänge der Konsolidierungskoalition. Insofern lösten die beiden »Advocacy coalitions« einander nicht ab, sondern überschnitten sich zeitlich, und es gab auch wichtige Akteure, welche die eine zugunsten der anderen Koalition aufgaben, mehr oder minder schnell und konsequent die Seiten wechselten. So hatten die Verfechter einer Konsolidierung der Staatsfinanzen die Fiskalpolitik lange vor dem Explodieren der Staatsschulden kritisiert. War ihre Position zunächst nicht mehrheitsfähig gewesen, fanden sie nun Gehör. Wird untersucht, wie sich ihre Argumente entwickelten, ist zu berücksichtigen, dass der Begriff »Konsolidierung« in den siebziger und frühen achtziger Jahren in einem weiten Sinn verwendet wurde. Es ging nicht lediglich um einen »bloßen Abbau der Defizite«, sondern auch um die »Wiedergewinnung eines Handlungsspielraums für die Finanzpolitik«, ja, darüber hinaus um eine »Reform des öffentlichen Haushaltswesens« mit dem Ziel, alle Staatsleistungen »anhand der ›eigentlichen‹ Staatszwecke« zu überprüfen, sowie nicht zuletzt um einen Abbau der Staatsquote.[392] Hinter diesem Verständnis von Konsolidierung versammelten sich seit der Mitte der siebziger Jahre nicht nur die Deutsche Bundesbank und der Sachverständigenrat, sondern auch einflussreiche Interessenverbände wie der Bundesverband der Deutschen Industrie, politische Parteien angefangen bei

391 W. Hoffmann, Die Bonner Torjäger, in: Die Zeit Nr. 41 vom 3.10.1980.

392 *Dreißig*, Konsolidierung, hier S. 167; außerdem *von Arnim* u. *Littmann*. Vgl. aus aktueller Perspektive die Überlegungen bei *Haffert*, Freiheit. Ausführlich zur »Tragfähigkeit« der Verschuldungspolitik und zur Notwendigkeit einer Konsolidierung vgl. *Hanswillemenke* u. *Rahmann*, S. 109 ff.

der Union über die FDP bis hin zur SPD sowie nicht zuletzt Teile der Presse und der Öffentlichkeit.

Als besonders entschlossener und zudem einflussreicher Akteur der Konsolidierungskoalition trat die *Deutsche Bundesbank* an.[393] Nach der heftigen Kollision von Geld- und Fiskalpolitik in den Jahren 1965/66 hatte sie den konjunkturpolitischen Kurs der Großen Koalition in der Rezession 1967/68 erst nach einigem Zögern monetär unterstützt und sich der Expansionskoalition bei der mittelfristigen Finanzplanung nur unter der Bedingung gefügt, dass die Kreditfinanzierung des Bundes wie der anderen Gebietskörperschaften im Konjunkturaufschwung zurückgefahren und die Fiskalpolitik damit, wie im keynesianisch inspirierten Stabilitäts- und Wachstumsgesetz verankert, eine entscheidende Aufgabe im Rahmen der Stabilitätspolitik übernehmen würde.[394] Als sich die Konjunktur seit Anfang 1968 kräftig belebte und angesichts der Wellen spekulativer Geldzuflüsse, welche die inländische Geldmenge aufblähten und erst durch die Aufwertung der D-Mark im Oktober 1969 vorübergehend gestoppt werden konnten,[395] versuchte die Zentralbank durch eine Reihe restriktiver Maßnahmen die von innen wie außen vorangetriebene monetäre Expansion zu dämpfen.[396] Das gelang ihr jedoch nicht, weil trotz des starken Wirtschaftswachstums und der steigenden Preise weder der Bund noch die anderen öffentlichen Hände bereit waren, einen wirksamen fiskalpolitischen Beitrag zur Stabilisierung zu leisten.[397] Allein konnte die Bundesbank einen restriktiven Kurs aber kaum erfolgreich fahren. Die außenwirtschaftliche Flanke lag im System flexibler Wechselkurse offen, und eine Steuerung der Geldmenge[398] lief ins Leere, weil sich die Banken nicht zuletzt auf dem Eurodollar-Markt leicht bedienen konnten. Spätestens 1971 hatte die Bundesbank »die Kontrolle über die Geldschöpfung weitgehend verloren«.[399]

Wegen der monetären Effekte der Staatsverschuldung kritisieren Mitglieder des Zentralbankrats bereits den Bundeshaushalt 1971.[400] Sie beklagten, dass von ihm kein »konjunkturdämpfender Effekt« ausgehe, hielten die Kreditfinanzierung öffentlicher Ausgaben für »bedenklich« und bezweifelten, dass eine »geldwertneutrale Finanzierung« möglich sei, »ohne die Steuerlast zu erhöhen«. Dem anwesenden Finanzminister Alex Möller machte der Zentralbankrat klar, dass

393 Zur breiteren zeitlichen Einordnung vgl. *Holtfrerich*, Relations, und *Johnson* sowie zur vergleichenden Perspektive *Caesar*, Handlungsspielraum, S. 204 ff., außerdem *Marsh*.

394 *Schlesinger*, S. 4 ff.

395 *Emminger*, S. 138 ff.; *Baring* u. *Görtemaker*, S. 139 ff.

396 *Holtfrerich*, Geldpolitik, S. 421 ff.

397 *Schlesinger*, S. 10 ff.

398 D. h. die Orientierung der kreditpolitischen Entscheidungen an den freien Liquiditätsreserven der Banken, mithin an deren liquiden Aktiva, die sich zu jedem Zeitpunkt in Zentralbankgeld umwandeln ließen.

399 *von Hagen*, S. 443.

400 *Caesar* u. *Hansmeyer*, Bundesbankpolitik.

die Geldpolitik der Notenbank nicht »auf den Finanzierungsbedarf der öffentlichen Hand abgestellt« werde.[401] Noch schärfer ging er mit dem Bundeshaushalt 1972 ins Gericht, bei dem ein Kassendefizit von 8 Mrd. zu erwarten stand. Addiere man die Fehlbeträge der anderen Gebietskörperschaften, betonte Heinrich Irmler als das für Kredit und Kapitalmarkt zuständige Direktoriumsmitglied, ergäbe sich eine Nettokreditaufnahme von 19 bis 20 Mrd. Ein derartiger »Ankurbelungshaushalt« stütze die Konjunktur bereits in einer Phase der Normalisierung, obwohl erst eine »Gefährdung von Beschäftigung und Wachstum« einen solchen rechtfertige.[402]

Obgleich die Fiskalpolitik außenwirtschaftlichen Zwängen weniger unterlag als die Geldpolitik, kam sie ihrer Aufgabe nicht oder nur ungenügend nach. Das förderte die Inflation. Deshalb drängten Politiker, hohe Beamte und wissenschaftliche Experten darauf, die Wirtschaft statt über fiskal- durch geldpolitische Maßnahmen zu stabilisieren.[403] So machte Wirtschafts- und Finanzminister Helmut Schmidt bei der Vorlage des Bundeshaushalts 1973 deutlich, dass er die Verantwortung für die wirtschaftliche Stabilität in Zukunft vorrangig bei der Geldpolitik sah.[404] Der Fiskalpolitik seien enge Grenzen gesetzt, da der Staat nicht für längere Zeit auf die »Erfüllung notwendiger Aufgaben« verzichten könne.[405] Ähnlich äußerte sich Bundeskanzler Willy Brandt in seiner Regierungserklärung vom Januar 1973.[406] Eine klarere Abgrenzung von Geld- und Fiskalpolitik, wobei erstere für die Bekämpfung der Inflation, letztere für Strukturverbesserungen und Beschäftigung zuständig sein sollte, forderte auch der Staatssekretär im Bundeswirtschaftsministerium Otto Schlecht.[407] Ähnlich argumentierte der Sachverständigenrat.[408] Das von ihm propagierte, monetaristisch inspirierte »neue Assignment« wertete die Rolle der Notenbank nachdrücklich auf: Die Geldpolitik solle die Führung bei der makroökonomischen Globalsteuerung übernehmen; dadurch ließe sich die Finanzpolitik von »(antizyklischen) stabilitätspolitischen Aufgaben« entlasten, »die sie doch nicht

401 Protokoll der 324. Sitzung des Zentralbankrates der Deutschen Bundesbank am 21.10.1970, BArch B 136/3330.

402 Protokoll der 350. Sitzung des Zentralbankrates der Deutschen Bundesbank am 25.10.1971, ADB B 330/6165/1, Nr. 42733 (http://bundesbank.faust-web.de/hzeig.FAU?sid=4ABA482A110&dm=1&dokref=1&ref=42733&auft=42733; 19.9.2016).

403 *von Hagen*, S. 456 ff.; *Schlesinger*, S. 18; *Schanetzky*, Ernüchterung, S. 112 ff., 128 ff.

404 Die Kapitulation der Fiscal policy, in: HANDELSBLATT Nr. 175 vom 11.9.1972; K. Bernhardt, Alarm der Bundesbank, in: ebd. Nr. 182 vom 20.9.1972.

405 Protokoll der 382. Sitzung des Zentralbankrates der Deutschen Bundesbank am 15.2.1973, ADB B 330/6703/1, Nr. 38747 (http://bundesbank.faust-web.de/hzeig.FAU?sid=4ABA482A118&dm=1&dokref=1&ref=38747&auft=38747; 19.9.2016).

406 VDB, 7. WP, 7. Sitzung vom 18.1.1973, S. 121–134 (Zitat: S. 125).

407 *Schlecht*.

408 *Sachverständigenrat*, Jahresgutachten 1972/73, Ziff. 329 ff., bzw. 1974/75, Ziff. 397 ff.; *Deutsche Bundesbank*, Geschäftsbericht 1973, S. 45; *dies.*, Geschäftsbericht 1974, S. 18.

erfüllen« könne; und schließlich gehe es darum, den Tarifparteien eine größere Verantwortung für die Beschäftigung zu übertragen, statt den Staat als Garanten der Vollbeschäftigung in die Pflicht zu nehmen.[409]

In der Bundesbank war nicht die stärkere Ausrichtung auf die Geldpolitik, wohl aber das dabei einzusetzende Instrumentarium umstritten.[410] Erst nachdem die »dirigistische« Achse um Bundesbankpräsident Karl Klasen und Finanzminister Helmut Schmidt in der Währungskrise Anfang 1973 mit ihrer Politik der Devisenkontrollen gescheitert war, setzte sich die monetaristische Richtung unter Otmar Emminger durch. Sie wurde jetzt nicht nur von den Präsidenten der Landeszentralbanken, sondern auch von den im Sparkassen- und Giroverband unter Helmut Geiger organisierten Sparkassen unterstützt und von einflussreichen Kreisen der Industrie zumindest toleriert. Nach dem Ende der Wechselkursbindung an den Dollar und dem Übergang zum Blockfloaten konnte die Bundesbank seit dem Frühjahr 1973 das »neue Assignment« realisieren. Da sie die Devisenbestände künftig nicht mehr in Zentralbankgeld umtauschen musste, ließen sich die freien Liquiditätsreserven der deutschen Banken so verknappen, dass die Notenbank die Kontrolle über die Zentralbankgeldmenge gewann. Zugleich verlor die Bundesregierung in einem System flexibler Wechselkurse ihre Entscheidungskompetenz in der Währungspolitik, eine Entwicklung, die sie 1979 mit der Gründung des Europäischen Währungssystems wieder aufzufangen versuchte.[411] Die Notenbank nutzte ihren Machtzuwachs »als eigenständiger, demokratisch nicht legitimierter Akteur« konsequent und in Absprache mit der Bundesregierung,[412] um die Inflation, die bis 1974 auf eine Rate von 7 % gestiegen waren, durch eine Politik des knappen Geldes entschieden zu bekämpfen und nahm dafür, was ihr herbe Kritik eintrug, mit der Rezession 1974/75 »gesamtwirtschaftliche Kosten und zum Teil auch individuelle Opfer« in Kauf.[413]

Die nunmehr realisierte Vorrangstellung der Geldpolitik beruhte auf der doppelten Einsicht der Bundesregierung, die Wirtschaft mit fiskalpolitischen Maßnahmen nicht stabilisieren und einen offenen Konflikt mit der Notenbank politisch nicht gewinnen zu können.[414] Sie schlug sich in der sogenannten »potentialorientierten Geldmengensteuerung« nieder. Danach sollte die Notenbank keine monetäre Konjunktur-, sondern nur noch eine konjunkturneutrale Geldpolitik betreiben und dazu die Geldbasis im Einklang mit dem Produktionspotential wachsen lassen. Doch verschrieb sie sich einem »pragmatisch

409 *Kloten*, Entwicklung, S. 77 ff. (Zitate: S. 78); *ders.*, Performance, S. 386 ff.
410 Dazu im einzelnen *Johnson*, S. 69 ff.; *Emminger*, S. 231 ff.
411 *Scharpf*, Krisenpolitik, S. 160 ff.; *James*, S. 146 ff.
412 *Schanetzky*, Ernücherung, S. 170.
413 *Deutsche Bundesbank*, Geschäftsbericht 1974, S. 1.
414 *Scharpf*, Krisenpolitik, S. 170 f.; dagegen *Kloten*, Geldwert, S. 81 f. Vgl. *Bundesregierung*, Jahreswirtschaftsbericht 1975, Ziff. 58 ff.

gezügelten Monetarismus«,[415] einem »monetarist corporatism«,[416] der außer der Sicherung der Währung noch andere Ziele gelten ließ und darauf verzichtete, die Gewerkschaftsbewegung massiv zu schwächen. Durch die Ankündigung eines Geldmengenziels jeweils für ein Jahr im Voraus gewann die Bundesbank den »Vorteil des ersten Zuges«. Sie sorgte nicht nur für Transparenz, sondern verpflichtete auch die anderen Akteure, zumal die öffentlichen Hände und die Tarifparteien, auf den von ihr vorgegebenen Stabilitätskurs. Dabei nahm sie Wachstumseinbußen oder höhere Arbeitslosigkeit in Kauf.[417] Schließlich konnte die Notenbank eine Lockerung ihrer restriktiven Politik signalisieren, ohne die monetäre Expansion allzu stark voranzutreiben. Allerdings gelang es ihr zunächst nicht, diese im Rahmen der vorgegebenen Zielgrößen bzw. in dem später von ihr abgesteckten Zielkorridor zu halten.[418]

Die Mischstrategie, welche die Finanzpolitik der Bundesregierung seit 1975 kennzeichnete, beruhte auf einer Arbeitsteilung zwischen Geld- und Fiskalpolitik. Diese orchestrierten Bundesbank und öffentliche Hände zwar nicht völlig reibungsfrei, doch ohne größere Konflikte.[419] Das galt vor allem für die Konsolidierungsmaßnahmen des Jahres 1976, welche die Bundesbank unterstützte, aber zugleich mehr Anstrengungen forderte, um das entstandene strukturelle Defizit abzubauen.[420] Auch den Kurswechsel zu einer expansiveren Politik im Jahr 1977 trug die Notenbank mit, mahnte dabei allerdings zur Zurückhaltung.[421] Zweifel an der Wirksamkeit staatlicher Programme gingen dabei mit der Sorge einher, dass die verbreitete Investitionsschwäche zu erheblichen Teilen »die Folge der außerökonomisch bedingten allgemeinen Vertrauensstörung und Unsicherheit« sei.[422]

Bald aber verstärkte sich die Skepsis der Bundesbank gegenüber den wachsenden Defiziten in den Haushalten von Bund, Ländern und Gemeinden.[423] Das lag zum einen an der Beschleunigung des Preisauftriebs, an dem die Bank selbst nicht ganz unschuldig war, hatte sie doch die von ihr vorgegebenen Zielgrößen bei der Geldmenge nicht eingehalten. Zum anderen ließen die steigenden Importpreise, zumal für Öl, die deutsche Leistungsbilanz 1979 tief ins Minus rutschen. Die Bundesbank wechselte deshalb den Kurs und ging zu einer

415 *Richter*, Geldpolitik, S. 70 ff. (Zitat: S. 70).
416 *Johnson*, S. 109.
417 *Scharpf*, Krisenpolitik, S. 170 ff. (Zitat: S. 176)
418 *Neumann*; *Emminger*, S. 399 ff.
419 *Caesar*, Handlungsspielraum, S. 209; *ders.* u. *Hansmeyer*, Bundesbankpolitik.
420 *Deutsche Bundesbank*, Geschäftsbericht 1976, S. 43 ff.
421 Protokoll der 491. Sitzung des Zentralbankrats der Deutschen Bundesbank am 8.9.1977, ADB B 330 DRS 142 ZBR Protokolle 1976–1977, Nr. 465–498.
422 Protokoll der 493. Sitzung des Zentralbankrats der Deutschen Bundesbank am 6.10.1977, ebd.
423 *Emminger*, S. 440 ff.

stark restriktiven Geldpolitik über.[424] Sie räumte damit der Stabilität des Geldwerts und dem Abbau des Leistungsbilanzdefizits Priorität ein gegenüber der Verstetigung und Stimulierung der Konjunktur sowie dem Kampf gegen die Arbeitslosigkeit. Wegen ihres Restriktionskurses und ihrer außenwirtschaftlichen Orientierung musste sie heftige Kritik einstecken, hielt jedoch bis Ende 1981 an ihrer Politik fest.[425] Da die Bundesbank ihre Bedenken gegenüber der expansiven Fiskalpolitik der öffentlichen Hände jetzt immer offener äußerte, wuchs der Dissens zwischen den maßgeblichen Akteuren der Geld- und der Fiskalpolitik.[426]

Bereits in der Debatte um den Bundeshaushalt 1979 kritisierte der Zentralbankrat die Ausweitung des Defizits.[427] Auch den nächsten Haushalt billigte er nicht. Die Zeit günstiger Konjunktur müsse zur »Reduzierung der Neuverschuldung« genutzt werden, damit die öffentliche Hand »auf mittlere Sicht mehr Spielraum« gewinne.[428] Stattdessen habe sich der »Konsolidierungsbedarf erheblich vergrößert«.[429] In den Jahren 1980 und 1981 wurde der Ton schärfer. Für Karl Otto Pöhl, Bundesbankpräsident seit 1980, standen die Defizite der öffentlichen Hand »in ihrer gegenwärtigen Höhe kaum in Übereinstimmung mit der Gesamtlage«. Sorgen bereitete der Bundesbank zudem, dass sich die wachsende öffentliche Verschuldung negativ auf das Preis- und Zinsniveau sowie den Wechselkurs und die Leistungsbilanz auswirken könnte. Auch befürchtete man, dass die private Kreditnachfrage zurückgedrängt, Investitionen erschwert und folglich das Wachstum beeinträchtigt werde.[430] Es sei nicht Aufgabe der Geldpolitik, erklärte der Zentralbankrat, die Fehler der Fiskalpolitik »durch eine Politik des leichten Geldes« zu kompensieren.[431] Im Frühjahr 1981, als der Bundeskanzler gemeinsam mit Frankreich eine Auslandsanleihe einfädelte, um durch zinsverbilligte Kredite energiesparende Investitionen zu

424 Ebd.

425 *Baltensperger*, bes. S. 477 ff.

426 *Emminger*, S. 444 ff.; *Marsh*, S. 230 ff.; *Caesar* u. *Hansmeyer*, Bundesbankpolitik, S. 253 f.

427 Protokoll der 510. bzw. 513. Sitzung des Zentralbankrats der Deutschen Bundesbank am 15.6. bzw. 10.8.1978, ADB B 330 DRS 142 ZBR Protokolle 1978, Nr. 499–522. Vgl. auch *Emminger*, S. 424 ff.

428 Protokoll der 533. Sitzung des Zentralbankrats der Deutschen Bundesbank am 31.5.1979, ADB B 330 DRS 142 ZBR Protokolle 1979, Nr. 523–546; *Emminger*, S. 446 ff.

429 *Deutsche Bundesbank*, Geschäftsbericht 1979, S. 12 ff. (Zitat: S. 16).

430 Protokolle der 553., 558., 564., 568., 569. und 571. Sitzung des Zentralbankrats der Deutschen Bundesbank am 27.3., 29.5., 4.9., 30.10, 13.11. und 11.12.1980, ADB B 330 DRS 142 ZBR Protokolle 1980, Nr. 547–571; Protokolle der 572., 576., 577., 579., 581. und 588. Sitzung des Zentralbankrats der Deutschen Bundesbank am 8.1., 5.3., 19.3., 23.4., 21.5. und 10.9.1981, ebd. 1981, Nr. 572–595. Vgl. auch Interview mit Bundesbankpräsident Karl Otto Pöhl am 16.5.1980, WDR 6098954106.

431 Die Ausgaben der Gebietskörperschaften seit Mitte der siebziger Jahre, in: *Deutschen Bundesbank*, Monatsbericht Januar 1981, S. 20–27. Vgl. dazu den Vermerk Referat I A 4 BMF (Siebler) für M vom 21.1.1981, BArch B 126/79349.

fördern, stieß dies auf »schwerwiegende Bedenken« des Zentralbankrats.[432] Der Rat nutzte die Gelegenheit, um Wirtschaftsminister Lambsdorff noch einmal das ganze Sündenregister der Fiskalpolitik vorzuhalten: die »geringen Fortschritte bei der Umschichtung von Haushaltsausgaben zugunsten der Investitionen«, die ausgebliebene Begrenzung des Anstiegs der Ausgaben und nicht zuletzt die wachsende Neuverschuldung, welche die »Handlungsfreiheit« des Staates zunehmend einenge.[433]

Ebenso nachdrücklich wie die Bundesbank schloss sich der *Sachverständigenrat* der Konsolidierungskoalition an. Er lieferte ihr die wissenschaftlichen Argumente, gab damit die Richtung vor und formulierte auch die wesentlichen Ziele.[434] Desillusioniert über die aus seiner Sicht falschen oder zu spät getroffenen Entscheidungen der politischen Akteure, die das Funktionieren der Globalsteuerung massiv beeinträchtigten, schwenkte der Rat auf einen monetaristischen Kurs ein. Bereits in seinem Gutachten vom Herbst 1972 wies er der Geldpolitik die entscheidende Aufgabe beim Kampf gegen die Inflation zu, entband die Fiskalpolitik von der Hauptverantwortung und setzte statt auf diskretionäres politisches Handeln auf marktwirtschaftliche Regelungsmechanismen.[435] In den folgenden Jahren, zumal unter dem Eindruck der Wirtschaftskrise von 1974/75, die noch einmal die Grenzen der Globalsteuerung vor Augen geführt hatte, verdichteten sich seine Überlegungen zu einem weitgehend geschlossenen angebotsorientierten Konzept, das auf eine mittelfristig ausgerichtete Geld-, Fiskal- und Einkommenspolitik, eine Verbesserung der Investitionsbedingungen für die private Wirtschaft und auf eine Konsolidierung der öffentlichen Haushalte setzte.

Am deutlichsten formulierte der Sachverständigenrat sein Konzept im Jahresgutachten 1975/76.[436] Eingangs versuchte er, einen konjunkturneutralen Haushalt zu definieren.[437] Ein solcher sei gegeben, wenn das Budget »keine Abweichungen der Auslastung des gesamtwirtschaftlichen Produktionspotentials von dem bewirkt, was mittelfristig als normal anzusehen ist«, wobei die Experten das Jahr 1966 als Basis nahmen. Ausgehend von einem konjunkturneutralen Haushalt ließe sich dann durch einen Vergleich mit dem tatsächlichen Finanzierungssaldo der positive oder negative konjunkturelle Impuls ermitteln, der von den Etats der öffentlichen Hände ausgehe. Dabei unterstellte

432 Vgl. dazu Abschnitt 4b.

433 Protokoll der 579. Sitzung des Zentralbankrats der Deutschen Bundesbank am 23.4.1981, ADB B 330 DRS 142 ZBR Protokolle 1981, Nr. 572–595. Vgl. auch *Deutsche Bundesbank*, Geschäftsbericht 1981, S. 33 ff.

434 Dazu im einzelnen *Schanetzky*, Ernüchterung, S. 112 ff.; *Strätling*, S. 102 ff.; *Meißner*, S. 121 ff.

435 *Schanetzky*, Ernüchterung, S. 112 ff., 128 ff.; *ders.*, Aporien.

436 *Sachverständigenrat*, Jahresgutachten 1975/76, Ziff. 198 ff.

437 Vgl. dazu *Krause-Junk*.

der Sachverständigenrat, dass »ein mittelfristig konstanter Anteil des Produktionspotentials« durch kreditfinanzierte Staatsausgaben konjunkturneutral in Anspruch genommen werden könne, da sich die Privaten an ein bestimmtes Niveau staatlicher Verschuldung gewöhnt hätten. Dieser »potentialorientierten Kreditaufnahme« sowie jenen Krediten, die dem Ausgleich konjunkturell bedingter Steuermindereinnahmen dienten, stand der konjunkturrelevante Teil der Nettokreditaufnahme gegenüber. Dementsprechend unterschieden die Wirtschaftsweisen zwischen einem konjunkturbedingten und einem strukturellen Defizit. Unter Letzterem verstanden sie jenen Teils des Haushaltsdefizits, der über das »konjunkturneutrale Kreditvolumen«, also über das hinausgeht, »was von der laufenden Verschuldung als mittelfristig normal gelten kann und was konjunkturbedingt ist«.[438]

Die Ursachen des Konsolidierungsbedarfs, der seit 1975 jährlich in Gestalt des strukturellen Defizits ermittelt wurde, sah der Sachverständigenrat vor allem in der Expansion der öffentlichen Ausgaben. Seit Anfang der siebziger Jahre hätten die Gebietskörperschaften, um die Reformen zu verwirklichen, ihre Haushalte stärker ausgedehnt, als längerfristig durch zusätzliche Steuereinnahmen »stabilitätskonform« zu finanzieren gewesen sei. Um die Defizite zurückzufahren, forderten die Wissenschaftler ein »mittelfristig angelegtes Konsolidierungskonzept«, das Ausgabenkürzungen und Steuererhöhungen kombinierte.[439] Das sei einerseits notwendig, um den Zinsendienst nicht weiter ansteigen zu lassen. Andererseits wiesen die Wirtschaftsweisen auf die »Erwartungen und Dispositionen der Privaten« hin, die ihre Investitionen vertagten, weil sie eine Inflation und eine Stabilisierungskrise befürchteten.[440] Der Rat verlangte darüber hinaus eine »Revision der Staatstätigkeit«.[441] Es gelte zu prüfen, welche öffentlichen Leistungen wegfallen oder privatisiert, gegen Entgelt angeboten oder billiger bereitgestellt werden könnten. Besonders kritisch blickten die Experten auf die steigenden Personalkosten, die wachsenden Sozialausgaben und Finanzhilfen sowie die immer höheren Zuschüsse an die Deutsche Bundesbahn.

In den folgenden Jahren hielt der Sachverständigenrat an seiner Forderung fest, die öffentlichen Haushalte zu konsolidieren, auch wenn tagesaktuelle Entwicklungen dies zeitweilig als nicht so drängend erscheinen ließen. Denn 1976 sank das strukturelle Defizit dank der konjunkturellen Erholung und der Maßnahmen zur Verbesserung der Haushaltsstruktur um rund 18 Mrd. auf etwa 8 Mrd.[442] Im Jahr darauf mussten sich die Sachverständigen gegen den Vorwurf

438 *Sachverständigenrat*, Sondergutachten 1975, Ziff. 47 f. Vgl. dazu W. Ehrlicher, Das strukturelle Defizit, in: Wirtschaftsdienst, 1975/IX, S. 449–453.

439 *Sachverständigenrat*, Jahresgutachten 1975/76, Ziff. 423 ff. (Zitate: Ziff. 424, 423).

440 Ebd., Ziff. 228 ff. (Zitate: Ziff. 230, 228).

441 Ebd., Ziff. 333 ff. (Zitat: Ziff. 333).

442 *Sachverständigenrat*, Jahresgutachten 1976/77, Ziff. 202 ff., 338 ff.

wehren, die Konsolidierungspolitik hätte zwar das strukturelle Defizit weitgehend abgebaut, dafür aber die Konjunkturschwäche des Jahres 1977 und die hohe Arbeitslosigkeit verursacht. Der Rat rechtfertigte sich mit dem Hinweis, es gelte das Ziel »einer stetigen, mittelfristig orientierten Finanzpolitik« zu verfolgen.[443] So stimmte er einerseits Maßnahmen zur Ankurbelung der Konjunktur zu und verfolgte andererseits mit Sorge, dass die mittelfristige Finanzplanung von »Verschuldungsspielräumen« ausging, die deutlich über den bisherigen Planungen lagen. Zudem vermisste er Anzeichen dafür, dass die neu entstehenden Defizite »mittelfristig zurückgeführt« werden sollten.[444] Deshalb sprachen sich die Wirtschaftsweisen für einen Abbau der Finanzierung von Staatsaufgaben über Kredite aus und wollten die Konsolidierung auf die Ausgabenseite der öffentlichen Haushalte konzentriert wissen. Deren Tempo sollte sich nach den Erfahrungen des Jahres 1977 jedoch der konjunkturellen Entwicklung besser anpassen.

Als die Finanzierungsdefizite in den öffentlichen Budgets Ende der 1970er Jahre wieder deutlich anstiegen und die Nettokreditaufnahme entsprechend stark wuchs, stellte sich dem Sachverständigenrat eine grundsätzliche Frage: Hatte sich die Einstellung gegenüber der Staatsverschuldung seit den 1960er Jahren derart geändert, dass Defizite in einer Größenordnung von 2–3 % des Sozialprodukts inzwischen als »normal« galten? Dann hätte der Rat sein Konzept des konjunkturneutralen Haushalts wenn nicht ändern, so doch die Berechnungsbasis den gewandelten Verhältnissen angleichen müssen. Obwohl es den Wirtschaftsweisen fern lag, die Finanzierungsdefizite zu akzeptieren, setzten sie an die Stelle des Basisjahres 1966 als längerfristige Bezugsgröße die Durchschnittswerte der Jahre 1966 bis 1977 – allerdings ohne das Jahr 1975 – und passten sich insoweit der neuen Situation an.[445] So reduzierte sich wegen der jetzt höher angesetzten konjunkturneutralen Verschuldung der konjunkturelle Impuls.[446] Damit räumte der Rat implizit ein, nicht mehr zu den Verhältnissen der sechziger Jahre zurückkehren zu können, betonte im Gegenzug aber, dass eine Konsolidierungspolitik ihm jetzt nur »noch dringlicher« erscheine.[447] Je länger die angemahnten Erfolge auf diesem Weg ausblieben, desto entschiedener forderte der Rat sie in den Jahresgutachten. Hatte er zunächst für eine »Doppelstrategie« optiert, rückte die Notwendigkeit der Konsolidierung nun immer

443 *Ders.*, Jahresgutachten 1977/78, Ziff. 142 ff., bes. Ziff. 318 ff. und 418 ff. (Zitat: Ziff. 422).

444 *Ders.*, Jahresgutachten 1978/79, Ziff. 173 ff., bes. Ziff. 414 ff. (Zitat: Ziff. 175). *Strätling*, S. 166 ff.

445 *Ders.*, Jahresgutachten 1979/80, Ziff. 229 ff.

446 Ebd., Ziff. 230 f. und Anhang V. So wurde das Produktionspotential neu geschätzt, an die Stelle der Daten der Finanzstatistik traten jene der Volkswirtschaftlichen Gesamtrechnung, und die Sonstigen Einnahmen behandelte der Rat künftig ähnlich wie Steuern.

447 Ebd., Ziff. 231, 236.

mehr ins Zentrum,[448] denn die öffentliche Verschuldung habe in den letzten Jahren »abermals spektakulär zugenommen«.[449]

Die Auseinandersetzungen um den finanzpolitischen Kurs führten an der Wende zu den achtziger Jahren zu einer »Politisierung der Expertise«,[450] die auch vor dem Sachverständigenrat nicht Halt machte. Die Position des gewerkschaftsnahen Ratsmitglied Werner Glastetter, der sich von den anderen Wirtschaftsweisen absetzte, hielt sein Minderheitsvotum fest.[451] Glastetter bestritt nicht, dass in den vergangenen Jahren die Zinslast- wie die Kreditfinanzierungsquote angestiegen seien und diese Entwicklung Gefahren berge. Er steckte aber den Spielraum für eine öffentliche Kreditaufnahme erheblich weiter ab als seine Kollegen. Der Staat habe, so Glastetters Vorwurf, die Verschuldung bisher »nie so weit« ausgedehnt, »wie es konjunkturgerecht gewesen wäre«. Auch gewichtete er die restriktiven Wirkungen einer Konsolidierung, zumal angesichts der Verantwortung des Staates für die Beschäftigung, stärker und die Gefahr einer Verdrängung privater Investitionen schwächer. Er plädierte deshalb für eine expansive, kreditfinanzierte Fiskalpolitik nicht im Sinne »breit gestreuter kurzfristiger Konjunkturprogramme«, wohl aber einer »gezielte(n) wachstums- und beschäftigungsrelevante(n) Ausgestaltung mittelfristig orientierter staatlicher Investitionen«.

In die Konsolidierungskoalition reihten sich außer der Bundesbank und den Wirtschaftsweisen auch die Unternehmen ein, die im *Bundesverband der Deutschen Industrie* organisiert waren. Der BDI als Dachorganisation der rund drei Dutzend industriellen Fachspitzenverbände stand einer Ausweitung der Staatstätigkeit nicht grundsätzlich ablehnend gegenüber,[452] vermisste aber eine klare Antwort darauf, wie der »höhere Staatsanteil am Bruttosozialprodukt finanziert werden« könne. Entschieden sprach er sich gegen eine stärkere Steuerbelastung der Wirtschaft aus und machte massiv Front gegen die Pläne linker Sozialdemokraten, »die Belastungsfähigkeit der Wirtschaft zu erproben«. Da auf der Leistung der Unternehmen »die politische und soziale Entwicklung der Bundesrepublik« beruhe, drohe »eine Gefahr für die gesamte Wirtschafts- und Sozialordnung«. Deshalb müsse die Erweiterung des staatlichen Aufgabenbereichs dort ihre Grenze finden, wo »die Freiheitsphäre des Bürgers und die Leistungsfähigkeit der Unternehmen durch finanzielle Überforderung eingeengt« werden.[453]

448 Vgl. auch *Strätling*, bes. S. 168ff.

449 *Sachverständigenrat*, Jahresgutachten 1980/81, Ziff. 209ff., 317ff. (Zitat: Ziff. 318).

450 *Schanetzky*, Ernüchterung, S. 184ff.

451 Eine andere Meinung, in: *Sachverständigenrat*, Jahresgutachten 1980/81, Ziff. 495ff. (Zitate: Ziff. 505).

452 Zum BDI vgl. *H.-P. Ullmann*, Interessenverbände, S. 240ff.; *S. Mann*; *Sebaldt* u. *Straßner*; *Leif* u. *Speth*.

453 *Bundesverband der Deutschen Industrie*, Jahresbericht 1974, S. 38, 37. Vgl. *ders.*, Jahresbericht 1973, S. 107f.

Der BDI hatte die Pläne zur Steuerreform,[454] die expansive, prozyklische Finanzpolitik sowie die steigenden Defizite in den Budgets von Bund, Ländern und Gemeinden bereits in den frühen siebziger Jahren mit wachsendem Argwohn verfolgt.[455] Vor allem kritisierte er die zunehmende öffentliche Verschuldung, denn diese erschwere es der Wirtschaft, sich langfristig und zinsgünstig zu finanzieren.[456] Mit der Rezession 1974/75 schlug die Skepsis gegenüber der Finanzpolitik der sozial-liberalen Koalition um in die Forderung, den »Trend zur Ausweitung der öffentlichen Haushalte auf Kosten steigender Staatsverschuldung« zu stoppen.[457] Der wirtschaftliche Einbruch lehre, dass die Haushalte konsolidiert werden müssten.[458] Ganz auf der Linie des Sachverständigenrats drängte der BDI in den späteren siebziger Jahren darauf, das strukturelle Defizit abzubauen[459] und die »Ausgabenpolitik des Staates zu verstetigen«.[460] Zwar trug der Verband nicht anders als die Wirtschaftsweisen die Wende zur expansiven Haushaltspolitik im Jahr 1978 mit, wollte darüber aber die Konsolidierung der öffentlichen Haushalte nicht aufgegeben wissen. Ihn sorgte die Geschwindigkeit, mit der die Finanzierungsdefizite stiegen, sowie die hohe Staatsquote, von der Gefahr für das System marktwirtschaftlicher Ordnung drohe.[461]

Bei allen Differenzen im Detail fanden Bundesbank, Sachverständigenrat und BDI früh und dezidiert zu einer Konsolidierungskoalition zusammen. Die *CDU/CSU-Opposition* indessen tat sich schwer, klar auf deren Linie einzuschwenken. Das lag erstens daran, dass die Union als Volkspartei in sich höchst heterogen war.[462] Meinungsverschiedenheiten gab es nicht nur zwischen den einzelnen Flügeln, vor allem dem Wirtschaftsflügel um die Mittelstandsvereinigung auf der einen Seite und dem Arbeitnehmerflügel um die Sozialausschüsse der Christlich-Demokratischen Arbeitnehmerschaft auf der anderen Seite, sondern auch zwischen konservativen und liberalen Strömungen sowie beharrenden und reformorientierten Kräften in der Partei. Regionale Verschie-

454 *Ders.*, Jahresbericht 1970, S. 125 ff.; *ders.*, Jahresbericht 1971, S. 115 ff.

455 *Ders.*, Jahresbericht 1970, S. 126 f.; *ders.*, Jahresbericht 1972, S. 120 ff.

456 Ebd., S. 121 f.

457 *Ders.*, Jahresbericht 1975, S. 100 f.

458 *Ders.*, Jahresbericht 1976, S. 16 f. Ähnlich argumentierte auch das Institut der deutschen Wirtschaft (IW), das vom Bundesverband der Deutschen Industrie und der Bundesvereinigung der Deutschen Arbeitgeberverbände getragen wurde. Es sorgte sich vor allem um die steigenden Defizite seit dem Jahr 1978. Ab 78 wird's kritisch, in: Informationsdienst des Instituts der deutschen Wirtschaft, Heft 28 vom 15.7.1976; vgl. dazu Otto Vogel (Geschäftsführung IW) an Sts. Karl Otto Pöhl am 22.7.1976, BArch B126/67511. Artikel und Korrespondenz beziehen sich auf die Untersuchung von *Beyfuss*.

459 *S. Mann*, S. 219 ff.

460 *Bundesverband der Deutschen Industrie*, Jahresbericht 1977, S. 89, 13.

461 *Ders.*, Jahresbericht 1979, S. 105 f.

462 *Bösch*, Macht.

denheiten, nicht zuletzt die streckenweise schwierige Partnerschaft zwischen CDU und CSU, sowie generationelle Prägungen – man denke nur an die junge Garde der Parteireformer um Helmut Kohl oder die Junge Union – schlugen ebenfalls auf die Politik der Union durch. Zu den innerparteilichen traten zweitens die föderalen Zwistigkeiten, die von den Interessenunterschieden etwa zwischen den reichen und den armen unionsregierten Ländern herrührten. Drittens kamen als weitere Konfliktherde die Auseinandersetzungen zwischen Partei und Fraktion sowie, eng damit verflochten, die konkurrierenden politischen Ambitionen der Führungspersonen von CDU und CSU ins Spiel, zunächst die Rivalität zwischen Rainer Barzel und Helmut Kohl, dann zwischen diesem und Franz Josef Strauß.[463] Wegen der unterschiedlichen, teilweise gegensätzlichen Interessen orientierten sich die finanz- und haushaltspolitischen Entscheidungen der Unionsfraktion im Bundestag, die seit dem Regierungswechsel das Machtzentrum der Partei bildete,[464] fallweise an den anstehenden Entscheidungen.

Anfang der 1970er Jahre, als sich die CDU/CSU mühsam in der für sie neuen Oppositionsrolle einrichtete, angesichts der knappen wie labilen Mehrheit der sozial-liberalen Koalition aber auf einen baldigen Machtwechsel hoffte,[465] kritisierte die Union vor allem die wachsenden Ausgaben sowie die starken Preissteigerungen, deren Ursache sie in der der expansiven Finanzpolitik und der zunehmenden Staatsverschuldung sah.[466] Doch fiel es der Fraktion unter Führung Rainer Barzels schwer, eine konsistente Linie zu finden. Machten die Abgeordneten einerseits Front gegen die Expansion des Bundeshaushalts und drängten darauf, die inflationär steigenden Steuereinnahmen zur Schuldentilgung zu verwenden,[467] forderten sie andererseits Mehrausgaben, etwa im Sozial- und Agrarbereich, oder trugen entsprechende Initiativen der regierenden Koalition mit.[468] Hinzu kam, dass die Opposition gegenüber der Regierung solange in der Defensive blieb, wie sie den politischen Hebel nicht beim Bundesrat ansetzen konnte. Das wäre seit dem Frühjahr 1972 zumeist möglich gewesen, führte aber nur dann zu einer »Mitregierung« der Unions-Länder,[469] wenn diese geschlossen auftraten. So oszillierte die Finanzpolitik von CDU/CSU in den ersten

463 Im einzelnen ebd.; *Kleinmann*; *Schönbohm*. Die Rivalitäten zwischen den Führungspersonen behandeln detailliert die Biographien von *Schwarz*, Kohl, und *H. Möller*.

464 *Schwarz*, Fraktion.

465 Dazu *Kleinmann*, S. 315 ff.

466 CDU/CSU-Fraktion, Protokoll vom 20.1.1970, ACDP 08-001-1021/1; ebd. vom 4.5.1971, ACDP 08-001-1025/2; ebd. vom 18.1.1972, ACDP 08-001-1028/1. Vgl. auch *Strauß*, Weg.

467 CDU/CSU-Fraktion, Protokoll vom 4.5.1971, ACDP 08-001-1025/2. Vgl. auch Redeentwurf für Herrn Abg. Höcherl für das Hauptreferat auf dem 17. Bundeskongreß der Mittelstandsvereinigung der CDU/CSU am 20.3.1972, ACSP NL Höcherl 32.

468 *Kleinmann*, S. 328 ff.

469 *Jäger*, Innenpolitik, S. 52 ff. (Zitat: S. 55).

Jahren nach dem Machtverlust zwischen »kooperativ-kompetitiver und konfrontativ-fundamentaler Opposition«.[470]

Die Bundestagswahl von 1972 verbannte die Union definitiv in die Opposition. Hier präsentierte sich die Fraktion nach dem Rücktritt Rainer Barzels im Frühjahr 1973 unter der Führung Karl Carstens' nach wie vor in einer »Mischung von Kooperation und Konfrontation als Alternativregierung«.[471] Sie kritisierte fortgesetzt die expansiven Haushalte sowie die wachsende Verschuldung und forderte angesichts des Vordringens der konsumtiven und des Rückgangs der investiven Ausgaben andere Prioritäten.[472] Der Kanzlerwechsel und die Rezession 1974/75 verschärften den Dissens darüber, wie Oppositionspolitik zu betreiben sei; insbesondere in der Finanzpolitik stellte sich die Frage von Kooperation oder Konflikt jetzt noch dringlicher.[473] Franz Josef Strauß steuerte einen entschiedenen Konfrontationskurs, der sich mit den Plänen zu einer Vierten Partei und der Kanzlerkandidatenfrage verflocht.[474] Für diese Politik stand seine Sonthofener Rede vom November 1974.[475] Dagegen wollte Helmut Kohl, der seit 1973 als Bundesvorsitzender zusammen mit Generalsekretär Kurt Biedenkopf die CDU auf Reformkurs trimmte und zugleich gegen die Fraktion stärker ins Spiel brachte, die Liberalen aus der Koalition mit der SPD herauslösen und gemeinsam mit ihnen wieder an die Macht gelangen.[476]

Die von Strauß geforderte Obstruktionspolitik machte sich die Union nicht zu Eigen. Zwar verschärfte sie ihren Oppositionskurs, gab jedoch die Kooperation nicht vollends auf.[477] Das zeigten ihre Reaktionen auf das Sanierungsprogramm der Bundesregierung vom Sommer 1975. Weil es einige ihrer

470 *Link*, S. 139.

471 *Jäger*, Kohl, S. 141. *Carstens*, S. 425 ff.

472 CDU/CSU-Fraktion, Protokoll vom 19.2.1974 bzw. 17.9.1975, ACDP 08-001-1035/2 bzw. 08-001-1038/1.

473 CDU/CSU-Fraktion, Protokoll vom 18.9.1974, ebd. Protokoll der Sitzung des CDU-Bundesvorstands am 25.11.1974, in: *Buchstab*, Kohl, Nr. 15: 25.11.1974; Planungsstab der CDU/CSU-Fraktion, Entwurf eines Strategiekonzepts der CDU/CSU-Bundestagsfraktion vom 20.12.1974, ACDP 08-001-824/1.

474 *H. Möller*, S. 490 ff.; *Jäger*, Innenpolitik, S. 36 ff.; *Schwarz*, Kohl, S. 206 ff.; *Köhler*, S. 262 ff.

475 Referat des Landesvorsitzenden Dr. h.c. Franz Josef Strauß auf der Tagung der CSU-Landesgruppe in Sonthofen am 18. und 19. November 1974 (dem Verfasser von Eberhard Schmiege überlassen). Vgl. den gekürzten Text unter dem Titel Aufräumen bis zum Rest dieses Jahrhunderts, in: Der Spiegel Nr. 11 vom 10.3.1975. Die Sendung »Extempore« widmete Franz Josef Strauß am 23.3.1975 ein Lebensbild in Fernsehdokumenten, WDR 0015068, in dem Strauß die Sonthofener-Kritik moderater wiederholte.

476 *Schwarz*, Kohl, S. 166 ff.; *Köhler*, S. 231 ff.

477 CDU/CSU-Fraktion des Deutschen Bundestags (Zavelberg) am 3.9.1975, Die Haushaltssicherungsbeschlüsse der Bundesregierung vom 27./28.8.1975, BArch N 1431/41; Planungsstab der CDU/CSU-Fraktion des Deutschen Bundestages vom 29.10.1975, betr. Zur Vorlage des Haushalts 1976, ACDP 08-001-325/1.

Forderungen bediente, tat sich die Union schwer damit, eine klare Position zu finden.[478] So rechnete Helmut Kohl, inzwischen als Kanzlerkandidat um innerparteilichen Konsens bemüht,[479] als Oppositionsführer einerseits mit der Finanzpolitik der sozial-liberalen Koalition ab und sorgte mit dafür, dass die unionsregierten Länder im Bundesrat wesentliche Stücke aus dem Sanierungsprogramm herausbrachen. Andererseits zeigte er sich nach wie kooperationsbereit, falls die Koalition eine »grundsätzliche Kurskorrektur« vornähme.[480] Seine Strategie einer verschärften Opposition, die sich im Bundestagswahlkampf 1976 fortsetzte, ging letztlich nicht auf. Zwar sah sich die Union im Aufwind, da sie mit der »Neuen Sozialen Frage« – der Hinwendung zu den vom Sozialstaat ausgegrenzten gesellschaftlichen Gruppen – ein zugkräftiges Thema gefunden zu haben schien.[481] Doch gaben ihre Wirtschafts- und Finanzpolitiker auf dem Mannheimer Parteitag im Juni 1975 zu bedenken, die Partei könne nicht neue sozialpolitische Vorhaben propagieren und der Regierung »soziale Demontage« vorwerfen, gleichzeitig aber eine Reduzierung des Haushaltsdefizits, Steuersenkungen und einer Stärkung der privaten Investitionen fordern.[482]

Die widersprüchliche Politik setzte sich nach der Bundestagswahl im Herbst 1976 fort, die der Union zwar einen großen Erfolg, nicht aber die Macht gebrachte hatte. Nachdem der Kreuther Vorstoß der CSU-Landesgruppe gescheitert, die Fraktionsgemeinschaft von CDU und CSU erneuert sowie Helmut Kohl zum Vorsitzenden der Gesamtfraktion gewählt worden war, versuchte dieser, allerdings weitgehend vergeblich, die Fraktion geschlossen hinter sich zu bringen und auf eine konsistentere Oppositionspolitik festzulegen.[483] Auf der einen Seite drängten die Sozialpolitiker in der Union auf weitere Leistungen wie eine eigenständige soziale Sicherung für die Frauen, die Absicherung der Pflege oder eine Anrechnung von Erziehungsjahren im Rentenrecht.[484] Auf der anderen Seite stellte der Arbeitskreis III für Haushalt, Steuern, Geld und Kredit der CDU/CSU-Fraktion Überlegungen für eine klare finanzpolitische Linie an. Er ging davon aus, dass der Bürger die »Folgen der Finanzmisere« bald spüren werde. Aus dieser »Zwangslage« dürfe man der Regierung nicht heraushelfen.

478 CDU/CSU-Fraktion, Protokoll vom 19.6.1975, ACDP 08-001-1042/2. Vgl. auch *Geyer*, Denk- und Handlungsfelder, S. 130.
479 Vgl. die Debatte in der Fraktion am 16.9.1975. CDU/CSU-Fraktion, Protokoll vom 16.9.1975, ACDP 08-001-1043/1.
480 VDB, 7. WP, 184. Sitzung vom 17.9.1975, S. 12915–12924 (Zitat: S. 12922).
481 *Kleinmann*, S. 364 ff.; *Geyer*, Rahmenbedingungen, S. 31 ff. Dazu *Becher*; *Lorke*, S. 237 ff.
482 Unsere Politik für Deutschland – Mannheimer Erklärung, in: *Christlich Demokratische Union Deutschlands, Bundesgeschäftsstelle*, Bundesparteitag 1975, Anhang, S. 25 ff., 30 ff. Vgl. die unterschiedlichen Positionen von Gerhard Stoltenberg (S. 224–227) auf der einen Seite und Hans Katzer (S. 221–224) oder Norbert Blüm (S. 229–230) auf der anderen Seite. *Stoltenberg*, S. 244 f.; *Geyer*, Denk- und Handlungsfelder, S. 130.
483 *Schwarz*, Kohl, S. 206 ff.; *H. Möller*, S. 507 ff.; *Jäger*, Kohl, S. 146 ff.; *Köhler*, S. 262 ff.
484 *Stoltenberg*, S. 245.

Stabilität und Begrenzung der Verschuldung, Verweigerung zusätzlicher Finanzmittel und strenge Überprüfung aller Ausgabepositionen müssten deshalb die »Eckpfeiler der Fraktionsstrategie« sein.[485]

Den skizzierten Kurs versuchte der Arbeitskreis III zunächst mit wenig, dann mit wachsendem Erfolg als finanzpolitische Linie der Fraktion durchzusetzen. Die Stärke von Hansjörg Häfele, des Vorsitzenden des Arbeitskreises, der 1978 nach dem Wechsel von Franz Josef Strauß als Ministerpräsident nach Bayern zum finanzpolitischen Sprecher der Fraktion aufstieg,[486] lag in der Schlagkraft seiner zugespitzten, einprägsam formulierten und regelmäßig wiederholten Argumente. Die sozial-liberale Koalition habe die »Begehrlichkeit« der Gesellschaft zu einer »Anspruchsinflation« gesteigert und deshalb die Bundesrepublik im »Taumel des Reformismus« über ihre Verhältnisse gelebt oder, wie er es formulierte, die »Saatkartoffeln verspeist«. Hohe Verschuldung und Inflation seien die Folgen. Häfele sah den Ausweg in einer Reduzierung der Aufgaben wie der Ausgaben des Staates; andernfalls seien »die Grundlagen der freiheitlichen Gesellschaft« bedroht.[487] Unter Häfeles Vorsitz und mit tatkräftiger Hilfe von Heinz Günter Zavelberg bemühte sich der Arbeitskreis III um eine konsistente finanzpolitische Linie der Fraktion.[488] Vor allem müsse die CDU/CSU »schlüssig« bleiben. Sie dürfe keine Ausgabenerhöhungen verlangen, weil sie sonst unglaubwürdig werde als die Kraft, von der die »Sanierung der zerrütteten öffentlichen Finanzen« ausgehe, ja, sie müsse selbst bei »unpopulären Sparmaßnahmen Mitverantwortung« übernehmen.[489]

Hatte die Unionsfraktion in den Auseinandersetzungen um steuerliche Mehreinnahmen, vor allem im Streit um die Erhöhung der Mehrwertsteuer noch den Akzent auf den Abbau der »Überbesteuerung«, zumal aus der »kalten«

485 Finanzpolitische Grundsatzüberlegungen für die 8. Legislaturperiode (Lutzke/Häfele) 9.11.1976. ACDP 08-004-006/1.

486 H. Häfele, Lebenslauf mit etwas Hintergrund, MS (14.2.2001/25.2.2007). Das Dokument verdanke ich Hansjörg Häfele.

487 *Ders.*, Staat, S. 8 f., 28.

488 Zavelberg arbeitete von 1962 bis 1970 in der Haushaltsabteilung des Bundesministerium der Finanzen, zunächst als Referent im General- und Grundsatzreferat, ab 1966 dann als Referatsleiter für die neu eingerichtete mittelfristige Finanzplanung und für die konjunkturpolitische Steuerung des Bundeshaushalts. 1970 verließ er das Bundesfinanzministerium nach einer Auseinandersetzung mit Alex Möllers neuem Haushaltsdirektor Hugo Soddemann und wurde bis 1982 als finanzpolitischer Berater zur CDU/CSU-Fraktion abgeordnet. Interview Zavelberg. Auf dessen Sachverstand gingen zahlreiche Reden der finanz- und wirtschaftspolitischen Sprecher der Unionsfraktion zurück, angefangen bei Albert Leicht über Walther Leisler Kiep bis zu Franz Joseph Strauß. Vgl. die Entwürfe und Korrespondenz im Nachlass Zavelberg, BArch N 1431/26–28, 29, 46, 47, 95–97, 103–107. Dazu auch *Leisler Kiep*, S. 126 ff.

489 Die finanzpolitische Linie der CDU/CSU 1977/78 von Dr. Hansjörg Häfele (August 1977), ACDP 08-004-021/1. Vgl. auch W. Hoffmann, Viele Sprecher – keine Stimme, in: Die Zeit Nr. 22 vom 27.5.1977.

Steuerprogression gelegt,[490] trat in der Verschuldungsdebatte die Kritik an der hohen Staatsverschuldung und die Forderung nach einer Konsolidierung der öffentlichen Haushalte in den Vordergrund. Das wurde Anfang 1979 deutlich, als die Fraktion ihre Marschroute für die Haushaltsberatungen diskutierte.[491] In der sich anschließenden Debatte über das Arbeitsprogramm der Fraktion legte Häfele sie auf den Kurs des Arbeitskreises III fest. Im Vordergrund ihrer zukünftigen Finanzpolitik sollte demnach stehen, was mit »der Verschuldung, der Konsolidierung der öffentlichen Haushalte, mit den Ausgabenzuwächsen« zusammenhängt. Denn erstmals bestehe die Chance, dass die Öffentlichkeit wahrnehme, welche Last in den achtziger Jahren von den »Arbeitenden und von der Jugend« abzutragen sei, und erkenne, welche Gefahr darin für die Zukunft liege.[492]

Nach wie vor blieb der Konsolidierungskurs aber nicht unwidersprochen. Im Vorfeld der Debatten über den Bundeshaushalt 1980 und der Frage, ob die dort vorgesehenen Mehrausgaben gestrichen werden sollten, äußerten vor allem die Sozial- und Familienpolitiker in der Fraktion erneut ihre Vorbehalte; sie wollten weiterhin Wohltaten verteilen.[493] Doch Kurt Biedenkopf, der um die »Besetzung der Begriffe« wusste, hielt ihnen entgegen,[494] man dürfe den Begriff »Haushaltskonsolidierung« nicht der Regierung überlassen, die darunter lediglich einen Rückgang der Nettoneuverschuldung verstehe. Denn dann hätte die Union »kein Wort mehr für das, was wir eigentlich wollen, nämlich eine mittel- und langfristige Strategie, die wieder zu einem ausgeglichenen Haushalt führt«. Obwohl Häfele in der nächsten Fraktionssitzung noch einmal für seinen Kurs warb, erneut auf die wachsende Resonanz des Themas in der Öffentlichkeit verwies und deshalb vor der Forderung nach Mehrausgaben warnte, ließen sich vor allem die Verfechter familienpolitischer Projekte in der Fraktion nur schwer für einen entschiedenen Konsolidierungskurs gewinnen.[495] Erst im Vorfeld der Bundestagswahl 1980 reihte sich die Union weitgehend geschlossen in die Konsolidierungskoalition ein.[496] Sie machte nun auf der einen Seite Front gegen die »Verniedlichung der Staatsverschuldung«[497] und drängte zugleich massiv auf Konsolidierung. Dazu zwinge, hielt Häfele für die Wahlkampfstrategie der Partei fest, die »ständige Pumpwirtschaft des Staates«, die zu einer

490 *Kleinmann*, S. 405 ff.; *Stoltenberg*, S. 252 ff.; aus Sicht des finanzpolitischen Sprechers der SPD-Fraktion *Westphal*, S. 128 ff.

491 CDU/CSU-Fraktion, Protokoll vom 22.1.1979, ACDP 08-001-1055/1.

492 CDU/CSU-Fraktion, Protokoll vom 6.2.1979, ebd.

493 CDU/CSU-Fraktion, Protokoll vom 12.9.1979, ACDP 08-001-1058/1. Interview Häfele.

494 *Geyer*, Rahmenbedingungen, S. 23 ff.

495 CDU/CSU-Fraktion, Protokoll vom 18.9.1979, ACDP 08-001-1058/1.

496 Für eine zukunftgerichtete Finanzpolitik von Dr. Hansjörg Häfele o. D. (1980), ACDP 08-004-109/2. Ähnliche Gedanken auch in *Häfele*, Staat und die Finanzpolitik.

497 Arbeitskreis III für Haushalt, Steuern, Geld und Kredit, Gegen die Verniedlichung der Staatverschuldung durch die Bundesregierung o. D. (1980), ACDP-08-004-111/2.

»erschreckenden Schuldenentwicklung« geführt habe. Er forderte deshalb einerseits, um das wirtschaftliche Wachstum anzuregen, weitere Steuersenkungen auf der Linie des Steuerentlastungsprogramms der Union vom Dezember 1979, andererseits »eiserne Sparsamkeit«, um die Staatsschulden abzubauen. Beide Ziele ließen sich, das sah er klar, nur vereinbaren, wenn Ausgaben gekürzt würden.[498]

Bezogen CDU und CSU in der Diskussion über die Konsolidierung der öffentlichen Finanzen nur zögerlich Position, wirkte das Thema in der *FDP* zunächst ebenfalls desintegrierend, bevor es sich am Ende als parteiinterne Kompromisslinie durchsetzte. Die Frage der Konsolidierung wurde für die Freien Demokraten im Zuge ihrer Neuausrichtung interessant, die seit 1974/75 auf eine »Optimierung der Eigenständigkeit« des kleineren Partners in der sozialliberalen Koalition zielte.[499] Vor allem der wirtschaftsliberale Flügel wollte damit das Profil der Partei schärfen, um ihr neue Koalitionsoptionen zu eröffnen.[500] So traten der stellvertretende Vorsitzende und Wirtschaftsminister Hans Friderichs sowie Otto Graf Lambsdorff, der wirtschaftspolitische Sprecher der Fraktion, einerseits für ein »ausgewogenes mittelfristiges Finanzgebaren«, andererseits für eine pragmatische Konsolidierungspolitik ein.[501] Programmatisch kam die Umorientierung in der Arbeit einer Grundsatzkommission zum Ausdruck, die der Mainzer Bundesparteitag 1975 eingesetzt hatte. Diese sollte ein längerfristiges Wirtschaftsprogramm erarbeiten, das die sogenannten »Freiburger Thesen« von 1971 ergänzte.[502] Aus diesem Prozess ging der wirtschaftsliberale Flügel der Partei, der zeitweilig gegenüber dem linken ins Hintertreffen geraten war, gestärkt hervor.[503] So konnte er die »Kieler Thesen zu Wirtschaft im sozialen Rechtsstaat«, welche die Kommission unter Friderichs Vorsitz entworfen hatte, auf dem Parteitag im November 1977 gegen den Widerstand der linken Liberalen durchsetzen.[504] Die Thesen hoben die Bedeutung von »Markt und Wettbewerb« hervor.[505] Sie hielten eine »Reform des konjunkturpolitischen Konzepts« für erforderlich, sei doch »die traditionelle Vorstellung von einer Konjunktursteuerung durch antizyklische Gestaltung der öffentlichen Haushalte nicht realistisch«. Stattdessen forderte das Programm eine mittelfristig ausgerichtete, stetige Geld- und Finanzpolitik sowie verlässliche ordnungspolitische Rahmenbedingungen, um die »Erwartungen aller Teilnehmer

498 Ganz auf dieser Linie argumentierte Häfele auch in einem Vortrag vor der unternehmernahen Staatsbürgerlichen Vereinigung im Herbst 1980. Vgl. *Häfele*, Staatsverschuldung.
499 *Jäger*, Innenpolitik, S. 27 ff. (Zitat: S. 28); *Dittberner*, S. 1332 ff.
500 *Graf Lambsdorff*, Lehren; vgl. auch *Bökenkamp*, Ende, S. 192 ff.
501 *Ders.*, Grundsätze, S. 24; *Friderichs*.
502 *Lösche* u. *Walter*, S. 87 ff.
503 Ebd., S. 92 ff.; *Scharnetzky*, Ernüchterung, S. 223 ff.
504 *Merck*, S. 65 ff.; *Verheugen*, S. 67 ff.; *Geyer*, Rahmenbedingungen, S. 38 f.
505 ADL, Druckschriftenbestand D1–135 (Zitate: S. 27, 31, 45).

am Wirtschaftsleben« zu stabilisieren. Damit lagen die »Kieler Thesen« auf der Linie des Sachverständigenrats. Sie formulierten noch kein offenes Bekenntnis zur Angebotspolitik, zielten aber in diese Richtung und markierten insoweit einen Kurswechsel.

Hatte der Kieler Parteitag den wirtschaftsliberalen Flügel gestärkt, führten die Niederlagen bei den Wahlen in Hamburg und Niedersachsen im Sommer 1978 nicht nur zu einer Krise der Partei, da deren politischer Kurs durch die »Genscherisierung« ziemlich »diffus« geworden war, sondern vorübergehend auch wieder zu einer »schärferen sozial-liberalen Profilierung«.[506] Als Reaktion darauf begann der sogenannte »Wurbs-Kreis«, benannt nach dem Bauunternehmer, Präsidenten der Handwerkskammer Kassel und Vizepräsidenten des Zentralverbands des deutschen Handwerks Richard Wurbs, die Arbeit der Fraktionsrechten zu koordinieren.[507] Diese scharten sich um Lambsdorff, der nach Friderichs' Wechsel zur Dresdner Bank zum Wirtschaftsminister und zur alleinigen Führungsfigur der Wirtschaftsliberalen aufgerückt war. In zahlreichen Reden forderte er mehr Markt und Wettbewerb sowie eine stärkere »Berücksichtigung wachstumsfördernder öffentlicher Investitionen«. Vor allem warnte Lambsdorff vor einer »großdimensionierten Ausdehnung der öffentlichen Ausgaben«. Das würde »auf eine Einbahnstraße mit gewaltigen Folgekosten führen, auf der es dann kein Zurück« mehr gäbe.[508]

Die »pragmatische Mitte« um Wolfgang Mischnick, den Fraktionsvorsitzenden, und Hans-Dietrich Genscher, den Parteiführer, sowie eine Reihe prominenter Liberaler innerhalb wie außerhalb der Fraktion bemühten sich, die auseinanderdriftenden Flügel zusammen- und die FDP auf stetigem Kurs zu halten.[509] Dabei gewannen macht- und koalitionspolitische Überlegungen die Oberhand. Hinzu kamen die Gewichtsverschiebungen zwischen Sozial- und Wirtschaftsliberalen, die immer mehr zugunsten letzterer ausgingen.[510] So legte der Arbeitskreis II der FDP-Fraktion im Frühjahr 1980, nicht zuletzt mit Blick auf die anstehenden Bundestagswahlen, ein umfangreiches Positionspapier zum Thema Staatsverschuldung vor.[511] Er zeigte sich beunruhigt über das starke Wachstum der öffentlichen Schulden seit Mitte der siebziger Jahre, rechtfertigte diese jedoch noch mit der Notwendigkeit und dem Erfolg der antizyklischen Finanzpolitik. Werde aber das Tempo der Verschuldung nicht gebremst, stelle das »am Ende unseren Staat in Frage«. Deshalb bedürften die öffentlichen Haushalte einer »radikalen Konsolidierung«. Auf dieser Linie

506 *Jäger*, Innenpolitik, S. 114ff.; *Lösche* u. *Walter*, S. 98ff.

507 *Merck*, S. 79ff.

508 *Graf Lambsdorff*, Ausbau, S. 88.

509 *Merck*, S. 81ff.

510 *Lösche* u. *Walter*, S. 104ff.

511 FDP-Fraktion im Bundestag AK II (Beichelt/Herren) an alle Fraktionsmitglieder am 16.4.1980, ADL NL Mischnick A40-402.

beschloss die FDP in ihrem Wahlprogramm, das der Freiburger Bundesparteitag im Juni 1980 verabschiedete, künftige Steuermehreinnahmen zur »Minderung der Staatsschulden« zu verwenden, die Staatsausgaben einzuschränken sowie »die Neuverschuldung drastisch zu begrenzen«.[512] Damit hatte sich die Partei unter dem Eindruck der wachsenden Finanzprobleme, aber auch mit dem Ziel, alle Koalitionsoptionen offenzuhalten, in die Konsolidierungskoalition eingereiht. Ein Vortrag von Hans-Günter Hoppe, des stellvertretenden Fraktionsvorsitzenden und Mitglieds des Haushaltsausschusses, im Herbst 1980 auf einem Seminar der Staatsbürgerlichen Vereinigung besiegelte diese Entscheidung.[513] Die Regierung müsse, erklärte er, »von der Rolle des Wohltäters in die eines Zuchtmeisters überwechseln« und die »ungebremste Defizitpolitik« beenden, denn deren Folgen seien »nicht mehr zu beherrschen«. Solle die »Handlungsfähigkeit des Staates« gewahrt bleiben, müsse mit der »Sanierung der öffentlichen Haushalte« begonnen werden.

Die Konsolidierungskoalition umfasste nicht nur die kleinere Regierungspartei, sondern reichte auch je nach konjunktureller, fiskalischer und nicht zuletzt politischer Sachlage unterschiedlich weit in die *SPD* hinein. Entscheidende Anstöße dafür, dass sich Teile der Partei aus der Expansionskoalition zu lösen begannen und damit deren Erosion vorantrieben, gingen von der ersten Ölkrise und der ihr folgenden Rezession sowie dem Regierungswechsel von Willy Brandt zu Helmut Schmidt aus. Dessen Regierungserklärung markierte für alle hörbar eine Umorientierung. Diese war das Ergebnis eines von den geänderten weltwirtschaftlichen Rahmenbedingungen ausgelösten Lernprozesses.[514] Bei den Beratungen des Orientierungsrahmens '85 hatte Helmut Schmidt sich noch für eine Erweiterung des Staatskorridors stark gemacht. In einem umfangreichen Positionspapier vom April 1974 zeichnete er ein deutlich pessimistischeres Bild,[515] denn die staatlichen Aktivitäten hatten nur um den Preis sinkender öffentlicher Investitionen und steigenden staatlichen Konsums erweitert werden können. Aus dieser skeptischen Diagnose leitete der SPD-Politiker die

512 Wahlprogramm zur Bundestagswahl 1980 der Freien Demokratischen Partei »Unser Land soll auch morgen liberal sein«, ADL Druckschriftenbestand D1–242, S. 69 ff. (Zitate: S. 72).

513 *Hoppe*, S. 75, 76, 77. Vgl. auch FDP-Fraktion im Deutschen Bundestag AK II (Herren) an alle Mitglieder der FDP-Bundestagsfraktion, die Bundesgeschäftsstelle der FDP und alle Landesverbände der FDP am 16.9.1980 betr. Informationsmaterial zur Diskussion über die Staatsverschuldung, AdL NL Mischnick A 40-406.

514 Dazu ausführlich *von Karczewski*, bes. S. 106 ff.; *Geyer*, Rahmenbedingungen, S. 6 ff.

515 H. Schmidt, Papier zur aktuellen ökonomischen Problematik unter dem Gesichtspunkt ihrer außenwirtschaftlichen Bedingtheiten vom 15.4.1974, AdsD HSAA10072. Das 15. Exemplar, das Alex Möller erhielt, in BArch N 1369/451. Eine gekürzte Fassung findet sich in *H. Schmidt*, Politiker. Auszüge auch in H. Schmidt, Was wir nicht tun dürfen, damit wir Inflation, Inflationserwartung und »Angstlücke« nicht vergrößern, in: Die Zeit Nr. 21 vom 17.5.1974.

Notwendigkeit einer konsequenten Stabilitätspolitik ab. Die Politik des knappen Geldes müsse fortdauern und das Wachstum der öffentlichen Ausgaben begrenzt werden. Schmidt stimmte die Fraktion auch auf eine Politik des ökonomisch wie finanziell Machbaren ein.[516] Seine Regierungserklärung vom Mai 1974 lag ebenfalls auf dieser Linie.[517] Wie er an der Jahreswende von 1974 auf 1975 an Willy Brandt schrieb, komme es ihm vor allem darauf an, »unserer Partei und ihren Exponenten auf allen Ebenen ökonomisches Augenmaß zu vermitteln«.[518]

Fraktion und Partei sowie die Gewerkschaften lehnten die vom Bundeskanzler verfolgte »Stabilitätspolitik« – er sprach noch nicht von »Konsolidierung« – vorerst nicht ab, weil es 1974/75 noch darum ging, die Wirtschaft anzukurbeln, die im Jahr 1975 auch begann, sich zu erholen.[519] Doch mussten sowohl der Bundeskanzler als auch Finanzminister Apel die Fraktion regelmäßig vor den fiskalischen Folgen einer expansiven Konjunkturpolitik warnen.[520] Neue kostspielige Vorhaben könnten über mehrere Jahre nicht geplant werden, befinde man sich doch »eher in einer Konsolidierungsphase«.[521] Diesen Ankündigungen folgten mit dem Haushaltssicherungsgesetz im Herbst 1975 konkrete Maßnahmen. Zwar fragte der zum linken Leverkusener Kreis zählende Abgeordnete Peter Conradi, worin denn »eine Perspektive und eine Moral des Programms« zu sehen seien, und andere Abgeordnete forderten mehr soziale Ausgewogenheit. Doch stellte sich die Fraktion am Ende hinter die Regierungsvorlage, die Willy Brandt wie Herbert Wehner vehement verteidigten.[522] Dass zu diesem Zeitpunkt noch ein Konsens zwischen der Parteilinken und dem gemäßigten Godesberger Flügel herrschte, den der Seeheimer Kreis mobilisierte, zeigte der Mannheimer Parteitag im November 1975, der den Orientierungsrahmen ’85 verabschiedete.[523] Zwar gab es tiefgreifende Meinungsunterschiede in der Frage der Investitionslenkung.[524] Unstrittig war jedoch, dass die Reformen fortgeführt werden sollten, auch wenn das geringere Wachstum den finanziellen Spielraum dafür begrenzte. Künftig müssten die vorhandenen Mittel daher »sparsamer und gezielter eingesetzt« und die öffentlichen Ausgaben mehr als bisher »auf die

516 *H. Schmidt*, Vertrauen.

517 VDB, 7. WP, 100. Sitzung vom 17.5.1974, S. 6593–6605.

518 Schmidt an Brandt am 7.1.1975, in: *Woyke*, Brandt, Nr. 424: 7.1.1975.

519 DGB-Bundesvorstand, Abt. Wirtschaftspolitik (Rudolf Henschel), Material für Gespräch mit dem Bundeskanzler am 2.9.1975, AdsD 5/DGAN000092.

520 SPD-Fraktion im Bundestag, Protokoll der Fraktionssitzung vom 10.7.1974, AdsD Abt. II SPD-Bundestagsfraktion 7. WP, 2/BTFG000073.

521 SPD-Fraktion im Bundestag, Protokoll der Fraktionssitzung vom 3.12.1974, AdsD Abt. II SPD-Bundestagsfraktion 7. WP, 2/BTFG000082.

522 SPD-Fraktion im Bundestag, Protokoll der Fraktionssitzung vom 12.9.1975, AdsD Abt. II SPD-Bundestagsfraktion 7. WP, 2/BTFG000107.

523 *Gebauer*, S. 134ff.

524 Ebd. Vgl. *Sarrazin*, Investitionslenkung.

investiven Wirkungen hin« ausgerichtet werden.[525] Auch wenn der Orientierungsrahmen in der innerparteilichen Diskussion keine größere Rolle spielen sollte, stand er doch für einen moderaten »politischen Klimawechsel«.[526]

Die Mischstrategie, welche die Regierung unter Bundeskanzler Schmidt seit 1975 verfolgte, changierte zwischen Nachfrage- und Angebotspolitik. Ein theoretisches Konzept lag ihr nicht zugrunde. Sie wurde vielmehr abhängig von der konjunkturellen und finanziellen Lage, aber auch von wechselnden koalitions- und parteipolitischen Konstellationen jeweils neu justiert. Für diese pragmatische, an den begrenzten Möglichkeiten ausgerichtete Politik warb Schmidt in der Fraktion, nicht zuletzt mit Blick auf die Zukunft: »Wir konsolidieren die wirtschaftliche und finanzwirtschaftliche Situation dieses Landes, um gestützt auf eine konsolidierte Situation dann 1977 und 1978 zusätzliche Reform-Schritte obendraufsetzen zu können.«[527] War in der Fraktion 1976 Kritik an der Konsolidierungspolitik laut geworden, ließ diese nach, als die Bundesregierung seit dem Winter 1976/77 den Akzent wieder mehr auf die keynesianische Seite ihrer Mischstrategie legte. Noch im Frühjahr 1977 hatte Schmidt im sogenannten »Marbella-Papier« wegen der »ungewöhnlichen, schwer erträglichen Zinslasten« dafür plädiert, die öffentliche Kreditnachfrage einzuschränken.[528] Anfang 1978 hatte er überlegt, ob sich das zu erwartende kreditfinanzierte Defizit von gut 4 % nicht verbiete, wenn die »nachfragestützende quantitative Wirkung kompensiert oder überkompensiert« werde durch die »psychologisch lähmende Vorstellung vom ›staatlichen Finanzchaos‹ mit Inflation und Steuererhöhung als Endpunkt«.[529] Dieser Einsichten zum Trotz brachte die Bundesregierung 1977 und 1978 eine Reihe konjunkturbelebender Maßnahmen auf den Weg.[530] Während deren nachfrageorientierte Komponenten bei SPD und Gewerkschaften Zustimmung fanden, stießen die angebotsseitigen auf erheblichen Widerstand nicht nur der SPD-Fraktion, sondern wegen der Streichung der Lohnsummensteuer auch bei vielen sozialdemokratischen Kommunalpolitikern.[531]

525 *von Oertzen*, S. 30 ff. (Zitate: S. 30 f.).

526 Klausurtagung des Parteivorstands am 31.1./1.2.1975, PHS HS Eigene Arbeiten 1975/Januar-Februar; H. Schmidt, Geschrieben in Porto Rafti Griechenland 4.1.1976, PHS HS Privat-Pz Ökonomische Papiere der Jahre 1975, 1976, 1977 und 1978; *Faulenbach*, S. 359 ff. (Zitat: S. 362).

527 SPD-Fraktion im Bundestag, Protokoll der Fraktionssitzung vom 13.1.1976, AdsD Abt. II SPD-Bundestagsfraktion 7. WP, 2/BTFG000120.

528 H. Schmidt, Erwägungen für 1977 (»Marbella-Papier«) vom 10.4.1977, PHS Privat-Pz Ökonomische Papiere der Jahre 1975, 1976, 1977 und 1978.

529 Ders., Zur aktuellen wirtschaftlichen Lage und einigen Problemen des Jahres 1978 o. D. (Vermerk HS Anfang 1978), ebd. Die Ausarbeitung sandte Schmidt am 2.2.1978 an Willy Brandt und Herbert Wehner, PHS Papiere/Wehner-Briefe.

530 Heinz O. Vetter und Alois Pfeiffer an Buka am 18.1.1977, AdsD 5/DGAN000092.

531 Dazu ausführlich *Westphal*, S. 128 ff.; *Gebauer*, S. 172 f.

Damit verstärkte sich eine Entwicklung, die für die SPD und die Koalition immer prekärer zu werden drohte. Denn unter dem Druck der Verschuldungsdebatte und der zweiten Ölkrise, der sich verschärfenden Kritik der Opposition und nicht zuletzt der des kleineren Koalitionspartners steuerten Bundeskanzler Schmidt und Finanzminister Hans Matthöfer im Vorfeld der Bundestagswahl 1980 wieder einen schärferen Konsolidierungskurs.[532] Die Fraktionsführung, voran Heinz Westphal als finanzpolitischer Sprecher und Lothar Löffler als Obmann der Arbeitsgruppe Haushalt, warben für diesen Politikwechsel bei den Abgeordneten mit dem Argument, dass die »maßvolle Konsolidierung« unter dem Vorbehalt notwendiger Konjunkturstützungsmaßnahmen stehe.[533] Auch der Brandbrief Matthöfers vom Februar 1980 diente dem Ziel, die Fraktion auf Kurs zu halten.[534] Das gelang zwar, wurde aber schwieriger, weil die meisten Abgeordneten im beginnenden Wahlkampf auf materielle Verbesserungen setzten. Weitere Sparmaßnahmen, die in erster Linie die Sozialausgaben betrafen, stießen in der Fraktion und auch in der Partei, zumal bei der Arbeitsgemeinschaft für Arbeitnehmerfragen, sowie bei den Gewerkschaften auf wachsenden Widerspruch. Die Polarisierung innerhalb der SPD, die im Zusammenhang mit dem NATO-Doppelbeschluss, der Nutzung der Kernenergie und der Integration der Neuen sozialen Bewegungen sowie wegen der Unstimmigkeiten zwischen Brandt, Schmidt und Wehner in der Parteiführung eingesetzt hatte, verschärfte sich noch.[535] Auch die Gewerkschaften standen vor einem »strategischen Dilemma«.[536] Einerseits wurde ihre Führung gedrängt, auf Distanz oder sogar auf Konfrontationskurs zur Regierungspolitik zu gehen; andererseits wusste jene, dass eine Mitte-Rechts-Koalition keine für die Gewerkschaften und ihre Klientel günstigere Politik betreiben würde.[537] Nur zähneknirschend trug die SPD unter wachsendem Widerstand des linken Flügels und bei zunehmendem Widerwillen der Parteimehrheit den bis 1980 noch moderaten Konsolidierungskurs, den der Bundeskanzler und der Finanzminister aus weltwirtschaftlichen, konjunkturellen und fiskalischen Gründen steuerten, mangels einer Alternative mit.

Während die Konsolidierungskoalition die SPD nicht fest einbinden konnte, erhielt sie starken Zuspruch von Teilen der *Tages- und Wochenpresse*. Da war zunächst die Frankfurter Allgemeine, deren Wirtschaftsredaktion nachhaltig für eine Sanierung der öffentlichen Haushalte, einen Abbau der Verschul-

532 *Abelshauser*, Wirtschaftswunder, S. 445 ff.

533 SPD-Fraktion im Bundestag, Protokoll der Fraktionssitzung vom 11.9. bzw. 10.12.1979, AdsD Abt. II SPD-Bundestagsfraktion 7. WP, 2/BTFH000102 bzw. 2/BTFH000112; *Westphal*, S. 146 ff.

534 *Abelshauser*, Wirtschaftswunder, S. 454.

535 *Faulenbach*, S. 631 ff.

536 *W. Schroeder*, bes. S. 257 ff.

537 *Kempter*, Loderer, S. 444 ff.

dung und insgesamt für weniger Staat eintrat. Vor allem Walter Kannengießer profilierte sich als entschiedener Verfechter einer solchen Politik, indem er die Rezepte lobte, welche der Sachverständigenrat den öffentlichen Haushalten verordnete. Er hatte über mehrere Stationen 1963 zur Wirtschaftsredaktion der FRANKFURTER ALLGEMEINEN gefunden und arbeitete als deren Korrespondent in Bonn.[538] Außer ihm traten auch Journalisten wie Jürgen Jeske, der seit 1962 der Wirtschaftsredaktion angehörte und seit 1965 das Ressort für Wirtschaftsnachrichten, Wirtschafts- und Unternehmensberichterstattung leitete, für eine Politik der Konsolidierung ein. Schließlich erschienen in dem Blatt regelmäßig Beiträge namhafter Finanzwissenschaftler, von denen etwa Fritz Neumark eine abgewogene, Günter Schmölders dagegen eine zugespitzte Position vertrat. Sein Artikel »Stoppt den Staat, er wird zu teuer« feuerte eine späte Breitseite gegen die antizyklische Finanzpolitik, die zu einer »fortschreitenden Ausweitung des Staatsanteils am Sozialprodukt« geführt und die »Gefahr einer Art von ›Staatsbankrott‹«, einer wieder »angeheizten Inflation« und einer »Außerkraftsetzung der freiheitlichen Marktwirtschaft zugunsten eines hemmungslosen Wohlfahrts- und Gefälligkeitsstaates« heraufbeschworen habe.[539]

Ähnlich entschieden wie die FRANKFURTER ALLGEMEINE, oft aber schärfer in der Diktion, bildete DIE WELT ein publizistisches Sprachrohr der Konsolidierungskoalition. Auf der Linie der Bundesbank, des Sachverständigenrats und des rechten CDU/CSU-Flügels informierte vor allem Peter Gillies die Leser des Blattes. Er arbeitete seit 1967 als Wirtschaftsredakteur, beobachtete vor allem aber als Leiter des Büros in Bonn die Finanzpolitik der sozial-liberalen Koalition.[540] In zahlreichen ausführlichen Berichten und bissigen Kommentaren kritisierte der ordoliberale Journalist Defizite und Kredite, sorgte sich um den wegen Zinsen und Tilgungen schrumpfenden Handlungsspielraum und betonte deshalb die Notwendigkeit der Haushaltskonsolidierung.[541] DIE WELT überließ ihre Spalten auch immer wieder finanzwissenschaftlicher Experten, wobei sie weniger auf Meinungspluralität und mehr auf die Bestätigung ihres Kurses setzte.[542]

Doch unterstützten nicht nur FRANKFURTER ALLGEMEINE und WELT den Konsolidierungskurs. Nachdem Hans D. Barbier von 1969 bis 1974 in der

538 Walter Kannengießer verabschiedet, in: FRANKFURTER ALLGEMEINE Nr. 225 vom 26.9.1996; H. Stüwe, Walter Kannengießer: Mit Weitblick, in: *Deutsches Ärzteblatt*, Bd. 106, 2009, S. 36.

539 G. Schmölders, Stoppt den Staat, er wird zu teuer, in: FRANKFURTER ALLGEMEINE Nr. 11 vom 14.1.1978.

540 Gillies wurde 1981 stellvertretener Chefredakteur; er war von 1985 bis 1988 und noch einmal von 1992 bis 1995 Chefredakteur DER WELT.

541 Ordoliberaler im besten Sinn: Peter Gillies 70, in: DIE WELT vom 29.5.2009.

542 Vgl. als ein prominentes Beispiel G. Schmölders, Mit ruhigem Gewissen in den Staatsbankrott?, in: DIE WELT Nr. 168 vom 21.7.1979.

Börsenredaktion der Süddeutschen Zeitung gearbeitet hatte, beobachtete er danach als deren Bonner Korrespondent die Wirtschafts- und Finanzpolitik. Auch er plädierte in seinen Artikeln und Kommentaren im Wesentlichen auf der Linie des Sachverständigenrats zunächst für eine entschiedene Konsolidierung, dann in den Jahren 1977 und 1978 für eine Mischstrategie aus kurzfristiger Konjunkturbelebung sowie mittelfristiger Konsolidierung und schließlich für eine Fortsetzung der Konsolidierungspolitik.[543] »Mit der Haushaltskonsolidierung«, kritisierte er 1980, sei es »ähnlich wie mit dem Atom: Eingeweihte versichern, es seien gewaltige Kräfte am Werk, doch für den Beobachter besteht das Ganze vorwiegend aus nichts«.[544]

Auch die Wirtschaftsredaktion der Zeit trat entschieden für eine Konsolidierung ein. Vor allem Diether Stolze und Michael Jungblut schlugen sich in den späteren siebziger Jahren auf die Seite der Konsolidierungskoalition, nachdem sie Ende der 1960er und Anfang der 1970er Jahre noch zu den, wiewohl nicht unkritischen Unterstützern der Expansionskoalition gehört hatten. Jetzt reihten sich beide und mit ihnen die Wirtschaftsredaktion der Wochenzeitung »im Einklang mit dem wissenschaftlichen und politischen *mainstream*« in den »Chor der ›neoliberalen‹ Befürworter einer ›angebotsorientierten‹ Wirtschaftspolitik ein«, ja, Die Zeit gehörte mit der Frankfurter Allgemeinen »zu den prononciertesten Befürwortern einer wirtschaftspolitischen Wende«.[545] So brachte etwa Michael Jungblut eine Auswahl seiner für das Blatt verfassten Artikel in Buchform heraus und rechnete im Vorwort mit der Politik der sozial-liberalen Koalition ab. Diese habe zehn Jahre in der Wirtschafts- und Gesellschaftspolitik »weitgehend ungenutzt« verstreichen lassen; ein »vergeudetes Jahrzehnt«, wie er an anderer Stelle formulierte.[546] Für ihn gehörte die »Schuldenmacherei« zu den »großen Sünden der siebziger Jahre«. Sie habe dazu geführt, dass private Investitionen unterblieben und die staatlichen Handlungsspielräume stetig kleiner geworden seien.[547] Auch Dieter Piel, langjähriger Bonner Korrespondent der Zeit, drängte immer entschiedener auf eine Sanierung der Haushalte und eine Reduzierung der Neuverschuldung. »Die Warner, die sich angesichts der Explosion der Staatsverschuldung zu bisweilen apokalyptischen Tönen« hätten verleiten lassen, hieß es zum Beispiel in einem Artikel unter der Überschrift »Vor dem Tag der Schande«, »gleichen ein wenig jenem Eunuchen, der zwar weiß, wie es geht, der es selbst aber nicht kann«.[548]

543 Konsolidierung auf dem Drahtseil, in: Süddeutsche Zeitung Nr. 22 vom 28.1.1977; Kurswechsel mit Schulden, in: ebd. Nr. 212 vom 15.9.1977; Nicht nur ein Wachstumsprogramm, in: ebd. Nr. 169 vom 26.7.1978.

544 Nur ein Haushalts-Entwurf, in: ebd. Nr. 290 vom 15.12.1980.

545 *Bührer*, S. 127; *Nützenadel*, Konjunktur, S. 142.

546 *Jungblut*, S. 7, 11.

547 *Ders.*, Quittung für alte Sünden, in: ebd., S. 30, 48.

548 D. Piel, Vor dem Tag der Schande, in: Die Zeit Nr. 39 vom 21.9.1979.

Im SPIEGEL machte vor allem Renate Merklein, die seit 1968 als Kolumnistin für das Magazin schrieb, in einem Fortsetzungsartikel Front gegen die keynesianische Fiskalpolitik. Diese habe die gefährliche Illusion erzeugt, der »Staat könne *jedwede* Krise meistern, wenn die Regierung nur wolle«. Insofern habe »das relativ schnelle Ende der 66/67er Rezession zum ökonomischen Misserfolg der 70er Jahre« beigetragen. Denn kreditfinanzierte staatliche Konjunkturprogramme seien, außer in ganz speziellen Konstellationen, bestenfalls wirkungslos, verdrängten zumeist aber private Investitionen, da sie die Zinsen in die Höhe trieben und Angst vor Inflation oder Steuererhöhungen erzeugten.[549] Merklein kritisierte auch den mit der »sozialen Gerechtigkeit« beschönigten Wohlfahrtsstaat, der einerseits die Bürokratie aufblähe und den Bürger entmündige, andererseits immer höhere Abgaben erzwinge, schließlich das Wirtschaftswachstum hemme und damit »erst langsam und schleichend, dann immer schneller« alles zerstöre: »Recht und Freiheit und Wohlstand dazu«.[550] Merkleins Plädoyer für »weniger Staat« schlossen sich auch andere, wirtschaftsnahe Magazine wie CAPITAL und WIRTSCHAFTSWOCHE an. Letztere veröffentlichte unter der Überschrift »Kinder müssen opfern« einen großen Report über die Staatsverschuldung, der wachsende Zinslasten, sich verengende Handlungsspielräume der öffentlichen Haushalte und die Verdrängung privater Investitionen beklagte; die Grenze der Verschuldung sei erreicht und eine Konsolidierung dringend erforderlich.[551]

Inwieweit die Konsolidierungskoalition über die veröffentlichte Meinung hinaus in weiteren Kreisen der Bevölkerung Rückhalt fand, ist nur schwer zu ermitteln. Umfragen verschiedener Meinungsforschungsinstitute lassen jedoch darauf schließen, dass die wachsende Verschuldung zunehmend als Problem gesehen wurde. So kam eine repräsentative Umfrage des Emnid-Instituts im Herbst 1973 zu dem Ergebnis, dass knapp 60 % der Bundesdeutschen meinten, Bonn gehe »zu wenig sparsam« mit den Steuergeldern um. Besonders Selbständige und Anhänger der CDU/CSU sahen das so.[552] In Umfragen des Instituts für Demoskopie in Allensbach stieg der Anteil derjenigen, die der Aussage zustimmten: »Ich finde es unverantwortlich, wenn der Staat weiter so hohe Schulden macht, denn unsere Kinder müssen das eines Tages unter Opfern wieder in Ordnung bringen«, von 49 % (Januar 1979) über 53 % (Juni 1980) auf 66 % (Mai 1981). 49 % der Befragten machten sich im Frühjahr 1981 »große Sorgen« über die hohe Staatsverschuldung; 37 % hatten »etwas Sorgen« und nur 14 %

549 R. Merklein, »Wenn die Lebensgeister trübe werden«, in: DER SPIEGEL Nr. 36 und 37 vom 4.9. und 11.9.1978.

550 Dies., Der Griff in die eigene Tasche (I–V), in: ebd. Nr. 22–26 vom 26.5.–23.6.1980. Auch erschienen als »Spiegel-Buch«: *Merklein*, Griff.

551 Staatsverschuldung: Kinder müssen opfern, in: WIRTSCHAFTSWOCHE Nr. 13 vom 28.3.1980.

552 Bevölkerung für mehr Sparsamkeit, EMNID-INFORMATIONEN, Nr. 9/1973.

»keine Sorgen«. Die Tiefe der Sorgenfalten hing nicht zuletzt von der politischen Orientierung ab. So machten sich nur 29 % der SPD-Anhänger »große Sorgen«, während der Anteil bei jenen der FDP mit 46 % und denen der Union mit 66 % deutlich höher lag.[553] Ähnliche Ergebnisse erbrachte eine repräsentative Umfrage von Emnid im Frühjahr 1980. Danach gaben 56 % der Befragten der sozialliberalen Koalition beim Umgang mit der Staatsverschuldung die Noten 4 bis 6 und nur 41 % die Noten 1 bis 3. Zugleich glaubten 33 %, eine unionsgeführte Regierung könnte das Problem am ehesten lösen; nur 25 % trauten das den Sozialdemokraten, 30 % den Freien Demokraten zu.[554] Sichtlich zurück ging auch die Bereitschaft, die wirtschaftlichen Probleme durch kreditfinanzierte Konjunkturprogramme zu bewältigen. Bei einer Umfrage von Infratest im Herbst 1981 hielten 82 % der Befragten dies für »nicht sinnvoll«. Dagegen meinten 59 %, der Staat sollte die Steuern senken, um die Konjunktur anzukurbeln.[555]

553 Ein Loch im Staatshaushalt? Die meisten finden das unverantwortlich, in: ALLENSBACHER BERICHTE Nr. 16/1979; *Noelle-Neumann* u. *Piel*, S. 382. Vgl. auch *Stalder*, Staatsverschuldung, S. 108 ff.

554 Bonn nach Noten, in: WIRTSCHAFTSWOCHE Nr. 26 vom 27.6.1980.

555 Infratest Sozialforschung, Einstellung der Wahlbevölkerung zur gerechten Verteilung von Lasten in wirtschaftlich schwieriger Zeit vom November 1981, BArch B 136/14961.

4. Eine Politik der Konsolidierung?

Als die Expansionskoalition erodierte und sich im Zuge der Verschuldungsdebatte eine Konsolidierungskoalition formierte, musste die sozial-liberale Regierung ihre Finanz- und Schuldenpolitik korrigieren. Auch in den eigenen Reihen wurde die Forderung lauter, die Haushalte zu konsolidieren, dazu vor allem die Defizite zu verringern und die Neuverschuldung herunterzufahren. Das geschah »ein wenig halbherzig, zudem in einer konjunkturellen Lage, die nach den Regeln der fiscal policy eher das Gegenteil erfordert hätte«.[1] Deshalb konkurrierten verschiedene Strategien miteinander. Finanzminister Matthöfer setzte auf eine Sanierung der Haushalte durch wirtschaftliches Wachstum. Seine Politik scheiterte an der zweiten Ölkrise und der anschließenden Rezession. Mit der sogenannten »Operation '82« musste die sozial-liberale Koalition daher politisch heftig umstrittene massive Kürzungen im Haushalt vornehmen. Doch erst der Konflikt im Jahr 1982 über der Frage, ob die Wirtschaft durch Konjunkturprogramme angekurbelt oder der Konsolidierungskurs fortgesetzt werden sollte, führte zum Bruch der Koalition und zum Regierungswechsel. Die neue schwarz-gelbe Regierung knüpfte bei aller »Wende«-Rhetorik an die Konsolidierungspolitik ihrer Vorgängerin an. Sie verfolgte diese kurzfristig mit mehr Nachdruck, ohne jedoch langfristig das Abgleiten in den Schuldenstaat revidieren zu können.

a) Konsolidierung durch Wachstum

Nach dem Rücktritt von Verteidigungsminister Georg Leber Anfang Februar 1978 wechselte Forschungsminister Hans Matthöfer im Rahmen eines Kabinettsrevirements anstelle von Hans Apel an die Spitze des Bundesfinanzministeriums. Diese Rochade stieß zuerst auf Skepsis.[2] Doch lag Dieter Piel richtig, wenn er im Juni in der ZEIT feststellte: »Matthöfer kommt noch«. Denn der neue Minister bringe »gründlichere wirtschafts-, finanz- und gesellschaftspolitische Kenntnisse« mit als sein Vorgänger; er denke und argumentiere »konzeptioneller und in größeren Zusammenhängen«.[3] In der Tat ging es Matthöfer bei

1 *Kloten*, Staat, S. 54.

2 Kabinett Schmidt: Der Notfall war da, in: DER SPIEGEL Nr. 6 vom 6.2.1978; abgewogener W. Hoffmann, Der Linke, der ein Pragmatiker wurde, in: DIE ZEIT Nr. 7. Vom 10.2.1978.

3 D. Piel, Zu links oder zu rechts?, in: ebd. Nr. 24 vom 9.6.1978; dazu auch die ähnliche, aber kritischere Einschätzung von W. Kannengießer, Matthöfers Einstand, in: FRANKFURTER ALLGEMEINE Nr. 81 vom 21.4.1978. Vgl. die Analyse von *Jochimsen* u. *Thomasius*.

allem begrenzten Spielraum, den ihm die Situation der Bundesfinanzen ließ, in seinem neuen Amt darum, die Finanz- und Schuldenpolitik besser zu planen und konsistenter zu gestalten.[4] »Konsolidierung durch Wachstum« ließe sich sein Konzept auf eine kurze Formel bringen.[5] Es wurzelte, hat Werner Abelshauser argumentiert, in einem durch die Marxsche Krisentheorie pessimistisch gebrochenen Keynesianismus.[6]

Matthöfer wollte das wirtschaftliche Wachstum durch mehr öffentliche Investitionen ankurbeln. Diese hatten unter Apel zwar vorübergehend zugenommen, gingen im Trend aber fortwährend zurück. Ganz auf der Linie des Deutschen Instituts für Wirtschaftsforschung, das im April 1978 eine »mittelfristige Strategie zur Wiedergewinnung von Vollbeschäftigung« mit zusätzlichen Investitionen im Umfang von 130 Milliarden bis 1985 vorgelegt hatte,[7] hoffte Matthöfer, auf diese Weise die Strukturprobleme der bundesdeutschen Wirtschaft zu bewältigen, deren Anpassungskrise zu mildern und zu verkürzen sowie die internationale Wettbewerbsfähigkeit der Unternehmen zu steigern. Damit verfolgte er auch in seinem neuen Amt ein Ziel, das ihm bereits als Forschungsminister am Herzen gelegen hatte: die »Verwissenschaftlichung des deutschen Produktionsprozesses«.[8] So plädierte er dafür, »ausgehend von einer ohnehin expansiven Gestaltung der öffentlichen Haushalte die Gewichte noch stärker auf produktive Investitionen in der öffentlichen Infrastruktur zu legen, die Ausgaben für Forschung und Entwicklung weiter zu erhöhen, die Rahmenbedingungen für Technologie-Transfer und Innovationen in der Wirtschaft zu verbessern, Existenzgründungen und neue technologische Wagnisse zu fördern, die Anreize für zukunftsreiche, arbeitsplatzsparende Investitionen zu stärken und durch die Vorgabe qualitativer Wachstumsziele, notfalls auch durch öffentliche Zusatzfinanzierung, die Phase des Zukunftspessimismus zu überwinden und die Grundlagen für einen neuen Wirtschaftsaufschwung zu legen«.[9]

Eine aktive Strukturpolitik, wie sie Matthöfer vorschwebte, hatte zwei Seiten, die Befürworter wie Kritiker seines Konzepts klar erkannten. Die einen sahen darin die Chance für eine Finanzpolitik, »die man sich eigentlich schon vor zehn Jahren gewünscht hätte«, verwiesen darauf, dass der Staat seit den Anfängen der

4 Die interne Koordination im BMF erfolgte unter Matthöfer durch die Abteilungsleiterkonferenz, an der auch als Verbindungsmann zum Kanzleramt der Leiter der Abteilung Wirtschafts-, Finanz- und Sozialpolitik Horst Schulmann teilnahm, sowie das sogenannte »Kollegium«, das gemeinsame Mittagessen der beamteten und parlamentarischen Staatssekretäre und des Leiters des Ministerbüros mit dem Minister. Beide Treffen wurden nicht protokolliert. Interview Böhme und Obert.

5 *Matthöfer*, Staatsverschuldung; Interview Lahnstein.

6 Ausführlich dazu *Abelshauser*, Wirtschaftswunder, S. 360ff.

7 DIW-Wochenbericht 15/78, S. 147–157.

8 *Abelshauser*, Wirtschaftswunder, S. 369.

9 H. Matthöfer, Die gesamtwirtschaftliche Rolle der Finanzpolitik, in: Bulletin Nr. 41 vom 3.5.1978, S. 393–400 (Zitat: S. 400). Abgedruckt auch u.d.T. *Matthöfer*, Möglichkeiten.

Bundesrepublik etwa durch die Steuergesetzgebung Investitionen stets gelenkt habe, und betonten, der Finanzminister plane mithin nichts Neues, sondern »nenne nur das Kind beim Namen«.[10] Dagegen argwöhnten andere, Matthöfers Konzept laufe darauf hinaus, den Einfluss des Staates auf unternehmerische Entscheidungen immer mehr zu verstärken. Letztlich verfolge der Minister, lautete der Haupteinwand, »ein technokratisches und dirigistisches Konzept«. Dieses unterscheide »zwischen guten und schlechten Investitionen« und verspreche sich von der »Investitionslenkung durch den Staat« mehr als von einer »Steuerung der Wirtschaft durch den Markt«.[11]

Das stärkere Wirtschaftswachstum, das Matthöfer projektierte, sollte zu höheren Steuereinnahmen führen, Sozialleistungen für Arbeitslose einsparen und nicht zuletzt eine Konsolidierung des Haushalts ermöglichen, dessen Schieflage dem Finanzminister nur allzu bewusst war.[12] Vor allem sorgte ihn die wachsende öffentliche Verschuldung. Diese musste den Handlungsspielraum des Staates durch steigende Zinszahlungen über kurz oder lang einengen und ihm die finanziellen Reserven nehmen, in künftigen Rezessionen erfolgreich gegenzusteuern. So rechnete er den Abgeordneten der SPD-Fraktion sehr zu deren Ärger vor, dass Ausgaben, wenn sie durch Kredite finanziert würden, bei 7 % Zins in zehn Jahren rund das Doppelte kosteten. Auch die bisherige Politik des *Deficit spending* in Form einer »pauschalen Nachfragebelebung« wollte der Minister nicht fortführen, erinnerte ihn diese doch »an einen Radfahrer mit einem Platten, der alle 50 Meter absteigt und aufpumpt, statt den Fehler zu reparieren«.[13] Nach Matthöfers Vorstellung sollte ein erfolgreiches antizyklisches *Deficit spending* Nachfrage dort anregen, »wo unausgelastete wirtschaftliche Kapazitäten sie benötigen, um die Zeitspanne zu überbrücken, bis die Marktnachfrage die volle Auslastung wieder sicherstellt«. Außerdem müsse es »ein vorübergehender, umkehrbarer Prozess« sein, da sonst eine »Kumulation der Verschuldung« drohe.[14] »Jeder vernünftige Finanzminister«, lautete sein Credo, »muss möglichst wenig Schulden machen.«[15]

Sollte Matthöfer gehofft haben, seine Linie »Konsolidierung durch Wachstum« rasch umsetzen und bereits die Beschlüsse des Bonner Weltwirtschaftsgipfels für dieses Ziel instrumentalisieren zu können, musste er sich eines

10 D. Piel, Zu links oder zu rechts?, in: DIE ZEIT Nr. 24 vom 9.6.1978; H. Michaels, Das Kind beim Namen genannt, in: ebd. Nr. 34 vom 18.8.1978.

11 W. Kannengießer, Matthöfers Einstand, in: FRANKFURTER ALLGEMEINE Nr. 81 vom 21.4.1978; K. Broichhausen, Die Versprechungen des Bundeskanzlers auf dem Bonner Gipfel werden teuer, in: ebd. Nr. 161 vom 29.7.1978.

12 »Die Milliarden schaffen Einkommen«, in: DER SPIEGEL Nr. 5 vom 29.1.1979.

13 Mit einem Platten, in: DER SPIEGEL Nr. 19 vom 8.5.1978.

14 *Matthöfer*, Möglichkeiten, S. 25.

15 Mit einem Platten, in: DER SPIEGEL Nr. 19 vom 8.5.1978; Aktuelle Fragen der Finanzpolitik: Interview mit Hans Matthöfer am 21.4.1978, WDR 6098897105.

Besseren belehren lassen. Denn von den Entlastungen und Leistungsverbesserungen, die nach den Zusagen des Bundeskanzlers auf den Weg gebracht wurden und sich bis 1981 auf 47 Mrd. addierten, waren nur 17 Mrd. durch eine höhere Mehrwertsteuer gegenfinanziert, und lediglich 8,1 Mrd. oder 17 % des Programms fielen »mit einiger Phantasie in die Kategorie ›Strukturpolitik‹«.[16] Stattdessen zogen die nach dem Gipfel beschlossenen Steuererleichterungen und Sozialleistungen Matthöfers strukturverändernden Wachstumspolitik von vornherein Grenzen.[17]

Wie eng die Spielräume geworden waren, zeigte sich in den Beratungen über den Haushalt 1979. Zwar stockte das Kabinett das ursprünglich vorgesehene Volumen des Etats von 201,7 Mrd. – ein Plus von 6,9 % gegenüber 1978[18] – auf 204,6 Mrd. auf, was einem Zuwachs von 8,4 % entsprach.[19] Mit den Mehrausgaben finanzierte der Bund einerseits die geplanten sozial- und familienpolitischen Maßnahmen, andererseits erhöhte er die staatliche Förderung von Investitionen und Innovationen. So konnte der neue Forschungsminister Volker Hauff von seinem 10 Mrd.-Investitionsprogramm, das bis 1982 lief, mit Matthöfers Unterstützung immerhin 7 Mrd. im Kabinett durchsetzen. Mit 14,1 % wuchs sein Etat auf 5,7 Mrd. und damit am stärksten.[20] Aber auch das Wirtschaftsministerium erhielt einen Fonds in Höhe von 300 Mio., um die Gemeinschaftsforschung der mittelständischen Wirtschaft zu fördern. Über diese zusätzlichen Ausgaben kam die von Matthöfer anvisierte Umstrukturierung des Haushalts zugunsten höherer Investitionen jedoch nicht hinaus. Denn der mit Abstand größte Einzelplan, jener des Bundesarbeitsministers, nahm um 9,6 % auf 47,2 Mrd. zu, nicht zuletzt weil die Bundesanstalt für Arbeit die Rentenversicherungsbeiträge für Arbeitslose bezahlen musste.[21] Der Etat des Verteidigungsministeriums wuchs ebenfalls auf 36,8 Mrd., um die Zusage auf dem NATO-Gipfel von Ende Mai, den Verteidigungsbeitrag um 3 % anzuheben, zumindest nominal einlösen zu können.[22] Schließlich verschlangen die bekannten Sorgenkinder des Finanzministers immer höhere Summen. Allein für die Deutsche Bundesbahn musste er einen Zuschuss in Höhe von 14,8 Mrd. einplanen.[23]

16 *Abelshauser*, Wirtschaftswunder, S. 386 f.
17 P. Gilles, Pulver verschossen, in: Die Welt Nr. 109 vom 12.5.1978; C. Dertinger, Bonn in der Sackgasse, in: ebd. Nr. 168 vom 22.7.1978.
18 76. Kabinettssitzung am 7.6.1978, in: Kabinettsprotokolle.
19 83. Kabinettssitzung am 26., 27. und 28.7.1978, in: Kabinettsprotokolle.
20 W. Hoffmann, Benjamin setzt sich durch, in: Die Zeit Nr. 32 vom 4.8.1978.
21 Teurer Fehler, in: Der Spiegel Nr. 23 vom 5.6.1978.
22 Stiller Triumph, in: ebd. Nr. 27 vom 3.7.1978.
23 K. Broichhausen, Die Versprechungen des Bundeskanzlers auf dem Bonner Gipfel werden teuer, in: Frankfurter Allgemeine Nr. 161 vom 29.7.1978. Zur Finanzlage von Bundesbahn und Bundespost vgl. Die Finanzentwicklung der Deutschen Bundesbahn und der Deutschen Bundespost seit 1974 bzw. seit 1977, in: *Deutsche Bundesbank*, Monatsbericht Juli 1977 bzw. August 1980, S. 20–29 bzw. 32–41.

Entgegen aller Absicht lief der Versuch, das Budget zugunsten von mehr staatlichen Investitionen umzuschichten, deshalb auf eine höhere öffentliche Verschuldung hinaus. Noch Mitte April 1978 wurde im Bundestag mit den Stimmen aller drei Fraktionen ein Entschließungsantrag des Haushaltsausschusses angenommen, der die Regierung aufforderte, »spätestens bei der Vorlage des Entwurfs des Haushaltsplanes für das Jahr 1979 und der Fortschreibung des Finanzplanes für die Jahre bis 1982« Vorschläge zu unterbreiten, wie der Haushalt des Bundes dauerhaft zu konsolidieren sei. Der Haushaltsausschuss hatte eine Begrenzung des Ausgabenzuwachses verlangt, der mittelfristig dadurch erreicht werden sollte, dass das Schuldenwachstum verringert wurde. Das entsprach der Forderung des Bundeskanzlers vom Dezember 1976, die Neuverschuldung des Bundes »deutlich« zu reduzieren, sie also merklich unter die des Jahres 1976 von 25,8 Mrd. DM zu drücken.[24] Diesem Votum des Parlaments konnte Matthöfer nicht Folge leisten.[25] Denn während die mittelfristige Finanzplanung für 1979 eine Nettokreditaufnahme von knapp 17 Mrd. vorsah, lagen die Planungen bereits im Frühjahr 1978 bei gut 30 Mrd. und stiegen nach den Beschlüssen des Kabinetts am Ende auf 35,5 Mrd. an.[26]

Es kostete den Finanzminister denn auch alle Mühe, die hohe Neuverschuldung zu rechtfertigen, die ein weiteres Mal mit Art. 115 GG kollidierte. In seiner Haushaltsrede erläuterte er, wie schwierig es sei, den »richtigen Mittelweg« zwischen Wachstumsförderung und Konsolidierung zu finden.[27] Die Nettokreditaufnahme von 35,5 Mrd. hielt er für »kurzfristig nötig und vertretbar«, während mittelfristig die Konsolidierung »eine wichtige Aufgabe der Finanzpolitik« bleibe. Das »Schwergewicht der Ausgabensteigerungen«, betonte Matthöfer, liege »im Bereich der Förderung von Innovationen, neuen technologischen Entwicklungen und von Forschungsvorhaben, die neue Produktionschancen« versprächen. Um die geänderte Legitimationsstrategie für die Verschuldung zu untermauern, erläuterte der Minister die geplanten Maßnahmen in seiner Rede ausführlich und im Detail. Die »wachstumsfördernde Ausrichtung des Bundeshaushalts«, welche die Investitionen gegenüber dem Jahr 1978 um 14,2 % auf 33,5 Mrd. oder auf einen Anteil von 16,4 % an den Gesamtausgaben erhöhte, wollte er »auch in Zukunft fortsetzen«.

24 BT-Drucksache VIII/1480; VDB, 8. WP, 83. Sitzung vom 13.4.1978, S. 6596. Vgl. Der Bundestag legt Matthöfer an die Leine, in: Frankfurter Allgemeine Nr. 73 vom 12.4.1978.

25 C. Dertinger, Schulden über Schulden, in: Die Welt Nr. 171 vom 26.7.1978.

26 Entwurf eines Gesetzes über die Feststellung des Bundeshaushaltsplans für das Haushaltsjahr 1979 (Haushaltsgesetz 1979), BT-Drucksache VIII/2150; D. Piel, Matthöfers Gesellenstück, in: Die Zeit Nr. 17 vom 21.4.1978, P. Gillies, Der Pump wird teuer, in: Die Welt Nr. 220 vom 21.9.1978.

27 VDB, 8. WP, 103. Sitzung vom 20.9.1978, S. 8116–8124 (Zitate: S. 8114, 8116, 8119); vgl. auch Matthöfer: Höhere Mehrwertsteuer Mitte 1979 zur Finanzierung des Steuerpakets unausweichlich, in: Frankfurter Allgemeine Nr. 207 vom 21.9.1978.

Als der Ende 1978 noch verhaltene wirtschaftliche Aufschwung im Laufe des Jahres 1979 an Dynamik gewann, passte die fortgesetzte Expansion des Haushalts aus Sicht des Sachverständigenrats nicht mehr in die konjunkturelle Landschaft. Das Sozialprodukt wuchs nominal um 8,2 % sowie real um 4,0 % und damit so stark wie seit 1976 nicht mehr.[28] Diese Entwicklung ließ die Einnahmen des Bundes mit 8,8 % zwar kräftiger steigen als die Ausgaben mit 7,2 %, so dass der Finanzierungssaldo auf 26,1 Mrd. sank und die Nettokreditaufnahme mit 25,7 Mrd. deutlich unter dem Plan lag, ja, jene des Vorjahres unterschritt. Zugleich expandierten die Haushalte der Länder und Gemeinden jedoch überdurchschnittlich. Jene legten bei den Ausgaben um 8,7 %, diese um 10,0 % zu, während die Einnahmen nur um 8,0 % bzw. 7,3 % wuchsen. Entsprechend hoch fielen die Finanzierungssalden der Länder mit 14,6 Mrd. (+17,7 % gegenüber 1978) und der Gemeinden mit 5,3 Mrd. (+228,6 %) und deren Nettokreditaufnahmen mit 13,3 Mrd. (+6,5 %) bzw. 3,9 Mrd. (+31,9 %) aus.[29] Für den öffentlichen Gesamthaushalt ergab sich damit bei einem Zuwachs der Ausgaben von 8,4 % und der Einnahmen von 7,6 % ein Finanzierungssaldo von 46,6 Mrd. (+17,7 %) und der Nettokreditaufnahme von 43,4 Mrd. (+6,9 %). Diese Entwicklung beunruhigte insbesondere angesichts der guten Konjunktur den Sachverständigenrat. Er errechnete einen konjunkturellen Impuls von 23 Mrd., 7 Mrd. mehr als im Jahr zuvor. Nur ein Drittel des Finanzierungssaldos galt ihm als konjunkturneutral. Der zur Konsolidierung anstehende Teil war also noch gewachsen.[30] Entsprechend hatten die Zinsausgaben der Gebietskörperschaften mit 9 % stärker zugenommen als die gesamten Ausgaben. Positiv schlug allein zu Buche, dass die öffentlichen Sachinvestitionen, die 1978 bereits um 9,2 % auf 48,3 Mrd. gestiegen waren, erneut um 11,0 % auf nunmehr 53,5 Mrd. zulegten, wobei sich dieser Anstieg vor allem den Kommunen verdankte.

Nicht anders als der Sachverständigenrat kritisierte auch die Bundesbank das Missverhältnis zwischen der anziehenden Konjunktur und der fortdauernd hohen Nettokreditaufnahme der Gebietskörperschaften. Als sie die Mindestreserven Anfang 1979 erhöhte und den Lombardsatz heraufsetzte, trat die Dissonanz zwischen Geld- und Finanzpolitik offen zutage. Während die Bank die konjunkturellen Auftriebskräfte für stark hielt, deshalb das Geld verknappen und der Stabilität Vorrang einräumen wollte, fand der Finanzminister, dass

28 Das Folgende nach *Sachverständigenrat*, Jahresbericht 1979/80, Ziff. 210 ff.; *Hansmeyer*, Finanzpolitik 1979 bis 1982; *Bundesministerium der Finanzen*, Finanzbericht 1978 und 1979.

29 Zur mangelnde Koordination der Kreditaufnahmen der Gebietskörperschaften vgl. Referat VII A 2 BMF auf dem Dienstweg für Minister am 18.7.1978, BArch B 126/70346.

30 *Sachverständigenrat*, Jahresbericht 1979/80, Ziff. 236. Vgl. den Vermerk Referat I A 4 BMF (Koch) vom 14.3.1979 betr. Konjunkturelle Effekte des öffentlichen Gesamthaushalts, BArch B 126/67506, wo für das Jahr 1979 sogar ein konjunktureller Impuls von 27,3 Mrd. angesetzt wurde.

die Konjunktur sich noch nicht selbst trage, folglich nach wie vor staatlicher Stützung bedürfe und die Preissteigerungen nicht hausgemacht, sondern mit dem Öl importiert worden seien. Politisch lag ihm vor allem daran, mit einem möglichst kräftigen wirtschaftlichen Rückenwind in das Wahljahr 1980 zu starten. Da Matthöfer fürchtete, die Maßnahmen der Bundesbank könnten den Aufschwung gefährden, ließ er seinen Staatssekretär Manfred Lahnstein der Entscheidung des Zentralbankrats auf dessen Sitzung unerwartet deutlich widersprechen und diese Kritik obendrein auf einer Pressekonferenz öffentlich machen.[31] In den folgenden Monaten blieb die Bundesbank – unbeeindruckt von der Intervention und über diese merklich verstimmt – auf ihrem umstrittenen Kurs und erhöhte mehrfach die Diskont- und Lombard-Sätze,[32] denn der Aufschwung gewann weiter an Fahrt, während die Preise aufs Jahr gerechnet um 4,1 % anzogen.[33] Deshalb drängte die Bundesbank darauf, die günstige Konjunkturentwicklung zu nutzen, um die Defizite in den öffentlichen Haushalten abzubauen und die Nettokreditaufnahme zu verringern.[34] Diesem Ziel diente auch eine Abhandlung über »Die Verschuldung der öffentlichen Haushalte« in den Monatsberichten der Deutschen Bundesbank[35] die zwar, wie Lahnstein in einer Notiz für Matthöfer anmerkte, »die Verschuldung in den letzten zehn Jahren objektiv« nachzeichnete und »sachlich« nichts Neues brachte. Aber die »Wahl des Zeitpunkts und auch des behandelte Zeitraums« hielt er für »politisch zumindest missverständlich«.[36] Nach der Kritik der Zentralbank sah sich das zuständige Referat im Finanzministerium genötigt, die Schuldenpolitik des Bundes noch einmal in einem Positionspapier zu verteidigen. Die erforderliche Konsolidierung könne »nur in Abwägung zwischen notwendiger Nachfragestützung auf der einen und finanzwirtschaftlich und kapitalmarktmäßig gebotener Verminderung der Verschuldung auf der anderen Seite« erfolgen, hieß es darin.[37]

31 Protokoll der 523. Sitzung des Zentralbankrats der Deutsche Bundesbank vom 4.1.1979, ADB B 330 DRS 142 ZBR Protokolle 1979, Nr. 523–546; D. Piel, Die Lok hat ausgedient, in: Die Zeit Nr. 5 vom 26.1.1979; C. Dertinger, Ohne die mindeste Reserve, in: Die Welt Nr. 17 vom 20.1.1979; Konjunktur: Krach ums richtige Rezept, in: Der Spiegel Nr. 4 vom 22.1.1979.

32 Protokoll der 529. Sitzung des Zentralbankrats der Deutschen Bundesbank vom 29.3.1979, ADB B 330 DRS 142 ZBR Protokolle 1979, Nr. 523–546; Bundesbank wieder auf »antizyklischem« Kurs?, in: DIW-Wochenbericht 23/79, S. 241–246.

33 Preise: »Da ist Druck drauf«, in: Der Spiegel Nr. 16 vom 16.4.1979; D. Piel, Zu früh für die Notbremse, in: Die Zeit Nr. 16 vom 13.4.1979; Weichen gestellt, in: Der Spiegel Nr. 45 vom 5.11.1979.

34 *Deutsche Bundesbank*, Monatsbericht Mai 1979, S. 7 ff.

35 *Dies.*, Monatsbericht Juli 1979, S. 15–22.

36 Vermerk Unterabteilung I A BMF (Blatzheim) an die Leitung vom 20.7.1979, BArch B 126/79369; Notiz Lahnstein vom 20.7.1979, ebd. Vgl. auch Hohe Staatsverschuldung bremst Privatwirtschaft, in: Frankfurter Allgemeine Nr. 166 vom 20.7.1979.

37 Referat I A 3 BMF vom 15.8.1979 betr. Zur Schuldenpolitik des Bundes, BArch B 126/79369.

Außer dem Sachverständigenrat und der Bundesbank setzte die Opposition den Finanzminister unter Druck. Sie hatte schon bei der ersten Lesung des Bundeshaushalts im September 1978 massiv gegen den Etat Front gemacht.[38] Dabei war sie vor allem auf die hohe Neuverschuldung eingegangen, die gegenwärtige und künftige Generationen belaste.[39] Diese Vorwürfe kamen bei der dritten Lesung im Januar 1979 erneut auf den Tisch. So sah der Vorsitzende der CSU-Landesgruppe im Bundestag Friedrich Zimmermann wegen der ausgebliebenen Konsolidierung und des hohen Schuldenstands das »finanzwirtschaftliche Fundament der Bundesrepublik Deutschland in Gefahr«. Er hielt der Regierung vor, das »Wort ›später‹« zum »Leitmotiv ihrer Finanzpolitik« gewählt zu haben; sie setze statt zu sparen »auf eine Mischung von Inflation und Steuererhöhung«.[40] Dass die Opposition den Haushalt kritisierte, war nichts Ungewöhnliches. Doch ging jetzt auch der kleine Koalitionspartner auf Distanz.[41] So verteidigte der stellvertretende Vorsitzende der FDP-Fraktion Hans-Günter Hoppe das Budget zwar nach wie vor als »brauchbare Grundlage für die Fortsetzung der erfolgreichen Politik der sozialliberalen Koalition«, fügte aber hinzu: »Dies heißt nun aber wahrlich nicht, dass damit alles zum Besten steht«. Er kritisierte sowohl das Übergewicht der Exekutive, die es dem Parlament überlasse, »die Ausgabenentwicklung durch Sparbeschlüsse im Zaum zu halten«, als auch den Funktionsverlust der mittelfristigen Finanzplanung, die »weitgehend zur Makulatur« geworden sei, und beklagte nicht zuletzt die hohe Neuverschuldung. Damit, so Hoppe, könnten sich die Liberalen »nicht abfinden«. Vielmehr forderten sie eine »Tendenzwende« für den Haushalt 1980, bei dem die Konsolidierung im Vordergrund zu stehen habe.[42]

Die Presse berichtete ausführlich über die Kontroversen, und das Thema füllte die Kommentarspalten.[43] So forderte etwa Walter Kannengießer in der Frankfurter Allgemeinen, die »Politik des großen Schuldenmachens« müsse

38 VDB, 8. WP, 103.–105. Sitzung vom 20.–22.9.1979, S. 8114 ff.

39 Dazu den Vermerk von Referat I A 3 BMF (Rosenkränzer) für AL I vom 23.10.1978 betr. Belastung der gegenwärtigen und künftigen Generationen durch staatliche Schuldenaufnahme mit Anlagen, BArch B 126/67504.

40 VDB, 8. WP, 133. Sitzung vom 26.1.1979, S. 10527–10533 (Zitate: S. 10527 f.). Vgl. auch die Rede des Vorsitzenden des Haushaltsausschusses, des CDU-Abgeordneten Heinrich Windelen, der ebenfalls eine Konsolidierung des Bundeshaushalts und den Abbau der Neuverschuldung anmahnte. Ebd., S. 10543–10548.

41 Meinungsverschiedenheiten in der Koalition über die Verschuldungspolitik des Bundes, in: Frankfurter Allgemeine Nr. 23 vom 27.1.1979. Vgl. auch W. Kannengießer, Zu Lasten der Zukunft, in: ebd. Nr. 22 vom 26.1.1979; U. van Suntum, Der gegängelte Bürger, in: ebd. Nr. 15 vom 18.1.1979.

42 VDB, 8. WP, 133. Sitzung vom 26.1.1979, S. 10539–10543 (Zitate: S. 10540 f., 10542).

43 Konjunktur: Krach ums richtige Rezept, in: Der Spiegel Nr. 4 vom 22.1.1979; Opposition: Staatsverschuldung zu hoch, in: Frankfurter Allgemeine Nr. 20 vom 24.1.1979; Meinungsverschiedenheiten in der Koalition über die Verschuldungspolitik des Bundes, in: ebd. Nr. 23 vom 27.1.1979; J; P. Gillies, Den Freien Demokraten ist die

1980 »endgültig aufgegeben« werden, weil der Schuldendienst »immer mehr den Spielraum für andere staatlichen Leistungen einenge«.[44] Sein Kollege Jürgen Eick sekundierte ihm, dass es in anderen Ländern zwar »schlimmere Beispiele« für Schuldenwachstum gebe, allerdings das Tempo der Verschuldung in der Bundesrepublik, die einmal »mit fast Null angefangen« habe, »beängstigend« sei. »Das Peinliche« sei, so Eick weiter, dass »diese Leute« die künftigen Belastungen, die aus einer solchen Neuverschuldung erwüchsen, »nur allzu gut« kennten.[45] Differenzierter prognostizierte Dieter Piel in der ZEIT, das massive *Deficit spending* werde »allmählich fragwürdig«, weil der »fiskalpolitische Aufwand« des Staates bald »mehr Schaden als Nutzen« stiften dürfte, und die Bundesregierung »ihre Verschuldungspläne ein wenig bescheidener« werde konzipieren müssen, sobald sich die Konjunktur belebt habe.[46] Mit der Autorität des finanzwissenschaftlichen Experten verlangte schließlich Fritz Neumark in einem prominent platzierten Artikel in der FRANKFURTER ALLGEMEINEN, dass die »Politik progressiver Schuldenexpansion« ein Ende haben müsse. Denn diese könnte »bald ein bedenkliches, die Aktionsfreiheit der Regierungen und Parlamente progressiv einschränkendes Maß« erreichen. Zwar stehe die Bundesrepublik mit einer Zinslastquote von gut 5 % im internationalen Vergleich noch recht günstig da. Doch diese habe sich in wenigen Jahren verdoppelt und werde bald über 7 % steigen. Auch wirke die hohe Nettokreditaufnahme, falls die Konjunktur weiter anziehe, »prozyklisch und folglich inflationsfördernd«; sie treibe Zinsen und Preise in die Höhe. Darum müsse das strukturelle Defizit im nächsten Jahr verringert werden.[47]

An der Jahreswende 1978 auf 1979 standen Regierung, Finanzminister und Koalition mithin unter erheblichem politischem Druck, den Haushalt für das Wahljahr 1980 restriktiver zu gestalten und vor allem die Neuverschuldung einzudämmen.[48] Finanzierungsdefizite von 50 Mrd., hieß es im Finanzministerium, seien zwar »aus gesamtwirtschaftlicher Sicht angemessen«, aber »politisch nicht realisierbar«, so dass ein vertretbarer Kompromiss zwischen dem »finanzpolitischen Konsolidierungs- und gesamtwirtschaften Wachstumsziel«

rasante Zunahme der Staatsverschuldung erkennbar peinlich, in: DIE WELT Nr. 23 vom 27.1.1979; U. van Suntum, Der gegängelte Bürger, in: FRANKFURTER ALLGEMEINE Nr. 15 vom 18.1.1979.

44 W. Kannengießer, Zu Lasten der Zukunft, in: ebd. Nr. 22 vom 26.1.1979.

45 J. Eick, Wer alles rechtfertigt, in: ebd. Nr. 25 vom 30.1.1979.

46 D. Piel, Die Lok hat ausgedient, in: DIE ZEIT Nr. 5 vom 26.1.1979.

47 F. Neumark, Gedanken zur Finanzpolitik 1980, in: FRANKFURTER ALLGEMEINE Nr. 44 vom 21.2.1979.

48 Vermerk Referat A I 4 BMF vom 27.12.1978 betr. Darstellung der finanzpolitischen Entwicklung seit 1975, BArch B 126/67506; Vermerk Gruppe 45 BKA (Quantz) für Buka am 16.3.1979, AdsD 1/HSAA009018. Vgl. auch die ausführliche Argumentation in dem Positionspapier des BMF »Staatliche Schuldenpolitik« o. D. (März 1979), BArch B 126/79369.

gefunden werden müsse.[49] Entsprechend beschloss das Kabinett Ende Mai auf der Basis einer zwischen Finanzminister Matthöfer und Bundeskanzler Schmidt abgestimmten Vorlage und in Übereinstimmung mit den Vorgaben des Finanzplanungsrats, das Volumen des Budgets auf rund 215 Mrd. (ein Plus von 5 % gegenüber dem Etat 1979) zu begrenzen, die Nettokreditaufnahme nicht, wie in der mittelfristigen Finanzplanung vorgesehen, auf 33,5 Mrd. anzuheben, sondern um 5,5 Mrd. auf 28 Mrd. zu reduzieren.[50] Zwar drängte Bundesbankpräsident Otmar Emminger darauf, diese unter 28 Mrd. zu drücken. Aber zu mehr als einer Absichtserklärung, etwaige Steuermehreinnahmen für eine Verminderung der Neuverschuldung zu verwenden und deren endgültiges Volumen von der konjunkturellen Lage Ende des Jahres abhängig zu machen, rang sich das Kabinett nicht durch.[51] Auf der Grundlage der Beschlüsse von Ende Mai verabschiedete es dann Anfang Juli den Bundeshaushalt 1980 und die Finanzplanung bis 1983. Der Haushalt sah ein Volumen von 215,3 Mrd. vor, was einem Zuwachs von 5,1 % entsprach. Überproportional stieg mit 11,8 % der Einzelplan von Entwicklungshilfeminister Rainer Offergeld, da die Bundesrepublik den Vereinten Nationen zugesagt hatte, 0,7 % des Bruttosozialprodukts für Entwicklungshilfe bereitzustellen. Auch Forschungsminister Volker Hauff konnte erneut einen Zuwachs von 11,2 % für sein Ressort verbuchen. Zugleich hielt der Finanzminister daran fest, die Nettokreditaufnahme auf 28,2 Mrd. zu begrenzen. Durch eine Festschreibung der durchschnittlichen jährlichen Wachstumsrate des Budgets bei 5 % - und damit unterhalb der erwarteten Entwicklung des nominalen Bruttosozialprodukts - sollte die Nettokreditaufnahme nach der mittelfristigen Finanzplanung bis 1983 auf etwa 21,2 Mrd. zurückgefahren werden.[52]

Da der künftige Verlauf der Konjunktur schwer zu prognostizieren war, hielt sich die Bundesregierung mit dem Haushalt 1980 für das kommende Jahr alle

49 Vermerk Abteilung I BMF vom 6.2.1979, BArch B 126/67504 (Im Original teilweise unterstrichen).

50 Gruppe 45 BKA (Quantz) über AL 4 und Chef BKA an Buka am 22.5.1979 betr. Bundeshaushalt 1980 und Finanzplan 1979 bis 1983, AdsD 1/HSAA010037/38; Ergebnisniederschrift der 38. bzw. 39. Sitzung des Finanzplanungsrates am 30.3. bzw. 23.5.1979, BArch B 136/9183.

51 126. Kabinettssitzung am 28.5.1979, in: Kabinettsprotokolle. Vgl. dazu den Bericht Emmingers auf der Sitzung des Zentralbankrates: Protokoll der 533. Sitzung des Zentralbankrates der Deutschen Bundesbank am 31.5.1979 ADB B 330 DRS 142 ZBR Protokolle 1979, Nr. 523–546. Außerdem: Das Kabinett berät heute über die künftige Finanzpolitik Bonns, in: Frankfurter Allgemeine Nr. 122 vom 28.5.1979; Neuverschuldung soll abgebaut werden, in: ebd.; W. Kannengießer, Der Haushalt für das Wahljahr, in: ebd.

52 133. Kabinettssitzung am 4. und 5.7. 1979, in: Kabinettsprotokolle. Vgl. dazu Matthöfer: Abbau der Staatsverschuldung vorrangig, in: Frankfurter Allgemeine Nr. 151 vom 3.7.1979; Matthöfer: Etat 1980 ist ein Beitrag zu Wachstum und sozialer Sicherheit, in: Süddeutsche Zeitung Nr. 153 vom 6.7.1979; Eine Rechnung mit Unbekannten, in: Wirtschaftswoche Nr. 28 vom 9.7.1979.

Möglichkeiten offen.[53] Einerseits lag der Zuwachs des Etats unter der für 1980 erwarteten Steigerungsrate des Bruttosozialprodukts, und die Nettokreditaufnahme sank gegenüber 1979. Andererseits fiel der erste Konsolidierungsschritt recht moderat aus und ließ sich bei Bedarf wieder rückgängig machen. Die Einwände gegen Matthöfers Politik der »schrittweisen Konsolidierung«, auf die der Bundeskanzler gedrängt hatte, kamen aus zwei Richtungen. Den einen ging die Konsolidierung nicht weit genug. Sie bemängelten zunächst, dass die fortgesetzt hohe Neuverschuldung nicht in die konjunkturelle Landschaft des Frühsommers 1979 passe, ja, bestritten einmal mehr grundsätzlich die Wirksamkeit einer kreditfinanzierten Fiskalpolitik. Ihre Kritik bezog sich ferner darauf, dass der Etat nicht primär durch Ausgabenkürzungen, sondern nur dank der inzwischen wieder durch Preissteigerung und Progression gestiegenen Steuereinnahmen sowie einer Sonderablieferung der Deutschen Bundespost in Höhe von 1,5 Mrd. ausgeglichen werden konnte. Schließlich argwöhnte man, ein Teil des Kabinetts spekuliere darauf, dass der Bund 1980 ohnehin mehr als geplant ausgeben müsse, denn die Wirtschaftsforschungsinstitute sagten ein Schwächeln der Konjunktur voraus.[54] Die anderen dagegen hielten die Konsolidierung, zumal im Zusammenhang mit der restriktiven Geldpolitik der Bundesbank, für ebenso verfrüht wie verfehlt. Angesichts der hohen Arbeitslosigkeit sahen sie nach wie vor Handlungsbedarf und verwiesen auf Anzeichen für eine Abschwächung der Konjunktur im kommenden Jahr. Auch dürfe die Konsolidierung nicht auf der Ausgabenseite ansetzen, da das staatliche Leistungsangebot dadurch zu stark eingeschränkt und die öffentliche Nachfrage zu sehr reduziert werde. Notwendig sei vielmehr eine expansive Strategie, um den Haushalt langfristig durch Mehreinnahmen zu konsolidieren.[55]

Auf moderate Konsolidierung setzte aber nicht nur der Bund; auch die Länder mussten nach den hohen Defiziten der Jahre 1978 und 1979 kürzer treten. Das galt vor allem für Nordrhein-Westfalen. Seine massiven finanziellen Probleme wurzelten einerseits in der kostspieligen Reformpolitik der frühen siebziger Jahre, andererseits in der ökonomischen Krise, die das Land wegen seiner spezifischen

53 Referat I A 4 BMF für AL 4 vom 22.6.1979 betr. Öffentlicher Gesamthaushalt, BArch B 126/67507; Eine Rechnung mit Unbekannten, in: Wirtschaftswoche Nr. 28 vom 9.7.1979; Wirtschaft vor der Wende, in: ebd. Nr. 29 vom 16.7.1979; P. Gillies, Die Qualität des Haushalts, in: Die Welt Nr. 214 vom 13.9.1979.

54 D. Piel, Zu spät und zu wenig, in: Die Zeit Nr. 23 vom 1.6.1979; Matthöfer setzt im Kabinett seine Politik der »schrittweisen Konsolidierung« durch, in: Frankfurter Allgemeine Nr. 154 vom 6.7.1979; Konsolidierung?, in: ebd.; Sparkurs, in: Capital Nr. 7/1979; vgl. auch: N. Walter, Mit weniger Staat ins nächste Jahrtausend, in: Frankfurter Allgemeine Nr. 127 vom 2.6.1979.

55 Öffentliche Haushalte 1979/80: Finanzpolitische Impulse lassen merklich nach, in: DIW-Wochenbericht 36/79, S. 375–384.

Wirtschaftsstruktur besonders hart traf.[56] Hatte NRW 1971 noch mit der niedrigsten Pro-Kopf-Verschuldung unter den Bundesländern geglänzt (88 DM; Länderdurchschnitt ohne NRW 428 DM), schickte es sich an, den Flächenländerdurchschnitt von 2.359 DM im Jahr 1981 einzuholen und 1983 sogar um 40 % zu übertreffen.[57] Die vom Finanzminister für das Jahr 1980 angesetzte Kreditfinanzierungsquote von 15 %, monierte der zuständige Referent in der Düsseldorfer Staatskanzlei, sei weit höher als die der übrigen Flächenländer (9,3 %) und übertreffe auch die des Bundes mit 11,3 %. Da die finanzielle Lage »schwierig« sei und NRW »im Ländervergleich rasch« zurückfalle, müsse die Konsolidierung konsequenter angegangen und dazu die Steigerungsrate des Haushalts unter 5,8 % gedrückt sowie die Nettokreditaufnahme verringert werden.[58]

Allen guten Vorsätzen zum Trotz weckten die steigenden Steuereinnahmen im Sommer 1979 große Begehrlichkeiten und lösten eine Debatte aus, ob, wann und in welchem Umfang die Lohn- und Einkommensteuer gesenkt werden solle. Der Bundesfinanzminister selbst hatte die Diskussion vom Zaun gebrochen, als er Ende Juli eine Steuerreduktion zum Jahresbeginn 1981 ankündigte, genauere Pläne dafür aber erst im Frühjahr 1980 vorlegen wollte.[59] Matthöfer, der wegen der Steuermehreinnahmen, die sich für 1979 auf 4 Mrd. addierten und für 1980 auf 7 Mrd. geschätzt wurden, politisch unter Druck geriet, mochte mit seinem Vorstoß dreierlei im Auge gehabt haben: Zum einen dürfte es ihm darum gegangen sein, die FDP, die auf ihrem Bremer Parteitag Mitte Juni wieder ein rund 4,5 Milliarden schweres Steuersenkungspaket geschnürt hatte, auf einen späteren Zeitpunkt zu vertrösten, der Opposition ein attraktives Thema aus der Hand zu nehmen und sich angesichts der unsicheren Konjunkturentwicklung alle Optionen offenzuhalten.[60] Zum anderen konnte er sich bis

56 *Düding*, Kühn, S. 244 ff.; *Nonn*, Ruhrbergbaukrise; *ders.*, Geschichte, S. 107 ff.; *Hilger*, S. 52 ff. Vgl. auch die Sendung »Landesspiegel« zum Thema »Vor dem finanziellen Kollaps?« am 12.5.1981, WDR 0115707.

57 Karl Fischer-Reichenberg, Gespräch über die Verschuldung des Landes und die Verfassung am 5.11.1982, WDR 6126695105.

58 Staatskanzlei Referat III B 3 (Gräf) an Referat I A 3 am 9.3.1979 betr. Eckdaten für die Aufstellung des Haushalts 1980 und der Finanzplanung 1979–1983, LA NRW NW 743 Nr. 62. Noch zugespitzter die Argumentation Staatskanzlei Referat III B 3 (Lintermann) über StS an MP am 10.1.1980 betr. Haushalt 1980 und mittelfristige Finanzplanung mit Anlage: Finanzministerium Referat I A 3 (Berg) für Minister am 8.1.1980, ebd. Zum Vergleich Aufzeichnung John Deselaers (Persönlicher Referent von Finanzminister Wertz) vom 3.8.1972 bzw. Vermerk betr. Konjunktur- und stabilitätsgerechte Haushaltsführung vom 10.8.1972, LA NRW NW 401 Nr. 35.

59 Welt-Interview mit Bundesfinanzminister Hans Matthöfer: Steuersenkung, wenn drei Faktoren Stimmen, in: Die Welt Nr. 174 vom 28.7.1979; Steuersenkung: Angst vor Katzenjammer, in: Der Spiegel Nr. 31 vom 30.7.1979.

60 R. Zundel, Die Wahlen fest im Blick, in: Die Zeit Nr. 26 vom 22.6.1979; Steuern: »Man darf nie nie sagen«, in: Der Spiegel Nr. 34 vom 20.8.1979; Fragezeichen bei der Konjunktur, in: Wirtschaftswoche Nr. 38 vom 17.9.1979.

dahin als »solider Kassenwart des Bundes profilieren« und die Steuermehreinnahmen nutzen, um Schritte in Richtung einer Konsolidierung des Haushalts und eine Verringerung der Neuverschuldung zu machen.[61] Schließlich spielten wahltaktische Überlegungen eine Rolle. Wurden die Steuersenkungen – was der Terminkalender vorsah – vor der Bundestagswahl beschlossen und traten nach ihr in Kraft, mochte sich das zugunsten der regierenden Koalition auswirken.

Mit der Ankündigung, die Steuern Anfang 1981 zu senken, trat der Finanzminister die Flucht nach vorn an und handelte sich dafür die harsche Kritik aller Konsolidierungsbefürworter ein.[62] Vor allem aber hatte er die Büchse der Pandora geöffnet.[63] Denn es sollte ihm weder gelingen, die Steuersenkungsphantasien der Abgeordneten zu zügeln noch die scheinbar gewonnene Zeit für Konsolidierungsmaßnahmen zu nutzen. Ahnungsvoll warnte Fritz Neumark in der WIRTSCHAFTSWOCHE davor, dass nun »viele Köche« beginnen würden, »in der Hitze des Vorwahlkampfes einen finanzpolitischen Brei anzurühren, der der Teufelsküche zu entstammen scheint«. Er plädierte dafür, nicht unsystematisch steuerliche Wohltaten zu verteilen, sondern den überwiegenden Teil der Steuermehreinnahmen zu nutzen, um das Haushaltsdefizit abzubauen und die Neuverschuldung zu verringern; den kleineren Teil könne man dann getrost für moderate Korrekturen nutzen, dürfe dabei aber nicht den finanziellen Spielraum für eine systematische Steuerreform, vor allem aber nicht den für eine »größere Kreditfinanzierung öffentlicher Haushalte in Zeiten einer künftigen Krise« verspielen.[64] Ungeachtet der Warnungen Neumarks, vielmehr unter Berufung auf optimistische Prognosen des Arbeitskreises Steuerschätzung und der Steuersenkungsinitiative der unionsregierten Länder im Bundesrat schnürte die Koalition im November 1979 ein Steuerentlastungspaket, das sich auf ein Volumen von rund 13 Mrd. belief.[65] Es sah für 1981 vor allem Modifikationen beim Einkommensteuertarif, höhere Höchstbeträge für Vorsorgeaufwendungen und einen Grundfreibetrag für jedes Kind vor.[66]

Nicht die optimistische, sondern die pessimistische Prognose für das Jahr 1980 traf am Ende zu. Als die Rohölpreise in einer zweiten Welle zwischen Ende 1978 und Herbst 1980 um 150 % auf 33 Dollar je Barrel stiegen, verdunkelte sich der Konjunkturhimmel. Da andere Rohstoffe ebenfalls teurer wurden und die

61 W. Gehrmann, Spendabel zur Unzeit, in: DIE ZEIT Nr. 51 vom 14.12.1979.

62 W. Hoffmann, Das ist nicht mehr seriös, in: ebd. Nr. 32 vom 3.8.1979; D. Piel, Vor dem Tag der Schande, in: ebd. Nr. 39 vom 21.9.1979; W. Gehrmann, Spendabel zur Unzeit, ebd. Nr. 51 vom 14.12.1979.

63 P. Gillies, Der überfahrene Steuer-Mann, in: DIE WELT Nr. 176 vom 31.7.1979.

64 F. Neumark, Schuldenabbau oder Steuersenkung, in: WIRTSCHAFTSWOCHE Nr. 47 vom 19.11.1979.

65 Schon bald wieder am Tarif basteln, in: ebd. Nr. 44 vom 29.10.1979.

66 Für alle gleich, in: DER SPIEGEL Nr. 47 vom 19.11.1979.

Exportpreise weniger stark stiegen, verschlechterten sich die *Terms of trade.* Allein die Importkosten für Rohöl, die 1979 bei 48 Mrd. gelegen hatten, stiegen 1980 auf über 65 Mrd. an. Hinzu kam, dass die Importe insgesamt wuchsen, der Außenhandelsüberschuss gegenüber den Staatshandelsländern zurückging und der Tourismus zu steigenden Defiziten in der Dienstleistungsbilanz führte. Obendrein verdoppelte sich noch der Übertragungssaldo an die EG. So rutschte erstmals seit 1966 die Leistungsbilanz ins Defizit. Hatte sie 1978 noch ein Plus von 17,6 Mrd. verzeichnet, ergab sich 1979 bereits ein Minus von 9 Mrd., das auf 20 bis 25 Mrd. im Jahr 1980 anzuwachsen drohte.[67] Auch die Kapitalbilanz drehte ins Minus, denn mit ihren hohen Zinsen von bis zu 17 % zogen die USA ausländisches Kapital wie ein Magnet an. Um stärkere Kapitalabflüsse zu verhindern, musste die Bundesbank das deutsche Zinsniveau anheben; damit wollte sie auch den Kurs der D-Mark stützen, die nicht nur gegenüber dem Dollar abwertete. Das verschärfte ihren ohnehin schon restriktiven geldpolitischen Kurs.[68]

Die geänderten Wettbewerbsbedingungen auf dem Weltmarkt erschwerten mittel- und langfristig den Strukturwandel der bundesdeutschen Wirtschaft. Sie ließen kurzfristig Preise wie Zinsen steigen, während die Wachstumsraten sanken.[69] 1980 nahm das Bruttosozialprodukt nur noch um 1,9 % real zu, und die Preise stiegen um 5,5 %.[70] Wie den Problemen zu steuern sei, die das Leistungsbilanzdefizit hervorrief, war im April 1980 Gegenstand eines Ministergesprächs beim Bundeskanzler. Staatssekretär Lahnstein legte ein Positionspapier vor, das zwei Vorschläge enthielt: Zum einen plädierte er für eine entschlossene Stabilitätspolitik, um die »notwendige Veränderung der BSP-Verwendungsseite (hin zu mehr Ausrüstungs- und Infrastrukturinvestitionen sowie zu mehr Export)« zu erreichen. Zum anderen setzte Lahnstein auf ein »Recycling« der OPEC-Überschüsse durch Kapitalimporte der OECD-Länder.[71] Hier schwebten dem Staatssekretär in erster Linie Auslandskredite vor, mit denen sich »Haushaltsdefizite unter teilweiser Schonung der heimischen

67 Vermerk GL 42 BKA (Heick) vom 13.3.1980 betr. Kleeblatt am 14.3.1980: Aktuelle wirtschaftspolitische Probleme, BArch B 136/11610. Da müssen wir raus, in: Der Spiegel Nr. 11 vom 10.3.1980; »Aus eigener Kraft das Minus ausgleichen«, in: ebd.

68 Vermerk GL 42 BKA (Heick) vom 13.3.1980 betr. Kleeblatt am 14.3.1980: Aktuelle wirtschaftspolitische Probleme, BArch B 136/11610. »Eine neue Dimension der Notenbank-Politik«, in: Der Spiegel Nr. 17 vom 21.4.1980.

69 BMWi (Lambsdorff) an Buka am 14.3.1980, BArch B 136/11610. Vermerk GL 42 BKA (Heick) für Buka am 18.4.1980 betr. Ministergespräch über aktuelle Wirtschaftsfragen am 21.4.1980, ebd.; BMF (Lahnstein) an Chef BKA am 10.4.1980, Anlage: Leistungsbilanzen: Anpassung und Recycling (Revidierte Fassung vom 1.4.1980), ebd. Vgl. zur Entwicklung der Zinsen *Nienstedt*, S. 505.

70 Dicke Probleme, in: Der Spiegel Nr. 17 vom 21.4.1980.

71 Vgl. dazu *Sattler*, S. 427 ff.

Kapitalmärkte in begrenzter Höhe« finanzieren ließen.[72] Für die Schuldenpolitik und den Vollzug des Haushalts hatten solche Überlegungen weitreichende Folgen.

War die Verschuldung der öffentlichen Hände im Ausland seit der Mitte der siebziger Jahre nur leicht gestiegen, sprang sie seit dem Jahr 1980 regelrecht nach oben.[73] Vor allem bei der saudiarabischen Währungsbehörde, der *Saudi Arabian Monetary Agency* (SAMA), nahmen der Bund, aber auch die Kreditanstalt für Wiederaufbau und die Bundesbahn sowie in kleinerem Umfang die Länder Schuldscheindarlehen auf. Die Grundlage dieser Kreditgeschäfte bildete eine im März 1980 geschlossene, auf fünf Jahre unkündbare Übereinkunft. Danach liefen die Darlehen zwei bis acht Jahre, und ihre Konditionen entsprachen dem jeweiligen Zinsniveau des deutschen Kapitalmarkts. Entsprechend lagen die Zinssätze 1980 zwischen 7,75 % und 9,15 %, im folgenden Jahr zwischen 11,21 % und 12,86 %.[74] 1980 nahm der Bund im Rahmen von Direktgeschäften mit der SAMA 5,5 Mrd. und in Form indirekter, über deutsche Banken abgewickelter Transaktionen weitere 3,1 Mrd., insgesamt also 8,6 Mrd. auf. Hinzu kamen Kredite der Kreditanstalt für Wiederaufbau (700 Mio.) und der Bundesbahn (550 Mio.). Für 1981 plante allein der Bund Schuldscheindarlehen in einer Größenordnung von zunächst 7 bis 8, dann 11 Mrd. ein. Damit gewährte die SAMA mit knapp 19 Mrd. nahezu die Hälfte aller seit 1980 aufgenommenen Auslandskredite. Bei den anderen OPEC-Staaten verschuldete sich der Bund dagegen nur mit rund 6 Mrd., in den USA mit 8,1 Mrd. und mit 9,2 Mrd. in anderen Ländern. Die Auslandskredite, die durchweg auf D-Mark lauteten, addierten sich für 1980 auf 20,6 Mrd. und stiegen im folgenden Jahr auf rund 24 Mrd. an. Das ergab zusammen 44,6 Mrd. brutto oder, abzüglich 2,3 Mrd. an Tilgungen, 42,3 Mrd. netto. Der Anteil des Auslands an der Haushaltsfinanzierung des Bundes stieg damit auf ein Drittel der Brutto- und Dreiviertel der Nettokreditaufnahme.[75] Die im Ausland aufgenommenen Kredite dienten dem Finanzministerium dazu, Defizite im Haushalt zu decken sowie die Leistungsbilanz und den bundesdeutschen Kapitalmarkt zu entlasten. Die Bundesbank

72 BMF (Lahnstein) an Chef BKA am 10.4.1980, Anlage: Leistungsbilanzen: Anpassung und Recycling (Revidierte Fassung vom 1.4.1980), BArch B 136/11610.

73 Das Folgende nach dem Vermerk VII A 2 BMF (Levermann/Mergenthaler) über St. Sch an M am 25.2.1981 betr. Finanzbeziehungen zu Saudi-Arabien, BArch B 126/119744; Vermerk VII A 2 BMF (Mergenthaler) vom 27.5.1981 für St. Sch zur Vorbereitung des Gesprächs mit SAMA-Gouverneur Abdul Aziz Alquraishi in Frankfurt am 29.5.1981, ebd.

74 BMF, Aufstellung über direkte und indirekte Kreditaufnahmen 1980/1981 bei der SAMA o. D., BArch B 126/119744.

75 Vermerk VII A 2 BMF (Mergenthaler) vom 18.9.1981 betr. Kreditaufnahme des Bundes im Ausland (insbesondere Kreditbeziehungen zu Saudi-Arabien), Anlage A (Kreditaufnahme des Bundes im Ausland seit 1980) und B (Kreditaufnahme bei der SAMA), BArch B 126/119744; Aufstellung über direkte und indirekte Kreditaufnahmen 1980/1981 bei der SAMA o. D., ebd.

sprach sich wiederholt dafür aus, die Auslandsverschuldung zu steigern. Unproblematisch war diese Finanzierungsmethode jedoch nicht. Denn im Unterschied zu Inlandsschulden, bei denen Zinszahlungen und Tilgungen im Land blieben, flossen bei Auslandsschulden unweigerlich Ressourcen ab.[76]

Das globale Geschehen beeinflusste aber nicht nur die Schuldenpolitik vornehmlich des Bundes, sondern schlug auch auf den Vollzug des Haushalts 1980 durch. So musste die Steuerschätzung im März um 1,5 Mrd. nach unten korrigiert werden, während der Finanzminister mit Mehrausgaben von über 2 Mrd. zu rechnen hatte. Diese rührten nicht zuletzt vom sowjetischen Einmarsch in Afghanistan an der Jahreswende 1979 auf 1980 her, der die internationalen Spannungen verschärfte und höhere Verteidigungsanstrengungen, finanzielle Stützungsmaßnahmen für die wirtschaftlich angeschlagene Türkei und höhere Ausgaben für Entwicklungshilfe nach sich zog.[77] Um der Opposition keine weiteren Angriffsflächen zu bieten, wollte Matthöfer die Neuverschuldung im Wahljahr nicht erhöhen. Darum stimmte er die SPD-Fraktion auf eine zurückhaltende Ausgabenpolitik ein, stellte das SPD-Wahlprogramm unter einen Finanzierungsvorbehalt und strich die Renten-Pläne von Herbert Wehner rigoros zusammen.[78] Mitte März belegte er nach § 41 BHO Ausgaben in Höhe von 1,5 Mrd. mit einer Sperre und setzte Ende April mit Unterstützung des Bundeskanzlers im Kabinett durch, dass der Nachtragshaushalt, der die Mehrausgaben für die Bundeswehr, die Unterstützung der Türkei sowie für die Entwicklungshilfe und den öffentlichen Dienst enthielt, durch Kürzungen bei den Einzelplänen der Ressorts finanziert wurde. Lediglich die Steuermindereinnahmen wollte Matthöfer durch eine höhere Neuverschuldung kompensieren.[79] Trotz der sich abzeichnenden finanziellen Kalamitäten und der wachsenden Kritik innerhalb wie außerhalb der Koalition, die sich besonders an den Entlastungen für Familien entzündete – für Die Zeit »überflüssige familienpolitisch motivierte« Leistungen und »Bestechungsgaben« –, hielt der Finanzminister

76 *Gandenberger*, Theorie, S. 12 ff.; *Völling*; *Holtfrerich*, Staatsschulden, S. 54. 1982 sanken die Kredite bei der SAMA auf 4,2 Mrd. (Tilgung 0,4 Mrd.), 1983 auf 2,93 Mrd. (Tilgung 3,71 Mrd.) und 1984 auf 3,0 Mrd. (Tilgung 4,34 Mrd.). Vermerk BMF (Levermann) für St Schulmann am 6.5.1982, BArch B 126/119745; BMF (Seeliger), Kreditaufnahmen bei der SAMA – in Mrd. DM – o. D. (November 1983), BArch B 126/119746; BMF (Seeliger), Kreditaufnahmen bei der SAMA – in Mrd. DM – Stand: 31.3.1984, ebd.

77 *Haftendorn*, S. 264 ff.

78 Bundesfinanzminister Hans Matthöfer vor der SPD-Fraktion im Deutschen Bundestag am 22.1.1980, AdsD P-HM-0219; Renten: 40 oder 75 Prozent, in: Der Spiegel Nr. 10 vom 3.3.1980; Das teure Wehner-Paket, in: Wirtschaftswoche Nr. 7 vom 15.2.1980.

79 169. bzw. 176. Kabinettssitzung am 12.3. bzw. 30.4.1980, in: Kabinettsprotokolle; Haushalt: Matthöfer in Not, in: Der Spiegel Nr. 12 vom 17.3.1980; Mit Härte gegen Genossen, in: Wirtschaftswoche Nr. 13 vom 28.3.1980. Entwurf eines Gesetzes über die Feststellung eines Nachtrags zum Bundeshaushaltsplan für das Haushaltsjahr 1980, BT-Drucksache VIII/3950.

aber 1981 an dem Ende 1979 beschlossenen Steuerpaket fest. Es sollte die Bürger allein in den Jahren 1981 und 1982 mit über 17 Mrd. entlasten.[80] Alle diese Maßnahmen zielten darauf, die Regierung und die Koalition sowie nicht zuletzt den Minister selbst auch gegen die Begehrlichkeiten aus den eigenen Reihen im Wahlkampf als solide Politiker erscheinen zu lassen. Matthöfer wollte vor der Bundestagswahl nur Zusagen machen, die sich nach dem Urnengang auch verwirklichen ließen und nicht womöglich – erinnert sei an das Rentendebakel von 1976 – wieder zurückgenommen werden müssten. So ließ er keine Gelegenheit aus, um intern wie öffentlich vor zu hohen Erwartungen zu warnen, sagte angesichts der unumgänglichen finanzpolitischen Entscheidungen »Heulen und Zähneklappern« voraus und stimmte die Bundesbürger so auf magere Zeiten ein.[81]

Als sich die finanzielle Lage des Bundes im Laufe des Jahres 1980 verschlechterte, drängte Matthöfer, bereits den Bundeshaushalt des nächsten Jahres im Blick, erneut auf einen höheren Anteil des Bundes an der Umsatzsteuer.[82] Er führte vor allem die gewachsenen internationalen Verpflichtungen ins Feld, die den Bund gezwungen hätten, 1979 13 % seiner Ausgaben mit Krediten zu finanzieren, während es bei den Ländern nur knapp 7 % gewesen wären. Doch die unionsregierten Länder warfen dem Minister vor, der Bund verschleudere die Steuergelder der Bürger und verschulde sich ohne Grund über Gebühr. Am Ende drang Matthöfer mit seiner Forderung nicht durch. Immerhin einigten sich Bund und Länder im Sommer 1979 auf einen Kompromiss. So blieb es bis Anfang 1982 bei dem bisherigen Schlüssel von 67,5 % zu 32,5 %; im Gegenzug beteiligten sich die Länder mit 1 Mrd. am Kindergeld.[83] Außerdem hatte Matthöfer für den Fall, dass ihm die Länder beim Verteilungsschlüssel nicht entgegenkämen, eine Erhöhung der Mineralöl- und Branntweinsteuer zum Jahresanfang 1981 durchgesetzt, die 1,7 Mrd. in die Kassen des Bundes gebracht hätte.[84]

Aufs Ganze gesehen konnte der Finanzminister zwar den Bund finanziell ohne massive Krisen durch das Wahljahr 1980 steuern, doch gelang ihm der

80 166. Kabinettsitzung am 20.2.1980, in: Kabinettsprotokolle; Besonders kritisch, in: Der Spiegel Nr. 7 vom 11.2.1980; Bis zum äußersten Rand, in: Wirtschaftswoche Nr. 7 vom 15.2.1980; W. Gehrmann, Kein Mut zur Sparsamkeit, in: Die Zeit Nr. 19 vom 2.5.1980.

81 »Starke Worte nützen wenig«, in: Der Spiegel Nr. 15 vom 7.4.1980; D. Piel, Bonn wird teuer, in: Die Zeit Nr. 25 vom 13.6.1980; D. Stolze, Vor uns die grauen Jahre?, in: ebd. Nr. 31 vom 25.7.1980. Vgl. dazu *Abelshauser*, Wirtschaftswunder, S. 451 ff.

82 Matthöfer will den Ländern ans Geld, in: Süddeutsche Zeitung Nr. 80 vom 3./4.4.1980; D. Piel, Der Streit ums liebe Geld, in: Die Zeit Nr. 15 vom 4.4.1980; R. H., Streit um den Steuerkuchen, in: ebd. Nr. 16 vom 11.4.1980.

83 Immer wieder schräg, in: Der Spiegel Nr. 15 vom 7.4.1980; Gut zu verkaufen, in: ebd. Nr. 29 vom 14.7.1980.

84 Suche nach neuen Quellen, in: Wirtschaftswoche Nr. 28 vom 11.7.1980.

geplante erste Schritt in Richtung Konsolidierung nicht.[85] Hatte der vom Parlament verabschiedete Haushalt in Ausgaben und Einnahmen mit 214,5 Mrd. abgeschlossen und eine Nettokreditaufnahme von 24,2 Mrd. enthalten,[86] reichte diese wegen höherer Ausgaben und zu langsam wachsender Einnahmen am Ende nicht aus.[87] So stieg die Neuverschuldung auf 27,1 Mrd. und lag damit um 5,7 % höher als im Vorjahr. Hatte schon der Bund sein Ziel verfehlt, die Finanzierungsdefizite nicht zu vergrößern, hielten sich die Länder mit einem Zuwachs von 9 % und die Gemeinden mit einem Plus von 10,5 % noch weniger an die im Finanzplanungsrat getroffenen Absprachen.[88] Nordrhein-Westfalen war dazu wegen der »äußerst angespannte(n) Haushaltslage« nicht imstande, lag das Land doch »im Verschuldungstempo zur Zeit an der Spitze aller Länder«. Nach den Vorgaben des Finanzplanungsrats hätte die Nettokreditaufnahme 1981 7,2 Mrd. nicht übersteigen und der Haushalt nur um 3,5 % wachsen dürfen. Zwar konnte Finanzminister Diether Posser mit Mehreinnahmen rechnen. Diese fraßen jedoch der Anstieg des Schuldendienstes und die Besoldungsverbesserung auf. Da außerdem Mindereinnahmen als Folge des Steuerentlastungsgesetzes 1981 sowie der Änderung der Umsatzsteuerverteilung verkraftet werden mussten, wäre ein Rückgang »realer Landesleistungen« die Folge gewesen. Trotzdem plädierte der zuständige Referent für den Versuch, das Haushaltsdefizit nach den Vorgaben des Finanzplanungsrats zu begrenzen, um wenigstens die »Option für eine mittelfristige Konsolidierung offen zu halten«.[89] Da es auch anderen Bundesländern nicht viel besser ging, stieg die Neuverschuldung der Länder um 58,5 % auf 21,2 Mrd. und die der Gemeinden um 10,4 % auf 4,3 Mrd. an. Für den öffentlichen Gesamthaushalt ergaben sich damit ein Wachstum von 8,4 % und eine Nettokreditaufnahme von 53,8 Mrd. oder 23,8 % mehr als 1979. Beim Sachverständigenrat läuteten die Alarmglocken. Er errechnete einen konjunkturellen Impuls von über 45 Mrd., »mehr als in jedem anderen Jahr zuvor«.[90]

Auch wenn es dem Finanzminister zunächst darum ging, den Bund finanziell über das Wahljahr zu retten, dachte er doch über den Wahlkampf und den Tag des Urnengangs hinaus. Im Frühjahr 1980 hatte das zuständige Referat im Finanzministerium mögliche Szenarien für die Finanzpolitik der kommenden

85 Vermerk I A 4 BMF (Siebler) vom 30.9.1980, BArch B 126/79349.

86 Haushaltsgesetz 1980 vom 21.12.1979, BGBl. I, S. 2308.

87 Das Folgende nach *Sachverständigenrat*, Jahresgutachten 1980/81, Ziff. 209 ff.; *Hansmeyer*, Finanzpolitik 1979 bis 1982; *Bundesministerium der Finanzen*, Finanzbericht 1980 und 1981.

88 Ergebnisniederschrift über die 41. bzw. 42. Sitzung des Finanzplanungsrates am 21.3. bzw. 4.6.1980, BArch B 136/11394.

89 Finanzminister Posser an Ministerpräsident Rau am 7.5.1980 betr. Mittelfristige hauswirtschaftliche Lage des Landes Nordrhein-Westfalen, LA NRW NW 743 Nr. 73; Staatskanzlei Referat III B 3 (Lintermann) an Referat I A 3 am 20.6.1980 betr. Eckdaten für die Aufstellung des Haushalts 1981 und der Finanzplanung 1980 bis 1984, ebd.

90 *Sachverständigenrat*, Jahresgutachten 1980/81, Ziff. 227 ff. (Zitat: Ziff. 227).

Jahre durchgespielt. Demnach konnte es nicht darum gehen, »ohne Rücksicht auf die jeweilige Konjunkturlage« das Finanzierungsdefizit um jeden Preis abzubauen, also den finanzpolitischen Weg einzuschlagen, den die Konsolidierungskoalition favorisierte. Stattdessen plädierte das Gutachten für eine »stabilisierende und wachstumsstützende Ablaufpolitik«, die weder die Konsolidierung aus den Augen verlor noch das Risiko einer Rezession einging.[91] Auf dieser Linie skizzierte Matthöfer im Sommer 1980 die »Grundzüge sozialdemokratischer Wirtschafts- und Finanzpolitik in den 80er Jahren«. Damit passte er seinen finanzpolitischen Kurs den inzwischen geänderten Verhältnissen an.[92] Zwar bewertete er die wirtschaftliche Lage positiv, sah aber wegen des steigenden Ölpreises »für die Zukunft erhebliche Gefahren«. Das zwänge zu einer Fortsetzung der »Politik der Stützung der Nachfrage und der Verbesserung der Rahmenbedingungen für Wachstum und Beschäftigung«. Denn der Staat könne eine »Wachstumsverlangsamung auf unter 2 ½ % Sozialproduktsanstieg aus beschäftigungspolitischen Gründen auf Dauer nicht hinnehmen«. Gleichzeitig müsse die Finanzpolitik ihren Konsolidierungskurs fortsetzen und für eine Umstrukturierung der Haushalte zugunsten öffentlicher Investitionen sorgen. »Konsolidierungsbedürftig« sei freilich »auf mittlere Sicht bei Normalauslastung der Kapazitäten nur der überschießende Anteil des Staatsdefizits«, also das strukturelle Defizit. Zu einer solchen »relativen Konsolidierung« biete die Opposition keine akzeptable Alternative an. Vielmehr enthalte deren Politik Widersprüche: Auf der seinen Seite stünden ausgabewirksame Anträge in der 8. Legislaturperiode von insgesamt 125 Mrd., auf der anderen Seite gebe es Vorschläge für eine Konsolidierung durch »drastische Ausgabenkürzungen und einen überstürzten Rückzug des Staates aus der gesamtgesellschaftlichen und sozialen Verantwortung«. Solche Vorstellungen wurzelten im »ungezügelten Liberalismus des 19. Jahrhunderts«. Matthöfer wollte also sein bisheriges Konzept der »Konsolidierung durch Wachstum« fortführen, setzte mit der »relativen Konsolidierung« aber stärker auf eine stetige, mittel- bis langfristige Lösung.

Die Aufstellung des Haushalts für 1981 wurde in den Ministerien und auch im Finanzplanungsrat vor den Wahlen vorbereitet.[93] Sie sollte aber erst nach einer für die sozial-liberale Koalition erfolgreichen Bundestagswahl und den anschließenden Koalitionsgesprächen abgeschlossen werden. Matthöfer bemühte sich, sein Konzept der »relativen Konsolidierung« politisch umzusetzen. Er hatte die SPD-Fraktion über die finanziellen Engpässe informiert, die beim nächsten Etat auftauchen würden, und eine Ausweitung der Kreditfinanzierung

91 Vermerk I A 4 BMF vom 14.4.1980 betr. Zu den mittelfristigen gesamtwirtschaftlichen und finanzwirtschaftlichen Perspektiven, BArch B 126/67549.

92 H. Matthöfer, Grundzüge sozialdemokratischer Wirtschafts- und Finanzpolitik in den 80er Jahren« (o. D., etwa Juni/Juli 1980), AdsD P-HM-0395.

93 Ergebnisniederschrift über die 41. bzw. 42. Sitzung des Finanzplanungsrates am 21.3. bzw. 4.6.1980, BArch B 136/11394.

ausgeschlossen. Dies verböten die wachsende Zinsbelastung, die problematischen Verteilungswirkungen, die von der Staatsverschuldung ausgingen, und nicht zuletzt die wachsende Abhängigkeit des Staates von den kreditgebenden Banken.[94] Nach der Wahl wurde der Minister deutlicher, denn die wirtschaftliche und finanzielle Lage hatte sich weiter zugespitzt. Seine Beamten erklärten ihm, die »höheren Defizite, die sich aus der gesamtwirtschaftlichen Abschwächung« ergäben, könnten 1981 hingenommen werden; doch seien »weiteren Anforderungen an die öffentlichen Haushalte engste Grenzen gezogen«.[95] So rechnete Matthöfer den neu gewählten Abgeordneten vor, dass die Nettokreditfinanzierungsquote sinken müsse, solle die Schuldenquote nicht massiv ansteigen und der Zinsendienst den Spielraum im Haushalt immer weiter einengen. Deshalb müsse der Zuwachs des Etats begrenzt werden, wobei die noch frei verfügbaren Posten real, aber wohl auch nominal zu schrumpfen hätten. Außerdem gelte es, die konsumtiven Ausgaben zugunsten von »zukunftsgerichteten Investitionen und Innovationen« zu reduzieren sowie nicht zuletzt Subventionen und Vergünstigungen konsequent abzubauen: »Das Ausgeben von viel Geld« sei »noch nicht gleichbedeutend mit guter fortschrittlicher Politik.«[96] Mit diesen Absichten ging der Minister in die Koalitionsverhandlungen. Er forderte, den Anstieg der Ausgaben zu bremsen, denn es könnten weder die Steuern erhöht werden, noch dürfte die Nettokreditaufnahme über 27 Mrd. steigen. Die erwarteten Steuerausfälle von 5 Mrd. und die Mehrausgaben für die Bundesanstalt für Arbeit (3,5 bis 5,5 Mrd.), aber auch für Zinsen (2,9 Mrd.), Personal (1,9 Mrd.) und Kindergeld (1,7 Mrd.), insgesamt 10 bis 12 Mrd., ließen sich nur durch Kürzungen bei Verkehr und Kohlesubventionen, Verteidigung und Personal sowie durch »Entlastungen im Sozialversicherungsbereich« finanzieren.[97]

Tatsächlich ging die Koalition weitgehend auf Matthöfers Vorstellungen ein.[98] So sollte, was gleichwohl »Einschnitte in nahezu sämtliche Bereiche« er-

94 Bundesfinanzminister Hans Matthöfer vor der SPD-Fraktion im Deutschen Bundestag am 22.1.1980, AdsD P-HM-0219.

95 Vermerk I A 3/I A 4 BMF vom 29.8.1980 betr. Finanzpolitik 1981/1984, BArch B 126/67505; Vermerk I A 4 BMF (Siebler) vom 30.9.1980, BArch B 126/79394. Am Bettelstab, in: Wirtschaftswoche Nr. 37 vom 12.9.1980; »Wir haben nicht genug Geld«, in: Der Spiegel Nr. 41 vom 6.10.1980; Listige Idee, in: ebd. Nr. 42 vom 13.10.1980.

96 Bundesfinanzminister Hans Matthöfer anlässlich der SPD-Fraktionssitzung am 8.10.1980 in Bonn, AdsD P-HM-0259. Vgl. auch das Interview mit Bundesfinanzminister Hans Matthöfer in der Sendung »FAZIT« am 11.10.1980, WDR 0113918.

97 Ausführungen von BM H. Matthöfer anlässlich der Koalitionsverhandlungen zum finanzpolitischen Bereich vom 25.10.1980, AdsD P-HM-0248; eine erste Fassung vom 23.10.1980 in BArch B 126/79532.

98 Westphal an Buka am 20.10.1980, AdsD Dep. Albrecht Müller Sig. 071; Lambsdorff an Müller am 20.10.1980, AdsD P-HM-0248; Koalitionsgespräche am 27./28./30.10., 3.11.1980 betr. Haushalt 1981, AdsD P-HM-0248; Manfred Schüler, Koalitionsverhandlungen 1980 Protokolle 27.10.1980, 28.10.1980, 31.10.1980, 2.11.1980, AdsD Dep. Müller Sig. 065 bzw. 1/HSAA0009378. Vgl. auch *Apel*, Abstieg, S. 134ff.

forderte, der Haushalt 1981 nur um 4 % auf 223 Mrd. wachsen, also real stagnieren, und die Nettokreditaufnahme nicht über 27 Mrd. steigen. Neue Steuern sah der Etat nicht vor; es wurden die bereits beschlossenen Steuersenkungen aber auch nicht revidiert. Allerdings sollte die Mineralölsteuer höher ausfallen und der Optik halber erst vom Frühjahr 1981 an gelten, so dass zunächst nur die angekündigten 1,7 Mrd., dafür im Folgejahr aber 2,7 Mrd. eingehen würden.[99] Waren sich die Koalitionsparteien in den Fragen der Haushaltskonsolidierung und der Notwendigkeit von Einsparungen einig, gingen die Meinungen, wo der Rotstift anzusetzen sei, weit auseinander.[100] Als es galt, aus den Einzelplänen 7 Mrd. herauszustreichen, stieß der Finanzminister bei den Chefgesprächen mit seinen Ministerkollegen daher auf heftigen Widerstand, so dass sich die Vorgaben des Finanzplanungsrats kaum einhalten ließen.[101] Immerhin gelang es Matthöfer, die Einzelpläne des Landwirtschafts- (-7,2 %), des Verkehrs- (-1,5 %) und des Innenministers (-1,4 %) zu kürzen. Stärker als der Gesamthaushalt stiegen dagegen die Etats des Entwicklungshilfe- (+10,4 %), des Wirtschafts- (+10,0 %) und des Wohnungsbauministeriums (+10,3 %) an, schwächer die Budgets des Verteidigungs- (+4,4 %), des Arbeits- (+2,8 %) und des Bildungsministers (+1,4 %). Ob die Kürzungen damit gleichmäßig auf die beiden Koalitionsparteien verteilt worden waren, bezweifelten größere Teile der SPD-Fraktion. Denn gemessen an den Erwartungen, die Heinz Westphal, der Vorsitzende des Arbeitskreises öffentliche Finanzwirtschaft der SPD-Bundestagsfraktion, dem Bundeskanzler vor den Koalitionsverhandlungen übermittelt hatte, waren die Ergebnisse eher bescheiden ausgefallen, was mancher Abgeordnete der Verhandlungsführung von Helmut Schmidt anlastete.[102]

Der vom Kabinett Mitte Dezember beschlossene Entwurf des Bundeshaushalts 1981, den Matthöfer nicht als »Sparhaushalt« oder als »Haushalt der leeren Kassen«, sondern als »Haushalt der Vernunft« bezeichnet wissen wollte, sah ein Volumen von 224,6 Mrd. vor. Damit lag der Etat um 4,2 % über dem des Jahres

99 Aus der Klemme, in: Der Spiegel Nr. 44 vom 27.10.1980.

100 Alles unter der Lupe, in: Wirtschaftswoche Nr. 43 vom 24.10.1980; Viel sparen – ein bißchen Reform, in: Der Spiegel Nr. 44 vom 27.10.1980; Auftakt mit einem Aufstand, in: Wirtschaftswoche Nr. 44 vom 31.10.1980; »Dunkle Reden und Drohgebärden«, in: Der Spiegel Nr. 46 vom 10.11.1980.

101 Ergebnisniederschrift über die 43. Sitzung des Finanzplanungsrates am 12.12.1980, BArch B 136/11394.

102 Heinz Westphal an Buka am 20.10.1980, BArch B 136/22494; Abschrift Buka-Rede vor dem Parteirat am 7.11.1980, PHS HS Eigene Arbeiten 1980/Oktober-Dezember. Mit der Kneifzange, in: Der Spiegel Nr. 45 vom 3.11.1980; P. Gillies, Kleinmut zur Zukunft, in: Die Welt Nr. 259 vom 5.11.1980; Alle waren sehr hart, in: Der Spiegel Nr. 49 vom 1.12.1980; Wandel zur Annäherung, in: ebd. Nr. 50 vom 8.12.1980; Keine neuen Planstellen im nächsten Bundeshaushalt, in: Frankfurter Allgemeine Nr. 290 vom 13.12.1980; Der Bundeshaushalt soll bis 1984 auf 260 Milliarden Mark steigen, in: ebd. Nr. 292 vom 16.12.1980. Vgl. auch *Faulenbach*, S. 676 ff.; *Kempter*, Loderer, S. 454 ff.

1980, aber um 1,4 Mrd. unter dem Ansatz der mittelfristigen Finanzplanung. Die Nettokreditaufnahme sollte 27,4 Mrd. betragen.[103] Die Beschaffung des Mehrzweck-Kampfflugzeugs »Tornado« hatte Verteidigungsminister Apel in erhebliche Finanznöte gebracht,[104] sodass das Budget nachjustiert und der Einzelplan für Verteidigung gegen den Widerstand Matthöfers um 700 Mio. aufgestockt werden musste. Der Etat ließ sich jetzt nur noch durch die geplanten Steueranhebungen sowie höhere Gewinnabführungen der Post (1,3 Mrd.) und der Deutschen Bundesbank (1,7 Mrd.), einen Abbau von Subventionen beim Mineralöl und bei der Sparförderung sowie der Steuervergünstigungen für die Kreditwirtschaft und nicht zuletzt mittels einer globalen Minderausgabe von 1,9 Mrd. ausgleichen. Diese Kürzungen trafen, wie der Referent im Kanzleramt monierte, »schwergewichtig die Investitionen«. Die mittelfristige Finanzplanung schrieb optimistisch den mühsam erzielten ersten Konsolidierungsschritt fort. Sie ging von durchschnittlichen Zuwachsraten von 5 % aus, so dass der Haushalt 1984 sich auf rund 260 Mrd. belief. Da die Zunahme des Sozialprodukts mit nominal 7 % angesetzt wurde, konnte die Nettokreditaufnahme bis 1984 auf 20,1 Mrd. sinken. Genaugenommen wurden diese Konsolidierungserfolge mehr durch höhere Einnahmen, weniger durch Ausgabenkürzungen erreicht. Wuchsen jene bis 1984 um insgesamt 24 Mrd., kamen durch den Abbau von Subventionen nur 10 Mrd. zusammen.

Misst man die Finanzpolitik des Bundes an den Zielen des Finanzministers, eine »Konsolidierung durch Wachstum« zu erreichen, fällt das Ergebnis zwiespältig aus. Einerseits gelang es Matthöfer 1979 die Investitionen um 11,6 % und damit deutlich stärker zu steigern als die laufenden Ausgaben, die nur um 6,4 % wuchsen, so dass sich ihr Anteil an den Gesamtausgaben von 17,0 % auf 17,7 % erhöhte. Dieser Zuwachs verdankte sich jedoch fast ausschließlich der starken Zunahme der Darlehen, die im Rahmen des Zukunftsinvestitionsprogramms an die private Wirtschaft flossen. Andererseits sanken die Investitionen bereits 1980 um 3,6 %, und ihr Anteil an den gesamten Ausgaben fiel auf 16,1 %, eine Entwicklung, die sich 1981 fortsetzen sollte und angesichts der Preissteigerungen besonders ins Auge sticht. Auch die Anteile der Sachinvestitionen des Bundes gingen kontinuierlich von 4,0 % (1978) über 3,9 % (1979) und 3,8 % (1980) zurück. Höheres Wachstum durch vermehrte Investitionen zu generieren, gelang also nur vorübergehend. Auch mit der Konsolidierung kam der Bund, folgt man den Berechnungen des Sachverständigenrats, nicht wesentlich voran.

103 Kabinettsvorlage BMF (Matthöfer) vom 10.12.1980, BArch B 136/22494; Gruppe 45 BKA (Quantz) vom 15.12.1980 betr. Vermerk für die Kabinettsitzung am 16.12.1980, ebd.; 7. Kabinettssitzung vom 16.12.1980, in: Kabinettsprotokolle. Vgl. auch Matthöfer: Ein Haushalt der Vernunft, in: Süddeutsche Zeitung Nr. 293 vom 18.12.1980; Matthöfer: Ein Haushalt der Vernunft, in: Frankfurter Allgemeine Nr. 294 vom 18.12.1980.

104 SPD-Fraktion im Bundestag, Protokoll der Fraktionssitzung am 9.12.1980, AdsD Abt. II SPD-Bundestagsfraktion 8. WP, 2/BTFI000006; *Apel*, Abstieg, S. 138 ff.

Wenn der Konsolidierungsbedarf 1979 sogar weiter zunahm und der öffentliche Gesamthaushalt 1980 das konjunkturneutrale Haushaltsvolumen stärker übertraf als je zuvor,[105] lag das freilich nicht am Bundeshaushalt, sondern an den Etats der Länder und Gemeinden. Sollte mit dem Haushalt 1981 schließlich doch noch in die »relative Konsolidierung« eingestiegen werden, zeigte sich rasch, dass die Finanzpolitik vor allem der Jahre 1978 und 1979 die finanziellen Probleme eher noch vermehrt und den Spielraum für eine Bekämpfung der Rezession verkleinert hatte. Am Ende waren alle optimistischen Planungen nur noch Makulatur.[106]

b) Operation '82

»So fernab der Realität wie das Budget 81«, kommentierte Der Spiegel bissig, habe »noch selten kurz nach seiner Einbringung im Parlament ein Bonner Haushaltsplan« gelegen.[107] In der Tat ließ sich der Bundeshaushalt, den das Kabinett Mitte Dezember 1980 verabschiedet und Anfang Januar 1981 im Bundestag eingebracht hatte,[108] nicht einhalten. Das lag einmal an der allzu optimistischen Prognose über das wirtschaftliche Wachstum, sodann an den zu niedrig angesetzten Ausgaben für wichtige Einzelpläne und nicht zuletzt an einer Reihe unvermeidlicher Mehrausgaben, die Matthöfer wenigstens teilweise hätte voraussehen und in den Etat einstellen müssen. Die daraus resultierenden Probleme ließen den Haushalt im Laufe des Jahres aus den Fugen geraten. Die Schwierigkeiten des Budgetvollzugs bildeten den Hintergrund für die Auseinandersetzungen um den Haushalt des Jahres 1982, der die sozial-liberale Koalition an die Grenze der Kompromissfähigkeit brachte und mit der Operation '82 tiefe Gräben innerhalb der Sozialdemokratie sowie zwischen Regierung und Gewerkschaften aufriss.

Die Konjunktur schwächelte bereits Mitte 1980.[109] Doch ließ sich schwer absehen, wie stark der Einbruch ausfallen würde. So lagen nicht nur die Prognosen der wirtschaftswissenschaftlichen Forschungsinstitute zwischen einem Wachstum von einem und einem Rückgang um ein Prozent; auch die Ministerien machten je nach Interessenlage unterschiedliche Vorhersagen: pessimistische der Wirtschafts-, optimistische der Arbeitsminister. Aber niemand bezweifelte, dass sich die Wirtschaft im zweiten Halbjahr 1981 wieder beleben werde, man

105 *Sachverständigenrat*, Jahresgutachten 1980/81, Ziff. 227.
106 W. Kannengießer, Nicht genug Mut zur Zukunft, in: Frankfurter Allgemeine Nr. 262 vom 10.11.1980.
107 Höhe offen, in: Der Spiegel Nr. 9 vom 23.2.1981.
108 Entwurf eines Gesetzes über die Feststellung des Bundeshaushaltsplans für das Haushaltsjahr 1981 (Haushaltsgesetz 1981), BT-Drucksache IX/50.
109 »Untrügliche Anzeichen für eine Wende«, in: Der Spiegel Nr. 30 vom 21.7.1980.

es mithin nur mit einer »Delle« im Konjunkturverlauf zu tun habe.[110] Doch verschlechterten sich im letzten Quartal des Jahres 1980 die Aussichten von Monat zu Monat, eine Entwicklung, die sich 1981 fortsetzte, ja, noch beschleunigte.[111] Von einer »Delle« konnte bald nicht mehr die Rede sein. Vielmehr glitt die bundesdeutsche Wirtschaft ab in die Rezession der Jahre 1981/82.[112] Dafür gab es verschiedene Ursachen.[113] Eine wichtige Rolle spielten die wiederholten drastischen Preiserhöhungen beim Öl und die damit zusammenhängende Abschwächung der Konjunktur in den Ländern der wichtigsten Handelspartner. Hinzu kam die restriktive Geldpolitik der Bundesbank, welche die Diskont- und Lombard-Sätze auf Rekordniveau hielt und damit die privaten Investitionen wie den Konsum verteuerte. Doch stand die Bundesbank vor einem Dilemma. Denn das Defizit in der deutschen Leistungsbilanz wuchs nicht zuletzt wegen der teuren Ölimporte; der Kurs der D-Mark gab vor allem gegenüber dem US-Dollar nach,[114] was die Importe verteuerte und damit die Inflation ins Land holte; und angesichts der hohen Zinsen vor allem in den USA wollte die Bundesbank weitere Kapitalabflüsse aufhalten, indem sie das Zinsniveau in der Bundesrepublik anhob.[115] Die Politik des knappen Geldes sollte das Leistungsbilanzdefizit abbauen, das an den Devisenreserven zehrte, und die deutsche Wirtschaft zwingen, ihre Strukturen an die veränderten weltwirtschaftlichen Bedingungen anzupassen.[116] Dieser Kurs war riskant, weil er die konjunkturelle Flaute zu verschärfen und die Arbeitslosigkeit zu erhöhen drohte. Er stieß darum auf immer heftigere Kritik.[117]

Als der Sachverständigenrat Ende 1981 Bilanz zog, sah das Ergebnis betrüblich aus: Die Zuwachsrate des Bruttosozialprodukts war im Vergleich zu 1980 weiter gesunken und real um 0,3 % ins Minus gerutscht; die Preise hatten

110 Dank abstatten, in: ebd. Nr. 45 vom 3.11.1980.

111 Diese Entwicklung lässt sich beispielhaft an der Abfolge der Artikel im Spiegel nachvollziehen: Dank abstatten, in: ebd.; Tröstliche Sprüche, in: ebd. Nr. 48 vom 24.11.1980; »Die Stimmung hat sich gedreht«, in: ebd. Nr. 53 vom 29.12.1980; Alarmstufe eins, in: ebd. Nr. 5 vom 26.1.1981; Rundherum mies, in: ebd. Nr. 7 vom 9.2.1981; Fromme Wünsche, in: ebd. Nr. 28 vom 6.7.1981.

112 Nachschlag folgt später, in: Wirtschaftswoche Nr. 1/2 vom 2.1.1981.

113 AL 4 BKA (Heick) über Chef BKA an Buka am 10.3.1981 betr. Wirtschaftspolitisches Gespräch am 3.3.1981, BArch B 136/11610.

114 »Devisenmärkte lassen sich nicht betrügen«, in: Der Spiegel Nr. 51 vom 15.12.1980.

115 AL 4 BKA (Heick), Vermerk über ein Gespräch beim Bundeskanzler über aktuelle wirtschaftspolitische Fragen o. D. (März 1981), BArch B 136/11626; Einzelheiten zur Zinsentwicklung bei *Nienstedt*, S. 143 ff.

116 »Das wäre geradezu lebensgefährlich«, in: Der Spiegel Nr. 41 vom 5.10.1981.

117 »Zeit für einen Kurswechsel«, in: ebd. Nr. 35 vom 25.8.1980; Zahlungsbilanzorientierte Geldpolitik verschärft Rezession, in: DIW-Wochenbericht 7/81, S. 77–82; Chance versäumt, in: Der Spiegel Nr. 8 vom 16.2.1981; Alle geirrt, in: ebd. Nr. 10 vom 2.3.1981; »Eine unhaltbare Strangulierung«, in: ebd.; Bundesbank: Zwist mit dem Kanzler, in: ebd. Nr. 17 vom 20.4.1981.

dagegen mit 5,9 % noch stärker zugelegt als im Vorjahr; dasselbe galt für die Arbeitslosenquote, die jetzt im Jahresdurchschnitt 5,3 % erreichte; nicht zuletzt wies die Leistungsbilanz weiterhin ein Defizit von 13,1 Mrd. auf. Nüchtern analysierte der Rat die wirtschaftliche Lage: »In den drei Jahren – 1978 bis 1980 – wurden die Staatsausgaben um fast 30 v.H. gesteigert, während das gesamtwirtschaftliche Produktionspotential, die Preissteigerungen eingerechnet, nur um 20 v.H. wuchs.« Daraus sei eine »neue Konsolidierungsaufgabe« entstanden, »größer als die in der Mitte der siebziger Jahre«. In einem »komplexen Zusammenspiel« hätten eine hohe Binnennachfrage, die Spätwirkungen der Aufwertung, ein weiterer Ölpreisschock und eine neue Weltrezession, die Überforderung der Kreditmärkte, ein internationaler Vertrauensschwund, der Wechselkursverfall, extrem hohe Realzinsen und eine rasch steigende Inflation zu einer Situation geführt, in der sich Regierung und Bundesbank »völlig eingemauert« sahen – und das »bei einer äußerst unbefriedigenden Beschäftigungslage«.[118]

Als die bundesdeutsche Wirtschaft immer tiefer ins Konjunkturtal steuerte, forderten Gewerkschaften und Teile der SPD-Fraktion konjunkturbelebende Maßnahmen.[119] So verlangte der DGB unter dem Schlagwort »beschäftigungssichernde Finanzpolitik« ein öffentliches Investitionsprogramm, das bis 1985 laufen und ein Volumen von zunächst 30, dann 50 Mrd. haben sollte.[120] Die WSI-Mitteilungen flankierten diese Forderung mit dem Hauptartikel »Mehr Staatsverschuldung besser als mehr Arbeitslosigkeit«, und ein Mitarbeiter des Instituts schob im Vorwärts einen entsprechenden Artikel nach.[121] Auch der wirtschaftspolitische Arbeitskreis der SPD-Fraktion, voran dessen Sprecher Wolfgang Roth, drängte in einem Arbeitspapier darauf, mit einem Investitionsschub von jährlich 15 Mrd. bis Mitte der achtziger Jahre die Konjunktur anzukurbeln und zu diesem Zweck eine höhere Neuverschuldung zuzulassen.[122] Schließlich wurde in SPD-Kreisen der Plan diskutiert, ein »Zukunfts-Investitionsprogramm« nach dem Vorbild des ZIP aus dem Jahr

118 *Sachverständigenrat*, Jahresbericht 1980/81, Ziff. 303.

119 Vgl. auch BMWi (Schlecht) an Buka am 19.1.1981, Anlage: Die derzeitige Wirtschaftslage in der Bundesrepublik vom 14.1.1981, BArch B 136/11626; Alarmstufe eins, in: Der Spiegel Nr. 5 vom 26.1.1981; vgl. auch *Gebauer*, S. 181 ff.

120 AL 4 BKA (Heick) über Chef BKA an Buka am 20.1.1981 betr. Koalitionsgespräch und Großes Kleeblatt am 21.1.1981, BArch B 136/11626; DGB-Forderungen zur Bekämpfung der Beschäftigungskrise, in: DGB Informationsdienst 2/81 vom 30.3.1981.

121 WSI-Mitteilungen, Heft 1, 1981; C. Schäfer, Gewerkschaftsinstitut: Keine Angst vor Staatsverschuldung – Trugschluß von der großen Bremse, in: Vorwärts Nr. 7 vom 5.2.1981. Vgl. dazu die Analyse der Beiträge des Hefts und des Artikels von Referat I A 3 BMF (Rosenkränzer/Thormählen) vom 12.2.1981, BArch B 126/83463.

122 Al 4 BKA (Heick), Ergebnisvermerk über das Gespräch des Bundeskanzlers mit MdB Roth am 18.3.1981 vom 19.3.1981, BArch B 136/11610. Woher die Milliarden nehmen?, in: Der Spiegel Nr. 15 vom 6.4.1981.

1977 aufzulegen.[123] Diese Projekte, die auch das Deutsche Institut für Wirtschaftsforschung unterstützte,[124] lehnte das Finanzministerium ab. Die »Politik globaler staatlicher Nachfragesteuerung« könne nicht mehr zur »Bekämpfung der Arbeitslosigkeit« eingesetzt werden, hieß es dort; sie führe zu »weiterer Ausdehnung der Staatsverschuldung«, »zunehmender Gefahr des crowding out« und nicht zuletzt zu »Preissteigerungen«.[125] Bereits im Informationsgespräch mit dem DGB Mitte Dezember 1980 hatte der Parlamentarische Staatssekretär Rolf Böhme klargestellt, dass es keine neuen konjunkturbelebenden Ausgabenprogramme geben werde.[126] Auch in der öffentlichen Diskussion stießen die Forderungen des DGB und von Teilen der SPD auf erhebliche Kritik. So machte etwa der Volkswirt Joachim Starbatty in der FRANKFURTER ALLGEMEINEN gegen neuerliche kreditfinanzierte Konjunkturprogramme Front: »Wer die Arbeitsplätze von heute über die Ausdehnung der Staatsverschuldung zu sichern trachtet«, formulierte er plakativ, »verzehrt das gesellschaftliche Saatgut.«[127]

Die Debatte setzte den Bundeskanzler und den Finanzminister unter beträchtlichen Handlungsdruck. Doch hielten beide am Konsolidierungskurs fest, zumal auch die FDP und die Finanzexperten der SPD-Fraktion darauf drängten, ihn fortzusetzen.[128] Allenfalls zu begrenzten Zugeständnissen war Helmut Schmidt bereit, um sich die Unterstützung des Gewerkschaftsflügels der SPD in anderen strittigen Fragen wie dem NATO-Doppelbeschluss, der Nutzung der Kernenergie oder der Waffenexporte zu sichern.[129] Kostenneutral war die Kampagne zum Abbau bürokratischer Hemmnisse für private Investitionen, welche die Regierung Anfang 1981 startete. Die Maßnahmen zur Schulung

123 AL 4 BKA (Heick) an Chef BKA am 6.2.1981 betr. Konjunkturpolitische Überlegungen in der SPD-Fraktion, BArch B 136/11626; Mit »Zip« gegen die Wachstumsschwäche, in: FRANKFURTER ALLGEMEINE Nr. 50 vom 28.2.1981.

124 Mittelfristige Finanzplanung der Gebietskörperschaften 1980 bis 1984, in: DIW-WOCHENBERICHT 18/81, S. 207–213.

125 Vermerk Referat I A 4 BMF vom 16.12.1980 betr. Stellungnahme zu DGB-Vorschlägen einer beschäftigungssichernden Finanzpolitik aus gesamtwirtschaftlicher Sicht, BArch B 126/83463. Etwas weniger dezidiert der Vermerk von Referat I A 3 BMF vom 15.12.1980 betr. Zusammenfassende Wertung der Vorschläge des DGB im Hinblick auf das finanzpolitische Informationsgespräch am 17.12.1980, ebd., wo Konjunkturprogramme zwar zurzeit, nicht aber für die Zukunft ausgeschlossen wurden. Skeptisch auch AL 4 BKA (Heick) über Chef BKA an Buka am 23.1.1981 betr. Aktuelle wirtschaftspolitische Probleme, BArch B 136/11626.

126 Referat I A 3 BMF (Rosenkränzer/Thormählen) vom 12.2.1981, BArch B 126/83463.

127 J. Starbatty, Das Saatgut der Gesellschaft verzehrt, in: FRANKFURTER ALLGEMEINE Nr. 62 vom 14.3.1981.

128 Kurz- und Ergebnisptotokoll der Klausurtagung der Arbeitsgruppen Haushalt von SPD- und FDP-Bundestagsfraktion vom 12.1.–15.1.1981 in Niederlahnstein, AdL NL Mischnick A 41-157; AL 4 BKA (Heick) über Chef BKA an Buka am 16.2.1981 betr. Koalitionsgespräch am 16.2.1981, BArch B 136711626.

129 *Faulenbach*, S. 693 ff. AL 4 BKA (Heick) über Chef BKA an Buka am 10.3.1981 betr. Wirtschaftspolitisches Gespräch am 3.3.1981, BArch B 136/11610.

von Arbeitslosen verlangten zumindest keine zusätzlichen Mittel, da sie durch Umschichtung aus dem Einzelplan des Arbeitsministers finanziert werden mussten. Größere Summen waren dagegen für den Ausbau der Fernwärme und für Investitionshilfen nötig, die kleinen und mittleren Unternehmen in Form zinsgünstiger Kredite zugutekommen sollten, ein Programm, das der DGB ausdrücklich befürwortete.[130] Die erforderlichen Gelder wollte sich der Kanzler gegen den Widerstand der Bundesbank in einer spektakulären Operation beschaffen:[131] eine gemeinsame Anleihe mit Frankreich in Höhe von 10–12 Mrd. ECU, deren deutsche Tranche im Umfang von 6,3 Mrd. von der Kreditanstalt für Wiederaufbau auf den internationalen Kreditmärkten aufgelegt werden sollte. Diese Neuverschuldung erschien, was optisch wichtig war, nicht im Bundeshaushalt, den lediglich Zinssubventionen von jährlich rund 150 Mio. belasten würden.[132]

Der Widerstand gegen größere Konjunkturprogramme wurzelte einerseits in der Erfahrung, dass diese bisher allenfalls geringe Wirkungen gezeigt hatten, und andererseits in der Tatsache, dass schlichtweg das Geld fehlte, um sie zu finanzieren.[133] Denn die wirtschaftliche Flaute warf alle Kalkulationen des Finanzministers über den Haufen, zumal der Haushalt ohnehin schon beträchtliche Risiken in sich barg.[134] So rechneten die Experten im Haushaltsausschuss des Bundestags bereits im Februar 1981 mit erheblichen Steuermindereinnahmen und zugleich Mehrausgaben in Milliardenhöhe.[135] Im Frühjahr verschlechterte sich die Finanzlage weiter. Der PLATOW-BRIEF und die FUCHS-BRIEFE wussten sogar von Zahlungsengpässen der Bundeskasse zu berichten,

130 21. Kabinettssitzung vom 8.4.1981, in: Kabinettsprotokolle. Vermerk Referat I A 3 BMF vom 15.4.1981 betr. Vortrag PSt B auf der Mitgliederversammlung des Verbandes der Lebensversicherungsunternehmen eV am 20.5.1981 – Beitrag zum finanzpolitischen Themenbereich: Abbau der Staatsverschuldung, BArch B 126/83463. Ankurbeln auf Raten, in: WIRTSCHAFTSWOCHE Nr. 16 vom 10.4.1981; Woher die Milliarden nehmen?, in: DER SPIEGEL Nr. 15 vom 6.4.1981. Vgl. zur DGB-Position: DGB zum Streit um die Staatsfinanzen, in: DGB NACHRICHTEN-DIENST 117/81 vom 1.6.1981; DGB-Bundesausschuss zum Streit um die Staatsfinanzen, ebd. 119/81 vom 3.6.1981.

131 Al 4 BKA (Heick), Ergebnisvermerk über das Gespräch des Bundeskanzlers mit MdB Roth am 18.3.1981 vom 19.3.1981, BArch B 136/11610; Protokoll der 579. Sitzung des Zentralbankrats der Deutschen Bundesbank in Frankfurt am Main am 23.4.1981, ADB B 330 DRS 142 ZBR Protokolle, Nr. 572–595; Hilft dem Kanzler, in: DER SPIEGEL Nr. 16 vom 13.4.1981; Bundesbank: Der Zwist mit dem Kanzler, in: ebd. Nr. 17 vom 20.4.1981.

132 Von einem Topf in den anderen, in: WIRTSCHAFTSWOCHE Nr. 21 vom 15.5.1981.

133 H. Arndt, Reparatur mit rostigem Werkzeug, in: DIE ZEIT Nr. 12 vom 13.3.1981; Hans D. Barbier, Konjunkturpolitik in der Finanzklemme, in: SÜDDEUTSCHE ZEITUNG Nr. 75 vom 31.3.1981. Konjunktur, in: FUCHS-BRIEFE vom 29.1.1981; Wirtschaftspolitik/ Steuern, in: ebd. vom 2.2.1981.

134 Hans D. Barbier, Im Netz der Haushaltsrisiken, in: SÜDDEUTSCHE ZEITUNG Nr. 21 vom 27.1.1981; E. Thiel, Etat 1981 ohne Kurskorrektur, in: WIRTSCHAFTSDIENST 1981/I, S. 2 f.; P. Gillies, Besitzstandsdünkel, in: DIE WELT Nr. 19 vom 23.1.1981.

135 Höhe offen, in: DER SPIEGEL Nr. 9 vom 23.2.1981.

die nur mit Hilfe der Notenbank hätten abgewendet werden könnten.[136] Auf jeden Fall musste sich der Finanzminister vom Kabinett einen Mehrbedarf von 6,2 Mrd. bewilligen lassen, darunter 4,3 Mrd. für die Bundesanstalt für Arbeit, 850 Mio. für Verteidigung und 750 Mio. für Zinsen. Dadurch stieg das Haushaltsvolumen noch während der parlamentarischen Beratungen von 224,6 Mrd. auf rund 231 Mrd. und die Nettokreditaufnahme auf knapp 34 Mrd. an.[137] Das wachsende Defizit in den Kassen des Bundes hatte nicht nur konjunkturelle Ursachen, sondern rührte auch daher, dass der Finanzminister zahlreiche Budgetposten knapp, ja, mit Absicht zu knapp kalkuliert hatte.[138] »Bei manchen Positionen«, monierte Hans D. Barbier in der SÜDDEUTSCHEN ZEITUNG, müsse man »wenn nicht von subjektiver Schuld«, so doch von »objektiver Leichtfertigkeit« sprechen.[139] Er bezog sich damit auf die Zuschüsse an die Nürnberger Bundesanstalt für Arbeit, aber auch auf den Schuldendienst des Bundes, dessen Refinanzierungskosten bei Zinssätzen von über 10 % nach oben schossen,[140] oder die höheren Personalkosten sowie nicht zuletzt auf die Möglichkeit, die globale Minderausgabe von 1,9 Mrd. zu erwirtschaften, die im Haushalt eingestellt war.[141] Den gestiegenen Mehrbedarf des Verteidigungsministers, der nicht nur von den Problemen beim »Tornado« herrührte,[142] dürfte der Minister ebenfalls gekannt haben.[143]

Aber auch die Länder und Gemeinden standen vor finanziellen Problemen.[144] In Nordrhein-Westfalen zeigte sich etwa bei den Vorberatungen zum Haushalt 1982, dass eine »reale Leistungsausweitung« nicht zu finanzieren sein würde

136 Herr Bundesfinanzminister, treten Sie zurück!, in: PLATOW BRIEF Nr. 29 vom 13.3.1981; Sozialleistungen werden eingesammelt, in: DER SPIEGEL Nr. 14 vom 30.3.1981; D. Piel, Krisensitzung auf dem Schuldenberg, in: DIE ZEIT Nr. 15 vom 3.4.1981; Stunde der Wahrheit, in: DER SPIEGEL Nr. 20 vom 11.5.1981; M. Jungblut, Die Kassen füllen sich nicht, in: DIE ZEIT Nr. 24 vom 5.6.1981. Einen plastischen Eindruck der wachsenden Finanzkalamitäten geben die FUCHS-BRIEFE. Vgl. FUCHS-BRIEFE vom 22.6.1981 ff. Sie verdeutlichen auch, dass es dem Finanzminister zunehmend schwerfiel, Kredite zu erhalten. Haushalt '82, in: FUCHS-BRIEFE vom 13.7.1981.

137 26. Kabinettssitzung am 13.5.1981, in: Kabinettsprotokolle; Ergebnisniederschrift über die 45. Sitzung des Finanzplanungsrates am 3.7.1981, BArch B 136/22490; Starkes Stück, in: DER SPIEGEL Nr. 21 vom 18.5.1981; Zum Thema Staatsverschuldung in der Sendung »FAZIT« am 27.6.1981, WDR 0116072.

138 FDP-Fraktion im Deutschen Bundestag AK II (Herren), Vermerk für Herrn Mischnick vom 30.3.1981 betr. Haushalt 1981 und mittelfristige Finanzplanung und die darin enthaltenen Risiken, AdL NL Genscher N 52-0556.

139 H. D. Barbier, Der Schuldenberg wächst weiter, in: SÜDDEUTSCHE ZEITUNG Nr. 102 vom 1981.

140 Securius, Zinsrekorde am laufenden Band, in: DIE ZEIT Nr. 23 vom 29.5.1981.

141 32. Kabinettssitzung vom 24.6.1981, in: Kabinettsprotokolle.

142 »Es wird ein böses Erwachen geben«, in: DER SPIEGEL Nr. 6 vom 2.2.1981; Verteidigung oder Vergeudung?, in: DIE ZEIT Nr. 42 vom 9.10.1981.

143 Starkes Stück, in: DER SPIEGEL Nr. 21 vom 18.5.1981.

144 Becken für zwei, in: ebd. Nr. 34 vom 17.8.1981.

und ein Gestaltungsspielraum nur zu erwirtschaften wäre, wenn sich der Anstieg der Personalausgaben dauerhaft abbremsen ließe. Denn der Ausgabenzuwachs wurde durch die zwangsläufigen Mehrausgaben etwa für Besoldung (1 Mrd.) oder Zinsen (680 Mio.) fast völlig aufgefressen, so dass bei einem Haushaltsvolumen von rund 55 Mrd. nur 155 Mio. disponibel blieben, und selbst das nur bei einer Nettokreditaufnahme von 7,2 Mrd.[145] Wie sehr sich die Finanzprobleme im Verlauf des Jahres 1981 zuspitzten, geht aus den Beratungen des Finanzplanungsrats hervor. Bereits auf der Märzsitzung stellte sich heraus, dass das Finanzierungsdefizit der Länder um mindestens 2 Mrd. höher ausfallen würde als geplant.[146] Bis zur Sitzung im Juli hatte sich die »vorhandene Tendenz zur Sollüberschreitung« fortgesetzt, so dass die Länder nunmehr mit einer um 4 Mrd. auf 25 Mrd. gestiegenen Neuverschuldung rechneten. Auch die Gemeinden gingen von einem höheren Kreditbedarf aus, den sie mit 5 bis 6 Mrd. veranschlagten.[147] Im Dezember setzte man das Finanzierungsdefizit bereits mit rund 27 Mrd. an.[148] Am Ende wuchs der öffentliche Gesamthaushalt im Jahr 1981 um 6,4 %, wobei der Bund mit einem Plus von 8,0 % an der Spitze lag, gefolgt von den Gemeinden mit 4,6 % und den Ländern mit 3,8 %. Da die Einnahmen mit diesem Wachstum der Ausgaben nicht Schritt hielten, sondern lediglich um 3,1 %, die Steuern sogar nur um 1,5 % zunahmen, stieg der Finanzierungssaldo im Vergleich zum Vorjahr um fast 33 % auf 75,7 Mrd. an.[149] Die Nettoverschuldungsquote erreichte mit 4,5 % den höchsten Wert seit 1976.[150]

Die wachsenden Schwierigkeiten, das Budget des Jahres 1981 politisch über die Hürden und finanziell über die Runden zu bringen, wurden bei den abschließenden Beratungen des Haushalts Anfang Juni breit und kritisch diskutiert.[151] Angesichts drohender Defizite in Höhe von 16 bis 20 Mrd. fieberte die CDU/CSU-Opposition den Beratungen über den Etat 1982 entgegen. Mitte Juni

145 Vermerk Staatskanzlei Referat II B 3 (Lintermann) vom 23.1.1981 für die Besprechung der Staatsekretäre am 26.1.1981 betr. TOP 4 – Vorbereitung der Haushaltsaufstellung 1982 bzw. vom 22.1.1982 betr. Gewinnung von Gestaltungsspielraum für den Etat 1982, LA NRW NW 743 Nr. 71.

146 Ergebnisniederschrift über die 44. Sitzung des Finanzplanungsrates am 27.3.1981, BArch B 136/22490. Staatskanzlei Referat II B 3 (Lintermann) an StS am 3.4.1981, LA NRW NW 743 Nr. 71, wo das Finanzierungsdefizit statt mit 7,2 bereits mit 8,3 Mrd. angegeben wird.

147 Ergebnisniederschrift über die 45. Sitzung des Finanzplanungsrates am 3.7.1981, BArch B 136/22490. Zur Finanzlage in NRW, wo die Nettokreditaufnahme mittlerweile auf 10 Mrd. gestiegen war, die Sendung »Blickpunkt Düsseldorf« am 31.10.1981, WDR 0117063.

148 Ergebnisniederschrift über die 46. Sitzung des Finanzplanungsrates am 14.12.1981, BArch B 136/22490.

149 Davon wurden insgesamt 69,6 Mrd. (+29 %) durch Kredite finanziert.

150 *Hansmeyer*, Finanzpolitik, S. 126 f.

151 VDB, 9. WP, 40.–43. Sitzung vom 2. bis 5.6.1981. Vgl. dazu E. Thiel, Finanzpolitische Defizite, in: Wirtschaftsdienst 1981/VI, S. 262 f.

gab die Unionsfraktion im Bundestag eine Broschüre heraus, die das gesamte Sündenregister der sozial-liberalen Koalition enthielt und düstere Prognosen stellte. Die Politik der Regierung führe, so der CSU-Abgeordnete Manfred Riedl, »ins finanzielle Chaos«; mit dem Haushalt 1981 leiste sie einen »finanzpolitischen Offenbarungseid auf Raten«.[152] Für Walther Leisler Kiep hatte der Finanzminister die »Kontrolle über die ihm anvertraute Kasse verloren«; der nur noch »schlampig zu nennende Umgang mit Zahlen« sei »eine massive Beleidigung von Bürgern und Steuerzahlern«.[153] Der Abgeordnete Lothar Haase, ebenfalls CDU, bemühte schließlich die Geschichte und sah die Bundesrepublik vor »einer finanz- und wirtschaftspolitischen Herausforderung von historischer Dimension, vergleichbar nicht mit 1931, aber vielleicht doch mit den Herausforderungen nach der Währungsreform 1948«.[154] Auch die Presse erging sich in dunklen Vorahnungen. So machte die sonst zurückhaltende Zeit Ende Mai mit der Schlagzeile auf »Steht Bonn vor dem Staatsbankrott?«. »Die Kassen des Staates sind leer, und die Fehlbeträge wachsen ins Gigantische«, war dort zu lesen, und weiter: »Die Blicke der Bonner Koalition richten sich, ratlos und entsetzt, aufs nächste Jahr.«[155] Für die »unausgewogene Reformpolitik«, hieß es kurz darauf in einem weiteren Artikel unter dem Titel »Der Weg in die Krise«, werde jetzt die »Rechnung präsentiert«.[156] Auch Der Spiegel gab sich wegen der drohenden Fehlbeträge im Haushalt 1982 Spekulationen darüber hin, ob die Regierung wohl den Herbst überleben werde;[157] und Die Welt erinnerte an den Staatsbankrott Philipp II. von Spanien.[158] Nicht minder skeptisch fiel das Urteil der Süddeutschen Zeitung aus, wo es unter der Überschrift »Ein abgewirtschafteter Staat« hieß, dieser müsse »zur Vermeidung seines Bankrotts saniert werden«.[159] Fritz Neumark, der Nestor der deutschen Finanzwissenschaft, schrieb solchen Kritikern ins Stammbuch, dass man allenfalls von einer »Krise« sprechen könne, dagegen das »zunehmende Gerede von einem angeblich bevorstehenden ›Staatsbankrott‹ mehr als eine Übertreibung« sei. Es gebe genügend Mittel, die Schwierigkeiten zu beheben, »freilich harte und politisch recht unbequeme«.[160]

152 M. Riedl, SPD/F. D. P. schlittern in den politischen Konkurs, in: CDU/CSU-Fraktion im Bundestag, Stichworte dieser Woche Extra IV vom 15.6.1981, BArch N 1431/26.

153 W. Leisler Kiep, Diktat der leeren Kassen, in: ebd., S. 9–19 (Zitate: S. 12).

154 L. Haase, SPD/F. D. P. = Bilanz frisiert – Kontrolle verloren, in: ebd., S.20–23 (Zitat: S. 23).

155 D. Piel, Steht Bonn vor dem Staatsbankrott?, in: Die Zeit Nr. 22 vom 22.5.1981.

156 M. Jungblut, Der Weg in die Krise, in: ebd. Nr. 37 vom 5.6.1981.

157 »Wenn die Regierung über den Herbst kommt«, in: Der Spiegel Nr. 22 vom 25.5.1981.

158 H. Pentzlin, Wohin Staatsschulden führen, in: Die Welt Nr. 143 vom 24.6.1981.

159 F. Thoma, Ein abgewirtschafteter Staat, in: Süddeutsche Zeitung Nr. 123 vom 31.05.1981.

160 F. Neumark, In der Krise oder vor dem Staatsbankrott?, in: Wirtschaftswoche Nr. 28 vom 3.7.1981.

Damit lag Neumark auf der Linie des Sachverständigenrats, der sich im Juli 1981 mit einem Sondergutachten zu Wort meldete.[161] Die Experten zeichneten die aktuelle konjunkturelle Lage sowie die weiteren Aussichten in trüben Farben und kritisierten die Finanzpolitik scharf, die »eine Vertrauenskrise« habe entstehen lassen. Zwar sei es »nicht nur unsinnig, sondern auch unverantwortlich« von einem »drohenden Staatsbankrott« zu sprechen, doch müssten die öffentlichen Haushalte dringend konsolidiert werden, um das investitionsfeindliche Zinsniveau zu senken und dem nicht minder schädlichen »Zweifel an der Solidität der Finanzierung der öffentlichen Haushalte« zu begegnen – auch wenn der Zeitpunkt dafür konjunkturell gesehen nicht günstig sei. Der Sachverständigenrat setzte den Konsolidierungsbedarf, den es in den kommenden Jahren mit einem ebenso stetigen wie verlässlichen Finanzplan zu realisieren gelte, mit 40 Mrd. an. Entsprechend empfahl er, den Bundeshaushalt 1982 nur um 3,5 bis 4,0 % auf knapp 239 Mrd. steigen zu lassen. Das lief angesichts der anstehenden Mehrausgaben auf Einsparungen von rund 14 Mrd. hinaus, die sich am ehesten bei den Sozialausgaben und den Subventionen realisieren ließen, jedoch Investitionen, wo Kürzungen erfahrungsgemäß leicht fielen, ausnehmen sollten. Darüber hinaus regten die Sachverständigen wachstumsfreundliche Reformen beim Steuersystem an, die ohne eine Anhebung der Steuerquote durchführbar seien. Doch sprachen die Wirtschaftsweisen wegen des Minderheitsvotums von Werner Glastetter nicht mehr mit einer Stimme,[162] so dass sich unterschiedliche finanz- und wirtschaftspolitische Positionen auf sie berufen konnten.[163] Das wurde deutlich, als die sozial-liberale Koalition versuchte, bei den Haushaltsberatungen eine gemeinsame Linie zu finden.

So entschlossen sich die Koalition zumindest nach außen gab, die weitere Expansion des Bundeshaushalts 1982 zu bremsen und die Nettokreditaufnahme zu senken,[164] so weit gingen die Meinungen auseinander, wer die Last dieser Sanierung tragen sollte.[165] Die FDP hatte bereits bei den Koalitionsverhandlungen nach der Bundestagswahl 1980 und auch danach immer entschiedener auf eine Konsolidierung des Haushalts gedrängt, allen voran Wirtschaftsminister Otto Graf Lambsdorff, der die Probleme allerdings wegen seiner oft allzu

161 *Sachverständigenrat*, Sondergutachten 1981, Ziff. 12 ff.

162 Ebd., Ziff. 43 ff.

163 Vermerk Abteilung I BMF an Minister am 6.7.1981 betr. Sondergutachten des Sachverständigenrates zur finanz- und währungspolitischen Situation im Sommer 1981 vom 4.7.1981, BArch B 126/83382; vgl. dazu ausführlich *Schanetzky*, Ernüchterung, S. 203 ff.

164 FDP-Fraktion im Deutschen Bundestag AK II (Herren), Vermerk für Herrn Mischnick vom 30.3.1981 betr. Haushalt 1981 und mittelfristige Finanzplanung und die darin enthaltenen Risiken, AdL NL Genscher N 52-0556.

165 Zum Folgenden *Scholtyseck*; *Jäger*, »Wende«; *ders.*, Innenpolitik, S. 221 ff.; *Merck*, S. 27 ff.

optimistischen Konjunkturprognosen mitverschuldet hatte.[166] Mit der Gründung der Partei »Die Grünen« Anfang 1980 kam Bewegung in das bundesdeutsche Parteiensystem;[167] die politische Entwicklung in West-Berlin verstärkte die Wechselstimmung in Teilen der FDP, und auch in Sachen NATO-Doppelbeschluss waren die Liberalen gespalten. Daher bot sich die Haushalts- und Finanzpolitik als einigendes Band nach innen und nach außen sowie als geeignetes Mittel an, um das Profil der Partei mit einer »Strategie des begrenzten politischen Konflikts« zu schärfen.[168] Auf dem Kölner Bundesparteitag Ende Mai sprachen der Parteivorsitzende Hans-Dietrich Genscher und Generalsekretär Günter Verheugen die kritische Lage der öffentlichen Haushalte daher prominent an, forderten Maßnahmen zur Konsolidierung und kündigten Einschnitte in die sozialen Leistungen als unumgänglich an.[169] Mit dieser Strategie wollte sich die FDP an die Spitze einer Bewegung zu stellen, die im Gegensatz zu den beiden großen Parteien »den Prozess der strukturellen Anpassung an die neuen ökonomischen Gegebenheiten in Gang« hielt; sie empfahl sich damit den Wählern als »Garant finanzpolitischer Solidität und wirtschaftspolitischer Prinzipientreue«.[170] Diese Linie steuerte nicht zuletzt der Parteivorsitzende. »Wir haben«, schrieb er im Mai 1981, »in den letzten Jahren über unsere Verhältnisse gelebt.« Um das Blatt zu wenden, sei eine »Anstrengung nötig, die wohl nur mit der zu vergleichen ist, die wir schon einmal – nämlich beim Wiederaufbau unserer Wirtschaft aus den Trümmern des Krieges – erbracht haben«.[171] Zugleich forderte die FDP Sparmaßnahmen, die nicht nur wirtschaftlich notwendig seien, sondern auch ein »Mehr an Eigeninitiative und persönlicher Freiheit« brächten. Die »Stunde liberaler Gesellschaftspolitik«, die auf »Selbstverantwortung und Solidarität« beruhe, sei gekommen.[172] Diese Losungen waren attraktiv. Die »Haushaltskonsolidierung«, erinnerte sich Günter Verheugen, »wurde das Thema Nummer eins, und bald konnte man den Eindruck gewinnen, als bestünde die FDP nur aus Sanierern.«[173] So zielten die Sparvorschläge, die eine Arbeitsgruppe unter Leitung des stellvertretenden Fraktionsvorsitzenden Dieter-Julius Cronenberg für die Beratungen über den Haushalt 1982 entwarf, nicht nur darauf ab, im Etat das strukturelle Defizit von 14 Mrd.

166 W. Kaden, Treuer Blick und falsche Zahlen, in: Der Spiegel Nr. 45 vom 2.11.1981.
167 *Mende*.
168 Vgl. *Merck*, S. 85 ff.
169 *Freie Demokratische Partei*, Bundesparteitag, S. 48 ff., S. 908; C.-C. Kaiser, Kalkulationen in Köln, in: Die Zeit Nr. 24 vom 5.6.1981. Vgl. auch im Vorfeld das Interview von Günter Verheugen »Nichts ist tabu, alles muß auf den Tisch«, in: Der Spiegel Nr. 22 vom 25.5.1981.
170 *Verheugen*, S. 117, 121; *Genscher*, S. 447; *Heumann*, S. 111 ff.
171 Genscher an Beine o. D. (Mai 1981), AdL NL Genscher N52-0178.
172 Abteilung Politik für Herrn Verheugen »Konsolidierung als Auftrag zur Reform« vom 16.7.1981, AdL NL Genscher N52-0556.
173 *Verheugen*, S. 117 f.

abzubauen, sondern darüber hinaus eine »tiefgreifende Flurbereinigung« bei den sozialen Leistungen auf den Weg zu bringen.[174]

Auch Finanzminister Matthöfer bemühte sich, die Konsolidierungsmaßnahmen, deren Umfang er mit etwa 16 Mrd. ansetzte, in größere politische Zusammenhänge zu stellen. Denn es sei »nicht optimal«, diese »Operation als eine rein fiskalische Aktion zur Sanierung der Bundesfinanzen« zu planen.[175] Vielmehr müsse man das »Gesamtspektrum der finanziellen Leistungen aller öffentliche Ebenen« überprüfen und sämtliche »Instrumente, von denen die Dynamik abhängt«, einbeziehen, angefangen bei den Subventionen und dem Sozialversicherungssystem über die Transferausgaben und den öffentlichen Dienst bis hin zu den steuerlichen Vergünstigungen. Bei stagnierendem Sozialprodukt, das war sein Grundgedanke, dürfe der öffentliche Konsum nicht mehr wachsen. Deutlicher wurde Matthöfer in einem SPIEGEL-Interview. Da die »Zeit der großen Wachstumsraten« vorbei sei, müsse man »alle Bereiche der öffentlichen Aufgaben – auch die Sozialversicherungen« daraufhin überdenken, »ob sie den Anforderungen der Zukunft gerecht« würden.[176] Wie man diese allgemeinen Überlegungen finanzpolitisch konkretisieren wollte, kristallisierte sich in längeren Vorarbeiten von Bundeskanzleramt und Finanzministerium sowie in Gesprächen mit der widerstrebenden SPD-Fraktion heraus.[177]

Ende Juni warb Helmut Schmidt bei den Abgeordneten für eine mittlere politische Linie.[178] Eine »Nachfrageausweitungspolitik à la Keynes« hielt er für falsch; diese löse die Strukturprobleme nicht, treibe vielmehr durch eine höhere Verschuldung die Zinsen weiter nach oben und hemme daher die In-

174 Abteilung Politik für Herrn Verheugen »Konsolidierung als Auftrag zur Reform« vom 16.7.1981, AdL NL Genscher N52-0556. Dazu die Vorschläge des Bundesfachausschusses für Finanzen und Steuern zur Konsolidierung des Bundeshaushalts vom 13.6.1981, AdL NL Genscher N52-0556, sowie Cronenberg an FDP-Bundestagsfraktion am 15.7.1981, Anlage: FDP-Argumente – Wiederherstellung staatlicher Handlungsfähigkeit durch geordnete Finanzen, AdL NL Mischnick A 41-372. Vgl. auch Vom Partner abgehängt, in: DER SPIEGEL Nr. 26 vom 22.6.1981.

175 H. Matthöfer, Haushalts- und Finanzreform (o. D., Sommer 1981, z. T. unterstrichen), AdsD P-HM-0395. Vgl. auch die Vorlage I A BMF an M vom 16.7.1981, in: *Bundesministerium für Arbeit und Sozialordnung u. Bundesarchiv*, Bd. 6, Nr. 6/158, sowie *Abelshauser*, Wirtschaftswunder, S. 478 ff.

176 Weg vom Konsum, hin zu den Investitionen, in: DER SPIEGEL Nr. 30 vom 20.7.1981.

177 Referat 54 BKA (von Peter) für Buka am 16.6.1981 betr. Vorschläge für Einsparungen und Einnahmeerhöhungen im Haushalt 1982, BArch B 136/22496.

178 AL 4 BKA (Heick), Stichworte für Fraktion vom 25.6.1981, ebd.; Gruppe 3 BKA (Thies) für Buka am 26.6.1981 betr. vorredigierte Fassung der Rede vor der SPD-Fraktion am 26.6.1981, PHS HS Eigene Arbeiten 1981/Mai-Juni; SPD-Fraktion im Bundestag, Protokoll der Fraktionssitzung am 26.6.1981, AdsD Abt. II SPD-Bundestagsfraktion 9. WP, 2/BTFI000026. Vgl. auch *Faulenbach*, S. 723 ff.; *Soell*, S. 859 ff. Die letzten Mäuse, in: DER SPIEGEL Nr. 27 vom 29.6.1981; M. Jungblut, Die Regierung bittet zur Kasse, in: DIE ZEIT Nr. 28 vom 3.7.1981.

vestitionen. Nicht weniger problematisch wäre ein deflationärer Kurs; darum werde die Regierung »keine Brüning'sche Politik betreiben«. Da Steuererhöhungen größeren Umfangs ebenfalls nicht in Frage kämen, seien »tiefe Eingriffe nötig«. Diese hätten jedoch »sozial ausgewogen« zu sein. Schmidts Überlegungen deckten sich zwar in den Grundzügen mit den Ergebnissen der Arbeitsgruppe Haushalts- und Finanzplanung der Fraktion unter Leitung von Heinz Westphal. Doch akzentuierte diese stärker die Gefahren der Konsolidierung für die Konjunktur und drängte auf Aktionen gegen die steigende Arbeitslosigkeit.[179] Nicht anders argumentierte der Parteivorsitzende Willy Brandt. Er forderte eine Ergänzungsabgabe, um ein Programm zum Abbau der Arbeitslosigkeit zu finanzieren.[180] Noch entschiedener verlangte der DGB-Vorsitzende Heinz Oskar Vetter nach Maßnahmen zur »Bekämpfung der Wachstums- und Beschäftigungskrise«, denn diese seien »der beste Weg zur Konsolidierung des Bundeshaushalts und der übrigen öffentlichen Haushalte«, während eine »Restriktionspolitik« die Probleme nur verschärfen müsse. Vetter schlug vor, 15 Mrd. für ein langfristiges Investitionsprogramm durch Mehreinnahmen, etwa eine Ergänzungsabgabe auf höhere Einkommen, zu beschaffen und durch Ausgabenkürzungen im Haushalt freizumachen.[181] Arbeitsminister Herbert Ehrenberg unterstützte diese Forderungen. Er versprach sich davon eine Reduzierung der Zahl der Arbeitslosen und mit ihnen des Bundeszuschusses für die Bundesanstalt für Arbeit. Sein »Doppelprogramm« lautete: einerseits »Reduzierung konsumtiver Haushaltsansätze« und andererseits Auflage eines durch eine Ergänzungsabgabe finanzierten »Sofortprogramms zur Förderung von Beschäftigung, Investition und Energieeinsparung«.[182]

Über die inhaltliche und taktische Marschroute für die Haushaltsberatungen wurde Mitte Juli bei einem Treffen von Kanzler und Finanzminister entschieden. Matthöfer wollte den Haushalt 1982 nur um 4% auf rund 240 Mrd. wachsen lassen und die Nettokreditaufnahme von drohenden 46 Mrd. drastisch auf 26 Mrd. reduzieren. Diese Ziele sollten durch Kürzungen von 3,3 Mrd., gesetzliche Eingriffe in soziale Leistungen besonders bei der Arbeitsförderung von 9,0 Mrd., Abbau von Steuervergünstigungen im Umfang von 1,5 Mrd., um 2,4 Mrd. höhere Verbrauchsteuern und nicht zuletzt durch die Einstellung einer hohen, aber umstrittenen Gewinnabführung der Bundesbank erreicht

179 Fraktion der SPD im Deutschen Bundestag, Arbeitskreis V – öffentliche Finanzwirtschaft, Vorsitzender der Arbeitsgruppe Haushalt '82 und Finanzplanung (Westphal) an Buka und Wehner am 29.6.1981, BArch B 136/22496.

180 Die SPD sucht ihren Sparkurs zu klären, in: Frankfurter Allgemeine Nr. 170 vom 27.7.1981.

181 Deutscher Gewerkschaftsbund Bundesvorstand (Vetter) an Buka am 9.7.1981, AdsD 5/DGAN000509.

182 Ehrenberg an Buka am 23.7.1981, BArch B 136/22497. Vgl. auch Für Daimler und Bosch, in: Der Spiegel Nr. 32 vom 3.8.1981; *Gebauer*, S. 182f.

werden.[183] Für zusätzliche investive Maßnahmen war in dieser Vorlage kein Platz.[184] Der Kanzler unterstützte die Vorschläge des Finanzministers. Doch drängte er, da die Bundesrepublik eine »Mittelstellung zwischen den extremen wirtschaftspolitischen Konzepten von Reagan und Mitterand« einnehme, erstens auf beschäftigungspolitische Maßnahmen im Umfang von 6 bis 8 Mrd. und auf substantielle Hilfen für die Stahlindustrie, weil das Ruhrgebiet doch »das Rückgrat der politischen Kontinuität« sei. Zweitens wollte er dem Konzept eine schärfere politische Kontur geben und deshalb die Ziele, »Verbesserung der Struktur der deutschen Volkswirtschaft« sowie ihrer »Wettbewerbsfähigkeit« in den Vordergrund gerückt wissen. Dieser Grundlinie folgte die weitere Argumentation des Kanzlers gegenüber den SPD-Ministern, dem Parteivorstand und dem Gewerkschaftsrat.[185] Vor der Fraktion fasste er sie »in drei halbe Sätze« zusammen: »Erstens Herabsetzung der Ausgaben, zweitens Umstrukturierung eines Teils der verbleibenden Ausgaben in Richtung auf Investition und Beschäftigung; drittens, da wo man reinschneiden muss, so gerecht wie es nur geht.«[186]

Hatten sich FDP und SPD vor dem Hintergrund der Empfehlungen des Sachverständigenrates für die anstehenden Haushaltsberatungen unterschiedlich positioniert, mussten sie sich in den Koalitionsverhandlungen Ende Juli auf eine gemeinsame Linie einigen.[187] In der ersten Runde verständigte man sich nach einigem Hin und Her zunächst auf die vom Finanzminister vorgeschlagenen Eckwerte.[188] Demnach sollte der Haushalt um 4 % auf 240,9 Mrd. wachsen, die Nettokreditaufnahme bei 26,5 Mrd. liegen und der Ausgabenzuwachs in den Folgejahren auf 4 % begrenzt werden. In fünf weiteren Runden ging es dann um die Einzelheiten der Kürzungen und Einnahmensteigerungen. Umstritten war vor allem die Höhe der Ergänzungsabgabe, aus deren Aufkommen beschäftigungspolitische Maßnahmen finanziert werden sollten, ferner der Verteidigungsetat, der aus politischen Gründen nicht, wie Minister Apel forderte, um 4 Mrd. steigen konnte, während gleichzeitig soziale Leistungen gekürzt wurden, dann die Höhe der Gewinnabführung der Bundesbank sowie nicht zuletzt die Verteilung der Einsparungen auf die Klientel der beiden Koalitions-

183 R. Herlt, Matthöfers Traum, in: Die Zeit Nr. 30 vom 17.7.1981. Vgl. dazu *Dickertmann* und *Höfling*, S. 458 ff.

184 AL 4 BKA (Heick) für Buka am 20.7.1981 betr. Haushalt 1982, Steinbruchliste/Konzept BMF, BArch B 136/22496; Al 4 BKA (Heick) für Buka am 13.7.1981 betr. Haushaltskonzept 1982, Ihr Gespräch mit BM Matthöfer am 14.7.1981, ebd.

185 Abteilung 4 BKA, Für SPD-Minister, PV und Gewerkschaftsrat, Sprechzettel für die Beratungen des Bundeshaushalts 1982 vom 24.7.1981, BArch B 136/22497.

186 H. Schmidt, Fraktionssitzung 27.7.1981, PHS HS Eigene Arbeiten 1981/Juni-September.

187 Vgl. dazu »Das wird einen Aufstand geben« und »Die Helden sind ohne Ideen«, in: Der Spiegel Nr. 31 vom 27.7.1981; Für Daimler und Bosch, in: ebd. Nr. 32 vom 3.8.1981.

188 Protokollentwurf (Nr. 1). Koalitionsgespräch am Montag, 27.7.1981, AdL NL Genscher N52-541; Koalitionsgespräch am 27.7.1981, AdsD 1/HSAA009381.

parteien. Dabei wurden besonders heikle Punkte wie die Kürzung des Arbeitslosengeldes, die Einführung eines Karenztages bei der Lohnfortzahlung im Krankheitsfall oder eine Reform der Rentenversicherung ausgeklammert.[189] »Die heiligen Kühe«, kommentierte die SÜDDEUTSCHE ZEITUNG, hätte man »zwar umzingelt, aber noch längst nicht geschlachtet.«[190] Am Ende der siebten Runde konnte der Kanzler schließlich als Ergebnis festhalten, dass Kürzungen (9,8 Mrd.), vor allem beim Kindergeld (1,5 Mrd.) und bei den Zuschüssen für die Bundesanstalt für Arbeit, ferner der Abbau von Steuersubventionen und Vergünstigungen (1 Mrd.), besonders bei Bauern und Beamten, sodann eine Erhöhung der Tabaksteuer (1,4 Mrd.) den Haushalt um insgesamt 12,2 Mrd. entlastet hätten. In den Chefgesprächen mit den Ressorts sollte der Finanzminister weitere 2,9 Mrd. einsparen, so dass gegenüber dem angepeilten Sparziel noch eine Lücke von 1,5 Mrd. blieb. Die Frage, wie diese zu schließen sei, wurde ebenso auf den Herbst vertagt wie die nach der Ausgestaltung und Finanzierung der beschäftigungspolitischen Maßnahmen, vor allem also der Ergänzungsabgabe. Eine Arbeitsgruppe bestehend aus Finanz-, Wirtschafts- und Arbeitsminister sollte dafür nach Lösungen suchen.[191]

Mit ihrer Einigung wollten die Spitzenpolitiker der Koalition Handlungsfähigkeit, Kompromissbereitschaft und nicht zuletzt Einigkeit demonstrieren. Dass die »Schlacht« mit der Kabinettssitzung Ende Juli, welche die Ergebnisse der Koalitionsgespräche formal absegnete sowie deren administrative und rechtliche Umsetzung auf den Weg brachte,[192] nicht gewonnen war, sondern ein langer »Feldzug« drohte,[193] erwies sich in den folgenden Wochen. So hagelte es im Bonner Sommerloch heftige Kritik von allen Seiten an der »Bonner Unvollendeten«, die zu viele strittige Punkte vertagt, offen- oder ungeregelt

189 Protokollentwurf (Nr. 2–6) Koalitionsgespräche am Dienstag, 28.7.1981 und Mittwoch, 29.7.1981, AdL NL Genscher N52-542; Koalitionsgespräch am 28.7. und 29.7.1981, AdsD 1/HSAA009381.

190 G. Hennemann u. J. Forster, Die heiligen Kühe sind umzingelt, in: SÜDDEUTSCHE ZEITUNG Nr. 174 vom 1.8.1981.

191 Protokollentwurf (Nr. 7). Koalitionsgespräch am Mittwoch, 29.7.1981, AdL NL Genscher N52-543; Koalitionsgespräch am 29.7.1981, AdsD 1/HSAA009381; FDP-Fraktion, Protokoll der gemeinsamen Sitzung von Bundestagsfraktion und Bundesvorstand am 29.7.1981, AdL NL Mischnick A41-67.

192 Beschlüsse des Kabinetts vom 30.7.1981, o.D., AdL NL Genscher N52-541; Vermerk Gruppe 45 BKA (Quantz) für die Kabinettssitzung am 30.7.1981 betr. Grundsatzbeschluss zum Bundeshaushalt und zum Finanzplan 1981 bis 1985 sowie begleitende gesetzgeberische Maßnahmen, BArch B 136/22497; 37. Kabinettssitzung am 30.7.1981, in: Kabinettsprotokolle. Wehner an die Mitglieder der Fraktion der SPD am 30.7.1981, Anlage: Aufzeichnung von Heinz Westphal über Koalitionsgespräche o.D., BArch N 1431/42. Für Daimler und Bosch, in: DER SPIEGEL Nr. 32 vom 3.8.1981.

193 W. Roth, »Friedenstiftend und förderlich für die Wirtschaft«, in: DIE ZEIT Nr. 33 vom 7.8.1981.

gelassen hatte.[194] Vor allem aber setzten die Koalitionsparteien einander weiterhin wechselseitig unter Druck und stritten zugleich intern über die mittlerweile »Operation ’82« genannte Konsolidierungsaktion. Während Teile der SPD-Fraktion und die Gewerkschaften auf einer Ergänzungsabgabe beharrten, um das geforderte Konjunkturprogramm zu finanzieren, und eine Absenkung des Arbeitslosengeldes ausschlossen,[195] brachten einige Liberale eine solche Kürzung erneut ins Gespräch. Genschers sogenannter »Wende-Brief« von Mitte August, munitioniert von Staatssekretär Otto Schlecht aus dem Wirtschaftsministerium, verschlechterte die Atmosphäre in der Koalition weiter.[196] Dazu trug auch bei, dass sich die Arbeitsgruppe der drei Minister weder über die Ergänzungsabgabe verständigen noch ein stimmiges Beschäftigungsprogramm entwerfen konnte.[197]

Nach den öffentlich ausgetragenen koalitions- und parteiinternen Auseinandersetzungen während der Bonner Sommerpause standen die Zeichen für eine Klärung der offen gebliebenen Fragen in der zweiten Runde der Koalitionsgespräche nicht gut.[198] Die unterschiedlichen Vorstellungen prallten so heftig aufeinander, dass zeitweilig die Koalition gefährdet schien. Doch lenkten am Ende beide Seiten ein und stellten ihre Kernforderungen durch Protokollvermerke unter dem Vorbehalt zurück, je nach der Arbeitsmarkt- und Haushaltslage wieder darauf zurückzukommen. Jenseits dieses Kompromisses setzte sich aber die FDP mit ihren Forderungen weitgehend durch, da sie geschlossen und hart am Rand des Koalitionsbruchs taktierte. Dagegen fand die SPD zu keiner einheitlichen Position, vielmehr trugen Kanzler und Finanzminister die Konsolidierungspolitik bis an die rote Linie von Arbeitslosengeld und Karenztagen

194 H. Heigert, Lehren aus der Pleite, in: SÜDDEUTSCHE ZEITUNG Nr. 174 vom 1.8.1981; Heftige Reaktion auf Sparpläne der Regierung, in: FRANKFURTER ALLGEMEINE Nr. 175 vom 1.8.1981; R. Zundel, Bonner Streichkonzert: eine Unvollendete, in: DIE ZEIT Nr. 33 vom 7.8.1981; B. Molitor, Staatssanierung und Moral, in: DIE WELT Nr. 185 vom 12.8.1981; E. Thiel, Unvollendeter Etat-Entwurf, in: WIRTSCHAFTSDIENST 1981/VIII, S. 364.

195 W. Roth, »Friedenstiftend und förderlich für die Wirtschaft«, in: DIE ZEIT Nr. 33 vom 7.8.1981; Schmerzhafter Schnitt, in: DER SPIEGEL Nr. 34 vom 17.8.1981; Buka an Heinz Oskar Vetter am 10.8.1981, AdsD 5/DGAN000509; Vetter an Buka am 24.8.1981, ebd. Vgl. auch zu den Aktivitäten im Erich-Ollenhauer-Haus Peter Glotz an Heinz Oskar Vetter am 20.8.1981 mit Anlage: »Die Doppeloperation«, ebd.

196 Schmerzhafter Schnitt, in: DER SPIEGEL Nr. 34 vom 17.8.1981; Staatssekretär Dr. Schlecht, Gesamtwirtschaftliche Aspekte des Haushalts 1982 und der mittelfristigen Finanzplanung, AdL NL Genscher N52-0538; Brief von Hans-Dietrich Genscher an die Mitglieder der Führungsgremien und an die Mandatsträger der Freien Demokratischen Partei am 20.8.1981, in: FREIE DEMOKRATISCHE KORRESPONDENZ Nr. 130/1981, AdL IN5-204; *Genscher*, S. 447f.; »Wenn es zum Schwur kommt«, in: DER SPIEGEL Nr. 35 vom 24.8.1981; *Merck*, S. 109ff.

197 »Wir haben endgültig alles zerredet«, in: DER SPIEGEL Nr. 36 vom 31.8.1981.

198 G. Hofmann, Großer Ärger über die kleine Lösung, in: DIE ZEIT Nr. 37 vom 4.9.1981.

mit, um die Koalition zu erhalten.[199] So beschloss die Runde keine massiven Steuererhöhungen, auch nicht bei Heizöl und Erdgas, sondern lediglich eine Anhebung der Schaum- und Branntweinsteuer. Zudem einigte man sich auf weitere Einschnitte in das soziale Netz, vor allem auf Kürzungen beim Einzelplan des Arbeitsministers, während finanzielle Anreize wie Erleichterung von Abschreibungen, Erweiterung des Verlustrücktrags oder Kapitalhilfen für Exportgeschäfte die Rahmenbedingungen für Investitionen verbessern sollten.[200]

Nachdem die Koalitionsrunde in wesentlichen Fragen entschieden hatte, stimmte das Kabinett den Ergebnissen kurz darauf ohne größere Änderungen zu,[201] und der Finanzminister konnte den Haushalt 1982 samt des dazu gehörenden Paketes von sechs Gesetzentwürfen, darunter vor allem des Zweiten Haushaltstrukturgesetzes, in den Bundestag einbringen.[202] Der Etat sah ein Volumen von 240,8 Mrd. vor, was einem Plus gegenüber 1981 von 4,2 % entsprach.[203] Dank Einsparungen von insgesamt 16,0 Mrd., die nach dem Finanzplan bis 1985 auf 19,9 Mrd. anstiegen, sowie einer höheren Tabak-, Brannt- und Schaumweinsteuer (1,9 Mrd.) und einer mit 6,1 Mrd. angesetzten Gewinnablieferung der Bundesbank ließ sich die Nettokreditaufnahme auf 26,5 Mrd. begrenzen. Diese sollte bei Zuwachsraten des Etats von im Schnitt 3,8 % bis zum Jahr 1985 weiter auf 17,5 Mrd. sinken. Innerhalb des Budgets waren verschiedene Posten zugunsten der Stahl- und Bauindustrie, von Energiesparmaßnahmen sowie der Investitionsförderung umgeschichtet worden. In seiner Haushaltsrede rückte Matthöfer die Modernisierung der Wirtschaft in den Vordergrund. Dafür seien die »Rahmenbedingungen«, insbesondere für »Innovationen und Investitionen«, zu verbessern. Einer höheren Nettokreditaufnahme erteilte der Minister dagegen eine klare Absage. Es sei »ein Irrtum, zu glauben,

199 Hintergrundgespräch Bundeskanzler Helmut Schmidt mit Chefredakteuren am 11.9.1981 – off the record, PHS HS Eigene Arbeiten 1981/September–Oktober.

200 Koalitionsgespräche (Nr. 8 und 9) vom 1. und 2.9.1981, AdL NL Genscher N52-0543; »In einem halben Jahr sind wir dran«, in: Der Spiegel Nr. 37 vom 7.9.1981; Ein Haushaltskompromiß mit Protokollvermerken, in: Frankfurter Allgemeine Nr. 203 vom 3.9.1981; H. Herles, In Bonn steht alles »unter Vorbehalt«, in: ebd.; W.-D. Hasenclever, Sparen – auch eine Chance, in: Die Zeit Nr. 37 vom 4.9.1981; P. Gillies, Formelkompromiß, in: Die Welt Nr. 204 vom 3.9.1981; G. Bading u. G. Capell, Die Koalition ist sich einig, der Konflikt schwelt weiter, in: ebd.

201 Kabinettsvorlage BMF (Matthöfer) vom 28.8.1981, BArch B 136/22498; 42. Kabinettssitzung am 2. und 3.9.1981, in: Kabinettsprotokolle; Beschlüsse der Bundesregierung zum Bundeshaushalt 1982 und zum Finanzplan 1981 bis 1985, in: Bulletin Nr. 76 vom 2./3.9.1981, S. 661–672.

202 Entwurf eines Gesetzes über die Feststellung des Bundeshaushaltsplans für das Haushaltsjahr 1982 (Haushaltsgesetz 1982) vom 11.9.1981, BT-Drucksache IX/770; Zweites Gesetz zur Verbesserung der Haushaltsstruktur vom 11.9.1981, BT-Drucksache IX/795.

203 Haushaltsrede Matthöfer am 16.9.1981, in: VDB, 9. WP, 51. Sitzung vom 16.9.1981, S. 2865–2876.

durch eine Ausweitung der öffentlichen Defizite ließe sich in der gegenwärtigen Lage zusätzliche Nachfrage schaffen«.[204]

Die Meinungen über die Operation '82 gingen weit auseinander.[205] Die FDP, wenn auch uneins über die Notwendigkeit einer beschäftigungspolitischen Komponente, war mit dem Ergebnis zufrieden, sah in dem Maßnahmenpaket aber nur einen ersten Schritt auf dem langen Weg zu einer nachhaltigen Konsolidierung des Bundeshaushalts.[206] Schwer tat sich dagegen die SPD-Fraktion. Die Parteiführung, angefangen bei Helmut Schmidt über Willy Brandt und Herbert Wehner bis hin zu Hans Matthöfer, leistete harte Überzeugungsarbeit, um die Fraktion für die Operation '82 zu gewinnen. Am Ende stimmten 17 Abgeordnete gegen die Vereinbarung, und drei enthielten sich der Stimme; die anderen wollten an dieser Frage die Koalition nicht scheitern lassen.[207] Dabei wurde wiederholt das Jahr 1930 in Erinnerung gerufen, die fehlende politische Alternative beklagt und nicht zuletzt die Gefahr beschworen, dass eine andere Regierung schärfere Eingriffe in das soziale Netz vornehmen könnte. Doch war damit der Dissens nicht ausgeräumt, denn um die Brücke zu den Gewerkschaften nicht abzubrechen, setzte Willy Brandt sich an die Spitze derer, die weiterhin auf ein Beschäftigungsprogramm drängten.[208] Von den Gewerkschaften her blies nämlich der Gegenwind immer kräftiger, da die Konsolidierungspolitik sie in einen ähnlichen Konflikt stürzte wie die SPD-Fraktion. Einerseits wollte die Führung loyal zu Regierung und Koalition stehen, musste andererseits aber die Interessen der Mitglieder berücksichtigen. Außer dem

204 Ebd., S. 2869 f. Matthöfer wirbt um Unterstützung für das Sparprogramm der Regierung, in: SÜDDEUTSCHE ZEITUNG Nr. 213 vom 17.9.1981. Vgl. das überschwängliche Lob von G. Hofmann, »Ein Kanzler nach innen«, in: DIE ZEIT Nr. 40 vom 25.9.1981.

205 Vgl. zu den gesamtwirtschaftlichen Effekten der Operation '82 die Simulationsrechnung des RWI. Diese ging von Wachstumsverlusten von 0,3 % des realen Bruttosozialprodukts für 1982 und von 1 % für 1983 aus. *Heilemann* u. *Hüttebräuker*.

206 Sitzung des Bundeshauptausschusses der FDP am 24.10.1981, AdL A 48-009; Peter Schumacher an Hans-Dietrich Genscher am 27.11.1981 betr. Präsidiumssitzung am 30.11.1981 – Haushaltspolitik, AdL NL Genscher N 52-0556; vgl. auch *Merck*, S. 118 ff.

207 Den Kern der Opposition bildete die sogenannte »Viererbande« um Manfred Coppik, Karl-Heinz Hansen, Dieter Lattmann und Erich Meinike, von denen Letzterer als Mitglied des Finanzausschusses in der Fraktion den größten Einfluss hatte. Interview Böhme.

208 SPD-Fraktion im Bundestag, Protokoll der Fraktionssitzung am 8.9.1981, AdsD Abt. II SPD-Bundestagsfraktion 9. WP, 2/BTFI000029; Gruppe 3 BKA (Thies) an Buka am 8.9.1981 betr. Vorredigierte Fassung der Rede vor der SPD-Fraktion am 8.9.1981, PHS HS Eigene Arbeiten 1981/Juni-September; H. Schmidt, Ausführungen des Bundeskanzlers vor der SPD-Fraktion des Bundestages vom 8.9.1981, AdsD 1/HWAA002522; H. Matthöfer, Tonbandprotokoll des Redebeitrags von M vor der Fraktion am 8.9.1981, ebd. P-HM-0239; H. Wehner an alle SPD-Fraktionsmitglieder am 10.9.1981, PHS HS Privat TG XVI 1981/I. Vgl. auch *Faulenbach*, S. 727 f.; *Abelshauser*, Wirtschaftswunder, S. 485 f.; *Jäger*, Innenpolitik, S. 209 ff.; *Kempter*, Loderer, S. 460 ff.; *Gebauer*, S. 183 f.

ÖTV-Vorsitzenden Heinz Kluncker votierte vor allem Franz Steinkühler, Bezirksleiter der IG-Metall in Baden-Württemberg, für die Wahrung der gewerkschaftlichen Identität und für einen Ausstieg aus der Koalition. In einem scharf formulierten Flugblatt warf Steinkühler der Bundesregierung vor, »mit einem Mähdrescher über die sozialen Leistungen« hinwegzufahren, und rief zu einer Massendemonstration gegen »Arbeitsplatzverlust und soziale Demontage« in Stuttgart auf. Nach Steinkühlers Ansicht riss die Politik der SPD in der Regierungskoalition die Kluft zu ihrer traditionellen Klientel immer weiter auf.[209] Zwar bemühte sich Hans Matthöfer, die SPD-Fraktion nach der Verabschiedung des Haushaltsstrukturgesetzes weiterhin auf Kurs zu halten,[210] und der Kanzler versuchte bei einem Treffen mit den Gewerkschaften Mitte November, diese in seinen finanzpolitischen Kurs einzubinden und sich als verlässlichen Partner zu erhalten, doch nahmen Entfremdung und Spannungen zu.[211] Daran änderte auch die Fortsetzung der sogenannten »Bungalow-Gespräche« nichts, die Gewerkschaften und Unternehmer, Bundesregierung und Bundesbank an einen Tisch brachten.[212]

Zwischen Zustimmung und Kritik pendelten auch die Reaktionen außerhalb der sozial-liberalen Koalition und ihrer Anhängerschaft. Nicht allein die Experten,[213] auch Presse, Fernsehen und nicht zuletzt viele Bundesbürger, die sich mit einer Flut von Briefen an Abgeordnete und Minister, vor allem an den Finanzminister wandten, verfolgten aufmerksam das Hin und Her in der Koalition sowie das Ergebnis ihrer Auseinandersetzungen.[214] In einer breit angeleg-

209 G. Hofmann, Suche nach einem Hoffnungsträger, in: Die Zeit Nr. 47 vom 13.11.1981; H. Matthöfer, Offener Brief an Franz Steinkühler am 28.10.1981, BArch B 126/79364; E. Martens, Kollegen gegen Genossen, in: Die Zeit Nr. 47 vom 13.11.1981; »Die Gewerkschaften brechen uns weg«, in: Der Spiegel Nr. 47 vom 16.11.1981; Gewerkschaften beginnen eine Kampagne gegen die Sparbeschlüsse der Regierung, in: Süddeutsche Zeitung Nr. 258 vom 9.11.1981. Bei einem Treffen zwischen Matthöfer und Vertretern der IG Metall nach der Demonstration kam es zu einer scharfen Konfrontation. Interviews Böhme und Offergeld. Vgl. ausführlich auch *Abelshauser*, Wirtschaftswunder, S. 469 ff.; *Kempter*, Loderer, S. 459 ff.

210 VDB, 9. WP, 64. Sitzung vom 12.11.1981, S. 3657 ff. Vermerk I A 3 BMF (Rosenkränzer/Rolle/Meseberg) für M am 13.11.1981 betr. Argumentation für Abgeordnete der SPD-Fraktion zur finanzpolitischen Grundkonzeption nach Verabschiedung des 2. Haushaltsstrukturgesetzes im Bundestag, BArch B 126/79346.

211 Buka an Vetter am 6.11.1981, PHS Innenpolitik M-Z 1981 Bd. 17; Gruppe 42, Gespräch mit den Gewerkschaften am 19.11.1981, PHS Innenpolitik A-L 1981 Bd. 16.

212 Vermerk Gruppe 42 BKA vom 10.11.1981 betr. Stichworte für ein Eingangs-Statement – Bungalowgespräch am 11.11.1981, BArch B 136/24167.

213 H.-J. Schmahl, Operation'82, in: Wirtschaftsdienst 1981/IX, S. 418 f.

214 Das Wort zum Mittwoch »Wir schöpfen aus dem Vollen, als sei am dritten Tag der Schöpfung schon das ganze Haus fertig« in der Sendung »Der Markt« am 17.11.1981, WDR 0117238. Man siehe nur die hohe Zahl an Zuschriften, die Matthöfer aus der Bevölkerung erhielt und die er einzeln beantworten ließ. Dutzende von Aktenordnern finden sich in AdsD NL Matthöfer.

ten repräsentativen Umfrage versuchte Infratest im Auftrag des Kanzleramts, die Einstellung der Bevölkerung zur Operation '82 zu ermitteln. Die Ergebnisse widersprachen sich zum Teil. Für die krisenhafte Entwicklung in der Bundesrepublik wurden internationale Zusammenhänge ebenso wie nationale Bedingungen verantwortlich gemacht und darum die Handlungsspielräume der Regierung für eng begrenzt gehalten. Zugleich ging knapp die Hälfte der Befragten – lediglich 17 % der SPD-Wähler, ein knappes Drittel der FDP-Anhänger, aber drei Viertel der Unions-Wähler – davon aus, dass sich die wirtschaftliche Lage »aufgrund einer falschen Politik der Bundesregierung« verschlechtern werde. 82 % der Befragten hielten kreditfinanzierte Konjunkturprogramme für »nicht sinnvoll«. 59 % meinten dagegen, der Staat solle die Steuern senken, um die Konjunktur anzukurbeln. Die »Bereitschaft zum Sparen«, stellte das Meinungsforschungsinstitut fest, sei zwar stärker als vor drei Jahren, doch würden Einschränkungen am wenigsten bei den Sozialleistungen akzeptiert. So überwog die Kritik an den Sparprogrammen, da von ihnen »in erster Linie ›der kleine Mann‹« betroffen sei.[215]

Dass die Opposition die Operation '82 skeptisch beurteilte, nimmt nicht wunder.[216] Doch setzte sie dem Konsolidierungsplan der Koalition kein konkretes und in sich geschlossenes Konzept entgegen. Vielmehr konkurrierten verschiedene Sparvorschläge miteinander, die sich kaum auf einen Nenner bringen ließen.[217] So blieb es bei der Kritik an einzelnen Maßnahmen und punktuellen Alternativvorschlägen wie einer fünfprozentigen linearen Kürzung der gesetzlichen Sozialleistungen oder der internationalen Hilfen. Im Übrigen wiederholte die Opposition regelmäßig ihre Forderung nach einer grundsätzlichen Wende in der Finanzpolitik.[218] Auch die Ministerpräsidenten der unionsregierten Bundesländer konnten sich im Bundesrat nur schwer auf eine gemeinsame Linie gegenüber den Konsolidierungsplänen der Koalition verständigen. Um die sozial-liberale Regierung über den Haushalt 1982 auszuhebeln, gingen die Ministerpräsidenten von Baden-Württemberg und Bayern, Lothar

215 Infratest Sozialforschung, Einstellung der Wahlbevölkerung zur gerechten Verteilung von Lasten in wirtschaftlich schwieriger Zeit vom November 1981, BArch B 136/14961 (Zitate und Ergebnisse: S. 2 f., 15, 109 f.).

216 Stellungnahe der CDU/CSU-Bundestagsfraktion zu den finanzpolitischen Beschlüssen der Bundesregierung am 3.9.1981, ACDP 08-001/1508/1. VDB, 9. WP, 52. Sitzung vom 17.9.1981, S. 2901–3022; Opposition fordert grundsätzliche Wende in der Wirtschafts- und Finanzpolitik, in: Süddeutsche Zeitung Nr. 214 vom 18.9.1981.

217 CDU/CSU-Fraktion, Protokoll 15.6., 8.9., 27.10.1981, ACDP 08-001-1064/1 und 1065/1; Vermerk über die Sitzung des Fraktionsvorstandes am 7.9.1981, ACDP 08-001/1508/1.

218 Gruppe 45 BKA (Quantz) an Buka am 9.9.1981 betr. Einsparvorschläge der CDU/CSU-Fraktion zum Bundeshaushalt 1982, BArch B 136/22498; Gleich so schlecht, in: Der Spiegel Nr. 38 vom 14.9.1981; G. Hofmann, »Ein Kanzler nach innen«, in: Die Zeit Nr. 40 vom 25.9.1981; R. Zundel, Die Koalition atmet auf, in: ebd.

Späth und Franz Josef Strauß, in der Länderkammer auf Konfrontationskurs. Ernst Albrecht und Gerhard Stoltenberg dagegen vertraten mit Niedersachsen und Schleswig-Holstein Länder, in denen die Finanzlage angespannter war. Auch hatten sie die anstehenden Landtagswahlen im Blick und positionierten sich bereits für die Bundestagswahl 1984. Beide Ministerpräsidenten bemühten sich deshalb um ein Geschäft auf Gegenseitigkeit, um ihre eigenen Probleme ein Stück weit zu beheben.[219] So konnte sich die Union lediglich auf den Versuch verständigen, die Kreditermächtigung in § 1 Abs. 1 des Haushaltsgesetzes 1981 wegen des Verstoßes gegen Art. 115 GG durch das Bundesverfassungsgericht für nichtig erklären zu lassen. Ein entsprechender Normenfeststellungsantrag, den der Verfassungs- und Steuerrechtler Paul Kirchhof in Zusammenarbeit mit dem finanzpolitischen Berater der CDU/CSU-Fraktion Heinz Günter Zavelberg ausgearbeitet hatte, wurde Anfang September im Auftrag der Unionsabgeordneten beim Zweiten Senat in Karlsruhe eingereicht.[220] Dabei ging es der Opposition vor allem darum, die Verschuldungspolitik der sozial-liberalen Koalition vor aller Öffentlichkeit zu kritisieren und ins Zwielicht der Gesetzwidrigkeit zu rücken.[221] Die Aktion hatte freilich nur symbolischen Wert, denn erst 1989, nach »einer biblischen Zeitspanne von sieben Jahren«, erging die Entscheidung des Gerichts.[222]

Es war jedoch weniger die Kritik der Opposition, die den Erfolg der Operation '82 gefährdete, als vielmehr die unsichere Grundlage, auf welcher der Haushalt beruhte.[223] Bereits im Oktober, als das Gemeinschaftsgutachten der Wirtschaftsforschungsinstitute vorlag, musste der Finanzminister die Rahmendaten für das Budget korrigieren, denn die Wirtschaft würde im Jahr 1982 voraussichtlich nicht wie ursprünglich angenommen real mit 2,5 %, sondern nur um 1,0 bis 1,5 % wachsen und die Zahl der Arbeitslosen auf 1,6 Mio. ansteigen.[224] Eingeplant werden mussten deshalb Steuermindereinnahmen von 4,2 Mrd. und Mehrausgaben für die Bundesanstalt für Arbeit im Umfang von 2,8 Mrd. sowie höhere Subventionen für Kohle und Stahl von 0,8 Mrd., so dass sich insgesamt

219 Bund und Länder weiter uneins über die Sanierung des Haushalts 1982, in: Süddeutsche Zeitung Nr. 221 vom 26./27.9.1981; Ebenso düster, in: Der Spiegel Nr. 47 vom 16.11.1981.

220 Antrag von Dr. Helmut Kohl, Mitglied des Bundestages, Dr. Friedrich Zimmermann, Mitglied des Bundestages und 229 weiteren Mitgliedern des Bundestages vom 6.9.1981, AdsD P-HM-0235 bzw. ACDP 08-001/812/6. Vgl. auch die Unterlagen im NL Zavelberg, BArch N 1431/7. Vgl. dazu Die Union reicht Verfassungsklage gegen den Etat ein, in: Frankfurter Allgemeine Nr. 213 vom 15.9.1982.

221 CDU/CSU erhebt Verfassungsklage, in: UiD Nr. 21/82 vom 24.6.1982; Verfassungsklage der Fraktion in Karlsruhe eingereicht, in: ebd. Nr. 27/82 vom 16.9.1982.

222 BVerfGE 79.311 (1989); vgl. dazu *Gandenberger*, Verfassungsgrenzen, S. 29.

223 »Das kann Apels dickster Klops werden«, in: Der Spiegel Nr. 38 vom 14.9.1981.

224 Der Countdown beginnt, in: Wirtschaftswoche Nr. 44 vom 23.10.1981.

eine Deckungslücke von 7,8 Mrd. auftat. Da die FDP weder einer höheren Nettokreditaufnahme noch neuen Steuern zustimmen wollte,[225] musste im Koalitionsgespräch Ende Oktober eine andere Lösung gefunden werden. Wider Erwarten rasch kam die Runde überein, die höhere Gewinnabführung der Bundesbank von 3,9 Mrd. nicht wie geplant zur Reduzierung der Nettokreditaufnahme, sondern zum Stopfen des Haushaltslochs zu verwenden, den vorsorglich geschaffenen Beitragsrahmen von 4 % bei der Arbeitslosenversicherung voll auszuschöpfen (2,85 Mrd.) und den verbleibenden Betrag von 1,05 Mrd. aus verschiedenen Einzelplänen herauszukürzen.[226]

Büßte die Regierung mit der sogenannten »Nachoperation '82« viel an Glaubwürdigkeit ein,[227] musste sie im Vermittlungsausschuss von Bundestag und Bundesrat abermals Federn lassen. Zwar konnte sie sich bei den Einspruchsgesetzen mit der Mehrheit der Koalition im Bundestag durchsetzen. Doch sah es bei den Zustimmungsgesetzen anders aus.[228] Vor allem monierten nicht nur die unions-, sondern auch die SPD-regierten Länder, dass der Bund seinen Haushalt zu ihren, aber auch zu Lasten der Gemeinden konsolidiere. Einhellig forderten sie mehr Ausgewogenheit.[229] Bereits Mitte Oktober 1981 hatte die Konferenz der Landesfinanzminister in einer Presseerklärung unter der Überschrift »Mehr investieren, weniger verbrauchen« vor der »rapide steigenden Staatsverschuldung« sowie dem damit »einhergehenden hohen Zinsniveau« gewarnt. Das Gremium sah die Ursachen dieser Entwicklung »in einem durch die wirtschaftlichen Fakten nicht gedeckten Anspruchsdenken, basierend auf der irrigen Erwartung eines anhaltenden kräftigen Wirtschaftswachstums«. Daher müssten die Verbrauchsausgaben eingeschränkt und die Rahmenbedingungen

225 FDP-Fraktion, Ergebnisprotokoll der Sitzung des Arbeitskreises II am 20.10.1981, AdL NL Genscher N52-0514; Vermerk Peter Schumacher für Genscher vom 20.10.1981, ebd.

226 Chef BKA, Koalitionsgespräch am 26.10.1981, AdsD 1/HSAA009383; Peter Schumacher, Ergebnis des Koalitionsgespräches vom 26.10.1981, AdL NL Genscher N52-541; FDP-Fraktionsvorstand, Kurzprotokoll über die Sitzung des Fraktionsvorstandes am 26.10.1981, AdL NL Mischnick A41-18; FDP-Fraktion, Kurz- und Beschlußprotokoll der Fraktionssitzung am 27.10.1981, ebd. Erklärung der Bundesregierung zum Bundeshaushalt 1982, in: Bulletin Nr. 97 vom 30.10.1981, S. 841–847. Vgl. auch Oder mehr, in: Der Spiegel Nr. 43 vom 19.10.1981; Auf wackeligem Fundament, in: ebd. Nr. 44 vom 26.10.1981.

227 H.-H. Härtel, Nachoperation '82, in: Wirtschaftsdienst 1981/XI, S. 522 f.; »Die Leute verlieren das Vertrauen«, in: Der Spiegel Nr. 45 vom 2.11.1981; W. Kaden, Treuer Blick und falsche Zahlen, in: ebd.

228 Einzelheiten finden sich in der Zusammenstellung Operation '82. Ablauf der Beratungen und Ergebnis des Vermittlungsverfahrens, in: Bulletin Nr. 120 vom 11.12.1981, S. 1025–1027.

229 H. Rudolph, Die Macht zeigen?, in: Die Zeit Nr. 49 vom 27.11.1981; Die unionsregierten Länder lehnen das Gesetzespaket zum Haushalt ab, in: Frankfurter Allgemeine Nr. 276 vom 28.11.1981.

für private Investitionen verbessert werden.[230] Entsprechend zäh gestalteten sich die Arbeiten im Vermittlungsausschuss, wo man vor allem über die von den Ländern geforderten Einsparungen bei der Sozialhilfe stritt.[231] Am Ende des Verhandlungsmarathons stand ein Ergebnis, mit dem die FDP gut leben konnte, das aber an die Schmerzschwelle der SPD-Fraktion rührte, da einerseits die Sozialhilfe für drei Jahre langsamer als die Teuerungsrate wachsen sollte und man andererseits Unternehmern weiterhin die Umsatzsteuer für Firmenwagen erstatten wollte.[232] Für den Finanzminister lief das Paket auf eine Mehrbelastung von 1,1 Mrd. hinaus, während die Länder um gut 1,9 Mrd. entlastet wurden. Doch war das Haushaltsloch, wie Matthöfer im Kabinett einräumte, inzwischen noch gewachsen, da der Bund mit Steuermindereinnahmen von 500 Mio. rechnen musste. Die neuerliche Deckungslücke von 1,6 Mrd. wollte der Finanzminister durch höhere Ablieferungen von Bundespost und Bundesbank, eine Verminderung der Kokskohlebeihilfe sowie nicht zuletzt durch eine um 400 bis 600 Mio. höhere Neuverschuldung schließen. Die wendigen Liberalen konnten diesem Plan zustimmen, indem sie die Erstattung der Mehrwertsteuer als investive Ausgabe definierten und damit die gestiegene Kreditaufnahme rechtfertigten.[233]

Mit der Operation ’82, die hart an die Grenzen der politischen Belastbarkeit der sozial-liberalen Koalition gegangen war, hatte diese jedoch nur einen ersten Schritt zur Konsolidierung der öffentlichen Finanzen, zumal jener des Bundes getan. Das sahen vor allem die führenden Politiker der FDP so und drängten auf weitere Maßnahmen. Hans-Dietrich Genscher ließ sich für die Beratungen der Parteigremien über den künftigen Kurs der FDP mit entsprechenden Argumenten wappnen. Der zuständige Referent in der Parteizentrale, der Überlegungen »Zum Problem der Konsolidierung der staatlichen Finanzen« anstellte, entwarf ein trübes Bild.[234] Er sah eine Konsolidierung der öffentlichen Haushalte auf

230 Pressemitteilung der Konferenz der Landesfinanzminister »Mehr investieren, weniger verbrauchen« vom 16.10.1981, BArch B 126/83735.

231 Der Vermittlungsausschuß vor einem harten Ringen um den Etat, in: Frankfurter Allgemeine Nr. 280 vom 3.12.1981; Im Vermittlungsausschuß ein zähes Suchen nach Kompromissen zur Etat-Sanierung, in: ebd. Nr. 281 vom 4.12.1981; Im Vermittlungsausschuß vor allem die Sozialfinanzen umstritten, in: ebd. Nr. 284 vom 8.12.1981.

232 Peter Schumacher an Hans-Dietrich Genscher am 27.11.1981 betr. Präsidiumssitzung am 30.11.1981 – Haushaltspolitik, AdL NL Genscher N 52-0556. Danke schön sagen, in: Der Spiegel Nr. 51 vom 14.12.1981.

233 56. Kabinettssitzung am 9.12.1981, in: Kabinettsprotokolle; 1982 fehlen weitere 1,5 Milliarden Mark, in: Frankfurter Allgemeine Nr. 286 vom 10.12.1981; R. Herlt, Nur ein Anfang, in: Die Zeit Nr. 52 vom 18.12.1981.

234 Positionspapier I D (Raabe) vom 9.12.1981 betr. Zum Problem der Konsolidierung der staatlichen Finanzen, AdL NL Genscher N 52-0556. Ähnlich schon Peter Schumacher an Hans-Dietrich Genscher am 27.11.1981 betr. Präsidiumsitzung am 30.11.1981 – Haushaltspolitik, AdL NL Genscher N 52-0556.

mittlere Sicht noch nicht als gesichert an. Um eine solche zu erreichen, müsste das Wachstum der öffentlichen Ausgaben auf unter 5 % sinken. Wolle man obendrein den Anteil der öffentlichen Investitionen an den Ausgaben erhöhen, dürften diese um höchstens 4,0 bis 4,5 % steigen. Das sei nur durch »einschneidende Eingriffe« bei den Transferleistungen zu erreichen. Die zu erwartenden niedrigeren wirtschaftlichen Wachstumsraten würden die Situation noch verschärfen. Das verdeutliche, »wie stark sich das Ausgabeverhalten ändern« müsse. Diese Passage markierte Genscher mit kräftigen Strichen. Kaum war die Operation '82 unter Dach und Fach, zeichneten sich weitere Konflikte in der Koalition ab.

c) Konjunkturprogramme, Konsolidierungsversuche und politische Blockaden

Nach der Verabschiedung des Bundeshaushalts 1982 sah der Wirtschaftsjournalist Dieter Piel nur noch schwarz.[235] Von einem »Glückstag«, schrieb er Ende Januar 1982 in der BÖRSENZEITUNG, könne angesichts der bevorstehenden Probleme nicht die Rede sein. Der »düster umflorte Blick« falle zum einen auf das »anhaltende Gerangel« um ein Beschäftigungsprogramm, dessen Finanzierung absolut fraglich sei; das Geld könne »eigentlich nur vom Heiligen Geist« kommen. Doch der stehe »den Handelnden in Bonn« nicht nahe genug, um einzuspringen. Zum anderen existiere »ein großer Konsolidierungsbedarf«, denn trotz der Operation '82 seien die Finanzen des Bundes »wahrlich nicht … gesund«. Schließlich bilde die Frage, wie lange die Koalition noch im Amt bleibe, das »vielleicht drängendste Problem«. Damit umriss Piels Artikel die drei wichtigsten Aufgaben des Jahres 1983: die Finanzierung beschäftigungsfördernder Maßnahmen zur Belebung der schwächelnden Konjunktur und zur Bekämpfung der steigenden Arbeitslosenzahlen; die wegen wachsender Zinsausgaben, zunehmender Sozialleistungen und sinkender Investitionen drängende Konsolidierung der öffentlichen Haushalte; sowie nicht zuletzt die schwindende Fähigkeit, in der Regierungskoalition wie innerhalb der sie tragenden Parteien konsensfähige Lösungen zu finden.

Die Prognosen für die wirtschaftliche Entwicklung im Jahr 1982, die von einem Wachstum des Sozialprodukts von real 1,0 bis 1,5 % ausgegangen waren, erwiesen sich wiederum als zu optimistisch.[236] In den ersten Monaten gab es zwar einige Lichtblicke. Doch sprang der Funke, der von der Auslandsnachfrage

235 D. Piel, Haushalt geschafft – Probleme bleiben, in: BÖRSENZEITUNG Nr. 15 vom 23.1.1982.

236 M. Jungblut, Angst vor einem Absturz, in: DIE ZEIT Nr. 1 vom 1.1.1982. Ergebnisniederschrift über die 46. bzw. 47. Sitzung des Finanzplanungsrates am 14.12.1981 bzw. 18.3.1981, BArch B 136/22940.

ausging, nicht auf die weiterhin schwächelnde Binnenkonjunktur über. Als dann seit dem Frühjahr die Aufträge aus dem Ausland drastisch zurückgingen, überlagerten sich die kontraktiven Wirkungen der Binnen- und der Auslandsnachfrage. Am Ende wuchs das Sozialprodukt zwar nominal noch um 3,6 %, schrumpfte real aber um 1,1 %. Damit trübte sich der Konjunkturhimmel weiter ein, und die rezessive Entwicklung des Vorjahres mit einem Minus von 0,3 % verschärfte sich noch.[237] Das ließ die Arbeitslosenzahlen weiter ansteigen. Hatte die Arbeitslosenquote 1980 noch bei 3,8 % gelegen, wuchs sie 1981 deutlich auf 5,5 % an und sprang 1982 auf 7,5 %.[238] Vor allem der jähe Anstieg der Arbeitslosigkeit an der Jahreswende 1981 auf 1982 wies den weiteren politischen Entscheidungen die Richtung. So nahm die Zahl der Arbeitslosen zunächst kontinuierlich von 1,3 Mio. im September 1981 über 1,4 Mio. im Oktober auf 1,5 Mio. im November zu, machte dann aber im Dezember einen Sprung auf 1,7 Mio. und erreichte endlich mit 2,0 Mio. im Januar 1982 ihren Jahreshöchststand, bevor sie saisonbedingt bis Mai auf 1,7 Mio. sank, damit aber noch immer um 0,6 Mio. über dem Tiefstwert von 1981 lag.[239] Eine Arbeitslosigkeit, wie sie seit Mitte der fünfziger Jahre in der Bundesrepublik nicht mehr geherrscht hatte, brachte die sozial-liberale Koalition in arge Bedrängnis. Zu Gegenmaßnahmen sah sich vor allem der größere Partner gezwungen.[240] Zwar hatten die SPD-Spitze, allen voran Willy Brandt und Herbert Wehner, sowie große Teile der SPD-Fraktion ihre Forderung nach einem Beschäftigungsprogramm bei den Beratungen über die Operation '82 vorerst zurückgestellt, diese aber – erinnert sei an die denkwürdige Protokollnotiz – keineswegs aufgegeben.[241] Unter dem Druck gewerkschaftlicher Proteste im November und der Vorausschätzungen des DIW vom selben Monat, aber auch wegen der gewachsenen Zustimmung des Sachverständigenrats in seinem Jahresgutachten 1981/82 und nicht zuletzt wegen der alarmierenden Zahlen aus Nürnberg ließ sich die Entscheidung über ein solches Programm allenfalls noch bis zur Vorlage des Jahreswirtschaftsberichts der Bundesregierung Ende Januar aufschieben.[242]

237 Ergebnisniederschrift über die 49. Sitzung des Finanzplanungsrates am 29.11.1982, ebd.; *Sachverständigenrat*, Jahresgutachten 1981/82, Ziff. 65 ff.

238 Statistik der Bundesagentur für Arbeit, Arbeitslosigkeit im Zeitverlauf (Datenstand: Mai 2015).

239 Ebd.

240 Arbeitslose oder Arbeitsplätze finanzieren?, in: Der Spiegel Nr. 3 vom 18.1.1982.

241 Heftiger Streit über den Wirtschaftskurs, in: Süddeutsche Zeitung Nr. 263 vom 14./15.11.1981; D. Piel, Theater mit vielen Souffleuren, in: Die Zeit Nr. 6 vom 5.2.1982. Brandt an Schmidt am 16.12.1981, in: *Woyke*, Brandt, Nr. 627: 16.12.1981.

242 Schnellinformation I A 3 BMF (Thormählen) für die Leitung des Hauses vom 16.11.1981 betr. Wochenbericht des DIW zum Thema: Finanzpolitik verschärft Lage am Arbeitsmarkt, BArch B 126/83463; Vermerk Peter Schumacher für Hans-Dietrich Genscher am 27.11.1981, AdL NL Genscher N52-0056; *Sachverständigenrat*, Jahresgutachten 1981/82, Ziff. 418 ff.; Vermerk I A 3 BMF (Thormählen) für AL 1 vom 2.12.1981 betr.

Währenddessen wurde in den zuständigen Bonner Ministerien sowie in den Koalitionsfraktionen offen und verdeckt an entsprechenden Plänen gearbeitet.[243] Dass die FDP einem Konjunkturprogramm jetzt positiver gegenüberstand, hatte teils außen-, teils innenpolitische Gründe. Außenpolitisch besann sich die Koalition unter dem Eindruck der Genfer Verhandlungen über den NATO-Doppelbeschluss und der Verhängung des Kriegsrechts in Polen wieder mehr auf ihre Gemeinsamkeiten.[244] Innenpolitisch rückte die FDP-Führung nach der Verabschiedung des Haushalts 1982 und nach Umfragen, welche die Koalitionstreue einer Mehrheit der Parteimitglieder belegten, geschwächt auch durch die sogenannte »Parteispenden-Affäre« von ihrem Konfrontationskurs ab.[245] Nicht zuletzt ließ es die bevorstehende Serie von vier Landtagswahlen inopportun erscheinen, die Zusammenarbeit mit den Sozialdemokraten ausgerechnet im Streit um Maßnahmen gegen die steigende Arbeitslosigkeit aufzukündigen.[246] Nach einer »zweifachen Kehrtwendung« von Wirtschaftsminister Graf Lambsdorff, der – tief in die Parteispendenaffäre verstrickt – zunächst ein Beschäftigungsprogramm abgelehnt, es dann aber zusammen mit einer Erhöhung der Mehrwertsteuer gutgeheißen, am Ende jedoch beides definitiv verworfen hatte,[247] verständigte sich die Koalition Anfang Februar unter massivem Druck des Bundeskanzlers auf ein konventionelles Beschäftigungsprogramm, dessen Bezeichnung als »Gemeinschaftsinitiative für Arbeitsplätze, Wachstum und Stabilität« Solidarität mit den Arbeitslosen suggerierte.[248]

Das Paket sah eine zeitlich befristete zehnprozentige Investitionszulage mit einem Volumen von 4 Mrd. vor, die zu Steuermindereinnahmen von 1,85 Mrd. beim Bund und 1,87 Mrd. bei den Ländern sowie 280 Mio. bei den Gemeinden führte. Hinzu kamen weitere investitionsfördernde Kreditprogramme des ERP-Sondervermögens sowie der Kreditanstalt für Wiederaufbau, die sich auf 6 Mrd. beliefen. Außerdem wurden die Mittel für den Hochbau aufgestockt, Maßnahmen zur Bekämpfung der Jugendarbeitslosigkeit ergriffen und schließlich als Konzession an die FDP Neuregelungen beim Mietrecht getroffen, die

Jahresgutachten 1981/82 des Sachverständigenrates, BArch B 126/83463. Vgl. auch Weiter streichen, in: Der Spiegel Nr. 48 vom 23.11.1981; Nach allen Seiten offen, in: Wirtschaftswoche Nr. 49 vom 27.11.1981; In den Sternen, in: Der Spiegel Nr. 52 vom 21.12.1981.

243 Ebd. Schmidt an Brandt am 24.12.1981, in: *Woyke*, Brandt, Nr. 629: 24.12.1981.

244 *Haftendorn*, S. 295 f.

245 *Kilz* u. *Preuss*; *Landfried*, S. 188 ff.

246 Koalition: Zeit der Artigkeiten, in: Der Spiegel Nr. 3 vom 18.1.1982; D. Piel, Bonn in Zugzwang, in: Die Zeit Nr. 5 vom 29.1.1982; *Merck*, S. 124 ff.; *Jäger*, Innenpolitik, 226 ff.

247 »Das ist verteufelt schlecht gelaufen«, in: Der Spiegel Nr. 4 vom 25.1.1982; FDP überrascht den Koalitionspartner mit dem Vorschlag einer Investitionszulage, in: Süddeutsche Zeitung Nr.14 vom 19.1.1982.

248 Jahreswirtschaftsbericht der Bundesregierung, BT-Drucksache IX/1322, Ziff. 10–24; *Soell*, S. 864 ff.; *Jäger*, Innenpolitik, S. 213 ff.; *Kiesow*, S. 205 ff.

Investitionen in den Wohnungsbau fördern sollten.[249] Strittig blieb bis zuletzt die Finanzierung dieses Programms, das den Bund mit rund 5,6 Mrd. belastete.[250] Eine höhere Nettokreditaufnahme und eine Ergänzungsabgabe schieden aus politischen Gründen aus. Auch der zukunftsweisende Vorschlag des Finanzministers, die Mineralölsteuer deutlich anzuheben sowie eine Erdgassteuer einzuführen, um einerseits das Programm zu finanzieren, andererseits Energie einzusparen und dadurch die Zahlungsbilanz zu entlasten, stieß weder bei der SPD noch bei der FDP auf Gegenliebe, da dies ihrer Ansicht nach die Autofahrer zu stark belastete.[251] So blieb als Ausweg nur eine Erhöhung der Mehrwertsteuer um einen Prozentpunkt, also von 13 % auf 14 %, zur Jahresmitte 1983. Weitere Mittel wurden durch eine Kürzung des Bundeszuschusses zur Rentenversicherung aufgebracht, deren Mindereinnahmen von etwa 1,3 Mrd. im Jahr 1984 ein Krankenkassenbeitrag der Rentner ausgleichen sollte.[252]

Am Ende war niemand mit dem Paket zufrieden. Den Gewerkschaften, die ein 50-Milliarden-Programm gefordert hatten, und vielen in der SPD fiel die »Gemeinschaftsinitiative« zu mager aus. Auch hielten sie deren Finanzierung für sozial nicht ausgewogen.[253] Dagegen hätten die Liberalen am liebsten gar kein Beschäftigungsprogramm aufgelegt. Auch Interessenvertretungen äußerten ihr Unbehagen. So betonte der Deutsche Städtetag die Notwendigkeit eines »mittelfristigen Konzeptes« für die Konsolidierung des Haushalts, um »nicht abgestimmten, unsystematischen ad-hoc-Problemlösungsversuchen« entgegenzuwirken.[254] Skeptisch zeigten sich nicht zuletzt Teile der Presse. So meinte etwa die Süddeutsche Zeitung, dass »das arbeitsmarktpolitische Programm der Bundesregierung niemand vom Stuhle« reiße, und Die Zeit hielt dieses sogar für »reine Augenwischerei«.[255] Zumindest die Widerstände in der Koalition unterlief der Bundeskanzler, indem er im Bundestag Anfang Februar die Vertrauensfrage stellte, ohne diese allerdings direkt und allein an die Zustimmung

249 »Tabuzonen darf es nicht geben«, in: Der Spiegel Nr. 5 vom 1.2.1982; 62. bzw. 66. Kabinettssitzung am 3.2.bzw. 1.3.1982, in: Kabinettsprotokolle.

250 D. Piel, Das Programm, in: Börsenzeitung Nr. vom 14.1.1982; ders., Bonner Finanzblockaden, in: ebd.

251 *Abelshauser*, Wirtschaftswunder, S. 516 ff.; Matthöfers Pläne für Steuererhöhungen finden Unterstützung und Widerspruch, in: Süddeutsche Zeitung Nr. 21 vom 27.1.1982.

252 Entwurf eines Gesetzes über steuerliche und sonstige Maßnahmen für Arbeitsplätze, Wachstum und Stabilität (Beschäftigungsförderungsgesetz) vom 23.3.1982, BT-Drucksache IX/1488.

253 *Kiesow*, S. 227 ff.

254 Deutscher Städtetag an BFM Lahnstein am 14.5.1982, Anlage: Entschließung des Präsidiums des Deutschen Städtetages zur Haushaltskonsolidierung vom 27.4.1982, BArch B 126/83735. Vgl. auch die Korrespondenz zwischen dem Städtetag und BFM Matthöfer vom Januar 1982, ebd.

255 D. Piel, Theater mit vielen Souffleuren, in: Die Zeit Nr. 6 vom 5.2.1982; F. Thoma, Programm ohne Chancen, in: Süddeutsche Zeitung Nr. 69 vom 24.3.1982.

der Abgeordneten zur »Gemeinschaftsinitiative« zu binden.[256] Die namentliche Abstimmung bestand Schmidt zwar mit der Stimmenmehrheit der Koalition und nutzte diesen Rückhalt, um das Beschäftigungsprogramm Anfang März durch das Kabinett und in den Bundestag zu bringen.[257] Doch stand die Koalition nur vorübergehend geschlossen hinter ihm. Denn wenig später legte der FDP-Vorsitzende seine Partei öffentlich darauf fest, die Investitionszulage ausschließlich durch eine höhere Mehrwertsteuer zu finanzieren, wohl wissend, dass die unionsregierten Länder eine solche Erhöhung trotz mancher interner Differenzen nicht mittragen würden.[258] Auf diese Weise verbaute Genscher die Möglichkeit, doch noch auf eine höhere Mineralölsteuer auszuweichen, die der Bundestag ohne Zustimmung des Bundesrats hätte beschließen können. Damit stand entweder das Beschäftigungsprogramm zur Disposition, was politisch nicht haltbar erschien, oder dessen Finanzierung musste die ohnehin schwierigen Beratungen über den Bundeshaushalt des Jahres 1983 zusätzlich belasten.[259]

Die Planungen für den Haushalt 1983 standen aus zwei Gründen von Anfang an unter keinem guten Stern. Erstens war Finanzminister Matthöfer gesundheitlich stark angeschlagen und sah »die Grenze seiner politischen Wirkungsmächtigkeit erreicht«, nachdem der Bundeskanzler sowie große Teile der SPD- wie der FDP-Fraktion bei den Verhandlungen über die »Gemeinschaftsinitiative« seine Mineralölsteuerpläne desavouiert hatten.[260] Im Zug des Kabinettsrevirements vom April wechselte er ins Postministerium.[261] In seiner Abschiedsrede vor den Mitarbeitern des Bundesfinanzministeriums verteidigte er noch einmal die Finanzpolitik der vergangenen Jahre und vor allem seine Strategie der »Konsolidierung durch Wachstum«. Die mit »Klischeevorstellungen geführte Debatte über die staatliche Verschuldung«, klagte der scheidende Minister, hätte tiefe Ängste in der Bevölkerung geweckt und sei deshalb zu einer

256 Antrag des Bundeskanzlers gemäß Artikel 68 des Grundgesetzes vom 3.2.1982, BT-Drucksache IX/1312; VDB, 9. WP, 84. Sitzung vom 5.2.1982, S. 5050–5071. »Das war kein Zeichen von Stärke«, in: DER SPIEGEL Nr. 6 vom 8.2.1982. Interview mit Bundeskanzler Helmut Schmidt in der Sendung »Bericht aus Bonn« am 19.2.1982, WDR 0118127. Vgl. auch *Jäger*, Innenpolitik, S. 214 ff.

257 66. Kabinettssitzung vom 1.3.1982, in: Kabinettsprotokolle.

258 Nicht mehr zu bremsen, in: WIRTSCHAFTSWOCHE Nr. 12 vom 19.3.1982; Von Halm zu Halm, in: DER SPIEGEL Nr. 6 vom 8.2.1982; »Die Zahl der Lemminge wächst«, in: ebd. Nr. 7. vom 15.2.1982; Null Probleme, in: ebd. Nr. 8 vom 22.2.1982; Die Finanzierung des Beschäftigungsprogramms ist völlig ungesichert, in: SÜDDEUTSCHE ZEITUNG Nr. 72 vom 27./28.3.1982. Ausführlich zur Lage der Koalition vgl. *Merck*, S. 124 ff.

259 Interview mit Bundesfinanzminister Hans Matthöfer in der Sendung »Bericht aus Bonn« am 19.3.1982, WDR 0118367; Geht nicht, in: DER SPIEGEL Nr. 13 vom 29.3.1982.

260 *Abelshauser*, Wirtschaftswunder, S. 522 ff. (Zitat: S. 528).

261 Tödliches Zeichen, in: DER SPIEGEL Nr. 14 vom 5.4.1982. Vgl. auch *Abelshauser*, Wirtschaftswunder, S. 536 ff.; *Jäger*, Innenpolitik, S. 220 ff.

»Hypothek für die Finanzpolitik« geworden. Dabei sei die Kritik »grundlos«, wäre es doch lediglich darum gegangen, solche öffentliche Investitionen durch Kredite zu finanzieren, welche die Produktivität der Volkswirtschaft hätten erhöhen können. Das Problem der Finanzpolitik sei deshalb nicht die Höhe der öffentlichen Kreditaufnahme, sondern »die Frage, ob die Gesamtheit der öffentlichen Ausgaben unter den gegenwärtigen ökonomischen Bedingungen produktiv genug ist, um die Höhe der Kreditaufnahme und ihre Folgelasten in der Zukunft zu rechtfertigen«. Er habe vergeblich versucht, die »überproportionale Dynamik der Sozialausgaben«, die »fast vollständig der finanzpolitischen Steuerung entzogen« sei, zu brechen, hätten diese doch »Einschränkungen bei anderen, insbesondere auch bei den investiven oder sonst wachstumsfördernden Ausgaben« erzwungen. Deshalb müsse die »Finanzpolitik der 80er Jahre«, gab er seinem Nachfolger mit auf den Weg, wieder »größere Gestaltungskraft« erlangen, um »die Struktur der Ausgaben und Einnahmen wachstumsgerechter steuern« zu können.[262]

Belastete schon der Ministerwechsel die Haushaltsplanungen für das Jahr 1983, traten zweitens die Schwierigkeiten beim Vollzug des Etats 1982 hinzu, mit denen Matthöfers Nachfolger Manfred Lahnstein von Anfang an zu kämpfen hatte. Seine Berufung galt als Zeichen dafür, dass Helmut Schmidt Kanzleramt und Finanzministerium wieder enger miteinander verzahnen und einheitlicher agieren lassen wollte, denn Lahnstein war von 1974 bis 1980 zunächst Leiter der Abteilung Grundsatzfragen, dann Staatsekretär im Bundesfinanzministerium und zuletzt zwei Jahre Chef des Bundeskanzleramts gewesen.[263] Der neue Minister konnte bei seinem Amtsantritt absehen, dass der Haushalt des laufenden Jahres durch einen, womöglich sogar zwei Nachtragshaushalte aufgestockt werden müsste.[264] Ende April summierten sich nach Informationen des Bundeskanzleramts die konjunkturbedingten Mehrausgaben für die Bundesanstalt für Arbeit (3,6 Mrd.), die Steuermindereinnahmen (0,4 Mrd.) sowie verschiedene andere zusätzliche Belastungen bereits auf knapp 4,7 Mrd., wobei Haushaltsrisiken in Gestalt weiterer Steuermindereinnahmen in Höhe von etwa 2 Mrd. und schwer kalkulierbare Mehraufwendungen für die Bundesanstalt bereits abzusehen waren. Nach den Vorstellungen des Finanzministeriums sollten die entstandenen Fehlbeträge, da konjunkturell verursacht, durch eine höhere Verschuldung ausgeglichen werden, die dann von 26,8 Mrd. auf 30,8 Mrd. oder unter Einschluss

262 Redemanuskript H. Matthöfer vom 28.4.1982, AdsD P-HM-0396. Dabei griff Matthöfer auf eine Ausarbeitung der Abteilung I BMF o. D. (1982), Darstellung der Rahmenbedingungen für die Finanzpolitik: Ausführliche Argumentation, zurück, ebd.

263 Ebd. Interview mit Manfred Lahnstein in der Sendung »FAZIT« am 10.5.1982, WDR 0118766. Weiß alles, in: Der Spiegel Nr. 19 vom 10.5.1982; Schmidt II., in: ebd. Nr. 30 vom 26.7.1982.

264 Genscher: Die SPD läuft auf den Felgen, in: Der Spiegel Nr. 11 vom 15.3.1982; Wiederaufführung des Sommertheaters?, in: ebd. Nr. 15 vom 12.4.1982.

der Risiken auf rund 33 Mrd. stieg.[265] Da weder die Regierung noch die Koalitionsfraktionen von SPD und FDP ein Interesse daran hatten, die Operation '82 erneut aufzurollen, und das laufende Budget größere Einsparungen zeitlich kaum mehr erlaubte, verständigten sich Koalition und Kabinett im Juni darauf, den Fehlbetrag durch Kredite zu finanzieren.[266] Doch waren die Mehrausgaben mittlerweile auf 5,7 Mrd. gestiegen, darunter 4,1 Mrd. Zuschuss für die Bundesanstalt und 900 Mio. für die Arbeitslosenhilfe, sowie die Mindereinnahmen auf 2,2 Mrd., so dass abzüglich einiger Einsparungen und kleinerer Mehrerträge der Kreditbedarf jetzt bei 7,1 Mrd. lag. Das trieb die Neuverschuldung auf 33,9 Mrd. in die Höhe. Resignierend stellte der Finanzminister fest, damit sei »der Einspareffekt der ›Operation '82‹ bereits wieder aufgezehrt«.[267] Die Korrekturen am laufenden Budget überlagerten sich sowohl inhaltlich als auch zeitlich mit den Vorbereitungen für den kommenden Etat. Hatte das Bundeskabinett beim Budget für 1982 noch wesentliche Fragen ausgeklammert, kamen diese bei den Beratungen über den Bundeshaushalt 1983 unvermeidlich auf den Tisch.[268]

Im Mai legten Finanzministerium, Bundeskanzleramt und SPD-Fraktion in einer Reihe von Besprechungen die Eckpunkte für den Haushalt 1983 und die Marschroute für die Koalitionsverhandlungen fest. Das Hauptproblem bildete die Begrenzung der Nettokreditaufnahme. Diese stieg nach der internen Fortschreibung des Ministeriums bei optimistischen Annahmen auf rund 31 Mrd.,[269] realistischer kalkuliert auf 34,5 Mrd., während der geltende Finanzplan für 1982 lediglich 25,8 Mrd. vorgesehen hatte.[270] Eine Kreditaufnahme in dieser Höhe hielt Finanzminister Lahnstein »aus politischen, kapitalmarktpolitischen und koalitionspolitischen Gründen für nicht vertretbar«. Er wollte unbedingt unter der Neuverschuldung des laufenden Haushaltsjahres bleiben und den Fehlbetrag durch »wenige große Maßnahmen« verringern.[271] Dazu

265 Vermerk Referat 441 BKA (Nowak) für Buka am 30.4.1982, BArch B 136/22535.

266 Vermerk I A BMF für M am 5.5.1982 betr. Haushaltsplanungen – Bespr. beim Buka am 6.5., BArch B 136/22535; Vermerk Referat 441 BKA (Nowak) für Buka am 5.5.1982 betr. Ihr morgiges Gespräch über aktuelle Probleme im Zusammenhang mit dem Haushaltsentwurf 1983, ebd.; Vermerk AL 4 BKA (Heick) für Buka am 1.6.1982 betr. Ihr Gespräch mit BM Lahnstein am heutigen Abend Nachtragshaushalt 1982/Bundeshaushalt 1983, ebd.; Vermerk Referat 441 BKA (Nowak) für Buka am 4.6.1982 betr. Koalitionsgespräch am 7.6.1982 über Nachtragshaushalt/Bundeshaushalt 1983, BArch B 136/22536; Gerhard Konow, Koalitionsgespräch am 7.6.1982, AdsD 1/HSAA009384.

267 Positionspapier Lahnstein vom 1.6.1982, BArch B 136/22537.

268 81. Kabinettssitzung vom 16.6.1982, in: Kabinettsprotokolle; Entwurf eines Gesetzes über die Feststellung eines Nachtrags zum Bundeshaushaltsplan für das Haushaltsjahr 1982 (Nachtragshaushaltsgesetz 1982) vom 18.6.1982, BT-Drucksache IX/1750.

269 Vermerk Referat 441 BKA (Nowak) für Buka am 30.4.1982, BArch B 136/22535.

270 Nichts zu machen, in: Der Spiegel Nr. 20 vom 17.5.1982.

271 Vermerk Referat 441 BKA (Nowak) für Buka am 5.5.1982 betr. Ihr morgiges Gespräch über aktuelle Probleme im Zusammenhang mit dem Haushaltsentwurf 1983, BArch B 136/22535.

präsentierte sein Ministerium einen Katalog von Vorschlägen, die sowohl dem »Grundsatz der sozialen Gerechtigkeit und der Ausgewogenheit der Belastungswirkungen« genügen als auch eine strategische Verhandlungsposition gegenüber der FDP aufbauen sollten.[272] Endgültig festgelegt wurde die haushaltspolitische Linie Anfang Juni in einem Gespräch zwischen Schmidt, Lahnstein und Gerhard Konow, dem neuen Chef des Bundeskanzleramts. Danach sollte der Haushalt auf knapp 251 Mrd. wachsen, ein Plus von 2 % gegenüber dem durch Nachtrag aufgestockten Budget 1982. Um die Mehrausgaben von 8 Mrd., darunter 6 Mrd. für die Bundesanstalt, und Steuermindereinnahmen von 9,5 Mrd. gegenüber dem geltenden Finanzplan auszugleichen, wollte der Minister die Gewinnabführung der Bundesbank um 6,5 Mrd. erhöhen, beim Zuschuss für die Bundesanstalt 5,9 Mrd. einsparen, indem man die Beiträge an die Renten- und Krankenversicherung nach der Höhe des Arbeitslosengeldes bemaß (sogenanntes »68 %-Modell«), sowie 1 Mrd. beim Vollzug des Haushalts kürzen und nicht zuletzt die Nettokreditaufnahme um etwa 4 Mrd. anheben.[273] Um ein sozial verträgliches und politisch vertretbares Gesamtpaket zu schnüren, sollten hohe Einkommen »sichtbar belastet« werden, auch wenn das »nur relativ geringfügige Haushaltsentlastungen« ergäbe. So war daran gedacht, einige Steuervergünstigungen für Unternehmer und Freiberufler, Landwirte sowie besserverdienende Angestellte und Beamte, also für die Klientel der FDP, zu streichen.[274]

In einem Positionspapier stellte der Finanzminister sein Haushaltskonzept in größere Zusammenhänge.[275] Er hielt es für »außergewöhnlich schwer«, das in der Bundesrepublik erreichte »Niveau individuellen und kollektiven Wohlstands zu sichern und auszubauen« und zugleich den wirtschaftlichen Strukturwandel zu bewältigen sowie die Probleme auf dem Arbeitsmarkt zu lösen. Die Gründe sah Lahnstein in der Stagnation der Weltwirtschaft, dem zunehmenden Verteilungskampf zwischen den Nationen und den überzogenen Ansprüchen an den Staat, die zu einem »circulus vitiosus« geführt hätten. Während die Belastung der erwerbstätigen Bevölkerung mit Steuern und Sozialabgaben gewachsen sei, habe sich der Unterschied zwischen Netto- und Transferein-

272 Vermerk I A BMF für M am 5.5.1982 betr. Haushaltsplanungen – Bespr. beim BK am 6.5., ebd.
273 Vermerk AL 4 BKA (Heick) für Buka am 1.6.1982 betr. Ihr Gespräch mit BM Lahnstein am heutigen Abend Nachtragshaushalt 1982/Bundeshaushalt 1983, ebd.
274 Vermerk Referat 441 BKA (Nowak) für Buka am 4.6.1982 betr. Koalitionsgespräch am 7.6.1982 über Nachtragshaushalt/Bundeshaushalt 1983, BArch B 136/22536.
275 Positionspapier Lahnstein vom 1.6.1982, BArch B 136/22537. Vgl. Vermerk II A 1 BMF vom 2.6.1982 betr. Zur Haushaltspolitik des Bundes, BArch B 136/22535, sowie die Argumentation zur Vorbereitung der Beratungen des Nachtragshaushalts 1982 und des Haushalts 1983 als Anlage zum Vermerk Referat 441 BKA (Nowak) für Buka am 4.6.1982 betr. Koalitionsgespräch am 7.6.1982 über Nachtragshaushalt/Bundeshaushalt 1983, BArch B 136/22536. Dazu auch das Lahnstein-Interview »Sehr, sehr wenig Spielraum für Neues«, in: Der Spiegel Nr. 21 vom 24.5.1982.

kommen verringert; das hemme »Leistungsfähigkeit und Leistungswillen«. Diesen Teufelskreis gelte es zu durchbrechen, »nicht nur um der wirtschaftlichen Effizienz, sondern auch der sozialen Gerechtigkeit willen«. Dazu müssten die Ausgaben deutlich langsamer wachsen als das Sozialprodukt, um den »Freiraum« für private Investitionen zu vergrößern, das Zinsniveau zu senken und das Finanzierungsdefizit abzubauen. Das sei nur möglich, wenn die Ausgaben für Transfers und Entwicklungshilfe unterdurchschnittlich und für Verteidigung durchschnittlich wüchsen. Bei Subventionen, Steuervergünstigungen und Leistungsgesetzen müssten Einschnitte erfolgen. Dies in der Koalition, insbesondere in der SPD durchzusetzen, erfordere einen politischen »Kraftakt«, der aber, gelänge er, die Koalition festigen und gegenüber der »CDU/CSU endlich in die Offensive bringen« könnte.

Lahnsteins haushaltspolitische Linie erhöhte zwar die Chancen für einen Kompromiss mit der FDP, die auch unter dem Druck von Interessenverbänden wie des Zentralverbands des Deutschen Handwerks wieder einen schärferen Konsolidierungskurs forderte.[276] Dafür drohte aber der Bruch mit der eigenen Partei.[277] Diese hatte sich auf ihrem Münchener Parteitag in der zweiten Aprilhälfte mit großer Mehrheit für ein umfangreiches Beschäftigungsprogramm ausgesprochen, das durch Kredite, eine Umstrukturierung der öffentlichen Haushalte und zusätzliche Einnahmen finanziert werden sollte, wobei nicht zuletzt an eine Ergänzungsabgabe auf höhere Einkommen gedacht war. Außerdem beschlossen die Delegierten zu prüfen, welche Möglichkeiten und Wege es gäbe, die Steuern zu erhöhen, insbesondere den Spitzensteuersatz in der Einkommensteuer, eine Arbeitsmarktabgabe für Beamte und Selbständige einzuführen sowie die von der Regierung für 1984 zugesagte Senkung der Lohn- und Einkommensteuer auszusetzen.[278] Auf diese Weise sollte das Profil der Partei geschärft und ihr innerer Zusammenhalt gefestigt werden. Die Beschlüsse waren aber auch der Preis, den der Parteivorstand für die Zustimmung zur Nachrüstung zahlen musste. Sie konnten jedoch die Gräben in der SPD nur vorübergehend überbrücken. Vor allem aber machten sie deutlich, wie weit sich die Partei auf der einen Seite und der Bundeskanzler mit der Mehrheit der SPD-Minister auf der anderen Seite inzwischen voneinander entfernt, ja, entfremdet hatten.[279] Für die CDU/CSU-Opposition waren die Entscheidungen des Parteitags ein gefundenes Fressen. Sie bezichtigte die SPD, sich auf den »Marsch in den sozialdemokratischen Lenkungs-, Steuer- und Abgabenstaat« begeben zu haben,

276 Generalsekretär des Zentralverbands des Deutschen Handwerks (Kübler) an FDP-Generalsekretär (Verheugen) am 2.6.1982, AdL Präsidium 6171.

277 Brandt an Schmidt am 30.3.1982, in: *Woyke*, Brandt, Nr. 633: 30.3.1982.

278 Parteivorstand der Sozialdemokratischen Partei Deutschlands, Parteitag 1982, Bd. 1, S. 211 ff. und 305 ff.; *Gebauer*, S. 187 f.

279 Genscher: »Das geht nicht gut«, in: Der Spiegel Nr. 17 vom 26.4.1982; E. Böhme, Münchener Freiheit, in: ebd.; Klabautermann aufbauen, in: ebd. Nr. 18 vom 3.5.1982.

und versuchte, einen Keil in die Regierungskoalition zu treiben: Entweder wird die FDP, hieß es in einem Papier der Fraktionsarbeitsgruppe Finanzen und Haushalt, »(wieder einmal) ihren eigenen Überzeugungen und Forderungen untreu, oder sie belastet die SPD/FDP-Regierung bis zum Risiko des Koalitionsbruchs«.[280] Denn auch in der FDP stießen die Beschlüsse des SPD-Parteitags auf massive Kritik. Graf Lambsdorff etwa sprach in einem ZEIT-Interview von einem »Gruselkatalog sozialistischer Marterwerkzeuge«.[281]

Peter Glotz, Generalsekretär der SPD, erinnerte sich an die Verhandlungen über den Haushalt 1983 als ein »zermürbende(s), konzeptionslose(s) Hin und Her um irgendwelche Kürzungen im Sozialhaushalt«.[282] Das Budget musste nicht nur mit den Vorstellungen der FDP in Einklang gebracht werden, in der nach der Niederlage bei der Wahl zur Hamburger Bürgerschaft und einer umstrittenen Koalitionsaussage zugunsten der CDU im Vorfeld der hessischen Landtagswahl heftig über Vor- und Nachteile eines Koalitionswechsels im Bund diskutiert wurde.[283] Es galt auch, die Einwände des neuen Arbeitsministers Heinz Westphal zu berücksichtigen. Der Kanzler hatte den langjährigen Vorsitzenden des Arbeitskreises öffentliche Finanzwirtschaft der SPD-Bundestagsfraktion als »soziales Gewissen« und als Verbindungsmann zur Fraktion anstelle von Herbert Ehrenberg ins Kabinett geholt. Hier wie dort wog Westphals Wort schwer.[284] Nicht zuletzt mussten die SPD-Abgeordneten für Maßnahmen zur Konsolidierung des Bundeshaushalts gewonnen werden. Ihre Ansichten, wie weitgehend sozialdemokratische Positionen im Interesse einer Fortsetzung der Koalition geräumt und dabei die Gräben zwischen Partei und Gewerkschaften vertieft werden durften, gingen weit auseinander.[285] In zähen Koalitionsgesprächen, die im Juni in verschiedenen Runden und in unterschiedlichen personellen Zusammensetzungen stattfanden, wechselten die Konfliktlinien mehrfach und überkreuzten sich bisweilen.[286]

280 CDU/CSU-Fraktion des Deutschen Bundestages, Arbeitsgruppe Finanzen und Haushalt, Die finanzpolitische Lage nach dem SPD-Parteitag und vor den Haushaltsberatungen 1983, ACDP 08-004-111/2.

281 »Gruselkatalog sozialistischer Marterwerkzeuge«. ZEIT-Gespräch mit Bundeswirtschaftsminister Otto Graf Lambsdorff über die Zukunft der Bonner Koalition, in: DIE ZEIT Nr. 19 vom 7.5.1982.

282 *Glotz*, S. 185.

283 *Merck*, S. 183 ff.; *Jäger*, Innenpolitik, S. 234 ff.; *Bohnsack*.

284 Nichts dazugelernt, in: DER SPIEGEL Nr. 23 vom 7.6.1982.

285 Brandt an Schmidt am 15.6.1982, in: *Woyke*, Brandt, Nr. 640: 15.6.1982.

286 Gerhard Konow, Koalitionsgespräch am 7.6., 8.6., 16., 22., 23.6.1982, AdsD 1/HSAA009 384/85; Gerhard Konow, Vermerk über das Gespräch beim Bundeskanzler am 29.6. 1982, ebd. Peter Schumacher, Protokoll Nr. 1, Koalitionsgespräch am 8.6.1982, AdL NL Genscher N52-546; Peter Schuhmacher, Protokoll Nr. 2, Koalitionsgespräch am 16.6.1982, ebd. N52-545; Protokoll Nr. 6, Koalitionsgespräch mit Kabinettsmitgliedern am 23.6.1982, ebd.; Peter Schumacher, Protokoll Nr. 7, Koalitionsgespräch

Strittig war erstens und vor allem die Höhe der Nettokreditaufnahme, welche die FDP auf jene 26 Mrd. reduziert wissen wollte, die der geltende Finanzplan vorsah.[287] Geschah das, stieg der Fehlbetrag, den es zu decken galt, um gut 3 auf 11 Mrd., und die Koalitionsrunde musste bei Subventionen, Steuervergünstigungen und Sozialleistungen entsprechend mehr streichen. Zweitens gingen die Meinungen nicht nur zwischen den Koalitionsparteien, sondern auch zwischen Kanzler und Finanzminister auf der einen Seite sowie Arbeitsminister Westphal und großen Teilen der SPD-Fraktion auf der anderen Seite über der Frage auseinander, wo und in welchem Umfang, wann und für welchen Zeitraum im sozialen Bereich gekürzt werden sollte.[288] Besonders umstritten war, wie stark die Zahlungen der Bundesanstalt für Arbeit an die Renten- und Krankenversicherung der Arbeitslosen reduziert, dadurch die Zuschüsse des Bundes verringert und im Gegenzug die Mindereinnahmen bei der Renten- wie der Krankenversicherung ausgeglichen werden könnten. Dissens gab es dabei nicht zuletzt über die Forderung der FDP, die Selbstverantwortung der Versicherten durch frühere und höhere Krankenkassenbeiträge der Rentner sowie eine Eigenbeteiligung an den Krankenhauskosten und den Arzneimitteln zu erhöhen, um auf diese Weise die Kosten zu senken.[289] Kontrovers war ferner eine lineare Kürzung von Subventionen und Steuervergünstigungen um 10 %, welche die FDP anregte, die SPD-Seite aber abblockte, da diese nicht nur ihre Klientel überproportional getroffen, sondern auch mögliche Investitionen erschwert hätte. Schließlich herrschte Uneinigkeit, wie und in welchem Umfang höhere Einkommen herangezogen werden sollten. Zwar bestand die SPD-Seite einhellig auf solchen Belastungen, um die Kürzungen sozial ausgewogen zu gestalten und damit ihrem politischen Anspruch gerecht zu werden. Allerdings gingen die Meinungen auseinander, was der FDP politisch zugemutet werden könnte, ohne die Koalition zu gefährden. Während die Partei weiterhin auf eine Ergänzungsabgabe drängte, setzten Schmidt und Lahnstein diese erst gar nicht auf die Tagesordnung der Koalitionsgespräche, sondern versuchten, dem »Gerechtigkeitsaspekt« mit anderen, oft nur symbolischen Maßnahmen zu genügen. Damit blieb offen, ob und in welchem Umfang eine beschäftigungspolitische Initiative finanziert werden könnte, welche die FDP ablehnte, die

mit Kabinettsmitgliedern am 24.6.1982, ebd.; Peter Schumacher, Haushalt 1983 am 24.6.1982, ebd. N52-546; Protokoll des Gesprächs mit dem Bundeskanzler am 29.6.1982, ebd. N52-545. Vgl. auch *Soell*, S. 869 ff.; *Faulenbach*, S. 730 ff.; *Jäger*, Innenpolitik, S. 237 ff.

287 FDP-Fraktion im Deutschen Bundestag AK II, Ergebnisprotokoll der Sitzung des Arbeitskreises II am 15.6.1982, AdL NL Mischnick A41-153; Kurz- und Beschlußprotokoll der Sitzung der F.D.P.-Bundestagsfraktion am 15.6.1982, AdL NL Mischnick A41-076.

288 Westphal an Buka am 28.6.1982, AdsD 1/HWAG000509.

289 FDP-Fraktion im Bundestrag AK II, Kurz- und Beschlußprotokoll der Sondersitzung der Fraktion (und des Bundesvorstandes) am 30.6.1982, AdL NL Mischnick A41-076.

SPD-Fraktion, weite Teile der Partei und nicht zuletzt die Gewerkschaften aber immer entschiedener forderten.[290]

Mitte Juni legte das Kabinett zunächst grobe Eckwerte für den Haushalt fest.[291] Demnach sollte sich der Ausgabenrahmen an der mittelfristigen Finanzplanung orientieren und auf Steuererhöhungen verzichtet werden. Durch Kürzungen bei Finanzhilfen und Steuervorteilen sowie beim Zuschuss zur Bundesanstalt für Arbeit wollte man das Budget ausgleichen und das Volumen der Investitionen nach Möglichkeit steigern und verstetigen. In Zahlen umgesetzt liefen diese Beschlüsse auf Ausgaben von 258 Mrd. und unter Einschluss des erhöhten Bundesbankgewinns auf Einnahmen von 221 Mrd. hinaus. Der Fehlbetrag von 37 Mrd. sollte durch Kürzungen von 8 Mrd. reduziert und das verbleibende Defizit durch eine von 26 auf 29 Mrd. erhöhte Nettokreditaufnahme gedeckt werden.[292] Nachdem Helmut Schmidt entschieden »Schluß mit der Sabbelei« gefordert und als »Koalitionskanzler« ein Kompromisspapier vorgelegt hatte,[293] einigte sich das Kabinett Ende Juni/Anfang Juli auf ein Zwischenergebnis, das nach Rücksprache mit den Koalitionsfraktionen verabschiedet wurde.[294] Es sah ein Haushaltsvolumen von 250,5 Mrd. und eine Nettokreditaufnahme von rund 28,5 Mrd. vor. Dazu mussten einerseits Finanzhilfen und Steuervorteile gekürzt werden. Das betraf etwa die steuerlich absetzbaren Vorsorgeaufwendungen nicht sozialversicherungspflichtiger Arbeitnehmer (besonders der Beamten) oder die steuerliche Entlastung durch das Ehegattensplitting, die bei 10.000 DM gedeckelt wurde. Andererseits wollte die Koalition den Kostenanstieg bei den Sozialausgaben mit einem Paket von Maßnahmen bremsen. So wurden die Beiträge, welche die Bundesanstalt für

290 Vgl. auch Haushalt ’83: Genug Stoff für Kräche, in: Der Spiegel Nr. 24 vom 14.6.1982; »Der Wechsel ist nötig – jetzt«, in: ebd. Nr. 25 vom 21.6.1982;

291 Vermerk Gruppe 44 BKA (Nowak) vom 15.6.1982, Anlage: Eckwerte zum Finanzplan des Bundes 1982 bis 1986 und zum Bundeshaushalt 1983, BArch B 136/22536; Gerhard Konow, Koalitionsgespräch am Mittwoch, dem 16.6.1982, AdsD 1/HSAA009384/85; Protokoll Nr. 2, Koalitionsgespräch am 16.6.1982, AdL NL Genscher N52-545; 81. Kabinettssitzung am 16.6.1982, in: Kabinettsprotokolle.

292 Haushalt 1983. Eckwertebeschluss 16.6.1982, AdL NL Genscher N52-545.

293 Zitat: *Glotz*, S. 186; Brandt an Schmidt am 25.6.1982, in: *Woyke*, Brandt, Nr. 642: 25.6.1982; Ergebnisvermerk AL 4 BKA (Heick) vom 28.6.1982 über ein Gespräch beim Bundeskanzler zum Haushalt 1983 am 25.6.1982 im Bundeskanzleramt, BArch B 136/22535; Gerhard Konow, Vermerk über das Gespräch beim Bundeskanzler am 29.6.1982, AdsD 1/HSAA009384/85; Protokoll des Gesprächs mit dem Bundeskanzler am 29.6.1982, AdL NL Genscher N52-545.

294 83. Kabinettssitzung am 30.6. und 1.7.1982, in: Kabinettsprotokolle; Tischvorlage für die Kabinettsitzung am 1.7.1982, AdsD 1/HSAA010082 bzw. AdL NL Genscher N52-544. Lahnstein und Westphal an die Mitglieder der SPD-Bundestagsfraktion am 2.7.1982, in: *Bundesministerium für Arbeit und Sozialordung u. Bundesarchiv*, Bd. 6, Nr. 6/184. Vgl. Draht gerissen, in: Der Spiegel Nr. 27 vom 5.7.1982; W. Hertz-Eichenrode, Maikäfer, pump!, in: Die Welt Nr. 150 vom 2.7.1982.

Arbeit für die Arbeitslosen an die Renten- und Krankenversicherung entrichtete, auf 70 % des Bruttoarbeitsentgelds reduziert, so dass der Bundeszuschuss um 3,3 Mrd. sank. Außerdem erhöhte sich der Beitrag zur Bundesanstalt für drei Jahre um 0,5 % auf 4,5 %. Die Mindereinnahmen der Rentenversicherung von 2,0 Mrd. glich ein von 1983 an erhobener einprozentiger Krankenversicherungsbeitrag der Rentner aus, der bis zum Jahr 1986 schrittweise auf 4 % ansteigen sollte. Auch die Krankenversicherung, der durch die Neuregelung 1,3 Mrd. entgingen, wurde durch eine höhere Rezeptgebühr und den Verzicht auf die Erstattung von Bagatellarzneimittel sowie eine Eigenbeteiligung der Versicherten bei einem Krankenhausaufenthalt entlastet. Zur Schaffung von Arbeitsplätzen wurden in den Haushalt 3,2 Mrd. eingestellt: 1,5 Mrd. für zusätzliche Maßnahmen und 1,7 Mrd. im Rahmen der »Gemeinschaftsinitiative«. Außer den nunmehr präzisierten Eckwerten für das Budget 1983 legte das Kabinett die Grundlinien der mittelfristigen Finanzplanung von 1982 bis 1986 fest. So sollten die Ausgaben des Bundes langsamer wachsen als das geschätzte nominale Bruttosozialprodukt, die Steuerquote konstant bleiben und die Nettokreditaufnahme eine »sinkende Tendenz« aufweisen.[295] Auf der Grundlage des Eckwertebeschlusses verabschiedete das Kabinett schließlich in seiner Sitzung am 7. Juli nach einer Reihe von Detailänderungen den Entwurf für den Haushalt und die mittelfristige Finanzplanung.[296] Dabei wies der Finanzminister noch einmal ausdrücklich auf die Risiken hin, welche seine Vorlage barg. Diese könnten nur durch eine höhere Nettokreditaufnahme aufgefangen werden. Deshalb müsse man sich hüten, »die jetzt gefundene Größe zu einer ›heiligen Zahl‹ zu machen«.[297] Doch traten diese Überlegungen hinter dem politischen Erfolg zurück, dass sich die sozial-liberale Regierung auf einen Haushalt verständigt hatte. Sie schien sich noch einmal stabilisiert zu haben.[298]

295 Eckwerte zum Bundeshaushalt 1983 und zum Finanzplan 1982 bis 1983, in: BULLETIN Nr. 68 vom 3.7.1982, S. 617–620; Anpassung der öffentlichen Haushalte und der sozialen Sicherung an schwierige gesamtwirtschaftliche Bedingungen. Erläuterungen zu den Beschlüssen der Bundesregierung vom 30.6.1982, BArch B 136/22537; Pressekonferenz Nr. 73/82 am 1.7.1982, ebd.; Erklärung des Bundeskanzlers Helmut Schmidt vor der Bonner Presse zu Fragen des Haushaltsentwurfs 1983 am 1.7.1982, WDR 6126122201.

296 Kabinettsvorlage BMF (Lahnstein) vom 2.7.1982 betr. Bundeshaushalt 1983 und Finanzplan 1982 bis 1986, BArch B 136/22537.

297 Vermerk Referat 441 BKA (Nowak) für die Kabinettsitzung am 7.7.1982, BArch B 136/22500; 84. Kabinettssitzung am 7.7.1982, in: Kabinettsprotokolle.

298 Vgl. etwa das Interview von Helmut Schmidt »Die FDP wird nicht geschont«, in: DER SPIEGEL Nr. 27 vom 5.7.1982, und die Kritik der CDU/CSU-Opposition in der Stellungnahme der CDU/CSU-Bundestagsfraktion zu den Eckwerten des Bundeshaushalts 1982 und zum Finanzplan des Bundes 1982–1986 o. D. als Anlage zum Schreiben Philipp Jenninger an die Mitglieder der CDU/CSU-Bundestagsfraktion vom 6.7.1982 (Das Dokument verdanke ich Eberhard Schmiege.).

Die Koalitionsfraktionen stimmten den Zwischenergebnissen und den abschließenden Beschlüssen zum Haushalt nicht ohne weiteres zu.[299] Da der Kompromiss »einmal mehr eher ein Kind liberalen als sozialdemokratischen Geistes« war,[300] taten sich die Abgeordneten der FDP leichter, auch wenn sich bei ihnen die Sach- mit der Koalitionsfrage verknüpfte.[301] Genscher präsentierte ihnen die Einigung als einen weiteren Schritt zur »Konsolidierung durch Einschränkungen bei den Leistungsgesetzen und damit zu einer Wende im Bewusstsein der Bürger«. Zwar kritisierten einige Fraktionsmitglieder, es seien »keine entscheidenden strukturellen Veränderungen« erkennbar; die überwiegende Mehrheit gab sich jedoch mit den erzielten Ergebnissen zufrieden und wollte die Koalition vorerst nicht in Frage stellen.[302] Viel schwerer fiel es der SPD-Fraktion, sich mit dem Kompromiss abzufinden. In zwei Sitzungen in der zweiten Junihälfte rangen die Abgeordneten untereinander, vor allem aber mit dem Kanzler um eine Zustimmung zu den Eckwerten und zum Haushalt. Dabei erläuterte Schmidt, welche Entscheidungen auf Kompromissen der Koalition beruhten und für welche er selbst die Verantwortung trug. So schloss er kategorisch sowohl eine höhere Nettokreditaufnahme als auch eine weitere Absenkung der öffentlichen Investitionen und nicht zuletzt eine stärkere Belastung der Arbeitnehmer aus, welche die höheren Sozialleistungen durch Steuern und Beiträge zu finanzieren hätten. Deshalb dürften die Sozialausgaben nicht weiter steigen. Ebenso wenig war Schmidt bereit, weitere Konjunkturprogramme durch Kredite zu finanzieren. Bei 28 Mrd. Neuverschuldung und 23 Mrd. an Zinszahlungen sei das »Ende der Fahnenstange« erreicht.[303] Wer mehr beschäftigungspolitische Maßnahmen ergreifen wolle, müsse »sehr viel tiefer in die Sozialleistungen schneiden«. In der gegenwärtigen Situation komme »weder ein Keynes in Betracht ... noch ein Brüning«, bekräftigte Schmidt seine Politik des »mittleren Weges«. Indem er auf das Ende der Großen Koalition 1930 anspielte, appellierte er an die Fraktion, »das Ruder nicht aus der Hand zu geben«.[304]

299 SPD-Fraktion im Bundestag, Protokoll der Sitzung der Fraktion im Bundestag am 30.6.1982, AdsD Abt. II SPD-Bundestagsfraktion 9. WP, 2BTFI000058; H. Schmidt, Fraktionssitzung am Mittwoch, 30.6.1982, PHS HS Eigene Arbeiten 1982 Juni/II; ders., Schlußwort des BK Helmut Schmidt in der Diskussion der SPD-Bundestagsfraktion am 30.6.1982, ebd. bzw. AdsD P-HM-0258.

300 *Jäger*, Innenpolitik, S. 218.

301 *Merck*, S. 209ff.

302 FDP-Fraktion im Bundestrag AK II, Kurz- und Beschlußprotokoll der Sondersitzung der Fraktion (und des Bundesvorstandes) am 30.6.1982, AdL NL Mischnick A41-076.

303 Vgl. dazu In der Zinsfalle, in: WIRTSCHAFTSWOCHE Nr. 25 vom 18.6.1982.

304 Helmut Schmidt, Rede in SPD-Fraktionssitzung am 22.6.1982, Anlage: Eckwerte zur langfristigen Wirtschafts- und Finanzentwicklung, PHS HS Privat TG XIX 1982/II; Bundeskanzler Helmut Schmidt in der Fraktionssitzung am Dienstag, dem 22.6.1982, AdsD P-HM-0258; Brandt an Schmidt am 25.6.1982, in: *Woyke*, Brandt, Nr. 642: 25.6.1982; SPD-Fraktion im Bundestag, Protokoll der Sitzung der Fraktion im Bundestag am

Nicht zuletzt dank einer Intervention Willy Brandts billigte die SPD-Fraktion die Eckwerte am Ende bei acht Gegenstimmen.[305] Die Position, die Koalition nicht an der SPD scheitern zu lassen, setzte sich zwar noch einmal durch. Es wurde jedoch immer deutlicher, dass wachsende Teile von Partei und Fraktion der Politik des Kanzlers aus grundsätzlichen Erwägungen heraus nicht mehr zu folgen vermochten.[306] Auch die Gewerkschaften, bis dahin die verlässlichsten Bataillone des Bundeskanzlers, gingen ihm allmählich von der Fahne. Hielten von den Einzelgewerkschaften noch die IG-Bergbau unter Adolf Schmidt, die IG-Chemie mit dem designierten Vorsitzenden Hermann Rappe oder die von Ernst Haar geführte Gewerkschaft der Eisenbahner Deutschlands zu Schmidt, steuerten die einflussreichere IG Metall unter Ernst Loderer und die ÖTV einen scharfen Gegenkurs und brachten den Deutschen Gewerkschaftsbund auf ihre Linie.[307] Der DGB beließ es denn auch unter seinem neuen Vorsitzenden Ernst Breit nicht bei massiven verbalen Protesten, etwa dem Schreiben an die Bundestagsabgeordneten, das die Beschlüsse als Abkehr von »den bisher maßgeblichen Prinzipien eines sozialen Rechtsstaates« und als »Herausforderung an die gesamte Gruppe der Arbeitnehmer« scharf kritisierte.[308] Vielmehr kündigte Breit für den Beginn der parlamentarischen Beratungen über den Haushalt im Herbst Aktionen gegen die Sparbeschlüsse des Kabinetts an. Den Gewerkschaften drohten nämlich, wenn sie die Regierungspolitik weiterhin mittrugen, die Mitglieder davonzulaufen, zumal der Skandal um die Neue Heimat ihre Führung ohnehin geschwächt hatte.[309] Zwar rechtfertigte der Bundeskanzler in gleichlautenden Schreiben an Ernst Breit und Alois Pfeiffer vom DGB sowie an die Vorsitzenden der Einzelgewerkschaften die Beschlüsse zum Haushalt 1983; doch gelang es ihm nicht, die Wogen zu glätten.[310] So beklagte unter anderen Kurt van Haaren, der Vorsitzende der Deutschen Postgewerkschaft, dass ein

30.6.1982, AdsD Abt. II SPD-Bundestagsfraktion 9. WP, 2BTFI000058; Helmut Schmidt, Fraktionssitzung am Mittwoch, 30.6.1982, PHS HS Eigene Arbeiten 1982 Juni/II; ders., Schlußwort des BK Helmut Schmidt in der Diskussion der SPD-Bundestagsfraktion am 30.6.1982, ebd. bzw. AdsD P-HM-0258.

305 Schmidt an Brandt am 2.7.1982, in: *Woyke*, Brandt, Nr. 643: 2.7.1982.

306 Interview Lahnstein.

307 DGB-Bundesvorstand, Kurzprotokoll über die 1. Sitzung des Bundesvorstandes am 6.7.1982, AdsD 5/DGAI000554; DGB macht Front gegen Haushaltsbeschlüsse, in: DGB-Nachrichtendienst 148/82 vom 7.7.1982; *Kempter*, Loderer, S. 472 ff.

308 DGB-Bundevorstand (Ernst Breit) an Abgeordnete der SPD (Helmut Schmidt) am 20.7.1982, BArch B 136/22538. Das Schreiben ist abgedruckt in der Frankfurter Rundschau Nr. 166 vom 22.7.1982. Vgl. auch das Protestschreiben der Deutschen Angestellten-Gewerkschaft an Hans-Dietrich Genscher am 18.8.1982, AdL Präsidium 6171.

309 *Kempter*, Gefolgschaft, S. 295 ff.; *ders.*, Loderer, S. 467 ff. »Dann ist die Regierung weg«, in: Der Spiegel Nr. 29 vom 19.7.1982. Zur Affäre um die Neue Heimat vgl. *Kramper*.

310 Entwurf Buka an DGB und Vorsitzende der DGB-Gewerkschaften am 20.7.1982, BArch B 136/22538.

sozialdemokratischer Bundeskanzler »unter dem Druck des liberalen Koalitionspartners« gegenwärtig eine Politik vertrete, die »zu einer deutlichen Abkühlung der Beziehungen zwischen den Gewerkschaften und den Sozialdemokraten« geführt habe.[311] Angesichts des gewerkschaftlichen Widerstands lehnten auch immer mehr Bundes- und Landespolitiker der SPD die Haushaltspolitik der Koalition ab, so dass bei den anstehenden Haushaltsberatungen von dieser Seite ebenfalls Widerspruch drohte. Der ohnehin labile innerparteiliche Konsens bröckelte.[312]

Während der Bonner Sommerpause nahmen im Vorfeld der hessischen Landtagswahlen die politischen Differenzen sowohl zwischen den Koalitionsparteien als auch innerhalb der beiden Fraktionen weiter zu, so dass die Grundlagen, auf denen der Haushaltskompromiss vom Juli beruht hatte, zusehends ins Wanken gerieten. Die Ergebnisse der Beratungen über den Haushalt 1983 sollten über den Fortbestand oder den Bruch der sozial-liberalen Koalition entscheiden.[313] War das Finanzministerium bei seinen Haushaltsplanungen von der Prognose des Wirtschaftsministeriums ausgegangen, die bundesdeutsche Wirtschaft werde 1983 real um 3 % wachsen, erwies sich diese Projektion als immer fragwürdiger. Berechnungen, die das Wachstum bei bestenfalls 1,5 bis 2,0 % sahen, sagten statt der einkalkulierten 1,8 Mio. im Jahresschnitt 2,1 Mio. Arbeitslose voraus.[314] Der vergrößerte Fehlbetrag im laufenden Haushalt machte einen zweiten Nachtragsetat für 1982 notwendig und riss die gerade erst mühsam gestopften Lücken im Budget für 1983 wieder auf. Allein die höhere Zahl an Arbeitslosen schlug mit 4,3 Mrd. zu Buche. Außerdem ließ sich absehen, dass die Bundesbahn höhere Zuschüsse, der Schnelle Brüter und der Hochtemperaturreaktor weitere Finanzspritzen benötigten; bei Bundesbürgschaften etwa für die AEG oder im Handel mit Polen drohten Ausfälle.[315] Wie groß die Deckungslücke geworden war, die sich mittlerweile im Haushalt 1983 auftat, ließ sich nur schätzen. Gehandelt wurden Zahlen zwischen 9 und 10 Mrd.[316] Dieser Fehlbetrag fachte die Diskussion über weitere Einsparungen

311 Hauptvorstand der Deutschen Postgewerkschaft (van Haaren) an Buka am 30.8.1982, BArch B 136/22538.

312 *Jäger*, Innenpolitik, S. 240 f.; »Ein Sozialdemokrat muß auch Kröten fressen«, in: Der Spiegel Nr. 34 vom 23.8.1982.

313 Zur Endphase der Koalition vgl. *Jäger*, Innenpolitik, S. 241 ff.; *Faulenbach*, S. 747 ff.; *Merck*, S. 221 ff.; *Soell*, S. 869 ff.; *Bölling*.

314 Lambsdorff: Im Herbst ist eine neue Lage möglich, in: Frankfurter Allgemeine Nr. 160 vom 15.7.1982; Delle im Waschbrett, in: Der Spiegel Nr. 32 vom 9.8.1982; Dominanz der Politik, in: Wirtschaftswoche Nr. 35 vom 27.8.1982.

315 »Ich werde die Klamotten nicht hinschmeißen«, in: ebd. Nr. 35 vom 27.8.1982; 92. Kabinettssitzung am 1. September 1982, in: Kabinettsprotokolle. Die Finanzentwicklung der Deutschen Bundesbahn und der Deutschen Bundespost seit 1980, in: *Deutsche Bundesbank*, Monatsbericht August 1983, S. 46–57.

316 Stoltenberg: Neun Milliarden fehlen, in: Süddeutsche Zeitung Nr. 200 vom 1.9.1982.

oder beschäftigungspolitische Maßnahmen sowie die damit verbundene Debatte über die Höhe der Nettokreditaufnahme erneut an. Während sich der Finanzminister diese beiden Optionen offenhielt, der Wirtschaftsminister trotz mancher Widerstände in der eigenen Partei zumindest bereit schien, die konjunkturbedingten Steuermindereinnahmen durch Kredite auszugleichen, stand der Kanzler gegenüber seiner Partei im Wort, neue Defizite durch eine höhere Nettokreditaufnahme zu kompensieren. In der SPD-Fraktion wollten nicht nur viele Abgeordnete Schmidts Zusage eingelöst wissen. Unter dem Druck der Gewerkschaften wuchs auch die Bereitschaft, auf ein kreditfinanziertes Beschäftigungsprogramm zu setzen.[317]

Zunächst jedoch drehte sich die öffentliche Diskussion um die Fragen ob, wann und auf der Grundlage welcher Daten die Eckwerte des Haushalts 1983 zu korrigieren wären.[318] Hatte die Koalition diese Fragen in der ersten Kabinettssitzung nach der Sommerpause noch ausgeklammert,[319] weil Kanzler, Finanzminister und SPD keinen Handlungsbedarf sehen wollten, konnte sie dem Problem bald nicht mehr ausweichen. So stand Anfang September der Antrag der Opposition im Bundestag zur Abstimmung, die Bundesregierung möge den Nachtragshaushalt 1982 und den Bundeshaushalt 1983 zurücknehmen, da ihren Vorlagen angesichts der neuen Wirtschaftsprognosen »die Grundlage entzogen« sei.[320] Außerdem äußerte sich der Wirtschaftsminister über die konjunkturellen Aussichten für 1983 mehrmals skeptisch, und Lahnstein eröffnete den SPD-Ministern, dass weitere Kürzungen notwendig würden.[321] Um die Diskussion zu versachlichen, ließ der Bundeskanzler das Kabinett beschließen, den Arbeitskreis Gesamtwirtschaftliche Vorausschätzung bereits für Anfang Oktober statt für das Ende des Monats einzuberufen. Vom Sachverständigenrat erbat er bis Mitte Oktober ein Sondergutachten über die wirtschaftliche Lage.[322]

317 H. Pentzin, Schulden als Koalitionskitt, in: Die Welt Nr. 183 vom 10.8.1982; Poker um Programme, in: Wirtschaftsdienst Nr. 34 vom 20.8.1982; Wehner: Haushaltsbeschlüsse korrigieren, in: Süddeutsche Zeitung Nr. 202 vom 3.9.1982; »Die Mehrheit riskieren«, in: Der Spiegel Nr. 35 vom 30.8.1982.

318 Ebd.

319 91. Kabinettssitzung am 25.8.1982, in: Kabinettsprotokolle; Schmidt an Brandt am 25.8.1982, in: *Woyke*, Brandt, Nr. 646: 25.8.1982. Bundeskabinett geht Streit über Termin für Haushaltskorrekturen aus dem Weg, in: Süddeutsche Zeitung Nr. 195 vom 26.8.1982.

320 Antrag der Fraktion der CDU/CSU Vorlage neuer Haushaltsentwürfe vom 23.8.1982, BT-Drucksache IX/1933; VDB, 9. WP, 110. Sitzung vom 8.9.1982, S. 6715–6723.

321 *Merck*, S. 226f.; *Glotz*, S. 200.

322 Vermerk Gruppe 44 BKA (Michels) für die Kabinettsitzung zu Punkt 1 TO vom 7.9.1982 mit Anlage: BMF Tischvorlage o.D., BArch B 136/22538; 92. bzw. 93. Kabinettssitzung am 1. bzw. 8.9. 1982, in: Kabinettsprotokolle; Bundesregierung will bei ihrer Etatplanung neue Wirtschaftsprognosen berücksichtigen, in: Süddeutsche Zeitung Nr. 207 vom 9.9.1982.

Schließlich forderte Schmidt den Wirtschaftsminister wie den Finanzminister auf, ihre Vorstellungen über die künftige Politik zu Papier zu bringen.[323]

Die Ausarbeitungen, die Lambsdorff und Lahnstein Anfang September vorlegten, enthielten einerseits wirtschafts- und finanzpolitische Positionsbestimmungen. Andererseits standen die vorgeschlagenen Lösungen bereits im Zeichen der sich verschärfenden Auseinandersetzung um die Fortsetzung oder das Ende der sozial-liberalen Koalition.[324] Bei einem Vergleich fallen zunächst die Übereinstimmungen in zahlreichen grundsätzlichen Positionen auf. Das galt für die Diagnose der globalen wie der nationalen wirtschaftlichen Probleme und der finanziellen Schwierigkeiten, auf die es zu reagieren galt. Beide setzten auch auf mehr marktwirtschaftlichen Wettbewerb zum Abbau der Arbeitslosigkeit, wollten vor allem die privaten Investitionen zulasten der konsumtiven Ausgaben und Ansprüche stärken, die öffentlichen Haushalte mittelfristig konsolidieren und die Sozialsysteme durch mehr Eigenverantwortung finanziell entlasten. Zudem einte sie die Skepsis gegenüber einer Ergänzungsabgabe und, prinzipieller, ihre Einsicht in die Grenzen staatlicher Konjunkturpolitik, ja, die Erkenntnis, dass es »kein ›sicheres Rezept‹« gebe, »um Vollbeschäftigung, Wohlstand und soziale Sicherheit« in der Bundesrepublik wie anderswo zu garantieren.

Unterschiedliche Ansichten wiesen die Papiere zum einen bei der Beurteilung der Staatstätigkeit auf. Während Lambsdorff deren Abbau als Allheilmittel pries, war für Lahnstein eine Kompensation der staatlichen Aktivitäten durch wirtschaftliches Wachstum »nur ein Hoffnungswert«. Pragmatischer als sein Kabinettskollege sah der Finanzminister, dass es bei allen Vorschlägen nicht allein auf die »intellektuelle Erkenntnis« ankomme, das Problem vielmehr deren »Durchsetzung in einer pluralistisch organisierten Gesellschaft gegen Interessen und soziale Besitzansprüche« sei. Außerdem bewerteten beide Politiker die Staatsverschuldung unterschiedlich. Lahnstein gestand zwar ein, »dass die Defizitfinanzierung zum Teil ökonomisch nicht gerechtfertigter Sozialansprüche und unproduktiver Staatstätigkeit kein geeignetes Mittel zur Wiederherstellung von Vollbeschäftigung« gewesen sei, mochte aber »die übersteigerte Argumentation zur Staatsverschuldung und ihrer zentralen (negativen) Rolle für Investitionsstagnation, Inflation und Zinshöhe« nicht nachvollziehen. Deshalb erschien ihm eine Finanzierung von Investitionsprogrammen durch Kredite nach wie vor für »theoretisch durchaus begründbar«, jedoch wegen des zu erwartenden hohen Fehlbetrags im Haushalt 1983 für praktisch kaum durchführbar

323 *Abelshauser*, Wirtschaftswunder, S. 538 ff. Dort findet sich eine ausführliche Darstellung und Analyse des »Lahnstein-Papiers«.

324 *Bökenkamp*, Jahre; Manifest der Sezession, in: Die Zeit Nr. 37 vom 9.9.1982. Denkschrift Lahnstein, o. D. (zwischen 1. und 9.9.1982), AdsD P-HM-0258 (dort die folgenden Zitate). Vgl. auch *Lahnstein*, Finanzpolitik.

und politisch nicht realisierbar. Da Lahnstein »kurzfristig eine Ausweitung der Kreditaufnahme« für unvermeidbar hielt, trat er nur für eine »mittelfristige Korrektur« der bisherigen Verschuldungspolitik ein. Schließlich und vor allem gingen die Meinungen der beiden Minister bei den politischen Konsequenzen auseinander, die sie jeweils aus ihrer Analyse zogen. Während Lambsdorff seine Überlegungen bewusst als »Scheidungspapier« formuliert hatte, wollte Lahnstein die Koalition fortsetzen und suchte nach einer »relativ eigenständigen Position« für eine solche Politik. Diese sollte sich gegenüber »BMWi/FDP« absetzen, indem sie den »Maßstab der sozialen Gerechtigkeit« hervorhob, qualitative Wachstumsziele etwa beim Umweltschutz definierte und Maßnahmen gegen die Jugendarbeitslosigkeit vorsah. Von »SPD-München, Fraktion und Gewerkschaften« setzte sich Lahnstein insoweit ab, als er einen »weiteren Anstieg von Steuern und Abgaben« ablehnte sowie »stärker wirtschaftlichen Gesetzmäßigkeiten Rechnung« tragen und deshalb die Lohn- wie Lohnnebenkosten nicht noch weiter ansteigen lassen wollte.

Während das »Lambsdorff-Papier« dem Bundeskanzler und der SPD den Anlass bot, die Koalition aufzukündigen,[325] markierte das »Lahnstein-Papier« zwar »den Stand eines Lernprozesses, der Anfang der achtziger Jahre erreicht war«,[326] blieb politisch aber wirkungslos. Denn die Diagnose und erst recht die Lösungsvorschläge, die der Finanzminister niedergeschrieben hatte, deckten sich weder, wie er selbst betonte, mit den Vorstellungen größerer Teile der SPD, ihrer Bundestagsfraktion und der Gewerkschaften, noch stimmten sie mit dem finanzpolitischen Kurs überein, den der Bundeskanzler seit Ende August steuerte. Schmidt setzte nämlich in der Phase der Auflösung der sozial-liberalen Koalition, die er nunmehr selbst aktiv vorantrieb, wieder auf einen engeren Schulterschluss mit Partei, Fraktion und Gewerkschaften. In seinem Bericht zur Lage der Nation am 9. September hielt der Kanzler zwar an seiner Politik des »mittleren Weges« fest, markierte aber deutlicher als bisher die »Grenzen des Zumutbaren« für die Sozialdemokraten. Eine »prinzipiell deflationistische Finanzpolitik« und die »bloße Hinnahme von struktureller Arbeitslosigkeit« lehnte er strikt ab.[327] Zugleich bestand er darauf, bei allen Einsparungen den Grundsatz der sozialen Gerechtigkeit hochzuhalten, und unterstrich seine »Sympathie für eine zeitlich befristete Ergänzungsabgabe«, um die Haushalts- und Beschäftigungsprobleme zu lösen. Dass er damit den Koalitionskompromiss aufkündigte, war Schmidt bewusst.[328]

Obwohl die Koalition sichtlich auf einen Bruch zusteuerte, begannen im Bundestag Mitte September die Beratungen des Haushalts 1983.[329] Bei der ersten

325 94. Kabinettssitzung am 15.9.1982, in: Kabinettsprotokolle.
326 *Abelshauser*, Wirtschaftswunder, S. 544.
327 VDB, 9. WP, 111. Sitzung vom 9.9.1982, S. 6745–6761 (Zitate: 6752, 6757 f.).
328 »Die sind schon am anderen Ufer«, in: DER SPIEGEL Nr. 36 vom 6.9.1982.
329 VDB, 9. WP, 111. Sitzung vom 9.9.1982, S. 6745–6761.

Lesung traten noch einmal die unterschiedlichen Positionen von Koalition und Opposition zutage, aber auch die massiven Differenzen zwischen SPD und FDP. Der Vorrat an Gemeinsamkeiten in der Koalition, das wurde deutlich, war aufgebraucht und die insbesondere auf dem Feld der Finanz- und Haushaltspolitik notwendige Kompromissbereitschaft erschöpft.[330] Das hatte außer manchen personellen vor allem sachliche Gründe. So wuchsen die Differenzen zwischen einer FDP, in welcher der wirtschaftsliberale Flügel an Gewicht gewann, und einer SPD, in der erhebliche Uneinigkeit darüber herrschte, wie auf die unbefriedigende konjunkturelle Entwicklung und allgemein auf die Verlangsamung des wirtschaftlichen Wachstums zu reagieren sei. Die einen in der SPD räumten der Konsolidierung Vorrang ein, um durch sinkende Zinsen die privaten und durch Umschichtungen zu Lasten der konsumtiven Ausgaben die öffentlichen Investitionen anzuregen und so auf den Wachstumskurs der frühen siebziger Jahre zurückzufinden. Dabei sollte auf soziale Ausgewogenheit geachtet werden. Die anderen setzten den Akzent auf kreditfinanzierte beschäftigungspolitische Maßnahmen und hofften, auf diese Weise das wirtschaftliche Wachstum wieder in Gang zu bringen. Dass diese unterschiedlichen Positionen immer schärfer hervortraten, war der anhaltenden Konjunkturschwäche, den Verlusten bei den Landtagswahlen und einer Abwärtsspirale in der öffentlichen Meinung geschuldet. Das machte die Suche nach Lösungen dringlicher und beschnitt zugleich den politischen Spielraum immer weiter. Zwar blieb die Auseinandersetzung um den Haushalt 1983, also um Konjunkturprogramm, Konsolidierung und Kreditfinanzierung, bis zum Ende der gemeinsamen Regierungszeit das Feld, auf dem die Gegensätze vorwiegend aufbrachen, doch wurden die sachlichen Probleme zunehmend von koalitionspolitischen Erwägungen überlagert und entsprechend zugespitzt. Nach einem konstruktiven Misstrauensvotum trat Anfang Oktober 1982 eine konservativ-liberale Koalition unter Bundeskanzler Helmut Kohl und mit Gerhard Stoltenberg als Finanzminister die Regierung an. Ob sie die von ihr seit Jahren beschworene sogenannte »Wende« herbeiführen wollte und konnte, musste sich weisen.

d) Die unfertige Konsolidierung

In seiner Regierungserklärung Mitte Oktober 1982 entrüstete sich Helmut Kohl: Der »erste Kassensturz« unmittelbar nach dem Antritt der neuen Regierung habe »eine noch wesentlich kritischere Lage der Staatsfinanzen offenbart«, als bis dahin von der CDU/CSU befürchtet. Die »Eröffnungsbilanz«, fuhr er fort, sei »bestürzend«. Bis zum Ende des Jahres werde sich »der Schuldenstand des Bundes auf über 300 Milliarden DM erhöhen; bei Bund, Ländern und

330 R. Altmann, Vom Aufbruch zum Bruch, in: Die Zeit Nr. 40 vom 1.10.1982.

Gemeinden zusammengenommen auf über 600 Milliarden DM; mit Bahn und Post zusammen addiert auf rund 700 Milliarden DM«. Seine Regierung stehe vor »zerrütteten Staatsfinanzen« und habe eine »Erblast« zu schultern. Wie im Jahr 1949 müsse die christlich-liberale Koalition deshalb »einen historischen Neuanfang« wagen. Das Ziel heiße: »Über geordnete Finanzen zu einem geordneten Staat«.[331] Ob die Mitte-Rechts-Koalition tatsächlich die vom Kanzler proklamierte und regelmäßig beschworene »Wende« eingeleitet und eine »überzeugende Konsolidierungspolitik« auf den Weg gebracht hat, ist fraglich.[332] Nach dem Regierungswechsel setzte sie die von der sozial-liberalen Koalition begonnene Politik fort, wenn auch mit mehr Nachdruck sowie unterstützt von Wissenschaft, Medien und Wählern. Dabei ging sie über das hinaus, was ihre Vorgängerin begonnen hatte und ließ sich vom »internationalen Paradigmenwechsel in der Finanzpolitik« anregen, den Margret Thatcher in Großbritannien oder Ronald Reagan in den USA vorexerzierten.[333] Aufs Ganze gesehen blieb die Finanzpolitik der achtziger Jahre, bevor die deutsche Vereinigung die Karten neu mischte, aber ambivalent. So wird man statt von einer Wende eher von einer unfertigen Konsolidierung sprechen müssen, welche die Bundesrepublik im internationalen Vergleich auf einer »mittleren Linie« hielt.[334]

Die angekündigte Konsolidierung der öffentlichen Haushalte betrieb die christdemokratisch-liberale Koalition kurz-, mittel- und längerfristig mit unterschiedlicher Konsequenz.[335] Kurzfristig musste sich die Regierung Kohl dem Problem der Bundeshaushalte 1982 und 1983 stellen.[336] So fehlten im laufenden Etat rund 6 Mrd., die sich aus Steuermindereinnahmen (4,5 Mrd.), dem Verzicht auf die sogenannte »Kindergeldmilliarde« – den Zuschuss der Länder zum Kindergeld, das diese seit dessen Kürzung nicht mehr zahlen wollten – sowie Mehrausgaben für Arbeitslosenhilfe, den Bergbau und die Kernkraftreaktoren ergaben. Zugleich war der finanzielle Spielraum angesichts der für März 1983 angesetzten Neuwahlen ebenso klein wie der politische. Denn die neue Regierung müsse, machte Gerhard Stoltenberg als neuer Finanzminister den Unionsabgeordneten klar, »das Haus mit seiner Architektur« übernehmen, »auch da,

331 VDB, 9. WP, 121. Sitzung vom 13.10.1982, S. 7213–7229 (Zitate: 7213f., 7216, 7218). Vgl. zur »Erblast« die Überlegungen bei *Hanswillemenke* u. *Rahmann*, S. 159ff.

332 Dazu *Wirsching*, Abschied, S. 17ff.; *ders.*, »Konstruktion«.

333 *Prasad*; *Buggeln*, S. 58ff.

334 *Sturm*, Wende; *M. G. Schmidt*, Staatsfinanzen, 53ff.; *von Arnim* u. *Littmann*; *Leaman*; *Wirsching*, »Ära Kohl«; *ders.*, »Neoliberalismus«; *Schwarz*, Kohl, S. 326ff.; *Bökenkamp*, Ende, S. 213ff.; *Hellwig* u. *Neumann*.

335 *Devries*, S. 48ff.; *Kiesow*, S. 20ff.

336 Protokoll der Sitzung der CDU/CSU-Fraktion am 21.9.1982, ACDP 08-001/1068/1; Protokoll der Sitzung der CDU/CSU-Fraktion am 12.10.1982, ACDP 08-001/1068/2. Wende 82: »Strohfeuer von drei Monaten«, in: Der Spiegel Nr. 42 vom 18.10.1982. Im Einzelnen *Wirsching*, Abschied, S. 27ff.; vgl. auch *Köhler*, S. 385ff.

wo die Architektur uns nicht gefällt«.[337] Diese Argumentation trug auch Arbeitsminister Norbert Blüm von den Sozialausschüssen mit. »Schießt nicht auf die Feuerwehr! Wir haben den Brand nicht gelegt«, argumentierte er in der Sozialen Ordnung: »Wir sparen nicht, weil uns das Spaß macht, sondern weil wir sparen müssen«.[338] Da der Fehlbetrag im Haushalt 1982 in der verbleibenden Zeit weder durch gesetzliche noch durch Bewirtschaftungsmaßnahmen ausgeglichen werden konnte, musste ein zweiter Nachtragsetat eingebracht werden, den der Bundestag Mitte Dezember verabschiedete. Er hob das Volumen auf 246,6 Mrd. – ein Plus von 5,9 % gegenüber dem Budget von 1981 – und ließ die Nettokreditaufnahme um 6,1 Mrd. auf fast 40 Mrd. steigen.[339]

Nicht besser stand es um den Bundeshaushalt 1983, bei dem ohne einschneidende Maßnahmen auf der Ausgaben- wie der Einnahmenseite ein Defizit von rund 50 Mrd. drohte.[340] Statt des prognostizierten Wirtschaftswachstums von 3 % stand ein Nullwachstum zu erwarten,[341] so dass mit Steuermindereinnahmen von 9,4 Mrd. und bei einer geschätzten Zahl nicht von 1,85 Mio., sondern von 2,35 Mio. Arbeitslosen im Jahresdurchschnitt mit Mehrausgaben von rund 8 Mrd. zu rechnen war. Um die Wirtschaft anzukurbeln und die Arbeitslosigkeit zu bekämpfen, wollte die neue Regierung zudem die Gewerbesteuer ermäßigen und die Übernahme insolventer Betriebe erleichtern sowie den sozialen Wohnungsbau und den Neubau von Eigenheimen fördern. Ferner plante sie nach der jahrelangen Kritik der Unionsministerpräsidenten am Finanzausgleich, das angespannte Verhältnis zwischen Bund und Ländern durch finanzielle Zugeständnisse zu entkrampfen. So verzichtete sie definitiv auf die »Kindergeldmilliarde«, gestand den Ländern einen zusätzlichen Prozentpunkt bei der Verteilung des Umsatzsteueraufkommens zu, was sie rund 1 Mrd. kostete, und erhöhte die Mittel für Gemeinschaftsaufgaben um 500 Mio. Um weitere rund 4,5 Mrd. entlasteten die Maßnahmen, welche die Regierung zum Ausgleich des Haushalts traf, die Länder. Dazu zählten auf der einen Seite massive Einsparungen durch ein Haushaltsbegleitgesetz. So kürzte der Bund im Umfang

337 Protokoll der Sitzung der CDU/CSU-Fraktion am 12.10.1982, ACDP 08-001/1068/2. Vgl. auch den Bericht zur Übernahme des Amts des Bundesfinanzministers durch Gerhard Stoltenberg in der Sendung »Bericht aus Bonn« am 29.10.1982, WDR 0120137.

338 N. Blüm, Krise und Chance, in: Soziale Ordnung Nr. 10/1982; vgl. auch Die Hinterlassenschaft des Helmut Schmidt, in: ebd. Nr. 11/1982.

339 Ergebnisniederschrift über die 49. Sitzung des Finanzplanungsrates am 29.11.1982, BArch B 136/2249098; Kabinettssitzung am 7.10.1982, in: Kabinettsprotokolle; Vermerk Referat 441 BKA (Nowak) für die Kabinettsitzung am 27.10.1982, BArch B 136/22539; 100. Kabinettssitzung am 27.10.1982, in: Kabinettsprotokolle. Vgl. Gefahr gewittert, in: Der Spiegel Nr. 44 vom 1.11.1982.

340 Protokoll der Sitzung der CDU/CSU-Fraktion am 21.9.1982, ACDP 08-001/1068/1; Protokoll der Sitzung der CDU/CSU-Fraktion am 12.10.1982, ACDP 08-001/1068/2.

341 *Sachverständigenrat*, Sondergutachten 1982; Ergebnisniederschrift über die 49. Sitzung des Finanzplanungsrates am 29.11.1982, BArch B 136/22490.

von rund 5,7 Mrd. soziale Leistungen wie das Kinder- und Arbeitslosengeld oder die Ausbildungsförderung, erhöhte Beamtengehälter, Renten und Sozialhilfesätze später als vorgesehen und reduzierte einige Subventionen. Auf der anderen Seite hatten sich CDU/CSU und FDP in den Koalitionsverhandlungen, wo die Position der Liberalen nicht besonders stark war,[342] auf beträchtliche Mehreinnahmen verständigt. Danach stiegen der Beitrag zur Arbeitslosenversicherung mit Beginn des Jahres 1983 von 4,0 % auf 4,6 %, die Mehrwertsteuer zur Jahresmitte von 13 % auf 14 % und der Beitrag zur Rentenversicherung am 1. September um 0,5 %. Vor allem aber kehrte die von den Liberalen abgelehnte Ergänzungsabgabe nicht in Form einer Investitionsabgabe, wie es die Union gern gesehen hätte, sondern in Form einer zinslosen Zwangsanleihe, einer obligatorischen, nach drei Jahren rückzahlbaren Investitionshilfeanleihe wieder, die höhere Einkommen mit einem Aufschlag von 5 % auf die Steuerschuld traf. Sie sollte etwa 2,5 Mrd. einbringen, scheiterte aber 1984 an einem Urteil des Bundesverfassungsgerichts.[343] Trotz aller dieser Maßnahmen und einer Abführung der Bundesbank von 11 Mrd. steuerte die Nettokreditaufnahme mit 41,6 Mrd. auf einen neuen Rekord zu.[344] Dass von einer Konsolidierung der Finanzen des Bundes vorerst keine Rede sein konnte,[345] sah auch der Finanzminister. »Die entscheidende Veränderung«, urteilte er selbstkritisch, sei »eine Verschlechterung«.[346] Die Verantwortung dafür schob Stoltenberg aber der alten Regierung zu und kündigte wirksamere Schritte für die Zeit nach den Wahlen an.[347]

Die Konsolidierungsmaßnahmen der neuen Regierung stießen auf massive Ablehnung vor allem der Gewerkschaften, die an ihrer nachfrageorientierten Politik festhielten.[348] Schon die Regierungserklärung kritisierten sie entschieden. Seien die Beschlüsse der sozial-liberalen Koalition zum Bundeshaushalt 1982 »sozial unausgewogen und beschäftigungspolitisch verfehlt« gewesen,

342 Ergebnis der Koalitionsgespräche o. D. (Das Dokument verdanke ich Eberhard Schmiege.); »Auf dieser Regierung liegt kein Segen«, in: Der Spiegel Nr. 40 vom 4.10.1982.

343 FDP-Fraktion im Bundestag, Kurz- und Beschlußprotokoll der Sitzung der Fraktion am 26.10.1982, AdL NL Mischnick A41-74; Protokoll der Sitzung der CDU/CSU-Fraktion am 26. und 28.10.1982, ACDP 08-001/1068/2; 100. Kabinettssitzung am 27.10.1982, in: Kabinettsprotokolle; Kreative Juristen, in: Der Spiegel Nr. 47 vom 22.11.1982.

344 Kabinettsvorlage BMF (Stoltenberg) vom 25.10.1982, BArch B 136/22544; Vermerk Referat 441 BKA (Nowak) für die Kabinettsitzung am 27.10.1982, BArch B 136/22539; 100. Kabinettssitzung am 27.10.1982, in: Kabinettsprotokolle.

345 Wieder die alte Mixtur, in: Wirtschaftswoche Nr. 40 vom 1.10.1982.

346 Wenig Anlaß zur Freude, in: ebd. Nr. 44 vom 29.10.1982.

347 Rede Stoltenberg, in: VDB, 9. WP, 121. Sitzung vom 13.10.1982, S. 7274–7285; FDP-Fraktion im Bundestag, Ergebnisprotokoll der Sitzung des Arbeitskreises II am 26.10.1982, AdL NL Mischnick A41-153; 100. Kabinettssitzung am 27.10.1982, in: Kabinettsprotokolle. Sparen und wachsen, in: Wirtschaftswoche Nr. 51/52 vom 17.12.1982.

348 *Kempter*, Loderer, S. 479 ff.

müssten die Pläne der christlich-liberalen Koalition als »unsozial und beschäftigungspolitisch verfehlt« bezeichnet werden. Die Regierung befinde sich »auf dem falschen Weg«. Statt der »Ertragskraft privater Unternehmen« gelte es, die »kaufkräftige Nachfrage« zu stärken, nicht aber diese durch Kürzungen und Einschnitte bei den sozialen Leistungen zu schwächen.[349] Zwar räumte auch der DGB ein, dass die Verschuldung langfristig reduziert werden müsste, um wieder finanzpolitischen Handlungsspielraum zu gewinnen. Doch setzte er auf eine »beschäftigungssichernde Finanzpolitik«, welche die öffentliche Hand nicht aus ihrer Verantwortung für Wachstum und Beschäftigung zu entlassen gedachte, sowie auf eine Reihe von Maßnahmen, bei denen die Konsolidierung nicht an erster, sondern an letzter Stelle stand. So wollte man die krisenbedingten Defizite durch eine zusätzliche Nettokreditaufnahme schließen, gleichzeitig durch ein umfangreiches Beschäftigungsprogramm das »qualitative Wachstum« anregen und dadurch auf lange Sicht die Verschuldung reduzieren.[350]

Nicht minder scharf fiel die Kritik der Sozialdemokraten an der Finanz- und Haushaltspolitik der Regierung Kohl aus, die Horst Ehmke und Hans Apel in der Debatte über die Regierungserklärung vorbrachten.[351] Doch tat sich die SPD wegen der Kontinuitäten zur Finanzpolitik in der Endphase der Regierung Schmidt bei der Formulierung einer klaren Gegenposition zum Regierungskurs schwerer als die Gewerkschaften.[352] Bei der Mehrheit der Bundesdeutschen fiel weder die Kritik der Gewerkschaften noch jene der SPD auf fruchtbaren Boden. Vielmehr waren nach einer repräsentativen Umfrage des Instituts für Demoskopie Allensbach im Januar 1983 62 % der Befragten davon überzeugt, dass es um die wirtschaftliche Lage und die Staatsverschuldung so schlimm stehe wie von der Regierung Kohl behauptet. Dass 77 % der CDU/CSU- und 71 % der FDP-Anhänger diese Einschätzung teilten, nimmt nicht wunder; doch stimmten ihr auch 48 % der SPD-Anhänger zu.[353]

Nach dem Sieg der Mitte-Rechts-Koalition bei den Bundestagswahlen im März 1983 sollte, wie im Wahlkampf angekündigt,[354] die Konsolidierung der öffentlichen Finanzen vorrangig durch eine Reduzierung vor allem der

349 Vorstandsbereich Vorsitzender, Entwurf einer Stellungnahme des DGB-Bundesvorstandes zu der Regierungserklärung, die Bundeskanzler Helmut Kohl am 13. Oktober 1982 vor dem Deutschen Bundestag abgegeben hat, AdsD 5/DGAI000513.

350 Kurzprotokoll über die Klausurtagung des Bundesvorstandes am 10.11.1982, Anlage: Perspektiven am Arbeitsmarkt (Thesen und Fakten zur Klausur des DGB-Bundesvorstandes am 9. und 10.11.1982) vom 26.10.1982, AdsD 5/DGAI000554 bzw. 5/DGAN000514.

351 VDB, 9. WP, 121. Sitzung vom 13.10.1982, S. 7229 ff. bzw. 7264 ff.

352 Vgl. etwa *Apel* u. *Littmann*; ausführlich *Wirsching*, Abschied, S. 40 ff., 135 ff.

353 Die politische Stimmung Anfang 1983, in: ALLENSBACHER BERICHTE Nr. 1/1983.

354 Protokoll der Sitzung des Bundesvorstands vom 13.12.1982, Anlage: Wahlaussage zur Bundestagswahl 1983 vorgelegt von der Programmkommission der F.D.P. auf der Grundlage des Wahlprogramms '80 und der Beschlüsse des Bundesparteitags vom 5.–7.11.1982, AdL Bundesvorstand 6992.

Transferzahlungen an private Haushalte und Unternehmen in die Wege geleitet werden.[355] Das beteuerte der wiedergewählte Bundeskanzler Helmut Kohl auch in seiner Regierungserklärung, als er die Ergebnisse der Koalitionsverhandlungen in vier Punkten zusammenfasste:[356] So wollte die Regierung zum einen den Zuwachs des Bundeshaushalts 1984 auf 2% und für den Zeitraum der mittelfristigen Finanzplanung auf 3% begrenzen und dazu vornehmlich im konsumtiven Bereich weitere 6 bis 7 Mrd. kürzen, zum anderen die Neuverschuldung auf weniger als 40 Mrd. herunterfahren, ferner zusätzliche 1,0 bis 1,5 Mrd. für Investitionen und Maßnahmen zur Wirtschaftsförderung bereitstellen und schließlich »den Etat konsolidieren, ohne die Steuern zu erhöhen«.[357] Alles in allem sollte der öffentliche Gesamthaushalt bis 1986 in einem Umfang von 38 bis 40 Mrd. konsolidiert werden: 6,5 bis 7,0 Mrd. jährlich beim Bund, rund 4,8 Mrd. bei den Ländern und etwa 1,5 Mrd. bei den Gemeinden. Konkret bedeutete das für den Haushalt 1984, dass der Finanzminister gegen beträchtliche Widerstände der Ressorts, allen voran Arbeitsminister Norbert Blüm, eine ähnliche Doppelstrategie von Ausgabenkürzung und Investitionsförderung fuhr, wie er sie mit dem Budget für 1983 und dem Haushaltsbegleitgesetz auf den Weg gebracht hatte. Die Einsparungen von insgesamt 6,5 Mrd., die wieder durch ein Haushaltsbegleitgesetz (5,1 Mrd.) sowie durch Kürzungen im Haushaltsverfahren (1,4 Mrd.) gelingen sollten, beschnitten einerseits weitere Sozialleistungen, vor allem bei den Ausgaben der Bundesanstalt für Arbeit für das Arbeitslosen-, Schlechtwetter- und Kurzarbeitergeld sowie bei den Aufwendungen für Schwerbehinderte und – heftig umstritten – beim Mutterschaftsgeld. Nicht zuletzt dämpften sie den Anstieg der Personalkosten im öffentlichen Dienst. Andererseits waren Maßnahmen zur »Entlastung der gewerblichen Wirtschaft« geplant, die sich auf knapp 4,1 Mrd. summierten, darunter eine Reduzierung der Vermögensteuer und vorteilhaftere Abschreibungsmodalitäten. Hinzu kamen 1,5 Mrd. für »wachstumsfördernde Ausgaben«.[358] So sah der Etat

355 Vgl. auch Vermerk Gruppe 42 BKA (Fischer) über GL 42 und AL 4 an Chef BKA am 20.4.1983 betr. Schreiben von St Dr. Schlecht vom 15.3.1983 Zum Problem der Konsolidierung der Finanzen des Sektors »Staat« unter gesamtwirtschaftlichen Aspekten mit Anlage, BArch B 136/22498; Ergebnisniederschrift über die 51. Sitzung des Finanzplanungsrates am 23.6.1983, Anlage 2: Bericht der Arbeitsgruppe »Haushaltskonsolidierung« des Finanzplanungsrates vom 23.6.1983 mit Anlage: Auflistung denkmöglicher Konsolidierungsmaßnahmen, BArch B 136/22491.

356 Koalitionsvereinbarung vom 22.3.1983, ACDP 8-001-1070/2. VDB, 10. WP, 4. Sitzung vom 4.5.1983, S. 56–74, bes. 60ff. Etwas zu weit, in: Der Spiegel Nr. 13 vom 28.3.1983; Wie ein Schießhund, in: ebd. Nr. 18 vom 2.5.1983.

357 VDB, 10. WP, 4. Sitzung vom 4.5.1983, S. 56–74 (Zitat: S. 60).

358 Ergebnisniederschrift über die 50. Sitzung des Finanzplanungsrates am 28.4.1983 vom 24.5.1983, BArch B 136/22491; Kabinettsvorlage BMF (Stoltenberg) vom 13.5.1983 betr. Grundsatzbeschluß zum Haushalt 1984 und zu den Begleitgesetzen, Anlage 1: Haushaltspolitische Eckwerte; Anlage 2: Maßnahmen zur Entlastung der öffentlichen

schließlich bei einem Zuwachs von 1,8 % ein Volumen von 257,8 Mrd. und eine Nettokreditaufnahme von 37,3 Mrd. vor. Stoltenberg versuchte zugleich, seinen Konsolidierungskurs im Rahmen der mittelfristigen Finanzplanung zu verstetigen. So stimmte das Kabinett seiner Vorlage zu, den Bundeshaushalt von 265,0 Mrd. (1985) über 273,0 Mrd. (1986) auf 281,0 Mrd. (1987), also mit Raten von 2,8 %, 3,0 % und 2,9 % wachsen zu lassen und gleichzeitig die Neuverschuldung von 32,9 Mrd. über 27,6 Mrd. auf 22,5 Mrd. zu senken.[359]

1984 schienen sich erste Erfolge der Konsolidierungspolitik abzuzeichnen.[360] Eine Zwischenbilanz des zuständigen Referats im Kanzleramt stellte zuversichtlich fest, die »Haushaltskonsolidierung auf der einen Seite und Leistungen des Bundes zur Bekämpfung der Arbeitslosigkeit und Maßnahmen zur Stärkung der Investitionskraft der Wirtschaft auf der anderen Seite« begännen zu wirken. So komme die Konsolidierung schneller voran als geplant. Die Defizite in den Haushalten wie auch die Nettokreditaufnahme der Gebietskörperschaften seien deutlich gesunken. Zwar lägen die Ausgaben für Zinsen allein des Bundes noch bei 28,7 Mrd. oder 11,2 % der Ausgaben. Doch hätten die öffentlichen Hände insgesamt wieder an finanzpolitischem Handlungsspielraum gewonnen. So überstiegen die Investitionen des Bundes seit langer Zeit wieder die Nettokreditaufnahme. Auch seien die positiven Wirkungen auf die Wirtschaft nicht zu übersehen. Die Reduzierung der Nettokreditaufnahme habe den Kapitalmarkt entlastet, die Zinsen sinken lassen und die Bereitschaft für Investitionen erhöht. Die sich abzeichnende konjunkturelle Erholung, die rückläufigen Arbeitslosenzahlen sowie der nachlassende Preisanstieg verdankten sich einer erfolgreichen Konsolidierungspolitik. Darum müsse, hielten die Beamten im Kanzleramt fest, »der Konsolidierungskurs strikt eingehalten und die Neuverschuldung, unter Beachtung gesamtwirtschaftlicher Erfordernisse, schrittweise weiter abgebaut« werden. Außerdem seien die konsumtiven Ausgaben »noch mehr zugunsten wachstumsfördernder Investitionen« einzuschränken.[361]

Haushalte; Anlage 3: Maßnahmen im Steuerbereich, BArch 136/22550; Protokoll der Sitzung der CDU/CSU-Fraktion am 17. und 18.5.1983, ACDP 8-001-1070/2; 4. Kabinettssitzung am 18.5.1983, in: Kabinettsprotokolle.

359 Vermerk Referat 441 BKA (Nowak) über GL 44, AL 4 und Chef BKA an Buka am 24.6.1983 betr. 51. Sitzung des Finanzplanungsrates am 23.6.1983, BArch B 136/22491; Kabinettsvorlage BMF (Stoltenberg) vom 23.6.1983 betr. Bundeshaushalt 1984, Finanzplan 1983 bis 1987 und Haushaltsbegleitgesetz 1984 mit Anlagen, BArch B 136/22550; Vermerk Referat 441 BKA (Nowak) für die Kabinettsitzung am 29.6.1983, BArch B 136/22550; 8. Kabinettsitzung am 29.6.1983, in: Kabinettsprotokolle. *Bundesministerium der Finanzen*, Finanzplan 1983 bis 1987, S. 7 f.; *Gebhardt*; *van Suntum*.

360 Ergebnisniederschrift über die 52. bzw. 53. Sitzung des Finanzplanungsrates am 2.12.1983 bzw. 5.4.1984, BArch B 136/22491.

361 Vermerk Referat 441 BKA (Nowak) vom 13.3.1984 betr. Politisch-ökonomische Bewertung der erzielten Sparerfolge, BArch B 136/22553; Vermerk Referat 441 vom 23.5.1984 betr. Zur Haushaltspolitik des Bundes, ebd.

Doch lange ließ sich der Konsolidierungskurs nicht durchhalten.[362] Er kollidierte immer stärker mit anderen politischen Zielen der christlich-liberalen Koalition und stieß bei einigen Ländern sowie vor allem bei den Gemeinden zunehmend auf Widerstand. Daher wich die Regierung bereits in den Jahren 1985 und 1986 nach und nach vom eingeschlagenen Weg ab.[363] Bei den Beratungen des Kabinetts über den Bundeshaushalt 1985 unterstrich Finanzminister Stoltenberg, dass die »Gesundung der Bundesfinanzen« bisher »erfreuliche Fortschritte« gemacht und dazu geführt habe, »dass die Öffentlichkeit wieder Vertrauen gewonnen hat in eine solide staatliche Finanzpolitik«. Aber er blicke mit Sorge auf die Forderungen der Sozial- und Umwelt-, Verkehrs- und Verteidigungspolitiker, die »nicht den Realitäten« entsprächen.[364] Zwar stieg der Haushalt 1985 nur um 2,4 % auf 260,2 Mrd. an, und auch die Nettokreditaufnahme fiel mit rund 24 Mrd. um fast 9 Mrd. niedriger aus als im Rahmen der mittelfristigen Finanzplanung vorgesehen. Doch musste der Finanzminister den Ressorts Mehrausgaben von rund 20 Mrd. zugestehen.[365] Damit verlagerte sich der Ansatzpunkt der Konsolidierungspolitik. Hatte diese zuerst auf einem unterproportionalen Wachstum der Ausgaben bei einem leicht überproportionalen Anstieg der Einnahmen beruht, stützte sie sich künftig nur noch auf überdurchschnittlich steigende Einnahmen. Die Regierung verzichtete nämlich darauf, die inflationsbedingte »kalte« Steuerprogression bei der Einkommensteuer durch eine Steuerreform auszugleichen. Auch ließen die Anfang der achtziger Jahre beschlossenen Abgabenerhöhungen die Einnahmen steigen. Und nicht zuletzt zog die Konjunktur merklich an, so dass sich die realen Wachstumsraten zunächst von −1,1 % (1983) über 1,9 % (1983) auf 3,1 % (1984) erhöhten. Diese sanken zwar in den Jahren 1985 (1,8 %), 1986 (2,2 %) und 1987 (1,5 %) ab, stiegen dann aber erneut auf 3,7 % (1988) und 3,6 % (1989) an.[366]

Im Vorfeld der Bundestagswahl von 1987 flauten die Konsolidierungsbemühungen vollends ab.[367] Neue soziale Leistungsgesetze, aber auch höhere Subven-

362 Interview Obert.

363 Das zeichnete sich bereits in den Beratungen des Finanzplanungsrates ab, der für eine Verschiebung der Steuerreform eintrat. Ergebnisniederschrift über die 52. bzw. 53. Sitzung des Finanzplanungsrates am 2.12.1983 bzw. 5.4.1984, BArch B 136/22491. Die wachsende Skepsis einiger Länder und besonders der Gemeinden zeigte sich auf der 54. Sitzung des Finanzplanungsrates am 25.6.1984, ebd. Zur breiteren Einordnung vgl. *Schwarz*, Kohl, S. 335 ff.

364 Sprechvermerk Referat II A 1 BMF vom 29.6.1984 betr. Entwurf Bundeshaushalt 1985, Finanzplan des Bundes 1984–1988, BArch B 126/101781.

365 Kabinettsvorlage BMF (Stoltenberg) vom 28.6.1984 betr. Bundeshaushalt 1985, Finanzplan 1984 bis 1988, ebd.; Auszug aus dem Kurzprotokoll über die 45. Kabinettsitzung am 3.7.1984, ebd.

366 *Von Homeyer*, S. 334; Ergebnisniederschrift über die 50., 51., 52., 53. und 54. Sitzung des Finanzplanungsrates am 28.4.1983, 23.6.1983, 2.12.1983, 5.4.1984 und 25.6.1984, BArch B 136/22491.

367 Die folgenden Ausführungen orientieren sich an *H.-P. Ullmann*, Steuerstaat, S. 207 ff.

tionen und steigende Überweisungen an die EG ließen bei zeitweilig nachlassendem wirtschaftlichem Wachstum und sinkenden Bundesbankgewinnen die Defizite im öffentlichen Haushalt wieder ansteigen.[368] So nahm der Finanzierungssaldo, der von 15,4 % (1982) auf 8,9 % (1986) zurückgegangen war, in den Jahren 1987 erneut auf 10,4 % und 1988 sogar auf 13,1 % zu, bevor er 1989 noch einmal auf 6,9 % sank.[369] Noch stärker ins Gewicht fiel die Einkommensteuerreform, die Bundeskanzler Kohl in seiner Regierungserklärung vom März 1983 angekündigt, die Koalition aber vorerst auf die lange Bank geschoben hatte, weil sie den »Keim des Konflikts« ins Regierungslager zu tragen drohte.[370] Ihr Ziel war es, die Besteuerung zu vereinfachen, die Bemessungsgrundlage durch den Abbau von Vergünstigungen und eine bessere Erfassung zu erweitern, vor allem aber die Belastungen zu senken, um die »kalte« Steuerprogression nunmehr auszugleichen, Mehrleistung zu prämieren sowie Steuerflucht und Schattenwirtschaft einzudämmen. Nicht zuletzt reagierte die Regierung damit auf Änderungen der Besteuerung in anderen westlichen Industrieländern, die den Steuerwettbewerb zwischen den Staaten angeheizt hatten. Die Reform erfolgte von 1986 bis 1990 in drei Schritten. Sie erbrachte eine Nettoentlastung von etwa 40 Mrd.,[371] senkte die Steuerbelastung, so dass die Abgabenquote von 43 % (1982) zeitweilig auf 41 % (1990) zurückging, und strukturierte das Steuersystem zugunsten von Konsumabgaben um. Als Kind eines politischen Kompromisses führten die Neuerungen, auch im Vergleich zu den Reformen im Ausland, lediglich zu einem »moderaten Politikwechsel«. Das galt etwa für die Vereinfachung des Steuersystems und den Abbau von Vergünstigungen, aber auch für die Freistellung des Existenzminimums oder die Reform der Unternehmensbesteuerung.[372]

Die Konsolidierungspolitik schichtete manche Ausgaben im Bundeshaushalt um, vor allem in den ersten vier Regierungsjahren der Mitte-Rechts-Koalition. Während die Anteile der Ausgaben für Verteidigung und Zinsen stiegen, sank der Prozentsatz der Sozialausgaben. Doch angesichts der geringen Flexibilität des Etats, in dem über 95 % der Ausgaben rechtlich gebunden waren, hielten sich diese Verschiebungen in Grenzen. Einmal mehr zeigte sich, dass Koalitionsregierungen im föderalen System der Bundesrepublik zu einer »Politik des mittleren Weges« tendieren.[373] Gleichwohl blieben die Prioritäten erkennbar, welche

368 *Hellwig* u. *Neumann*; *Zohlnhöfer*, Wirtschaftspolitik, S. 70 ff.; *Stoltenberg*, S. 279 ff.; *Heun*, Staatshaushalt, S. 212 ff.; *Ross*.

369 *Hansmeyer* u. *Willeke*, S. 232 f.; *Buggeln*, S. 78 ff.

370 *Wirsching*, Abschied, S. 270 ff. (Zitat: S. 271); vgl. auch *Buggeln*, S. 71 ff.; *Köhler*, S. 585 ff.

371 *Wilson*; *Janeba*; *Franke*; *Gros*; *Heinrich*; *Wirsching*, Abschied, S. 270 ff.

372 *van Essen*; *van Suntum*, S. 261 ff.; *Zohlnhöfer*, Wirtschaftspolitik, S. 83 ff.; *Sturm*, Wende, S. 190 ff.; *Wagschal*, Schranken.

373 *M. G. Schmidt*, System, S. 443 ff. Dazu im einzelnen *Bundesministerium für Arbeit und Sozialordnung u. Bundesarchiv*, Bd. 7.

die konservativ-liberale Regierung setzte. Vor allem forcierte sie die restriktive Sozialpolitik, mit der die sozial-liberale Koalition in den Mittsiebzigern begonnen hatte. Diese brachte keinen Sozialabbau, sondern eine Konsolidierung und Stabilisierung, sank doch die Sozialleistungsquote lediglich von 33 % auf 30 %. Zudem konzentrierten sich die Einschnitte auf die Haushaltsbegleitgesetze von 1983 und 1984. Diese kürzten zwar die Transferausgaben in den meisten Fällen zulasten der unteren Einkommensschichten, rührten jedoch nicht an den Grundfesten des Wohlfahrtsstaats. Seit den Mittachtzigern rückte die Regierung dann aus partei- und koalitionspolitischen Gründen die »Neue Soziale Frage« ins Zentrum, die Heiner Geißler bereits Ende der siebziger Jahre auf die politische Tagesordnung gesetzt hatte. Entsprechend fuhr sie die Transferzahlungen weiter zurück und erhöhte stattdessen die Dienstleistungen für Familien, Kinder und Pflegebedürftige.[374]

Die Konsolidierungspolitik verschob in den achtziger Jahren die Anteile von Bund, Ländern und Gemeinden an den öffentlichen Ausgaben. Während jene des Bundes zwischen 1982 und 1989 lediglich um 19 % stiegen, wuchsen die Ausgaben der Länder um 26 % und die der Gemeinden um 21 %. Damit sank der Anteil des Bundes an den Nettoausgaben weiter von 46 % (1982) auf 44 % (1989), und jener der Länder und Gemeinden nahm von 34 % auf 35 % bzw. von 20 % auf 21 % zu. Der Bund betrieb die Konsolidierung mithin nicht nur konsequenter als die anderen Gebietskörperschaften; ihm gelang es auch, deren Lasten teilweise auf die Länder und Gemeinden sowie nicht zuletzt auf die Sozialversicherungen abzuwälzen, während er die finanziellen und politischen Vorteile für sich vereinnahmte.[375]

Obwohl sich die Länder der »interfiskalischen Zugriffspolitik« des Bundes und seinen »Geschäften zu Lasten Dritter« besser widersetzen konnten als die Gemeinden oder die Sozialversicherungen, folgten sie doch, allerdings zurückhaltender, der Konsolidierungspolitik des Bundes.[376] So lagen die Steigerungsraten ihrer Haushalte in den Achtzigern, mit Ausnahme der Jahre 1988 und 1989, zwar über jenen des Bundes, meist jedoch unter denen des Bruttosozialprodukts. Infolgedessen sanken die Finanzierungssalden von 11,0 % (1982), wenn auch nicht kontinuierlich, auf 2,7 % (1989).[377] Einige Länder, insbesondere die Stadtstaaten oder Nordrhein-Westfalen, taten sich mit der Konsolidierung freilich schwerer als andere. Die finanziellen Gewichte zwischen ihnen hatten sich nämlich durch die höheren Einnahmen Niedersachsens aus dem Ölförderzins, der mit dem Ölpreis stieg, und den wirtschaftlichen Aufschwung

374 Ebd.; *K. Zimmermann*; *Horst*; *M. G. Schmidt*, Politik; *Alber*; *Lessmann*. *Bundesministerium für Arbeit und Sozialordnung*, S. 244.

375 *Bundesministerium der Finanzen*, Finanzbericht 1985, S. 227; *dass.*, Finanzbericht 1993, S. 285. *Nullmeier*, Zugriff.

376 Ebd.

377 *Hansmeyer* u. *Bretschneider*, S. 486 ff.; *ders.* u. *Willeke*, S. 236 ff.

Bayerns auf der einen Seite sowie durch die Kohle-, Stahl- und Werftenkrise in Nordrhein-Westfalen, Bremen und Hamburg auf der andern Seite verschoben, ohne dass der Finanzausgleich dies zunächst berücksichtigt hätte. Erst die Mitte-Rechts-Koalition nahm 1982/83 eine Korrektur vor, die vor allem den unionsregierten Ländern mit ihrer Mehrheit im Bundesrat zugutekam. Die anderen klagten darum mit Erfolg vor dem Bundesverfassungsgericht und erzwangen 1986 eine Neuregelung, die wiederum zwischen der Bundesregierung und den unionsgeführten Ländern ausgehandelt wurde. Diese begünstigte erneut die CDU/CSU-regierten Bundesländer, vor allem Niedersachsen, das seine Zustimmung von finanziellen Zugeständnissen des Bundes, zumal einer Erhöhung der Ergänzungszuweisungen, abhängig machte. Dagegen scheiterte die sogenannte »Albrecht-Initiative«, die den Bund mit 5 % an den Kosten der Sozialhilfe beteiligen wollte. Sie führte immerhin dazu, dass für zehn Jahre ein Strukturfonds mit einem Volumen von 2,5 Mrd. jährlich eingerichtet wurde, aus dem Länder und Gemeinden Investitionshilfen beziehen konnten. Mit diesem Kompromiss stand sich der Bund finanziell günstiger, und der Verteilungsmodus brachte einmal mehr den unionsgeführten Ländern Vorteile. So gelang es der Bundesregierung in den achtziger Jahren, in enger Kooperation mit den unionsregierten Ländern die Konsolidierungspolitik umzusetzen und ihre finanziellen Folgen ungleich zu verteilen.[378]

Der Konsolidierungspolitik des Bundes schlossen sich aber nicht nur die Länder, sondern auch die Gemeinden an. Zwar erholten sich die kommunalen Haushalte von der Krise Anfang der achtziger Jahre, als ihr Defizit auf über 10 Mrd. gestiegen war. Aber diese Phase der Stabilisierung, die 1984 und 1985 sogar zu leichten Überschüssen führte, währte nur bis zur Mitte des Jahrzehnts. Dann rutschten die Etats erneut ins Minus und fingen sich erst Ende der Achtziger wieder.[379] Dass der Finanzierungssaldo derart schwankte, lag auf der einen Seite an den Einnahmen. Zwar profitierten die Kommunen von der guten Konjunktur, die ihren Anteil an der Einkommensteuer kontinuierlich, das Aufkommen der Gewerbesteuer dagegen in Schüben steigen ließ, doch bescherten ihnen die Konsolidierungsmaßnahmen der frühen achtziger Jahre und die Steuerreform finanzielle Einbußen. Auch legten Bund und Länder bei ihren Zuweisungen, besonders den zweckgebundenen für Investitionen, nur wenig zu. Stieg der Anteil der Steuern an den kommunalen Einnahmen von 32 % (1982) auf 35 % (1988), sank jener der Zuweisungen von 29 % auf 26 %. Auf der anderen Seite fuhren die Gemeinden zunächst eine restriktive, seit 1985 aber erneut eine expansive Ausgabenpolitik. Dabei wuchsen die sozialen Leistungen überproportional. Das galt vor allem für die Sozialhilfe als dem Auffangnetz der sozialen Sicherung. Gerade die anhaltende Arbeitslosigkeit und die Versorgung

378 *Peffekoven*; *Renzsch*, Finanzbeziehungen; *Mäding*.

379 *Hansmeyer* u. *Bretschneider*, S. 491 ff.; *ders.* u. *Willeke*, S. 239 ff.

Pflegebedürftiger in Heimen entwickelten sich zu einem Sprengsatz in den städtischen Haushalten. Bis 1988 stiegen die Sozialhilfeausgaben auf über 25 Mrd., wovon die Kommunen 19 Mrd. und die Länder 6 Mrd. zu tragen hatten. Überdurchschnittlich nahmen auch die Personalkosten zu, wiederum im Sozialbereich und besonders nach 1984. Dagegen brachen die Sachinvestitionen Anfang der achtziger Jahre weg und stiegen seit 1985 nur zögernd wieder an. Ende der Achtziger gaben die Gemeinden 32 % (1982: 31 %) für Personal, 15 % (12 %) für Sozialleistungen, brutto vier Fünftel davon für Sozialhilfe, und 20 % (23 %) für Sachinvestitionen aus. Obwohl die kommunalen Schulden von 110 auf 119 Mrd. wuchsen, ging der Anteil der Zinsen an den Ausgaben dank des sinkenden Zinssatzes von 6 % auf 4 % zurück. Das verdeckte freilich zum einen die Unterschiede zwischen den Großstädten mit einem hohen Anteil an Beziehern von Transfereinkommen und den kleineren Gemeinden, wo dieser niedriger lag, zum andern aber auch jene zwischen den Kommunen im wirtschaftlich schwächeren Norden und denen im prosperierenden Süden.[380]

Besonders kräftig griff der Bund auf die Finanzen der Sozialversicherungsträger zu, vor allem auf die der Renten- und Arbeitslosenversicherung. Das geschah zum einen durch die Reduzierung des Bundeszuschusses, der den höheren Leistungen nicht in vollem Umfang folgte, so dass der Rentenversicherung bis 1987 rund 15 Mrd. entgingen. Zum anderen wurde die Bundesgarantie bis auf die Sicherung der Liquidität abgeschmolzen. Auch der Ausgleich zwischen der finanzstarken Angestellten- und der finanzschwachen Arbeiterversicherung entlastete den Bund, der sonst hätte einspringen müssen. Schließlich kam ihm indirekt zugute, dass die Zahlungen aus der Arbeitslosenversicherung gekürzt und die Beiträge angehoben wurden. So schob der Bund die soziale Bewältigung der fortdauernden Massenarbeitslosigkeit den Ländern, vor allem aber den Gemeinden zu. Während die Sozialausgaben von 530 Mrd. (1982) auf 683 Mrd. (1989) oder um 29 % stiegen, sank der aus dem Bundeshaushalt finanzierte Anteil weiter von 23 % auf 20 %, jener aus den Beiträgen von Arbeitnehmern und Arbeitgebern nahm dagegen noch einmal zu. Diese Verschiebung von Steuern zu Beiträgen bewegte sich gegen den europäischen Trend.[381]

Lässt sich über den Erfolg der Konsolidierungspolitik von Bund und Ländern, Gemeinden und Sozialversicherungsträgern kein pauschales Urteil fällen, trifft das auch für den Staat insgesamt zu.[382] Einerseits sank die Staatsquote von 49,8 % (1982) auf 45,3 % (1989) und schwenkte damit wieder auf den »Normal-Wachstums-Pfad« der sechziger Jahre ein. Der Finanzierungssaldo des Staates, der 1982 bei 3,3 % des Bruttoinlandsprodukts gelegen hatte, ging bis 1985 auf

380 *J. J. Hesse*, Staat; *Institut »Finanzen und Steuern«*, Entwicklung; *Vesper*, Finanzen; *Roth* u. *Wollmann*; *Kitterer*, Sozialhilfe.

381 *Alber*, S. 259 ff.; *Mackscheidt*; *Bundesministerium für Arbeit und Sozial*ordnung, S. 244.

382 Vgl. zum Folgenden *M. G. Schmidt*, Rahmenbedingungen, S. 39 ff.

1,2 % zurück. Das strukturelle Defizit wurde also weitgehend abgebaut. Zwar stieg der Finanzierungssaldo seit 1986 wieder an und lag 1988 bei 2,2 %, drehte 1989 aber dank des Überschusses bei der Sozialversicherung kurzzeitig sogar ins Positive (0,1 %). Zugleich sank die Nettoneuverschuldung des öffentlichen Gesamthaushalts von 68,8 Mrd. (1982) auf 33,5 Mrd. (1989) oder von 4,3 % auf 1,5 % des Bruttosozialprodukts. Sie näherte sich damit jener »Normalverschuldung« an, die der Sachverständigenrat wachstumspolitisch für unbedenklich hielt. Bei der Senkung der Staatsquote und der Konsolidierung des Haushalts konnte es die Mitte-Rechts-Koalition sogar mit der Regierung Thatcher aufnehmen, die dank hoher Öleinnahmen und Privatisierungserlöse lediglich die Verschuldung wirksamer zu bekämpfen vermochte. Beide Länder profitierten vom weltweiten Konjunkturaufschwung seit 1983 und dem Sinken der Ölpreise 1986/87. Diese bescherten der bundesdeutschen Wirtschaft stetiges reales Wachstum und steigende Außenhandelsüberschüsse, so dass die Steuereinnahmen über-, die Ausgaben unterproportional anstiegen. Hinzu kamen niedrige Inflationsraten, die im Jahr 1986 mit 0,2 % einen Tiefstand erreichten, während sinkende Zinsen den Schuldendienst erleichterten. Auch die Gewinnüberweisungen der Bundesbank, die bis 1985 auf einen Höchstwert von 12,9 Mrd. stiegen und damit bis zu 5 % der Ausgaben abdeckten, schufen im Haushalt finanzielle Spielräume zur Reduktion der Fehlbeträge. Endlich spülte die Privatisierung öffentlicher Unternehmen in den achtziger Jahren 9,4 Mrd. in die Kassen des Bundes und erleichterte damit ebenfalls die Konsolidierung des Etats.[383]

Doch enthält dieser Befund nur die halbe Wahrheit.[384] So konnte die hohe Arbeitslosigkeit nicht wesentlich abgebaut werden. Die Arbeitslosenquote von 7,5 % (1982) nahm zunächst noch auf 9,3 % (1985) zu und ging bis 1989 lediglich auf 7,9 % zurück, obwohl das Angebot an Arbeit stark anstieg und am Ende der achtziger Jahre 1,2 Mio. mehr Personen erwerbstätig waren als zu Beginn der Dekade. Auch auf anderen Feldern verfehlte die Koalition die selbst gesteckten Ziele. So stieg der Anteil der investiven nicht zulasten der konsumtiven Staatsausgaben, sank vielmehr durch die Sparmaßnahmen der frühen achtziger Jahre weiter und verharrte auf dem erreichten niedrigen Niveau. Wohl stiegen die Bruttoinvestitionen des Staates von 45,3 Mrd. (1982) auf 52,5 Mrd. (1989), doch schrumpfte ihr Anteil am Bruttosozialprodukt von 2,8 % auf 2,3 %. Jener der Subventionen stieg dagegen von 1,9 % (1982) auf 2,3 % (1988). Anders als beabsichtigt, gelang eine Umschichtung in den öffentlichen Haushalten also nicht. Ebenso ließ die sinkende Nettoneuverschuldung des Staates, da sie von einem

383 *Sachverständigenrat*, Jahresgutachten 1998/99, Tab. 33* (VGR), 34* (FS). *Deutsche Bundesbank*, Geschäftsberichte 1982 ff. *Hansmeyer* u. *Bretschneider*; *Knauss*; *Tofaute*, S. 108; *Frei* u. *Süß*.

384 Vgl. dazu *Hansmeyer* u. *Bretschneider*; *ders.* u. *Willeke*.

hohen Niveau aus erfolgte, weder die Schuldenquote zurückgehen noch baute sie den Schuldenberg ab. Vielmehr stieg die Verschuldung der öffentlichen Haushalte von 38,4 % (1982) auf 41,4 % (1989) des Bruttoinlandsprodukts oder von 614,8 Mrd. auf 928,8 Mrd. und damit immerhin um die Hälfte. Zwar ging der Anstieg der Zinsausgaben, der sich im Jahr 1983 noch auf 14,1 % belaufen hatte, schrittweise auf 1,2 % (1989) zurück, weil dieser Posten im Vergleich zu den Gesamtausgaben unterproportional wuchs. Dennoch nahm die Zinsbelastung der öffentlichen Haushalte zunächst weiter zu und erreichte mit 9,2 % im Jahr 1986 einen Höchststand; erst dann sank sie bis 1989 auf 8,7 % ab. Damit lag die Zinsausgabenquote aber noch deutlich über jener der siebziger Jahre und engte den finanzpolitischen Handlungsspielraum im öffentlichen Gesamthaushalt weiterhin erheblich ein.[385]

Festzuhalten bleibt, dass es der Mitte-Rechts-Koalition nach der von ihr proklamierten Wende im Bund nur gelang, eine unfertige Konsolidierung ins Werk zu setzen, die zudem einen erheblichen Teil der Lasten auf die Länder und Gemeinden sowie die Sozialversicherung abwälzte. So konnte das Wachstum der Schulden in den achtziger Jahren zwar zeitweilig verlangsamt, kaum aber ernsthaft gebremst werden. Deshalb gehörte die Bundesrepublik im internationalen Vergleich nicht zu den Staaten, bei denen, wie Paul Pierson einflussreich für die USA argumentiert hat, das »Expansionist Fiscal Regime« in den siebziger Jahren durch ein »Regime of Austerity« abgelöst wurde.[386] Vielmehr schlug sie zwischen Expansion und Konsolidierung einen »mittleren Weg« ein.[387] Auf der einen Seite setzte die Expansion der Schulden hier zeitlich später ein als in anderen Industriestaaten, fiel dafür aber in der zweiten Hälfte der siebziger Jahre dynamischer aus als in fast allen Ländern der OECD. Auch nahm sie nach einer Unterbrechung des Aufwärtstrends in den achtziger Jahren seit der Wiedervereinigung erneut an Fahrt auf.[388]

385 *Sachverständigenrat*, Jahresgutachten 1998/99, Tab. 41*; *Kitterer*, Finanzen, S. 231 ff.; *W. Ehrlicher*, Finanzpolitik, S. 22 ff.; T. Thormählen, Deutschland: Vize-Europameister bei den Subventionen?, in: WIRTSCHAFTSDIENST, Jg. 69, 1989, S. 241–248.

386 *Pierson*; vgl. auch *Streeck*, Rise.

387 *M. G. Schmidt*, Politik; *ders.*, System, S. 443 ff.

388 Vgl. *Grosser*, Wagnis; *Zinsmeister*.

Schluss

Anfang der 1980er Jahre war die Bundesrepublik zu einem Staat geworden, der einen wachsenden Teil seiner Ausgaben statt mit Steuern durch die Aufnahme von Krediten finanzierte und auf diese Weise einen gewaltigen Schuldenberg aufgehäuft hatte. Nicht allein verschlangen Zinsen und Tilgung einen beträchtlichen Teil der laufenden Einnahmen; auch der Handlungsspielraum der Politik war bereits bedenklich eingeschränkt. Wie die öffentlichen Haushalte, ohne dass es die Beteiligten intendiert hätten, in eine solche strukturelle Schieflage gerieten, konnte diese Studie erklären.

Unter der »fiktionalen Erwartung«,[1] dass sich das Wachstum der Wirtschaftswunderjahre fortsetzen und damit den finanziellen Vorgriff auf die Zukunft durch Kredite sowohl rechtfertigen als auch beherrschen lassen werde, entstand in der Debatte über öffentliche Armut und privaten Reichtum, die John Kenneth Galbraith Ende der fünfziger Jahre mit seinem Buch »The Affluent Society« losgetreten hatte, in der Bundesrepublik ein breiter Konsens. Dieser ging von einer empörenden Unterversorgung mit öffentlichen Leistungen aus, die es dringend zu beseitigen gelte. Er konkretisierte sich schon früh in programmatischen Überlegungen der Sozialdemokratie, aber auch der Gewerkschaften, die sogenannten »Gemeinschaftsaufgaben« auszubauen. Müller-Armacks Pläne für eine »zweite Phase« der Sozialen Marktwirtschaft oder Erhards Plan für ein Deutsches Gemeinschaftswerk stammten aus einer anderen politischen Richtung, kamen aber zum gleichen Ergebnis: Der Staat müsse mehr öffentliche Güter bereitstellen, denn dies habe er in der Zeit des Wirtschaftswunders sträflich vernachlässigt.

Die Diagnose von der Unterversorgung mit öffentlichen Leistungen deckte sich nur zum Teil mit der finanzpolitischen Realität, waren doch seit den späten 1950er Jahren die öffentlichen Ausgaben stetig gewachsen. Hatte Bundesfinanzminister Schäffer dieser Entwicklung noch Grenzen setzen können, indem er die klassischen Deckungsregeln befolgte, änderte sich das unter seinen Nachfolgern Etzel und Starke, vor allem aber Dahlgrün binnen weniger Jahre. Die Expansion der Haushalte, die weitgehend ungeplant verlief, mündete in die Finanzkrise der Jahre 1965 und 1966. Diese rührte teils von den Restriktionen der fortgeltenden Reichshaushaltsordnung, teils von den ausgabewirksamen Beschlüssen her, mit denen die Bundestagsabgeordneten der Regierungsmehrheit

1 *Beckert*, Capitalism; *ders.*, Dynamics; jetzt grundlegend *ders.*, Futures. Vgl. auch *Esposito*, Fiktion.

den Finanzminister vor sich her trieben. Aber auch das Kabinett geizte besonders vor Wahlen nicht mit sozialen Wohltaten. So verfolgte die Finanzpolitik letztlich zwei widerstreitende Ziele: Einerseits wollte sie die Bürger nicht mit höheren Steuern belasten und musste andererseits den gestiegenen Ansprüchen und den mit ihnen wachsenden Forderungen der Ministerien wie der Mehrheit im Bundestag genügen. Ihr Ausweg bestand in einer zunehmenden Verschuldung.

Die Legitimation für eine höhere Verschuldung lieferte die *Fiscal policy*, welche die öffentlichen Haushalte und insbesondere deren Finanzierung durch Kredite konsequent als Instrument der Konjunktursteuerung einsetzte. Sie drängte von der Finanzwissenschaft über die Wissenschaftlichen Beiräte beim Bundeswirtschafts- und Bundesfinanzministerium sowie den Sachverständigenrat zur Begutachtung der gesamtwirtschaftlichen Entwicklung in die Politik. Früher oder später sowie unterschiedlich intensiv wurde die *Fiscal policy* von führenden Politikern und hohen Beamten aufgegriffen. Die Rezession von 1966/67 verhalf der neuen Lehre zum Durchbruch. Denn sie leistete wissenschaftliche Schützenhilfe, als die Große Koalition sich die Instrumente für eine antizyklische Finanzpolitik verschaffte. So verabschiedete der Bundestag das Stabilitäts- und Wachstumsgesetz, gestaltete das Haushaltsrecht um und reformierte die Finanzverfassung.

Die drei Regelungskomplexe ergänzten sich, auch wenn sie keineswegs perfekt aufeinander abgestimmt waren. Das Stabilitäts- und Wachstumsgesetz verpflichtete Bund wie Länder auf eine antizyklische Finanzpolitik und stellte ihnen das nötige Instrumentarium für eine Globalsteuerung bereit. Formale Hindernisse, die einer solchen Politik bislang im Wege gestanden hatten, beseitigte die Reform des Haushaltsrechts. Sie löste die Kreditfinanzierung aus der Objektbezogenheit der klassischen Deckungsregeln, relativierte das Prinzip des Haushaltsausgleichs und öffnete mit der mittelfristigen Finanzplanung einen mehrjährigen Planungshorizont. Die Finanzverfassungsreform schließlich führte mit den Gemeinschaftsaufgaben neue staatliche Interventionsbereiche ein und vergrößerte die finanziellen Handlungsspielräume von Ländern wie Gemeinden, indem sie den Finanzausgleich neu gestaltete. Insgesamt förderte das Gesetzesbündel eine Expansion der staatlichen Ausgaben und besonders der öffentlichen Schulden. Auch erweiterte es den Aufgabenbereich der Finanzpolitik, denn neben die klassische allokations- trat jetzt endgültig die stabilisierungspolitische Funktion der öffentlichen Finanzen. Dem lag die optimistische Annahme zugrunde, die kreditfinanzierte Ausweitung der Aktivitäten des Staates werde sich durch entsprechende Gremien und Planungen, allen voran den Finanzplanungsrat, selbst im föderalistisch strukturierten bundesdeutschen Finanzsystem adäquat steuern und politisch meistern lassen.

Gerechtfertigt durch die *Fiscal policy* und gestützt auf das nunmehr bereitstehende Instrumentarium für eine antizyklische Fiskalpolitik formierte sich um den Leitgedanken, die öffentliche Armut abzubauen, eine breite Koalition politischer Kräfte. Dabei diente der Begriff »Öffentliche Armut« als ein Deutungsangebot hinter dem sich Akteure mit unterschiedlichen Vorstellungen und Interessen versammeln konnten.[2] Aus kognitionspsychologischer Sicht war »öffentliche Armut« ein *Frame*, also ein Deutungsrahmen, der bestimmte gesellschaftliche oder politische Gegebenheiten selektierte, bewertete sowie interpretierte und damit das Handeln beeinflusste.[3] Zur Expansionskoalition zählten zunächst Sozialdemokraten, Unionspolitiker und Freie Demokraten außerhalb wie innerhalb des Bundestags, sodann hohe Beamte in den Ministerien und im Bundeskanzleramt, zeitweise außerdem die Spitzen der Deutschen Bundesbank, aber auch Repräsentanten großer Interessenorganisationen wie der Gewerkschaften, darüber hinaus wirtschafts- und finanzwissenschaftliche Experten mit dem Sachverständigenrat an der Spitze, Meinungsmacher der Fach-, Wochen- und Tagespresse sowie nicht zuletzt Teile der Bevölkerung.

Die Expansionskoalition wollte die als öffentliche Armut wahrgenommene Unterversorgung mit staatlichen Leistungen beheben, indem sie die öffentlichen Investitionen nachhaltig steigerte, um so die Bundesrepublik für die Zukunft zu wappnen sowie für den Systemwettbewerb mit der DDR konkurrenzfähig zu machen. Dies sollte durch eine planvolle und auf die Bedürfnisse der Konjunktur abgestimmte Ausweitung der Ausgaben und Schulden von Bund, Ländern und Gemeinden geschehen. Die Forderung nach mehr Staat überdeckte freilich die Heterogenität dieser Koalition, konnte doch damit eine moderate Erweiterung staatlicher Auf- und Ausgaben ebenso gemeint sein wie eine Wirtschaft und Gesellschaft umwälzende Politik, wie sie etwa die Linke in der SPD forderte. Strittig war auch, auf welchen Feldern der Staat aktiver werden und mehr Geld ausgeben sollte. Nicht zuletzt blieb offen, in welchem Umfang diese Expansion durch Kredite zu finanzieren sei.

Es konnte gezeigt werden, dass die Erweiterung des Staatskorridors in Abhängigkeit von der konjunkturellen Entwicklung, den politischen Entscheidungen im föderalen bundesdeutschen Finanzsystem sowie den wachsenden finanziellen Engpässen drei Phasen durchlief, die sich mit den Begriffen »kontrollierte«, »dynamische« und »pragmatische« Expansion überschreiben lassen. In der ersten Phase setzte die Große Koalition im Gegensatz zum ungeplanten Wachstum der Haushalte seit den späten fünfziger Jahren auf eine kontrollierte Expansion der öffentlichen Ausgaben, die sie dank des von ihr geschaffenen finanzpolitischen Instrumentariums planen und steuern wollte. Die ersten mittelfristigen Finanzplanungen projektierten mit Zuwachsraten des Haushalts, die über denen des Sozialprodukts lagen, und einer deutlich steigenden Verschuldung, die das Niveau vor der Rezession 1966/67 übertraf, eine stetige

2 *Steinmetz*. In der Anwendung auf die Zeit der Bundesrepublik jetzt *Leendertz* u. *Meteling*.
3 *Wehling*.

Erhöhung der Staatsausgaben. Allerdings zeichneten sich bereits die Gefahren ab, die nahten, wenn der Bund den öffentlichen Kredit stärker als bisher in Anspruch nahm. Wurde der größere finanzielle Spielraum nämlich nicht wie beabsichtigt für vermehrte Investitionen, sondern für höhere Sozial- und Personalausgaben genutzt, drohte eine Spirale wachsender Ausgaben und steigender Schulden.

Der Regierungsantritt der sozial-liberalen Koalition setzte eine Reformeuphorie frei, die der Vorstellung huldigte, wirtschaftliches Wachstum sei planbar und die Konjunktur politisch beherrschbar. Hinzu kam ein schier unbegrenztes Vertrauen in die Belastbarkeit der Wirtschaft und die Finanzierbarkeit von Reformen. So leitete die neue Regierung in einer zweiten Phase das kontrollierte Wachstum der öffentlichen Ausgaben im Bund wie in den Ländern und Gemeinden in eine dynamische Expansion über. Offen blieb, wer die steigenden Ausgaben finanzieren sollte und wie diese sich in die konjunkturelle Entwicklung einpassen ließen. Damit standen der Umfang und die Schwerpunkte, aber auch die Zielrichtung und die zeitliche Realisierung der Reformen sowie nicht zuletzt die Verteilung der mit ihnen verbundenen Vorteile und Lasten zur Diskussion. In den politischen Auseinandersetzungen verhärteten sich die Fronten zwischen jenen in der Koalition, welche die Expansion langfristig anlegen und ihre Dynamik einhegen wollten, und den anderen, die sie auf kurze Sicht zu beschleunigen und damit weitgehend zu entgrenzen gedachten. Die Konflikte führten 1971 zum Rücktritt von Bundesfinanzminister Möller und im Jahr darauf auch von Doppelminister Schiller. Beide konnten das Problem nicht lösen, dass die sozial-liberale Koalition die Ausgaben massiv ausweitete, ohne sich die dafür nötigen Mittel planmäßig zu beschaffen. Es gelang nicht, Ausgaben und Einnahmen aufeinander abzustimmen und mit den konjunkturellen Erfordernissen in Einklang zu bringen.

Die finanziellen Engpässe des Jahres 1972 führten in einer dritten Phase zu einer intensiven Debatte, ob den Finanzproblemen der Gebietskörperschaften durch eine höhere Verschuldung begegnet werden könnte. Zu Wort meldeten sich Befürworter wie Gegner einer höheren Nettokreditaufnahme, aber auch Verfechter einer vermittelnden Position, die Steuer- und Anleihefinanzierung kombiniert wissen wollten. Zunächst unterblieb der finanzpolitische Test auf die verschiedenen Finanzierungsmöglichkeiten, da die anziehende Konjunktur und vor allem die inflationären Preissteigerungen Bund, Ländern und Gemeinden hohe Steuermehreinnahmen bescherten. Diese überdeckten vorübergehend die Finanzierungsschwierigkeiten und erlaubten eine pragmatische Expansion, die moderate Steuererhöhungen mit einer noch überschaubaren Kreditfinanzierung verband. Minister Schmidt stieß aber rasch an Grenzen, da er mit dieser Politik die privaten Investitionen und den privaten Konsum, zumal angesichts hoher Tarifabschlüsse, nicht im erforderlichen Maße zurückdrängen konnte. Dazu hätte es einer stärkeren Besteuerung bedurft, welche sich die Regierung aber grundsätzlich versagt hatte. So führten die wachsenden Staatsausgaben zu steigenden Preisen, unter denen besonders die öffentlichen Haushalte litten. Denn diese blähten sich in einem inflationären Kreislauf nominal auf, während die staatlichen Leistungen real nur noch langsam zunahmen bzw. sogar zurückgingen. Dadurch entstand ein Zielkonflikt zunächst zwischen der Expansionspolitik und der Preisstabilität, dann, als 1974/75 die Rezession einsetzte, zwischen Expansionspolitik und Vollbeschäftigung.

Mitte der Siebziger begann die Expansionskoalition zu erodieren. Mehrere Entwicklungen verschränkten sich dabei: Erstens veränderten sich die wirtschaftlichen Rahmenbedingungen. Auch in der Bundesrepublik endete mit den Ölkrisen, dem Zusammenbruch des Weltwährungssystems von Bretton Woods sowie der Freigabe der Wechselkurse und der Rezession das »Goldene Zeitalter« der Nachkriegsprosperität. Es folgten Krisenjahre mit niedrigem Wachstum, starker Inflation und hoher Arbeitslosigkeit. Darüber gerieten die Steuerungs- und Planungseuphorie ebenso in die Krise wie die *Fiscal policy*. So nahm nicht nur der Streit zwischen Keynesianern und Monetaristen um Chancen und Grenzen einer antizyklischen Konjunkturpolitik an Schärfe zu, sondern es stand bald auch die Reformpolitik insgesamt zur Debatte.

Zweitens traten die Fehlannahmen der Expansionspolitik unter den geänderten weltwirtschaftlichen Bedingungen offen zutage. Diese gründete in den Erwartungen, dass zum einen die bundesdeutsche Wirtschaft auch in Zukunft mit hohen Raten wachsen würde, es zum andern dem Staat gelingen könnte, seinen Anteil am Sozialprodukt ohne größere Friktionen zu erhöhen, und sich schließlich das wirtschaftliche Wachstum wie die Ausweitung der Staatstätigkeit exakt planen und verlässlich steuern ließen. Bereits auf kurze, vollends aber auf längere Sicht stellten sich diese Erwartungen als illusionär heraus. Die vergleichsweise geringe Schuldenaufnahme in den frühen siebziger Jahren täuschte darüber hinweg, dass in den Haushalten von Bund, Ländern und Gemeinden mittlerweile ein strukturelles Defizit entstanden war. Die bis 1973 durchweg günstige Konjunktur hatte dazu verleitet, die öffentlichen Haushalte, zumal den Etat des Bundes, stärker wachsen zulassen, als es konjunkturpolitisch sinnvoll und finanzpolitisch vertretbar gewesen wäre. Selbst in Phasen konjunktureller Überhitzung waren Kredite aufgenommen worden, und in Zeiten rückläufiger Wirtschaftstätigkeit hatte man zu expansiven Maßnahmen mit nicht reversiblen Wirkungen gegriffen. Auch entfalteten die Entscheidungen und Programme der späten sechziger und frühen siebziger Jahre immer mehr Eigendynamik. Das galt vor allem für die sozialen Leistungen und die Kosten der Personalzuwächse im öffentlichen Dienst. Damit veränderten sich die Strukturen der Haushalte zulasten der öffentlichen Investitionen.

Drittens verschärfte die lange angekündigte Steuerreform die bereits durch die Rezession angespannte finanzielle Situation der öffentlichen Haushalte. Sie sollte die Steuerlast umverteilen und auf diese Weise für größere soziale Gerechtigkeit sorgen. Doch verschob sich im Lauf der Zeit das Ziel hin zu einer Entlastung der Steuerzahler von den inflations- und progressionsbedingten Steuererhöhungen. So stand am Ende des politischen Entscheidungsprozesses eine Reform, welche die öffentlichen Haushalte 1975 und darüber hinaus mit Mindereinnahmen wie mit Mehrausgaben massiv belastete. Vor allem die Finanzen des Bundes gerieten durch die Steuerreform in eine gefährliche Schieflage, weil die Regierung nur einen kleinen Teil der Mehrkosten auf die Länder abzuwälzen vermochte. Zudem ließ sich absehen, dass die Reform die inflationsbedingte »kalte« Progression bei der Lohn- und Einkommensteuer allenfalls für kurze Zeit mildern konnte und darum bald Nachbesserungen erfordern würde. Die Frage von Steuersenkungen entwickelte sich so zu einem politischen Dauerthema, das die CDU/CSU-Opposition, aber auch der Koalitionspartner FDP mit wachsender Resonanz in der Öffentlichkeit aufgriffen und entsprechenden politischen Druck aufbauten.

Viertens belastete die Mischung aus Angebots- und Nachfragesteuerung, die sich in restriktiven wie expansiven konjunkturpolitischen Maßnahmen niederschlug, die öffentlichen Haushalte. Mit ihr wollten Bund und Länder jene Probleme bewältigen, welche die Ölkrise und die Globalisierung, die Tertiarisierung der bundesdeutschen Wirtschaft und der Wandel der Konsumbedürfnisse aufwarfen. Der Erfolg dieser Mischstrategie ist umstritten. Während sie für die einen die schlimmsten Folgen der weltwirtschaftlichen Probleme milderte und den Anstieg der Arbeitslosigkeit einzudämmen half, sprachen die anderen den immensen Mehrausgaben jegliche Wirkung ab. Sicher ist, dass diese die öffentlichen Schulden in der zweiten Hälfte der siebziger Jahre geradezu explodieren ließen.

Fünftens hatte der massive Anstieg der Nettokreditaufnahme, der den Schuldenberg auf ungeahnte Höhen wachsen ließ, weitreichende Konsequenzen. So büßte die Galbraithsche Formel von der öffentlichen Armut an argumentativer Kraft ein und verlor ihre Funktion als koalitionsbildendes Leitbild. Zudem lag auf der Hand, dass die Zauberlehrlinge der *Fiscal policy* dem »Traum immerwährender Prosperität« erlegen waren und die Auswirkungen ihres Handelns nicht zu übersehen vermocht hatten. Wichtige Akteure bis hinein in die Reihen der Sozialdemokratie kehrten nun der sich auflösenden Expansionskoalition den Rücken. Am Ende hielten nur noch der linke Flügel der SPD und die Gewerkschaften unterstützt von einer Minderheit finanzwissenschaftlicher Experten an den ursprünglichen Zielen fest. Der Einfluss der Expansionskoalition auf die bundesdeutsche Finanzpolitik schwand nicht zuletzt in dem Maße, wie Ende der siebziger Jahre in Politik und Wissenschaft, Medien und Öffentlichkeit eine Debatte über die Grenzen der Staatsverschuldung einsetzte. Die Verschuldungsdebatte gewann eine besondere Brisanz, da sie auf verschiedenen Ebenen stattfand. Einerseits handelte es sich um eine wissenschaftliche Kontroverse, die der Streit zwischen Keynesianern und Monetaristen befeuerte. Andererseits gewann diese im Jahr der Bundestagswahl eine politische Dimension, da sie die Finanzpolitik der sozial-liberalen Koalition auf den Prüfstand stellte. Nicht zuletzt wurde mit ihr aber auch eine Art Stellvertreterkrieg geführt, ging es doch im Kern darum, welche Rolle der Staat in Wirtschaft und Gesellschaft spielen sollte.

Sechstens formierte sich parallel zur Erosion der Expansionskoalition und in bewusster Abgrenzung zu ihr im Zug der Verschuldungsdebatte eine Allianz politischer Kräfte, welche die Konsolidierung der öffentlichen Haushalte auf ihre Fahnen schrieb. Sie sah die Ursache der Krise in der Erweiterung des Staatskorridors und der diskretionären, nachfrageorientierten Politik der siebziger Jahre: Steigende Defizite, Steuern und Schulden hätten die Kräfte des Markts gelähmt, das Wachstum verlangsamt und zu hoher Arbeitslosigkeit geführt. »Mehr Markt, weniger Staat« war das Leitbild dieser Konsolidierungskoalition. Entsprechend wollte sie die Nettokreditaufnahme zurückfahren und den Schuldenberg abtragen, die öffentlichen Haushalte konsolidieren und das Niveau der Staatstätigkeit senken. Während sich die Bundesbank, der Sachverständigenrat und die Organisationen der gewerblichen Wirtschaft früh und dezidiert der neuen Koalition anschlossen, schwenkte die CDU/CSU-Opposition erst im Vorfeld der Bundestagswahl auf deren Kurs ein. Ähnlich spät stießen die Freien Demokraten dazu. Die Konsolidierungskoalition reichte aber auch je nach konjunktureller, fiskalischer und nicht zuletzt politischer Konstellation unterschiedlich weit in die SPD hinein. Massiven Zuspruch erhielt sie zudem von Teilen der Tages- und Wochenpresse und stieß nicht zuletzt bei der Bevölkerung auf immer mehr Zustimmung.

Angesichts der Auflösung der Expansionskoalition unter den veränderten weltwirtschaftlichen und politischen Rahmenbedingungen sowie der Formierung einer Konsolidierungskoalition musste die sozial-liberale Regierung ihre Finanz- und Schuldenpolitik korrigieren. Sie sah sich von außen, durch die FDP zunehmend aber auch von innen her genötigt, die Defizite zu verringern sowie die Neuverschuldung herunterzufahren. Um diese Ziele zu erreichen, setzte Finanzminister Matthöfer auf eine Konsolidierung durch wirtschaftliches Wachstum. Dieses wollte er durch höhere öffentliche Investitionen generieren, um so auf der einen Seite die Steuereinnahmen zu steigern und auf der anderen Seite die Sozialleistungen zumal für Arbeitslose zu verringern. Weder damit noch mit der Konsolidierung kam der Bund voran. Im Gegenteil: Der Sanierungsbedarf des öffentlichen Gesamthaushalts nahm sogar noch zu, da sich die Länder und Gemeinden dem Kurs des Bundes nicht anschlossen.

Letztlich aber scheiterte Matthöfers Politik an der zweiten Ölkrise und der ihr folgenden Rezession. 1981 blieb das wirtschaftliche Wachstum weit hinter den Prognosen zurück. Zu niedrig angesetzte Ausgaben für wichtige Einzelpläne und eine Reihe teils voraussehbarer, teils unerwarteter Mehrausgaben ließen den Haushalt aus den Fugen geraten. Die Probleme beim Vollzug des Budgets bildeten den Hintergrund für die Auseinandersetzungen um den Haushalt

1982, der SPD und FDP an die Grenze ihrer Kompromissfähigkeit brachte. Nicht nur drängte die FDP, die sich als Konsolidierungspartei zu profilieren suchte, auf massive Kürzungen vor allem bei den Sozialausgaben. Auch Teile der Sozialdemokraten innerhalb wie außerhalb der Regierung sahen angesichts der lahmenden Konjunktur, welche die Einnahmen auf Talfahrt schickte, der rapide steigenden Sozialausgaben und der politisch wie wirtschaftlich erkennbaren Grenzen der Neuverschuldung keine Alternative mehr zu einschneidenden Kürzungen. Doch riss die Operation '82 innerhalb der Sozialdemokratie sowie zwischen Regierung und Gewerkschaften tiefe Gräben auf.

Der Streit zwischen SPD und FDP, aber auch innerhalb der SPD sowie mit den Gewerkschaften um die Finanzierung von Maßnahmen zur Belebung der schwächelnden Konjunktur und zur Bekämpfung der steigenden Arbeitslosenzahlen prägte das Jahr 1982. Dabei wurde immer deutlicher, dass die Regierung kaum mehr in der Lage war, konsensfähige Lösungen zu finden und diese innerhalb der beiden Fraktionen durchzusetzen. Das galt vor allem für die Konsolidierung der öffentlichen Haushalte, worauf wachsende Zinslasten, zunehmende Sozialleistungen und sinkende Investitionen immer stärker drängten. Zwar konnte sich die Regierung beim Haushalt 1983 noch einmal auf einen Formelkompromiss einigen, doch drifteten die beiden Koalitionspartner immer weiter auseinander, und ein Bruch zwischen ihnen wurde bald unvermeidbar.

Ob die neue Mitte-Rechts-Regierung eine finanzpolitische Wende einleitete, wie sie stets betonte, und jene Konsolidierungspolitik auf den Weg brachte, die Helmut Kohl als neuer Kanzler enthusiastisch ankündigte, ist fraglich. Sie setzte einerseits die begonnene Politik der Konsolidierung fort, wenn auch mit mehr Nachdruck sowie unterstützt von Wissenschaft, Medien und Wählern. Andererseits wollte sie über das hinausgehen, was ihre Vorgängerin begonnen hatte und ließ sich dabei von dem internationalen Paradigmenwechsel in der Finanzpolitik anregen, wie ihn Margret Thatcher in Großbritannien und Ronald Reagan in den USA exerzierten. Doch ebbte der Elan der Mitte-Rechts-Regierung Mitte der achtziger Jahre ab.

So schlug die Bundesrepublik auf lange Sicht im internationalen Vergleich zwischen Expansion und Konsolidierung einen »mittleren Weg« ein. Einerseits begann die Expansion der Schulden hier zeitlich später ein als in anderen Industriestaaten, fiel dafür aber in der zweiten Hälfte der siebziger Jahre dynamischer aus als in fast allen Ländern der OECD. Auf der anderen Seite blieb die Konsolidierung unfertig, so dass von einem Wechsel des Verschuldungsregimes nicht gesprochen werden kann. Im Gegenteil: Die deutsche Vereinigung mischte die Karten dann neu. Mit ihr nahm die Expansion der öffentlichen Schulden in der »neuen« Bundesrepublik der neunziger Jahre erneut an Fahrt auf. Die Entwicklung, die in den sechziger Jahren eingesetzt hatte und in deren Verlauf die »alte« Bundesrepublik in einen Schuldenstaat abglitten war, erwies sich für lange Jahre als nicht reversibel.

Abkürzungen

ACDP	Archiv für Christlich-Demokratische Politik, St. Augustin
ACF	Advocacy Coalition Framework
ACSP	Archiv für Christlich-Soziale Politik, München
ADB	Archiv der Deutschen Bundesbank, Frankfurt
AdL	Archiv des Liberalismus, Gummersbach
AdsD	Archiv der sozialen Demokratie, Bonn-Bad Godesberg
AfS	Archiv für Sozialgeschichte
AL	Abteilungsleiter
APuZ	Aus Politik und Zeitgeschichte
BArch	Bundesarchiv, Koblenz
BDI	Bundesverband der Deutschen Industrie
BFM	Bundesfinanzminister
BGBl.	Bundesgesetzblatt
BHO	Bundeshaushaltsordnung
BKA	Bundeskanzleramt
BMAS	Bundesministerium für Arbeit und Sozialordnung
BMF	Bundesministerium der Finanzen
BMWF	Bundesministerium für Wirtschaft und Finanzen
BMWi	Bundesministerium für Wirtschaft
BT	Bundestag
Buka	Bundeskanzler
Chef BKA	Chef des Bundeskanzleramts
Chef StK	Chef der Staatskanzlei NRW
DGB	Deutscher Gewerkschaftsbund
DIW	Deutsches Institut für Wirtschaftsforschung
EG	Europäische Gemeinschaften
ERP	European Recovery Program
FA	Finanz-Archiv
FS	Finanzstatistik
GG	Grundgesetz
GuG	Geschichte und Gesellschaft
HWWA	Hamburgisches Weltwirtschafts-Institut
Ifo	Institut für Wirtschaftsforschung
IfW	Institut für Weltwirtschaft
IMF	International Monetary Fund
IW	Institut der deutschen Wirtschaft
IWG	Institut für Wirtschafts- und Gesellschaftspolitik bzw. für Wirtschaft und Gesellschaft
JWG	Jahrbuch für Wirtschaftsgeschichte
LA NRW	Landesarchiv NRW, Abteilung Rheinland, Duisburg
M	Minister
MP	Ministerpräsident
NDB	Neue Deutsche Biographie
NF	Neue Folge

NL	Nachlass
Öffa	Deutsche Gesellschaft für öffentliche Arbeiten AG
OPEC	Organization of the Petroleum Exporting Countries
PHS	Privatarchiv Helmut Schmidt, Hamburg
PSt	Parlamentarischer Staatssekretär
PVS	Politische Vierteljahresschrift
RHO	Reichshaushaltsordnung
RWI	Rheinisch-Westfälisches Institut für Wirtschaftsforschung
SAMA	Saudi Arabian Monetary Agency
StS	Staatssekretär
VDB	Verhandlungen des Deutschen Bundestags
VEBA	Vereinigte Elektrizitäts- und Bergwerks AG
VfZ	Vierteljahrshefte für Zeitgeschichte
VGR	Volkswirtschaftliche Gesamtrechnung
VSWG	Vierteljahrschrift für Sozial- und Wirtschaftsgeschichte
VzW	Vierteljahrshefte zur Wirtschaftsforschung
WDR	Archiv des Westdeutschen Rundfunks, Köln
WP	Wahlperiode
WSI	Wirtschafts- und Sozialwissenschaftliches Institut des Deutschen Gewerkschaftsbundes
ZfgS	Zeitschrift für die gesamte Staatswissenschaft
ZfP	Zeitschrift für Politik
ZfWS	Zeitschrift für Wirtschafts- und Sozialwissenschaft
ZGO	Zeitschrift für die Geschichte des Oberrheins
ZIP	Zukunftsinvestitionsprogramm

Quellen- und Literaturverzeichnis

Quellen

Bundesarchiv Koblenz (BArch)
Bundeskanzleramt (B 136)
Bundesministerium der Finanzen (B 126)
Bundesministerium der Justiz (B 141)
Bundesministerium für Wirtschaft (B 102)
Bundespräsidialamt (B 122)
NL Franz Etzel (N 1254)
NL Alex Möller (N 1369)
NL Karl Schiller (N 1229)
NL Heinz Günter Zavelberg (N 1431)

Landesarchiv NRW, Abteilung Rheinland, Duisburg (LA NRW)
Staatskanzlei

Archiv der Deutschen Bundesbank, Frankfurt (ADB)
Zentralbankrat Protokolle
Direktorium Protokolle

Archiv für Christlich-Demokratische Politik, St. Augustin (ACDP)
CDU/CSU-Fraktion (08-001)
CDU/CSU-Fraktionsvorsitzende (08-001)
CDU/CSU-Fraktionsgeschäftsführung (08-001)
CDU/CSU-Fraktion AKIII (08-004)
NL Gerhard Stoltenberg (01-626)

Archiv für Christlich-Soziale Politik, München (ACSP)
CSU-Landesgruppe 6. WP
CSU-Landesgruppe 7. WP
CSU-Landesgruppe 8. WP
NL Hermann Höcherl
NL Franz Joseph Strauß:
- Büro Bundesminister der Finanzen
- Büro Bonn
- Parteivorstand
- Ministerpräsident
- Familie

Archiv der sozialen Demokratie, Bonn-Bad Godesberg (AdsD)

Willy-Brandt-Archiv (WBA):
  Außenminister und Vizekanzler (A7)
  Bundeskanzler und Bundesregierung (A 8)
  Präsidium, Bundesminister, Staatssekretäre (A 11)
Abt. II. SPD-Bundestagsfraktion:
  SPD-Bundestagsfraktion 6. WP
  SPD-Bundestagsfraktion 7. WP
  SPD-Bundestagsfraktion 8. WP
  SPD-Bundestagsfraktion 9. WP
DGB-Archiv, Abt. 5:
  DBG-Bundesvorstand, Abt. Vorsitzender
  DGB-Bundesvorstand, Abt. Wirtschaftspolitik
Depositum Horst Ehmke
Depositum Herbert Ehrenberg
NL Hans Matthöfer
Depositum Albrecht Müller
NL Heinz Rapp
NL Helmut Schmidt
Depositum Manfred Schüler
NL Herbert Wehner
NL Heinz Westphal

Archiv des Liberalismus, Gummersbach (AdL)

Bundeshauptausschuss (A 12)
Bundeshauptausschuss (A 48)
Bundesvorstand Protokolle
Präsidium
Haushalts- und Finanzkommission
NL Hans-Dietrich Genscher
NL Wolfgang Mischnick

Archiv des Westdeutschen Rundfunks, Köln (WDR)

Privatarchiv Helmut Schmidt, Hamburg (PHS)

Periodika

Allensbacher Berichte
Bild-Zeitung
Börsen-Zeitung
Bulletin des Presse- und Informationsamts der Bundesregierung
Capital
Der Arbeitgeber. Zeitschrift der Bundesvereinigung der Deutschen Arbeitgeberverbände
Der Monat
Der Platow Brief
Der Spiegel

Der Städtetag. Zeitschrift für kommunale Praxis und Wissenschaft
Der Volkswirt. Wirtschafts- und Finanz-Zeitung
Die Bank
Die Neue Gesellschaft
Die Welt
Die Zeit
Emnid-Informationen
Frankfurter Allgemeine Zeitung
Frankfurter Rundschau
Fuchs-Briefe
Handelsblatt
Manager Magazin
Soziale Ordnung. Das Magazin von CDA und CSA für christlich-soziale Politik
Stern
Süddeutsche Zeitung
Union in Deutschland. Informationsdienst der Christlich Demokratischen und Christlich Sozialen Union
Welt der Arbeit. Wochenzeitung des Deutschen Gewerkschaftsbundes
Wirtschaft und Statistik
Wirtschaftsdienst. Wirtschaftspolitische Monatsschrift
Wirtschaftswoche
Wochenbericht des Deutschen Instituts für Wirtschaftsforschung
WSI-Mitteilungen

Interviews

Rolf Böhme (19.2.2014)
Hansjörg Häfele (20.2.2014)
Werner Klotz (11.3.2014)
Manfred Lahnstein (13.3.2014)
Egon Neuthinger (5.3.2015)
Günter Obert (3.4.2014)
Rainer Offergeld (18.2.2014)
Manfred Overhaus (15.4.2014)
Jürgen Quantz (6.5.2014)
Eberhard Schmiege (25.4.2014)
Horst Schröder (20.6.2014)
Adalbert Uelner (11.3.2014)
Heinz Günter Zavelberg (11.3. und 1.4.2014)

Gedruckte Quellen und Literatur

Abelshauser, W., Wirtschaft und Rüstung in den Fünfziger Jahren, in: ders. u. W. Schwengler, Wirtschaft und Rüstung, Souveränität und Sicherheit, München 1997, S. 1–158.
– Deutsche Wirtschaftsgeschichte seit 1945, München 2004.
– Nach dem Wirtschaftswunder. Der Gewerkschafter, Politiker und Unternehmer Hans Matthöfer, Bonn 2009.

Adami, N., Die Haushaltspolitik des Bundes von 1955 bis 1965, Bonn 1970.
Adamsen, H., Investitionshilfe für die Ruhr. Wiederaufbau, Verbände und soziale Marktwirtschaft 1948–52, Wuppertal 1981.
Ahland, F., Bürger und Gewerkschafter – Ludwig Rosenberg 1903 bis 1977. Eine Biographie, Essen 2016.
Ahrend, J.C., Fritz Karl Mann. Ein Pionier der Finanzsoziologie und der Theorie der Parafiski im Schnittfeld deutscher und amerikanischer Wissenschaftskultur, Marburg 2010.
Alber, J., Der deutsche Sozialstaat in der Ära Kohl, in: S. Leibfried u. U. Wagschal (Hg.), Der deutsche Sozialstaat, Frankfurt 2000, S. 235–275.
Albers, W., Haushaltsrechtliche Grundlagen und elastische Durchführung einer konjunkturgerechten Finanzpolitik, in: H. Haller (Hg.), Probleme der Haushalts- und Finanzplanung, Berlin 1969, S. 77–110.
– Staatsverschuldung und Geld- und Kreditpolitik, in: FA, NF Bd. 21, 1961, S. 25–46.
Alecke, B., Deutsche Geldpolitik in der Ära Bretton Woods, Münster 1999.
Alesina, A., The Political Economy of Budget Deficits, in: IMF Staff Papers 42/1995, S. 1–31.
– u. S. Ardegna, Large Changes in Fiscal Policy: Taxes versus Spending, Cambridge/Mass. 2009.
– u. R. Perotti, Fiscal Expansions and Adjustments in OECD Countries, in: Economic Policy, Bd. 21, 1995, S. 205–248.
– u. G. Tabellini, A Positive Theory of Fiscal Deficits and Government Debt, in: Review of Economic Studies, Bd. 57, 1990, S. 403–414.
Almond, G. u. a., Comparative Politics, Glenview/Ill. [7]2000.
Altmann, G., Aktive Arbeitsmarktpolitik. Entstehung und Wirkung eines Reformkonzepts in der Bundesrepublik Deutschland, Stuttgart 2004.
– Planung in der Marktwirtschaft? Zur Neuausrichtung der westdeutschen Wirtschaftspolitik durch das Stabilitätsgesetz von 1967, in: Haupt u. Requate, S. 31–42.
Andel, N., Der Wissenschaftliche Beirat beim Bundesministerium der Finanzen: Entschließungen, Stellungnahmen und Gutachten 1949–1973, in: FA, NF Bd. 34, 1976, S. 387–388.
– Finanzwissenschaft, Tübingen 1983.
– Art. Neumark, Fritz, Finanzwissenschaftler, in: NDB, Bd. 19, Berlin 1999, S. 164–165.
Angster, J., Konsenskapitalismus und Sozialdemokratie. Die Westernisierung von SPD und DGB, München 2003.
Apel, H., Der Abstieg. Politisches Tagebuch 1978–1988, Stuttgart 1990.
– Zur Konsolidierung der Bundesfinanzen: Drei-Phasen-Strategie, in: Bundesministerium der Finanzen, Reden 4, S. 11–14.
– Ich dacht', mich tritt ein Pferd. Bundesfinanzminister Hans Apel steht Rede und Antwort auf 100 Fragen, Hamburg 1975.
– Probleme der Finanzpolitik nach dem Ölschock, in: Bundesministerium der Finanzen, Reden 3, S. 28–34.
– Kein Staatsbankrott. Möglichkeiten und Grenzen der öffentlichen Kreditfinanzierung, in: Bundesministerium der Finanzen, Reden 3, S. 98–101.
– u. K. Littmann, Finanzpolitik in der Sackgasse?, o. O. o. J. (Bonn 1984).
Araral, W., Routledge Handbook of Public Policy, London 2013.
Armingeon, K. u. a., Politische Voraussetzungen der Austeritätspolitik. Ein internationaler Vergleich von 17 etablierten Demokratien zwischen 1978 und 2009, in: Zeitschrift für Staats- und Europawissenschaft, Bd. 7, 2014, S. 242–271.
Arnold, L., Unabhängige Wirtschaftspolitik. Wissenschaftliche Politikberatung seit 1968 am Beispiel der Fünf Wirtschaftsweisen, Wiesbaden 2010.
Assmann, A., Ist die Zeit aus den Fugen? Aufstieg und Fall des Zeitregimes der Moderne, München 2013.
Backhaus, J. G., Essays on Fiscal Sociology, Frankfurt 2005.

Baltensperger, E., Geldpolitik bei wachsender Integration (1979–1996), in: Deutsche Bundesbank, Jahre, S. 475–559.

Bandelow, N. C., Lerntheoretische Ansätze in der Policy-Forschung, in: M. Maier u. a. (Hg.), Politik als Lernprozess?, Opladen 2003, S. 98–121.

– Advocacy Coalitions, Policy-Oriented Learning, and Long-Term Change in Genetic Engineering Policy, in: German Policy Studies, Bd. 3, 2006, S. 747–805.

– Lernende Politik. Advocacy-Koalitionen und politischer Wandel am Beispiel der Gentechnologiepolitik, Berlin 1999.

Baring, A. u. M. Görtemaker, Machtwechsel. Die Ära Brandt-Scheel, Stuttgart [3]1993.

Bartel, K., Öffentliche Schuld und privates Vermögen, in: Ordo, Bd. 23, 1972, S. 261–305.

Bartholmai, B. u. a., Gesamtwirtschaftliche und strukturelle Auswirkungen von Veränderungen der Struktur des öffentlichen Sektors, Berlin 1984.

Bawn, K., Money and Majorities in the Federal Republic of Germany, in: American Journal of Political Science, Bd. 43, 1999, S. 707–736.

Becher, H. J. (Hg.), Die Neue Soziale Frage. Zum soziologischen Gehalt eines sozialpolitischen Konzepts, Opladen 1982.

Beck, H. u. A. Prinz, Staatsverschuldung. Ursachen, Folgen, Auswege, München 2011.

Beckert, J., Capitalism as a System of Expectations: Toward a Sociological Microfoundation of Political Economy, in: Politics & Society, Bd. 41, 2013, S. 323–350.

– Capitalist Dynamics. Fictional Expectations and the Openness of the Future, Köln 2014.

– Imagined Futures. Fictional Expectations and Capitalist Dynamics, Cambridge/Mass. 2016.

– Imaginierte Zukunft. Wie fiktionale Erwartungen wirtschaftliche Dynamik vorantreiben, in: MPIfG Jahrbuch 2015–2016, Köln 2015, S. 29–36.

Belvederes-Kochs, R., Moral or Modern Marketing? *Sparkassen* and Consumer Credit in West Germany, in: J. Logemann (Hg.), The Development of Consumer Credit in Global Perspective: Business, Regulation, and Culture, New York 2012, S. 41–62.

Berger, H., Konjunkturpolitik im Wirtschaftswunder. Handlungsspielräume und Verhaltensmuster von Bundesbank und Regierung in den 1950er Jahren, Tübingen 1997.

Bergsdorf, W., Herrschaft und Sprache. Studie zur politischen Terminologie der Bundesrepublik Deutschland, Pfullingen 1983.

Beyfuss, J., Gesamtwirtschaftliche Probleme der Staatsverschuldung, Köln 1976.

Biedenkopf, K. H. u. M. Miegel, Die programmierte Krise. Alternativen zur staatlichen Schuldenpolitik, Stuttgart 1979.

Biehl, D., Die Entwicklung des Finanzausgleichs in ausgewählten Bundesstaaten: a. Bundesrepublik Deutschland, in: Neumark, Handbuch, Bd. 4, S. 69–122.

Bielfeldt, C., Rüstungsausgaben und Staatsinterventionismus. Das Beispiel der Bundesrepublik Deutschland 1950–1971, Frankfurt 1977.

Blankart, C. B., Öffentliche Finanzen in der Demokratie. Eine Einführung in die Finanzwissenschaft, München [7]2008.

Blesgen, D. J., Erich Preiser. Wirken und wirtschaftspolitische Wirkungen eines deutschen Nationalökonomen (1900–1967), Berlin 2000.

Blessing, K., Finanzpolitik und Währungspolitik, in: A. Müller-Armack u. H. B. Schmidt (Hg.), Wirtschafts- und Finanzpolitik im Zeichen der Sozialen Marktwirtschaft. Festgabe für Franz Etzel, Stuttgart 1967, S. 273–279.

– Die Verteidigung des Geldwertes, Frankfurt 1960.

Blyth, M., Economic Ideas and Institutional Change in the Twentieth Century, Cambridge 2002.

Böckenförde, Ch. u. a. (Bearb.), Gesetz zur Förderung der Stabilität und des Wachstums der Wirtschaft und Art. 109 Grundgesetz. Kommentar unter besonderer Berücksichtigung der Entstehungsgeschichte, Hannover [2]1969.

Bohnsack, K., Die Koalitionskrise 1981/82 und der Regierungswechsel 1982, in: Zeitschrift für Parlamentsfragen, Bd. 14, 1983, S. 5–33.
Bökenkamp, G., Das Ende des Wirtschaftswunders. Geschichte der Sozial-, Wirtschafts- und Finanzpolitik in der Bundesrepublik 1969–1998, Stuttgart 2010.
– u. a. (Hg.), 30 Jahre »Lambsdorff-Papier«. Texte und Dokumente zum »Konzept zur Überwindung der Wachstumsschwäche und zur Bekämpfung der Arbeitslosigkeit« (9. September 1982), o. O. (Potsdam/Gummersbach) 2012.
Bölling, K., Die letzten 30 Tage des Kanzlers Helmut Schmidt. Ein Tagebuch, Reinbek 1982.
Bombach, G. u. a. (Hg.), Der Keynsianismus I–IV, Berlin 1976–1983.
Borchardt, K., Die wirtschaftliche Entwicklung der Bundesrepublik nach dem »Wirtschaftswunder«, in: F. Schneider (Hg.), Der Weg der Bundesrepublik. Von 1949 bis zur Gegenwart, München 1985, S. 193–207.
Borell, R., Die Personalausgaben der Gebietskörperschaften, Wiesbaden 1974.
– u. V. Stern, Finanzpolitik am Scheideweg, Wiesbaden 1980.
Bösch, F., Die Adenauer-CDU. Gründung, Aufstieg und Krise einer Erfolgspartei 1945–1969, Stuttgart 2001.
– Macht und Machtverlust. Die Geschichte der CDU, Stuttgart 2002.
– u. R. Graf (Hg.), The Energy Crises of the 1970s. Anticipations and Reactions in the Industrialized World, Köln 2014.
Bouvier, B. W., Zwischen Godesberg und großer Koalition. Der Weg der SPD in die Regierungsverantwortung, Bonn 1990.
Bracher, K. D. u. a., Republik im Wandel 1969–1974. Die Ära Brandt, Stuttgart 1986.
Brandt, W., Unser Weg in das Jahr 2000, in: Vorstand der Sozialdemokratischen Partei Deutschlands, Dokumentation, Bd. 5, S. 9–19.
Buchanan, J. M. u. R. E. Wagner, Democracy in Deficit. The Political Legacy of Lord Keynes, New York 1977.
Buchhaas, D., Die Volkspartei. Programmatische Entwicklung der CDU 1950–1973, Düsseldorf 1983.
Buchstab, G., Fritz Burgbacher (1900–1978). Ein Lebensbild, St. Augustin 2000.
– (Bearb.), Kohl: »Wir haben alle Chancen«. Die Protokolle des CDU-Bundesvorstands 1973–1976, 2 Bde., Düsseldorf 2015.
– u. D. Lindsey (Bearb.), Barzel: »Unsere Alternativen für die Zeit der Opposition«. Die Protokolle des CDU-Bundesvorstands 1969–1972, Düsseldorf 2009.
– u. D. Lindsey (Bearb.), Kiesinger: »Wir leben in einer veränderten Welt.« Die Protokolle des CDU-Bundesvorstands 1965–1969, Düsseldorf 2005.
Bührer, W., DIE ZEIT und die Soziale Marktwirtschaft, in: Haase u. Schildt, S. 113–129.
Buggeln, M., Steuern nach dem Boom. Die öffentlichen Finanzen in den westlichen Industrienationen und ihre gesellschaftliche Verteilungswirkung, in: Woyke, Wandel, S. 51–94.
Bundesministerium für Arbeit und Sozialordnung (Hg.), Sozialbericht 1993, Bonn 1994.
– u. Bundesarchiv (Hg.), Geschichte der Sozialpolitik in Deutschland seit 1945, Bd. 1 ff., Baden-Baden 2001 ff.
Bundesministerium der Finanzen (Hg.), Der Wissenschaftliche Beirat beim Bundesministerium der Finanzen. Entschließungen, Stellungnahmen und Gutachten 1949–1973, Tübingen 1974.
– (Hg.), Der Wissenschaftliche Beirat beim Bundesministerium der Finanzen. Gutachten und Stellungnahmen 1974–1987, Tübingen 1988.
– Die finanzwirtschaftliche Entwicklung von Bund, Ländern und Gemeinden seit 1970, Bonn 1985.
– Finanzbericht 1965 ff., Bonn o. J. (1964 ff.).
– Der Finanzplan des Bundes 1971–1975 bis 1983–1987, o. O. o. J. (Bonn 1971–1983).
– Die Finanzplanung des Bundes 1967–1971 bis 1970–1974, o. O. o. J. (Bonn 1967–1970).

- Reden und Interviews 3 bzw. 4. Dr. Hans Apel, Bundesminister der Finanzen, Bonn 1975 bzw. 1976.
- Referat Öffentlichkeitsarbeit (Hg.), Festakt 50 Jahre Wissenschaftlicher Beirat beim Bundesministerium der Finanzen am 12. Februar 1999 in Berlin, o. O. o. J. (Berlin 1999).

Bundesministerium für Wirtschaft (Hg.), Der Wissenschaftliche Beirat beim Bundesministerium für Wirtschaft, 7. Bd.: Gutachten vom Juni 1966 bis Dezember 1971, Göttingen 1974.

Bundesregierung, Jahreswirtschaftsbericht der Bundesregierung 1968–1983, in: Deutscher Bundestag, Drucksachen.

Bundesverband der Deutschen Industrie, Jahresbericht des Bundesverbandes der Deutschen Industrie vorgelegt der 16.–35. ordentlichen Mitgliederversammlung 1965–1984, o. O. o. J. (1965–1984).

Bundesvorstand des Deutschen Gewerkschaftsbundes (Hg.), Geschäftsbericht des Bundesvorstandes des Deutschen Gewerkschaftsbundes, 2. Halbjahr 1965 bis 1968, Düsseldorf o. J. (1969).
- (Hg.), Geschäftsbericht des Bundesvorstands des Deutschen Gewerkschaftsbundes 1969 bis 1971, Düsseldorf o. J. (1971).

Bundesvorstand der FDP (Hg.), Ziele des Fortschritts. Aktionsprogramm der Freien Demokratischen Partei (107 Thesen), Bonn o. J. (1967).

Burret, M. u. a., Die Finanzpolitik 1976 bis 1979 im Spannungsfeld zwischen Konjunkturstimulierung und Haushaltskonsolidierung, in: Kredit und Kapital, Bd. 13, 1980, S. 469–505.

Buti, M. u. a. (Hg.), The Behaviour of Fiscal Authorities. Stabilisation, Growth and Institutions, Houndmills 2002.

Caesar, R., Der Handlungsspielraum von Notenbanken. Theoretische Analyse und internationaler Vergleich, Baden-Baden 1981.
- Öffentliche Verschuldung in Deutschland seit der Weltwirtschaftskrise, in: D. Petzina (Hg.), Probleme der Finanzgeschichte des 19. und 20. Jahrhunderts, Berlin 1990, S. 10–55.
- u. K.-H. Hansmeyer, Bundesbankpolitik und Staatsverschuldung, in: W. Ehrlicher u. D. B. Simmert (Hg.), Geld- und Währungspolitik in der Bundesrepublik Deutschland, Berlin 1982, S. 245–258.
- u. K.-H. Hansmeyer, Die finanzwirtschaftliche Entwicklung seit 1949, in: K. G. A. Jeserich (Hg.), Deutsche Verwaltungsgeschichte, Bd. 5, Stuttgart 1967, S. 919–954.

Cameron, D. R., The Expansion of the Public Economy, in: American Political Science Review, Bd. 72, 1978, S. 1243–1261.

Carstens, K., Erinnerungen und Erfahrungen. Hg. K. von Jena u. R. Schmoeckel, Boppard 1993.

Cassel, S., Politikberatung und Politikerberatung. Eine institutionenökonomische Analyse der wissenschaftlichen Beratung der Wirtschaftspolitik, Bern 2001.

Castles, F. G. (Hg.), The Disappearing State? Retrenchment Realities in an Age of Globalisation, Cheltenham 2007.

Chouraqui, J.-C. u. a., Public Debt in a Medium-Term Context and its Implications for Fiscal Policy, Paris 1986.

Christlich Demokratische Union Deutschlands, Bundesgeschäftsstelle, 12. bis 32. Bundesparteitag der CDU, Bonn o. J. (1964 ff.) (http://www.kas.de/wf/de/71.8935/).
- (Hg.), Berliner Programm der Christlich-Demokratischen Union mit Beschlüssen des Hamburger Parteitages 1973, Bonn 1974.
- (Hg.), Unsere Politik für Deutschland – Mannheimer Erklärung, in: dies., 23. Bundesparteitag, Anhang, S. 25 ff.

Colander, D. C. u. A. W. B. Coats (Hg.), The Spread of Economic Ideas, Cambridge 1989.

Collin, P. u. Th. Horstmann (Hg.), Das Wissen des Staates. Geschichte, Theorie und Praxis, Baden-Baden 2004.

Conze, E., Die Suche nach Sicherheit. Eine Geschichte der Bundesrepublik Deutschland von 1949 bis in die Gegenwart, München 2009.
Cornelius, P., Economic Advice from the Inside or the Outside. Does the Institutional Setting matter?, in: European Journal of Political Economy, Bd. 6, 1990, S. 415–428.
Corsetti, G. u. N. Roubini, Fiscal Deficits, Public Debt and Gouvernment Solvency: Evidence from OECD Countries, Cambridge/Mass. 1991.
Crafts, N. u. G. Toniolo (Hg.), Economic Growth in Europe since 1945, Cambridge 1996.
Dahlgrün, R., Das finanzpolitische Konjunkturinstrumentarium in der Bundesrepublik und in anderen Ländern, o. O. (Berlin) 1966.
– Die Problematik der hauswirtschaftlichen Unabhängigkeit von Bund und Ländern, in: Probleme einer Neuordnung der Haushaltswirtschaft bei Bund und Ländern, Bonn o. J. (1965), S. 9–26.
Deutsche Bundesbank, Die Ausgaben der Gebietskörperschaften seit Mitte der siebziger Jahre, in: dies., Monatsbericht der Deutschen Bundesbank Januar 1981, S. 20–27.
– Geschäftsbericht der Deutschen Bundesbank 1964 ff., Frankfurt 1965 ff.
– (Hg.), Fünfzig Jahre Deutsche Mark. Notenbank und Währung in Deutschland seit 1948, München 1998.
– Monatsbericht der Deutschen Bundesbank Januar 1964 ff., Frankfurt 1964 ff.
– Die Personalausgaben der Gebietskörperschaften seit 1961, in: dies., Monatsbericht Juli 1972, S. 22–28.
– (Hg.), Währung und Wirtschaft in Deutschland 1876–1975, Frankfurt [2]1976.
Deutscher Bundestag, Plenarprotokolle (Stenografische Berichte) (http://www.bundestag.de/protokolle).
– Drucksachen (http://www.bundestag.de/drs).
Deutscher Gewerkschaftsbund, Außerordentlicher Bundeskongress Düsseldorf 21. und 22. November 1963, o. O. o. J. (1963).
– Protokoll 7.–12. Ordentlicher Bundeskongress 1966–1982, o. O. o. J. (1966–1982).
– Bundesvorstand Abteilung Wirtschaftspolitik, Erläuterung der DGB-Zielprojektion, o. O. 1971.
Deutscher Industrie- und Handelstag, Bericht 1965–1982, o. O. o. J. (Berlin/Bonn 1965–1982).
Devries, P. u. a., A New Action-based Dataset of Fiscal Consolidation (IMF Working Paper 11/128), Washington 2011.
Dickertmann, D., Können Bundesbank-Gewinne problemlos zur Deckung von Haushaltsdefiziten verwendet werden?, in: W. Ehrlicher u. D. B. Simmert (Hg.), Geld- und Währungspolitik in der Bundesrepublik Deutschland, Berlin 1982, S. 259–298.
Dieckheuer, G., Der Crowding-out-Effekt. Zum gegenwärtigen Stand von Theorie und Empirie, in: Vierteljahreshefte zur Wirtschaftsforschung, Heft 2, 1980, S. 126–147.
– Möglichkeiten und Risiken einer kreditfinanzierten Stabilisierungspolitik, in: Nowotny, Verschuldung, S. 43–55.
– Staatsverschuldung und wirtschaftliche Stabilisierung, Baden-Baden 1978.
Diehl, K. u. P. Mombert (Hg.), Ausgewählte Lesestücke zum Studium der politischen Ökonomie. Das Staatsschuldenproblem. Mit einer Einführung von R. Hickel, Frankfurt 1980.
Dietrich, Y., Franz Etzel als Finanzpolitiker, in: Historisch-Politische Mitteilungen, Heft 2, 1995, S. 173–187.
Dietz, B. u. a. (Hg.), Gab es den Wertewandel? Neue Forschungen zum gesellschaftlich-kulturellen Wandel seit den 1960er Jahren, München 2014.
Dietzfelbinger, D., Soziale Marktwirtschaft als Wirtschaftsstil. Alfred Müller-Armacks Lebenswerk, Gütersloh 1998.
Dittberner, J., Freie Demokratische Partei, in: R. Stöss, Parteien-Handbuch. Die Parteien der Bundesrepublik Deutschland 1945–1980, Bd. 3, Opladen 1986, S. 1311–1381.

Döring, Th., Staatsfinanzierung und Verhaltensökonomik – Zur Psychologie der Besteuerung (und Verschuldung). Erkenntnisstand und finanzpolitische Implikationen, Darmstadt 2013.

Doering-Manteuffel, A., Nach dem Boom. Brüche und Kontinuitäten der Industriemoderne seit 1970, in: VfZ, Bd. 55, 2007, S. 559–81.

– u. a. (Hg.), Vorgeschichte der Gegenwart. Dimensionen des Strukturbruchs nach dem Boom, Göttingen 2016.

– u. L. Raphael, Nach dem Boom. Perspektiven auf die Zeitgeschichte seit 1970, Göttingen 2008.

Domar, E. D., The Burden of the Debt and the National Income, in: American Economic Review, Bd. 34, 1944, S. 798–827.

Donner, O., Finanzpolitische Deckungsgrundsätze und konjunkturpolitische Postulate – Bemerkungen zum gleichnamigen Aufsatz von R. Stucken und W. Sies, in: FA, NF Bd. 13, 1951/52, S. 288–290.

Downs, R. B., Books That Changed America, New York 1970.

Dreißig, W., Zur neueren Diskussion über die Staatsverschuldung, in: FA, NF Bd. 39, 1981, S. 344–358.

– Zur Entwicklung der öffentlichen Finanzwirtschaft seit 1950, in: Deutsche Bundesbank, Währung, S. 691–744.

– Zur neueren Entwicklung der öffentlichen Verschuldung, in: Wirtschaftswissenschaftliches Studium 6/1981, S. 261–267.

– Zur Frage der verfassungsrechtlicher Verschuldungsgrenzen, in: D. Cansier u. D. Kath (Hg.), Öffentliche Finanzen, Kredit und Kapital, Berlin, 1985, S. 81–106.

– Ausgewählte Fragen zur öffentlichen Verschuldung, in: FA, NF Bd. 42, 1984, S. 577–612.

– Zur Konsolidierung der öffentlichen Haushalte, in: FA NF Bd. 42, 1984, S. 167–174.

– Probleme des Haushaltsausgleichs, in: H. Haller (Hg.), Probleme der Haushalts- und Finanzplanung, Berlin 1969, S. 9–40.

– Die Technik der Staatsverschuldung, in: Neumark, Handbuch, Bd. 3, S. 51–115.

Düding, D., Heinz Kühn 1912–1992. Eine politische Biographie, Essen 2002.

– Parlamentarismus in Nordrhein-Westfalen 1946–1980. Vom Fünfparteien- zum Zweiparteienlandtag, Düsseldorf 2008.

Dunn, S. P., The Economics of John Kenneth Galbraith. Introduction, Persuasion, and Rehabilitation, Cambridge 2011.

Dürr, E. u. a., Konzept zur Rückgewinnung der Stabilität, in: Wirtschaftspolitische Chronik, Bd. 23, 1974, S. 7–12.

Duwendag, D., Schlußwort, in: ders., Staatssektor, S. 181–189.

– (Hg.), Der Staatssektor in der sozialen Marktwirtschaft, Berlin 1976.

– Staatsverschuldung – Notwendigkeit und Grenzen, Baden-Baden 1983.

Eckert, G., Vom Ticken der Schuldenuhr: Zwischenbetrachtung zum Paradigmenwechsel der Staatsverschuldung in den 1960er Jahren, in: Th. Beigel u. ders. (Hg.), Vom Wohl und Wehe der Staatsverschuldung. Erscheinungsformen und Sichtweisen von der Antike bis zur Gegenwart, Münster 2013, S. 223–232.

Ehmke, H. (Hg.), Perspektiven. Sozialdemokratische Politik im Übergang zu den siebziger Jahren, Reinbek 1969.

Ehrenberg, H., Die Erhard-Saga. Analyse einer Wirtschaftspolitik, die keine war, Stuttgart o. J. (1965).

– Zwischen Marx und Markt. Konturen einer infrastrukturorientierten und verteilungswirksamen Wirtschaftspolitik, Frankfurt 1973.

Ehrlicher, A., Die Finanzpolitik im Spannungsfeld zwischen konjunkturpolitischen Erfordernissen und Haushaltskonsolidierung, Berlin 1991.

Ehrlicher, W., Finanzausgleich III: Der Finanzausgleich in der Bundesrepublik Deutschland, in: Handwörterbuch der Wirtschaftswissenschaft, Bd. 2, Stuttgart 1980, S. 662–689.

- Deutsche Finanzpolitik seit 1945, in: VSWG, Bd. 81, 1994, S. 1–32.
- Finanzwirtschaft, öffentliche II: Die Finanzwirtschaft der Bundesrepublik Deutschland, in: Handwörterbuch der Wirtschaftswissenschaft, Bd. 3, Stuttgart 1981, S. 164–195.
- Grenzen der Staatsverschuldung, in: P. Bohley u. G. Tolkemitt (Hg.), Wirtschaftswissenschaft als Grundlage staatlichen Handelns, Tübingen 1979, S. 27–46.
- Die Neuverschuldung der Gebietskörperschaften im Jahre 1975, in: Kredit und Kapital, Bd. 8, 1975, S. 161–190.
- u. R. Hagemann, Die öffentlichen Finanzen der Bundesrepublik im Jahre 1973, in: FA, NF Bd. 34, 1975, S. 116–137.
- u. ders., Die öffentlichen Finanzen der Bundesrepublik im Jahre 1974, in: FA, NF Bd. 35, 1976, S. 332–346.
- u. H.-B. Leibinger, Die öffentlichen Finanzen der Bundesrepublik Deutschland im Jahre 1978, in: FA NF Bd. 39, 1981, S. 462–494.
- u. B. Rohwer, Die öffentlichen Finanzen in der Bundesrepublik im Jahre 1975, in: FA, NF Bd. 36, 1978, S. 485–512.
- u. ders., Die öffentlichen Finanzen in der Bundesrepublik im Jahre 1976, in: FA, NF Bd. 37, 1979, S. 307–337.
- u. ders., Die öffentlichen Finanzen der Bundesrepublik im Jahre 1977, in: FA, NF Bd. 38, 1980, S. 302–335.

Eichengreen, B., The European Economy since 1945. Coordinated Capitalism and beyond, Princeton 2007.
- Vom Goldstandard zum Euro. Die Geschichte des internationalen Währungssystems, Berlin 2000.

Eichhorn, J. S., Durch alle Klippen hindurch zum Erfolg. Die Regierungspraxis der ersten Großen Koalition (1966–1969), München 2009.

Ellerbrock, K.-P., Konsumentenkredit und »Soziale Marktwirtschaft«, in: C. Kleinschmidt u. F. Triebel (Hg.), Marketing: historische Aspekte der Wettbewerbs- und Absatzpolitik, Essen 2004, S. 105–133.

Elsner, H., Gemeindehaushalte, Konjunktur und Finanzausgleich, Baden-Baden 1978.

Emminger, O., D-Mark, Dollar, Währungskrisen. Erinnerungen eines ehemaligen Bundesbankpräsidenten, Stuttgart 1986.

Engelhard, P., Ökonomen der SPD. Eine Geschichte sozialdemokratischer Wirtschaftspolitik in 45 Porträts, Bielefeld 2010.

Engels, W., Privater Wohlstand – Öffentliche Armut?, in: Duwendag, Staatssektor, S. 149–159.

Eppler, E., Ende oder Wende. Von der Machbarkeit des Notwendigen, Stuttgart 1975.

Erker, P. (Hg.), Rechnung für Hitlers Krieg. Aspekte und Probleme des Lastenausgleichs, Heidelberg 2004.

Eslava, M., The Political Economy of Fiscal Deficits: A Survey, in: Journal of Economic Surveys, Bd. 25, 2011, S. 645–673.

Esposito, E., Was binden Bonds? Das Eigentum an der Zukunft und die Verantwortung für die Gegenwart, in: Macho, S. 55–65.
- Die Fiktion der wahrscheinlichen Realität, Frankfurt [3]2014.
- Die Zukunft der Futures. Die Zeit des Geldes in Finanzwelt und Gesellschaft, Heidelberg 2010.

Faulenbach, B., Das sozialdemokratische Jahrzehnt. Von der Reformeuphorie zur Neuen Unübersichtlichkeit. Die SPD 1969–1982, Bonn 2011.

Fecht, R., Die staatliche Tätigkeit in der Bundesrepublik Deutschland 1972, in: FA, NF Bd. 32, 1973, S. 135–154.

Feld, L. P. u. a. (Hg.), Das Zeitalter von Herbert Giersch. Wirtschaftspolitik in einer offenen Welt, Tübingen 2013.

Feldsieper, M., Staatsverschuldung, Konsolidierung und strukturelles Defizit, in: FA, NF Bd. 42, 1984, S. 20–38.

Fels, H. J., 1966/67. Anatomie einer Rezession, Kiel 1988.
Ferguson, N. u. a. (Hg.), The Shock of the Global. The 1970s in Perspective, Cambridge/Mass. 2010.
Fisch, S. u. W. Rudloff, W. (Hg.), Experten und Politik. Wissenschaftliche Politikberatung in geschichtlicher Perspektive, Berlin 2004.
Fischer-Menshausen, H., Art. 113 (Finanzwirksame Gesetze), in: I. von Münch (Hg.), Grundgesetz-Kommentar, Bd. 3, München 1978, S. 795–801.
– Mittelfristige Finanzplanung und Haushaltsrecht, in: H. Haller (Hg.), Probleme der Haushalts- und Finanzplanung, Berlin 1969, S. 56–76.
Fisher, F. u. a. (Hg.), Handbook of Public Policy Analysis. Theory, Politics, and Methods, Boca Raton 2007.
Folkers, C., Finanz- und Haushaltspolitik, in: P. Klemmer (Hg.), Handbuch Europäische Wirtschaftspolitik, München 1998, S. 559–664.
Francke, H.-H., Ober- und Untergrenzen der öffentlichen Verschuldung, in: Kredit und Kapital, Bd. 12, 1979, S. 362–376.
Franke, S. F., Steuerpolitik in der Demokratie. Das Beispiel der Bundesrepublik Deutschland, Tübingen 1993.
Franz, W., Wirtschaftspolitische Beratung: Reminiszenzen und Reflexionen, in: Perspektiven der Wirtschaftspolitik, Bd. 1, 2000, S. 53–71.
Franzen, K., Die Steuergesetzgebung der Nachkriegszeit in Westdeutschland (1945–1961), Bremen 1994.
Franzese, R. J., Macroeconomic Policies of Developed Democracies, Cambridge 2002.
Fredersdorf, H., Die Partei der Steuerzahler, Stuttgart 1978.
Frei, N. u. D. Süß (Hg.), Privatisierung. Idee und Praxis seit den 1970er Jahren, Göttingen 2012.
Freie Demokratische Partei, 32. Ordentlicher Bundesparteitag der F. D. P. in Köln vom 29.–31. Mai 1981, Köln 1981.
Frese, M. u. a. (Hg.), Demokratisierung und gesellschaftlicher Aufbruch. Die sechziger Jahre als Wendezeit der Bundesrepublik, Paderborn [2]2005.
Frevert, U. u. H.-G. Haupt (Hg.), Neue Politikgeschichte. Perspektiven einer historischen Politikforschung, Frankfurt 2005.
Friedrich, H., Staatliche Verwaltung und Wissenschaft. Die wissenschaftliche Beratung der Politik aus Sicht der Ministerialbürokratie, Frankfurt 1970.
Friderichs, H., Stabilitätsorientierung der Geld- und Kreditpolitik in die Kalkulation einbeziehen. Rede anläßlich der Mitgliederversammlung München 1975 des BDI am 11.6.1975, in: Referat Presse und Information des Bundesministeriums für Wirtschaft (Hg.), Reden zur Wirtschaftspolitik 5 von Dr. Hans Friderichs Bundesminister für Wirtschaft, Bonn 1976, S. 29–46.
Führ, C. u. C.-L. Furck (Hg.), Handbuch der deutschen Bildungsgeschichte, Bd. 6, München 1998.
Fuest, W. u. R. Kroker, Staatsverschuldung in der Bundesrepublik Deutschland, Köln 1982.
Galbraith, J. K., Gesellschaft im Überfluß, München 1959 (TB 1963).
– The Affluent Society, London 1958.
Galli, E. u. S. P. S. Rossi, Political Budget Cycles, in: Public Choice, Bd. 110, 2002, S. 283–303.
Gandenberger, O., Grenzen der Staatsverschuldung: Theoretische Erkenntnisse und Anwendungen auf die Situation in der Bundesrepublik Deutschland, in: Wilkens, S. 9–18.
– Zur Messung der konjunkturellen Wirkungen öffentlicher Haushalte. Vergleichende Erörterung des konjunkturneutralen Haushalts und des High Employment Budget Surplus, Tübingen 1973.
– Zur Rationalität der öffentlichen Kreditaufnahme, in: FA, NF Bd. 30, 1971/72, S. 369–391.
– Staatsverschuldung in der wissenschaftlichen Diskussion, in: Triesch, S. 159–174.

- Theorie der öffentlichen Verschuldung, in: Neumark, Handbuch, Bd. 3, S. 3–49.
- Verfassungsgrenzen der Staatsverschuldung. Eine Auseinandersetzung mit dem Urteil des Bundesverfassungsgerichts vom 18. April 1989, in: FA, NF Bd. 48, 1990, S. 28–51.

Gassert, Ph., Kurt-Georg Kiesinger 1904–1988. Kanzler zwischen den Zeiten, München 2006.

Gebauer, A., Der Richtungsstreit in der SPD. Seeheimer Kreis und Neue Linke im innerparteilichen Machtkampf, Wiesbaden 2005.

Gebhardt, H., Finanzpolitik nach dem Regierungswechsel, in: RWI-Mitteilungen, Bd. 40, 1989, S. 41–64.

Gemper, B. B., Das Nationalbudget – ein Mittel planvoller Wirtschaftspolitik, in: Gewerkschaftliche Monatshefte, Heft 6, 1968, S. 325–335.

Genscher, H.-D., Erinnerungen, Berlin 1995.

Geppert, A. C. T. u. T. Kössler, Zeit-Geschichte als Aufgabe, in: dies. (Hg.), Obsession der Gegenwart. Zeit im 20. Jahrhundert, Göttingen 2015, S. 7–36.

Geppert, K. u. a., Die wirtschaftliche Entwicklung der Bundesländer in den siebziger und achtziger Jahren, Berlin 1987.

Gerloff, W., Grundlegung der Finanzwissenschaft, in: ders. u. Neumark, Bd. 1, S. 1–65.
- u. F. Neumark (Hg.), Handbuch der Finanzwissenschaft, 4 Bde., Tübingen [2]1952–1965.

Geyer, M. H., Denk- und Handlungsfelder, in: Bundesministerium für Arbeit und Sozialordnung u. Bundesarchiv, Bd. 6, S. 114–231.
- Auf der Suche nach der Gegenwart. Neue Arbeiten zur Geschichte der 1970er und 1980er Jahre, in: AfS, Bd. 50, 2010, S, 643–669.
- Rahmenbedingungen, in: Bundesministerium für Arbeit und Sozialordnung u. Bundesarchiv, Bd. 6, S. 1–109.

Giersch, H. u. a., The Fading Miracle. Four Decades of Market Economy in Germany, Cambridge 1994.

Glotz, P., Kampagne in Deutschland. Politisches Tagebuch 1981–1983, Hamburg 1986.

Goldscheid, R., Staatssozialismus oder Staatskapitalismus, in: ders. u. Schumpeter, S. 40–252.
- u. J. Schumpeter, Die Finanzkrise des Steuerstaats. Beiträge zur politischen Ökonomie der Staatsfinanzen. Hg. R. Hickel, Frankfurt 1976.

Goodwin, C. D., Walter Lippmann. Public Economist, Cambridge/Mass. 2014.

Görtemaker, M., Geschichte der Bundesrepublik Deutschland. Von der Gründung bis zur Gegenwart, München 1999.

Goschler, C., Schuld und Schulden. Die Politik der Wiedergutmachung für NS-Verfolgte seit 1945, Göttingen 2005.

Gotto, K., Franz Etzel, in: U. Kempf u. H.-G. Merz (Hg.), Kanzler und Minister 1949–1998. Biografisches Lexikon der deutschen Bundesregierungen, Wiesbaden 2001, S. 245–248.

Graeber, D., Schulden. Die ersten 5000 Jahre, Stuttgart [8]2012.

Graf Kielmansegg, P., Nach der Katastrophe. Eine Geschichte des geteilten Deutschlands, Berlin 2000.

Graf Lambsdorff, O., Ausbau der Marktwirtschaft oder wieviel Staat muß sein? Rede bei der Hermann-Flach-Stiftung im Juni 1978, in: ders., Bewährung. Wirtschaftspolitik in Krisenzeiten, Düsseldorf 1980, S. 83–91.
- Grundsätze einer liberalen Wirtschafts- und Finanzpolitik, Bonn 1977.
- Lehren aus der Krise, in: ders., Zielsetzung. Aufgaben und Chancen der Marktwirtschaft, Düsseldorf 1977, S. 323–327.

Graf, R., Öl und Souveränität. Petroknowledge und Energiepolitik in den USA und Westeuropa in den 1970er Jahren, Berlin 2014.
- u. B. Herzog, Von der Geschichte der Zukunftsvorstellungen zur Geschichte ihrer Generierung, in: GuG, Bd. 42, 2016, 497–515.
- u. K. Ch. Priemel, Zeitgeschichte in der Welt der Sozialwissenschaften. Legitimität und Originalität einer Disziplin, in: VfZ, Bd. 59, 2011, S. 479–508.

Grauhan, R.R. u. R. Hickel (Hg.), Krise des Steuerstaats? Widersprüche, Perspektiven, Ausweichstrategien, Opladen 1978.
Grebing, H., Gewerkschaften, in: H.O. Hemmer u. K.Th. Schmitz (Hg.), Geschichte der Gewerkschaften in der Bundesrepublik Deutschland, Köln 1990, S. 149–182.
Gresser, K., Probleme der mehrjährigen öffentlichen Finanzplanung, Berlin 1974.
Grimm, D. (Hg.), Staatsaufgaben, Baden-Baden 1994 (TB Frankfurt 1996).
Gros, J., Politikgestaltung im Machtdreieck Partei, Fraktion, Regierung, Tübingen 1998.
Grossekettler, H., 40 Jahre Stabilitäts- und Wachstumsgesetz. Theoretische Analyse und statistische Evaluation einer verfassungsökonomischen Innovation, in: JWG, Bd. 49, 2008, S. 227–256.
– Fritz Neumark. Finanzwissenschaftler und Politikberater, Frankfurt 2013.
Grosser, D., Die Rolle Fritz Schäffers als Finanzminister in den ersten Kabinetten Konrad Adenauers, in: W.J. Mückel (Hg.), Föderalismus und Finanzpolitik. Gedenkschrift für Fritz Schäffer, Paderborn 1990, S. 67–81.
– Das Wagnis der Währungs-, Wirtschafts- und Sozialunion. Politische Zwänge im Konflikt mit ökonomischen Regeln, Stuttgart 1998.
Groth, K.-M., Die Krise der Staatsfinanzen, Frankfurt 1978.
Grünewald, A. (Hg.), Der Mann, der Brücken schlug. Erinnerung an Klaus Dieter Arndt. Gedenkschrift zum 50. Geburtstag, Berlin 1977.
Gschwendter, H., Grenzen der Staatsverschuldung unter besonderer Berücksichtigung des Staatshaushalts Baden-Württemberg, Tübingen 1981.
Haase, Ch. u. A. Schildt (Hg.), »DIE ZEIT« und die Bonner Republik. Eine meinungsbildende Wochenzeitung zwischen Wiederbewaffnung und Wiedervereinigung, Göttingen 2008.
Hacke, J., Der Staat in Gefahr. Die Bundesrepublik der 1970er Jahre zwischen Legitimationskrise und Unregierbarkeit, in: D. Geppert u. ders. (Hg.), Streit um den Staat. Intellektuelle Debatten in der Bundesrepublik 1960–1980, Göttingen 2008, S. 188–206.
Häfele, H., Der Staat hat sich übernommen – Kraft zur Wende, Stuttgart 1976.
– Der überforderte Staat und die Finanzpolitik, in: H. Zuber (Hg.), Schlankheitskur für den Staat, Stuttgart 1979, S. 99–108.
– Staatsverschuldung und Staatsaufgaben aus Sicht der CDU/CSU, in: Triesch, S. 41–66.
Häuser, K., Die Rolle des Staates auf dem Kapitalmarkt, in: 30 Jahre Kapitalmarkt in der Bundesrepublik Deutschland, Frankfurt 1981, S. 95–122.
Haffert, L., Freiheit von Schulden – Freiheit zum Gestalten? Die Politische Ökonomie von Haushaltsüberschüssen, Frankfurt 2015.
– Die schwarze Null. Über die Schattenseiten ausgeglichener Haushalte, Berlin 2016.
– u. Ph. Mehrtens, From Austerity to Expansion? Consolidation, Budget Surpluses, and the Decline of Fiscal Capacity, in: Politics & Society, Bd. 43, 2015, S. 119–148.
– u. ders., Haushaltsüberschüsse, konservative Parteien und das Trilemma der Fiskalpolitik, in: PVS, Bd. 55, 2014, S. 699–724.
Haftendorn, H., Deutsche Außenpolitik zwischen Selbstbeschränkung und Selbstbehauptung, Stuttgart 2001.
Hagemann, G., Die staatliche Tätigkeit der Bundesrepublik Deutschland 1965–1967, in: FA, NF Bd. 28, 1969, S. 300–320.
– Die staatliche Tätigkeit in der Bundesrepublik Deutschland 1968 und 1969, in: FA, NF Bd. 29, 1970, S. 456–467.
– Die staatliche Tätigkeit in der Bundesrepublik Deutschland 1970 und 1971, in: FA, NF Bd. 31, 1972, S. 147–161.
Hall, P.A. (Hg.), The Political Power of Economic Ideas. Keynesianism Across Nations, Princeton 1989.
Haller, H., Finanzpolitik. Grundlagen und Hauptprobleme, Tübingen 1957.
– Selten vom Glück verlassen. Lebenserinnerungen, Heidelberg 1992.

– Alvin Hansen und die Fiscal Policy, in: FA, NF Bd. 13, 1951/52, S. 422–444.
– Möglichkeiten und Grenzen finanzwirtschaftlicher Konjunktursteuerung, in: FA, NF Bd. 12, 1950/51, S. 177–207.
– Zur Problematik der Kreditfinanzierung öffentlicher Ausgaben, in: FA, NF Bd. 19, 1958/59, S. 72–91.
– Internationaler Überblick über die Finanz- und Steuersysteme. Zum Abschlußband des »Handbuchs der Finanzwissenschaft«, in: FA, NF Bd. 20, 1959/60, S. 296–308.
– u. W. Albers (Hg.), Probleme der Staatsverschuldung, Berlin 1972.

Hallerberg, M., Domestic Budgets in a United Europe. Fiscal Governance from the End of Bretton Woods to EMU, Ithaca 2004.

Hank, R., Die Pleite-Republik. Wie der Schuldenstaat uns entmündigt und wie wir uns befreien können, München 2012.

Hansmann, M., Vor dem dritten Staatsbankrott? Der deutsche Schuldenstaat in historischer und internationaler Perspektive, München 2012.
– Wege in den Schuldenstaat. Die strukturellen Probleme der deutschen Finanzpolitik als Resultat historischer Entwicklungen, in: VfZ, Bd. 55, 2007, S. 425–461.

Hansmeyer, K.-H., Die Mittelfristige Finanzplanung – ein neues Instrument der Wirtschaftspolitik, in: E. Dürr (Hg.), Neue Wege der Wirtschaftspolitik, Berlin 1972, S. 125–145.
– Die Finanzpolitik der Bundesrepublik Deutschland 1979 bis 1982, in: FA, NF Bd. 43, 1985, S. 119–177.
– Der öffentliche Kredit I: Der Staat als Schuldner, Frankfurt [3]1984.
– u. U. Bretschneider, Die Finanzpolitik der Bundesrepublik Deutschland 1983–1986, in: FA, NF Bd. 46, 1988, S. 465–512.
– u. C. Willeke, Die Finanzpolitik der Bundesrepublik Deutschland 1987–1990, in: FA, NF Bd. 50, 1993, S. 217–256.

Hanswilllemenke, M. u. B. Rahmann, Zwischen Reformen und Verantwortung für Vollbeschäftigung, Frankfurt 1997.

Hardach, G., Der Deutsche Industrie- und Handelskammertag 1861–2011. Der Spitzenverband der Industrie- und Handelskammern im Wandel der Zeit, Berlin 2011.

Haupt, H.-G. u. J. Requate (Hg.), Aufbruch in die Zukunft. Die 1960er-Jahre zwischen Planungseuphorie und kulturellem Wandel. DDR, CSSR und Bundesrepublik Deutschland im Vergleich, Weilerswist 2004.

Heckt, W., Die Entwicklung des bundesstaatlichen Finanzausgleichs in der Bundesrepublik Deutschland, Bonn 1973.

Hedtkamp, G., Internationale Finanz- und Steuerbelastungsvergleiche, in: Neumark, Handbuch, Bd. 3, S. 649–683.

Heidermann, H. (Hg.), Langzeitprogramm 1–5. Theorie und Praxis der Deutschen Sozialdemokratie, 5 Bde., Bonn-Bad Godesberg 1972.

Heilemann, U., Zur empirischen Relevanz des crowding-out-Effekts für die Bundesrepublik Deutschland, in: Kapital und Wachstum in den achtziger Jahren, Berlin 1983, S. 111–145.
– u. H.-A. Hüttebräuker, »Operation '82« und »Beschäftigungsinitiative« – eine ökonometrische Analyse ihrer gesamtwirtschaftlichen Auswirkungen in den Jahren 1982 und 1983, in: Mitteilungen des Rheinisch-Westfälischen Instituts für Wirtschaftsforschung, Bd. 32, 1981, S. 221–244.

Heilmann, M., Die Umsatzsteuerreform in der Bundesrepublik Deutschland. Die Entstehung des Umsatzsteuergesetzes von 1967 (Nettoumsatzsteuer), Bern 1975.

Heinemann, F. u. T. Hennighausen, Understanding Public Debt Preferences, in: FA, NF Bd. 68, 2012, S. 406–430.

Heinrich, M. L., Steuerpolitik zwischen systematischer und wirtschaftspolitischer Orientierung, Pfaffenweiler 1992.

Heinsen, E., Der Kampf um die Große Finanzreform, in: R. Hrbek (Hg.), Miterlebt - Mitgestaltet. Der Bundesrat im Rückblick, Stuttgart 1989, S. 187–223.
Held, M., Sozialdemokratie und Keynesianismus. Von der Weltwirtschaftskrise bis zum Godesberger Programm, Frankfurt 1982.
Hellwig, M. u. M. Neumann, Economic Policy in Germany: Was There a Turnaround?, in: Economic Policy, Bd. 5, 1987, S. 105–147.
Hemmer, H. O., Stationen gewerkschaftlicher Programmatik. Zu den Grundsatzprogrammen des DGB und ihrer Vorgeschichte, in: E. Matthias u. a. (Hg.), Solidarität und Menschenwürde. Etappen der deutschen Gewerkschaftsgeschichte von den Anfängen bis zur Gegenwart, Bonn 1984, S. 349–368.
Hennecke, H. J., Wilhelm Röpke. Ein Leben in der Brandung, Stuttgart 2005.
– Streiten für diesen Staat. Wilhelm Röpke und die Bundesrepublik, in: Geppert u. Hacke, S. 23–45.
Hentschel, V., Ludwig Erhard. Ein Politikerleben, München 1996.
Henzler, C., Fritz Schäffer 1945–1967. Eine biographische Studie zum ersten bayerischen Nachkriegs-Ministerpräsident und ersten Finanzminister der Bundesrepublik Deutschland, München 1994.
Herbert, U., Geschichte Deutschlands im 20. Jahrhundert, München 2014.
Herbst, L., Wiedergutmachung in Deutschland, in: VfZ, Bd. 49, 2001, S. 167–214.
– u. C. Goschler, Wiedergutmachung in Deutschland, München 1989.
Héritier, A. (Hg.), Policy-Analyse. Kritik und Neuorientierung, Opladen 1993.
Heseler, H., Gegen die Markt-Orthodoxie. Perspektiven einer demokratischen und solidarischen Wirtschaft. Festschrift zum 60. Geburtstag von Rudolf Hickel, Hamburg 2002
Hesse, J. J. u. a. (Hg.), Staat und Gemeinden zwischen Konflikt und Kooperation, Baden-Baden 1983.
Hesse, J.-O., Wirtschaft als Wissenschaft. Die Volkswirtschaftslehre der frühen Bundesrepublik, Frankfurt 2010.
Hettlage, K. M., Probleme einer mehrjährigen Finanzplanung, in: FA, NF Bd. 27, 1968, S. 235–248.
– Wirtschaftsordnung und Finanzpolitik, Bonn 1965.
– Was müssen wir tun, um unsere wirtschaftliche Zukunft zu sichern? Vortrag gehalten am 28. November 1966 vor Mitgliedern des Industrie-Clubs und der Industrie- und Handelskammer zu Düsseldorf, o. O. o. J.
Heumann, H.-D., Hans-Dietrich Genscher. Die Biographie, Paderborn 2012.
Heun, W., Staatshaushalt und Staatsleitung. Das Haushaltsrecht im parlamentarischen Regierungssystem des Grundgesetzes, Baden-Baden 1989.
– Staatsschulden. Ursachen, Wirkungen und Gefahren, Bonn 2015
Hickel, R., Zum Ideologiegehalt der Staatsverschuldungsdebatte, in: Simmert u. Wagner, S. 137–171.
– Notwendigkeit und Grenzen der Staatsverschuldung, in: Diehl u. Mombert, S. V–CLIX.
Hidien, J. W., Die Verteilung der Umsatzsteuer zwischen Bund und Ländern, Baden-Baden 1998.
Hildebrand, K., Von Erhard zur Großen Koalition 1963–1969, Stuttgart 1984.
Hilger, S. Kleine Wirtschaftsgeschichte Nordrhein-Westfalens. Von Musterknaben und Sorgenkindern, Köln 2012
Hobsbawm, E., Das Zeitalter der Extreme. Weltgeschichte des 20. Jahrhunderts, München 1995.
Hochstätter, M., Karl Schiller. Eine wirtschaftspolitische Biografie, Diss. Hannover 2006.
Hockerts, H. G., Sozialpolitische Entscheidungen im Nachkriegsdeutschland. Alliierte und deutsche Sozialversicherungspolitik 1945 bis 1957, Stuttgart 1980.

– Metamorphosen des Wohlfahrtsstaats, in: M. Broszat (Hg.), Zäsuren nach 1945, München 1990, S. 35–46.
– Rahmenbedingungen, in: Bundesministerium für Arbeit und Sozialordnung u. Bundesarchiv, Bd. 5, S. 3–158.
Höfling, W., Staatsschuldenrecht. Rechtsgrundlagen und Rechtsmaßstäbe für die Staatsschuldenpolitik in der Bundesrepublik Deutschland, Heidelberg 1993.
Höhnen, W., Beschäftigungssichernde Finanzpolitik: Konzept und Probleme, in: Gewerkschaftliche Monatshefte, Heft 1, 1978, S. 18–28.
Hohensee, J., Der erste Ölpreisschock 1973/74. Die politischen und gesellschaftlichen Auswirkungen der arabischen Erdölpolitik auf die Bundesrepublik Deutschland und Westeuropa, Stuttgart 1996.
Holtfrerich, C.-L., Geldpolitik bei festen Wechselkursen (1948–1970), in: Deutsche Bundesbank, Jahre, S. 347–438.
– Relations between Monetary Authorities and Governmental Institutions: The Case of Germany from the 19th Century to the Present, in: G. Toniolo (Hg.), Central Banks' Independence in Historical Perspective, Berlin 1988, S. 105–159.
– u. a., Staatsschulden: Ursachen, Wirkungen und Grenzen, Berlin 2015.
Holzscheck, K. u. a., Praxis des Konsumentenkredits. Eine empirische Untersuchung zur Rechtssoziologie und Ökonomie des Konsumentenkredits, Köln 1982.
Hoppe, H.-G., Konsolidierung des Staatshaushalts als politische Aufgabe, in: Triesch, S. 67–86.
Hoppenstedt, W., Gerhard Colm. Leben und Werk (1897–1968), Stuttgart 1997.
Horst, P., Haushaltspolitik und Regierungspraxis in den USA und der Bundesrepublik Deutschland. Ein Vergleich des haushaltspolitischen Entscheidungsprozesses beider Bundesrepubliken zu Zeiten der konservativen Regierungen Reagan/Bush (1981–92) und Kohl (1982–93), Frankfurt 1995.
Horvath, P., Die Teilzahlungskredite als Begleiterscheinung des westdeutschen »Wirtschaftswunders« (1948–1969), in: Zeitschrift für Unternehmensgeschichte, Bd. 37, 1992, S. 19–55.
Hughes, M. L., Shouldering the Burdens of Defeat. West Germany and the Reconstruction of Social Justice, Chapel Hill 1999.
Hume, D., Vom Staatscredit, in: Diehl u. Mombert, S. 30–45.
Hunold, A., Die Kasseler Tagung der Mont Pèlerin Society, in: Die Aussprache, Heft 11, 1960, S. 369–371.
Huppertz, P.-H., Gewaltenteilung und antizyklische Finanzpolitik. Ein Beitrag zur Theorie institutioneller Bedingungen der Stabilisierungspolitik in der Bundesrepublik Deutschland, Baden-Baden 1977.
Institut für Besatzungsfragen, Sechs Jahre Besatzungslasten, Tübingen 1951.
Institut »Finanzen und Steuern«, Die Auswirkungen der Steuerreform auf den Finanzausgleich zwischen Bund, Ländern und Gemeinden, Bonn 1975.
– Die belastungsmäßigen Auswirkungen der Steuerreform 1975, Bonn 1975.
– Die Entwicklung der Gemeindefinanzen in den 80er Jahren, Bonn 1989.
– Die Gesetzentwürfe zur Haushaltsreform, Bonn 1969.
– Zur Haushaltslage des Bundes im Frühjahr 1974, Bonn 1974.
– Die Wirkung der Verschuldung öffentlicher Haushalte in mittelfristiger Sicht, Bonn 1983.
Jäger, W., Die Innenpolitik der sozial-liberalen Koalition 1974–1982, in: ders. u. W. Link, Republik im Wandel 1974–1982. Die Ära Schmidt, Stuttgart 1987, S. 7–272.
– Helmut Kohl setzt sich durch, 1976–1982, in: Schwarz, Fraktion, S. 141–159.
– Die »Wende« 1982: Bruch der Koalition und Regierungsbildung, in: Historisch-Politische Mitteilungen, Heft 19, 2012, S. 167–176.
Jahn, B. (Hg.), Die deutschsprachige Presse. Ein biographisch-bibliographisches Handbuch, Bd. 1, München 2005.
1980er Jahre, in: APuZ, B 46, 2015.

Jákli, Z., Vom Marshallplan zum Kohlepfennig. Grundrisse der Subventionspolitik in der Bundesrepublik Deutschland 1948–1982, Opladen 1990.

James, H., Rambouillet, 15. November 1975. Die Globalisierung der Wirtschaft, München 1997.

Janeba, E., International Tax Competition, Tübingen 1997.

Janßen, K.-H. u.a., DIE ZEIT. Geschichte einer Wochenzeitung 1946 bis heute, München 2006.

Jarausch, K.H. (Hg.), Das Ende der Zuversicht? Die siebziger Jahre als Geschichte, Göttingen 2008.

Jecht, H., Formen der Finanzsoziologie, in: ZfgS, Bd. 115, 1959, S. 403–14.

Jochimsen, B. u. R. Nuscheler, The political economy of the German Länder deficits: weak governments meet strong finance ministers, in: Applied Economics, Bd. 43, 2011, S. 2399–2415.

– u. S. Thomasius, The perfect finance minister: Who to appoint as finance minister to balance the budget, in: European Journal of Political Economy, Bd. 34, 2014, S. 390–408.

Johnson, P.A., The Government of Money. Monetarism in Germany and the United States, Ithaca/New York 1998.

Jungblut, M., Je mehr er hat, je mehr er will… Über soziale und wirtschaftliche Machbarkeiten, Zürich 1981.

Kaack, H., Die FDP. Grundriß und Materialien zu Geschichte, Struktur und Programmatik, Meisenheim [3]1979.

Kabinettsprotokolle der Bundesregierung online, 1949–1984 (http://www.bundesarchiv.de/cocoon/barch/0000/index.html).

Kabinettsprotokolle der Landesregierung von Nordrhein-Westfalen 1966–1975 (http://protokolle.archive.nrw.de/).

Kaiser, B., Die vergessene Regierung. Die Große Koalition 1966 bis 1969 und ihre langfristigen Wirkungen, Bonn 1991.

Karl-Bräuer-Institut des Bundes der Steuerzahler, Die Bundesfinanzen im Frühjahr 1967, o.O. (Wiesbaden) 1967.

– Bundeshaushalt 1966, o.O. o.J. (Wiesbaden 1966).

– Bundeshaushalt 1968. Auftakt zu einer mittelfristigen Finanzplanung?, o.O. o.J. (Wiesbaden 1968).

– Die Problematik der Staatsverschuldung im Jahre 1972, o.O. (Wiesbaden) 1972.

– Zur Reform des Haushaltsrechts, o.O. (Wiesbaden) 1968.

– Der Weg zu einem zeitgemäßen Steuersystem, Wiesbaden 1971.

Kempter, K., Gefolgschaft, Kooperation, Dissens. Die Gewerkschaften in der sozialliberalen Ära 1969–1982, in: O. von Mengersen u.a. (Hg.), Personen, Soziale Bewegungen, Heidelberg 2004, S. 281–298.

– Eugen Loderer und die IG Metall. Biografie eines Gewerkschafters, Filderstadt 2003.

Kersting, G., Steuerwiderstand und Steuerkultur. Der Kampf um das Umgeld im Königreich Württemberg (1819–1871), Stuttgart 2006.

Kiesow, J., Wirtschaftskrisen in Deutschland. Reaktionsmuster von Vetospielern und Agendasetzern, Wiesbaden 2015.

Kilian, M., Nebenhaushalte des Bundes, Berlin 1993.

Kilz, H.-W. u. J. Preuss, Flick. Die gekaufte Republik, Reinbek 1984.

Kirchgässner, G., On the Political Economy of Public Deficits and Debt, in: German Economic Review, Bd. 15, 2014, S. 116–130.

– The Effects of Fiscal Institutions on Public Finance, St. Gallen 2001.

Kitterer, W., Analyse und Kritik der Bundeshaushaltsreform, in: FA, NF Bd. 35, 1977, S. 483–496.

– Öffentliche Finanzen und Notenbank, in: Deutsche Bundesbank, Jahre, S. 199–256.

- (Hg.), Sozialhilfe und Finanzausgleich, Heidelberg 1990.
- u. E.-M. Lipp, Haushaltspoltische Beurteilung des Kassenabschlusses und der Kapitalmarktpolitik des Bundes in den Haushaltsjahren 1975/76, in: FA, NF Bd. 35, 1976, S. 295–309.

Kitzing, M., Alex Möller: Generaldirektor, Parlamentarier, Minister. Eine Würdigung anlässlich des 25. Todestages, in: ZGO, Bd. 158, 2010, S. 513–538.

Klausen, H. C., Haushaltspolitik, Stuttgart 1975.

Kleinewefers, H., Die Politik der Deutschen Bundesbank im Konjunkturzyklus 1964 bis 1968, in: Kredit und Kapital, Bd. 3, 1970, S. 31–81.

Kleinmann, H.-O., Geschichte der CDU 1945–1982, Stuttgart 1993.

Kloten, N., Wissenschaftlicher Beirat bei Bundesministerium für Wirtschaft, in: Schlecht u. van Suntum, S. 60–62.
- u. a., Zur Entwicklung des Geldwertes in Deutschland. Fakten und Bestimmungsgründe, Tübingen 1980.
- Erfolg und Mißerfolg der Stabilisierungspolitik (1969–1974), in: Deutsche Bundesbank, Währung, S. 643–690.
- West Germany, in: The Role of the Economist in Government. Hg. J. A. Pechman, New York 1989, S. 47–72.
- u. a., West Germany's Stabilization Performance, in: L. N. Lindberg u. Ch.S. Maier (Hg.), The Politics of Inflation and Economic Stagnation, Washington 1985, S. 353–402.
- Paradigmawechsel in der Geldpolitik?, in: H. Scherf (Hg.), Beschäftigungsprobleme hochentwickelter Volkswirtschaften, Berlin 1989, S. 93–115.
- Der Staat in der sozialen Marktwirtschaft, Tübingen 1986.
- u. R. Vollmer, Stabilität und Wachstum in der Wirtschaftspolitik, in: R. Löwenthal u. H.-P. Schwarz (Hg.), Die zweite Republik. 25 Jahre Bundesrepublik Deutschland – eine Bilanz, Stuttgart 1974, S. 703–727.

Klotzbach, K., Der Weg zur Staatspartei. Programmatik, praktische Politik und Organisation der deutschen Sozialdemokratie 1945 bis 1965, Berlin 1982.

Kluge, U., Vierzig Jahre Agrarpolitik in der Bundesrepublik Deutschland, 2 Bde., Hamburg 1989.

Knauss, F. (Hg.), Privatisierungs- und Beteiligungspolitik in der Bundesrepublik Deutschland, Baden-Baden 1993.

Knoll, Th., Das Bonner Bundeskanzleramt. Organisation und Funktionen von 1949–1999, Wiesbaden 2004.

Knorr, H., Der parlamentarische Entscheidungsprozeß während der Großen Koalition 1966 bis 1969, Meisenheim 1975.

Koch, P., Möller, Alex, in: NDB, Bd. 17, Berlin 1994, S. 636–637.

Koch, W., Der Wissenschaftliche Beirat beim Bundesminister für Wirtschaft, in: E. von Beckerath u. H. Giersch (Hg.), Probleme der normativen Ökonomik und der wirtschaftspolitischen Beratung, Berlin 1962, S. 405–421.

Kock, H., Stabilitätspolitik im föderalistischen System der Bundesrepublik Deutschland, Köln 1975.

Köhler, H., Helmut Kohl. Ein Leben für die Politik, München 2014.

König, K., Operative Regierung, Tübingen 2015.

Koerfer, D., Kampf ums Kanzleramt. Erhard und Adenauer, Stuttgart 1987.

Kolms, H., Finanzwissenschaft I–IV, Berlin 1974–1976.

Kommission für Finanzreform, Gutachten über die Finanzreform in der Bundesrepublik Deutschland, 1966, Stuttgart 1966.

Konrad, K. A. u. H. Zschäpitz, Schulden ohne Sühne? Warum der Absturz der Staatsfinanzen uns alle trifft, München 2010.

Korff, H. C., Der Bundeshaushalt und seine Schatten, Bonn 1964.
- Haushaltspolitik. Instrument öffentlicher Macht, Stuttgart 1975.

– Neuordnung der Haushaltswirtschaft des Bundes, in: Probleme einer Neuordnung der Haushaltswirtschaft bei Bund und Ländern, Bonn o. J. (1965).

Korte, K.-R., »Das Wort hat der Herr Bundeskanzler«. Eine Analyse der Großen Regierungserklärungen von Adenauer bis Schröder, Wiesbaden 2002.

Kowitz, R., Alfred Müller-Armack. Wirtschaftspolitik als Berufung. Zur Entstehungsgeschichte der Sozialen Marktwirtschaft und dem politischen Wirken des Hochschullehrers, Köln 1998.

Krabbe, W. R., Parteijugend in Deutschland. Junge Union, Jungsozialisten und Jungdemokraten 1945–1980, Wiesbaden 2002.

Kramper, P., NEUE HEIMAT. Unternehmenspolitik und Unternehmensentwicklung im gewerkschaftlichen Wohnungs- und Städtebau 1950–1982, Stuttgart 2008.

Krause-Junk, G., Konsolidierung der öffentlichen Haushalte, strukturelles Defizit und konjunktureller Impuls: Zu einigen Begriffen des Sachverständigenrats, in: FA, NF Bd. 40, 1982, S. 1–22.

Krips, U., Finanzwirtschaftliche Probleme in einer wachsenden Wirtschaft, in: C. Föhl u. C. Köhler (Hg.), Beiträge zur Wirtschafts- und Gesellschaftsgestaltung. Festschrift für Bruno Gleitze zum 65. Geburtstag am 4. August 1968, Berlin 1968, S. 159–172.

Krüer-Buchholz, W., Steuerpolitik und Steuerreformen in der Bundesrepublik Deutschland unter besonderer Berücksichtigung der »Großen Steuerreform« 1975, München 1982.

Kruke, A., Demoskopie in der Bundesrepublik Deutschland. Meinungsforschung, Parteien und Medien 1949–1990, Düsseldorf 2007.

Krupp, H.-J., Staatsverschuldung – Mittel oder Hemmschuh der zukünftigen Wachstums- und Beschäftigungspolitik, in: Probleme der Staatsverschuldung, S. 141–159

Kühne, K., Blutarmer Aufschwung im Schatten neuer Rezessionsdrohung, in: Gewerkschaftliche Monatshefte, Heft 12, 1976, S. 713–728.

Kuller, Ch., Familienpolitik im föderativen Sozialstaat. Die Formierung eines Politikfeldes in der Bundesrepublik 1949–1975, München 2004.

Lahnstein, M., Der Einsatz der Finanzpolitik zur Konjunktursteuerung, in: ders. u. a., Konjunktursteuerung – eine Illusion? Möglichkeiten und Grenzen der Konjunkturpolitik, Wiesbaden 1980, S. 9–32.

– Finanzpolitik – Möglichkeit und Grenzen, in: G. Kurlbaum u. U. Jens (Hg.), Beiträge zur sozialdemokratischen Wirtschaftspolitik, Bonn 1983, S. 103–114.

Landfried, Ch., Parteifinanzen und politische Macht. Eine vergleichende Studie zur Bundesrepublik Deutschland, zu Italien und den USA, Baden-Baden 1990.

Leaman, J., The Political Economy of Germany under Chancellor Kohl and Schröder. Decline of the German Model?, New York 2009.

Leendertz, A. u. W. Meteling, Bezeichnungsrevolutionen, Bedeutungsverschiebungen und Politik: Zur Einleitung, in: dies., (Hg.), Die Neue Wirklichkeit. Semantische Neuvermessungen und die Politik seit den 1970er Jahren, Frankfurt 2016, S. 13–33.

Leibfritz, W. u. a., Fiscal Policy, Government Debt and Economic Performance, Paris 1994.

Leibinger, H.-B., Fiskalpolitik unter veränderten Rahmenbedingungen. Eine Analyse der Erfolgsbedingungen am Beispiel der Bundesrepublik Deutschland, Berlin 1985.

Leicht, A., Die Haushaltsreform, München 1970.

Leif, Th. u. R. Speth (Hg.), Die fünfte Gewalt. Lobbyismus in Deutschland, Wiesbaden 2006.

Leisler Kiep, W., Brücken meines Lebens. Die Erinnerungen, München 2006.

Lenk, R., Konjunkturelle Wirkungen der Staatsverschuldung, in: IFO-Studien, Bd. 26, 1980, S. 217–240.

Lessmann, S., Budgetary Politics and Elections: An Investigation of Public Expenditures in West Germany, Berlin 1987.

Levsen, S. u. C. Torp (Hg.), Wo liegt die Bundesrepublik? Vergleichende Perspektiven auf die westdeutsche Geschichte, Göttingen 2016.

Lindlar, L., Das mißverstandene Wirtschaftswunder. Westdeutschland und die westdeutsche Nachkriegsprosperität, Tübingen 1997.

Link, W., Die CDU/CSU-Fraktion und die neue Ostpolitik – in den Phasen der Regierungsverantwortung und der Opposition, 1966–1975, in: Schwarz, Fraktion, S. 115–139.

Littmann, K., Bundesrepublik Deutschland, in: Neumark, Handbuch, Bd. 4, S. 1011–1064.

– Definition und Entwicklung der Staatsquote. Abgrenzung, Aussagekraft und Anwendungsbereiche unterschiedlicher Typen von Staatsquoten, Göttingen 1975.

– Die staatliche Tätigkeit in der Bundesrepublik Deutschland 1961 und 1962, in: FA, NF Bd. 23, 1963/64, S. 342–354.

– Die staatliche Tätigkeit in der Bundesrepublik Deutschland 1963 und 1964, in: FA, NF Bd. 25, 1966, S. 76–91.

Löffler, B., Soziale Marktwirtschaft und administrative Praxis. Das Bundeswirtschaftsministerium unter Ludwig Erhard, Wiesbaden 2002.

Lommatzsch, E., Hans Globke (1898–1973). Beamter im Dritten Reich und Staatssekretär Adenauers, Frankfurt 2009.

Lorke, Ch., Armut im geteilten Deutschland. Die Wahrnehmung sozialer Randlagen in der Bundesrepublik und der DDR, Frankfurt 2015.

Lösche, P. u. F. Walter, Die FDP. Richtungsstreit und Zukunftszweifel, Darmstadt 1996.

Lütjen, T., Karl Schiller (1911–1994). »Superminister« Willy Brandts, Bonn 2007.

Lutz, B., Der kurze Traum der immerwährenden Prosperität. Eine Neuinterpretation der industriell-kapitalistischen Entwicklung im Europa des 20. Jahrhunderts, Frankfurt ^{2}1989.

Lybeck, J. A. u. M. Henrekson (Hg.), Explaining the Growth of Government in Sweden: A Disequilibrium Approach, Amsterdam 1988.

Macho, Th. (Hg.), Bonds. Schuld, Schulden und andere Verbindlichkeiten, München 2014.

Mackscheidt, K. u. a., Der Finanzausgleich zwischen dem Bund und der Rentenversicherung, in: FA, NF Bd. 39, 1981, S. 383–407.

Mäding, H., Autonomie und Abhängigkeit in finanzpolitischen Entscheidungsprozessen im föderativen Staat, in: PVS, Bd. 31, 1990, S. 567–584.

Mann, F. K., Finanzsoziologie, in: Handwörterbuch der Sozialwissenschaften, Bd. 3, Stuttgart 1961, S. 642–648.

– Finanztheorie und Finanzsoziologie, Göttingen 1959.

Mann, S., Macht und Ohnmacht der Verbände. Das Beispiel des Bundesverbandes der deutschen Industrie e. V. (BDI) aus empirisch-analytischer Sicht, Baden-Baden 1994.

Markmann, H., Staatsverschuldung, Staatsaufgaben und Steuergerechtigkeit aus Sicht des DGB, in: Triesch, S. 87–110.

Marsh, D., Die Bundesbank. Geschäfte mit der Macht, München 1992.

Martin, I. W. u. a. (Hg.), The New Fiscal Sociology. Taxation in Comparative and Historical Perspective, Cambridge 2009.

Marx, S. (Bearb.), Die CDU/CSU-Fraktion im Deutschen Bundestag, Bd. 5: Sitzungsprotokolle 1966–1969, Halbbd. 1: Dezember 1966 bis März 1968, Düsseldorf 2011.

– (Bearb.), Der Kreßbronner Kreis. Die Protokolle des Koalitionsausschusses der ersten Großen Koalition aus CDU, CSU und SPD, Düsseldorf 2013.

Matthöfer, H., Möglichkeiten und Grenzen der Finanz- und Währungspolitik in der gegenwärtigen weltwirtschaftlichen Lage, in: Alfred Nau (Hg.), Wirtschaft International, Bonn 1978, S. 21–34.

– Staatsverschuldung – Mittel oder Hemmschuh der zukünftigen Wachstums- und Beschäftigungspolitik?, in: Wilkens, S. 123–130.

Mauro, P. u. a., A Modern History of Fiscal Prudence and Profligacy (IMF Working Paper No. 13/5), Washington 2013.

Mazower, M., Der dunkle Kontinent. Europa im 20. Jahrhundert, Berlin 2000.

Mehrtens, Ph., Staatsschulden und Staatstätigkeit. Zur Transformation der politischen Ökonomie Schwedens, Frankfurt 2014.

Meißner, W., Die Lehre der Fünf Weisen. Eine Auseinandersetzung mit den Jahresgutachten des Sachverständigenrats zur Begutachtung der gesamtwirtschaftlichen Entwicklung, Köln 1980.

Memorandum von Wirtschaftswissenschaftlern »Für eine wirksame und soziale Wirtschaftspolitik«, vorgelegt am 4. November 1975 in Bonn (Wortlaut), in: Blätter für deutsche und internationale Politik, Bd. 20, 1975, S. 1287–1293.

Mende, S., »Nicht rechts, nicht links, sondern vorn«. Eine Geschichte der Gründungsgrünen, München 2011.

Merck, J., Klar zur Wende? Die FDP vor dem Koalitionswechsel in Bonn 1980 bis 1982, Diss. FU Berlin 1989.

Mergel, T., Überlegungen zu einer Kulturgeschichte der Politik, in: GG, Bd. 28, 2002, S. 574–606.

Merklein, R., Die Deutschen werden ärmer, Staatsverschuldung, Geldentwertung, Markteinbußen, Arbeitsplatzverluste, Hamburg 1982.

– Griff in die eigene Tasche. Hintergeht der Bonner Sozialstaat seine Bürger?, Reinbek 1980.

Merseburger, P., Willy Brandt 1913–1992. Visionär und Realist, Stuttgart [4]2002.

Mertens, D., Erst sparen, dann kaufen? Privatverschuldung in Deutschland, Frankfurt 2015.

Mertsching, K. (Bearb.), Der Deutsche Gewerkschaftsbund 1969–1975, Bonn 2013.

Metzler, G., Demokratisierung durch Experten? Aspekte politischer Planung in der Bundesrepublik, in: Haupt u. Requate, S. 267–287.

– Konzeptionen politischen Handelns von Adenauer bis Brandt, Paderborn 2005.

– (Hg.), Krise des Regierens in den 1970er Jahren? Deutsche und Westeuropäische Perspektiven, Paderborn 2007.

– Alex Möller, in: R. Weber u. I. Mayer (Hg.), Politische Köpfe aus Südwestdeutschland, Stuttgart 2005, S. 321–331.

– Staatsversagen und Unregierbarkeit in den siebziger Jahren?, in: Jarausch, S. 243–260.

– Versachlichung statt Interessenpolitik. Der Sachverständigenrat zur Begutachtung der gesamtwirtschaftlichen Entwicklung, in: Fisch u. Rudloff, S. 127–152.

– Der lange Weg zur sozialliberalen Politik. Politische Semantik und demokratischer Aufbruch, in: H. Knoch (Hg.), Bürgersinn mit Weltgefühl. Politische Moral und solidarischer Protest in den sechziger und siebziger Jahren, Göttingen 2007, S. 157–180.

Mikosch, H. F. u. S. Übelmesser, Staatsverschuldungsunterschiede im internationalen Vergleich und Schlussfolgerungen für Deutschland, in: Perspektiven der Wirtschaftspolitik, Bd. 8, 2007, S. 309–34.

Milbradt, G. H., Darstellung und Analyse der Staatsverschuldung, Köln 1980.

Möller, A., Klaus Dieter Arndt – Sein Weg, in: Grünewald, S. 13–41.

– Genosse Generaldirektor, München 1978 (TB 1980).

– Finanzpolitik, in: Ehmke, S. 99–106.

– Die Finanzwirtschaft als Mittel der Politik, Karlsruhe 1963.

– Staatsschuldenpolitik einst und heute. Festansprache des Bundesministers der Finanzen Alex Möller aus Anlaß des 150jährigen Bestehens der Staatsschuldenverwaltung am 20.1.1970, in: Bundesministerium der Finanzen (Hg.), Blickpunkt Finanzen, Heft 2, Bonn 1970.

– Tatort Politik, München 1982.

– u. R. Schwebler, Schuld durch Schulden? Nutzen und Grenzen der Staatsverschuldung, München o. J. (1981).

Möller, H., Franz Josef Strauß. Herrscher und Rebell, München 2015.

Mueller, D. C., Public Choice III, Cambridge 2003.
Müller, L., Fritz Schäffer, in: P. M. Schmidhuber (Hg.), Beiträge zur politischen Ökonomie, Bonn 1989, S. 261–282.
Müller-Armack, A., Die Soziale Marktwirtschaft nach einem Jahrzehnt ihrer Erprobung, in: ders., Wirtschaftsordnung, S. 251–265.
– Die zweite Phase der Sozialen Marktwirtschaft, in: ders., Wirtschaftsordnung, S. 267–291.
– Wirtschaftsordnung und Wirtschaftspolitik, Freiburg 1966.
– u. H. B. Schmidt (Hg.), Wirtschafts- und Finanzpolitik im Zeichen der sozialen Marktwirtschaft. Festgabe für Franz Etzel, Stuttgart-Degerloch 1967.
Muscheid, J., Steuerpolitik in der Bundesrepublik Deutschland 1949–1982, Berlin 1986.
Musgrave, R. A., Public Finance and Finanzwissenschaft Traditions Compared, in: FA, NF 53, 1996/97, S. 145–193.
– u. a., Die öffentlichen Finanzen in Theorie und Praxis, 4 Bde., Tübingen 1975–1978.
– Finanztheorie, Tübingen 1966.
– Theorie der öffentlichen Schuld, in: Gerloff u. Neumark, Bd. 3, S. 68–137.
– The Theory of Public Finance, New York 1959.
Naschold, F., Anpassungsplanung oder politische Gesamtplanung? Zur politischen Planung in der BRD am Beispiel der mehrjährigen Finanzplanung, in: W. Steffani (Hg.), Parlamentarismus ohne Transparenz, Opladen 1971, S. 69–104.
– Probleme der mehrjährigen Finanzplanung des Bundes, in: V. Ronge u. G. Schmieg (Hg.), Politische Planung in Theorie und Praxis, München 1971, S. 170–183.
Nassehi, A., Mehr Kapitalismus wagen? Schulden als Zeitmaschine, in: aviso, Heft 2, 2013, S. 20–23.
Neumann, M. J., Der Beitrag der Geldpolitik zur konjunkturellen Entwicklung in der Bundesrepublik Deutschland, in: Kyklos, Bd. 34, 1981, S. 405–431.
Neumark, F., Die zweite Auflage der Schmölderschen Finanzpolitik, in: FA, NF Bd. 25, 1966, S. 328–333.
– Alte und neue Finanzwissenschaft, in: FA, NF Bd. 16, 1955/56, S. 1–15.
– Wo steht die »Fiscal Policy« heute, in: FA, NF Bd. 19, 1958/59, S. 46–71.
– Grundlagen und Hauptprobleme der Finanzpolitik, in: FA, NF Bd. 18, 1957/58, S. 312–325.
– Grundsätze und Arten der Haushaltsführung und Finanzbedarfsdeckung, in: Gerloff u. ders., Bd. 1, S. 606–669.
– Hundert Jahre »Finanzarchiv«, in: FA, NF Bd. 42, 1984, S. 385–406.
– Internationale Gemeinsamkeiten und nationale Eigenarten der Finanzpolitik, in: Kyklos, Bd. 2, 1948, S. 317–348.
– u. a. (Hg.), Handbuch der Finanzwissenschaft, 4 Bde., Tübingen [3]1977–1983.
– Ein neuer Kommentar zum Stabilitätsgesetz, in: FA, NF Bd. 28, 1969, S. 321–325.
– Zur Problematik der Grenzen des Staatskredits, in: Zeitschrift für Nationalökonomie, Bd. 12, 1949, S. 513–537.
– Zur Problematik einer Steigerung der Effizienz fiskalpolitischer Instrumente des Stabilitätsgesetzes, in: FA, NF Bd. 28, 1969, S. 100–109.
– Wirtschafts- und Finanzprobleme des Interventionsstaates, Tübingen 1961.
– Zuflucht am Bosporus. Deutsche Gelehrte, Politiker und Künstler in der Emigration 1933–1953, Frankfurt 1980.
Nienstedt, E., Kreditzinsen öffentlicher Haushalte in der Bundesrepublik Deutschland, Diss. Köln 1988.
Niessen, H.-J. u. R. Ollmann, Schattenwirtschaft in der Bundesrepublik. Eine empirische Bestandsaufnahme der sozialen und räumlichen Verteilung schattenwirtschaftlicher Aktivitäten, Opladen 1987.
Noelle, E. u. E. P. Neumann (Hg.), Jahrbuch der öffentlichen Meinung 1968–1973, Allensbach 1974.

Noelle-Neumann, E. (Hg.), Allensbacher Jahrbuch der Demoskopie 1974–1976, Wien 1976.
– u. E. Piel, Allensbacher Jahrbuch der Demoskopie 1978–1983, Bd. 8, München 1983.
Nölling, W., Staatsverschuldung ohne Ende?, in: Kredit und Kapital, Bd. 12, 1979, S. 472–503.
Nolte, P., Die Ordnung der deutschen Gesellschaft. Selbstentwurf und Selbstbeschreibung im 20. Jahrhundert, München 2000.
Nonn, Ch., Geschichte Nordrhein-Westfalens, München ^{2}2016.
– Die Ruhrbergbaukrise. Entindustrialisierung und Politik 1958–1969, Göttingen 2001.
Nowotny, E., Gutachten und Stellungnahmen 1974–1987. Der Wissenschaftliche Beirat beim Bundesministerium der Finanzen, in: FA, NF Bd. 48, 1990, S. 319–320.
– Zur politischen Ökonomie der öffentlichen Verschuldung – eine Einführung, in: ders., Verschuldung, S. 1–16,
– (Hg.), Öffentliche Verschuldung, Stuttgart 1979.
Nullmeier, F., Der Zugriff des Bundes auf die Haushalte der Gemeinden und Parafisci, in: H.-H. Hartwich u. G. Wewer (Hg.), Regieren in der Bundesrepublik, Bd. 4, Opladen 1992, S. 147–180.
– u. A. Wiesner, Policy-Forschung und Verwaltungswissenschaft, in: H. Münkler, Politikwissenschaft. Ein Grundkurs, Reinbek ^{2}2006, S. 285–323.
Nützenadel, A., Konjunktur und Krise: Die Wirtschaftsberichterstattung der ZEIT zwischen Expertenkultur und Politik (1946–1990), in: Haase u. Schildt, S. 130–143.
– Wissenschaftliche Politikberatung in der Bundesrepublik. Die Gründung des Sachverständigenrats zur Begutachtung der gesamtwirtschaftlichen Entwicklung 1963, in: VSWG, Bd. 89, 2002, S. 288–306.
– Die Stunde der Ökonomen. Wissenschaft, Politik und Expertenkultur in der Bundesrepublik 1949–1974, Göttingen 2005.
O'Connor, J., Die Finanzkrise des Staates, Frankfurt 1974.
– The Fiscal Crisis of the State, New York 1973.
OECD, Economic Outlook. Historical Statistics 1960–1985, Paris 1987.
Osterwald, E., Die Entstehung des Stabilitätsgesetzes. Eine Studie über Entscheidungsprozesse des politischen Systems, Frankfurt 1982.
Pagel, W., Der »Juliusturm«. Eine politologische Fallstudie zum Verhältnis von Ökonomie, Politik und Recht in der Bundesrepublik, Diss. Hamburg 1979.
Parker, R., John Kenneth Galbraith: His Life, His Politics, His Economics, New York 2005.
Parsche, Rüdiger, Die Staatsverschuldung in der Bundesrepublik, München 1974.
Parteivorstand der Sozialdemokratischen Partei Deutschlands, Entwurf eines ökonomisch-politischen Orientierungsrahmens für die Jahre 1973–1985, Bonn 1972.
– (Hg.), Außerordentlicher Parteitag der Sozialdemokratischen Partei Deutschlands vom 16. bis 18. April 1969 in der Stadthalle zu Bad Godesberg. Protokoll der Verhandlungen, Bonn o. J. (1969).
– (Hg.), Außerordentlicher Parteitag der Sozialdemokratischen Partei Deutschlands vom 18. bis 20. November 1971 Bonn Beethovenhalle. Protokoll der Verhandlungen. Anlagen, Bonn o. J. (1971).
– (Hg.), Parteitag der Sozialdemokratischen Partei Deutschlands vom 6. bis 8. Mai 1962 in Köln. Protokoll der Verhandlungen. Anträge, Bonn o. J. (1962).
– (Hg.), Parteitag der Sozialdemokratischen Partei Deutschlands vom 1. bis 5. Juni 1966 in Dortmund. Protokoll der Verhandlungen. Anträge, Bonn o. J. (1966).
– (Hg.), Parteitag der Sozialdemokratischen Partei Deutschlands vom 17. bis 21. März 1968 in Nürnberg. Protokoll der Verhandlungen. Angenommene und überwiesene Anträge, Bonn o. J. (1968).
– (Hg.), Parteitag der Sozialdemokratischen Partei Deutschlands vom 11. bis 14. Mai 1970 in Saarbrücken. Protokoll der Verhandlungen. Angenommene und überwiesene Anträge, Bonn o. J. (1970).

- (Hg.), Parteitag der Sozialdemokratischen Partei Deutschlands vom 10. bis 14. April 1973 Stadthalle Hannover, 2 Bde., Bonn o. J. (1973).
- (Hg.), Parteitag der Sozialdemokratischen Partei Deutschlands vom 11. bis 15. November 1975 Rosengarten Mannheim. Protokoll der Verhandlungen. Anlagen, Bonn o. J. (1975).
- (Hg.), Parteitag der Sozialdemokratischen Partei Deutschlands vom 15. bis 19. November 1977 Congress-Centrum Hamburg. Protokoll der Verhandlungen. Anlagen, 2 Bde., Bonn o. J. (1977).
- (Hg.), Parteitag der Sozialdemokratischen Partei Deutschlands vom 3. bis 7. Dezember 1979 ICC Berlin, 2 Bde., Bonn o. J. (1979).
- (Hg.), Parteitag der Sozialdemokratischen Partei Deutschlands 19. bis 23. April 1982 München, Olympiahalle, 2 Bde., Bonn o. J. (1982).
- (Hg.), Stabilität und Aufstieg. Dokumentation der Wirtschaftspolitischen Tagung der Sozialdemokratischen Partei Deutschlands vom 3. bis 5. Oktober 1963 im Städtischen Saalbau, Essen, Hannover 1963.

Peffekoven, R., Zur Neuordnung des Länderfinanzausgleichs, in: FA, NF Bd. 45, 1987, S. 181–228.

Patel, K. K., Europäisierung wider Willen. Die Bundesrepublik Deutschland in der Agrarintegration der EWG 1955–1973, München 2009.

- (Hg.), Fertile Grounds for Europe? The History of European Integration and the Common Agricultural Policy since 1945, Baden-Baden 2009.

Petzina, D., Zwischen Reform und Krise, in: ders. u. J. Reulecke (Hg.), Bevölkerung, Wirtschaft, Gesellschaft seit der Industrialisierung, Dortmund 1990, S. 261–277.

Piel, M. u. D. B. Simmert, Staatsverschuldung – Schicksalsfrage der Nation?, Köln 1981.

Pierson, P., From Expansion to Austerity. The New Politics of Taxing and Spending, in: M. A. Levin u. a. (Hg.), Seeking the Center. Politics and Policymaking at the New Century, Washington 2001, S. 54–80.

Plehwe, D. u. M. Schmelzer, Marketing Marketization. The Power of Neoliberal Expert, Consulting, and Lobby Networks, in: Zeithistorische Forschungen, Bd. 12, 2015, S. 488–499.

Pleinen, J. u. L. Raphael, Zeithistoriker in den Archiven der Sozialwissenschaften. Erkenntnispotentiale und Relevanzgewinne für die Disziplin, in: VfZ, Bd. 62, 2014, S. 173–196.

Plickert, Ph., Wandlungen des Neoliberalismus. Eine Studie zu Entwicklung und Ausstrahlung der »Mont Pèlerin Society«, Stuttgart 2008.

Plumpe, W., Die Wirtschaftskrise 1966/67 und ihre Bedeutung in der deutschen Wirtschaftsgeschichte, in: M. Wengler u. A. Ziem (Hg.), Sprachliche Konstruktionen von Krisen, Bremen 2013, S. 19–30.

Pohmer, D., Die Resonanz auf die Tätigkeit des Wissenschaftlichen Beirats beim Bundesministerium der Finanzen 1949–1999, in: Bundesministerium der Finanzen, Festakt, S. 14–30.

Poterba, J. M. u. J. von Hagen, (Hg.), Fiscal Institutions and Fiscal Performance, Chicago 1999.

Potrafke, N. u. a., Debt Brakes in the German States: Governments' Rhetoric and Actions, in: German Economic Review, Bd. 17, 2016, S. 253–275.

Potthoff, H. (Bearb.), Die SPD-Fraktion im Deutschen Bundestag. Sitzungsprotokolle 1961–1966, 2 Halbbde., Düsseldorf 1993.

Prasad, M., The Politics of Free Markets. The Rise of Neoliberal Economic Policies in Britain, France, Germany, and the United States, Chicago 2006.

Probleme der Staatsverschuldung (Beihefte zur Konjunkturpolitik, Heft 27), Berlin 1980.

Puhl, T., Budgetflucht und Haushaltsverfassung, Tübingen 1996.

Raithel, Th. u. a. (Hg.), Auf dem Weg in eine neue Moderne? Die Bundesrepublik Deutschland in den siebziger und achtziger Jahren, München 2009.

Raphael, L. u. H.-E. Tenorth, Ideen als gesellschaftliche Gestaltungskraft im Europa der Neuzeit. Beitrag für eine erneuerte Geistesgeschichte, München 2006.

Rehm, H., Analyse und Kritik der Bundeshaushaltsreform, Baden-Baden 1975.
- Statistiken der öffentlichen Finanzen - aussagekräftiger und aktueller, in: Wirtschaft und Statistik, Heft 3, 2006, S. 279–302.
Reinhart, C.M. u. K.S. Rogoff, This Time is different. Eight Centuries of Financial Folly, Princeton 2009.
Reischmann, M., Staatsverschuldung in Extrahaushalten. Historischer Überblick und Implikationen für die Schuldenbremse in Deutschland, in: Perspektiven der Wirtschaftspolitik, Bd. 15, 2014, S. 171–181.
Renzsch, W., Föderale Finanzbeziehungen im Parteienstaat, in: ZfP, Bd. 20, 1989, S. 331–345.
- Finanzverfassung und Finanzausgleich. Die Auseinandersetzung um ihre politische Gestaltung in der Bundesrepublik Deutschland zwischen Währungsreform und deutscher Vereinigung (1948 bis 1990), Bonn 1991.
Ricardo, D., Über die Grundsätze der politischen Ökonomie und der Besteuerung, hg. von H.D. Kurz, Marburg 2006.
Richter, R., Deutsche Geldpolitik 1948–1998, Tübingen 1999.
- u. E. Furubotn, Neue Institutionenökonomik. Eine Einführung und kritische Würdigung, Tübingen 1996.
Richter, W.F. u. W. Wiegard, Zwanzig Jahre »Neue Finanzwissenschaft«, in: ZfWS, Bd. 113, 1993, S. 169–224, 337–400.
Rischbieter, L., Einhegen oder pflegen? Internationale Regulierungen von Staatsverschuldungskrisen im langen 20. Jahrhundert, in: APuZ, B 1-2/2016, 11- 17.
- Risiken und Nebenwirkungen. Internationale Finanzstrategien in der Verschuldungskrise der 1980er Jahre, in: GuG, Bd. 41, 2015, S. 465–493.
Rieter, H., Schmölders, Franz Hermann Günter, Wirtschaftswissenschaftler, in: NDB, Bd. 23, Berlin 2007, S. 257–259.
Rock, M. u. J. von Rutenberg, Kirchliche Interventionen in den politischen Prozeß: Hirtenbriefe zu den Bundestagswahlen, in: H. Abromeit u. G. Wewer (Hg.), Die Kirche und die Politik, Opladen 1989, S. 263–277.
Rocke, H., Leistungen der Bundesrepublik für die ausländischen Streitkräfte, in: Bundesminister der Finanzen (Hg.), Die finanzielle Liquidation des Krieges, Bonn 1962, S. 19–30.
Rödder, A., Die Bundesrepublik Deutschland 1969–1990, München 2004.
- »Modell Deutschland« zwischen Erfolgsgeschichte und Verfallsdiagnose, in: VfZ, Bd. 54, 2006, S. 345–63.
- Wertewandel und Postmoderne. Gesellschaft und Kultur in der Bundesrepublik Deutschland 1965–1990, Stuttgart 2004.
- u. W. Elz (Hg.), Alte Werte - Neue Werte. Schlaglichter des Wertewandels, Göttingen 2008.
Rombeck-Jaschinski, U., Das Londoner Schuldenabkommen. Die Regelung der deutschen Auslandsschulden nach dem Zweiten Weltkrieg, München 2004.
Rosa, H., Beschleunigung. Die Veränderung der Zeitstrukturen in der Moderne, Frankfurt 2005.
Ross, F., Cutting Expenditures in Advanced Industrial Democracies, in: Governance, Bd. 10, 1997, S. 175–200.
Roth, R. u. H. Wollmann (Hg.), Kommunalpolitik. Politisches Handeln in den Gemeinden, Opladen 1994.
Roubini, N. u. J.D. Sachs, Political and Economic Determinants of Budget Deficits in the Industrial Democracies, in: European Economic Review, Bd. 33, 1989, S. 903–38.
- u. J.D. Sachs, Fiscal Policy, in: Economic Policy, Bd. 15, 1989, S. 99–132.
Ruck, M., Westdeutsche Planungsdiskurse und Planungspraxis der 1960er Jahre im internationalen Kontext, in: Haupt u. Requate, S. 289–325.
- Ein kurzer Sommer der konkreten Utopie - Zur westdeutschen Planungsgeschichte der langen 60er Jahre, in: Schildt, Zeiten, S. 362–41.

Rudloff, W., Einleitung: Politikberatung als Gegenstand historischer Betrachtung. Forschungsstand, neue Befunde, übergreifende Fragestellungen, in: Fisch u. ders., S. 13–57.
– Wissenschaftliche Politikberatung in der Bundesrepublik – historische Perspektive, in: S. Dagger u. a. (Hg.), Politikberatung in Deutschland. Praxis und Perspektiven, Wiesbaden 2004, S. 178–199.
Rudzio, W. u. M. Reynelt, Ehrenberg, Herbert, in: U. Kempf u. H.-G. Merz (Hg.), Kanzler und Minister 1949–1998. Biografisches Lexikon der deutschen Bundesregierungen, Opladen 2001, S. 216–219.
Rürup, B. u. K. Bizer, Der Sachverständigenrat und sein Einfluss auf die Politik, in: U. Jens u. H. Romahn (Hg.), Der Einfluss der Wissenschaft auf die Politik, Marburg 2002, S. 59–74.
Sabatier, P. A., An Advocacy Coalition Framework of Policy Change and the Role of policy-oriented Learning therein, in: Policy Sciences, Bd. 21, 1988, S. 129–168.
– The Advocacy Coalition Framework, in: Journal of European Public Policy, Bd. 5, 1998, S. 98–130.
– u. H. C. Jenkins-Smith (Hg.), Policy Change and Learning, Boulder/CO 1993.
– u. Ch. M. Weible, The Advocacy Coalition Framework, in: ders. (Hg.), Theories of the Policy Process, Boulder/CO 2007, S. 189–220.
Sachverständigenrat zur Begutachtung der gesamtwirtschaftlichen Entwicklung (Hg.), Vierzig Jahre Sachverständigenrat 1963–2003, Wiesbaden 2003.
– Jahresgutachten 1964/65. Stabiles Geld – Stetiges Wachstum, Stuttgart 1964.
– Jahresgutachten 1965/66. Stabilisierung ohne Stagnation, Stuttgart 1965.
– Jahresgutachten 1966/67. Expansion und Stabilität, Stuttgart 1966.
– Jahresgutachten 1967/68. Stabilität im Wachstum, Stuttgart 1967.
– Jahresgutachten 1970/71. Konjunktur im Umbruch – Risiken und Chancen, Stuttgart 1970.
– Jahresgutachten 1971/72. Währung, Geldwert, Wettbewerb – Entscheidungen für morgen, Stuttgart 1971.
– Jahresgutachten 1972/73. Gleicher Rang für den Geldwert, Stuttgart 1972.
– Jahresgutachten 1973/74. Mut zur Stabilisierung, Stuttgart 1973.
– Jahresgutachten 1974/75. Vollbeschäftigung für morgen, Stuttgart 1974.
– Jahresgutachten 1975/76. Vor dem Aufschwung, Stuttgart 1975.
– Jahresgutachten 1976/77. Zeit zum Investieren, Stuttgart 1976.
– Jahresgutachten 1977/78. Mehr Wachstum – Mehr Beschäftigung, Stuttgart 1977.
– Jahresgutachten 1978/79. Wachstum und Währung, Stuttgart 1978.
– Jahresgutachten 1979/80. Herausforderung von außen, Stuttgart 1979.
– Jahresgutachten 1980/81. Unter Anpassungszwang, Stuttgart 1980.
– Jahresgutachten 1981/82. Investieren für mehr Beschäftigung, Stuttgart 1981.
– Jahresgutachten 1982/83. Gegen Pessimismus, Stuttgart 1982.
– Jahresgutachten 1985/86. Auf dem Weg zu mehr Beschäftigung, Stuttgart 1985.
– Jahresgutachten 1998/99. Vor weitreichenden Entscheidungen, Stuttgart 1998.
– Sondergutachten vom 4.5.1973. Zur konjunkturellen Lage im Mai 1973, in: ders., Jahresgutachten 1973/74, S. 161–182.
– Sondergutachten vom 17.8.1975. Zur konjunkturpolitischen Lage im August 1975, in: ders., Jahresgutachten 1975/76, S. 187–201.
– Sondergutachten vom 4.7.1981. Vor Kurskorrekturen. Zur finanzpolitischen und währungspolitischen Situation im Sommer 1981, in: ders., Jahresgutachten 1981/82, S. 206–221.
– Sondergutachten vom 9.10.1982. Zur wirtschaftlichen Lage im Oktober 1982, in: ders., Jahresgutachten 1982/83, S. 202–232.
Sarcinelli, U., Symbolische Politik. Zur Bedeutung symbolischen Handelns in der Wahlkampfkommunikation der Bundesrepublik Deutschland, Opladen 1987.
Sarrazin, Th., Die Finanzpolitik des Bundes 1970 bis 1982, in: FA, NF Bd. 41, 1983, S. 373–387.

- Die Finanzpolitik des Bundes 1970 bis 1982, in: H. Schmidt u. W. Hesselbach (Hg.), Kämpfer ohne Pathos. Festschrift für Hans Matthöfer zum 60. Geburtstag am 25. September 1985, Bonn 1985, S. 195–201.
- (Hg.), Investitionslenkung. »Spielwiese« oder »vorausschauende Politik«?, Köln 1976.

Sattler, F., Das Geschäft mit den Staatsschulden. Banken, Finanzmärkte und die *Securization of Debt* nach der Ölpreiskrise von 1973/1974, in: GuG, Bd. 41, 2015, S. 418–446.

Schäfer, A. u. W. Streeck (Hg.), Politics in the Age of Austerity, Cambridge 2013.

Schanetzky, T., Aporien der Verwissenschaftlichung: Sachverständigenrat und wirtschaftlicher Strukturwandel in der Bundesrepublik 1974–1988, in: AfS, Bd. 50, 2010, S. 153–167.
- Die große Ernüchterung. Wirtschaftspolitik, Expertise und Gesellschaft in der Bundesrepublik 1966 bis 1982, Berlin 2007.

Scharpf, F. W., Sozialdemokratische Krisenpolitik in Europa. Das »Modell Deutschland« im Vergleich, Frankfurt ²1978.
- u. a., Politikverflechtung, Kronberg 1976.

Scherf, H., Enttäuschte Hoffnungen – vergebene Chancen. Die Wirtschaftspolitik der Sozial-Liberalen Koalition 1969–1982, Göttingen 1986.

Scherf, W., Öffentliche Finanzen. Einführung in die Finanzwissenschaft, Konstanz ²2011.

Schildt, A., »Die Kräfte der Gegenrevolution sind auf breiter Front angetreten«, in: AfS, Bd. 44, 2004, S. 449–78.
- (Hg.), Modernisierung im Wiederaufbau. Die westdeutsche Gesellschaft der 50er Jahre, Bonn 1998.
- u. a. (Hg.), Dynamische Zeiten. Die 60er Jahre in den beiden deutschen Gesellschaften, Hamburg 2000.

Schiller, K., Konjunkturpolitik auf dem Wege zu einer Affluent Society, in: R. Schwebler u. W. Föhrenbach (Hg.), Jahre der Wende. Festgabe für Alex Möller zum 65. Geburtstag, Karlsruhe 1968, S. 61–72.

Schlecht, O., Die Rolle der Finanzpolitik bei der Konjunktursteuerung, Bonn 1974.
- u. U. van Suntum (Hg.), 30 Jahre Sachverständigenrat zur Begutachtung der gesamtwirtschaftlichen Entwicklung, Krefeld 1995.

Schleehauf, U., Zur Realisierung der verfassungsrechtlichen Budgetprinzipien, in: FA, NF Bd. 25, 1966, S. 247–262.

Schlesinger, H., Die Geldpolitik der Deutschen Bundesbank 1967–1977, in: Kredit und Kapital, Bd. 11, 1978, S. 3–29.

Schmähl, W., Sicherung bei Alter, Invalidität und für Hinterbliebene, in: Bundesministerium für Arbeit und Soziales u. Bundesarchiv, Bd. 5, S. 407–481.
- Sicherung bei Alter, Invalidität und für Hinterbliebene, in: Bundesministerium für Arbeit und Soziales u. Bundesarchiv, Bd. 6, S. 393–514.

Schmidt, H. (Hg.), Kontinuität und Konzentration, Bonn-Bad Godesberg 1975.
- Der Politiker als Ökonom, in: ders., Kontinuität, S. 128–144.
- Das Vertrauen zurückgewinnen (16. Mai 1974), in: ders., Kontinuität, S. 31–35.
- Die Zukunft planen, in: Heidermann, Bd. 2, S. 83–85.

Schmidt, K., Zu einigen Theorien über die relative Ausdehnung der öffentlichen Ausgaben, in: FA, NF 24, 1965, 193–208.
- u. E. Wille, Die mehrjährige Finanzplanung. Wunsch und Wirklichkeit, Tübingen 1970.

Schmidt, M. G., Vergleichende Analyse politischer Systeme, in: H. Münkler (Hg.), Politikwissenschaft, Reinbek ²2006, S. 172–207.
- Rahmenbedingungen, in: Bundesministerium für Arbeit und Sozialordnung u. Bundesarchiv, Bd. 7, S. 3–60.
- Die Politik des mittleren Weges, in: APuZ, B 9–10/1990, S. 23–31.
- Das politische System Deutschlands. Institutionen, Willensbildung und Politikfelder, München 2007.

– Staatsfinanzen, in: K. von Beyme u. ders. (Hg.), Politik in der Bundesrepublik Deutschland, Opladen 1990, S. 36–75.
Schmitt, C., Helmut Schmidt: Kontinuität und Konzentration, in: Korte, S. 193–216.
Schmoeckel, R. u. B. Kaiser, Die vergessene Regierung. Die Große Koalition 1966 bis 1969 und ihre langfristigen Wirkungen, Bonn 1991.
Schmölders, G., Finanzpolitik, Berlin 1955/[3]1970.
– »Gut durchgekommen?« Lebenserinnerungen, Berlin ND 2002.
– Organische Steuerreform. Grundlagen, Vorarbeiten, Gesetzentwürfe, Berlin 1953.
Schneider, A.H., Die Kunst des Kompromisses. Helmut Schmidt und die Große Koalition 1966–1969, Paderborn 1999.
Schneider, C.J., Fighting with one hand tied behind the back, in: Public Choice, Bd. 142, 2010, S. 125–50.
– Politischer Opportunismus und Haushaltsdefizite in den westdeutschen Bundesländern, in: PVS, Bd. 48, 2007, S. 221–42.
Schneider, F., Schattenwirtschaft und Schattenarbeitsmarkt: Die Entwicklungen der vergangenen 20 Jahre, in: Perspektiven der Wirtschaftspolitik, Bd. 16, 2015, S. 3–25.
Schneider, H.K. (Hg.), Grundsatzprobleme wirtschaftspolitischer Beratung, Berlin 1968.
Schneider, V. u. F. Janning, Politikfeldanalyse. Akteure, Diskurse und Netzwerke in der öffentlichen Politik, Wiesbaden 2006.
Schniettiger, F., Die Volkswirte in der Bundesfinanzverwaltung, in: Müller-Armack, Wirtschafts- und Finanzpolitik, S. 351–359.
Scholtyseck, J., Die FDP in der Wende, in: Historisch-Politische Mitteilungen, Heft 19, 2012, S. 197–220.
Schönbohm, W., Die CDU wird moderne Volkspartei. Selbstverständnis, Mitglieder, Organisation und Apparat 1950–1980, Stuttgart 1985.
Schönhoven, K., Die deutschen Gewerkschaften, Frankfurt 1987.
– Wendejahre. Die Sozialdemokratie in der Zeit der Großen Koalition 1966–1968, Bonn 2004.
Schorn-Schütte, L., Historische Politikforschung, München 2006.
Schott, H., »Die Formierte Gesellschaft und das Deutsche Gemeinschaftswerk«. Zwei gesellschaftspolitische Konzepte Ludwig Erhards, Diss. Bonn 1982.
Schrafstetter, S., Verfolgung und Wiedergutmachung. Karl M. Hettlage: Mitarbeiter von Albert Speer und Staatssekretär im Bundesfinanzministerium, in: VfZ, Bd. 56, 2008, S. 431–466.
Schroeder, K., Der Weg in die Stagnation. Eine empirische Studie zur Konjunkturentwicklung und Konjunkturpolitik in der Bundesrepublik von 1967–1982, Opladen 1984.
Schroeder, W., Gewerkschaften als soziale Bewegung – soziale Bewegung in den Gewerkschaften in den Siebzigerjahren, in: AFS, Bd. 44, 2004, S. 243–265.
Schubert, K., Politikfeldanalyse, Opladen 1991.
– u. N.C. Bandelow (Hg.), Lehrbuch der Politikfeldanalyse, München 2003.
Schularick, M., Public Debt and Financial Crisis in the Twentieth Century, in: European Review of History, Bd. 19, 2012, S. 881–897.
– Public and Private Debt: The Historical Record (1870–2010), in: German Economic Review, Bd. 15, 2014, S. 191–207.
Schulz, F., Zur Dogmengeschichte der funktionalen Finanzwirtschaftslehre. Eine literaturgeschichtliche Untersuchung zur Entwicklung der »functional finance« vom Merkantilismus bis zur »neuen Wirtschaftslehre«, Berlin 1987.
Schumann, J., Gesellschaft im Überfluß, in: FA, NF Bd. 20, 1959/60, S. 473–481.
Schumpeter, J., Die Krise des Steuerstaats, in: Goldscheid u. ders., S. 329–379.
Schwarz, H.-P., Die Ära Adenauer. Gründerjahre der Republik. 1949–57, Stuttgart 1981.
– (Hg.), Die Fraktion als Machtfaktor. CDU/CSU im Deutschen Bundestag 1949 bis heute, Bonn 2010.

- Helmut Kohl. Eine politische Biographie, Stuttgart 2012.

Sebaldt, M. u. A. Straßner, Verbände in der Bundesrepublik Deutschland. Eine Einführung, Wiesbaden 2004.

Seifert, B., Träume vom modernen Deutschland. Horst Ehmke, Reimut Jochimsen und die Planung des Politischen in der ersten Regierung Brandt, Stuttgart 2010.

Seitz, H., Fiscal Policy, Deficits and Politics of Subnational Governments, in: Public Choice, Bd. 102, 2000, S. 183–218.

Sekretariat der Deutschen Bischofskonferenz (Hg.), Wort der deutschen Bischöfe zur Bundestagswahl 1980. 25. August 1980, Bonn 1980.

Shughart, W.F. u. L. Razzolini (Hg.), The Elgar Companion to Public Choice, Cheltenham 2001.

Siebenmorgen, P., Franz Josef Strauß. Ein Leben im Übermaß, München 2015.

Sievert, O., Vom Keynesianismus zur Angebotspolitik, in: Sachverständigenrat (Hg.), Sachverständigenrat, S. 34–46.

Sillich, B. (Red.), Soziale Marktwirtschaft als Aufgabe. Festakademie aus Anlass des 75. Geburtstags von Otto Schlecht, Krefeld 2001.

Simmert, D.B., Probleme der Staatsverschuldung, in: Niedersächsische Landeszentrale für politische Bildung (Hg.), Die Schulden der öffentlichen Hand, Hannover 1981, S. 5–27.

Simmert, D.B. u. K.-D. Wagner (Hg.), Staatsverschuldung kontrovers, Köln 1981.

Sinn, H.-W., Pro und Contra Crowding-Out, in: Kredit und Kapital, Bd. 16, 1983, S. 488–512.

- Please bring me the New York Times: on the European roots of Richard Abel Musgrave, München 2007.

Skidelsky, R. (Hg.), The End of the Keynesian Era, New York 1977.

- Keynes. The Return of the Master, London 2009.

Skilling, D.G., Policy Coordination, Political Structure, and Public Debt, Ann Arbor/MI 2001.

Soell, H., Helmut Schmidt. 1969 bis heute. Macht und Verantwortung, München 2008.

Spree, H.-U., Gewonnen, um verspielt zu werden?, in: A. Rummel (Hg.), Die Große Koalition 1966–1969, Freudenstadt 1989, S. 76–94.

Stalder, I., Staatsverschuldung aus Sicht der Neuen Politischen Ökonomie, Nürnberg 1992.

- Staatsverschuldung in der Demokratie. Eine polit-ökonomische Analyse, Frankfurt 1997.

Steinmetz, W., Das Sagbare und das Machbare. Zum Wandel politischer Handlungsspielräume. England 1780–1867, Stuttgart 1993.

Stix, H., Does the Broad Public Want to Consolidate Public Debt? – The Role of Fairness and of Policy Credibility, in: Kyklos, Bd. 66, 2013, S. 102–129.

Stoltenberg, G., Wendepunkte. Stationen deutscher Politik 1947 bis 1990, Berlin 1997.

Storck, E., Euromarkt. Finanz-Drehscheibe der Welt, Stuttgart 1995.

Strätling, A., Sachverständiger Rat im Wandel. Der theoretische Argumentationshintergrund des Sachverständigenrats zur Begutachtung der gesamtwirtschaftlichen Entwicklung zur Beschäftigungspolitik von 1964 bis 1999, Marburg 2001.

Strauch, R.R. u. J. von Hagen (Hg.), Institutions, Politics and Fiscal Policy, Boston 2000.

Strauß, F.J. u.a., Der Weg in die Finanzkrise. Eine Dokumentation mit einem Geleitwort von Rainer Barzel, Bonn o.J. (1972).

- Mittelfristige Finanzplanung in Bund, Ländern und Gemeinden, Göttingen 1968.
- Finanzpolitik. Theorie und Wirklichkeit, Berlin 1969.
- Finanzreform – Auf dem Weg zum modernen Bundesstaat, in: R. Schwebler u. W. Föhrenbach (Hg.), Jahre der Wende. Festgabe für Alex Möller zum 65. Geburtstag, Karlsruhe 1968, S. 73–79.

Streeck, W., Re-Forming Capitalism. Institutional Change in the German Political Economy, Oxford 2009.

- Endgame? The Fiscal Crisis of the German State, Köln 2007.

- The Politics of Public Debt: Neoliberalism, Capitalist Development and the Restructuring of the State, in: German Economic Review, Bd. 15, 2014, S. 143–165.
- The Rise of the European Consolidation State, Köln 2015.
- Gekaufte Zeit. Die vertagte Krise des demokratischen Kapitalismus, Berlin [2]2013.
- u. D. Mertens, An Index of Fiscal Democracy, Köln 2010.
- Politik im Defizit. Austerität als fiskalpolitisches Regime, in: Der moderne Staat, Bd. 3, 2010, S. 7–29.

Stucken, R., Die Haushaltspolitik im Gesetz zur Förderung der Stabilität und des Wachstums der Wirtschaft vom 8. Juni 1968, in: FA, NF Bd. 27, S. 202–219.
- u. W. Sies, Finanzwissenschaftliche Deckungsgrundsätze und konjunkturpolitische Postulate, in: FA, NF Bd. 12, 1950/51, S. 616–631.

Stücker, B., Konsum auf Kredit in der Bundesrepublik, in: Jahrbuch für Wirtschaftsgeschichte 2007/2, S. 63–88.

Stützel, W., Ober- und Untergrenzen der öffentlichen Verschuldung, in: Kredit und Kapital, Bd. 11, 1978, S. 429–449.

Sturm, R., Austeritätspolitik als gesellschaftlichen Projekt, in: APuZ, B 1–2/2016, S. 17–23.
- Haushaltspolitik in westlichen Demokratien. Ein Vergleich des haushaltpolitischen Entscheidungsprozesses in der Bundesrepublik Deutschland, Frankreich, Großbritannien, Kanada und den USA, Baden-Baden 1989.
- Die Wende im Stolperschritt, in: Wewer, Bilanz, S. 183–200.

Sultan, H., Finanzwissenschaft und Soziologie, in: Gerloff u. Neumark, Bd. 1, S. 66–98.

Süß, D. Die Enkel auf die Barrikaden, in: AfS, Bd. 44, 2004, S. 67–104.

Süß, W., Von der Reform in die Krise. Der westdeutsche Wohlfahrtsstaat in der Großen Koalition und der sozialliberalen Ära, Göttingen 2017.
- Der keynesianische Traum und sein langes Ende, in: Jarausch, S. 120–137.

Switek, N., Ludwig Erhard: Formierte Gesellschaft, in: Korte, S. 117–144.

Tanzi, V. u. L. Schuknecht, Public Spending in the 20th Century. A global Perspective, Cambridge 2000.

Tautscher, A., Alte und neue Finanzwissenschaft, in: FA, NF Bd. 13, 1951/52, S. 37–62.
- Wesenswandlung der Staatswirtschaft, in: ZfgS, Bd. 106, 1950, S. 1–20.

Tavares, J., Does right or left matter? Cabinets, credibility and fiscal adjustments, in: Journal of Public Economics, Bd. 88, 2004, S. 2447–2468.

Taylor, Ch.L. (Hg.), Why Governments Grow. Measuring Public Sector Size, Beverly Hills 1983.

Thomasius, S., Political decision makers and their relevance for public finances, Baden-Baden 2013.

Thormählen, T., Die Finanzierung staatlicher Haushaltsdefizite, in: Der Langfristige Kredit, Bd. 30, 1979, S. 620–624.
- Ist die Staatsverschuldung eine »Zeitmaschine«?, in: Konjunkturpolitik, Bd. 26, 1980, S. 77–94.

Thoss, R., Notwendigkeiten und Möglichkeiten steigender Staatsverschuldung, in: C. Schäfer u. H. Tofaute (Hg.), Beschäftigungssichernde Finanzpolitik, Frankfurt 1981, S. 79–89.

Timm, H., Fritz Neumark – Nestor und Mentor der deutschen Finanzwissenschaft, in: FA, NF 39, 1981, S. 20–28.

Tofaute, H., Der große Ausverkauf, Köln 1994.

Tooze, A., Reassessing the Moral Economy of Post-war Reconstruction: The Terms of the West German Settlement in 1952, in: Past & Present, Suppl. 6, 2011, S. 47–70.

Trapp, P., Die Wirkung der Staatsverschuldung bei quantitativen Zielen der Geldpolitik, in: Wilkens, S. 105–117.

Triesch, G. (Hg.), Staatsfinanzen und Wirtschaft. Staatsverschuldung, Staatsaufgaben, Steuerpolitik, Köln 1981

Tüffers, B. (Bearb.), Die SPD-Fraktion im Deutschen Bundestag. Sitzungsprotokolle 1966–1969, Düsseldorf 2009.
Ullmann, H.-P., Die Expansionskoalition. Akteure und Aktionen in der bundesdeutschen Finanz- und Schuldenpolitik der 1970er Jahre, in: GuG, Bd. 41, 2015, S. 394–417.
- La fin de l'illusion de la dette en République fédérale d'Allemagne au sortir des années 1970, in: Histoire, Économie & Société, Bd. 35, 2016, S. 93–106.
- Interessenverbände in Deutschland, Frankfurt 1988.
- Staat und Schulden. Öffentliche Finanzen in Deutschland seit dem 18. Jahrhundert. Hg. H. Berghoff u. T. van Rahden, Göttingen 2009.
- Der deutsche Steuerstaat. Geschichte der öffentlichen Finanzen vom 18. Jahrhundert bis heute, München 2005.
- Im »Strudel der Maßlosigkeit«? Die »Erweiterung des Staatskorridors« in der Bundesrepublik der sechziger bis achtziger Jahre, in: J. Osterhammel u. a. (Hg.), Wege der Gesellschaftsgeschichte, Göttingen 2006, S. 253–268.
- Times of Wastful Abundance: The Apogee of the Fiscal State in the Federal Republic of Germany from the 1960s to the 1980s, in: F. P. Caselli (Hg.), Government Debts and Financial Markets in Europe, London 2008, S. 225–230.
Ullmann, K., Konjunkturorientierte Schuldenpolitik, in: Der Langfristige Kredit, Bd. 31, 1980, S. 68–70.
Unland, H. J. (Hg.), Deutsches Gemeinschaftswerk. Der Erhard-Plan für Gemeinschaftsaufgaben, Bonn o. J. (1965).
van Essen, U. u. a., Verteilungswirkungen der Einkommensteuerreformen 1986–1990, in: FA, NF Bd. 46, 1988, S. 56–84.
van Laak, D., Planung. Geschichte und Gegenwart des Vorgriffs auf die Zukunft, in: GuG, Bd. 34, 2008, S. 305–326.
van Suntum, U., Finanzpolitik in der Ära Stoltenberg, in: Kredit und Kapital, Bd. 23, 1990, S. 251–276.
Verheugen, G., Der Ausverkauf. Macht und Verfall der FDP, Hamburg 1984.
Vesper, D., Entwicklung und Struktur des Staatsverbrauchs 1961 bis 1974, in: VzW, Heft 1, 1977, S. 33–54.
- Kommunale Finanzen in der Bundesrepublik Deutschland, in: VzW, Heft 1–2, 1991, S. 5–18.
- Die Personalausgaben der Gebietskörperschaften von 1961 bis 1972, in: VzW, Heft 2, 1975, S. 95–107.
Vialon, F. K., Haushaltsrecht, Berlin ^{2}1959 .
Vierhaus, R. u. L. Herbst, (Hg.), Biographisches Handbuch der Mitglieder des Deutschen Bundestages 1949–2002, Bd. 2: N-Z, München 2002.
Vogel, H., Solide Finanzpolitik. Franz Josef Strauß als Bundesfinanzminister, in: F. Zimmermann (Hg.), Anspruch und Leistung. Widmungen für Franz Josef Strauß, Stuttgart-Degerloch 1980, S. 93–108.
Völling, J., Auslandsverschuldung des Staates – Analyse der Grenzen und Möglichkeiten, in: Simmert u. Wagner, S. 269–279.
von Arnim, H. H., Ansätze, Chancen und Hemmnisse einer Drosselung der öffentlichen Personalausgaben, in: ders. u. Littmann, S. 187–211.
- u. K. Littmann (Hg.), Finanzpolitik im Umbruch: Zur Konsolidierung öffentlicher Haushalte, Berlin 1984.
von Beckerath, E., Gedanken zu Schmölders' »Finanzpolitik«, in: FA, NF 19, 1958/59, S. 292–302.
von Hagen, J., Geldpolitik bei festen Wechselkursen (1948–1970), in: Deutsche Bundesbank, Jahre, S. 439–473.
von Hodenberg, Ch., Konsens und Krise. Eine Geschichte der westdeutschen Medienöffentlichkeit 1945–1973, Göttingen 2006.
von Homeyer, I., Die Ära Kohl im Spiegel der Statistik, in: Wewer, S. 333–355.

von Karczewski, J., »Weltwirtschaft ist unser Schicksal«. Helmut Schmidt und die Schaffung der Weltwirtschaftsgipfel, Bonn 2008.

von Kortzfleisch, G., Privater Wohlstand – Öffentliche Armut? Anmerkungen eines Systemanalytikers, in: Duwendag, Staatssektor, S. 168–175.

von Oertzen, P. u. a. (Hg.), Orientierungsrahmen '85. Text und Diskussion, Bonn-Bad Godesberg 1976.

von Prollius, M., Deutsche Wirtschaftsgeschichte nach 1945, Göttingen 2006.

von Schmiedeberg, V., Geschichte und Entwicklung der Haushaltspolitik des Vereinigten Wirtschaftsgebiets und der Bundesrepublik Deutschland von 1945–1954, Bonn o. J. (1962).

von Weizsäcker, C. Ch., Public Debt and Price Stability, in: German Economic Review, Bd. 15, 2014, S. 42–61.

– Über die Notwendigkeit von Staatsschulden, in: Heun, Staatsschulden, S. 46–59.

Vorrink, C. u. A. Walther, Willy Brandt: Visionen, in: Korte, S. 171–192.

Vorstand der Sozialdemokratischen Partei Deutschlands (Hg.), Dokumentation Deutsche Gemeinschaftsaufgaben, 5 Bde., Hannover 1962.

– (Hg.), Grundsatzprogramm der Sozialdemokratischen Partei Deutschlands. Beschlossen auf dem Außerordentlichen Parteitag der Sozialdemokratischen Partei Deutschlands in Bad Godesberg vom 13. bis 15. November 1959, Bonn 1959.

Voss, F., Franz Josef Strauß – Der Finanzminister der Großen Koalition, in: P. M. Schmidhuber u. a. (Hg.), Beiträge zur politischen Ökonomie. Festschrift für Clemens-August Andreae, Bonn 1989, S. 283–292.

Wagner, B., Staatsfinanzen in Not?, in: Niedersächsische Landeszentrale für politische Bildung (Hg.), Die Schulden der öffentlichen Hand, Hannover 1981, S. 29–55.

Wagner, K.-D. (Bearb.) u. a., Haushaltsreden. Die Ära Schäffer 1949–1957, Bonn 1992.

– (Bearb.), Haushaltsreden Franz Etzel 1957 bis 1961, Bonn 1994.

– (Bearb.), Haushaltsreden 1962–1966, Bonn 1995.

Wagner, R. W., Fiscal Sociology and the Theory of Public Finance, Cheltenham 2007.

Wagschal, U., Entwicklung, Determinanten und Vergleich der Staatsfinanzen, in: M. G. Schmidt u. R. Zohlnhöfer (Hg.), Regieren in der Bundesrepublik Deutschland, Wiesbaden 2006, S. 57–85.

– u. a., Konsolidierungsstrategien der Bundesländer. Verantwortung für die Zukunft, Gütersloh 2009.

– A Mortage on the Future? Public Debt Expenditure and its Determinants, 1980–2001, in: Castles, S. 215–44.

– Die Politische Ökonomie der Besteuerung, in: H. Obinger u. a. (Hg.), Politische Ökonomie, Opladen 2003, S. 259–288.

– Schranken staatlicher Steuerpolitik, in: A. Busch u. T. Plümper (Hg.), Nationaler Staat und internationale Wirtschaft, Baden-Baden 1999, S. 233–247.

– Wer ist schuld an den Schulden?, in: H. Obinger u. a. (Hg.), Politische Ökonomie, Opladen 2003, S. 289–320.

– Staatsverschuldung. Ursachen im internationalen Vergleich, Opladen 1996.

– Steuerpolitik und Steuerreformen im internationalen Vergleich, Münster 2005.

– u. G. Wenzelburger, Haushaltskonsolidierung, Wiesbaden 2008.

Walpen, B., Die offenen Feinde und ihre Gesellschaft. Eine hegemonialtheoretische Studie zur Mont Pèlerin Society, Hamburg 2004.

Wegner, K., Entstehung und Wirkung des öffentlichen Zukunftsinvestitionsprogramms 1977/81 als Modell für mehr Beschäftigung und Wachstum in der Zukunft, in: G. Kurlbaum u. U. Jens (Hg.), Beiträge zur sozialdemokratischen Wirtschaftspolitik, Bonn 1983, S. 127–146.

Wehling, E., Politisches Framing. Wie eine Nation sich ihr Denken einredet – und daraus Politik macht, Köln 2016.

Wehner, H. G., Privater Wohlstand – Öffentliche Armut?, in: Duwendag, Staatsektor, S. 160–167.
Weible, CH. M. u. D. Nohstedt, The Advocacy Coalition Framework. Coalitions, Learning and Policy Change, in: Araral, S. 125–137.
– u. P. A. Sabatier, A Guide to the Advocacy Coalition Framework, in: Fisher, S. 123–136.
Weimer, W., Deutsche Wirtschaftsgeschichte. Von der Währungsreform bis zum Euro, Hamburg 1998.
Weizsäcker, R. K., Steuerstaat und politischer Wettbewerb, in: Th. Ellwein u. E. Holtmann (Hg.), 50 Jahre Bundesrepublik Deutschland, Opladen 1999, S. 589–616.
Westphal, H., Ungefährdet ist die Demokratie nie. Erlebnisse und Erfahrungen mit deutscher Zeitgeschichte, Düsseldorf 1994.
Wewer, G. (Hg.), Bilanz der Ära Kohl. Christlich-liberale Politik in Deutschland 1982–1998, Opladen 1998.
Widmaier, H. P., Aspekte einer aktiven Sozialpolitik: Zur politischen Ökonomie der Sozialinvestitionen, in: H. Sanmann (Hg.), Zur Problematik der Sozialinvestitionen, Berlin 1970, S. 9–44.
Wiegard, W., Richard Abel Musgrave, in: H. Hagemann u. C.-D. Krohn (Hg.), Biographisches Handbuch der deutschsprachigen wirtschaftswissenschaftlichen Emigration nach 1933, Bd. 2, München 1999, S. 479–483.
Wiegräfe, K., Das Zerwürfnis. Helmut Schmidt, Jimmy Carter und die Krise der deutsch-amerikanischen Beziehungen, Berlin 2005.
Wildavsky, A., Budgeting. A Comparative Theory of Budgetary Processes, New Brunswick [2]1986.
– The Politics of the Budgetary Process, Boston [4]1984.
– The New Politics of the Budgetary Process, Glenview 1988.
Wilkens, H. (Red.), Probleme der Staatsverschuldung, Berlin 1980.
Wille, E., Planung und Information. Eine Untersuchung ihrer Wechselwirkungen unter besonderer Berücksichtigung eines mehrjährigen Plans für die öffentlichen Finanzen, Berlin 1970.
Wilson, D., Theories of Tax Competition, in: National Tax Journal, Bd. 52, 1999, S. 269–304.
Wirsching, A., Abschied vom Provisorium. Geschichte der Bundesrepublik Deutschland 1982–1990, München 2006.
– Eine »Ära Kohl«? Die widersprüchliche Signatur der Regierungspolitik 1982–1998, in: AfS, Bd. 52, 2012, S. 667–684.
– Die mediale »Konstruktion« der Politik und die »Wende« von 1982/83, in: Historisch-Politische Mitteilungen, Heft 9, 2002, S. 127–139.
– »Neoliberalismus« als wirtschaftliches Ordnungsmodell? Die Bundesrepublik Deutschland in den 1980er Jahren, in: W. Plumpe u. J. Scholtyseck (Hg.), Der Staat und die Ordnung der Wirtschaft. Vom Kaiserreich bis zur Berliner Republik, Stuttgart 2012, S. 140–150.
Wolfrum, E., Die Bundesrepublik Deutschland 1949–1990, Stuttgart 2005.
– Die geglückte Demokratie. Geschichte der Bundesrepublik Deutschland von ihren Anfängen bis zur Gegenwart, Stuttgart 2006.
Woyke, M. (Hg.), Willy Brandt – Helmut Schmidt. Partner und Rivalen. Der Briefwechsel (1958–1992), Bonn 2015.
– (Hg.), Wandel des Politischen. Die Bundesrepublik Deutschland während der 1980er Jahre, Bonn 2013.
Zaghini, A., Fiscal Adjustments and Economic Performance, in: Applied Economics, Bd. 33, 2001, S. 613–24.
Zapf, W., Zur Messung der Lebensqualität, in: Zeitschrift für Soziologie, Bd. 1, 1972, S. 353–376.
Zellhuber, A. u. T. B. Peters (Bearb.), Die CSU-Landesgruppe im Deutschen Bundestag. Sitzungsprotokolle 1949–1972, Düsseldorf 2011.

Ziffzer, S., Grenzen der Staatsverschuldung, Berlin 1980.
– Grenzen der Staatsverschuldung, in: Ifo-Studien, Bd. 26, 1980, S. 183–194.
Zimmermann, H., Kommunalfinanzen. Eine Einführung in die finanzwissenschaftliche Analyse der kommunalen Finanzwirtschaft, Baden-Baden 1999.
Zimmermann, K., Zur Realität von Kurswechseln, Wenden und ähnlichen Manövern aus budgetpolitischer Sicht, in: Gemeindehaushalt, Bd. 85, 1984, S. 208–213.
Zinsmeister, F., Die Finanzierung der deutschen Einheit – zum Umgang mit den Schuldenlasten der Wiedervereinigung, in: VzW, Heft 2, 2009, S. 146–160.
Zohlnhöfer, R., Die Wirtschaftspolitik der Ära Kohl. Eine Analyse 1982–1998, Opladen 2001.
Zunker, A., Finanzplanung und Bundeshaushalt. Zur Koordinierung und Kontrolle durch den Bundesfinanzminister, Baden-Baden 1971.

Personenregister